Theo Pirker · M. Rainer Lepsius
Rainer Weinert · Hans-Hermann Hertle

Der Plan als Befehl und Fiktion

Theo Pirker · M. Rainer Lepsius
Rainer Weinert · Hans-Hermann Hertle

Der Plan als Befehl und Fiktion

Wirtschaftsführung in der DDR.
Gespräche und Analysen

Westdeutscher Verlag

Der Westdeutsche Verlag ist ein Unternehmen der Bertelsmann Fachinformation GmbH.

Umschlaggestaltung: Horst Dieter Bürkle, Darmstadt
Umschlagbild: Hans Scheib: Politbüro. Letzter Vorhang. Radierung 1990

Gedruckt auf säurefreiem Papier

ISBN 978-3-531-12632-6 ISBN 978-3-322-97052-7 (eBook)
DOI 10.1007/978-3-322-97052-7

Inhaltsverzeichnis

Einleitung

Problemstellung und Vorgehensweise

Erkenntnisinteressen

Im November 1989 fiel in Berlin die Mauer, und die Deutsche Demokratische Republik, der erste sozialistische Arbeiter- und Bauernstaat auf deutschem Boden, brach zusammen; fast zeitgleich folgten die Volksrepubliken Polen, Tschechoslowakei, Ungarn und Rumänien; schließlich implodierte die Sowjetunion, die KPdSU wurde verboten. Innerhalb weniger Monate brach eines der größten Machtimperien der Weltgeschichte zusammen. Dieser Zusammenbruch wurde weder prognostiziert noch in der Form der Selbstauflösung für denkbar gehalten. Um die damit im Zusammenhang stehenden Fragen beantworten zu können, müssen die Sozialwissenschaften sich der Analyse der Funktionsbedingungen dieser untergegangenen Regime zuwenden. Durch ihre Abschließung und weitgehende Unzugänglichkeit blieben die DDR und die anderen sozialistischen Staaten unbekannte Gesellschaften; die Forschung vor 1989 war methodisch auf Sekundäranalysen reduziert. Diese Situation hat sich nach 1989 grundlegend geändert.

Analysen kommunistischer Herrschaft nach 1989 erfolgen *ex post*, und das ist methodisch nicht unproblematisch. Ex post-Interpretationen sind immer der Gefahr ausgesetzt, in einen retrospektiven Determinismus umzuschlagen, ein Problem, das in den Sozialwissenschaften nicht neu ist. Reinhard Bendix hat vor dem "Fehlschluß" des retrospektiven Determinismus gewarnt. Vor dem Hintergrund des Siegeszuges der Nationalstaaten in Europa schrieb er: "Im Rückblick sieht es immer so aus, als ob alles so hätte kommen müssen, wie es gekommen ist. Ich nenne diese Ansicht den Fehlschluß eines retrospektiven Determinismus, der die moderne Welt als einen Sieg der Kinder des Lichts über die Kinder der Dunkelheit erscheinen läßt, wenn wir die Entwicklung billigen - und der Dunkelheit über das Licht, wenn wir sie verdammen."[1] Ein vergleichbares Phänomen beobachten wir nach dem Zusammenbruch kommunistischer Herrschaftssysteme. Jetzt glauben sogar viele Vertreter der untergegangenen Regime, daß alles so enden mußte.

Mit dem Untergang der sozialistischen Gesellschaften ist zwar deren praktisch-politische Bedeutung verschwunden, nicht aber deren Relevanz für die sozialwissenschaftliche Forschung. Gerade der neue Forschungszweig Transformationsforschung und Transformationstheorie muß an einer umfassenden Analyse kommunistischer Herrschaft interessiert sein, da ohne diese nicht bestimmt werden kann, was sich transformiert. Eigenschaften der alten Systeme bestimmen noch lange Zeit Strukturen, Erwartungen und Verhaltensweisen. Schwierigkeiten, Konflikte und mißlingende Erneuerungen im Transformationsprozeß haben häufig Ursachen, die sich nur aus der Analyse der alten Systeme erkennen lassen. Mehr noch, die zusammengebrochenen kommunistischen Regime sind Ausprägungen der Entwicklungsformen moderner Gesellschaften. Sie enthalten daher Ordnungsziele und Strukturelemente, die auch in westlichen Gesellschaften auftreten. Dazu

1 Bendix, Reinhard, *Freiheit und historisches Schicksal*, Frankfurt a.M. 1982, S. 65.

gehören etwa wohlfahrtsstaatliche Postulate, bürokratische Organisationsformen, ressortbeschränkte Willensbildung und hierarchisch abgeschottete Entscheidungsfindung. Kommunistische Regime sollten daher nicht exotisiert werden. Sie können Eigenschaften, die auch für westliche Gesellschaften von Bedeutung sind, in extremer Ausprägung zeigen. Sie können gewissermaßen als Laboratorium dienen für die Isolierung von Strukturmerkmalen und die Zurechnung von Kontingenzen auf solche Merkmale. In pluralistischen, offenen und heterogenen Gesellschaften ist dies weniger leicht möglich als in monolithischen, geschlossenen und homogenisierten Gesellschaften. Die Konstellationen von Faktoren sind möglicherweise einfacher zu bestimmen und in ihrem Zusammenhang zu analysieren. Die Untersuchung des Herrschaftssystems der DDR, der Institutionenordnung, der Strukturierung der Handlungsarenen und individuellen Verhaltensorientierungen dient nicht nur der historischen Aufarbeitung, sondern verspricht gleichermaßen einen Beitrag zur soziologischen Theoriebildung.

Planwirtschaft und Parteiherrschaft

Der Gegenstandsbereich, der im Zentrum des Interesses der Forschergruppe stand, war die Analyse wirtschaftlichen Handelns unter den Bedingungen einer zentralistisch gesteuerten, politisch kontrollierten Planwirtschaft. Inwieweit konnte sich wirtschaftliche Rationalität in den Wirtschaftsbürokratien entwickeln und gegen die politischen Imperative der Parteiherrschaft behaupten? Die mangelnde Ausdifferenzierung von unterschiedlichen Kriterien zur Bestimmung von Rationalitätsstandards für Entscheidungsprozesse ist eine zentrale Problematik kommunistischer Herrschaftssysteme. Der Zusammenbruch der kommunistischen Systeme erfolgte auf der Grundlage einer schrumpfenden wirtschaftlichen Reproduktionsfähigkeit, einer beschränkten Investitions- und Innovationsrate und der Abkopplung von der weltwirtschaftlichen Arbeitsteilung und der internationalen technologischen Entwicklung.

In diesem Zusammenhang verdienen die Wirtschaftsführer der DDR ein besonderes Interesse. Wie konkretisierte sich in ihrer Tätigkeit das Spannungsverhältnis von wirtschaftlicher Rationalität und politischen Vorgaben durch die Parteiherrschaft? Wie erfolgte die Anpassung des wirtschaftlichen Handelns an den als Parteibefehl verstandenen Plan? Welche Fiktionen wurden erkannt und überwunden? Welche Reformen erschienen möglich und nötig? Welche Probleme ergaben sich durch die Abhängigkeit von der Sowjetunion? Welche Chancen eröffneten die "besonderen Beziehungen" zu Westdeutschland und im Handel mit dem "nichtsozialistischen Wirtschaftsgebiet" (NSW)?

Das tatsächliche Funktionieren der Wirtschaft in der DDR auf den unterschiedlichen Hierarchieebenen, die Bedingungen und Konstellationen der 'Brechung' formalisierter wirtschaftspolitischer Zuständigkeiten, die Handlungsorientierungen der sozialistischen Manager und das Verhältnis zwischen der politischen Nomenklatura und den Wirtschaftsführern stehen deshalb im Zentrum unserer Gespräche. Dieses Verhältnis läßt sich nicht aus einer Analyse der kommunistischen Ideologie oder der jeweiligen Parteitagsbeschlüsse ableiten, sondern aus der Analyse der Verfahren in den zuständigen Institutionen von Partei und Staat, denen die Akteure unterworfen waren. Es sind diese Verfahren, die das Handeln und das Bewußtsein der Menschen prägten. Die in jeder Institution relevanten Verfahren sind die der Willensbildung und der Entscheidungsfindung.

Unsere Gesprächspartner haben seit Anfang der sechziger Jahre maßgebliche Funktionen im Wirtschaftssystem der DDR ausgeübt. Sie sind zum Teil von den Vorstellungen des "Neuen Ökonomischen Systems der Planung und Leitung" beeinflußt, haben die Vergeblichkeit dieses Reformversuches erlebt und danach das zunehmend unbewegliche System durch Improvisationen aufrechterhalten. Der in den Gesprächen diskutierte Erfahrungsraum bezieht sich dabei im wesentlichen auf die letzten 25 Jahre der DDR, die seit 1971 unter der Maxime der "Einheit von Wirtschafts- und Sozialpolitik" standen. Der Anfang der siebziger Jahre erfolgte rasche Ausbau des Wohlfahrtsstaates wurde durch dessen undynamische Festschreibung zu einer Belastung der Wirtschaftskraft, ohne die erhoffte Steigerung der Arbeitsmotivation zu bringen. Insofern ist die DDR auch ein zusammengebrochener Wohlfahrtsstaat, der die ökonomischen Voraussetzungen für den erwünschten Wohlfahrtsstandard nicht beachtete. Ökonomische Irrationalität wurde durch politische Rationalität der Machtsicherung überlagert, und die Wirtschaftsführer sahen keine Möglichkeit, dem Primat der Parteipolitik unter dem Verhaltensgebot der Parteidisziplin entgegenzuwirken. Die Wirtschaftsführer in allen sozialistischen Ländern waren gegenüber der politischen Nomenklatura Träger anderer Rationalitätskriterien, die prinzipiell konfliktreich waren. Borys Lewytzkyj meinte sogar über das Verhältnis der Nomenklatura zu den Wirtschaftsführern in der Sowjetunion: "Von Lenins Tod bis heute (1967) bestimmten Mißtrauen den Wirtschaftsmanagern gegenüber und unter Stalin sogar ihre Verfolgung das Klima der Zusammenarbeit."[2] In der DDR gab es zwar keine Verfolgung von Wirtschaftsführern, aber es gab, ähnlich wie in der Sowjetunion, nur sehr kurze Phasen, in denen die Partei sich bemühte, zu den Ökonomen, den Wirtschaftsführern und Technikern möglichst gute Beziehungen zu unterhalten. Mit der unmittelbaren Systemkonkurrenz zu Westdeutschland erhielt der Bereich Wirtschaft für die DDR eine zusätzliche politische Dimension, die die Wirtschaftsführer zu berücksichtigen hatten.

Zur Entwicklung des Projekts

Den Anstoß zu diesem Forschungsprojekt gab eine Rede, die Theo Pirker im Februar 1990 vor dem Zentralinstitut für sozialwissenschaftliche Forschung der Freien Universität Berlin gehalten hatte[3], in der er eine forschungspolitische Strategie formulierte: Die Sozialforscher sollten jetzt, Anfang 1990, ins Feld, um den Zugriff auf die Quellen zu sichern und durch die Befragung von Zeitzeugen diese Epoche zu dokumentieren.

Die Interview-Strategie wurde zunächst im Bereich des Freien Deutschen Gewerkschaftsbundes (FDGB) angewandt[4] und hatte zum Ziel, die Entlegitimierung

---

2 Lewytzkyj, Borys, *Die Kommunistische Partei der Sowjetunion. Portrait eines Ordens*, Stuttgart 1967, S. 203.

3 Pirker, Theo, Reform und Restauration: Die Krise und der Zerfall kommunistischer Herrschaftssysteme. In: Ders., *Soziologie als Politik. Schriften von 1949 bis 1990*, hrsg. v. R. Weinert, Berlin 1991, S. 263-271.

4 Hertle, Hans-Hermann/Weinert, Rainer, *"Wir haben gedacht, daß wir länger dran sind."* Interview mit Annelis Kimmel, Vorsitzende des FDGB. Berliner Arbeitshefte und Berichte zur sozialwissenschaftlichen Forschung Nr. 31/1990; Hertle, Hans-Hermann/Weinert, Rainer, *"Wir werden uns nicht unter Wert verkaufen!"* Interview mit Helga Mausch, Vorsitzende des FDGB. Berliner Arbeitshefte und Berichte zur sozialwissenschaftlichen Forschung Nr. 29/1990; Hertle, Hans-Hermann, *"Die Gewerkschaft hat in der Verharrung gelegen."* Interview mit Werner Peplowski über den Wandlungsprozeß des FDGB. Berliner Arbeitshefte und Berichte zur sozialwissenschaftlichen Forschung Nr. 26/1990; Hertle, Hans-Hermann/Weinert, Rainer, *"Tritt zurück!"* Interview mit Rainer Schramm über den Sturz von Harry Tisch und Annelis Kimmel. Berliner Arbeitshefte und Berichte zur sozialwissenschaftlichen Forschung Nr. 49/1990.

und den Zerfall des FDGB zu dokumentieren. Hierzu wurden die letzten Vorsitzenden und leitenden Kader des zerfallenden FDGB ausführlich befragt. Im Zuge dieser Interview-Strategie fand auch ein Gespräch mit dem ehemaligen Chefredakteur der FDGB-Zeitung "Tribüne", Günter Simon, statt, dessen langjähriger Vorgesetzter Günter Schabowski war; Simon vermittelte den Zugang zu Günter Schabowski, der am 24. April 1990 ausführlich befragt wurde[5].

Parallel zu dieser Interview-Strategie wurde eine umfangreiche Archivarbeit entfaltet, die zum Ziel hatte, die internen Berichte der Organisationsabteilung beim Bundesvorstand des FDGB insbesondere in den Krisenperioden der DDR (1953, 1961, 1968 und 1981/82) zu dokumentieren[6]. Gleichzeitig gelang es dem Forscherteam, von ehemaligen Akteuren Erfahrungsberichte und Ereignisbeurteilungen zu gewinnen[7]. Diese Interview-Strategie und die Archivarbeiten mündeten in verschiedene Publikationen[8] und drei Forschungsprojekte[9].

Gleichzeitig eröffneten diese Vorarbeiten die Möglichkeiten für weitere Forschungen. Hans-Hermann Hertle wandte sich in diesem Forschungskontext als erster den ökonomischen Problemen der DDR zu und dokumentierte vor allem die sog. "Schürer-Mittag-Kontroverse" aus dem Jahre 1988 über die Finanzierung der Mikroelektronik[10]. Über diese Recherchen fand er den Zugang zum ehemaligen Leiter der Staatlichen Plankommission, Gerhard Schürer, und, teilweise von diesem vermittelt, zu weiteren Wirtschaftsführern der DDR.

Dem Forscherteam vom Zentralinstitut für sozialwissenschaftliche Forschung der Freien Universität Berlin, bestehend aus Theo Pirker, Rainer Weinert und Hans-Hermann Hertle, trat Anfang 1992 M. Rainer Lepsius von der Universität Heidelberg bei. Nach dem ersten Interview mit Gerhard Schürer entstand der

---

5 Hertle, Hans-Hermann/Weinert, Rainer/Pirker, Theo, *"Der Honecker muß weg!"* Protokoll eines Gesprächs mit Günter Schabowski am 24. April 1990. Berliner Arbeitshefte und Berichte zur sozialwissenschaftlichen Forschung Nr. 35/1990.

6 Eckelmann, Wolfgang/Hertle, Hans-Hermann/Weinert, Rainer, *FDGB intern. Innenansichten einer Massenorganisation der SED*, Ostberlin 1990; Weinert, Rainer, Massenorganisationen in mono-organisationalen Gesellschaften. In: Joas, Hans,/Kohli, Martin (Hrsg.) *Der Zusammenbruch der DDR*, Frankfurt/M. 1993, S. 125-150.

7 So z.B. von dem ehemaligen Leiter der Organisationsabteilung des FDGB, Wolfgang Eckelmann, über das Ende des FDGB, vgl. Eckelmann, Wolfgang, "Die Kampfgemeinschaft" zwischen SED und FDGB. In: Eckelmann/Hertle/Weinert, FDGB ..., S. 100 ff. Oder von dem ehemaligen stellvertretenden Leiter der Staatlichen Plankommission der DDR, Siegfried Wenzel, über die Wirtschaftsplanung in der DDR, Wenzel, Siegfried, *Wirtschaftsplanung in der DDR. Struktur - Funktion - Defizite*. Berliner Arbeitshefte und Berichte zur sozialwissenschaftlichen Forschung Nr. 75/1992.

8 Pirker, Theo/Hertle, Hans-Hermann/Kädtler, Jürgen/Weinert, Rainer, *FDGB: Wende zum Ende. Auf dem Weg zu unabhängigen Gewerkschaften?* Köln 1990.

9 "Entstehung und Entwicklung von Betriebsräten in der DDR." (Leiter: Prof. Dr. Wolf Rosenbaum/Priv.-Doz. Dr. Rainer Weinert); "Restrukturierung der industriellen Beziehungen in der chemischen Industrie auf dem Gebiet der ehemaligen DDR" (Leiter: Prof. Dr. Theo Pirker). Beide Vorhaben wurden im Rahmen des Schwerpunktprogramms der Deutschen Forschungsgemeinschaft "Strukturwandel der industriellen Beziehungen" durchgeführt. "Entlegitimierung, Zerfall und Auflösung. Der Zusammenbruch des Freien Deutschen Gewerkschaftsbundes und dessen Auswirkungen auf den Prozeß der 'Gewerkschaftseinheit'", Forschungsprojekt im Rahmen des "DDR-Schwerpunktprogramms" der Deutschen Forschungsgemeinschaft (Leiter: Priv.-Doz. Dr. Rainer Weinert).

10 Hertle, Hans-Hermann, Der Weg in den Bankrott der DDR-Wirtschaft. Das Scheitern der "Einheit von Wirtschafts- und Sozialpolitik" am Beispiel der Schürer-Mittag-Kontroverse im Politbüro 1988, in: *Deutschland Archiv*, 2/1992; ders., Staatsbankrott. Der ökonomische Untergang des SED-Staates, in: *Deutschland Archiv*, 10/1992.

Plan, ausgewählte Repräsentanten verschiedener Institutionen zu befragen und Prozesse der Willensbildung und Entscheidungsfindung der DDR zu thematisieren.

Methodisches Vorgehen

Bei den Interviews handelte es sich um offene Gespräche. Ihnen lag kein Fragebogen oder Leitfaden zugrunde, sondern bestimmte Erkenntnisinteressen der Forschergruppe. Je nach der Funktion, die die Befragten in der DDR ausgeübt hatten, variierten die Schwerpunkte.

Die Gespräche fanden drei bis vier Jahre nach dem Fall der Mauer statt. Mit Ausnahme von Frau Bertag hatten alle ihre ehemaligen Positionen verloren, waren zum Teil in Ermittlungsverfahren verwickelt, in Untersuchungshaft gewesen, hatten im Blickpunkt des Interesses der Öffentlichkeit gestanden. Sie waren zum Zeitpunkt der Gespräche nicht mehr diejenigen, die sie zu Zeiten der DDR waren. Die allgemeinen methodischen Einwände gegen retrospektive Befragungen in den Sozialwissenschaften gelten für unsere Gespräche in besonderem Maße. Es ist schwer zu bestimmen, inwieweit die Gespräche inhaltlich durch den Zeitablauf beeinflußt wurden. Alle Befragten haben die DDR als System und ihre eigene Rolle in diesem System intensiv reflektiert, reinterpretiert, rekonstruiert. Der scharfe biographische Bruch, der mit dem Ende der DDR für jeden einzelnen eingetreten ist, mußte Anlaß sein, die eigene Biographie zu rationalisieren und die Systemeigenschaften aus der Distanz zu betrachten. Unsere Gesprächspartner haben nach der Wende neue Kategorien der Interpretation, andere Kriterien der Bewertung angenommen. Dieser ex post-Reflexionsprozeß hat die ehemaligen Wirtschaftsführer in die Lage versetzt, über ihre Tätigkeit und ihre Erfahrungen mit westlichen Fragestellern sprechen zu können, kommunikative Kompetenz außerhalb der ideologischen und politischen Restriktionen des Kommunikationsstils der DDR zu erwerben. Viele unserer Fragen hätten sie vor dem Fall der Mauer entweder nicht beantworten können oder beantworten dürfen.

Aus den im folgenden veröffentlichten Protokollen der Gespräche mag der Leser selbst sich ein Urteil bilden über die historische Zuverlässigkeit des Gesagten, über den Grad der Selbstrechtfertigung, über den Wandel der Urteilskriterien. Wenn etwa Gerhard Schürer, der ehemalige Vorsitzende der Staatlichen Plankommission meint, ein zentrales Problem der Wirtschaftsverfassung der DDR sei die Eigentumsfrage gewesen, dann spiegelt dies einen Prozeß der Systemreflexion wider. Wenn andere meinen, sie hätten früher von ihren Ämtern zurücktreten sollen, so ist dies Ausdruck der biographischen Selbstreflexion. Doch die Darstellungen von Sachverhalten und Entscheidungsprozessen, von Kommunikationsstrukturen und subjektiven Wahrnehmungen sind als solche Dokumentationen eines Wirtschafts- und Herrschaftssystems, die Interessen beanspruchen dürfen.

Natürlich ergibt sich aus diesen Gesprächen keine Wirtschaftsgeschichte der DDR, keine Analyse ihrer Produktivität, ihrer Investitions- und Sozialpolitik, ihrer außenwirtschaftlichen Abhängigkeiten und Zahlungsbilanzschwierigkeiten. Dies hatten wir auch nicht beabsichtigt. Unser Interesse lag darin, das Funktionieren des Systems in der Erinnerung und subjektiven Wahrnehmung von leitenden Wirtschaftskadern zu erfassen und festzuhalten. Die älteren Mitglieder der Forschergruppe, Theo Pirker und M. Rainer Lepsius, haben es immer bedauert, daß viele zentrale Funktionsträger nach dem Zusammenbruch des Nationalsozialismus nicht ausführlich befragt worden sind. Nach 1945 gab es gute Gründe, für Gespräche mit den Akteuren des nationalsozialistischen Gewaltregimes wenig Empathie aufzubringen. Dadurch sind jedoch Motivationen, Erwartungen, Interaktions- und Kommunikationsnetze, subjektive Bewertungen und individuelle Überbrückungen der vorhandenen kognitiven Dissonanzen nicht dokumentiert worden.

Der persönliche Kontakt mit den Gesprächspartnern war vertrauensvoll, zumal die älteren Mitglieder der Forschergruppe zur Generation der Interviewten zählten und alle nicht die Absicht hatten, die Tätigkeit und die Ansichten der Interviewten politisch oder gar moralisch zu bewerten. Die Wirtschaftskader waren in ihrem Selbstverständnis pragmatische "Macher", die beständig auftretende Krisensituationen zu meistern bemüht waren, größere oder kleinere Produktionskrisen, Versorgungskrisen, Zahlungsbilanzkrisen. Erst in den letzten Jahren der DDR verdichtete sich für sie der Eindruck einer allgemeinen Systemkrise, und heute, nach dem Zusammenbruch, greift diese vielleicht schärfer in die Erinnerungen ein, als es davor der Fall war. Aus dem dauernden Krisenmanagement hatte sich ein Vertrauen darauf gebildet, für alle Krisen immer wieder eine Lösung und Überbrückung finden zu können. So sind die Gespräche zeitbedingt, nicht beliebig wiederholbar und insofern bereits heute zeitgeschichtliche Dokumente.

Gerhard Schürer sagte zu Recht: "Das Wissen und Erleben von Insidern wird rapide abnehmen, weil sie nicht mehr schreiben wollen oder auch schon nicht mehr schreiben können".[11] Unter unseren Gesprächsteilnehmern ist Günter Mittag inzwischen verstorben, und andere hätten sich wohl ohne die Stimulans der Interviewsituation nicht geäußert.

Die Felderschließung erfolgte in der Regel durch eine längere Phase der Kontaktaufnahme, in der die jüngeren Mitglieder der Forschergruppe (Hertle und Weinert) die unterschiedlichen Befürchtungen der Gesprächspartner zerstreuen mußten. Am Anfang (25. Februar 1993) stand ein ausführliches Gespräch mit dem ehemaligen Leiter der Staatlichen Plankommission der DDR, Gerhard Schürer, und einem seiner Stellvertreter, Siegfried Wenzel. Dieser Zugang war für die Forschergruppe besonders glücklich, weil die Staatliche Plankommission der DDR in der Wirtschaftsführung eine zentrale Schnittstelle zwischen Partei und Staat darstellte und deren Repräsentanten somit über das Funktionieren der Willensbildung und Entscheidungsfindung in beiden Bereichen Auskunft geben konnten. Dieses über vier Stunden dauernde Gespräch wurde schriftlich fixiert und von der Forschergruppe diskutiert. Bei der Durcharbeitung des Protokolls tauchten eine Reihe von weiteren Fragen auf, so daß die Gruppe entschied, ein zweites Gespräch zu führen, das am 21. Mai 1993, ebenfalls in Berlin, stattfand. Beide Interviews waren grundlegend für die weiteren Gesprächsrunden, die im September, Oktober und Dezember 1993 durchgeführt wurden und mit Professor Helmut Koziolek im Mai 1994 ihren Abschluß fanden.

Die Gespräche begannen mit Fragen zur Biographie und zum beruflichen Werdegang und konzentrierten sich dann auf die jeweils wahrgenommenen Probleme der Wirtschaftsführung in der DDR. Das Forscherteam legte Wert darauf, daß die Gesprächspartner "ihre Geschichte" erzählen konnten, ohne sie zu bewerten. Die Gespräche wurden auf Tonband aufgenommen, schriftlich fixiert, stilistisch überarbeitet und im Regelfall gekürzt. Die Interviewten erhielten eine überarbeitete Fassung der Protokolle mit der Bitte um Überprüfung und Autorisierung. Die Korrekturwünsche der Gesprächspartner bezogen sich in der Regel auf ungenaue Formulierungen, mögliche Mißverständnisse, sie betrafen allesamt nicht zentrale inhaltliche Aussagen, die im Verlaufe der Gespräche gemacht worden

11 Schürer, Gerhard, Die Wirtschafts- und Sozialpolitik der DDR, in: PDS (Hg.), *Ansichten zur Geschichte der DDR*, Band III, Bonn/Berlin 1994, S.131.

waren. Professor Claus Krömke und Siegfried Wenzel wurden um detaillierte schriftliche Auskünfte über die Organisationsstruktur des Zentralkomitees bzw. über die Organisation der Wirtschaftsplanung gebeten. Die Dauer der Gespräche variierte zwischen zwei und sechs Stunden. Eine Ausnahme bildete die Befragung von Günter Mittag, die aufgrund von dessen fortgeschrittener Krankheit nur eine Stunde dauern konnte. Die Gespräche fanden in unterschiedlichen Milieus statt, mehrheitlich in den Privatwohnungen der Gesprächspartner (Schürer, Wyschofsky, Schalck-Golodkowski, Tisch, Mittag), in neutralen Wissenschaftsinstitutionen, dem Wissenschaftskolleg bzw. der Europäischen Akademie in Berlin (Biermann, Krömke, Koziolek), der Privatwohnung eines Mitglieds der Forschergruppe (Rauchfuß) oder dem derzeitigen Arbeitsplatz der Gesprächspartnerin (Bertag).

Die Gesprächspartner

Die Forschergruppe suchte jeweils zwei Repräsentanten für die zentralen Schaltstellen der Wirtschaftsführung und der Wirtschaftspolitik in der DDR: Politbüro, Sekretariat für Wirtschaft des Zentralkomitees, Staatliche Plankommission, Ministerrat und Kombinatsdirektionen. Es gelang, für alle diese Bereiche gesprächsbereite Partner zu finden. Das Politbüro ist vertreten durch Günter Mittag, Harry Tisch, Gerhard Schürer, das Sekretariat für Wirtschaft des ZK durch den Sekretär Günter Mittag, dessen wissenschaftlichen Mitarbeiter Claus Krömke und die Referentin Christa Bertag, die Staatliche Plankommission durch den Vorsitzenden Gerhard Schürer und dessen Stellvertreter Siegfried Wenzel, der Ministerrat durch den Minister für Materialwirtschaft und stellvertretenden Vorsitzenden Wolfgang Rauchfuß und den Minister für Chemie, Günther Wyschofsky, die Kombinatsdirektionen durch den Generaldirektor des großen Kombinats Carl Zeiss Jena, Wolfgang Biermann, und die Generaldirektorin des kleinen Kombinats Berlin Kosmetik, Christa Bertag. Es treten hinzu: der Leiter des Bereiches Kommerzielle Koordinierung, Alexander Schalck-Golodkowski, und der Direktor des Zentralinstituts für sozialistische Wirtschaftsführung, Helmut Koziolek. Der Freie Deutsche Gewerkschaftsbund ist durch seinen Vorsitzenden, Harry Tisch, vertreten.

Mit dieser Auswahl können wir beanspruchen, die zentralen Institutionen der Wirtschaftsführung repräsentiert zu haben. Man hätte die Zahl der Interviews erweitern können durch die Einbeziehung weiterer Minister und Generaldirektoren, durch Abteilungsleiter des Sekretariats für Wirtschaft im ZK, durch Vertreter des Finanz- und Bankwesens, doch hätte dies den exemplarischen Charakter der Untersuchung nicht wesentlich verändert. Es fehlt Erich Honecker, der die Willensbildung und Entscheidungsfindung zentral beeinflußte und die verschiedenen Arenen als Vorsitzender des Politbüros, Generalsekretär des Zentralkomitees, Vorsitzender des Staatsrates und Vorsitzender des Nationalen Verteidigungsrates persönlich vermittelte.

Unsere Gesprächspartner gehören zu einer schmalen Jahrgangskohorte. Sie wurden zwischen 1926 und 1931 geboren und haben ähnliche, DDR-spezifische Lebensläufe. Gerhard Schürer, 1921 geboren, ist zwar etwas älter, teilt aber die Sozialisations- und Karrieremuster der anderen. Nur Frau Bertag, 1942 geboren, fällt aus dieser Kohorte heraus. Unsere Gesprächspartner waren 1945 mehrheitlich zwischen 18 und 14 Jahre alt, Zeitgenossen des Zusammenbruchs des Nationalsozialismus. Sie entstammen dem Arbeitermilieu (mit Ausnahme von Alexander Schalck-Golodkowski) und überwiegend sozialistisch orientierten Familien. Durch die FDJ vermittelt, erhielten sie über die Arbeiter- und Bauernfakultäten

Zugang zu einer höheren Ausbildung und verdanken ihren sozialen Aufstieg der Förderung von Arbeiterkindern durch die SED. Fünf schlossen ein wirtschaftswissenschaftliches, einer ein naturwissenschaftliches und ein weiterer ein ingenieurwissenschaftliches Studium ab, drei erhielten ihre formale Ausbildung primär an Parteihochschulen. Mitte der sechziger Jahre, mit durchschnittlich 35 Jahren, hatten sie Führungspositionen inne, die sie dann rund 25 Jahre, bis zum Ende der DDR, behielten. Nach dem Kriege hatten sie für den Sozialismus optiert und waren in die SED und ihre Organisationen eingetreten. Vom Nimbus des antifaschistischen Kampfes der KPD und ihrer Repräsentanten in der Partei- und Staatsführung beeindruckt, von der führenden Rolle der siegreichen Sowjetunion überzeugt, identifizierten sie sich mit dem Herrschaftssystem der SED, dem sie vorbehaltlos dienten. Sie hatten eine ideologische Grundorientierung und eine individuelle Lebensperspektive, die sie an den Bestand und das Funktionieren der DDR banden. Der Glaube an die prinzipielle Richtigkeit der kommunistischen Ziele und der Parteilinie überbrückte die mit der Zeit wachsenden Zweifel an der Funktionsfähigkeit des Systems. Aus den jeweils wahrgenommenen Mängeln konnten sie, eingebunden in die Routine der eigenen Zuständigkeitsbereiche, ohne darüber hinausreichende Handlungsspielräume, kommunikativ isoliert und der Parteidisziplin unterworfen, keine kritische Distanz zum Regime gewinnen, aus der heraus eine Reformstrategie sich hätte entwickeln können. Der Horizont für mögliche Veränderungen und Reorganisationen der Wirtschaftsführung war Anfang der sechziger Jahre durch das Programm des Neuen Ökonomischen Systems abgesteckt. An dessen Elemente blieb die Gestaltungsphantasie bis zum Ende gebunden. Im Grunde verfügte diese Kohorte über keine Kriterien und Kategorien, mit deren Hilfe sie das eigene System hätten kritisch analysieren können, weder politisch noch ökonomisch. So gingen sie zwar sehenden Auges, aber doch blind in den Prozeß der Auflösung und des Zerfalls des Systems.

Unsere Gesprächspartner gehörten zur Führungselite der DDR. Sie haben das System in der Phase seiner Konsolidierung und Erosion von 1965 bis 1989 getragen und verwaltet. Nach der Gründungs- und Aufbaugeneration ist dies die erste Generation, die in der DDR und im Sozialismus sozialisiert, ausgebildet und zu Einfluß gelangt ist. Doch die zentralen Machtpositionen konnten sie nicht gewinnen. Diese blieben noch bis zum Ende der DDR von der Aufbaugeneration - Honecker, Hager, Mielke, Sindermann, Stoph, geboren zwischen 1907 und 1915 - besetzt. Dem Prestige der 75jährigen hatten die 60jährigen nichts entgegenzusetzen. Zur Generation unserer Gesprächspartner gehören auch andere zentrale Kader, etwa Hans Modrow, Günter Schabowski, Siegfried Lorenz, Gerhard Müller, Hans-Joachim Böhme, alles 1. Sekretäre von SED-Bezirksleitungen, Joachim Herrmann, Horst Dohlus, Werner Felfe, Werner Jarowinsky, Werner Krolikowski, Sekretäre des Zentralkomitees, und viele andere. Sie blieben fixiert auf die "alte Garde", und als sie schließlich nach der Ablösung Honeckers die volle Gestaltungskraft in Händen hatten, verfügten sie über kein Programm. Günter Schabowski schreibt: "Wir hatten es nicht gelernt, über uns selbst prinzipiell zu reflektieren. So waren wir zur Palastrevolution geschritten ohne deutliche geistige Alternativen."[12] Die Ereignisse des Herbstes 1989 überrollten diese Generation.

Im Rahmen ihrer jeweiligen Zuständigkeiten haben sie sich mit ihren Aufgaben identifiziert und große persönliche Arbeitslasten getragen. Einer unbezweifelten Parteidisziplin ergeben, waren sie einflußreiche Träger des Systems, haben seine Wirtschaft gesteuert und glaubten trotz der wachsenden Krisenerscheinun-

12 Schabowski, Günter, *Der Absturz*, Berlin 1991, S. 274.

gen, zumindest bis 1988, an die Bestandsgarantie der DDR durch die Sowjetunion. Der Plan blieb ihnen Befehl, auch wenn sie dessen Fiktionen immer klarer erkannten. Erst nach der Wende haben sie die Distanz und die Kriterien gewonnen, die es ihnen heute ermöglichen, das politische System und die Planwirtschaft zu reflektieren. Unsere Gesprächspartner gehören zu jenen, die darüber zu sprechen gewillt sind. Das sind nicht alle ehemaligen Funktionsträger. Manche weigern sich, sei es aus dem Bestreben, sich selbst zu immunisieren, sei es aus der Befürchtung, sie würden heute ohnedies nicht mehr verstanden. Wir danken unseren Gesprächspartnern dafür, daß sie mit uns der Meinung sind, es sei - bei Wahrung der persönlichen Integrität - möglich und nötig, über das Wirtschaftssystem und die Wirtschaftspolitik der DDR zu diskutieren, die subjektiven Erfahrungen zu dokumentieren und damit einen Beitrag zu leisten für die Analyse der Funktionszusammenhänge eines kommunistischen Herrschaftssystems und der daraus zu ziehenden Lehren.

Analysen

Der Band wird abgeschlossen durch vier Analysen der Mitglieder der Forschergruppe. Sie thematisieren verschiedene Aspekte der in den Gesprächen behandelten Probleme.

Rainer Weinert untersucht den Primat der Politik gegenüber der Wirtschaft und die sich daraus ergebenden Restriktionen für die Wirtschaftsführung. Das Scheitern des Versuchs einer Reform im "Neuen Ökonomischen System" in den sechziger Jahren und die Durchsetzung des Programms der "Einheit von Wirtschafts- und Sozialpolitik" gegen wirtschaftliche Kriterien in den sechziger und achtziger Jahren stehen im Vordergrund. Die Herrschaft der Parteibürokratie und der Planwirtschaft erlaubten zwar ein beständiges Krisenmanagement, aber keine Strukturpolitik unter wirtschaftlichen Effizienzkriterien, so daß am Ende die Reproduktionsfähigkeit des Systems nicht mehr gesichert war.

Hans-Hermann Hertle verfolgt die Diskussion der ökonomischen Krisen in der Führungsspitze der SED im Spannungsfeld zwischen der Sowjetunion und der Bundesrepublik. Im Zentrum stehen die Debatten um die wirtschaftlichen Folgen des Programms der "Einheit von Wirtschafts- und Sozialpolitik", die steigende Verschuldung und die forcierte Entwicklung der Mikroelektronik.

M. Rainer Lepsius analysiert die Handlungsräume und die Rationalitätskriterien der Wirtschaftsführer im Rahmen ihrer jeweiligen Zuständigkeiten und persönlichen Einflußchancen. Das Beziehungsgeflecht zwischen Politbüro, Zentralkomitee, Ministerrat, Staatlicher Plankommission und Kombinatsdirektoren wird herausgearbeitet, und Handlungschancen auf den verschiedenen Entscheidungsebenen werden dargestellt.

Theo Pirker versucht, das kommunistische Herrschaftssystem als modernen Despotismus zu interpretieren und die Frage zu beantworten, warum es nicht gelungen ist, das auf die DDR übertragene System des stalinistischen Despotismus zu reformieren. Der "Katechisierung" des Marxismus/Leninismus und der zentralistischen Parteiherrschaft werden dafür eine zentrale Bedeutung zugesprochen.

Mit diesen Beiträgen werden die Themen, die in den Gesprächen behandelt werden, und die Materialfülle, die sich in ihnen findet, nicht vollständig analysiert oder interpretiert. Doch sollen sie einige immer wieder auftretende Probleme aufgreifen und systematisieren und weitere Analysen anregen.

Unser Dank gilt Margret Meyer für die Transkription der Gespräche sowie Harald Weigl und Michael Mibs, die die technische Fertigstellung des Bandes besorgt haben. Die Forschungskommission der Freien Universität Berlin hat das Projekt im Rahmen des von Theo Pirker und Rainer Weinert geleiteten Forschungsgebietsschwerpunktes "Regulative Funktionen intermediärer Institutionen" unterstützt.

Gespräche

Ich hatte es immer mit Widersprüchen zu tun

Gespräch mit Dr. Günter Mittag, Berlin, 10.12.1993

Mitglied des Politbüros, Sekretär für Wirtschaft des Zentralkomitees der SED, Mitglied des Staatsrates der DDR.
Geboren am 8. Oktober 1926 in Scheune bei Stettin. Der Vater war Landarbeiter, später Weichensteller bei der Deutschen Reichsbahn in Stettin. Nach Besuch der Mittelschule 1942 Ausbildung bei der Reichsbahn für die Inspektorenlaufbahn. Nach Kriegsende Aussiedlung nach Pasewalk, 1948 Ernennung zum Reichsbahninspektor. Eintritt in die SED 1946, hauptamtlicher Jugendsekretär der Gewerkschaft der Eisenbahner in Greifswald. 1951 Landesparteischule und 1952 Instrukteur in der Abteilung Eisenbahn und Verkehr des Zentralkomitees der SED in Berlin. 1953 Abteilungsleiter im Zentralkomitee. Fernstudium an der Hochschule für Verkehrswesen in Dresden, Promotion 1958. Anschließend Sekretär der Wirtschaftskomission beim Politbüro, 1962 bis 1973 Sekretär für Wirtschaft des Zentralkomitees. 1962 Mitglied des Zentralkomitees, 1963 Kandidat des Politbüros und 1966 Mitglied des Politbüros. Unter Walter Ulbricht zusammen mit Erich Apel Vertreter des "Neuen Ökonomischen Systems". 1973-1976 Erster Stellvertreter des Vorsitzenden des Ministerrates, Horst Sindermann. Von 1976 bis zum 18. Oktober 1989 wieder Sekretär für Wirtschaft des Zentralkomitees. Mitglied des Staatsrates der DDR von 1963 bis 1971 und von 1979 bis 1989. Ausschluß aus der SED am 23. November 1989. Vom 3. Dezember 1989 bis zum 2. April 1990 in Untersuchungshaft. Am 19. März 1994 in Berlin gestorben.
Der Wirkungsbereich von Günter Mittag umfaßte im Sekretariat für Wirtschaft des Zentralkomitees die Abteilungen Sozialistische Wirtschaftsführung, Planung und Finanzen, Grundstoffindustrie, Maschinenbau und Metallurgie, Bauwesen, Leicht-, Lebensmittel- und bezirksgeleitete Industrie, Transport- und Nachrichtenwesen, Forschung und technische Entwicklung, Gewerkschaften und Sozialpolitik. Hinzu trat mit der politischen Unterstellung des Staatssekretärs Alexander Schalck-Golodkowski der Bereich Kommerzielle Koordinierung und der durch sie betriebenen Handels- und Finanzpolitik mit dem nichtsozialistischen Wirtschaftsgebiet, insbesondere der Bundesrepublik. Als Vorsitzender der Wirtschaftskommission, der Arbeitsgruppe Zahlungsbilanz und der Arbeitsgruppe BRD des Politbüros kontrollierte Günter Mittag auch die wirtschaftspolitischen Kommissionen des Politbüros. Schließlich war er Vorsitzender des Ausschusses der Volkskammer für Industrie, Bauwesen, Transport und Verkehr. Als Mitglied des Staatsrates der DDR hatte er auch eine staatliche Funktion, die ihm die protokollarische Basis für internationale Vorhaben der DDR bot.

Lepsius: Worauf begründete sich Ihr Einfluß auf die Wirtschaft der DDR? Welche Chancen hatten Sie, direkt auf den Wirtschaftsablauf und die Wirtschaftsplanung Einfluß zu nehmen?

Mittag: Wenn man über die Wirtschaft der DDR spricht, muß man sehen, was die DDR richtig und was sie falsch gemacht hat. Die DDR ist ohne ihre Nachbarn nicht zu beurteilen. Ich möchte jetzt nicht im einzelnen auf den Einfluß der westlichen Systeme auf die DDR eingehen, obwohl Sie ja wissen, daß er nicht gering war. Man spricht heute noch davon, daß es erfreulich war, den Kalten Krieg zu beseitigen, und zum Glück ist es nicht zu einem heißen Krieg gekommen. Die DDR war ein Staat, der ohne die Sowjetunion zu keinem Zeitpunkt existenzfähig war. Das ist ein entscheidender Punkt, der gegenwärtig in der Geschichtsschreibung und von den politischen Kräften völlig verschleiert wird. Die Geschichtsschreibung alleine auf die DDR zu reduzieren, wäre völlig falsch.

Ich bin sehr erstaunt darüber, daß bei vielen die Einwirkungen, die auf die DDR von außen stattfanden, ich spreche jetzt hauptsächlich von der Sowjetunion, unberücksichtigt bleiben, denn in unserer Wirtschaftspolitik gab es immer zwei unterschiedliche Linien. Ich möchte nicht die ganze Historie bringen, sondern die Punkte, die für uns von prinzipieller Bedeutung waren. Der erste große Punkt war 1964/65; das war die Periode, in der Chruschtschow abgesetzt und Breschnew eingesetzt wurde. Chruschtschow ist in der Hauptsache abgesetzt worden, weil man seine Wirtschaftspolitik nicht machen wollte, obwohl er auch mit dem "Feuer" sehr gut oder, besser gesagt, sehr schlecht gespielt hat. Aber die entscheidende Sache war, daß schon der geringe Reformansatz von Chruschtschow für diejenigen, die die Macht hatten, nämlich die Militärs nicht akzeptabel war. Die Militärs hatten damals die Macht und haben sie heute noch - ich kenne das. Deshalb wurde er abgesetzt, und Breschnew und Kossygin führten die Wirtschaftspolitik weiter, die unter Stalin gewachsen war. Das war ein Zurück zu Stalin. 1965 war mir das ganz klar, als Kossygin zur 800-Jahr-Feier der Leipziger Messe in der DDR war. Kossygin war in Pankow und sagte: "Man muß aufhören mit dem ganzen Quatsch von Chruschtschow, ich war ja schließlich Stellvertreter von Stalin." Das war für mich ein ganz schlimmes Signal.

Das Jahr 1965 ist mit Apels Tod verbunden. Schon 1964/65 haben Kossygin und Breschnew versucht, im ökonomischen Bereich die ganzen Lieferungen an die DDR zu verringern, und es mußte sogar Vorschuß bezahlt werden. Es wurde ein Plan gemacht, der große, große Löcher hatte. Das sagt heute keiner. Es sagt heute auch keiner, daß zu dieser Zeit die SDAG Wismut Milliarden gekostet hat; und es sagt auch keiner, daß der Flugzeugbau nicht auf Initiative der DDR geschehen ist. Die Sowjets wollten die Spezialisten nicht mehr in ihren Betrieben haben, auch nicht die Atomwissenschaftler: Ardenne, Thiessen und andere kamen zurück, auch Apel. Breschnew kam 1965 wenige Tage vor dem Tod Apels nach Berlin, zwei oder drei Tage vorher. Bei den Gesprächen mit ihm, das kann ich heute mit absoluter Sicherheit sagen, war Apel nicht dabei, ich auch nicht. Und dort kam schon der erste große Ansturm auf die Beseitigung des Neuen Ökonomischen Systems und gleichzeitig eine Festlegung der ökonomischen Beziehungen zur Sowjetunion ohne ausgearbeiten Plan allein durch den Außenhandel für fünf Jahre bis zum Jahre 1970. Mein Einfluß darauf war gleich Null: Macht und Ohnmacht, so war die Lage.

Und gleichzeitig stand die zweite Etappe des Neuen Ökonomischen Systems an. Und in dieser zweiten Etappe wurde die Schaffung einer Nationalökonomie, einer eigenen sozialistischen Nationalökonomie der DDR, formuliert. Das hat natürlich niemandem gepaßt, denn der Sowjetunion ging es ja wenn nicht um den direkten, aber dann doch auf jeden Fall um den indirekten Anschluß der DDR.

Die Versuche waren bis zuletzt da. Das ist ein großer Punkt in der Geschichte der DDR. Und dann wurde auf dem Plenum des ZK am 15.12.1965 von Honecker formuliert, wir lassen keinen Keil zwischen die DDR und die Sowjetunion treiben. Apel hat sich erschossen, weil er einmal die großen Gefahren sah, aber gleichzeitig auch, weil er zutiefst enttäuscht wurde, wie man uns behandelt. Denn wir waren schon mit Breschnew in Döllnsee zusammen gewesen, das war ungefähr 14 Tage, bevor Breschnew Generalsekretär wurde, was wir aber nicht wußten, Ulbricht auch nicht. Und wir waren aneinandergeraten. Aus den Dokumenten geht hervor, daß Breschnew uns nie das Gespräch in Döllnsee verziehen hat - Ulbricht nicht und mir schon gar nicht. Dort sollte schon der Kurs umgestellt werden, und dagegen hat Ulbricht die Nationalökonomie der DDR gesetzt und die zweite Etappe des NÖS. Ich habe noch im April 1968 ein Vorwort geschrieben zu dem Buch "Zum ökonomischen System des Sozialismus in der DDR" , in dem ich Ulbrichts Beiträge zusammengestellt hatte, weil ich mit meinem Namen alleine nicht durchkam; ich brauchte seine Dokumente[1]. Das war schon eine schwierige Zeit und widerlegt auch bestimmte Legenden, daß wir im Zusammenhang mit Prag kapituliert hätten.

Der nächste große Punkt ist natürlich das Jahr 1970. In den Gesprächen, die Honecker damals mit Breschnew geführt hat, ging es darum, daß Breschnew massive Drohungen ausgesprochen hat: "Hier sind die Truppen, hier ist die Macht. Ohne die Macht der Sowjetunion seid ihr gar nichts."[2] Die Gespräche zwischen Brandt und Stoph wurden in der Weise bezeichnet, daß dabei nichts herauskäme. Der Kurs hieß: Abgrenzung zum Westen, und zwar total. Ein sowjetischer Botschafter hat jetzt geschrieben, das war "die Politik der begrenzten Souveränität der DDR."[3] Die Wahrheit ist, daß das die Politik der totalen Begrenzung der Souveränität der DDR war, und unter diesem Gesichtspunkt der zwei Welten wurde dann 1970 der Sturz von Ulbricht organisiert. Ich kannte von den Gesprächen von Honecker bis zu dem Zeitpunkt der Veröffentlichung der Dokumente durch Przybylski nichts[4].

Ich mache es ganz kurz: Ich habe herausgesucht, was ich am 9. und 10. Juni 1970 im ZK gesagt habe, was alles gemacht werden muß und was dann intern beschlossen wurde. Das war ökonomisch gesehen ein Programm, und in diesem Programm, - das möchte ich ganz offen sagen -, waren alle Vorschläge enthalten, die das ökonomische System des Landes aus damaliger Sicht brauchte. Zu diesem Zeitpunkt bin ich auch soweit gegangen, daß die halbstaatlichen Betriebe, die Genossenschaften und Handwerker alle erhalten bleiben. Und dieses Dokument wird verschwiegen. Darin geht es um die Ausnutzung der ökonomischen Gesetze, die umfassende Anwendung der wirtschaftlichen Rechnungsführung und anderes mehr. Das Dokument bezog sich auf den ganzen Komplex der Distribution und der bisherigen Verletzung des Leistungsprinzips. Es wurde ganz klar gesagt, die Mehrzahl der privaten Unternehmer, Gewerbetreibenden, Handwerker und Selbständigen haben in der Zwischenzeit ihren festen Platz in der sozialistischen Ge-

1 Vgl. Ulbricht, Walter, *Zum ökonomischen System des Sozialismus in der DDR*, Berlin 1968.

2 Vgl. dazu Przybylski, Peter, *Tatort Politbüro. Die Akte Honecker*, Berlin 1991, S. 281.

3 Vgl. Kwizinskij, Julij A., *Vor dem Sturm. Erinnerungen eines Diplomaten*, Berlin 1993.

4 Die 1991 von Przybylski veröffentlichten Dokumente wurden von Honecker im Februar 1989 als "Dokumente zur Geschichte" allen Mitgliedern und Kandidaten des Politbüros "zur persönlichen Information" ausgehändigt (SAPMO-BArch, ZPA-SED J IV 2/2A/3195).

sellschaft gefunden und tragen zu ihrer Entwicklung bei. Ein halbes Jahr später wurden die Privaten und die Halbstaatlichen liquidiert. Bei den Handwerkern hatten wir zu kämpfen; ich weiß genau, wie Delegationen an meinen Tisch kamen und sagten: "Ihr habt noch ein paar hunderttausend Kapitalisten." Damit waren die Handwerker gemeint! Dann kommen die ganzen freiberuflich Tätigen, die Besteuerung des Handwerks - Besteuerung spielte ja nachher überhaupt keine Rolle mehr. Dann kommt die Frage der Sozialversicherung, wie das gestaffelt wird, werden müßte, nach völlig neuen Gesetzen. Dann kommt die Frage der Veränderung der Einzelhandelspreise, der Hinweis, die Subventionierung der Kinderbekleidung hat auch noch eine ernstzunehmende sozialpolitische Seite, und es wird ganz klar gesagt, daß man reale Preise machen soll und, wenn es sein muß, bestimmten Bevölkerungsschichten einen bestimmmten Zusatz geben soll. Ehrlich gesagt: daß das liquidiert wurde, ist für die Geschichte der DDR das Schlimmste gewesen. Dann kommt auch die Erhöhung der Wirksamkeit des Wertgesetzes im Bereich der Konsumgüter, die Preisgestaltung für hochwertige Konsumgüter nach Gebrauchswerten; dann die Frage, daß es erforderlich ist, "eine Reihe von Subventionen und Vergünstigungen aufzuheben, die bisher einem Teil der Bürger zum Nachteil der Volkswirtschaft gewährt wurden. Bekanntlich subventioniert unser sozialistischer Staat eine ganze Reihe von Nahrungsgütern, Industriewaren und Dienstleistungen. Deshalb werden für eine Reihe hochwertiger importierter Konsumgüter aufwandsdeckende Verbraucherpreise und eine ökonomisch richtige Differenzierung zu den Preisen der Inlandserzeugnisse eingeführt."[5] Dann die Frage der weiteren Ausnutzung der ökonomischen Gesetze der Sphäre der Produktion, das Prinzip der Eigenerwirtschaftung der Mittel ...

Lepsius: ... das war noch in der Ulbricht-Zeit vorbereitet?

Mittag: Das war die Konzeption, wo Ulbricht mit mir an einem Sonntag Stunden zusammengesessen hat, und die er akzeptiert hat.

Lepsius: Und Honecker hat das nicht mehr akzeptiert?

Mittag: Zu dem Zeitpunkt hatten wir schon starken Gegenwind. Honecker hat das nicht mehr mitgetragen. Mit diesem Beschluß bin ich ins 13. Plenum gegangen, und dieser Beschluß wurde bestätigt, aber nicht veröffentlicht, weil man schon, - um die zwei Linien zu charakterisieren -, eine andere Linie hatte. Und das war die Linie, die dann in den Beschluß von Schürer kam.

Lepsius: Honecker war schon Generalsekretär?

Mittag: Nein. Aber Ulbricht war vorher schon krank. Ich sage Ihnen ganz ehrlich, er hat sich gequält. Es wäre nicht richtig zu sagen, Ulbricht wäre der Reformer gewesen - politisch jedenfalls war er es nicht, aber ökonomisch schon. Er ist mitgegangen in all diesen Punkten und stand dazu. Dann kam dieser von Schürer vorbereitete Beschluß des Politbüros vom 8. September 1970[6], und dem war schon Ende Juli 1970 das Gespräch zwischen Breschnew und Honecker vor-

---

5 Die Rede Mittags auf der 13. Tagung des ZK der SED am 9. und 10. Juni 1970 ist abgedruckt in: Naumann, Gerhard/Trümpler, Eckhard, *Von Ulbricht zu Honecker. 1970 - ein Krisenjahr der DDR*, Berlin 1990, S. 71-78.

6 Der Politbüro-"Beschluß zur Analyse über die Plandurchführung im 1. Halbjahr 1970" vom 8. September 1970, dessen Vorbereitung Günter Mittag Gerhard Schürer zuschreibt, wurde am 3. September 1970 gemeinsam von Stoph und Mittag ins Politbüro eingebracht. Er trägt die Unterschrift beider Politbüro-Mitglieder (vgl. SAPMO-BArch, ZPA-SED J IV 2/2A/1463).

ausgegangen. Aus einem Material geht hervor, daß am 1. August Vereinbarungen getroffen wurden, über die mir aber kein Dokument vorliegt. Dort ist aber veranlaßt worden, daß Schürer das Material ausarbeitet; das haben ja nicht Stoph und Honecker formuliert. Und in diesem Dokument von Schürer ist faktisch drin, daß Schlußfolgerungen für 1970 und für den Perspektivplan 1971 bis 1975 zu ziehen sind. Das sind dann die Beschlüsse, die die Korrektur meiner Darlegungen im internen Beschluß des 13. Plenums bedeuteten. Um das nicht im einzelnen hier vorzutragen - man könnte das anhand der Beweise tun -, ergibt sich daraus, daß auf die administrative, zentrale staatliche Planung umgestellt wird. So steht das nicht im Material, aber die ganze Sache, um das mal an einem Punkt zu sagen, lief dann auf allein materielle Bilanzen hinaus, ein Prozeß, der außerhalb jedes ökonomischen Instrumentariums geht. Und die Tragik besteht darin, daß solche Beschlüsse gefaßt wurden.

Sehen Sie, ich will ja nicht über jemand etwas Schlechtes sagen, aber Schürer hat drei Jahre an der Parteihochschule in der Sowjetunion studiert, und was hat er dort gelernt? Das staatliche Modell von Stalin. Das hat Honecker auch gelernt; er war bloß ein Jahr da, aber das hat auch schon gereicht. Wobei Honecker seine eigenen Vorstellungen vom Sozialismus hatte, das war auch wieder Macht und Ohnmacht. Wenn es um die Bedürfnisse der Bevölkerung ging, sah er zuerst deren Befriedigung - und dann erst die Produktion. In der Denkweise wurde dann die Geschichte formuliert. Dann steht in diesem Beschluß: "Auf der Grundlage der umfassenden Anwendung des ökonomischen Systems des Sozialismus sind die Planung und Leitung und Bilanzierung weiterzuentwickeln." - Das ist sicherlich ein Schreibfehler; es müßte eigentlich heißen: rückzuentwickeln. - "Dabei geht es um folgende Maßnahmen: Anwendung der Wert- und Mengenplanung, Überprüfung der Neugestaltung der Bilanzverantwortung, die Bildung und Verwendung von Plan und Bilanz" usw. Das ist der Punkt, und da ist verantwortlich: Schürer.

Lepsius: Sie haben daran nicht mehr mitgewirkt?

Mittag: Nein. Ich wußte gar nicht mal, daß der Beschluß ausgearbeitet war. Den habe ich im Politbüro so gelesen, wie er ist. Und in einem Extrabeschluß wurde dann gleich der Import von 30 oder 40 Millionen an freier Valuta festgelegt, um die Versorgung der Bevölkerung zu machen. Es sollte mit dem NÖS nicht mehr gehen. Und man muß sehen, das war das Jahr 1970, da hatten wir Prag schon hinter uns. Wir haben nicht vor diesem Drängen kapituliert, denn in Prag stand ja die gleiche Frage, was wenden sie an; auch in Polen stand diese Frage. Das ist der entscheidende Kernpunkt, und da wurde nun mit dem neuen Beschluß gearbeitet. Es wurde zu keinem Zeitpunkt gesagt, das Neue Ökonomische System ist tot. Das ist alles hinten herum geschehen, weil ja mit vielen Kombinatsdirektoren und in einem großen Kreis über das NÖS gesprochen worden war, und das hatte ja ihre große Sympathie.

Lepsius: Aber warum hat Honecker Sie denn weiterbehalten? Er hätte doch sagen müssen, Mittag ist der Vertreter einer anderen Konzeption, den will ich nicht mehr um mich haben!

Mittag: Deshalb hat er mich ja zum Ministerrat geschoben. Vorher - 1971 - war ich nicht mehr in den Staatsrat wiedergewählt worden.

Lepsius: Aber Honecker hat Sie dann wieder zurückgeholt ...

Mittag: ... um überhaupt in der Wirtschaft noch zurechtzukommen!

Lepsius: Dann mußte er eingesehen haben, daß er ohne Mittag den Wirtschaftsapparat nicht mehr im Zaume hat?

Mittag: Das war sicherlich der Hauptgrund, sonst wäre ich nicht zurückgekehrt. Seine Einsichten bestanden bloß eben darin, daß sein Sozialismusmodell seins ist. Um es ganz kurz zu machen: Jeder Vorschlag, Dinge in Bewegung zu bringen, - ich habe ja bis zuletzt, 1988, noch 30 Generaldirektoren zusammengenommen, darunter war auch Biermann, die haben ihre Ausarbeitungen vorgelegt und alles gemacht - es gab keinen Weg! Er war fest überzeugt, das bringt nichts. Damals war das mit der Reaktion auf die Veränderung der Preise in Ungarn. Damals gab es in Ungarn auf verschiedensten Gebieten Preisveränderungen, die eine bessere ökonomische Stimulierung und den Abbau von Subventionen beinhalteten, und wir hatten zeitweilig die Chance erhalten, ebenfalls mit Preisveränderungen zu arbeiten. Ich rede jetzt gar nicht mal von der Atmosphäre. Da habe ich gesagt, wir haben jetzt diese Preisvorschläge gemacht, und dann hat er gesagt: "Ich will dir sagen, ich bin damit überhaupt nicht einverstanden. Die Schaufenster in Ungarn sind voll, einige können in die Läden 'reingehen, und die Mehrheit drückt sich die Nase breit. Wer gegen die Politik der Hauptaufgabe geht, dem stelle ich ein Bein." Und der Vorschlag, die Hauptaufgabe so zu begründen, also im Grunde allein von der Befriedigung der Bedürfnisse her, ohne die Entwicklung des ökonomischen Potentials an die Spitze zu stellen, wissen Sie, von wem der kommt? - Von Schürer! Schürer hat den Vorschlag begründet. Es wurden Arbeitsgruppen gebildet, und die eine Arbeitsgruppe, die hatte nicht ich als Wirtschaftssekretär, die hatte Schürer, und dort wurde dann der Vorschlag über die Hauptaufgabe entwickelt, wie sie dann beschlossen worden ist. Das war der eigentliche Subjektivismus und die Ausschaltung des NÖS. Und was die Wirtschaftspolitik anbelangt: Die Begründung dafür hat Stoph auf jedem Parteitag gegeben. Die Direktive dazu hat die Plankommission gemacht. Zu ihrer Ehre muß ich aber sagen, daß dann jeder Zweig einschließlich Kultur, Gesundheitswesen usw., in diese Direktive alles 'reingepackt haben, die dann ein subjektives Instrument war. Begründet hat sie Stoph.

Lepsius: Sie selbst haben ja doch früh gesehen und in Ihrem Buch immer wieder herausgestellt[7]*, daß der Investitionsfonds immer kleiner wurde und daß die Sozialpolitik, die Sicherheitsausgaben, auch der relativ große Kulturbereich im Grunde die Entwicklung der DDR in der Produktionskapazität einfach eingeschnürt hat.*

Mittag: Gegen diese Dinge habe ich schriftlich und mündlich bei Honecker Stellung genommen.

Lepsius: Und das stieß bei ihm nicht auf Resonanz? Man mußte ihm doch sagen, das Grundprinzip ist der wirtschaftliche Ertrag, das Volkseinkommen, und dann können wir verteilen, aber erst müssen wir produzieren. Also müssen wir doch mal diesen Investitionsfonds stärken!

Mittag: Ja, verlangen Sie jetzt von mir nicht zuviel ...

Lepsius: ... konnten Sie mit ihm nicht darüber reden?

Mittag: Aber sicher - das habe ich doch zigmal getan!

Lepsius: Und konnten Sie keine Verbündete gewinnen?

---

7 Vgl. Mittag, Günter, *Um jeden Preis*, Bonn-Weimar 1991.

Mittag: Nein, ich hatte keinen Verbündeten. Schürer hat ja eben nicht gesagt, welche Gesamtleistungen für die Streitkräfte bei ihm in den Bilanzen enthalten sind. Die Übersicht über den Verteidigungsetat im Einzelnen hatte ich nicht, den hatte die Plankommission, und die hat nichts herausgegeben und durfte das auch nicht. Die zweite Sache ist: Bei der Verteidigung kam das Argument, wenn wir jetzt anfangen bei der Verteidigung, und zumal noch bei den Importen - ich wollte ja von den Importen weg -, kriegen wir noch mehr Ärger mit der Sowjetunion. Denn dort waren die Militärs entscheidend. Breschnew hat doch nicht geleitet - Ustinow hat geleitet. Und diese Dinge habe ich ganz klar angesprochen und auch schriftlich mit Materialien an Honecker eingereicht. Ich sehe ja viele Dinge, die noch da sind, das war klipp und klar.

Hertle: *Sie haben in Ihrem Buch bedauert, daß es nie zu einem gemeinsamen Schulterschluß der in der Wirtschaft Verantwortlichen für Veränderungen gekommen ist. Ich habe in den Dokumenten einen Brief gefunden, in dem Sie 1977 mit Schürer zusammen Honecker vor der zunehmenden Verschuldung und den Problemen, die sich daraus ergeben, gewarnt haben*[8]*. Aber danach ist es wohl nie mehr zu einer gemeinsamen Aktion in dieser Hinsicht zwischen Ihnen und Schürer gekommen. Nun ist es ja so, daß Schürer im Mai 1988 in seinen an Honecker gerichteten und im Politbüro behandelten "Überlegungen" eine ganze Reihe von Forderungen aufgelistet hat, für die Sie in den Vorjahren, wie Sie schreiben, auch eingetreten waren. Das betrifft unter anderem einen Subventionsabbau und die Reduzierung der Militärausgaben. Dann haben Sie dieses Schürer-Papier aber im Politbüro mit der Begründung abgelehnt, daß damit die Beschlüsse des VIII. und XI. Parteitages mißachtet werden.*

Mittag: Dieses Dokument von Schürer hat ja nicht nur diese Seite, sondern auch eine andere, und diese andere Seite ist Schürers Standpunkt zur Mikroelektronik. Diesen Standpunkt vertritt er heute noch, unter falschen Gesichtspunkten. Schürer hat gesagt, daß er dafür eingetreten ist, die Mikroelektronik nicht zu entwikkeln, dafür aber den Maschinenbau. Ich setze voraus, daß Ihnen klar ist, daß ohne Mikroelektronik nichts geht, weder in der DDR noch in der BRD. Und daß jedes Zurückbleiben oder schon der Verzicht auf die Entwicklung der Mikroelektronik gleichbedeutend ist mit dem Verzicht auf den Maschinenbau. Es gibt keinen Maschinenbau ohne Mikroelektronik. Und seine Illusion, Millionen von Bauelementen irgendwo auf der Welt aufzukaufen, um sie dann im Rucksack hierherzubringen, um einen Maschinenbau zu machen, das ist der prinzipiell falsche Standpunkt von Schürer. Das hätte den globalen Bankrott der DDR bedeutet. Damit gehe ich in jede Diskussion, und wenn man gerade jetzt die Diskussion um den Standort Deutschland verfolgt, geht es um diese Fragen.

Ich will nicht davon reden, was gut gelaufen und was schlecht gelaufen ist, aber es ist einfach ein solch katastrophales Unverständnis in diesen Fragen. Ich habe mich mit den entsprechenden Leuten der Akademie der Wissenschaften beraten, habe sie vom Gebiet der Mikroelektronik bis zur Chemie an meinem Tisch gehabt, ich habe sie auf Reisen mitgenommen, gerade was die Mikroelektronik anbelangt. Und das war der erste große Querschuß, nicht nur von ihm, sondern auch von Neumann und Stoph. Da konnte ich nicht zustimmen. Das hat Schürer bis heute nicht verstanden, schreibt es noch in den Zeitungen und alles lacht darüber.

Die zweite Sache war, was mit Preisen usw. zusammenhing. Da diese Dinge nicht durchgerechnet waren, konnte man dem nicht zustimmen. Er hätte das ab-

---

8 Brief von G. Mittag und G. Schürer an E. Honecker, 14.3.1977 (BA/P E-1-56323).

schreiben sollen, was ich 1970 vor dem Plenum gesagt habe, dann hätte man darüber reden können. Ich habe an Honecker einen Brief geschickt, der veröffentlicht worden ist, daß ich für die Vorschläge bin, aber dann in diesen Dingen differenziert. Wenn er schreibt, das ist ein Dokument der Reform: das hat nicht mal neben einem Reformmodell gelegen.

Lepsius: *Sie sahen deutlich dieses dauernde Krisenmanagement und die immer wiederkehrende Überbrückung von einem Loch zum nächsten. Was hatten Sie für eine Idee, wie das in eine Stabilität kommen könnte? Hatten Sie auf die Mikroelektronik vertraut und darauf, daß damit die Außenhandelssituation verbessert werden würde? Was hatten Sie für eine Strategie, um aus der dauernd krisenhaften, jährlichen Notplanung herauszukommen?*

Mittag: Ich will jetzt nicht in die große Politik kommen, aber diese Frage trifft ein Kernproblem. Für mich gab es in der Hauptsache einen entscheidenden Ansatz in den Beziehungen mit der Bundesrepublik Deutschland, auch mit anderen Ländern wie Frankreich und Japan. Kwizinskij hat auch darüber geschrieben, aber er hat eins gemacht: er hat die Beziehungen, die sich entwickelt hatten, als Kriminalbeamter zusammengefaßt. Diese Beziehungen zur BRD waren ein ganz wichtiger Schritt, um überhaupt in Wissenschaft und Technik und auch mit einem weitergehenden Blick etwas weiter zu entwickeln. Ich bin ja oft genug mit Breschnew zusammengewesen und kann das beurteilen: Es war klar, daß es ein Prinzip der Hoffnung war, daß es doch einen anderen Weg gibt. Die ersten Gespräche mit Gorbatschow waren ja 1983, anläßlich der RGW-Tagung in Moskau; ich war der Sprecher der DDR-Delegation. Und es waren ja einige Anknüpfungspunkte bezüglich des ökonomischen Systems vorhanden. Aber dann kam wieder Tschernenko dazwischen, konnte sich aber auch nicht mehr lange halten; regiert haben dort aber die Militärs. Aber ich wußte ja, - das wird nicht wahrgenommen -, daß die Sowjetunion bereits 1980 bankrott war - bankrott!

Lepsius: *Das wußten Sie?*

Mittag: Ja, das wußte ich. Der Sekretär des ZK der KPdSU, Russakow, kam 1980 im Auftrag von Breschnew nach Berlin und teilte mit, daß der Zustand der Sowjetunion so ist wie vor Brest-Litowsk[9]. Ich habe damals nachgesehen, was Brest-Litowsk bedeutet. Das hieß, Rußland ist kaputt, und es gibt keine Ausdehnung zum Westen. Alle haben gerätselt, anstatt daß sie mal im Duden nachgeguckt hätten, was da drinsteht - ein bißchen Ironie kann ich mir nicht verkneifen, will es auch nicht, so bin ich immer gewesen. Russakow teilte weiter mit, daß die DDR zwei Millionen Tonnen Erdöl weniger bekommt. Für uns war Erdöl die Lebensfrage. Wir haben einen Brief geschrieben, Schürer hat ihn entworfen, und darin stand, daß damit die Existenz der DDR zusammenhängt. Russakow hat bei Honecker geweint, als er Breschnews Brief übergab, der die Kürzung der Erdöllieferungen ankündigte. In den Jahren danach wurde von allen Generalsekretären, bis hin zu Gorbatschow, versprochen, daß die Erdöllieferungen erhöht würden - nichts kam. Aber was passierte nun 1980? Heute redet man nun darüber, daß die Umstellung auf die Braunkohle nicht gut war. Der Auslöser für die Steigerung der Braunkohleförderung war einzig und allein, daß zwei Millionen Tonnen Erdöl fehlten, die wir in der Welt nicht kaufen konnten. Wir haben es im Iran versucht, überall, es war nicht möglich. Deshalb kam die Braunkohle: eine große

9 Vgl. dazu Sieber, Günther, Ustinow tobte, Gorbatschow schwieg, in: Brigitte Zimmermann/Hans-Dieter Schütt (Hg.), *Ohnmacht. DDR-Funktionäre sagen aus*, Berlin 1992, S. 217-234.

Ohnmacht. Kapitulation war nicht möglich. Sie müssen davon ausgehen, daß die Sowjetunion bis 1988, bis zum Bums, nicht einen Finger breit von der DDR hergegeben hätte. Und einige sind ja heute noch nicht einverstanden, hier auch nicht. Hier wird ja popularisiert, die DDR würde noch existieren, wenn ... - das sind Geschichtslügen, die hier verbreitet werden. Und das war 1980. Günter Sieber hat so schön geschrieben: "Dann wurde das alles wieder vergessen." Das können nur Leute von der Außenpolitik vergessen, aber keine Ökonomen. Und so haben wir uns mit ungeheuren Investitionen gequält und mit den Schäden, die entstanden sind - bloß hier ist Ursache und Wirkung zugleich zu betrachten.

Lepsius: *Es wird häufig gesagt, daß Sie einen großen persönlichen Einfluß ausgeübt haben. Sie hatten großes Ansehen im Westen; in der Westpresse sind Sie sehr positiv herausgestellt worden, immer unter dem Aspekt, mit Mittag kann man reden, der weiß ökonomisch Bescheid. Aber es wird auch gesagt, daß Sie auf das Binnensystem der DDR einen starken persönlichen Einfluß genommen haben, z.B. auf die Planerfüllung der Generaldirektoren. Sie haben die berühmten Leipziger Seminare durchgeführt, mit Vollversammlungen der Generaldirektoren, und da war Ihr Einfluß ganz offensichtlich einer, der mit Ihrer Person zusammenhing ...*

Mittag: ... na sicher ...

Lepsius: *... denn Sie waren ja nicht der Vorgesetzte dieser Generaldirektoren. Sie waren gewiß im Zentralkomitee ...*

Mittag: ... der politisch Verantwortliche.

Lepsius: *Könnten Sie schildern, wie Ihr Verhältnis zu den Generaldirektoren war, auch Ihr Bestreben, durch punktuelles Einwirken auf die Generaldirektoren die Gesamtwirtschaftsleistung zu erhöhen?*

Mittag: Der Sinn der Leipziger Seminare ist zu Beginn einmal gewesen, über den Erfahrungsaustausch Wissen zu vermitteln. Und später, als dann die ökonomischen Hebel des ökonomischen Systems außer Kraft gesetzt wurden, hatte das eine noch größere Bedeutung. Als es dann darum ging, in der Planerfüllung bestimmte Löcher auszugleichen, wurde das mehr zweigweise gemacht, auch als Erfahrungsaustausch, aber auch mit dem Zweck, durch die Zusammenführung Lösungen untereinander zu finden. Da waren dann auch Gruppen der Plankommission anwesend, um diese Dinge materiell-technisch zu machen. In Leipzig wurden viele gute Beispiele genannt, das läßt sich nachlesen, aber einige Minister und Generaldirektoren mußte man auch anzählen - warum? Wenn der ökonomische Hebel nicht wirkt, kann nur das Wort wirken. Und administrativ zehn Mann abzusetzen, das gab es nicht. Aber es bleibt ja nichts. Sie kennen das aus der Gegenwart: Wer seine Aufgaben nicht erfüllt, wird entlassen oder aber der Betrieb geht pleite, und das mußte man bei einigen ganz deutlich sagen. Aber ich muß sagen, die Mehrzahl hat sich natürlich bemüht. Daß nach der Wende einige aufgetreten sind - das sind auch heute nicht die Besten. Da findet sich immer ein Schaum, um aus diesen Dingen etwas zu machen.

In Leipzig bot sich die Gelegenheit, doch mal einige Punkte deutlich herauszukristallisieren. Das Referat wurde vorher beschlossen; ich habe das auch manchmal noch mit ein paar Beispielen ein bißchen angereichert, aber das war schon eine wichtige Sache. Daraus ergaben sich, das war eben das Motiv, Verpflichtungen und Wettbewerb. Aber wenn man versucht, ökonomische Hebel mit Wettbewerb und Verpflichtungen zu ersetzen ... - lieber Herr Professor, das wissen Sie besser als ich! So ist die ganze Geschichte.

Lepsius: Konnten Sie politische Sanktionen in Anspruch nehmen, also sagen: "Mach' mal, du kannst mehr, als du tust, und wenn du das nicht machst, dann werde ich dich nicht nur persönlich auffordern, besser zu sein, sondern dann steht hinter mir ja auch die politische Sanktionsmacht der Partei?"

Mittag: Also den Wortschatz hatte ich nicht.

Lepsius: Aber einen vergleichbaren?

Mittag: Das konnte sich vielleicht jeder denken, ich habe ja dort nicht als Privatperson gesprochen. Aber den Sprachschatz hatte ich nicht!

Lepsius: Die Generaldirektoren waren alle Nomenklaturkader und mußten bei Ihnen in Ihren Abteilungen bestellt werden. Sie haben die Nomenklaturentscheidungen für die Generaldirektoren doch getroffen?

Mittag: Ja, letzten Endes, aber das war hauptsächlich in der Abteilung vorbereitet.

Lepsius: Also nicht Sie persönlich, aber Ihr Sekretariat?

Mittag: Ja. Aber was den Umgang betrifft: So ist das doch in der Welt. Wenn ich höre, mit welchen scharfen Worten heutzutage hier geredet wird, da war ich ein Waisenknabe.

Lepsius: Aber es war doch immer ein punktueller Eingriff?

Mittag: Na, das ist doch bei jedem punktuell!

Lepsius: Aber Sie konnten daraus das System selbst nicht mehr verändern?

Mittag: Das ging ja nicht. In dem Moment, als das Neue Ökonomische System kaputtgemacht wurde, ich sage das mal ganz deutlich, wirkte keine irgendwie geartete materielle Interessiertheit in diesem ganzen Prozeß. Und da außerdem auch die Parteiorganisationen den Bezirksleitungen unterstanden - was sollten die dazu sagen? Was sollte Modrow dort nun erklären, wenn er damals mit den Generaldirektoren zusammen war? Die wußten doch mehr, als er heute weiß.

Hertle: Wenn Sie sagen, mit dem Scheitern des NÖS war alles verloren, kommt mir das stark ex-post betrachtet vor. Das war doch schon 1970. Sie haben ja danach noch 19 Jahre Politik gemacht - Sie müssen doch noch eine Hoffnung gehabt haben?

Mittag: 1980, habe ich gesagt, war die Sache mit dem Erdöl als ein Beispiel für diese ganze Entwicklung. Und diese Kürzungen und das alles geht ja weiter. Ich möchte doch sagen: Gehen Sie davon aus, daß der Zusammenbruch fast zeitgleich in der Sowjetunion, in der DDR, in Polen, in der CSSR, Bulgarien und Ungarn erfolgte. Das ist doch nicht ein Phänomen der DDR. Das ist ja die primitive Krümelkackerei, wie ich sie manchmal höre. Da sage ich, haben die Menschen gar nicht begriffen, daß sich hier Welten verändert haben und die Sowjetunion zusammengebrochen ist. Das einzige, was dort noch einigermaßen funktioniert, ist der militärische Apparat! Der Zusammenbruch der Sowjetunion ist auch dadurch wiederum beflügelt worden, daß die Versorgung der Sowjetunion mit Konsumgütern doch durch die anderen Länder erfolgte, auch durch die DDR - ich kenne das ganz genau. Da haben sie erstmal gemerkt, daß die Hälfte des Landes militärökonomischer Komplex ist. Bei uns in der DDR war das ein Prozent. Und daß im März 1990 Gorbatschow Teltschik wegen 30 Milliarden für die Sowjetunion empfangen hat - die Sowjetunion war kaputt!

Weinert: *Hatten Sie vorher noch die Hoffnung, daß, solange die Sowjetunion funktioniert, damit auch eine Bestandsgarantie selbst unter diesen schwierigen Bedingungen für die DDR gegeben ist?*

Mittag: Deshalb habe ich die Beziehung beschrieben, die ich zu Gorbatschow hatte. Ich ging davon aus, daß ich ein vernünftiges Verhältnis zu ihm hatte. Aber durch die Starrheit von Honecker - denn seit 1987 war totale Feindschaft zwischen Gorbatschow und Honecker - ging nichts mehr. Aber das konnte ich nicht voraussehen.

Weinert: *Worauf führen Sie diese Feindschaft zwischen Gorbatschow und Honecker zurück?*

Mittag: Der letzte Punkt war 1987 - ich kann nicht alles sagen - als Gorbatschow Honecker verboten hat, in die BRD zu fahren. Ich bin im April in Bonn gewesen und habe den offiziellen Besuchstermin überbracht, und erst vierzehn Tage vor unserer Abreise nach Bonn hat die Moskauer Führung ein Telegramm geschickt, daß sie einverstanden sind.

Hertle: *Gab es die Sache, die Beil beschrieben hat, daß im Vorfeld des Besuches von 1987 Verhandlungen mit der Bundesrepublik unter dem Titel "Aktion Länderspiel" stattgefunden haben, an denen auch Professor Nitz beteiligt war?*[10] *Wurde soweit verhandelt, daß die Kohl-Regierung bereit war, die DDR-Staatsbürgerschaft anzuerkennen, wenn die DDR Reisefreiheit gewährt?*

Mittag: Nein, nein, das ist nicht der Fall. Zu keinem Zeitpunkt. Es gab Gespräche zu verschiedenem, aber das, was Sie meinen, ist absolut unmöglich.

Lepsius: *Es wird immer gesagt, Sie wären neben Mielke der einzige gewesen, mit dem Honecker überhaupt länger unter vier Augen gesprochen hätte ...*

Mittag: ... soll ich jetzt die anderen alle anführen, die noch länger mit ihm gesprochen haben, weil er für mich keine Zeit hatte?

Lepsius: *Es wird so dargestellt, daß Mittag einen besonderen Zugang zu Honecker hatte ...*

Mittag: ... wenn man einen sucht, findet man immer einen. Und diese ganze Sache mit 1989 ist ja nicht zufällig geschehen. Aber die Sache ist so: Dort kamen stundenlang Delegationen, dann kamen stundenlang die Presseleute, dann die Kulturfragen, und Krenz hatte auch nicht weniges, was dort zu machen war. Ich hatte zu tun, daß ich meine Dinge unter Dach und Fach kriegte. Das gehört in die Kategorie der Verleumdungen, einer Vorverurteilung im größten Maße. Man glaubte, wenn man sich ein paar nimmt und ihnen noch Hochverrat und Agententätigkeit anhängt, daß dann die Sache gehen könnte. Die gleichen Leute, wie auch Krenz und Co., haben ja noch 1989 geglaubt, daß sie die DDR retten können. Da gab es ja noch die Illusion, wenn man mit Japan was zusammen macht, ohne die BRD, daß das gehen könnte. Das ist doch Kindergarten, wenn ich das mal so sagen darf. Und diese ganze Vorverurteilung ist ein Stück Politik.

Lepsius: *Ich meine gar nicht, daß man Ihnen besondere Schuld zuweist. Ich wollte nur sagen, offensichtlich ist die Willensbildung im Politbüro schon im Vorfeld erfolgt, nämlich in den Übereinstimmungen im Vorfeld mit Honecker. Was Honecker akzeptiert hat, das ging im Politbüro durch, und wo Sie nicht*

---

10 Vgl. den Bericht von Margarita Mathiopoulos über ihr Gespräch mit Gerhard Beil, in: Mathiopoulos, Margarita, *Das Ende der Bonner Republik*, Stuttgart 1993, S. 121 ff.

schon im Vorfeld von Honecker die Zustimmung bekommen haben, hätten Sie sie im Politbüro auch gar nicht mehr bekommen.

Mittag: Nein, das war schon gescheitert.

Lepsius: *Und Sie konnten im Politbüro auch gar nicht von sich aus eine Vorlage einbringen? Das mußte immer erst über das Sekretariat von Honecker gehen?*

Mittag: Nein, er hat ja kein Sekretariat gehabt. Aber die entscheidende Frage bei Honecker war, daß er in einem solchen Fall die Frage gestellt hätte, warum wird eine solch wichtige Frage nicht im vorhinein diskutiert.

Lepsius: *Aber diese Vordiskussionen waren immer zu zweit, also Honecker und Mittag, Honecker und Krenz - das waren nie kleinere Kollektive?*

Mittag: Nein, nur zu zweit - vielleicht war noch ein Abteilungsleiter dabei.

Lepsius: *Es wurde immer nur segmentiert das verhandelt, was in Ihrem Bereich lag?*

Mittag: Ja.

Lepsius: *Sie haben mit Honecker außenpolitisch nicht gesprochen?*

Mittag: Was die Fragen der Vorbereitung von Verhandlungen mit der BRD betraf: darüber habe ich schon mit ihm gesprochen!

Lepsius: *Weil Sie immer eine wirtschaftspolitische Komponente hatten?*

Mittag: Na sicher, das meiste. Und die meisten dieser Maßnahmen sind über meinen Tisch gegangen, das ist ganz klar.

Lepsius: *Im Grunde ist die Willensbildung des Politbüros in diesen Zweiergesprächen mit Honecker erfolgt und nicht im Plenum des Politbüros?*

Mittag: Ja.

Hertle: *Welche Rolle hat der "Kleine Kreis" gespielt, der mit gewisser Regelmäßigkeit zusammengerufen wurde?*

Mittag: Den kenne ich nicht.

Hertle: *Ich meine die Beratungen, zu denen in der Regel Honecker, Sie, Schürer, Jarowinsky, die Wirtschaftsleute ...*

Mittag: ... ach so, der Teil der Politbüromitglieder, der wegen des Planes zusammenkam.

Hertle: *Das waren Planvorberatungen?*

Mittag: Ja, aber da hat jeder so seine Dinge angemeldet ...

Lepsius: *... das war keine echte, verbindliche Willensbildung?*

Mittag: Na ja ... . Die Grundfrage war die Zusammensetzung des Politbüros. Wenn man das ansieht, ist es so, ich sage das mal ganz grob, daß viele die Zusammenhänge überhaupt nicht übersehen haben, sich auch nicht die Mühe gemacht haben. Und um zu bestimmten Lösungsvorschlägen zu kommen, wurden diese Beratungen im Kleinen Kreis gemacht. Die hat Schürer vorgeschlagen, und ich war auch nicht dagegen. Ich war auch nicht dagegen, weil man doch den einen oder anderen zwingen mußte, sachlicher zu betrachten, wie das mit dem

Plan ist. Jeder hatte seine Forderungen. Schürer stand vor der Situation, daß das Gesundheitswesen kam und sagte, wir brauchen mehr, die Kultur: wir brauchen noch mehr, die Bereiche der nicht-materiellen Produktion wie die Volksbildung: wir brauchen noch-noch mehr. Aber am Wohnungsbau nichts ändern! Militär müssen wir mal sehen, da kriegen wir Ärger mit Moskau.

Lepsius: Die Querschnittsbilanz wurde nicht gezogen?

Mittag: Diese Quadratur des Kreises sollte Schürer dann lösen, und das konnte auch er nicht.

Lepsius: Und Sie konnten es auch nicht über das Zentralkomitee?

Mittag: Überhaupt nicht. Ich konnte nur dafür sorgen, daß in der Qualität der Arbeit etwas verändert wird.

Lepsius: Und der Ministerrat hat auch keine Kraft gehabt?

Mittag: Stoph wollte ja keine Kraft haben. Im Politbüro saß doch ein Teil, der in der Sowjetunion viel besser angebunden war als sonstwo. Wenn Sie die Dokumente lesen, da steht das ja drin, und besonders die Verdienste von Stoph und Matern und anderen stehen in den Protokollen drin, die ich jetzt gelesen habe. Das war die Sache! Im Politbüro saßen zwei Linien. Und ich habe Material gelesen, was alles so vor sich gegangen ist, aber da hat dann die sowjetische Botschaft mitregiert. - Herr Professor, Sie haben mir klargemacht, was Dialektik ist: Die Dialektik im eigentlichen Sinne ist die Erforschung der Widersprüche im Wesen der Dinge selbst, und damit hatte ich immer zu tun und habe es nicht geschafft.

Innovationen - nur gegen den Plan

Gespräch mit Prof. Dr. Claus Krömke, Berlin, 18.10.1993

Persönlicher Referent von Günter Mittag, Professor an der Hochschule für Ökonomie.
Geboren am 24. März 1930 in Berlin. 1948 Abitur in Berlin-Neukölln, Studium der Wirtschaftswissenschaft an der Humboldt Universität. 1949 Eintritt in das neugegründete Planökonomische Institut der Staatlichen Plankommission. 1951 Hochschulabschluß als Diplomwirtschaftler. Danach Assistent am Planökonomischen Institut. 1955 Promotion mit dem Thema "Der Betriebsvergleich in der sozialistischen Industrie". 1961 Habilitation mit einer Arbeit über Spezialisierung, Kooperation, Konzentration und Kombination in der sozialistischen Industrie; Professor an der Hochschule für Planung (später: Hochschule für Ökonomie). Von 1962 bis zu dessen Ablösung im Oktober 1989 persönlicher Referent von Günter Mittag im Apparat des Zentralkomitees der SED.

Lepsius: Anfang der sechziger Jahre waren Sie Professor an der Hochschule für Planung, der späteren Hochschule für Ökonomie. Wie sind Sie 1962 als Mitarbeiter zu Günter Mittag gekommen? Wer hat Sie ausgesucht?

Krömke: Mittag selbst, und das hing damit zusammen, daß ich damals begonnen hatte, als Redakteur nebenbei für die theoretische Zeitschrift "Einheit" zu arbeiten. Zur damaligen Zeit gab es unter Leitung von Apel und Mittag die Wirtschaftskommission, zu der wurde ich immer hingeschickt. Da ich mich gleichzeitig wissenschaftlich engagiert hatte und mich eine Reihe von Themen interessierte, hatte ich mir das eine und andere Mal erlaubt, dort etwas zu sagen, auch in der Auseinandersetzung mit älteren Kadern, die dort waren, Fritz Selbmann und anderen. Dadurch geriet ich ein bißchen ins Blickfeld. Als Mittag dann Sekretär wurde und einen Mitarbeiter brauchte - er hatte ein bestimmtes Gefühl für wissenschaftlich vorgebildete Leute -, hat er mich gefragt, ob ich bei ihm anfange. Nach einer Bedenkzeit habe ich das auch gemacht.

Pirker: Aber das lief doch alles im Rahmen der Nomenklatura?

Krömke: Na ja, was heißt Nomenklatura - klar, formal war man dann irgendwie in einer Nomenklatur, aber das war dann vielleicht in dem Moment, in dem man dort eingestellt worden ist. Ansonsten haben die sich die Leute gesucht, von denen sie der Meinung waren, sie bräuchten sie. Mittag war in diesen Fragen immer recht unkonventionell; er hat nicht darauf geachtet, hat einer die Parteihochschule besucht und dies und jenes, sondern er hat sich gesagt, hier ist ein intelligenter junger Mann, den nehme ich, mit dem kann ich vielleicht mal zusammenarbeiten.

Lepsius: Hatten Sie eine ordentliche Parteischulung hinter sich?

Krömke: Überhaupt nicht.

***Lepsius:** Sie arbeiten im Zentralkomitee und haben keine ordentlichen Parteischulen besucht?*

Krömke: Das war die Ulbrichtsche Linie, es müssen Fachleute ran. Deshalb hat er Apel, den ich sehr gut kennengelernt habe, berufen; Mittag war der Sekretär der Wirtschaftskommission. Sie sollten die wirtschaftlichen Aspekte organisieren, weil Ulbricht merkte, allein mit Agitation und Propaganda ist die Schlacht nicht zu gewinnen. Das in der Partei durchzusetzen war eigentlich der Kampf bis zum Schluß. Bei Mittag selbst war ich damals vor allen Dingen mit Ausarbeitungen zum Neuen Ökonomischen System beschäftigt. Der Höhepunkt für mich war das Buch "Politische Ökonomie"[1], dessen Mitautor ich bin und dessen Endredaktion ich mitgemacht habe. Ein Jahr nach dem Erscheinen wurde es wieder 'eingestampft'.

Später bin ich mit Mittag zusammen von 1973 bis 1976 im Ministerrat gewesen, wo er erster stellvertretender Vorsitzender war, und habe die administrative Seite kennengelernt. Dann ging es wieder zurück ins Zentralkomitee, und in dieser Zeit wurde von Seiten Mittags und seinen Getreuen immer wieder versucht, bestimmte Elemente des NÖS zur Geltung zu bringen. Grundfrage war aber vor allen Dingen, wie sich die Wirtschaftspolitik entwickeln soll. Dann habe ich sehr viel kennengelernt; ich habe Mittag bei allen Verhandlungen seit 1979 mit der Bundesrepublik begleitet, also vor allen Dingen mit Lambsdorff und Bangemann, auch bei den Gesprächen mit dem jeweiligen Bundeskanzler, aber auch mit Strauß und anderen. Auf der anderen Seite genauso die Seite des RGW, denn als Sekretär für Wirtschaftspolitik hat er an den Tagungen des RGW teilgenommen. So konnte ich beide Seiten aus der unmittelbaren Praxis kennenlernen.

***Pirker:** Welchen Einfluß hatte die Kommunikation oder der Gedankenaustausch mit den Ökonomen und Planökonomen der Sowjetunion oder der anderen sozialistischen Länder?*

Krömke: Wir waren natürlich grundsätzlich darauf orientiert, alles, was in der Sowjetunion war, genauestens zu studieren und für unsere Verhältnisse anzuwenden. Ich selbst hatte in jungen Jahren auch den naiven Glauben, daß aller Fortschritt von dort kommt. Wir haben uns also auf jedes Schriftstück gestürzt, dessen wir nur habhaft werden konnten. Wir hatten auch im Zusammenhang mit Delegationsreisen persönliche Kontakte, insbesondere mit Professor Bogomolow und anderen, und waren eigentlich sehr an ihren Erfahrungen interessiert und später auch daran, daß man unsere Erfahrungen zur Kenntnis nimmt. Der Knackpunkt war Liberman, der das theoretische Modell für die chruschtschowschen Reformen geliefert hat. So hatten wir schon einen bestimmten Erfahrungsaustausch und auch sehr viel aus den Übersetzungen gelesen. Wir haben dann aber gemerkt, daß diese Quelle später nicht mehr so vorhanden war, während Chruschtschow zuvor noch versucht hatte, das Tabu der Warenproduktion zu durchbrechen. Die große Frage, gibt es im Sozialismus Warenproduktion oder nicht, ging ja bis in die 80er Jahre hinein, wo das zum Teil immer noch verneint worden ist. Da hatte ja Liberman einen Schritt nach vorn getan.

Nach Chruschtschows Sturz im Oktober 1964 ging das wieder zurück, es war direkt auch ein Rückfall in den Dogmatismus, und da war eigentlich das Verhältnis umgekehrt, daß von unserer Seite versucht worden ist, das Gedankengut des Neuen Ökonomischen Systems in die Sowjetunion hineinzubringen. Wir fanden dort bei vielen Leuten Gehör, z.B. auch bei Wolski, der heute Vorsitzender des

---

1 Autorenkollektiv, *Politische Ökonomie des Sozialismus und ihre Anwendung in der DDR*, Berlin/Ost 1969.

industriellen Unternehmerverbandes ist. Wie ich von Mittag später erfuhr, hatte Wolski auch für Andropow als Berater Grundzüge des ökonomischen Systems aufgeschrieben. In seiner Rede auf einem ZK-Plenum und in dem Artikel, den Andropow über "Karl Marx und den Sozialismus" veröffentlicht hat, kann man eigentlich das, was im ökonomischen System festgeschrieben worden ist, wiederfinden. Das hat Wolski offensichtlich gemacht, das wurde aber später von Tschernenko alles wieder weggewischt und von Gorbatschow leider so nicht wieder aufgegriffen.

Wir hatten also in dieser Richtung Kontakte, nicht nur wir, sondern auch z.B. das Institut für sozialistische Wirtschaftsführung in Rahnsdorf. Es gab da eine deutsch-sowjetische Ökonomenkommission, die von DDR-Seite Professor Koziolek geleitet hat, und es fand ein ständiger Erfahrungsaustausch statt. Von der wissenschaftlichen Seite her war man dort schon aufgeschlossen für die neuen Fragen, für die Fragen der sogenannten Reformen, nicht aber bei der politischen Führung.

***Weinert:** Sie haben gesagt, daß es Ihr Bestreben gewesen ist, zu sehen, was die DDR von der Sowjetunion übernehmen konnte. Mit dem NÖS fand aber doch eine Umkehrung statt. Wurde das von Ihnen bewußt so konzipiert?*

Krömke: Es ist kein bewußter Gegensatz zur Sowjetunion hergestellt worden. Im Gegenteil, es war immer das Bestreben vorhanden, mit der Sowjetunion im Gleichklang zu sein. Und deshalb begann die Arbeit am Neuen Ökonomischen System mit den Chruschtschowschen Reformversuchen. Das war eigentlich der Ausgangspunkt. Und hier glaubten wir einen Ansatzpunkt zu haben, um von dem starren Plansystem, das ja ein System der Naturalwirtschaft war, abzukommen, hin zu ökonomischen Beziehungen und ökonomischen Grundlagen der Planung. Dahinter stand meiner Meinung nach die Erkenntnis und das Bestreben Ulbrichts, die DDR zu modernisieren. Dafür waren vor allen Dingen zwei Dinge maßgebend. Die unmittelbare Konfrontation mit Westdeutschland, und die andere Sache war, daß doch damals in der DDR sehr viele Wissenschaftler waren, die ihrerseits Druck auf eine Modernisierung der Wirtschaft machten. Ich denke hier an solche Namen wie den Chemiker Professor Thiessen, den Physiker Professor Steenbeck, auch Ardenne. Sie haben in der Sowjetunion gearbeitet, wurden mitgenommen, um dort vor allem die Atomrüstung voranzutreiben. Sie kamen dann zurück, blieben in der DDR und wollten natürlich an die Traditionen eines hohen Standes der Industrieentwicklung in den dreißiger und vierziger Jahren anknüpfen. Unter diesen Gesichtspunkten merkte man natürlich sofort, mit der schematischen Planung ist das nicht zu schaffen. Deshalb ging es dann los mit der Rentabilität. Schon im Jahre 1954 gab es diese 21. Tagung des Zentralkomitees, auf der Ulbricht schon gefordert hatte, den Gedanken der Wirtschaftlichkeit und des technischen Fortschritts miteinander zu verbinden.

***Pirker:** Liberman und seine Leute, die ich alle kannte, haben damals gesagt, daß der Drehpunkt in der sowjetischen Wirtschaft die Autonomisierung der Betriebe und der Unternehmen sei. Der zweite Punkt war, daß man für diese Aufgabe bestimmte, geschulte Leute brauchte, also Manager. In Kiew war eine sowjetische Managementschule nach amerikanischem Muster geplant. Daraus ist dann nichts geworden. Aber die Notwendigkeit einer starken Managerialisierung, die de facto eine Veränderung der Führungskader in bestimmten Bereichen der Wirtschaft bedeutet hätte, wurde tatsächlich eingesehen.*

Krömke: Ich komme gleich darauf zurück. 1954 waren diese Gedanken mit der Rentabilität, der Technik, schon da. Es hat bis 1961 und danach gedauert, bis diese Fragen deutlicher gestellt werden konnten, eben weil in der Sowjetunion sich bis dahin auf diesem Gebiet nichts rührte. Man darf eines nicht vergessen, die Sowjetunion beanspruchte das Dogma des Modells, was Sozialismus ist, und zwar bis ins Detail. Und jede Abweichung, siehe Jugoslawien, war ja sofort mit politischen Sanktionen verbunden. Deshalb gehörte damals ziemlicher Mut dazu, das überhaupt zu machen. Als Chruschtschow kam, schien hierfür das Tor offen, und in dem Moment setzte sofort die Vision mit dem Neuen Ökonomischen System ein. Geistig war man schon bei Ulbricht und einigen anderen, auf diese Linie vorbereitet. Eigentlich hätte man das schon früher machen müssen. Es gibt allerdings einen Faktor, der meiner Meinung nach eine Rolle spielt: Der Betrieb in der DDR war etwas anderes als ein Betrieb in der Sowjetunion. Die Betriebe in der Sowjetunion hatten eine Nummer, nur einige wenige hatten einen Namen; sie waren wirklich reine Produktionsstätten. Der Betrieb in der DDR war zwar Volkseigentum, er hatte aber in der Regel eine Tradition. Er hatte einen Namen, er war irgendwie auch soziologisch, als soziales Kollektiv vorhanden, mit seinem Facharbeiterstamm, mit seinen Ingenieuren, die da waren, auch zum Teil mit den Leitern, je nachdem, und dieses Denken in Kostenkategorien, in Rentabilität war eigentlich schon immer da, war aus der kapitalistischen Zeit da. Es gab ja überall eine entwickelte Buchhaltung, das brauchte nicht hineingetragen zu werden.

Das war in der Sowjetunion ganz anders, da stand nur die Frage Produktion, und zwar Produktion um jeden Preis, koste es, was es wolle, was seinen klassischen Ausdruck in der Tonnenideologie fand. Es gab noch in der Stalinzeit einen Schlüsselroman, der "Schlacht unterwegs" hieß; da hat es schon so ein bißchen gedämmert, daß es nicht nur darauf ankommt, soundsoviel Motoren herzustellen, sondern die müssen auch eine Qualität haben und dürfen nicht sonstwas kosten. Aber das ist dort alles wieder untergegangen. Wie gesagt, der Boden war in Ostdeutschland für diesen Schritt weg vom starren Plansystem und hin zu einer ökonomisch fundierten Wirtschaftsführung vorhanden. Allerdings war das eben auch ein Kampf - ein Kampf gegen Beharrungsvermögen in den eigenen Reihen, ein Kampf gegen die ideologischen Dogmatiker, gegen die Starrheit auf diesem Gebiet in der sowjetischen Führung. Aus den Dokumenten im ersten Band von Przybylski geht hervor, daß Breschnew das selbständige Handeln auf dem Gebiet der Leitung - übersetzt als Überheblichkeit Ulbrichts -, benutzt hat, um Ulbricht zu stürzen[2]. Meiner Meinung nach war das vielleicht nicht die Hauptursache, die lag in der Deutschlandpolitik, aber es war mit eine Ursache und hat sich auch wunderbar benutzen lassen in der Diskussion in der eigenen Partei.

Pirker: *Spielte in der Deutschlandpolitik zu dieser Zeit vielleicht die alte Ulbrichtsche Idee eine neue, verlebendigte Rolle, nämlich der deutschen Konföderation, die er ja sehr frühzeitig zur Diskussion gestellt gestellt hatte? Von Ulbricht kam ja die Konföderationsidee in den fünfziger Jahren. Wurde das durch die Modernisierungsentwicklungen der Wirtschaft wieder aufgenommen?*

Krömke: Ja. Es gibt zwei Dinge, auf die Breschnew 1970 immer hingewiesen hat, sowohl in dem internen Gespräch mit Honecker als auch in dem Gespräch mit der Delegation im August 1970: keine nennenswerte Entwicklung der Wirtschaftsbeziehungen zur Bundesrepublik und keine eigenen politischen Aktivitäten gegenüber Westdeutschland, nicht einmal zur SPD hin, von Partei zu Partei. Das stand unter dem Vorbehalt der Sowjetunion, und das hängt meiner Meinung nach

---

2 Protokoll einer Unterredung zwischen L.I.Breschnew und Erich Honecker am 28. Juli 1970, abgedruckt in: Przybylski, Peter, *Tatort Politbüro.* Die Akte Honecker, Berlin 1991, S. 280-288.

damit zusammen, daß die DDR eben ihr Faustpfand, ihre Kriegsbeute war, und darüber zu verfügen, war ihre Sache. Und in dem Moment, wo sich irgendetwas in dieser Richtung von deutscher Seite selbst regte, also in diesem Falle von ostdeutscher Seite, wurde das mit dem größten Mißtrauen behandelt. Die Falin-Memoiren unterstreichen das nochmal mit aller Deutlichkeit[3]. Und so verflechtet sich die ganze Sache: ökonomisches System, gewisses Selbständigkeitsbestreben der DDR und Deutschlandpolitik.

***Hertle:** Das überrascht mich insofern, als sich die DDR unter Ulbricht in den sechziger Jahren, auch in der zweiten Hälfte der sechziger Jahre, ideologisch sehr stark von der "Brandt/Wehner-Clique" abgegrenzt hat. Würden Sie sagen, da sind unter der Oberfläche, die bisher bekannt ist, bei Ulbricht andere Ideen ausgeheckt worden?*

Krömke: Ich würde das vermuten. Wenn Sie z.B. lesen, wie Breschnew sich geäußert hat, warum er nicht mit Westdeutschland kann - der Hort des Imperialismus, des Reaktionären, der Verbündete und Handlanger der USA -, da sind immer diese ideologischen Momente gebraucht worden, wobei Breschnew immer wieder als Ausgangspunkt den Zweiten Weltkrieg nimmt, Deutschland als Verursacher der Zerstörung der Sowjetunion und dann der Sieg der Sowjetunion, und dieser Sieg darf nicht aufs Spiel gesetzt werden. Das ist durchaus ernstzunehnen, das ist nicht nur eine ideologische Frage. Aber ansonsten werden ja immer auch Nebelvorhänge geschossen. Das heißt jetzt nicht, daß Ulbricht nun der Meinung gewesen wäre, daß Westdeutschland nicht der politische Gegner war, auf gar keinen Fall. Aber wenn man etwas bewegen wollte, dann mußte man unter Umständen die Abgrenzung zum Gegner öffentlich besonders betonen. Sonst wäre überhaupt nichts möglich gewesen, denn alle Schritte der Deutschlandpolitik sind ja mit dem Argument, daß man mit dem westdeutschen Imperialismus nicht sprechen darf, abgeblockt worden. Also folglich mußten Ulbricht und später Honecker, beide mußten sich auf der einen Seite ideologisch-politisch abgrenzen, um auf der anderen Seite praktische Schritte einleiten zu können. Sonst wären sie sofort als Verräter angesehen worden.

***Lepsius:** Im Grunde darf man doch wohl annehmen, daß die DDR schon 1960 in einer ökonomischen, sozialen und politischen Bestandskrise geraten war, die zum Mauerbau geführt hat. War die Ulbrichtsche Strategie der Modernisierung schon 1961 negativ zu Ende gekommen?*

Krömke: Ja, sie drohte zu scheitern. Unter anderem auch in diesem Zusammenhang dokumentiert durch die Abwanderung insbesondere von Facharbeitern und von wissenschaftlichen Kräften.

***Lepsius:** Es lag eine tatsächliche Bestandsgefährdung der DDR vor?*

Krömke: Ja.

***Lepsius:** Wie haben Sie das damals empfunden?*

Krömke: Dem Mauerbau ging eine zunehmende Fluchtwelle von Ärzten und hochqualifizierten Teilen der Bevölkerung voraus. Westdeutschland war in einem großen wirtschaftlichen Aufschwung, und es bestand überhaupt keine Aussicht, dem standhalten zu können. Irgendwie lag in der Luft, daß etwas geschehen muß; also entweder bleibt das so, dann ist die DDR bald ausgeblutet, oder es muß etwas geschehen, um das zu verhindern. Und insofern, obwohl keinerlei Einzel-

3 Falin, Valentin, *Politische Erinnerungen*, München 1993.

heiten in irgendeiner Frage durchgedrungen sind, kam der Mauerbau nicht überraschend.

Lepsius: Waren Sie vor 1961 manchmal in West-Berlin?

Krömke: Ich selbst bin mein ganzes Leben lang durch diesen Mauerbau persönlich betroffen gewesen, weil meine Eltern in West-Berlin, in Neukölln, gewohnt haben und mit diesem Mauerbau ja faktisch die persönlichen Verbindungen außerordentlich erschwert worden sind. Ich konnte dann nicht mehr zu ihnen hinfahren. Für einige Jahre nach dem Mauerbau war das überhaupt nicht möglich; wir haben mal ein paar Auswege auf der Leipziger Messe gefunden. Dann kam das Passierscheinabkommen, und es war wieder möglich. Sie haben mich dann auch besucht. Das Schlimmste kam eigentlich nach dem VIII. Parteitag, nach der forcierten Abgrenzung. Da gab es die entsprechenden Maßnahmen für die Angehörigen des Partei- und Staatsapparates, daß man keine Westkontakte haben durfte, vor allem nicht Geheimnisträger; wir mußten uns alle entsprechend verpflichten. Ich hatte insofern Glück, weil Mittag das Kreuz gehabt und mir auf Antrag ermöglicht hat, daß meine Eltern mich hier besucht haben. Das war zwar mit Sicherheit zum Mißfallen der Sicherheitsorgane, aber es traute sich niemand an Mittag heran. Insofern war ich in einer Ausnahmesituation. Ein normaler Mitarbeiter des Partei- und Staatsapparates wäre bedingungslos seines Postens enthoben worden.

Lepsius: Und die Staatssicherheit hat Sie wegen dieser Westverwandtschaft kontrolliert?

Krömke: Das lief mit Formblättern über die Polizeireviere, d.h., man mußte mit Namen, Adresse und Arbeitsstelle schreiben, und es ist völlig klar, da waren so viele Durchschriften, eine ging auf jeden Fall zur Staatssicherheit. Die haben das kontrolliert, aber der Rücklauf ist eben aufgrund der Position Mittags nicht gekommen, das hat sich niemand erlaubt. Aber ich war in dieser Angelegenheit abgeschirmt. Das war für ihn sehr risikovoll. Wie sich heute herausstellt, hat man ihn ja auch als Agenten der Bundesrepublik beschuldigt. Das Leben war eigentlich gefährlicher, als ich das damals ahnte.

Hertle: In der westdeutschen DDR-Forschung gab es die These, daß die Ablösung Ulbrichts im Zusammenhang mit seiner Weigerung stand, die neue Ostpolitik Breschnews mitzutragen. Die Dokumente von Przybylski widersprechen dem. In welchem Zusammenhang stand das Neue Ökonomische System und diese Ansätze von deutschlandpolitischem Denken?

Krömke: Die Frage, ob es einen Zusammenhang zwischen Neuem Ökonomischen System und der deutschlandpolitischen Position von Ulbricht gibt, ist wirklich interessant. Ich würde sagen, ja, vielleicht keinen direkten Zusammenhang, aber indirekt schon. Warum wurde das Neue Ökonomische System notwendig? Damit man sich auf den technischen Fortschritt einstellen konnte, und der war wiederum notwendig aus Gründen des Außenhandels, und nicht umsonst ist ja mit dem Neuen Ökonomischen System die Absicht verbunden gewesen, den Außenhandel marktgerecht zu gestalten. Dazu gehörte natürlich auch der Handel mit der Bundesrepublik. Und das Neue Ökonomische System hatte schon eine marktwirtschaftliche Orientierung. Ich will nicht soweit gehen, daß es die Einführung der Marktwirtschaft bedeutet hätte, aber es hatte eine marktwirtschaftliche Orientierung. Das heißt, es war eigentlich eine wirtschaftliche Öffnung, und logischerweise geht die wirtschaftliche Öffnung auch mit einer politischen Öffnung einher.

Ulbricht hat sich die Entwicklung in den westlichen Ländern sehr aufmerksam angesehen, er hat sich auch Literatur über Wirtschaftsführung kommen lassen, er hat Literatur über Management gelesen. Ich hatte bei mir eine ganze Reihe Bücher stehen, die aus dem Westen stammten; wir durften nur den Begriff "Management" nicht verwenden, weil das ein Reizwort war; deshalb haben wir dann "sozialistische Wirtschaftsführung" gesagt. Aber diese Orientierung war vorhanden, und er war dafür, die Verbindung zum Westen auszubauen. Er wollte zwei Dinge: einen eigenständigen Staat DDR schaffen, der auch in gewisser Beziehung etwas unabhängiger von der Sowjetunion war. Ulbricht sprach von der "nationalen Wirtschaft". Dieser Begriff der nationalen Wirtschaft ist ihm von der Sowjetunion außerordentlich übelgenommen worden. Deshalb würde ich sagen, der Nebelvorhang liegt mehr in den politischen Kraftausdrücken, die gebraucht worden sind. Unter Ulbricht ist ja schon das Treffen zwischen Brandt und Stoph zustandegekommen. Damals ist Mittag beauftragt worden, eine Arbeitsgruppe BRD zu leiten. Das war eine interne, inoffizielle Arbeitsgruppe, die die Aktivitäten gegenüber der BRD, insbesondere auf wirtschaftlichem Gebiet, koordinieren sollte. Sie ist von Mittag geleitet worden. Sie hat nach 1970 in bezug auf die Konkretisierung der Vereinbarungen mit der Bundesrepublik, die ganzen Transitgeschichten u.ä. eine große Rolle gespielt.

Die Arbeitsgruppe wurde meiner Meinung nach ins Leben gerufen, weil Ulbricht aus der Erstarrung in der Deutschlandpolitik herauskommen wollte. Ulbricht war nicht für Erstarrung, er war für Bewegung, er war für Dynamik, auf wirtschaftlichem und auch auf politischem Gebiet. Und das Interessante ist dabei, daß Falin sich beschwert, daß Erich Honecker nach dem VIII. Parteitag ständig mit der Vokabel "Abgrenzung" operiert hat[4]. Das ist richtig. Aber die Abgrenzung ist im Zusammenhang mit der Ablösung Ulbrichts gefordert worden, Honecker ist von Breschnew in dieser Frage verpflichtet worden. Es gab immer einen Zusammenhang zwischen der Verstärkung der deutschlandpolitischen Aktivitäten der Sowjetunion und der Einschränkung entsprechender Schritte seitens der SED. Und das, was an deutschlandpolitischen Aktivitäten gemacht worden ist, ist in vielen Fällen entweder nur mit Widerwillen von seiten der Sowjetunion und manchmal auch gegen den Willen der Sowjetunion gemacht worden. Das beste Beispiel ist der Kredit mit Strauß, um nur ein Beispiel zu nennen. Also Ulbricht war schon dafür, aus ganz rationalen Gründen.

Lepsius: *Eigentlich hätte Mittag mit der Ablösung Ulbrichts verschwinden müssen, jedenfalls gehörte er, grob gesprochen, zur Ulbricht-Gruppe und nicht zur Honecker-Gruppe. Dennoch ist er bruchlos weitergeführt worden, mit dem Intermezzo im Ministerrat von den Anfängen des Neuen Ökonomischen System bis zum Ende der DDR. Wieso ist Mittag in dieser zentralen Funktion geblieben?*

Krömke: Zunächst muß man den Vorgang etwas präzisieren: Wie ist das mit den Gruppen, der Ulbricht-Gruppe und der Honecker-Gruppe? Nach meinen heutigen Erkenntnissen würde ich folgendes sagen: In den sechziger Jahren gab es hinsichtlich der Einführung des Neuen Ökonomischen Systems und auch des Tempos wirtschaftspolitischer Maßnahmen, die auf Rationalisierung und Automatisierung, auf technischen Fortschritt gerichtet waren, im Politbüro keine Einmütigkeit. Es gab Ulbricht, es gab Apel, es gab Mittag, es gab Halbritter. Es gab noch eine Reihe von anderen Funktionären in den unteren Ebenen, damals wurde Kleiber Staatssekretär für Datenverarbeitung, die für diese Ulbrichtsche Linie der Forcierung gewesen sind. Und es gab die Gruppe um Stoph, Honecker, Neumann

---

4 Falin, *Politische Erinnerungen*, S. 186 ff.

und einige andere, die dagegen waren, und zwar deshalb, weil man erstens alles nur machen wollte, so wie es die Sowjetunion vorgab, und zweitens Furcht hatte, irgendwie die Kontrolle zu verlieren. Denn Ulbricht hatte ja sogar den Begriff der Selbstverwaltung ab und an mal gebraucht, und das war aus deren Sicht das Schlimmste, was eigentlich passieren konnte, so daß also dieser Widerspruch schon da war. Insofern kann man sagen, daß Mittag in dieser Richtung zu Ulbricht gehörte, und er hat ja sämtliche Schritte, die mit dem Neuen Ökonomischen System zusammenhingen, auch mit Ulbricht abgesprochen oder Ulbricht hat ihn beauftragt, je nachdem, wie das gewesen ist.

Das ging bis zum Sommer 1970, bis zum 13. Plenum; da hat Mittag noch einmal dargelegt, wie es weitergeht, insbesondere auf dem Gebiet der Preise und ähnlichem, und dann war Schluß. Diese Sache durfte dann schon nicht mehr veröffentlicht werden[5], und dann kam der Beschluß des Politbüros vom 8. September 1970, und das war schon der Bruch. Dann kam diese Übergangszeit zwischen dem Sommer und dem Herbst, die im 14. Plenum kulminierte. Und soweit mir das bekannt ist, auch aus Aussagen von Mittag, hat er an diesem Beschluß vom 8. September 1970 nicht mitgewirkt; er ist von Stoph eingebracht und von Schürer vorbereitet und ausgearbeitet worden. Das heißt also, da erfolgte eine gewisse Abkopplung.

Und das 14. Plenum ist schon nicht mehr, wie üblich, so vorbereitet worden, daß wir den wirtschaftspolitischen Teil geliefert haben, der mit bestimmten Korrekturen immer in die Referate einging, sondern das haben andere formuliert, die nicht mehr aus dem wirtschaftlichen Bereich kamen, zumindest nicht aus dem Parteiapparat. Da hat offensichtlich die Plankommission schon dran mitgearbeitet, da haben Leute aus der Agitation, von der Ideologie gearbeitet. Und es ist nun einmal so, wer formulieren durfte, der hatte Einfluß, und wo man nicht mehr mitformulieren durfte, hatte man diesen Einfluß nicht mehr, das war ein klares Signal. Ich selbst habe das damals als eine Periode der Unsicherheit empfunden. Und dann kamen in Parteiaktivtagungen neue Vokabeln rein, die wir vorher nicht gebraucht hatten, wie "planmäßig proportionale Entwicklung" und ähnliches, und da merkte man irgendwie, es ist etwas im Gange, ohne das ganze Ausmaß zu spüren.

Dann kam die Diskussion über das Buch "Politische Ökonomie", da haben wir noch gekämpft, aber es war relativ aussichtslos. Wir haben noch versucht, zum VIII. Parteitag Formulierungen über das Neue Ökonomische System hineinzubringen. Wir haben an sich nicht daran geglaubt, daß das zu Ende ist. Das Papier, das wir abgegeben haben, war mehr als das, was wir nachher wiedergefunden haben, das war schon der Abgesang. Und ich merkte in dieser Zeit, daß Mittag außerordentlich nervös war; es war nicht mehr die Klarheit der Diktion da, die früher vorherrschte. Hinzu kam auf der anderen Seite, daß Ulbricht offensichtlich gesundheitlich angeschlagen war, er hatte auch nicht mehr dominiert, es war bei ihm ebenfalls die Klarheit der Gedankenführung und der Diktion nicht mehr vorhanden. Wir hatten für uns den Eindruck, als wenn wir schon an die Seite gestellt galten, als halb Verfemte, man hat uns zum Teil schon wegen des Neuen Ökonomischen Systems und der Ulbrichtschen Wirtschaftspolitik verhöhnt. Man merkt das ja, wie man angesehen wird, wenn die Leute aufhören zu sprechen. Das war schon eine schwierige Atmosphäre.

Lepsius: Aber Mittag hat sich gehalten! Wieso?

---

5 Der unveröffentlichte Teil von Mittags Rede auf der 13. Tagung des ZK der SED am 9. und 10. Juni 1970 ist abgedruckt in: Naumann, Gerhard / Trümpler, Eckhard, *Von Ulbricht zu Honecker. 1970 - ein Krisenjahr der DDR*, Berlin 1990, S. 71-78.

Krömke: Das hat wahrscheinlich eine wesentliche Ursache darin, daß sein Name mit dem Neuen Ökonomischen System sehr stark verbunden war; dieses Programm war insbesondere bei den Wirtschaftskadern und in weiten Kreisen der Wissenschaftler sehr angesehen, und man hatte sich offenbar gescheut, den Bruch offensichtlich werden zu lassen. Auch deshalb, weil Ulbricht aus "gesundheitlichen Gründen" abgelöst worden ist; es hat ja niemand generell gesagt, daß die Ulbrichtsche Politik von A bis Z falsch gewesen ist, sondern man hat gesagt, Ulbricht kann nicht mehr, er tritt aus gesundheitlichen Gründen zurück, und so ist auch sein Brief formuliert. Man konnte in dem Moment nicht auf Ulbricht, der eine große Autorität hatte, verzichten. Deshalb hat man sich nicht getraut, Ulbricht inhaltlich zu stürzen, dann hätte man auch Mittag und andere inhaltlich stürzen müssen, so daß also hier eine vorsichtige Politik gemacht worden ist. Mittag wurde insofern "gemaßregelt", daß er in den Ministerrat versetzt wurde und nicht mehr der mächtige Wirtschaftssekretär war, der er zuvor war. Und das war für die Partei das Signal. Ministerrat, das war schon eine - ich sage es mal zugespitzt - "untergeordnete Behörde".

Ich habe das noch nie in der Öffentlichkeit so gesagt, aber die Zeit während des Ministerrates war ein zähes Ringen der Wiederbelebung von einigen Elementen des NÖS, indem Mittag, und daran habe ich sehr intensiv mitgearbeitet und auch andere, der damalige Finanzminister Böhm zum Beispiel, versucht haben, wieder ökonomische Konzeptionen zu erarbeiten. Das waren z.B. die zehn Punkte der Intensivierung oder daß eben doch ab und an mal schon der Begriff "Strukturpolitik" verwendet worden ist. Es war damals ein unerhört zäher Kampf. Wir waren vielleicht bloß drei, vier Leute dort bei ihm, um durch Formulierungen wieder Einfluß im Parteiapparat zu bekommen. Und da Krolikowski als damaliger Wirtschaftssekretär und seine Mitstreiter nicht in der Lage gewesen sind, konzeptionell zu denken, Mittag aber diese intellektuelle Kapazität hatte, war es möglich, doch bestimmte Dinge bei Honecker damals schon abzuliefern, die Honecker auch in seinen Reden verwendet hat, z.B. beim IX. Parteitag. Der IX. Parteitag ist auf wirtschaftspolitischem Gebiet nicht von Krolikowski, sondern von Mittag ausgearbeitet worden, obwohl Mittag zu dieser Zeit im Ministerrat war. Also das war wirklich ein zäher Kampf, um wieder diesen Einfluß zu bekommen. Und es ist nicht richtig, wenn z.B. Herbert Wolf, der in den 60er Jahren sehr aktiv am Neuen Ökonomischen System mitgearbeitet hat, schreibt, Mittag hat das Neue Ökonomische System "verraten"[6]. Das ist nicht wahr. Er hat unter diesen Bedingungen versucht zu retten, was zu retten war, wenn es auch nicht mehr gelungen ist, dieses als System wiederherzustellen.

Pirker: *Ich möchte ein wenig zurückgehen: Das Neue Ökonomische System war für einen Außenstehenden ein Novum, und zwar nicht so sehr von der methodischen und von der Modernisierungsseite her, sondern weil die ganze Propaganda des Ostblocks, gerade der Sowjetunion, aber auch der DDR, davon ausgegangen ist, daß die orthodoxe sozialistische Planwirtschaft die höchste Form produktiven Wirtschaftens sei. War das NÖS nicht insofern ein Widerspruch?*

Krömke: Es war so: Die unmittelbaren Nachbarländer, Polen und die CSSR vor allen Dingen, verhielten sich gegenüber dem Neuen konomischen System distanziert. Warum? Wenn ich heute drüber nachdenke, würde ich folgendes sagen: Erstens hat Walter Ulbricht sich in dieser Frage zu sehr profiliert und als Lehrmei-

---

6 Vgl. Wolf, Herbert, *Hatte die DDR je eine Chance?* Hamburg 1991, insbes. S. 36 ff. u. 45 ff.

ster aufgespielt. Er war ungeduldig und hat sozusagen von den anderen verlangt, sie sollen das mitmachen, und das stieß auf große nationale Empfindlichkeiten. Es kann das Beste sein, aber wenn es von den Deutschen kommt, werden wir das nicht nehmen. Das war der eine Punkt. Obwohl z.B. in Polen mit Oskar Lange und in der CSSR mit Ota Sik vom geistigen Potential Partner für Reformen in Richtung Marktwirtschaft da waren. Aber beide fanden den Weg nicht zueinander. Aber wir dürfen eins nicht vergessen: Das Buch "Politische Ökonomie" ist noch 1970 in der CSSR, also nach 1968, veröffentlicht worden, dieses Buch ist auch in China und in der Sowjetunion veröffentlicht worden. Wie weit es in der Sowjetunion wirklich verbreitet worden ist, weiß ich nicht, aber sie haben es zumindest gedruckt. Das war die eine Seite. Und wir hatten z.B. mit der CSSR-Seite in der Frage der Wirtschaftsreform auch später ganz gute Kontakte, auf der fachlichen Ebene, nicht so sehr auf der politischen. Denn sie waren uns in vielen Fragen als ein entwickeltes Industrieland ähnlich. Und - na ja, dann merkte man natürlich die Abkehr, aber die Abkehr war bei uns am schlimmsten. Es durfte auch das Buch nicht mehr zitiert werden, das wurde einfach totgeschwiegen, das war damals die Methode, nach Orwell, das hat es eben nie gegeben. Wir waren in dem Glauben, wenn wir in der DDR überhaupt noch vorwärtskommen wollen, dann geht das nur auf diesem Weg.

Das gleiche galt für die wissenschaftlich-technischen Fragen. Ich will jetzt nicht für Walter Ulbricht Propaganda machen, um Gottes Willen, er war natürlich auch in seinem Denken begrenzt, er war auch ideologisch und auf kulturpolitischem Gebiet konservativ; man kann ihn nicht als Reformer bezeichnen, ich würde eher sagen, ein aufgeklärter Absolutist, aus heutiger Sicht gesehen. Er hatte aber einen gewissen Intelligenzspielraum, um einige wesentliche Fragen zu erfassen. So war das z.B. mit der Datenverarbeitung. Er hatte die Datenverarbeitung unterstützt und forciert in den sechziger Jahren. Wir wollen nicht vergessen, für nicht wenige war das im Westen damals auch noch ein halbes Fremdwort.

Pirker: *Na ja, nicht ganz!*

Krömke: Aber es war noch nicht so verbreitet. Wir hatten z.B. in das Buch "Politische Ökonomie" deshalb auch hineingeschrieben, das automatische Maschinensystem ist eine neue Stufe. Das wurde uns ja unerhört übelgenommen. Die Ansätze zur EDV sind dann in einer Art Bilderstürmerei mit dem VIII. Parteitag und danach kaputtgemacht worden. Und dann wurde wieder angefangen, das von hintenherum zu fördern. Warum? Mittag kam viel im Westen herum, er hatte Betriebe gesehen in Frankreich, in Japan, in Österreich, und hatte sich auch in der Bundesrepublik, zum Beispiel auf der Hannover-Messe, informiert. Wir haben die Literatur studiert, wir hatten Informationen. Das Ministerium für Wissenschaft und Technik hat uns monatlich Informationen über die neuesten Entwicklungstendenzen geliefert, die waren alle zugänglich, für alle leitenden Funktionäre im Staatsapparat. Bloß damit hat keiner gearbeitet, das stieß immer auf Widerstand, und der Widerstand kam daher, daß jede technische Neuerung neue Ausrüstungen erfordert und bedeutet hätte, einen neuen Betrieb zu bauen. Forschungsergebnisse waren schon da, aber die investitionsmäßige Realisierung funktionierte nicht, und deshalb war man instinktiv dagegen, manchmal auch unbewußt. Das war auch das große Problem von Schürer: Er muße die vorhandenen Disproportionen aufarbeiten; jetzt kamen aber neue Dinge hinzu, und er wußte nicht, wie er das bilanzieren sollte, deshalb flog das alles wieder heraus. Einiges konnte nur mit Brachialgewalt gemacht werden, das waren dann die sogenannten Abweichungen vom Plan.

Hertle: Was meinen Sie da zum Beispiel?

Krömke: Ich meine jetzt bestimmte Investitionsvorhaben. Alle Investitionsvorhaben, die technisch bedeutsam waren, mußten in irgendeiner Form zusätzlich durchgepaukt werden. Da gab es dann das Modell der Kompensationsvorhaben. Man hat die Möglichkeit gesehen, Akkumulationsmittel von außen in Kreditform zu erhalten und, da wir ja keine konvertierbare Währung hatten, das mit der Produktbezahlung auszugleichen. Das ist dann aber nachher auch schon sehr kritisch betrachtet worden. Die wirklichen Fortschritte mußten außerhalb des Planes durchgeboxt werden, weil die materielle Decke nicht vorhanden war und weil das übrige System sich dagegen gesträubt hat.

Lepsius: Und diese Initiativwirkung ist offenbar sehr stark mit Mittag verknüpft gewesen. Nun würde uns interessieren, welche "Macht" lag nun bei dem Wirtschaftssekretär des Zentralkomitees, wo war seine Machtbasis?

Krömke: Eine sehr interessante, aber gleichzeitig auch schwierige Frage. Ich glaube, die Machtbasis lag nicht so sehr in der Institution. Die Leitung der Wirtschaft erfolgte über die Mechanismen des Staatsapparates. Das war auch gar nicht anders möglich, denn alle Betriebe unterstanden Ministerien, den Ministern, und auch die Planung erfolgte durch die Staatliche Plankommission. Es war ja ein relativ großer Apparat, ich hätte beinahe gesagt ein riesiger, aber das ist nicht richtig; ich werde heute eines Besseren belehrt, was an Bürokratie möglich ist. Und alle Anweisungen mußten auch eine staatliche Sanktion haben, sonst hätte das System nicht funktionieren können. Es war nicht möglich, einfach zu sagen, jetzt macht ihr mal das und das. Der Sekretär des Zentralkomitees hatte insofern eine Autorität, als es die Autorität der Partei als der "führenden Kraft" war, er konnte aber selber keine wesentlichen Entscheidungen treffen. Er hatte nur eine Möglichkeit: Er konnte durch Stellungnahmen im Politbüro von Seiten der Abteilungen seines Bereichs, durch bestimmte Vorlagen bzw. durch die Auftragserteilung, bestimmte Vorlagen zu erarbeiten, Einfluß nehmen. Also das rein zu der institutionellen Seite. Aber er konnte nicht etwa von sich aus den Plan korrigieren oder sagen, jetzt fangt mal hier mit einer Investition an. Er konnte jedoch Strategien und Vorgehensweisen beeinflussen. Beispielsweise die Sache mit den Kompensationsvorhaben: daß das überhaupt möglich geworden ist, - das war ja eine Sache, die außerhalb des Systems stand -, konnte er natürlich beeinflussen. Die Voraussetzung war allerdings auch hier, daß die Zustimmung des Politbüros bzw. des Sekretariats des Zentralkomitees vorlag; alle diese Kompensationsvorhaben wurden in diesen Gremien beschlossen. Nicht Mittag konnte das direkt veranlassen. Aber er konnte das kraft Überzeugung; er konnte das auch, indem der Generalsekretär sich seiner Meinung anschloß und unterstützte. Wenn Honecker bestimmte Sachen nicht unterstützt hätte, und er hat ja nicht alles unterstützt, dann war das auch nicht durchsetzbar. Wenn er überzeugt worden ist, daß das für die DDR richtig war, dann hat er das unterstützt, dann konnten entsprechende Beschlüsse gefaßt werden. Das ist die rein formelle Seite.

Weinert: Sie geben uns jetzt eine Vorstellung davon, daß die staatlichen Instanzen einen sehr starken Einfluß gehabt haben. Das weicht ein bißchen von der Darstellung ab, die uns etwa Herr Biermann gegeben hat, der das Bild gebraucht hat, daß es zwei Mühlsteine gegeben hat: Das waren auf der einen Seite die starken Generaldirektoren der Kombinate, auf der anderen Seite das Politbüro. Dazwischen wurden die Ministerien zermahlen - und die Minister waren deshalb arme Schweine! Man konnte einiges machen - nur nicht mit dem Ministerrat. Sie haben ja vorhin auch gesagt, der arme Mittag, mit seiner Versetzung in den Ministerrat hatte er allen Einfluß verloren. Jetzt sagen Sie, nein, der Staatsapparat hat alles entschieden, Mittag hatte da nichts zu sagen!

Krömke: Ich muß das präzisieren, ich war auch noch nicht ganz fertig. Ich wollte nur erstmal sagen, alles mußte über den Mechanismus des Staatsapparates laufen. Es mußte dann auch Stempel und Siegel des Ministerrates oder des Ministers tragen und mußte irgendwie auch in den Planmechanismus eingeordnet werden. Eine andere Frage ist, von wo gingen Initiativen aus und wie gingen diese Initiativen aus. Also ich kann Biermann verstehen, wenn er sich so äußert, muß aber vielleicht doch ein klein wenig korrigieren, denn nicht alle Generaldirektoren waren so mächtig wie er; Rosenkranz, der Gederaldirektor von Textima, war mächtig und ein paar andere. Warum waren sie mächtig? Es waren Ansprechpartner, die wirklich versucht haben, Neues durchzusetzen, und da der Planmechanismus und der administrative Mechanismus des Ministerrates vom System her nicht in der Lage war, Innovationsprozesse durchzuziehen, weil auch der Zeitfaktor dabei eine große Rolle spielt, ging das nur, wenn sich jemand fand, der das beeinflussen konnte, und das war in diesem Falle Mittag. Mittag war ein Mensch, der Mut hatte und machtbewußt war, der auch willensstark aufgetreten ist, er hat diese Entwicklungen gestützt, auch gegen Widerstand von anderer Seite. Bei Ulbricht ist er ja deswegen schon halb gestürzt worden. Er hat das dann nochmal wieder bei Honecker in einer späteren Zeit aufgenommen, weil eine Verantwortung für eine Wirtschaft, die nicht auf technischen Fortschritt orientiert war, unter den Bedingungen der DDR sinnlos gewesen wäre. Aus diesen Zusammenhängen kamen Biermann und andere, da sie jetzt bestimmte Projekte vertreten mußten, die zusätzlich hineingedrückt worden waren, in Schwierigkeiten. Auf der einen Seite ist Biermann dafür gelobt worden, wenn er meinetwegen die Mikroelektronik hochgezogen hat, und auf der anderen Seite ist er kritisiert worden, wenn bei ihm der Exportplan nicht erfüllt worden ist. Und dann hat natürlich Stoph beispielsweise, der ein eingeschworener Kontrahent Mittags war, die Gelegenheit benutzt und Biermann und auch andere dafür kritisiert. Und so haben sich eigentlich nur ganz gestandene Persönlichkeiten, wie Biermann eine ist, unter diesen Bedingungen halten können.

Allerdings, ganz allgemein gesprochen, würde ich sagen, diese Zwickmühlensituation, das ist keine Erfindung des Sozialismus, auch keine Erfindung des DDR-Systems, die können Sie überall beobachten. Viele Dinge, die uns heute als DDR-System erscheinen, sind eigentlich gar keine spezifischen DDR-Systemfragen, sondern sind allgemein menschliche Erscheinungen, natürlich unter konkreten Bedingungen. Aber da ich nun aufmerksam die Marktwirtschaft studiere und mich damit sehr intensiv beschäftige, kommen einem solche Parallelen. Damit hängt das zusammen. Natürlich spielt die Persönlichkeit hier eine Rolle. Wenn irgend jemand anders Wirtschaftssekretär gewesen wäre, dann wäre es durchaus möglich gewesen, daß diese Entwicklungen und Konflikte nicht in dem Maße aufgetreten wären. Sicherlich ist die Stärke der Persönlichkeit von Mittag sehr wesentlich gewesen, und ich muß ganz ehrlich sagen, wenn sich Stoph beschwert hat, daß er nicht genügend regieren konnte, dann muß ich fragen, warum hat er denn nicht regiert, er hatte doch die Vollmachten gehabt! Es muß also etwas gefehlt haben, um eine solche Arbeit zu machen, und das war mit Sicherheit der Fall.

***Lepsius:** Gerhard Schürer sagt, die politischen Vorgaben für die Aufstellung des Planes sind mir von Mittag gegeben worden. Diese politische Vorgabe war immer eine Steigerung von vier Prozent. Nun wußte aber Mittag, daß diese vier*

Prozent eine Soll-, aber keine Ist-Größe war. Daraufhin wurde sozusagen das ganze Plansystem auf die Sollgröße umgestellt und notorisch nicht erfüllt. Also die Nichterfüllung des Planes war schon definiert durch die illusionäre Vorgabe des Planes, und an der illusionären Vorgabe des Planes konnte man nichts ändern, weil sie politisch definiert war. So kriegen wir sozusagen einen Kreislauf von Zielvorgaben, die von denen, die sie vorgegeben haben, eigentlich schon als unrealistisch wahrgenommen werden mußten und damit auch die notorische Nichterfüllung der Planvorgabe. Die notorische Nichterfüllung des Planes, wurde im Verlaufe der Planungsperiode ununterbrochen wieder sanktioniert, also man mußte dann im Plan heruntergehen. Meine These ist, daß die Bedeutung von Mittag darin lag, daß er derjenige war, der sowohl die Sollgröße wie die Planabweichungen nach unten immer wieder politisch billigte, sanktionierte. Oder ist das falsch?

Krömke: Ja, Sie sind hier bei der eigentlichen Kernfrage angelangt, das ist das wirkliche Problem des Funktionierens dieses gesamten Systems. Ich möchte nur rein rhetorisch die Frage in den Raum stellen, was nun gewesen wäre, wenn man drei Prozent hingeschrieben hätte? Wären diese drei Prozent dann erfüllt worden? Drei Fragezeichen möchte ich darauf setzen. Das Problem ist, welche Antriebskräfte sind vorhanden, mit denen Leistungen erbracht werden. Ohne Vorgaben gibt es keine Leistung, das ist auch im Westen so. Also ohne Zielvorgaben ist nichts zu machen. Dieses Ziel mußte nun in der Planwirtschaft kraft ihres Selbstverständnisses generalisiert mit diesen berühmten Prozentzahlen für die Gesellschaft formuliert werden. Niemand, der das formuliert hat, konnte sagen, ob diese Zahlen real sind, schon allein deshalb nicht, weil sie sie immer aus einem Aggregatzustand entwickelt werden mußten, und die Zusammenfassung der einzelnen Kennziffern zu Oberpositionen usw. usf. schloß schon ein ungeheures Maß von Unwägbarkeiten ein. Trotzdem gab es natürlich bestimmte Erfahrungswerte, die beispielsweise die Leute in der Plankommission hatten, die wußten schon ungefähr, unter welchen Konstellationen was passiert. In der DDR gab es immer ein Widerspruch zwischen den erforderlichen Leistungen und den Möglichkeiten, sie zu erbringen. Dieser Widerspruch ist immer größer geworden, weil die Reproduktion nicht mehr gesichert war und weil die terms of trade sich radikal verschlechtert haben. Trotzdem hatten wir das sozialpolitische Programm: Preisstabilität, Warenzuwachs bei Preisstabilität von oftmals vier Prozent, Wohnungsbau, nicht zu reden von dem, was gebracht werden mußte für Verteidigung und anderes, wo es keinen Einflußbereich gab. Das waren die eigentlichen politischen Vorgaben, und Honecker war immer der Meinung, es darf nicht zugelassen werden, daß der Lebensstandard sinkt. Und deshalb waren diese Zahlen für den Verbrauch der Bevölkerung - immer bei Preisstabilität - die eigentlichen Ausgangspunkte. Nun gut, dann ist es natürlich relativ leicht zurückzurechnen, was das für den Produktionszuwachs bedeutet.

Dann war Mittag derjenige, der nun die Aufgabe hatte, diese politische Vorgabe in einem bestimmten Maße in Leistung umzusetzen, und dann lief der ganze Prozeß: Schürer - Minister - Generaldirektoren - Betriebsdirektoren. Das mußte in dem Prozeß der Planausarbeitung nach unten umgesetzt werden. Das ist die Zeit, bevor der Plan zu einem Gesetzespapier wurde, also die Vorbereitung des Planes. Das war in der Regel immer im Frühjahr, da ging das - ich sage jetzt mal - Theater los. Dann wurden die sogenannten Orientierungsziffern ausgearbeitet, und dann kam im Rücklauf das ganze Gegenteil, weniger Leistung und mehr Investition. Und hier hatte Mittag eine Schlüsselrolle. Der erste Widerspruch war hier zwischen Mittag und Schürer, der mußte sein, denn Schürer hat zusammengefaßt und gesehen, das geht nicht, und trotzdem sollte die Politik verwirklicht werden. Also mußte er zunächst auf den Ausgangspositionen beharren, zumal das ja Beschlüsse des Politbüros waren. Herausgekommen ist in der Regel oftmals ein Kompromiß, so wie bei den Tarifverhandlungen das auch in gewisser Beziehung ist. Die Schwierigkeit bestand darin: Die Partei hatte sich zum Sachwalter der gesellschaftlichen Interessen erklärt, sie hatte eine politische Verpflichtung übernommen und mußte nun als Sachwalter der gesellschaftlichen Interessen auftreten; sie mußte jetzt das, was subjektiv ausgearbeitet worden war, objektiv darstellen. Was im Westen der Markt macht, mußte auf diese Art und Weise durch Personen organisiert werden, es ging ja nicht anders. Daß das System nicht funktioniert hat, hat meiner Meinung nach seine tieferen Ursachen. Ich habe ja inzwischen auch nachgedacht und Abstand gewonnen von diesem Mechanismus. Aber darin kulminierte das.

***Lepsius:** Worin lag denn nun die Macht von Mittag? Er hat eine Planvorgabe unter Inanspruchnahme der Parteiautorität gegen die tatsächlichen Produktionsbedingungen durchzusetzen versucht.*

Krömke: Ich würde sagen, gegen die tatsächlichen Produktionsbedingungen, wie sie dargestellt wurden. Sie dürfen eins nicht vergessen: Parteiautorität ist wichtig, diese Macht beruhte auf der Parteiautorität. Er mußte, und das war die Aufgabe jedes Sekretärs in seinem Bereich, bloß bei der Wirtschaft war das natürlich besonders kompliziert, solche Vorgaben durchsetzen. Und Mittag war natürlich ein Mensch, der nicht so leicht nachgegeben hat, das ist die eine Seite dabei. Aber man mußte ja immer davon ausgehen - und das würde ihm wahrscheinlich jeder Minister und auch Gerhard Schürer bestätigen -, alle haben bei der Planung natürlich Reserven dringehabt, alle versuchten Schwierigkeiten aus dem Weg zu gehen und haben ein bißchen geschummelt. Das ist ihnen auch nicht zu verdenken.

***Weinert:** Das haben Sie gewußt?*

Krömke: Na sicher, davon ist man natürlich auch ausgegangen. Warum? Weil sich ja hinterher oft herausgestellt hat, daß manche Dinge doch gegangen sind. Man mag in diesen Fragen Mittag vorwerfen, was man will, er hat zumindest versucht, über Leistungsimporte von Maschinen, Anlagen und ähnlichen Dingen, wo es überhaupt nicht ging, bestimmte Voraussetzungen hinsichtlich besserer Produktionsbedingungen zu schaffen. Nur, die Decke war einfach zu kurz; da die DDR generell in dieser Zeit über ihre Verhältnisse gelebt hat, war die Decke einfach zu kurz, so daß auch selektive Maßnahmen wie beispielsweise in Schwedt, wo sehr viel gemacht worden ist, um Erdöl bis zur Restsubstanz auszubeuten, oder Sömmerda und anderswo in der Mikroelektronik, um Entlastung zu schaffen, nicht mehr durchschlugen. Da die Modernisierung nie in der Kette verwirklicht werden konnte, sondern immer nur auf bestimmten Abschnitten, war die Effektivität all dieser leistungsfördernden Maßnahmen von vornherein eingeschränkt. Das war dabei das große Problem.

***Lepsius:** Wo hatten denn Mittag und sein Stab die Informationen her? Waren sie wirklich abhängig von der Plankommission oder hatten sie eigene Informationen?*

Krömke: Da muß ich erstmal ein paar Worte zum Stab sagen. Mittag war Sekretär des Zentralkomitees, und wie jedem Sekretär des Zentralkomitees unterstanden ihm Abteilungen des Zentralkomitees. Diese Abteilungen waren gegliedert nach den Bereichen, also wir hatten bei uns die Abteilung Grundstoffindustrie für die chemische Industrie und die Geologie; wir hatten die Abteilung Metallurgie und Maschinenbau, also schon zusammengefaßt; Leicht- und Lebensmittelindustrie; Bauwesen; Transportwesen. In so einer Abteilung arbeiteten 20, 25 Leute, manchmal sogar weniger. Und dann gab es die Abteilung Planung und Finanzen. Und die war der Gegenpart zur Plankommission, da waren vielleicht 30 oder 40 Mitarbeiter beschäftigt. Das war der sogenannte Stab. Die Abteilungen konnten sich nur auf das stützen, was an Statistiken von der Plankommission bzw. von den Ministerien an Analysen und vorbereitenden Materialien kam. Die Mitarbeiter in den Abteilungen konnten sich dann hinsetzen und versuchen, sich in diese Materialien hineinzudenken, auch Widersprüche zu entdecken, die zwangsläufig vorhanden waren, um dann zu sagen, liebe Leute, ihr habt hier noch die und jene Reserven. Und das waren eben Leute, die sich auch überlegen konnten, was könnte man eigentlich noch anders machen. Also ich vergleiche das mal mit einer Redaktion, wo die Autoren ihre Materialien einreichen und eine gewisse Korrektur erforderlich ist. Das halte ich zunächst für ganz normal in einem solchen Prozeß.

Ich oder meine beiden Kollegen haben natürlich auch manchmal solche Planentwürfe bekommen. Dann haben wir versucht, dazu eine Stellungnahme zu machen, nicht so sehr auf die Zahlen bezogen, aber doch gefragt, was müßte man noch für Fragen stellen, welche Möglichkeiten könnte man noch ausschöpfen. Wir haben dabei auch internationale Prozesse beobachtet und haben dazu Vorschläge gemacht. Und dann gab es eines: Es gab den persönlichen Kontakt, zum Beispiel von Mittag zu einer Reihe von Ministern und zu Generaldirektoren, auch zu Wolfgang Biermann. Und die sind dann gekommen und haben manchmal gesagt: Wenn wir das und das bei uns aufbauen könnten, dann könnten wir die und die Probleme lösen oder die und die neuen Erzeugnisse machen. Dann hat er sich das überlegt und gesagt, mach doch mal einen Vorschlag dazu, und dann ist das versucht worden zu realisieren. Das hieß also, Informationen nicht bloß aus dem Papier, sondern auch auf der Basis persönlicher Kontakte zu verwerten. Also so sind natürlich auch Informationen zustandegekommen und auch in der Summe der Informationen Überzeugungen gebildet worden, auch bei ihm und anderen, wir können eigentlich mehr Leistungen erbringen, die Ideen sind da. Das war rückwirkend auch eine Bekräftigung für den Standpunkt, dann zu Schürer zu sagen, also du hast ja vielleicht noch nicht berücksichtigt, was getan werden kann, wenn das und das geschieht, also rechne das nochmal durch. So ist dieser Mechanismus gewesen. Das heißt, es war in dem Sinne keine Willkür, sondern es war der Versuch, auch den Leistungsdruck aus bestimmten Entwicklungstendenzen und Kenntnissen her abzuleiten. Das ist die eine Sache.

Dann war aber leider folgendes: Diese Zahlen über Warenproduktion und Wachstum haben die Funktionen von wirklichen - wie soll ich das ausdrücken - "Leuchttürmen" erlangt, sie waren die eigentlichen Maßstäbe für die gesamte Arbeit, und nicht bloß im Politbüro, wenn der Plan nämlich abgerechnet wurde, wieviel Prozent Planerfüllung, davon hing dann das Ausmaß der Kritik ab, sondern sie waren eben auch unten in den Bezirken und in den Kreisen maßgebend, und da war das noch schlimmer. Jeder Bezirkssekretär, jeder Kreissekretär fühlte sich dafür verantwortlich, daß der Plan für seinen Bereich mit 100 Prozent erfüllt wird und noch mehr. Und dann hat der angefangen, weil seine politische Arbeit daran gemessen wurde, seine Tätigkeit auf diese Zahl zu reduzieren, weil das so schön einfach ist, die Leistung an einer komprimierten Zahl zu messen; das versucht der Mensch leider sehr oft, und das ist bei uns zum System geworden. Dann wurden unsinnige Maßnahmen getroffen, sogenannte "gute Sortimente" gefahren, die sich schön rechnen ließen, die aber keiner gebraucht hat. Das waren dann zusätzliche Erschwernisse und Hemmnisse, die entstanden sind. Aber die politische Arbeit wurde an der Erfüllung der Zahl gemessen, und unter diesem

Druck standen alle, Mittag, die Bezirke, die Kreise - das war im System angelegt. Und keiner wollte sich hier an den Wagen fahren lassen. Und dann wurde eben auch mit unsinnigen Dingen angefangen.

Pirker: *Dadurch kommt man immer mehr in illusionistische Sphären hinein und das Wissen, daß das, was ich aushandle, ja nicht ein realer Handel ist, sondern ein Duodez wie im Tarifvertragswesen.*

Krömke: Sie müssen aber aufpassen: Gegenüber den Betrieben konnten diese Planvorgaben nicht absolut irreal sein, denn die Betriebe wußten genau, was sie können und was sie nicht können. Also man konnte nicht wie ein blindwütiger Feldherr durch die Gegend ziehen, das war nicht möglich, sondern es mußte sich schon in einem bestimmten Rahmen bewegen, sonst hätte das auch politische und andere Proteste gegeben. Also ganz so unsensibel, wie sich das vielleicht hier im Moment darstellt, war das nicht. Die Vernunft hat sich in einem gewissen Rahmen schon durchgesetzt. Aber wenn man jetzt die Frage stellen will, wie effektiv war dieses System, dann würde ich heute sagen, dieses System war für eine entwickelte Wirtschaft nicht effektiv. Es ist aus der Stalinschen Industrialisierungsidee des absoluten Bringens von Erfolgen nach dem Prinzip: Koste es, was es wolle, entwickelt worden, und damit haben wir es ja auch zu tun gehabt, wenngleich man sagen muß, daß gegengehalten worden ist. Es ließ sich in der DDR nicht allein nach dem Prinzip: Koste es, was es wolle, machen. Dadurch hat sich das etwas verlängert, und der Zusammenbruch, der heute in der Sowjetunion ist, hängt weitgehend mit dieser Problematik zusammen.

Weinert: *Sie führen also die wesentlichen ökonomischen Probleme der DDR auf die Einheit von Wirtschafts- und Sozialpolitik zurück und die damit verbundenen unrealistischen Pläne, d.h. die berühmten 4-Prozent-Vorgaben. Habe ich Sie da richtig verstanden?*

Krömke: Nein, darauf führe ich die ökonomischen Probleme der DDR nicht zurück. Das habe ich ja versucht zu erklären. Die ökonomischen Probleme der DDR führe ich darauf zurück, daß ein Wirtschaftssytem aufgepfropft wurde, das in der Sowjetunion unter ganz bestimmten Bedingungen eines Nachholbedarfs in der Industrialisierung entstanden ist, und daß die DDR sich auf der anderen Seite in großen materiellen Widersprüchen bewegte, die weder mit der Planwirtschaft noch mit der Marktwirtschaft, unter den gegebenen Umständen der Einbeziehung in das von der Sowjetunion dominierte RGW-System, hätten bewältigt werden können.

Weinert: *Aber die Öffnung des Widerspruchs hatte eine bestimmte Ursache, und sie beginnt mit der Verabschiedung der Formel von der Einheit von Wirtschafts- und Sozialpolitik Anfang der 70er Jahre.*

Krömke: Die Einheit von Wirtschafts- und Sozialpolitik hat natürlich diesen Widerspruch zwischen materiellen Möglichkeiten und dem, was verbraucht worden ist, verschärft. Das ist ganz eindeutig, zumal sie als ein Dogma gehandhabt worden ist. Es wurde erwartet, daß der abrechenbare Lebensstandard um eine bestimmte Größe gleichmäßig steigt, obwohl sich tiefgreifende Veränderungen vollzogen haben. So ging diese ganze Entwicklung natürlich auf Kosten der notwendigen Akkumulation. Aber die Frage, die ich nicht wage zu beantworten, ist, wenn den wirklichen Erfordernissen der Akkumulation Rechnung getragen worden wäre, was wäre dann politisch und sozial geschehen? Denn warum ist es denn zur Postulierung der Einheit von Wirtschafts- und Sozialpolitik gekommen? Ulbricht verfolgte mehr die Linie der Schaffung der materiellen Voraussetzungen, vor allen Dingen durch neue, revolutionierende Technologien, um dann das Lebensniveau zu heben. Und es gab im Gefolge dessen 1969/70 ernsthafte Probleme bei der Versorgung der Bevölkerung und Störungen auf anderen Gebieten. Die politische Stimmung war in dieser Zeit schlecht. Sie ließ sich auch nicht mehr mit Erfolgsparolen zurückhalten. Aus dieser Situation heraus kam es zu der Wende im Hinblick auf das Postulieren der Einheit von Wirtschafts- und Sozialpolitik. Damals schon war keine Bereitschaft vorhanden, notwendige Modernisierungsmaßnahmen durch Einschränkungen im Lebensstandard mitzutragen. Das war damals schon so, später existierte diese Bereitschaft überhaupt nicht mehr. Das war die eigentliche Ursache.

Weinert: *Ist es nicht eine rationale Argumentation Honeckers gewesen, die sich in der Einheit von Wirtschafts- und Sozialpolitik niedergeschlagen hat?*

Krömke: Ich muß noch etwas ausholen bezüglich der Wirtschafts- und Sozialpolitik. Das Problem bestand nicht so sehr in der politischen Formulierung. Das hört sich ja alles ganz gut an; auch die soziale Marktwirtschaft bekennt sich zur Steigerung des Lebensstandards durch wirtschaftliche Leistung. Das Problem liegt in der Handhabung, in dem Mechanismus. Und da ist folgendes passiert: Honecker hat formuliert - das stammt nicht von uns: "Die Wirtschaft ist nicht Selbstzweck, sondern sie ist Mittel zum Zweck." Dieses Mittel zum Zweck ist sehr wörtlich genommen worden. Die Wirtschaft wurde instrumental behandelt, als ein einfaches Instrument. Man muß nur bestimmte Hebel drehen, und dann wird das so kommen. Das ist im Sinne des Funktionierens des gesellschaftlichen Mechanismus eine Unmöglichkeit, ist aber politisch so gehandhabt worden. Zu uns hat man gesagt, ihr seid für die Wirtschaft verantwortlich - warum gibt es das nicht, das nicht, das nicht? So war die allgemeine Haltung. Die Partei war seit der Einheit von Wirtschafts- und Sozialpolitik nicht mehr gewillt, leistungssteigernde Maßnahmen durch Einschränkungen mitzutragen, sondern sie war darauf orientiert, es ist so und so gesagt worden, und es muß immer vorwärts gehen; wenn es nicht vorwärts geht, ist die Wirtschaft daran schuld. Ich vereinfache das mal sehr grob, aber so war die Atmosphäre, und die hat sich immer mehr so ausgeprägt.

Und jetzt ist etwas passiert in den siebziger Jahren, wir hatten doch die Erdölpreiserhöhungen 1973 und 1976, wir hatten die Revolution in der Mikroelektronik, das hat ja vorher keiner in dem Maße gewußt. Jetzt stand die Frage, eigentlich mußte man darauf reagieren, aber es war nicht erlaubt im Sinne des Anziehens der Akkumulation, auf Kosten der Konsumtion darauf zu reagieren, sondern die Hauptaufgabe, wie sie mit ihrer Priorität der Bedürfnisbefriedigung in der Konsumtion formuliert wurde, war die Orientierung, und alles andere mußte eben irgendwie gemacht werden, und dann kam es oftmals auch zu den unsinnigsten Dingen auf diesem Gebiet.

Hertle: *Das Auseinanderklaffen zwischen den materiellen Möglichkeiten und den Wünschen findet vor allem mit und nach dem VIII. Parteitag statt und verstärkt sich durch steigende Rohstoffpreise zu Beginn und im Verlauf der siebziger Jahre. Was uns sehr erstaunt hat, war, daß darüber verhältnismäßig offen und häufig im "kleinen Kreis" und auch im Politbüro diskutiert worden ist, meistens an der Frage der Zahlungsbilanz, weil dort die Probleme offensichtlich wurden: Die Pläne gingen nicht auf und die Verschuldung nahm zu. Mir ist aus den Akten ein Dokument bekannt, wonach Schürer und Mittag gemeinsam 1977 Honecker einen Brief geschrieben und auf das offene Bargeldproblem, auf die Valutaseite hingewiesen und darauf aufmerksam gemacht haben, daß es so nicht mehr weitergehen* *kann. Das ist aber das einzige und letzte Mal, daß Schürer und Mittag gemeinsam agieren, danach überhaupt nicht mehr. Meine Frage lautet, wieso eine Koalitionsbildung zwischen Schürer und Mittag in wirtschaftlichen Fragen nicht möglich war? Auf beiden Seiten, in der Plankommission und bei Ihnen, im Zentralkomitee, saßen Nationalökonomen, die die Probleme erkannten und sahen, in welche gefährlichen Gewässer die DDR treibt. Warum war es nicht möglich, in einer Koalition von Schürer und Mittag zu sagen, das geht auf Dauer nicht gut, das treibt in den Abgrund, wie es ja auch vorausgesehen wurde?*

Krömke: Genauso, wie wir jetzt hier zusammensitzen, genauso habe ich zigmal an Besprechungen zwischen Mittag, Schürer, Beil und verschiedenen Leuten teilgenommen, bei denen es um solche Fragen ging. Es war nicht so, daß, weil zwischen Schürer und Mittag nach der Wende Meinungsverschiedenheiten deutlich wurden, diese immer als unüberbrückbare Gegensätze zum Ausdruck kamen, sondern in vielerlei Hinsicht, so habe ich das erlebt, wurde gemeinsam versucht, Lösungswege zu finden.

Sie dürfen sich das auch nicht so vorstellen, daß Schürer bei Mittag zum Befehlsempfang antanzte. Es war, wie das in jeder normalen politischen Führung üblich ist, ein kameradschaftlicher Umgang und auch der Versuch des gegenseitigen Verstehens dieser Dinge. Trotzdem war der Konflikt da, das will ich nicht schmälern. Der Konflikt war immer in dem Moment da, wenn es um die Ausarbeitung des Planes ging. Da darf nicht vergessen werden, daß in der SED immer das Primat der Politik, der politischen Vorgabe, galt. Dem war auch Mittag unterworfen und verpflichtet. Und insofern waren das Politbüro und der Generalsekretär die Auftraggeber für die Plankommission: Nun arbeitet mal den Entwurf aus, der für unsere Ziele nötig ist. Das heißt nicht, daß etwa Honecker nun unbelehrbar gewesen wäre, wenn ihm gesagt worden ist, wir haben die und die Grenzen.

Nun zur Entwicklung der Zahlungsbilanz: Die Zahlen kannten alle, die kannte Mittag, die kannte Schürer; Schürer hat die Gruppe dazu geleitet, und alle haben gesehen, wie diese Lücke immer größer geworden ist. Dann gab es natürlich auch immer ein bestimmtes Wunschdenken. Sie werden das vielleicht bei Ihren Studien gesehen haben, die Festlegung der Halbierung des sogenannten Sockels, auf deutsch gesagt, des Minussaldos. Tja - man hat eben gehofft, daß das irgendwie gehen wird, und was blieb für eine Alternative? Eine Entscheidung zu treffen, und das war doch ein Problem zu sagen, so geht es nicht mehr weiter, wir müssen bestimmte Abstriche machen - der 17. Juni 1953 saß allen immer im Nacken, allen! Es war die Furcht, daß hier riesige Unruhen ausbrechen, und es wäre zweifellos dazu gekommen, denn mit dem Druck der Medien dahinter wäre das passiert. Nun wollen wir nicht darüber philosophieren, zu welchem Zeitpunkt das zu welchen Katastrophen geführt hätte; zumindest solange die Breschnew-Doktrin galt, hätte das zu einer Katastrophe geführt. Das hatten wir auch immer im Hinterkopf, ohne daß jemand ein Wort dazu gesagt hat.

Die schlimmste Sache war die Preispolitik, vor allem das Umfunktionieren der Wirtschafts- und Sozialpolitik in ein Tabu des Festhaltens an den Preisen. Und da weiß ich ganz genau, wie wir mit Gerhard Schürer oft zusammen gesessen sind, da hat Mittag die Aufträge verteilt und gesagt, jetzt wollen wir doch mal überlegen, wo wir die Preise entsprechend der Qualität usw. verändern können; dort, wo das nicht so drückt, wo es aber möglich ist, weil das Geld fehlte. Dann gab es Diskussionen, Halbritter hat seine Vorschläge gemacht, Schürer, Beil. Dann ist Mittag zu Honecker gegangen, kam wieder und hat keine Entscheidung dazu gehabt; Honecker hatte es wirklich nicht gewagt, an der geringsten Sache etwas zu ändern. Und der größte Widerstand gegen die Preise war im eigenen Funktionärsapparat! Die haben beim Mittagstisch erzählt, wie kann das alles so billig sein, und wenn wirklich einmal etwas passiert ist, waren das die ersten, die gekommen sind und gesagt haben, was macht ihr gegenüber der Bevölkerung. So hat sich das konkret abgespielt, diese ganze Geschichte.

***Lepsius:** Der Funktionärsapparat hat Honecker immer bekräftigt, an der Tabuisierung der Preise festhalten?*

Krömke: Ja, sicher, die wollten doch alle keine Unbequemlichkeiten haben, es sollte doch Ruhe sein im Land.

***Lepsius:** Es gab ja zwei irreale Preise, einmal die Grundpreise, die im Hinblick auf die Erzeugungskosten irreal waren, und das andere waren die Preise für Güter des gehobenen Konsums, Fernsehapparate, Automobile usw., also die Geldabschöpfungspreise.*

Krömke: Daran war man aber gewöhnt, damit hatte man sich in gewisser Beziehung abgefunden. Aber bei den anderen Dingen des täglichen Lebens, Brot usw., bis hin zu Kleidungsstücken, war das eben nicht. Und jetzt muß ich allerdings eins sagen, weil Sie "Geldabschöpfung" sagten - das stimmte in den sechziger und siebziger Jahren, da war es sogar so, daß tatsächlich ein Teil der Mittel aus diesen sogenannten Luxusgütern für die Stützung der Preise im anderen Bereich genutzt werden konnte. Nachher war es anders: Erstens war der Umfang des Nahrungsverbrauchs, des Fleischverbrauchs - die DDR hatte pro Kopf bei Butter usw. ja fast mehr als die Bundesrepublik - so groß geworden - und das alles mit subventionierten Preisen -, da hat das überhaupt nicht mehr zum Ausgleich ausgereicht, was an Akzise noch bei bestimmten "Luxusgütern" drauflag. Und zuletzt war es so, daß aufgrund der hohen Kosten nicht mal mehr ein Teil der Exquisiterzeugnisse unsubventioniert verkauft werden konnte. Da wurden die Schuhe für 300 oder 350 Mark im Exquisit verkauft, und das hat schon nicht mehr die Kosten gedeckt. Da haben sie, nebenbei gesagt, in West-Berlin auch schon 200 Mark gekostet.

***Pirker:** Aber das heißt doch, daß Geld keine eindeutig bestimmte Größe war!*

Krömke: Das war so, da haben Sie vollkommen recht.

***Pirker:** Sie sagten, ein Unternehmen im Westen muß ja auch Ziele setzen. Aber ich kann doch nur rationale und vernünftige Ziele setzen, wenn ich zwei Sachen nicht überziehe, nämlich die Motivationshöhe meiner Mitarbeiter auf allen Stufen und die Reserven. Diese beiden Größen hat man beinahe selbstverständlich genommen und sie immer verwegener eingesetzt. Je größer die Probleme in der Gesamtplanung wurden, um so mehr hat man geglaubt, die Motive heben zu können, und um so verwegener wurden die Entscheidungen, was die Reserven betrifft. Man kommt zu dem Ergebnis, daß das ganze sozialistische System auf der Basis der Planwirtschaft, so wie sie war, funktionsunfähig war.*

Krömke: Ja, so wie die Geschichte uns das vorführt, können wir zu keiner anderen Schlußfolgerung gelangen. Ich würde auch eine Diskussion mit hätte, wenn und aber ablehnen - das ist alles sinnlos. Die Historie hat sich nun einmal so vollzogen, und ich mache mir heute Gedanken darüber, wie man trotzdem diese Entwicklung einordnen muß. Ich würde nicht sagen, daß es einfach schlechthin nur als Fehlschlag zu beurteilen wäre, sondern man muß das, was geschehen ist, auch als einen Versuch sehen, bestimmte Fragen zu lösen - ein Versuch, der nicht gelungen ist, den sich, nebenbei gesagt, auch keiner ausgesucht hat, sondern der durch bestimmte Umstände erzwungen worden ist. Es blieb ja nichts anderes übrig, als sich unter diesen Bedingungen das Leben in Ostdeutschland so einzurichten. Es war ja nicht so, daß es reale Alternativen gegeben hätte.

Lepsius: *Die Subventionspolitik in dieser Art ist weder durch die Planwirtschaft als solche definiert noch durch unmittelbare Interventionen. Die Russen hätten nicht interveniert, wenn man in irgendeiner Weise etwa für die Neubauten gleitend steigende Mieten genommen hätte, das wäre auch verkäuflich gewesen - höherer Wohnkomfort, der in den Neubauten doch zu einem beträchtlichen Teil gegeben war, Heizung, Warmwasser, Bäder, Küchen und all dergleichen. Also da wäre zweifellos ein Spielraum gewesen, auch bei den Nahrungsmittelpreisen. Natürlich konnte man die nicht wie in Polen schlagartig um einhundert Prozent erhöhen, aber man hätte natürlich sagen können, mit den Produktionskosten, den höheren Löhnen, muß das auch in den Preisen sichtbar werden. Das ist eine Sache, die von mir aus gesehen nicht systemnotwendig, auch nicht ideologisch-sozialismusmäßig fixiert gewesen ist. Das zweite ist, was Mittag auch immer beklagt, es ist keine anständige Kostenrechnung gemacht worden. Nun erhebt sich die Frage: Warum kann man in einem sozialistischen Gesellschaftssystem eigentlich keine Kostenrechnung machen? Warum kann man nicht Betriebe selbständig bilanzieren lassen? Die können ja ihre Minusgeschäfte kreditieren, das kann man zinsverbilligt machen, dann gibt es immer noch Vorteile gegenüber dem kapitalistischen System. Alle diese Spielräume, die innerhalb eines sozialistischen Wirtschafts- und Staatssystems vorstellbar waren, sind nicht genutzt worden. Dann kommen wir wieder auf die alte Frage: Warum hat es keine das sozialistische System verteidigende, systemerhaltende Strategie gegeben, die eine Koalition von Staatsapparat und Parteiapparat auf der obersten Etage herbeigeführt hätte? Ich habe den Eindruck, daß es noch ein Element gegeben haben muß, weshalb diese Kleinbereiche nur nach innen orientiert waren. Also, ich verteidige meine Chemieindustrie, der verteidigt seinen Schwermaschinenbau - aber es gab keine Vermittlung dieser fragmentierten Teilinteressen ...*

Krömke: Ja, genau!

Lepsius: *Und das Politbüro bzw. das Zentralkomitee wären eigentlich in dem System der Verwalter des Gemeinwohls gewesen, und die hätten eingreifen müssen. Jetzt frage ich mich, wie war das Zentralkomitee strukturiert? War das Zentralkomitee vielleicht auch so fragmentiert? Wir hören ja, daß das Politbüro in aller Regel eine Verabschiedungsmaschine von vorher in den Bürokratien des Zentralkomitees gebilligten Papieren war, nur selten eine Diskussion geführt wurde, die meisten Politbüromitglieder nichts geredet haben oder wenn, dann immer nur zu ihrer Vorlage - wie war das im Zentralkomitee?*

Krömke: Sie treffen den Nagel in mancher Hinsicht auf den Kopf. Die Ressortwirtschaft war bis zum äußersten ausgeprägt. Ich durfte mit gar niemand anderem reden. Das war zum Teil dadurch bedingt, daß, wenn ich was gesagt habe, Rückschlüsse auf Überlegungen Mittags gezogen wurden. Diese Ressortwirtschaft wurde nur dann durchbrochen, wenn eine bestimmte Sache in Auftrag gegeben worden ist und mehrere Bereiche daran beteiligt werden mußten. Dann wurde zusammengearbeitet. Sie werden viele Vorlagen finden, die von mehreren Leuten unterschrieben wurden, die mußten die vorher auch gemeinsam erarbeitet haben, das schon. Aber daß dort jeder Sekretär seinen Bereich verteidigt hat ...

Lepsius: *... und autonomisiert hat ...*

Krömke: ... ja, und daß er vor allen Dingen äußerst empfindlich war auch nur gegen die geringste Kritik und dann unnötige Abwehrmechanismen in Gang gesetzt worden sind, das trifft schon den Kern der Sache. Das Politbüro war nicht dieses kollektive Beratungsgremium, von dem man annehmen könnte, daß man in einer sachlichen Diskussion versucht hat, einen Konsens zu finden, sondern dort gab es sehr große Empfindlichkeiten der handelnden Personen. Warum? Wahrscheinlich spielt auch die große historische Erfahrung eine Rolle. Wenn jemand sich eben herausstellt, der nicht der gleichen Meinung ist wie die jeweilige Hauptströmung in der Partei, dann war das eben bedrohlich.

***Lepsius:** Die Hauptströmung war doch immer die Meinungsbildung von Honekker?*

Krömke: Ja, sicher. Unter diesen Bedingungen wächst der Generalsekretär in eine Rolle, der wirklich dann das letzte Wort zu sprechen hat. Und wie soll nun eine einzelne Person, das alles unter einen Hut bringen können? Das ist eine außerordentlich schwierige Sache. Das war bei Ulbricht so und bei Honecker ebenso. Und wie war die Tendenz? Als Ulbricht z.B. merkte, daß er im Politbüro keinen Konsens mehr findet, weil einige nicht mitgezogen haben, hat er angefangen, die Dinge am Politbüro vorbei zu machen. Er hat seinen "Strategischen Arbeitskreis" gebildet und sich auf eine Reihe von Fachleuten gestützt, die seinen inhaltlichen Vorstellungen entsprachen, und hat dann eben seine Dinge gemacht. In mancher Beziehung war das bei Honecker genauso, er hat sich auf den einen und den anderen dabei mehr gestützt, ohne allerdings seine Unabhängigkeit zu verlieren. Da darf man Honecker nicht unterschätzen, er hat in vielen Fragen seinen eigenen Kopf behalten. Es war nicht so, daß er das Werkzeug von irgendjemand war, das ist eine Fehleinschätzung meiner Meinung nach. Aber wie gesagt, Ressortwirtschaft, da würde ich Ihnen vollkommen recht geben, das hat mich eigentlich entsetzt. Als ich dorthin kam, dachte ich, hier ist das große kollektive Gremium - das war nicht so. Die Abgrenzung war sehr scharf. Informelle Kontakte schon, aber nur in einem bestimmten Rahmen. Und genauso haben auch die Sekretäre gehandelt.

***Lepsius:** Welche Rolle spielte das ZK-Sekretariat?*

Krömke: Das ZK-Sekretariat war ein Beschlußgremium. Gut, die ZK-Sekretäre haben natürlich auch über Sachen diskutiert, aber es war immer die Tendenz: Nicht über meinen Bereich! Über andere Fragen kann man schon sehr gut sprechen, aber nicht darüber, wo ich vielleicht einen Fehler gemacht habe. Deshalb hat Mittag immer gekämpft, daß es nun wirklich einhundert Prozent bei der Planerfüllung waren, daß nicht einer sagen konnte, es waren nur 99,8 Prozent.

Dann haben Sie die Sache mit dem Geld angesprochen. Seit dem NÖS wurde immer formuliert, daß Geld eine große Rolle spielen muß, de facto ist das nicht eingetreten. Das hängt meiner Meinung nach mit dem System zusammen, weil Geld keine existenzbedrohende Bedeutung hatte. Irgendwie sind dann die Dinge immer gerettet worden, es gab ja auch keinen Konkurs. Also das Geld hat in der privat organisierten Warenwirtschaft eine andere Bedeutung als das in der DDR der Fall war, obwohl jeder froh war, wenn er sein Gehalt gekriegt hat. Aber was die Öffentlichkeit anbelangte, hatte das Geld nicht eine solche lebensbestimmende Bedeutung. Andererseits ist die Kostenrechnung eingeführt worden, wir haben die Kostenrechnung qualifiziert, wir haben sogar den Gewinn als eine Kennziffer eingeführt; Betriebe wurden auch kritisiert, wenn sie den Gewinn nicht erfüllt hatten, aber dabei blieb's - passiert ist doch deswegen nichts. Hat ein Betrieb viel Gewinn gemacht, mußte er den auch abführen, hat er wenig Gewinn gemacht, und der Betrieb wurde gebraucht, hat er trotzdem seine Investitionen gekriegt. Das ist natürlich in dem marktwirtschaftlichen System anders.

Es konnte auch kein Kapital gebildet werden. Ich hatte mir die letzten Wochen und Monate vor dem XII. Parteitag überlegt, ob die Kombinate nicht in die Lage versetzt werden sollten, daß sie für sich Mittel bilden können, die sie anderen geben, damit sie ihre Produktion durchführen. Dann hätten wir diesen Unsinn abschaffen können, daß jeder seine eigenen Zulieferungen macht, weil die Entwicklung solcher Kapazitäten in anderen Bereichen nicht durchsetzbar war. Na ja, dazu ist es nicht mehr gekommen, das hätte wahrscheinlich die Sache auch nicht gerettet. Aber das sind grundlegende systembedingte Fragen. Ich gebe Ihnen recht, die Subventionsfrage hätte nicht in dem Maße sein müssen, aber ab einem bestimmten Zeitpunkt ist das zu festgefahren gewesen, um dann noch etwas zu verändern. Aber da hat Honecker meiner Meinung nach die Sache zu leicht genommen, daß z.B. beim Wohnungsbau bei den Neubauten keine anderen Mieten genommen werden durften, das war absolut überflüssig. Aber was passiert wäre, wenn man Ende der achtziger Jahre mit Mieterhöhungen angefangen hätte, das weiß heute niemand. Man darf nicht die Auslöserfunktion kleinster Veränderungen in einem System vergessen, was schon in sich sehr instabil geworden ist. Das waren die psychologischen Hemmnisse. Es war die Angst, wegen irgendeiner sogenannten Kleinigkeit etwas auszulösen.

Lepsius: Aber es sind gleichzeitig viel größere Dinge in Kauf genommen worden, nämlich Verteilungsschwierigkeiten für viele alltägliche Produkte, die auch Unmut hervorgerufen haben. Die politische Führung der DDR hat der Bevölkerung viele Versagungen ohne Bedenken zugemutet. Aber gleichzeitig konnte sie die Preise nicht einmal minimal ändern. Also die Geschichten, die in der DDR unendlich erzählt worden sind, die Brotverfütterung, die Subventionierung von Eiern und dergleichen mehr. Die Bevölkerung wußte doch, daß das irreale Preise sind, die zu Verschwendung Anlaß geben. Ich wundere mich über das Argument, daß die politische Elastizität für Preiserhöhungen nicht vorhanden gewesen sein soll, wenn gleichzeitig die politische Elastizität mit Ausreisebeschränkungen und mit Versorgungsengpässen extrem in Anspruch genommen worden ist. Meine Frage ist, was waren hier die durchschlagenden Entscheidungskriterien?

Krömke: Sie setzen jetzt voraus, daß so rational gedacht worden ist, wie Sie das eben analysiert haben, aber diese Abwägung hat nicht stattgefunden. Das ist das Problem. In diesem Falle muß man tatsächlich sagen, die Preisveränderung ist an Honecker gescheitert. Seine Überlegung war: Wenn wir, ich sage es ein bißchen vereinfacht, nicht genug zu verkaufen haben, dann lassen wir es doch wenigstens bei den Preisen und organisieren uns hier nicht noch einen zusätzlichen Ärger. Das ist nicht meine Meinung, die ich damals hatte, sondern das ist ein Versuch, mir das psychologisch zu erklären, warum es diese Starrheit gegeben hat.

Lepsius: Ist denn in Ihrer Anwesenheit das einmal diskutiert worden?

Krömke: Über die Notwendigkeit von Preisänderungen haben wir schon diskutiert. Ich sagte ja, daß ich zig Tagungen bis in die letzten Jahre hinein miterlebt habe, wo solche Versuche überlegt worden sind, und das würden Schürer, Halbritter oder jeder andere bestätigen. Aber die Ergebnisse waren niemals da, weil eben dieses "E.H." nicht auf den Vorlagen erschien. Und ich kann mir das bei Honecker nur mit einem Gefühl der Unsicherheit erklären, daß vielleicht etwas gemacht wird, woraus etwas entstehen kann, das er nicht mehr beherrscht.

Lepsius: Wir haben schon mehrfach von den Geschichten über Mittags diktatorische Ausbrüche gegenüber Einzelpersonen gehört, seine Einvernahmen der Gene-

raldirektoren bei der Leipziger Herbstmesse usw. Was hat er in Leipzig mit den Generaldirektoren eigentlich gemacht? Waren Sie einmal dabei?

Krömke: "Waren Sie einmal dabei" ist eine gute Frage. Ich war immer dabei und habe das auch weitgehend inhaltlich mit vorbereitet. Zunächst war es eine große Versammlung von ungefähr 800 Personen; denn dort waren nicht nur die Generaldirektoren, sondern auch die technischen Direktoren, meistens drei Vertreter, dann die Gewerkschaftsleute und aus den Parteiapparaten die Wirtschaftsfachleute, die Minister und die stellvertretenden Minister. Da kam schon ein großer Saal zusammen. Ja, was war der Sinn? Als das 1978 anfing, war der ursprüngliche Sinn, die Generaldirektoren mit den politischen und vor allem den wirtschaftspolitischen Absichten der Parteiführung vertraut zu machen, zum anderen die Durchführung eines Erfahrungsaustausches. Es gab diese hochangesehenen Generaldirektoren, und da hat man gesagt, gut, sollen die doch mit ihren Berufskollegen sprechen und darlegen, wie sie was gemacht haben. So ist das eigentlich auch immer geschehen. Das waren die beiden Hauptmotive. Und je weiter sich die wirtschaftlichen Schwierigkeiten zuspitzten, um so mehr wurden diese Generaldirektorentagungen zu einer Versammlung, um Druck auf mehr Leistung zu machen, während der Erfahrungsaustausch mehr und mehr in den Hintergrund geriet. Ein konkretes Beispiel: Früher waren die Seminare so zusammengesetzt, daß an einem Seminar die Generaldirektoren aus den verschiedensten Industriezweigen teilnahmen. Das war sehr gut, später war das so organisiert, daß Klassen nach den Ministerienbereichen gebildet wurden, weil dann dieser Druck, von dem Sie sprachen, ausgeübt worden ist. Das war der Versuch, für nicht gelöste Planaufgaben und zusätzliche Dinge eine Zustimmung zu erhalten und sie dann auch politisch abrechenbar dem Politbüro vorzulegen.

Die generelle Atmosphäre auf den Vollversammlungen, auf denen Mittag aufgetreten ist, war eine sachliche Atmosphäre. Natürlich, Mittag ist ein emotionaler Mensch, das wurde hier und da auch spürbar, aber man darf sich das nicht so vorstellen, daß dort eine wütende Bulldogge alle angiftete, so war das nicht. Hinterher haben die Teilnehmer teilweise stehend Beifall geklatscht, wozu es auch keinen Zwang gab. Es war mehr der Versuch einer Erklärung bestimmter Zusammenhänge, und dann gab es ab und an Dinge, wo der eine oder andere als Beispiel herausgenommen worden ist. Nun muß ich aber sagen, da habe ich oft die Direktive gehabt aufzupassen, daß nicht zugespitzt wird. Also wir haben z.B. auch bestimmte Zuarbeiten, die gekommen sind, wieder normalisiert, denn Mittag wußte ganz genau, ohne ein bestimmtes Vertrauen ging es überhaupt nicht. Er hat oft zu mir gesagt, wir müssen Vertrauen herstellen, das geht nicht anders, weil die Dinge wirklich schwierig waren. Aus der Sicht der Generaldirektoren mag trotzdem einiges anders gewesen sein, vor allen Dingen dann, wenn der Zwang in den einzelnen Beratungsgruppen, die von den Ministern und von den zuständigen Abteilungsleitern des ZK geleitet worden sind, bestand, daß sie irgendwie dahingebracht werden sollten, zu unterschreiben, für 50 Millionen Mark mehr Produktion zu bringen. Und sie standen wieder vor der Frage, wie mache ich es meinen Betrieben deutlich. Darüber gab es natürlich auch Diskussionen und Auseinandersetzungen. Das war ein Versuch, dieses ganze Unternehmen DDR-Industrie in irgendeiner Form zu beherrschen.

Aus meiner Sicht würde ich sagen, Mittag war in seinem Herangehen vom Prinzip her ein eher sachlicher Mensch. Er hat natürlich Schärfe aufgebracht, auch Schärfe in seine Sprache gelegt, ohne dabei in der Regel unqualifiziert zu sein oder die Leute zu beschimpfen. Das war eher selten, denn sonst hätte er das Ganze nicht so lange bewerkstelligen können, und er war meiner Meinung nach auch bereit zu sachlichen Gesprächen. Mir ist das persönlich auch oft so ergangen, seine Kritik hatte schon manchmal Kränkendes an sich, aber er hat es auch verstanden, die Sache wieder zu regulieren, wenn aus der Emotion heraus etwas entstanden war. Da würde ich eigentlich nichts Unnormales sehen gegenüber Menschen, die in solchen Leitungsfunktionen stehen; den abgewogenen, sachlichen Charakter werden wir wohl kaum irgendwo finden. Da sehe ich eigentlich nicht so sehr das Problem.

Lepsius: *Aber diese Leipziger Versammlungen hatten doch eine große Bedeutung?*

Krömke: Ja, sie hatten eine große Bedeutung. Sie haben auch einen gewissen Zusammenhalt herbeigeführt. Es war nicht bloß eine Befehlsausgabe, sondern die Leute haben sich untereinander kennengelernt, sie haben unzählige Dinge auch unter sich geklärt, von denen wir gar nichts wissen, auf ihre Art und Weise.

Lepsius: *Wieviel Einfluß hatten denn Mittag und das Zentralkomitee auf die Auswahl der Generaldirektoren genommen? Wie hoch war der personalpolitische Einfluß Mittags?*

Krömke: Also jeder Generaldirektor mußte vom ZK-Sekretariat bestätigt werden, von Honecker, Hager, Mittag usw. Das heißt, wenn eine Veränderung, eine sogenannte Kaderveränderung vorgenommen wurde, mußte das im Sekretariat begründet werden. Mittag war schon aus diesem Grunde sehr vorsichtig in der Veränderung von Generaldirektoren, wo er manchmal vielleicht der Meinung war, hier würde ein anderer notwendig sein. Die Vorschläge, die Auswahl selbst, die wurde in erster Linie von den Ministern in Zusammenarbeit mit den zuständigen Abteilungen des ZK getroffen; die haben sich überlegt, wer kann der Generaldirektor werden, und manchmal hat dabei auch die jeweilige Bezirksleitung eine Rolle gespielt.

Lepsius: *So daß der Einfluß personalpolitisch doch groß war. Gegen Mittag war niemand hineinzubringen oder auf die Dauer zu halten?*

Krömke: Nein, das wäre nicht gegangen. Also eine offene Opposition gegen Mittag wäre nicht möglich gewesen, das wäre als eine Opposition gegen die Parteibeschlüsse, gegen die Parteilinie ausgelegt worden, und das hätte auch kein anderer seiner Berufskollegen im Sekretariat geduldet, weil sie sich davor fürchteten, daß hier etwas einreißt; daß die Kader, die von der Partei bestätigt sind, nun etwa sich dagegen wenden. Das war ja auch in der Verfassung, im Parteistatut festgelegt, jeder mußte die vorgegebene Aufgabenstellung einhalten.

Lepsius: *Wer hat denn im Büro Mittag Kader ausgesucht, Kader geprüft, Qualifikationen sortiert?*

Krömke: Das waren die Abteilungen des ZK. Zum Beispiel war der Leiter der Abteilung für Metallurgie und Maschinenbau verantwortlich, wenn die Frage der Besetzung eines neuen Generaldirektors für diesen Bereich anstand. Dann hat er zwei, drei Vorschläge gemacht, hat die Mittag vorgetragen, und dann hat Mittag gesagt, gut, wir nehmen den. Dann ist das als Vorlage eingereicht und gebilligt worden.

Lepsius: *Kann man sagen, daß die Abteilungsleiter im Zentralkomitee der eigentliche zentrale Herrschaftsapparat waren? Die Abteilungsleiter haben die Vorlagen gemacht - Sie sagten selber, wer schreibt, hat einen Einfluß. Die Vorlage geht dann zwar über den Sekretär und wird noch einmal modifiziert, aber die Grundinformation, die Auswahl der Informationen wurde von ihnen getroffen.*

Die Abteilungsleiter stehen in der Öffentlichkeit im Dunkeln, sie treten nicht auf, halten keine Reden, sind aber eigentlich der Kern des Herrschaftssystems, oder ist das übertrieben?

Krömke: Die Abteilungsleiter hatten kein inhaltliches Weisungsrecht gegenüber den ihnen unterstellten Bereichen, sondern sie konnten nur in konkreten Aufträgen wirksam werden, weil ein Politbürobeschluß gefaßt worden war, der ihren Bereich betraf. Dann konnten sie auf der Basis dieses Beschlusses veranlassen, daß die notwendigen Durchführungsmaßnahmen von den genannten Personen getroffen werden und konnten und mußten kontrollieren, ob das erfolgt ist. Dann haben sie also Informationen über die Erfüllung dieses oder jenes Beschlusses erstellt, mit dessen Kontrolle sie betraut waren. Das gehörte nach der Arbeitsordnung zu ihrer Pflicht. Ein zweiter großer Bereich war die Kaderpolitik, d.h. sie waren verantwortlich für die Auswahl und die Kontrolle der Kader. Wenn sie jetzt festgestellt haben, daß irgendjemand in ihrem Bereich fehlerhaft arbeitet oder sie sind darauf hingewiesen worden, überprüft mal den und den in der und der Richtung, haben sie das gemacht und das Ergebnis der Sache erst dem zuständigen Sekretär, in unserem Falle Mittag, und dem Sekretariat, wenn es sich um eine größere Sache handelte, unterbreitet. Aber sie konnten keine selbständige Politik machen. Sie haben natürlich recht, in der Art und Weise, wie sie ihre Informationen auswählten, haben sie natürlich die Aufmerksamkeit in eine bestimmte Richtung lenken können.

Lepsius: *Was waren das für Leute? Wieviele Abteilungsleiter hatte das Zentralkomitee?*

Krömke: Mindestens 40 bis 50 Abteilungsleiter. Im Bereich Mittag waren es neun. Sie kamen in der Regel aus den entsprechenden Fachbereichen, bei uns zumindest war das so, also aus Industrie und Bauwesen, Transport- und Nachrichtenwesen. Aber sie hatten eine unterschiedliche Herkunft. Nehmen wir beispielsweise den Abteilungsleiter für Grundstoffindustrie: Dr. Horst Wambutt war ein promovierter Ökonom, ein sehr sachlicher Mann, der sich natürlich in den Bereich chemische Industrie einarbeiten mußte, das kann sowieso keiner im Detail beherrschen, aber er war ein qualifizierter Mann. Dann gab es andere, die etwa aus der FDJ in irgendeiner Form in den Parteiapparat gekommen sind, manchmal Mitarbeiter der Abteilung waren und vielleicht nicht immer die notwendige Übersicht und auch nicht in allen Fällen die notwendige charakterliche Qualifikation gehabt haben. Aber ein bestimmtes Niveau mußten sie schon besitzen, um einigermaßen bestehen zu können. Mittag selbst hat natürlich schon zwischen den Abteilungsleitern bestimmte Unterschiede gemacht, er hatte ein Gespür dafür, wenn jemand in seinen Meinungen nicht ganz so auf der Höhe der Zeit oder schwer von Begriff war, die Leute hatten es nicht so leicht. Das waren diejenigen, die als erste triumphierten, nachdem man Mittag rausgeworfen hatte, und die Bücher über ihn schrieben. Generell gesagt war insgesamt die Besetzung nicht so, wie sie das Ausmaß der Aufgaben erfordert hätte.

Lepsius: *Sind Sie persönlich mit denen in einen freundschaftlichen Austausch gekommen oder mehr in einen dienstlichen?*

Krömke: Die Atmosphäre war eigentlich immer eher eine freundschaftliche als eine streng dienstliche. Aus meiner Sicht möchte ich sagen, daß ich mich nicht in die Rolle eines "Befehlsüberbringers" begeben hatte; auf der Basis habe ich mit den Leuten nicht verhandelt, sondern habe gesagt, das Problem ist das und das, wie können wir das lösen. Dann habe ich den Auftrag übermittelt, und oftmals haben wir gemeinsam versucht, Lösungswege zu finden. So war in der Regel die Atmosphäre. So war auch in der Regel die Atmosphäre von seiten Mittags gegenüber den Abteilungsleitern, Spitzen und Kritiken nicht ausgeschlossen. Aber es war eigentlich eine sachliche, kameradschaftliche, vielleicht manchmal sogar zu kameradschaftliche Arbeitsatmosphäre in diesem Parteiapparat.

Lepsius: Es war nicht unangenehm?

Krömke: Nicht unangenehm!

Lepsius: Wenn man das Buch "Die zweite Etage" von Uschner liest, hat man den Eindruck, daß die Arbeitsatmosphäre unsympathisch gewesen sein mußte[7]*. Er schildert, daß man kaum über den Gang gehen durfte, da standen überall Wachposten. Also man hat den Eindruck, als ob er selber immer verängstigt gewesen ist.*

Krömke: Ausgerechnet Uschner! Das Buch ist ein bißchen primitiv geraten, was dem Niveau von Uschner gar nicht entspricht. Er ist einer derjenigen gewesen, der vielleicht doch mal den Mut hatte, über bestimmte Dinge hinauszudenken. Das ist ein sehr intelligenter Mann, aber er hat leider, wie das nicht selten anzutreffen ist, die Eigenschaft, seine Person unnötig aufzuwerten, und das hat er auch mit diesem Buch gemacht. Er hat Sachen geschrieben, bei denen sich ein Außenstehender an den Kopf faßt; er hat Dinge beschrieben, die überhaupt nicht wesentlich sind, das ist Unsinn. Wir haben nicht in der zweiten Etage residiert, Mittag saß als Ausnahme in der vierten Etage, das war auch ganz gut so. Ob da noch eine besondere Atmosphäre war, weiß ich nicht, aber zumindest nicht mehr, als sie in jedem anderen Büro auch herrscht, wo sich die Sekretärinnen manchmal begeifern und gegenseitig ihre Intrigen spinnen. Aber das hat überhaupt nichts mit der allgemeinen Arbeitsweise zu tun.

Lepsius: Und das Generalsekretariat von Honecker, das Uschner beschreibt: Wenn man das liest, hat man den Eindruck, das ZK ist ein Riesenhaus, aber es läuft nur das, was über den Schreibtisch der Sekretärin zu Honecker läuft, alles andere ist abgekoppelt?

Krömke: Na ja! Honecker hatte sein Büro und seine Sekretärin.

Lepsius: Sie hat die Tagesordnung gemacht, und mit der Tagesordnung war die Politbürositzung definiert?

Krömke: Nein. Die Tagesordnung des Politbüros ist vom Büro des Politbüros gemacht worden, da gab es eine Leiterin, später einen Leiter. Lange Zeit war das Gisela Glende und später Edwin Schwertner. Sie hatten den Auftrag, die Tagesordnung zu machen. Na gut, die Sekretärin hat sie genommen und hat sie zu Honecker gebracht. Der "Entscheidungsspielraum" der Sekretärin war höchstens der, wie schnell sie das hingebracht hat.

Lepsius: Aber die Leiterin des Büros von Honecker!

Krömke: Nein, Sie meinen jetzt das Büro des Politbüros, das ist was anderes gewesen, das war die Kanzlei. Da lief alles Technische zusammen, einschließlich Tagesordnung, Beschlußausfertigung und Protokollerstellung.

---

7 Uschner, Manfred, *Die zweite Etage. Funktionsweise eines Machtapparats*, Berlin 1993.

Lepsius: *Sie sind doch auch viel mit Mittag gereist, was hat das auf Sie für einen Eindruck gemacht?*

Krömke: Wir haben immer gewußt, daß der Produktivitätsfortschritt, an dem wir uns orientieren müssen, im Westen ist. Für einen normal denkenden Ökonomen war das ganz klar, und daraus resultierte auch Mittags Modernisierungsstrategie.

Lepsius: *Wie erklären Sie sich diese auch im Westen weitgehend geteilte Vorstellung, daß die DDR ein effizienter, in sich stabiler ökonomischer Staat sei? Denn bei aller Kritik gegenüber Unterversorgung und mangelnder Arbeitsproduktivität, ging die Westvorstellung nicht davon aus, daß die DDR am Abgrund stand.*

Krömke: Ich muß natürlich vorher bemerken, daß ich auch nicht mit dem Gefühl gelebt habe, daß wir am Abgrund stehen. Wir haben uns oft die Frage gestellt, wie soll es weitergehen, aber es ist doch immer so, wenn man in einer schwierigen Situation ist, dann hofft man immer, daß es beim nächsten Schritt doch noch besser wird. Das ist die eine Seite der Sache. Die andere Seite ist, es sind ja tatsächlich Leistungen vollbracht worden. Es ist ja nicht so, daß alles nur im Statistischen Jahrbuch gestanden hat, denn sonst hätte es bestimmte Entwicklungen im Versorgungsniveau der Menschen, etwa beim Wohnungsbau, nicht geben können. Die Schulden, die Zahlungsbilanz, das war bekannt, die Bank für Internationalen Zahlungsausgleich hat die Daten im wesentlichen immer veröffentlicht. Also jeder, der sich mit der DDR beschäftigt hat, konnte wissen, wie hoch ihre Verschuldung war; wahrscheinlich hat man diese Schulden ins Verhältnis gesetzt zum Nationaleinkommen und gesagt, na gut, also so schlimm kann es ja eigentlich nicht sein. Und ich meine, die DDR ist ja auch nicht nur an der Wirtschaft zusammengebrochen, sondern sie ist ja doch zusammengebrochen an ihrem gesamten Gesellschaftssystem in unmittelbarer Nähe zur Bundesrepublik mit der höheren Lebensqualität, über die viele Menschen der Meinung waren, daß sie dort wesentlich besser leben könnten und daß es sich lohnt, alle Schritte zu unternehmen, um dorthin zu gelangen. Und nachdem der Damm errichtet worden war und dann der kleinste Riß entstand, brach er auf. Mir persönlich war gleich klar, als in Ungarn die Grenze aufgemacht wurde, jetzt ist Feierabend, denn das ist eine Geschichte, die sich nicht mehr aufhalten läßt.

Weinert: *Sie haben gesagt, die wirklichen Fortschritte mußten außerhalb des Planes durchgeboxt werden, und einer, der solche Neuerungen immer eingebracht hat, ist Günter Mittag gewesen. Eine seiner wichtigsten institutionellen Neuerungen war die Einrichtung des Bereiches Kommerzielle Koordinierung. Wie ist es aus Ihrer Sicht dazu gekommen?*

Krömke: Von der Existenz von KoKo habe ich lange nichts gewußt, und KoKo ist auch nicht von Mittag eingerichtet worden, sondern hat schon existiert, bevor aufgrund eines Politbüro-Beschlusses 1976 Schalck als Leiter, also nicht der Bereich KoKo als solcher, Mittag politisch unterstellt wurde. Soweit ich im nachhinein erfuhr, ist KoKo selbst auf eine Weisung Ulbrichts schon in den 60er Jahren gebildet worden. Sicherlich war KoKo zu Anfang ein nicht so bedeutendes Organ, wie das dann in den siebziger und achtziger Jahren gewesen ist. KoKo war eigentlich das, was mit dem Neuen Ökonomischen System erreicht werden sollte, also eine wirkliche Orientierung auf den Markt, konnte sich aber, da diese Entwicklung nicht in das System paßte, faktisch nur außerhalb des Systems entwickeln. Der entscheidende Schlüssel für KoKo ist eine Formulierung, die in der

Verfügung von Sindermann aus dem Jahre 1972 steht, wonach KoKo als ein "Devisenausländer" zu behandeln ist. Das war der eigentliche Punkt. Die Tatsache, daß KoKo ein immer größeres Volumen zu bewältigen hatte, hing einmal mit den zunehmenden außenwirtschaftlichen Schwierigkeiten der DDR zusammen, insbesondere seit der Erdölpreiserhöhung, also dem Versuch, mehr zu exportieren und auch mehr zu importieren. Nachdem die Sowjetunion 1981 die Erdöllieferungen gekürzt und eingefroren hatte, gab es den Zwang, von irgendwoher Erdöl zu bekommen, und diese Aufgabe hat natürlich in vielerlei Hinsicht KoKo durch entsprechende Export-Import-Geschäfte bewältigt. Das war nur möglich, wenn jemand wirklich wie ein Kaufmann handeln konnte. Das ließ sich mit der normalen staatlichen Außenhandelsbürokratie nicht machen.

Pirker: *Dazu brauchte man einen kapitalistischen Kaufmann?*

Krömke: Ja, er hat gegenüber seinen Geschäftspartnern wie ein kapitalistischer Kaufmann gehandelt.

Weinert: *Wie haben die Ökonomen der DDR diese Konstruktion erklärt? Also auf der einen Seite hatten sie die normale sozialistische Planwirtschaft, auf der anderen Seite KoKo als Teil des Gesellschaftssystems, als Teil der Volkswirtschaft, aber nicht als Teil des Planes?*

Krömke: Ja, KoKo war natürlich trotzdem mit dem Plan verbunden, indem KoKo nachher über den Staatshaushalt die Mittel eingeschossen hat. Irgendwo war natürlich ganz oben die Verbindung wieder da. Aber bei der ganzen operativen Seite des Handels hatte KoKo freie Hand, und das war mir auch damals unter dem Gesichtspunkt des Eingehens und des Reagierens auf die Marktwirtschaft erklärlich. Also wenn KoKo jede Sache in derselben Art und Weise über den Export-Import-Plan hätte durchbringen müssen, wie das sonst üblich war, dann wären eben bestimmte Dinge überhaupt nicht möglich gewesen.

Lepsius: *Noch einmal zurück zu den Parteiorganisationen in den Kombinaten: Wie waren die Rückkopplungen zum Zentralkomitee organisiert?*

Krömke: Das Schema ist grundsätzlich folgendes gewesen: Fangen wir am besten mit der Basis an, also mit den Betrieben. Nehmen wir mal an, jeder Betrieb ist eine Parteigrundorganisation, dann unterstand diese Parteigrundorganisation immer der zuständigen Kreisleitung, und die Kreisleitung unterstand wiederum der Bezirksleitung, und die Bezirksleitung dem Zentralkomitee. Konkret hat das bedeutet, innerhalb des Zentralkomitees gab es einen Bereich, der nannte sich Parteiorgane, und dieser Bereich Parteiorgane hat die gesamte Arbeit der Parteiorganisation von oben bis unten geleitet und war nur dem Generalsekretär über bestimmte Dinge rechenschaftspflichtig. Genau genommen hätte es der Generalsekretär machen müssen - gut, das konnte er nicht, und da gab es diesen Bereich Parteiorgane. Und diese ganze innerparteiliche Organisation war straff von oben nach unten organisiert, und zwar nach dem Territorialprinzip - Bezirksleitung, Kreisleitung, Grundorganisation. Bei den Kreisleitungen lief alles zusammen. Dann gab es einige Besonderheiten, aber die haben nicht das Prinzip gestört. Die Besonderheit bestand darin, daß in den Kombinaten ein sogenannter Parteiorganisator des ZK eingesetzt worden ist. Dieser Parteiorganisator des ZK hatte nicht die Rechte gegenüber den Parteiorganisationen wie etwa der Kreissekretär. Er war zur zusätzlichen Unterstützung in bezug auf die Information zur einheitlichen Linie in dem betreffenden Kombinat da, weil dessen Betriebe nämlich über verschiedene Bezirke und Territorien verstreut waren. Mehr konnte der nicht machen, er war unmittelbar der Abteilung des Zentralkomitees unterstellt, er war sozusagen ein verlängerter Arm dieser Abteilung in dem Kombinat. Aber er konnte auf die unmittelbare operative Arbeit und das Parteileben selbst nur in sehr beschränktem Maße Einfluß nehmen. Ausgangspunkt war das Territorialprinzip, d.h., wo die Betriebe existierten, dort existierten die Grundorganisationen dieser Betriebe, und die Kreisleitung hatte die Oberaufsicht über diese Grundorganisationen.

Der Parteiorganisator des ZK, der mit in der Kombinatsleitung war, hatte nur von der Seite her die Möglichkeit, auf die Arbeit der Parteiorganisation in den Kombinatsbetrieben Einfluß zu nehmen; das war derjenige, der dann politisch erläutert hat, wenn sich irgendetwas in der Linie des Kombinates veränderte. Aber für die Parteiarbeit, d.h. insbesondere auch für die Kaderarbeit usw. waren immer die Kreisleitungen zuständig. Die hatten tatsächlich, wie man so sagt, das Prä. Bei Zeiss gab es eine Besonderheit: Zeiss besaß als größter Betrieb in Jena eine sogenannte Industriekreisleitung. Zeiss war also selber Kreisleitung und unterstand als Industriekreisleitung direkt der Bezirksleitung.

Hertle: *Und der Parteiorganisator war in die jeweilige Abteilung bei Mittag eingeordnet?*

Krömke: Ja, er gehörte zu der entsprechenden wirtschaftspolitischen Abteilung. Diese wurden auch immer als sogenannte Fachabteilungen bezeichnet. Man hat sie als eigentliche politische Abteilungen überhaupt nicht ernstgenommen. Da gibt es noch eine wichtige Organisationssache: Wir hatten eine ständige Auseinandersetzung mit dieser Abteilung "Parteiorgane", die einem eigens dafür verantwortlichen Sekretär des ZK unterstand. Diese Abteilung hielt den Kontakt zu den Bezirksleitungen, deren Abteilung "Parteiorgane" wiederum runter bis zu den Kreisleitungen und schließlich den Grundorganisationen. Das war eine herausgehobene Stellung gegenüber anderen Abteilungen des ZK. Hier gab es auch Differenzen. So wollten die z.B., daß der Generaldirektor eines Kombinates, wenn er beispielsweise in Suhl saß, der Kreisleitung für die Arbeit des Betriebes, des Kombinates rechenschaftspflichtig sein sollte. Da haben wir gesagt, das ist unmöglich, es kann nicht jemand, der ein Unternehmen zu leiten hat, das über mehrere Bereiche verteilt ist, nun dem Kreissekretär unterstellt sein. Da wir das Niveau der Kreissekretäre kannten, haben wir das abgebogen. Aber bei Unterstellung unter die Bezirksleitung mußte schon nachgegeben werden.

Lepsius: *Was haben die Industriekreisleitungen gemacht?*

Krömke: Die Industriekreisleitung existierten nicht in allen Kombinaten, sondern nur dort, wo diese Kombinate tatsächliche Kombinate waren, also wo sie in einem Territorium eine Vielzahl von Betrieben vereinigten. Das war bei Zeiss so, bei Leuna, in Schwedt, sicherlich gibt's noch ein paar mehr. Ansonsten lief die Parteiarbeit immer über die Kreisleitung und die Betriebe, und im Kombinat war nur ein Unterstützungsfunktionär da.

Lepsius: *Und wer war die Grundorganisation im Zentralkomitee? Da muß es doch auch wieder einen ersten Sekretärs der Kreisleitung des Zentralkomitees gegeben haben, und was für eine Rolle hat der gespielt?*

Krömke: Im Zentralkomitee gab es eine Kreisleitung, die sich Parteiorganisation beim ZK der SED nannte, der langjährige Sekretär war Fritz Müller. Im Zentralkomitee gab es ebenfalls Parteigrundorganisationen, im Regelfall hatte jede Abteilung eine Parteigrundorganisation. Dort wurden Schulungen durchgeführt oder die Auseinandersetzungen mit dem Genossen soundso geführt, wenn man mit seiner Arbeit nicht zufrieden war und wenn man die Meinung des Kollektivs zur Geltung bringen wollte. Die Grundorganisation tagte einmal oder zweimal im Monat, je nachdem. Was meine Person als Mitarbeiter bei einem Sekretär des ZK anbelangt, so hatten wir eine besondere Parteiorganisation, die wahrscheinlich Parteiorganisation "Sekretariate" hieß. Dort waren aus den verschiedenen Sekretärsbereichen die Mitarbeiter einschließlich der Sekretärinnen versammelt, also z.B. Uschner und andere, wir waren dort in dieser Parteiorganisation und haben uns dort über allgemeine politische Themen unterhalten.

Lepsius: Aber mit Vorsicht?

Krömke: Mit äußerster Vorsicht, damit nicht in dieser Grundorganisation stellvertretend die Differenzen zwischen den Sekretären ausgetragen wurden, darauf wurde natürlich streng geachtet. Und trotzdem sind, wie das so ist, in den Diskussionen in bestimmten Nuancierungen die einen oder anderen Differenzen hochgekommen.

Hertle: Wem unterstand diese Kreisleitung?

Krömke: Rein organisatorisch gehörte sie zum Berliner Bezirk, politisch unterstand sie dem Sekretariat des Zentralkomitees; also der Sekretär der Kreisleitung war gleichzeitig zwar nicht Sekretär des ZK, aber er war bei den Sitzungen des ZK-Sekretariats immer anwesend. Das war der Zusammenhang.

Lepsius: War diese Parallelität der Parteiorganisation durch Kombinate, Ministerien, Betriebe für Sie unter dem Aspekt der Wirtschaftsleitung ein Element der Beachtung, der Information, der Einflußnahme?

Krömke: Wir hatten erstens gar nicht das Recht, auf das Parteileben Einfluß zu nehmen, das war Sache der Bezirks- und Kreisleitungen. Insofern gab es auch in diesem Sinne, was Sie vermuten, nicht parallele Leitungen. Das wurde alles von diesem Bereich Parteiorgane gemacht, damit hatten wir überhaupt nichts zu tun.

Lepsius: Aber die Parteiorganisatoren hingen doch wieder bei Ihnen?

Krömke: Ja, natürlich, das stimmt schon, nur, es war eine unterstützende Aufgabe. Man könnte das auch so sagen, das war ein Mitarbeiter der Abteilung, der eben ständig im Kombinat anwesend war.

Hertle: Wir kennen aus dem FDGB eine ähnliche Einrichtung, die im FDGB intern "Bezirksbeschleuniger" hießen. Waren diese Parteiorganisatoren "Kombinatsbeschleuniger"?

Krömke: Es tut mir leid - das ist wieder etwas anderes. Das sind die sogenannten "Instrukteure", die gab es im Zentralkomitee auch. Das waren außerordentlich einflußreiche Personen, die den direkten operativen Kontakt des Apparats des Zentralkomitees, nämlich der Abteilung Parteiorgane, dorthin sicherten.

Lepsius: So daß die doch direkte Beobachter im Felde hatten?

Krömke: Ja, das ist aber innerhalb der eigentlichen Parteistruktur gewesen, auch damit hatten wir überhaupt nichts zu tun.

Lepsius: Aber die Instrukteure der Wirtschaftsabteilung haben doch an Sie berichtet?

Krömke: Die Wirtschaftsabteilungen waren selbst nicht "vor Ort", sondern eben über die Parteiorganisatoren des ZK bei den Kombinaten. Diese haben über Fragen, die mit wirtschaftspolitischen Dingen zusammenhingen, berichtet. Aber sonst, was das normale Parteileben einschließlich aller Kaderfragen usw. anging, lief das alles über diese regionalen Organe. Es gab z.B. überhaupt keinen regelmäßigen Kontakt zwischen einem solchen Bezirkssekretär und Mittag, abgesehen von bestimmten Konsultationen zu der einen oder anderen Sachfrage. Es gab aber eine Ausnahme, und zwar wenn Parteiwahlen waren. Mittag war verantwortlich für Erfurt, also wir sind dann immer nach Erfurt zu den Delegiertenkonferenzen gefahren.

Lepsius: *Wieso war Mittag für Erfurt verantwortlich?*

Krömke: Jeder Sekretär und jedes Politbüromitglied hatte einen Bezirk; Mittag war für Erfurt zuständig, weil früher Apel auch für Erfurt verantwortlich gewesen war. Mittag hat das übernommen.

Lepsius: *Jetzt wird mir klar, warum Mittag immer mit den Blumen anfing!*

Krömke: Ja, sicher, das spielte in Erfurt eine Rolle. Da war eben immer ein Kontakt da. Und die Blumen, das hing auch damit zusammen, daß es immer schwerer wurde, welche zu besorgen, das war furchtbar mit den Blumen. Und in Zusammenhang mit der Vorbereitung einer solchen Delegiertenkonferenz haben wir diesen "Bezirksbeschleuniger" von der Abteilung Parteiorgane kennengelernt, der die Vorbereitungen organisiert hat; das war seine Sache.

Lepsius: *Sie blieben aber auf die staatlichen und betrieblichen Leitungsfunktionen beschränkt?*

Krömke: Ja.

Lepsius: *Und welche Rolle spielte der FDGB?*

Krömke: Beim FDGB gab es von der Gesamtleitung her einen kleinen Unterschied: Im Bereich Mittag gab es die Abteilung "Gewerkschaften und Sozialpolitik", und an diese Abteilung war der Bundesvorstand des FDGB angebunden. Er wurde aber von dem jeweiligen Politbüromitglied, zuletzt war es Harry Tisch, geleitet. Das war keine inhaltliche Einflußnahme, die von Mittag ausgeübt werden konnte, sondern mehr eine organisatorische.

Lepsius: *Mittag hatte die Sozialpolitik und damit die ganze Problematik der Einheit von Wirtschafts- und Sozialpolitik in seiner Zuständigkeit. Dann müßte er doch in der Lage gewesen sein, eine Art Abstimmung, eine Adjustierung, jedenfalls eine Bremsung von sozialpolitischen Leistungsprogrammen im Interesse einer erhöhten Investitionsfondsbildung zu beeinflussen?*

Krömke: Die Direktiven für die Sozialpolitik waren immer die Domäne der jeweiligen Generalsekretäre und Honeckers spezielles Anliegen. Er kam dann mit den entsprechenden Vorschlägen, und wenn Parteitag war, haben wir schon immer vor der nächsten Rentenerhöhung oder anderen sozialpolitischen Maßnahmen, die verkündet werden sollten, hinsichtlich ihrer Realisierung gebangt. Das war das Prä des Generalsekretärs, und das wurde geschluckt und mußte bearbeitet werden. Ich sage das einmal etwas kraß, denn es war nicht so, daß etwa ein Gegensatz bestand zu sozialpolitischen Maßnahmen; sie waren ja auch gewollt. Aber trotzdem waren damit immer zusätzliche Belastungen verbunden. Dann kriegte vielleicht noch die Plankommission den Auftrag, auszurechnen, was das kostet, und es wurden verschiedene Varianten durchgerechnet. Es war schon so, wenn das gar nicht ging, wurde eine mittlere Variante gewählt. Aber die Initiative ging eindeutig von Honecker aus.

Lepsius: *Wer hat Honecker sozialpolitisch beeinflußt?*

Krömke: Das kann ich Ihnen nicht sagen. Ich nehme an, daß er ein starkes Eigeninteresse hatte. Es ist doch klar: das Ansehen der Partei und ihrer Politik, die er als Generalsekretär vertrat, dieses Ansehen wird ja vor allem über sozialpolitische Maßnahmen realisiert.

Pirker: *Aber hat es denn für die Ausarbeitung und Umsetzung der Einheit von Wirtschafts- und Sozialpolitik keine Parallelorganisation gegeben, wie das z.B. in der Bundesrepublik für den sozialpolitischen Strang auch der Fall ist?*

Krömke: Ja, das ist ein Grundproblem. Die Wirtschaft war eingebunden in dieses Gesellschaftssystem wie jeder andere Bereich auch. Es war nicht möglich, daß die Wirtschaft ihre eigenen Reproduktionsbedürfnisse als Primat artikulieren konnte. In der Bundesrepublik ist sie ein unabhängiger Bereich, für meine Begriffe gegenwärtig etwas zu unabhängig, da wäre vieles notwendig. Die Marktwirtschaft wird genauso ideologisiert, wie wir das vorher gemacht haben mit der Planwirtschaft; es wird vernachlässigt, daß die Marktwirtschaft Varianten hat und auch gestaltbar ist.

Lepsius: *Aber im Grunde genommen gab es keine wirkliche gemeinschaftliche Willensbildung? Waren das Vorschläge, die ohne eine größere gemeinschaftliche Willensbildung eingebracht wurden?*

Krömke: Ja, das kann man sagen. Für uns hat sich das immer so dargestellt.

Pirker: *Früher hat es in der SED-Progaganda Sozialpolitik als eigenständige Einheit überhaupt nicht gegeben!*

Krömke: Also es bestand Einigkeit darüber, daß Renten sich entwickeln müssen, daß sich Löhne entwickeln müssen ebenso. Die SED war ja eine sozialistische Partei und daraus mag resultieren, daß sie besonders die Sozialpolitik hervorgehoben hat. Ich weiß nicht, wer den Begriff Einheit von Wirtschafts- und Sozialpolitik erfunden hat, von uns kam er jedenfalls nicht. Er kam auch noch nicht gleich auf dem VIII. Parteitag, er kam später. Wodurch das kam, kann ich mir nicht erklären. Wir haben es nachher übernommen, und zu meinem Erstaunen habe ich dann später irgendwann mal festgestellt, daß in der Bundesrepublik der Begriff Einheit von Wirtschafts- und Sozialpolitik eine gängige Formel ist.

Lepsius: *Mittag hat ja mehrfach öffentlich beklagt, daß es in der politischen Führung der DDR keinen wirtschaftlichen Verstand gegeben habe. Er konnte zwar mit Honecker reden, der hat wirtschaftlich aber nicht systematisch gedacht. Im Politbüro hat er ebenfalls kaum jemanden gehabt, mit dem er sich fachlich unterhalten konnte. Die Wirtschaftsfunktionäre, die Generaldirektoren, seien zu einem großen Teil Techniker, Ingenieure und Produktmanager gewesen, die kein wirtschaftliches Funktionsverständnis haben mußten. Nun sind Sie ein gelernter Ökonom. Haben Sie etwas Ähnliches empfunden wie Mittag, also die Schwierigkeit in Ihrer politischen, fachlichen und beruflichen Umwelt, wirtschaftswissenschaftlich zu argumentieren?*

Krömke: Ja, ich empfinde meine ganzen fast dreißig Jahre und auch in den eigenen Bereichen als einen ständigen Kampf um wirtschaftliches Verständnis, um Akzeptanz wirtschaftlicher Notwendigkeiten. Die Hauptorientierung war eine rein produktionsmäßige, technische Orientierung. Die wirklich ökonomische Orientierung war außerordentlich schwer hineinzubekommen. Wenn Sie jetzt nach meiner Einschätzung fragen, wer war Partner von Mittag gewesen, so muß ich sagen, daß Ulbricht als Generalsekretär weitaus mehr ökonomisches Verständnis hatte als Honecker. Apel war zwar von der Herkunft her Techniker, aber doch ein Mann mit hohem ökonomischem Verständnis, und die beiden haben sich auch sehr gut ergänzt. Ich kenne das noch von der Zeit, als es mit meine erste Aufgabe war, die Broschüren zu redigieren, die damals von Apel und Mittag über das Neue Ökonomische System geschrieben worden sind. Und wie war das später? Es war wirklich schwierig. Wir hatten eine Zeitlang einen sehr qualifizierten Abteilungsleiter für Planung und Finanzen, den späteren Finanzminister Siegfried Böhm, der einen großen Anteil an der Ausarbeitung des Neuen Ökonomischen Systems gehabt hat. Dann ist Walter Halbritter, der lange Zeit Leiter des Preisamtes war, auch ein guter Ökonom meiner Meinung nach. Und dann war damals Wolfgang Berger, der Mitarbeiter von Walter Ulbricht, auch ein Mann, der weitgehend dieses Neue Ökonomische System mitinitiiert hat, auch Helmut Koziolek im Institut für sozialistische Wirtschaftsführung gehört dazu.

Lepsius: Das sind ja alles die Helden von 1964!

Krömke: Ja. Helmut Koziolek und Herbert Wolf sind beide ausgebildete Volkswirtschaftler, die weitgehend am NÖS mitgewirkt haben, die auch Einfluß gehabt haben, mit denen Mittag und Apel auch sehr viel gesprochen haben, da gab es sehr viele Diskussionen. Wir haben in diesen sechziger Jahren viel, viel mehr über ökonomische Grundsatzfragen diskutiert als später, obwohl wir das da auch gemacht haben. Da war das dann in dem engen Kreis, mit Böhm und dem einen oder anderen. Wir mußten ja auch sehr vorsichtig vorgehen, es durfte auch nicht allzu viel bekannt werden, dann wäre nichts möglich gewesen, das war außerordentlich schwer.

Lepsius: Und jemand wie Ehrensperger, der letzte Leiter der Abteilung Planung und Finanzen?

Krömke: Ehrensperger, das ist richtig, hatte ebenfalls dieses ökonomische Verständnis. Ich würde aber sagen, Günter Ehrensperger hatte keine initiierende Rolle mehr. Also wenn bestimmte Dinge klar waren, hat er das mit großem Fleiß und hoher Intelligenz durchgesetzt, aber er hat das nicht in dem Maße wie damals Siegfried Böhm gemacht, obwohl in diesen Fragen mit ihm eine gute Zusammenarbeit gewesen ist.

Weinert: Und der Stellvertreter von Stoph, Krolikowski? Krolikowski hat ja im nachhinein behauptet, Mittag hätte eine Art Ersatzregierung um sich geschart. Stimmen Sie dem zu?

Krömke: Nein.

Lepsius: Von Krolikowski aus gesehen war Mittag der Ministerpräsident. Waren Sie der Staatssekretär des Ministerpräsidenten?

Krömke: Nein, auf keinen Fall. Selbst wenn Sie das annehmen mit dem Ministerpräsidenten - ich war wirklich ein wissenschaftlicher Mitarbeiter. Sie können mich vielleicht noch als wissenschaftlichen Berater bezeichnen.

Wissen Sie, ich habe Krolikowski genügend erlebt; wir hatten ja mehrmals, zumindest jeden Monat, die Tagung der Wirtschaftskommission beim Politbüro als ein Beratungsgremium, da waren ja Krolikowski und Schürer anwesend. Krolikowski hat immer sehr viel und sehr weitschweifig geredet, und Krolikowski war nicht ein Mensch, mit dem man Konzepte ausarbeiten und verwirklichen konnte. Ich meine, wer Krolikowski wirklich war, offenbart sich in dem Buch von Przybylski; er hat nach den Beratungen die Berichte nach Moskau geliefert, eine Tatsache, die uns erst durch diese Veröffentlichung von Przybylski bewußt geworden ist.

Lepsius: *Und was hätten Sie für den XII. Parteitag 1990 vorbereitet?*

Krömke: Ich wollte, und so hatte ich auch Mittag verstanden, die Wiederauferstehung des Neuen Ökonomischen Systems, mit Eigenerwirtschaftung der Mittel, konsequenter Gewinnorientierung, größerer Selbständigkeit im Außenhandel und andere Dinge mehr - in diese Richtung hatten wir uns das vorgestellt.

Wir waren die Rechner, immer verpönt

Gespräch mit Dr. Gerhard Schürer und Siegfried Wenzel, Berlin, 25.2.1993 und 21.5.1993

Gerhard Schürer, Vorsitzender der Staatlichen Plankommission.
Geboren am 14.4.1921 in Zwickau, Maschinenschlosser. Ab 1939 Kriegsdienst: Flieger, Feldwebel, später Unteroffizier, Fluglehrer an der Flugzeugführerschule Pilsen und Dresden. Von 1945 bis 1947 als Schlosser, Kraftfahrer und Sachbearbeiter tätig. 1947 bis 1951 zunächst Sachbearbeiter, dann Hauptabteilungsleiter bei der Landesregierung Sachsen. 1948 Eintritt in SED und FDGB. 1951 Abteilungsleiter bei der Staatlichen Plankommission. 1952 bis 1955 und 1958 bis 1960 Instrukteur, Sektorenleiter und stellvertretender Abteilungsleiter im ZK der SED. 1956 bis 1958 Studium an der Parteihochschule beim ZK der KPdSU in Moskau mit Abschluß Diplom-Gesellschaftswissenschaftler. 1960 bis 1962 Leiter der Abteilung Planung und Finanzen im ZK der SED und Mitglied der Wirtschaftskommission beim Politbüro des ZK der SED. 1962 bis 1965 stellvertretender Vorsitzender, von 1965 bis Januar 1990 Vorsitzender der Staatlichen Plankommission. Von 1963 bis zu dessen Rücktritt am 3.12.1989 Mitglied des ZK der SED. Seit 1963 Mitglied des Ministerrates, seit 1967 Stellvertreter des Vorsitzenden des Ministerrates. Ebenfalls seit 1967 Abgeordneter der Volkskammer. Vorsitzender der Paritätischen Regierungskommission für wirtschaftliche und wissenschaftlich-technische Zusammenarbeit DDR-UdSSR. Seit der Umbildung der Staats- und Parteiführung nach dem Tod Ulbrichts Ende 1973 bis zum November 1989 Kandidat des Politbüros, vom 8.11.1989 bis zu seinem Gesamtrücktritt am 3.12.1989 Vollmitglied des Politbüros. 1985 Dr. oec. h.c. der Humboldt-Universität zu Berlin. Als Vorsitzender der Staatlichen Plankommission Minister in der Regierung Modrow, am 11.1.1990 Rücktritt auf eigenen Wunsch und Niederlegung des Volkskammer-Mandats. Am 20. Januar 1990 Ausschluß aus der SED/PDS. Am 22.1.1990 kurzzeitige Inhaftierung wegen "verbrecherischen Vertrauensmißbrauchs", nach neunzehntägiger Untersuchungshaft entlassen. Gerhard Schürer lebt heute als Rentner in Berlin.

Siegfried Wenzel, stellvertretender Vorsitzender der Staatlichen Plankommission.
Geboren am 10. August 1929 in Aue, Erzgebirge, kommunistisches Elternhaus, antifaschistische Erziehung. 1945, mit 15 Jahren Arbeitsmann beim Reichsarbeitsdienst, dort militärische Ausbildung, amerikanische Kriegsgefangenschaft in Bayern, Flucht im August 1945. Rückkehr nach Aue. Ein Jahr Lehre für den Kellner-Koch-Beruf. Im März 1946, mit 16 Jahren, Eintritt in die KPD. Noch im gleichen Jahr von der Partei zum Studium an die Arbeiter- und Bauernfakultät delegiert. Besuch der Vorstudienanstalt in Zwickau, anschließend, ab 1947 Studium der Wirtschaftswissenschaften an der Universität in Leipzig, unter anderem bei den Professoren Behrens, Menz und Engelberg. Nach Abschluß des Studiums 1951 Wechsel nach Berlin und Tätigkeit als Ökonom im bäuerlichen Genossenschaftswesen. 1955 Wechsel in die Staatliche Plankommission. In nur fünf Jahren Aufstieg vom Sachbearbeiter über Abteilungsleiter und Hauptabteilungsleiter zum

Stellvertreter von Karl Mewis, der 1960 Vorsitzender der Staatlichen Plankommission war. Mit dem Ausscheiden von Karl Mewis kurzzeitige Degradierung. Von 1967 bis 1989 erneut Stellvertreter des Vorsitzenden der Staatliche Plankommission, für den Bereich Volkswirtschaftliche Gesamtrechnung. 1990 Tätigkeit im Ministerium für Wirtschaft unter Christa Luft und Gerhard Pohl, danach Übergang in den Vorruhestand.

Teil I

Pirker: *Unsere Generation hat ja gleiche Erfahrungen im Nationalsozialismus, im Krieg und nach dem Krieg gemacht. Für mich war unbegreiflich, daß nach diesen Erfahrungen auch mancher aus meinem engeren Freundes- und Bekanntenkreis in die Kommunistische Partei eintreten konnte. Nach den Gründen dafür möchte ich Sie auch fragen, Herr Schürer. Sie sind ja relativ früh in die Partei eingetreten, in die SED?*

Schürer: Für meine Entwicklung sogar relativ spät. Ich bin 1947 im Frühjahr in die Landesregierung nach Sachsen gekommen, als Arbeiter. Damals gab es diese Bestrebungen: "Arbeiter in die Regierung!" Nach einem kurzen Lehrgang in der Wirtschaftsschule in Mittweida war ich über ein Jahr parteilos in der Regierung und galt dort schon als schwarzes Schaf, weil ich nicht in die Partei eingetreten bin. 1948 trat ich dann ein. Das ist natürlich vom heutigen Standpunkt aus sehr früh, aber ich war immerhin schon als Parteiloser Regierungs-Oberinspektor - so hieß es damals. Es gab noch andere, die in anderen Parteien waren, nicht nur in der SED, aber Parteilose gab es sehr wenige.

Pirker: *Was war denn der Grund für die Entscheidung, in die SED einzutreten?*

Schürer: Es war für meine Begriffe die Partei, die am radikalsten mit dem Faschismus abgerechnet hatte. Wir waren durch die Erlebnisse des Krieges geprägt. Wir waren ja zunächst auch in der Hitlerjugend und beeindruckt von bestimmten Dingen an der Schule und der nazistischen Propaganda. Wir waren, mein Bruder und ich, als Soldaten begeisterte Flieger und damit auch gebunden an diese Entwicklung. Aber unsere Ideen an dieses Deutschland, die haben doch Jahr für Jahr mehr Schläge bekommen, und mein schlimmstes Erlebnis war der Angriff auf Dresden, den ich in der Stadt mitbekommen habe. Das Bombardement auf Dresden hat mich radikal umdenken lassen. Das hat mir auch einen Haß auf die Amerikaner und Engländer gegeben, von denen ich überhaupt nichts mehr wissen wollte. Als 1945 die Sowjettruppen auf Dresden zu marschierten, war Chemnitz Westfront; die Dresdener sind in Massen nach Chemnitz geflüchtet, um nicht zu den Russen zu kommen. Ich bin bewußt dort geblieben. Ich bin meine Mutter in Zwickau besuchen gegangen.

Wenzel: Ich war Arbeitsmann mit 15 Jahren, wurde dann zum Flak-Dienst eingezogen, geriet in amerikanische Gefangenschaft in Bayern und kam 1945 zurück. Der Ausgangspunkt bei mir war ein anderer. Ich komme aus dem armen Erzgebirge. Mein Vater war Kommunist. In der Weltwirtschaftskrise ist er in die KP eingetreten, und er hat mich antifaschistisch erzogen. Ich war 12 Jahre alt, da haben wir BBC gehört - das Klopfen höre ich heute noch - und Radio Moskau. Es wurden alle Türen verschlossen und mein Vater sagte immer: 'Hör' mal, die sitzen in Moskau irgendwo in der Metro unten, es hallt so!' Ich war also von Anfang an kommunistisch erzogen. Ich kam zurück in das Gebiet, das nicht besetzt war, weder von den Sowjets noch von den Amerikanern, was auch Stefan Heym in "Schwarzenberg" beschrieben hat. Da hatte die Antifa faktisch die Macht übernommen. Dort kam ich in eine Situation, wo klar war von der Familie und der ganzen Umgebung her, es gibt nur eine linke Entscheidung. Ich bin mit 16 Jahren in die KP eingetreten. Es war mein Bestreben, noch vor der Vereinigung in die KP einzutreten - das war das linkeste. Ein Onkel war im KZ, ein anderer war auch Kommunist. Dann habe ich für ein Jahr irgendwo gearbeitet; es sollte eine Lehre für den Kellner-Koch-Beruf sein. Eine andere Möglichkeit gab es damals - 1945 - nicht. Die Fabriken im Erzgebirge, die fast alle für die Rüstung gearbeitet hatten, waren als Reparationen vollständig demontiert. Und da sagte die Partei, - ich muß das so formulieren -, du gehst zum Studium; wir schicken dich zum Arbeiter- und Bauernstudium. Das habe ich gemacht; erst ein Jahr Vorstudienanstalt in Zwickau und dann reguläres Studium der Wirtschaftswissenschaften an der Universität in Leipzig. Wissen Sie, es gibt heute manchmal Diskussionen über Behinderungen und Benachteiligungen anderer sozialer Schichten, zum Beispiel beim Hochschulstudium. Damals, 1947, waren die Arbeiter- und Bauernkinder an der Universität die Minderheit. Die Universitäten waren nicht von linken Kräften beherrscht. Wir standen da in unseren Wehrmachtsklamotten und hatten einen schweren Stand. Die Tatsache, daß gesagt wurde, jetzt wollen wir mal die Arbeiterkinder 'ranlassen, das war für uns, für mich, eine völlig klare und eigentlich eine fällige Konsequenz. Ich habe dann das Studium mit sehr gutem Erfolg beendet, kam nach Berlin und begann meine erste Arbeit im traditionellen bäuerlichen Genossenschaftswesen, das in der Vereinigung der gegenseitigen Bauernhilfe zusammengeschlossen war.

Lepsius: *Was war das für eine Tätigkeit?*

Wenzel: Ich arbeitete dort als Ökonom, wurde dann verantwortlich für die schon seit langem bestehenden bäuerlichen Handels- und Molkereigenossenschaften. Man kann sagen, das war eine große wirtschaftliche Vereinigung dieser ökonomisch selbständigen Genossenschaften im Sinne von Schultze-Delitzsch. Ich konnte am Wiederaufbau dieser Vereinigung nach dem Kriege und ihrer wirtschaftlichen Ausgestaltung mitarbeiten. Ein älterer Herr, noch aus dem alten Genossenschaftswesen mit großen Erfahrungen, war mein Chef. Als er aus Altersgründen ausschied, wurde ich auch auf seinen Vorschlag hin dort in die volle Verantwortung geschubst, mit 22, 23 Jahren. Und dann haben wir das ganze Rechnungswesen des wirtschaftlichen Teils dieser Vereinigung aufgebaut. Das war eine abenteuerliche, ungeheuer schöne Arbeit. Von dort bin ich in die Staatliche Plankommission gekommen ...

Schürer: ... Herr Wenzel ist ja schon eine Urzeit in der Plankommission - wie lange?

Wenzel: Seit 1955. Ich habe dann ohne Unterbrechung in der Plankommission gearbeitet und war somit unter verschiedenen Vorsitzenden tätig. Das war eine erlebnisreiche Zeit. Man lernte alte, erfahrene Kommunisten wie Rau, Leuschner, Ackermann und Selbmann als Leiter persönlich kennen. Man arbeitete mit Gleichaltrigen und Gleichgesinnten, wie Herrn Schürer; mit ihm eigentlich die längste Zeit, die sich durch ein gutes Arbeitsklima, durch Offenheit im Austausch der Ansichten und vertrauensvolle, persönliche Verhältnisse auszeichnete.

Lepsius: *Was war denn Ihre Familie, Herr Schürer, wenn Sie die politisch einschätzen würden?*

Schürer: Mein Vater war ein Deutschnationaler.

Lepsius: Und von Beruf?

Schürer: Soldat, Berufssoldat im Ersten Weltkrieg. Er hat einen Kopfschuß gehabt, ist nach Hause gekommen; die Kugel, die man ihm herausoperiert hat, hat er uns immer gezeigt. Er hat da eigentlich nur Kopfschmerzen gehabt, von diesem Krieg, aber er hatte eine tolle Erinnerung an den Kaiser und an Hindenburg. Er war Hindenburg-Anhänger.

Lepsius: Er war nicht mehr berufstätig?

Schürer: Er war Fabrikarbeiter nach dem Krieg. Er war zunächst in der Polizeireserve, und die wurde nach dem Versailler Vertrag aufgelöst, und dann wurde er Fabrikarbeiter. Er hat da schrecklich wenig Geld verdient, er war in Grossen bei Zwickau. Mein Vater war z.B. enttäuscht, als wir in die Hitlerjugend eintraten, weil das nicht seine Linie war. Die Kommunisten waren ebenfalls nicht seine Linie. Unser Dorf bestand eigentlich nur aus Kommunisten und Nationalsozialisten, also SA-Leuten; die Bergarbeiter, die am Schacht gearbeitet haben - wir waren ein Bergarbeiter-Dorf -, waren kommunistisch orientiert, und die Bauernsöhne waren SA-orientiert. Und da spaltete sich das Dorf, und mein Vater war als Deutschnationaler mittendrin.

Lepsius: Er ist nicht zur NSDAP gegangen?

Schürer: Er ist weder zur NSDAP gegangen noch hatte er auch nur eine Idee, zu den Kommunisten zu gehen. Er war ein Gegner der Kommunisten. Als wir dann Soldat wurden, da waren wir für ihn wieder groß da - Ordnung, Disziplin, Zucht usw., das waren seine Lebensmaximen, nach denen wir erzogen worden sind. Ein ziemlich strenges Regime hatten wir. Mit 20 Mark Wochenlohn, bei drei Kindern, war das wirklich nicht leicht. Von der Entwicklung her ist mir der Kommunismus nicht in die Wiege gelegt worden. Ich habe das wirklich nach dem Angriff auf Dresden, dort war meine Entscheidung, im Inneren getroffen, ich orientiere mich mal auf eine ganz neue Gesellschaft, die da auf uns zugekommen ist, wobei wir nun nicht wußten, was bedeutet das, die Sowjetgesellschaft, aber ich bin bewußt dem entgegengegangen. Ich habe 1945 im Juli angefangen, Russisch zu lernen, aus eigener Entscheidung. Obwohl ich noch keine Entscheidung für den Kommunismus getroffen hatte. Meine Entscheidung war, den Weg zu gehen, den die Oktoberrevolution, den Lenin gezeigt hatte, das war mein Ideal geworden. Bei allem, was passiert war, ich hatte auch Vertrauen. Ich habe z.B. Ende Mai 1945 in Dresden geheiratet, das war überhaupt die erste Hochzeit, da wollten alle russischen Soldaten mitfeiern, die wir dort getroffen haben. Die Leute hatten große Angst, denn da gab es ja noch diese Übergriffe und all diese Dinge, das war ja nicht erfunden, die gab es wirklich, das ist vielleicht nur mal übertrieben worden. Gegeben hat es sowas. Wir sind mit der Straßenbahn zur Hochzeit gefahren, weil es keine Pferdekutsche gab. Das Pferd hätten sie sofort genommen und abgeschlachtet.

***Pirker:** Ihre Entscheidung hat ja etwas damit zu tun gehabt, daß man etwas bewirken wollte. Und war die Orientierung auf die Partei . Es war in dieser Generation - also in unserer, Herr Schürer - die Teilhabe an der Macht, daß man in die Partei eintrat. Ich habe einen ganz anderen Blick zum Beispiel auf die Entwicklung in der früheren Ostzone, dann DDR gehabt, ich bin da ja viel gereist. Daher kannte ich auch Honecker und Axen. Ich war als Journalist auf der FDJ-Konferenz in Meißen, 1947/48, da war ich sozusagen an der Wiege des politischen Aufstieges dieser beiden. Aber mit denen habe ich mich überhaupt nicht verstanden. Mir war auch diese ganze Demonstration der FDJ vollkommen zuwi-*

der. Ich war in der Schulreform in Bayern tätig und wir hatten Beziehungen zu Schulreformern in Thüringen. Wir hatten auch enge Beziehungen zur ersten Partei-Hochschule in der Gegend von Berlin. Da roch man doch förmlich, daß das nicht so eine idealistische Sache war. In den Gesprächen merkte man sofort, wie wichtig es ihnen war, Macht zu haben und sie keineswegs nur zimperlich einzusetzen. Die neue Gesellschaft konnte nur aus "Blut und Tränen" entstehen - der Satz stammt ja nicht von mir, sondern von Lenin, wie Sie wissen. Für mich war von Anfang an ganz klar: Hier wird die Indoktrinierung durch einen ganz seltsamen, verengten Marxismus angeboten. In Sachsen gab es einen Sekretär der SED, mit dem wir einmal debattierten. Er sagte: 'Wissen Sie meine Herren, wir kloppen den Leuten den Marx so lange in die Köppe, bis er drin ist.' Da dachte ich mir, was sind das für Zielsetzungen? Und das Standardwerk, das jeder auswendig lernen mußte, war ja nicht Karl Marx, sondern der "Kurze Lehrgang" von Stalin, eine dogmatische Schrift, die nicht diskutiert werden konnte, sondern akzeptiert werden mußte. Der "Kurze Lehrgang" war für mich eine Demonstration, mit einer ganz scharfen Ideologie, im Geiste nicht primär von Lenin, sondern von Stalin, an der Geschichte nicht nur Deutschlands, sondern der Welt zu drehen. Und dafür mußte man einiges schlucken. Auf die Frage, warum macht Ihr das denn so, erhielt man damals die Antwort, das dauert so zehn bis fünfzehn Jahre, bis die Basis errichtet ist. Ich antwortete, aber bis dahin habt Ihr eine ganz schöne Diktatur errichtet. Es ging von Anfang an nicht um Marxismus, auch nicht um Leninismus, sondern um Stalinismus. Und wir nannten das schon sehr frühzeitig Stalinismus.

Schürer: Woher hatten Sie dieses Wissen, um diese Entwicklung von Anfang an so kritisch einschätzen zu können? Ich gebe zu, daß mein Weltbild vom Marxismus damals mehr vom Stalinismus geprägt war. Die vier Grundzüge der Dialektik hätte ich Ihnen in jeder Versammlung aus dem Kopf aufsagen können. Ich habe erst, nachdem ich Lenin studiert habe, gemerkt, die gibt es gar nicht, die hat Stalin erfunden, das ist eine ungeheure Vereinfachung. Aber zunächst habe ich das gar nicht erkannt. Ich hatte gar nicht das Wissen dazu.

***Pirker:** Das ist ganz einfach, Herr Schürer. Mein Freund Schumacher und ich waren 1945 an der Universität in München damals beinahe die einzigen Studenten, die schon Klassiker des Marxismus gelesen hatten. Das kam daher, daß wir bei einem Freund verbotene Literatur lasen; nicht nur Marx und Engels, sondern auch Bücher zur Geschichte der Partei. Der hatte die gesamte klassische marxistische Literatur. Deshalb war uns ziemlich geläufig, daß das keine homogene, sondern eine sehr heterogene Partei ist. Und dann kam der große Bruch zwischen mir und Schumacher, der sehr schnell Parteimitglied wurde, durch die großen Prozesse; nicht die von 1936 bis 1938, sondern die in der Tschechoslowakei und in Ungarn. Da ist eine Kluft entstanden, und die hat sich bei mir vertieft.*

Schürer: Ich will die Frage aufgreifen, ob wir an die Macht gedacht haben. Hier muß ich sagen, aber ich kann nur für mich persönlich sprechen, ich bin überhaupt kein Mensch, der nach Macht oder Einfluß strebt oder danach, etwas Großes zu werden. Überhaupt nicht. Aber wenn man so eine Leiter hochgeht, Schritt für Schritt, dann merkt man das gar nicht, wie man plötzlich in höhere Stufen der Macht kommt.

Herr Wenzel sprach von der Atmosphäre in der Plankommission. Wir konnten gar nicht anders leben, ich als Vorsitzender auch nicht, als alle, die wissenschaftlich das Wissen hatten über ihr Spezialgebiet, reden zu lassen, um zu einer vernünftigen Entscheidung zu kommen. Und wenn man sich mit Chemie, Metallurgie oder anderen Dingen beschäftigt, dann muß man seine eigenen Mitarbeiter, Experten und möglichst sogar noch Wissenschaftler aus der Republik hinzuziehen, ihre Meinung anhören, und dann muß man eine Vorlage formulieren. Schon aus dieser Tatsache heraus hatten wir überhaupt keine diktatorische Atmosphäre in unserem Organ, obwohl ich weiß, daß es das an vielen Stellen gegeben hat. Und letzten Endes habe ich dann auch die Anordnungen von Mittag durchführen müssen und nicht, was ich mir selber gedacht habe. Was vom Politbüro kam, mußte ich durchführen. Aber nach einer Macht zu streben, war zumindest für mich nie Gegenstand meiner Entwicklung. Ich habe allerdings frühzeitig Marxismus wirklich studiert, also Marx studiert. Die meisten studieren ja nicht Marx, sondern über Marx. Schon in der Wirtschaftsschule in Mittweida und dann in der Hochschule für Ökonomie in Karlshorst; dort war ich im Fernstudium. Und dann beim Studium in der UdSSR, in Moskau, drei Jahre. Da studierte man wirklich Marxismus, Marx, Engels, Lenin. 1956 war der XX. Parteitag, da war von Stalin schon gar nicht mehr viel in der Lehre drin. Da hat man die Breite mehr kennengelernt und die Tiefe des Marxismus und hat auch gemerkt, daß es Ecken gibt, wo Theorie und Praxis schon gar nicht mehr übereinstimmten.

Lepsius: Aber in Ihrer Tätigkeit in der Plankommission, das waren doch alles adhoc-Entscheidungen in einem gegebenen Datenkranz. Hat da der Marxismus überhaupt noch eine Rolle gespielt?

Schürer: Na, in dem Sinne, daß man irgendeine Anleitung zum Handeln hatte durch den Marxismus ...

Lepsius: ... hatten Sie eine, konkret?

Schürer: Das Gesamtsystem der sozialistischen Ökonomie war ja nach marxistischen Grundsätzen aufgebaut, also die Begriffe des Nationaleinkommens, des produktiven Bereichs, Konsumtion, Akkumulation, Mehrwerttheorie ...

Lepsius: ... ja, aber das sind ja nur Ordnungskategorien?

Schürer: Ja, also Ordnungskategorien wurden vom Marxismus übernommen. Aber wenn man entscheiden mußte, ob im Eisenhüttenkombinat Ost eine Warmbandstraße gebaut wurde, hat einem der Marx überhaupt nicht geholfen.

Lepsius: Oder nehmen wir ein anderes Beispiel: Wie sind die Entscheidungen z.B. für die Verlängerung des Mutterschaftsurlaubes, für die Einrichtung der Kindertagesstätten, also die ungeheure Frauenpolitik, getroffen worden? Das ist Sozialpolitik und kostet ja sehr viel Geld. Wie haben Sie das entschieden? Oder war die Plankommission daran gar nicht beteiligt?

Schürer: Wir waren schon beteiligt. Wir haben in der Regel eine politische Vorgabe bekommen, vom Politbüro.

Lepsius: Wer ist das Politbüro?

Schürer: Gut, ich war ja auch vorher im Zentralkomitee, in der Abteilung Planung und Finanzen tätig. Da werden in Vorbereitung eines Parteitages Ideen herausgearbeitet, wie wird die gesamte Politik, die produktive Seite und auch die soziale Seite gemacht, mit welchen Schwerpunkten. Dazu gibt's diesen Apparat des Zentralkomitees, der der gesamten Vorbereitung des Parteitages oder auch von ZK-Plenartagungen dient. Und diese Organe des Parteiapparates haben wieder Kontakt mit uns in der Plankommission, schon in der Vorbereitungsphase, also schon bevor ein Beschluß gefaßt wurde.

***Lepsius:** Das läuft konkret über die Sekretäre des Zentralkomitees?*

Schürer: Ja. Ich selbst bin ja später auch Mitglied im Politbüro gewesen, also Kandidat im Politbüro. Ich bin also unmittelbar in die Vorbereitungsphase eingeschaltet. Natürlich gab es hier immer Divergenzen zwischen dem Wollen und dem Können, ökonomisch. Wir waren also als Plankommission vor allen Dingen gefragt, geht es. Wobei die Frage fast nie so gestellt wurde. Sie wurde immer so gestellt: 'Ihr müßt es gehend machen!' Das ist das, wo die Machtpolitik eine Rolle spielt. Zum Beispiel als das große sozialpolitische Programm des VIII. Parteitages ausgearbeitet wurde, wo das alles drin war, Familie und Kinder, Urlaub, die freien Tage wurden erhöht, die Renten wurden erhöht. Das war alles in einem Programm zusammengefaßt. Als das Programm im Politbüro behandelt worden war - ich war damals noch nicht Kandidat - bin ich aufgestanden, aufgrund unserer Berechnungen, an der Herr Wenzel einen Hauptanteil hatte, weil er die gesamte zusammengefaßte Planung gehabt hatte, alles muß doch irgendwie miteinander verbunden sein ...

Wenzel: ... durch die volkswirtschaftliche Gesamtrechnung ...

Schürer: ... die volkswirtschaftliche Gesamtrechnung berechnet den großen Topf, gemessen am Produktivitäts- und Leistungsvermögen, was man verteilen kann. Dort bin ich aufgetreten und habe gesagt, dieses Programm ist sehr gut, gut durchdacht, aber es ist nicht bezahlbar. Da kriegte ich einen ganz scharfen Rüffel von Erich Honecker, der gerade die Macht übernommen hatte. Er sagte, wenn die Staatliche Plankommission und die Regierung, - die nahm er gleich mit dazu -, so denken, dann sabotieren sie die Beschlüsse des Parteitages zur Einheit von Wirtschafts- und Sozialpolitik. Das heißt, meine warnende Stimme von 1972 wurde weggewischt. Ich bekam nicht recht, der Beschluß wurde gefaßt. In diesem Moment, am nächsten Tag, muß auch ich diesen Beschluß durchführen. Ich kann da nicht jeden Tag 'rummeckern.

***Weinert:** Wie haben Sie das jetzt kombiniert, daß Sie mit einer politischen Vorgabe durchführen mußten, was sie aber von Ihrer Profession her als nicht richtig eingeschätzt haben? Wie haben Sie es passend gemacht?*

Schürer: Das hat sich durch die wachsende Auslandsverschuldung passend gemacht. Unsere innere ökonomische Kraft hat wirklich nicht gereicht, das zu schaffen. Also mußten wir, da nicht genügend für den Export da war, mehr importieren und die Verschuldung im Ausland erhöhen. Das war der Ausweg, und es war auch abzusehen, daß das nicht auf die Dauer geht.

***Hertle:** Wieweit war die Plankommission denn schon in die Vorbereitung dieses wirtschafts- und sozialpolitischen Programms einbezogen? Der ZK-Apparat ist doch viel zu klein, um diese Riesenprogramme durchzurechnen; er mußte doch immer auf die Plankommission als operativen Stab zurückgreifen. Wie war in der Vorbereitungsphase der großen Parteitagsbeschlüsse das Verhältnis zwischen ZK-Apparat und Plankommission? Die Plankommission hat im Vorfeld doch auch schon Stellungnahmen miteingegeben?*

Schürer: Das stimmt, es gab vorher schon mal von einzelnen Abteilungen und Stellvertretern Hinweise, das geht alles so noch nicht. Aber ich muß immer wieder sagen, es wurde ein politischer Auftrag gegeben. Und dahinter stand die gesamte Parteiorganisation auch bei uns in der Plankommission. Wenn einer sich mit Zweifeln beschäftigt hat in der Plankommission, kriegte er auch schon möglicherweise in der Parteiversammlung Kritik, weil er die Linie der Partei, der

Herausarbeitung der notwendigen Maßnahmen für die Wirtschafts- und Sozialpolitik nicht konsequent genug durchführte. Herr Wenzel hat ja mal einen wunderbaren Begriff gefunden: Das war ein ständiger iterativer Prozeß, ein ständiger Prozeß der Annäherung an ein Optimum, das geht. In manchen Ecken waren die politischen Beschlüsse trotz warnender Stimmen der ökonomischen Organe dann gefaßt worden, und dann ging es eben so. Das war dann immer eine Weichenstellung: Wenn die Weiche so ein kleines Stück gestellt worden ist, merkt man es erst kaum, aber der Zug fährt in eine ganz andere Richtung ab.

Wenzel: Vielleicht kann man das einmal ganz praktisch an diesem sozialpolitischen Programm von 1971 darstellen: Die Vorgabe war, man braucht ein Wachstum von vier bis fünf Prozent des Nationaleinkommens, wie wir sagten, vom Begriff der marxistischen politischen Ökonomie abgeleitet, für die Erfüllung der gesteckten sozialpolitischen Ziele. Und auf dieser Grundlage konnte man einen Zuwachs an Akkumulation und Konsumtion verteilen. Die Akkumulation wurde immer restriktiv behandelt, weil Honecker mit dem Versprechen angetreten war, das Leben der Menschen wird besser werden. Als wir die ersten Berechnungen zu diesen politischen Vorgaben vorgelegt haben, haben wir gesagt, das geht nicht auf, das reicht nicht. Da gab es dann mehrere Diskussionen, auch im Politbüro. Die Rechnungen der Plankommission wurden zerpflückt: Erstens habt ihr nicht berücksichtigt die Mobilisierung der Arbeiterklasse. Ich kenne einen Ausspruch von Erich Honecker, der gesagt hat: 'Paßt mal auf, darum braucht ihr euch gar nicht zu kümmern, wir werden die Arbeiter mobilisieren. Wenn wir ihnen sagen, ihr kriegt jährlich vier Prozent mehr Nettogeldeinnahmen, also Löhne, dann werden die auch mehr leisten, ihr müßt daran glauben.' Dann gibt es ja dieses Stalin-Wort: "Die Pläne sind nicht die Summe der Rechnungen, sondern die Pläne sind die Aktivität der Menschen." Das spielte alles eine Rolle. Da wurden wir nach Hause geschickt mit den Hinweisen, ihr seid nicht auf der richtigen Linie, ihr seid Rechner, ihr seid Ökonomen, ihr müßt das politisch sehen. Dann gingen wir nach Hause. Die Partei hat großen Wert darauf gelegt, daß es keine Konfrontation der Institutionen gab, keine Konfrontation der Plankommission mit dem Politbüro. Und dann begann die Parteiorganisation die "Überzeugungsarbeit" zur Durchsetzung der Parteilinie vor Ort. Die Parteiorganisation hat sich jeden einzelnen - besonders die, die verantwortlich waren -, vorgenommen und gesagt, du hast in den und den Punkten eine falsche Auffassung, die mußt du ändern.

Ich kenne auch ein Beispiel aus der zweiten Hälfte der siebziger Jahre. Da kriegten wir die vier Prozent nicht auf die Beine. Die Akkumulation gab das nicht her, die Berechnungen waren eindeutig. Wir legten dann sogar das dritte Mal einen Plan vor, der nur drei Prozent Zuwachs des Nationaleinkommens vorsah. Das hätte dann bestimmte Maßnahmen wie zum Beispiel die Verbesserung des Schwangerschaftsurlaubs nicht abgedeckt. Und vor der letzten Politbürositzung - wir standen im Vorraum, wir wurden als Experten der Plankommission meistens hinzugezogen - kam der Generalsekretär. Herr Schürer stand bei uns. Honecker sagte, "Gerhard, komm mal her." Und wir hörten, wie er sagte: "Ihr habt wieder drei Prozent vorgelegt, ich muß aber bei vier Prozent bleiben. Du wirst schon sehen, ich habe noch bestimmte Möglichkeiten, Bezahlungen aus der Bundesrepublik usw., sprich mal nicht dagegen, wenn ich heute vorschlage, vier Prozent dem Plan zugrundezulegen." Na gut, was sollten wir tun - wir konnten nicht alles wissen, wir kannten seine Reserven und Möglichkeiten nicht, die Höhe der Verkehrspauschale usw. Und da wurde uns gesagt, um diese oder jene Frage kümmert ihr euch nicht, das ist unsere Angelegenheit. Das war noch die vornehme Art. Die schlimme Art war, daß gesagt wurde, du bist ein Parteiabweichler, wir müssen parteierzieherische Maßnahmen einleiten, du arbeitest gegen die Linie der Partei. Das ging dann bis zur Frage des Parteiausschlusses.

Es gibt noch eine interessante Sache, das begann eigentlich schon bei Ulbricht. Die Rechner, wie sie uns sahen, waren immer verpönt. Ulbricht sagte einmal, die Politiker müssen die Bilanzen brechen.

Lepsius: Wunderbar!

Wenzel: Es gibt einen Artikel im "Neuen Deutschland", in dem diese These öffentlich von ihm vertreten wurde. Es gab das geflügelte Wort, Ulbricht habe einmal gesagt, wenn die Pharaonen ihre Haushofmeister gefragt hätten, ob die Pyramiden baubar sind, hätten die auch gesagt, daß das nicht geht. Das war sozusagen die Ideologie: Wir waren die Rechner, und da waren die Politiker, die viel weiter gesehen haben, viel tiefer und viel gründlicher.

Was mich beschäftigt - und uns beschäftigt - ist die Frage, daß wir das erkannt haben. Wir haben unter diesen Widersprüchen gelebt. Es begann bei mir schon in den 50er Jahren. Ich war Kommunist aus Überzeugung zu sozialistischen Idealen, merkte aber, dieses Modell mit dem sogenannten Volkseigentum, was kein wirkliches Eigentum war, ist eine der Grundschwächen dieses Modells. Dann kam das jugoslawische Modell mit der Vereinzelung des gesellschaftlichen Eigentums, und da haben wir geglaubt, übrigens wie Brandt und Kreisky, vielleicht könnte das ein Weg zum Sozialismus sein, also bestimmte Kollektive verantwortlich machen für ihre Betriebe. Da hat mich Herr Schürer auf eine Studienreise nach Jugoslawien mitgenommen, Mitte der 60er Jahre. Wir haben uns das angesehen, waren auch bei Tito, und haben das in den Betrieben studiert. Und da dämmerte mir, auch dieses Modell funktioniert nicht. Wir haben mit den Arbeitern gesprochen, ich habe stundenlang mit dem Präsidenten der Staatsbank gesprochen, die dann die volkswirtschaftlichen Gesamtrechnungen gemacht hat, und da ging uns eigentlich auf, - wir haben einen großen Bericht gemacht, in dem wir das auch aufgeschrieben haben - das wird auch nicht der Weg. Das heißt, wir hatten keinen Ausweg. Und dieser Widerspruch hat sich immer weiter vertieft.

Nun stellen Sie die Frage, und das ist auch das, womit ich heute noch nicht zu Ende bin, warum haben wir uns nicht getrennt, warum sind wir nicht so weit gegangen und haben gesagt, nein, ich sehe - und ab 1980 war es ja offensichtlich -, das funktioniert nicht. Warum haben wir uns nicht getrennt? Das ist eine der schwierigsten Fragen. Ich hätte meinen Vater "verraten" müssen. Ich hätte meine Tochter "verraten" müssen, die, von mir erzogen, mit 18 Jahren als Oberschülerin in die Partei eingetreten ist. Ich habe zu ihr gesagt, "Mädchen, du weißt doch noch gar nicht, was Marxismus ist, was die Partei will! Warte doch noch!" Das habe ich ihr als Kommunist gesagt. Sie ist bei ihrer Entscheidung geblieben. Aber das war die ganze Atmosphäre. Wir haben das erkannt und haben nicht den Mut gefunden zu sagen, ich nehme Gefängnis in Kauf, das hätte es nämlich bedeutet, ich nehme Parteiausschluß in Kauf, ich nehme in Kauf, daß sich mein Vater und die ganze Familie von mir lossagt. Andere haben das getan. Ich akzeptiere, wenn man sagt: "Du warst zu feige, du hast die Konsequenzen gescheut!" Das war ein ungeheuer vielfältiges und differenziertes Beziehungsgeflecht!

Pirker: Nein, das ist nicht das Problem!

Wenzel: Aber wissen Sie, das ist mein Problem!

Lepsius: Das kann nur Ihr eigenes Problem sein, niemanden anderes Problem darf es sein. Denn jeder, der Ihnen dazu was sagt, ist ein Moralist ohne das Risiko, das Sie zu tragen hatten.

Ich will etwas anderes fragen: Sie konnten ab 1980 sehen, daß das früher oder später in den Abgrund geht. Die Akkumulationsrate war zu klein, die Reinvestitionen nicht finanzierbar, das Ganze ein kumulativer Prozeß der ökonomischen Unterentwicklung. Das mußte man doch eigentlich einfach unter dem Titel der Machtfrage, des Machterhaltes, in das Politbüro transportieren und sagen: 'Genossen, mit dieser Strategie, werden wir uns selber liquidieren. Das kann nicht das Ziel unserer 30jährigen Aufbauanstrengungen sein, das kann nicht das Ziel der welthistorischen Bedeutung des sozialistischen Deutschlands sein, das kann nicht das Ziel sein, für das wir eintreten' - ich argumentiere jetzt einmal unter der Annahme, daß dies eine akzeptable Argumentation gewesen wäre - 'wir müssen im Interesse der Erhaltung der Macht der Arbeiterklasse entscheidende ökonomische Änderungen durchführen. Denn wenn wir so weiterfahren, zerstören wir selbst unsere Machtbasis. Hätte das Honecker nicht irgendwie imponiert oder hätte man ihn nicht erreicht?

Schürer: Ich wäre damals, 1980, noch nicht so weit gewesen, das zu tun. Ich habe 1980, schon 1978, immer über das Problem der Auslandsverschuldung die Grundfragen in diesem Kreis aufgeworfen. Wir haben immer nur kleine Zugeständnisse bekommen, etwas zu ändern. Da war man schon dankbar, daß man die kleinen Zugeständnisse bekommen hat, und ist wieder gegangen. Abstriche am Berlin-Programm oder z.B. am Bau des zweiten Gebäudes der Staatssicherheit in Richtung Biesdorf, wo Honecker dann gesagt hat, gut, streichen wir. Oder den Bunker für die Führung, für Honecker selbst, den wir bauen sollten, einen ganz tollen für 500 Millionen Mark. Es ist mir zehn Jahre lang gelungen, den immer aus dem Plan streichen zu lassen, der ist nie gebaut worden. Solche Änderungen haben wir bekommen. Oder es wurde mal etwas zurückgestellt, was an Maßnahmen gemacht werden sollte. Aber meistens, wenn es um die Sozialpolitik ging, haben wir verloren. Wenn es an irgendwelche Aufwendungen für Organe ging, da haben wir Zustimmung gefunden. Aber sobald wir gesagt haben: 'Diese oder jene Sozialmaßnahme später durchführen', haben wir verloren.

***Pirker:** Sie haben ja sehr frühzeitig bemerkt, daß das Konzept der Planung, wie es tatsächlich war, in immer stärkere Widersprüche kommt. Ihre Ausführungen demonstrieren das ja. Aber Sie haben doch eigentlich nie diese Struktur der Planung und Planwirtschaft grundsätzlich in Frage gestellt, ganz zu schweigen von den Zielsetzungen. Ich habe mich gefragt, Sie haben doch sehr viele Kontakte gehabt mit Ihren Kollegen in den Ostblockländern, in Polen, in der Tschechoslowakei, in der Sowjetunion auch. Da hat man es doch schon gesehen, daß das auch in diesen Ländern nicht funktioniert!*

Schürer: Ich muß das ein bißchen relativieren, auch aufgrund meiner Erlebnisse. Die Planwirtschaft in der UdSSR unter Breschnew hat auf jeden Fall besser funktioniert als alles, was heute passiert.

***Pirker:** Das ist kein Argument!*

Schürer: Wir waren als DDR für viele in diesen anderen sozialistischen Ländern sogar das Vorbild, wir haben es besser gemacht als die anderen. Es wurde immer gesagt, die Westdeutschen machen den Kapitalismus in Westdeutschland am besten, und ihr macht den Sozialismus in den Ostblockländern am besten. Wir wurden im Gegenteil oft von anderen gelobt. Wir haben nicht diesen hohen Grad der Zentralisierung gehabt, obwohl er schon idiotisch hoch war bei uns. Wir haben schon 600 Positionen zentral geplant, die UdSSR hat 3000 Positionen zentral geplant, hat alles über Gosplan und Gossnab, also Plankommission und Materialwirtschaft, geregelt, während wir überhaupt kein richtiges Ministerium für Materialwirtschaft hatten. Da haben der Minister, der Generaldirektor, der Betriebsdirektor die Entscheidung getroffen. Also wir haben keine Querschnittsorgane gehabt, die viel Macht hatten. Vieles, hatten wir den Eindruck, machen wir noch besser als die anderen, aber wir haben Probleme mit dem System, das wir vertreten. Oder ich habe in Moskau drei Jahre mit zwei Leuten aus der Tschechoslowakei studiert, der eine hieß Milos Jakes, und der andere hieß Alexander Dubcek, beides waren meine Freunde. Beide vertreten den Kommunismus, die kommunistische Idee, gehen in ihr Land zurück, und der eine wird ein Reformer, und der andere ein Altkommunist, ein orthodoxer Kommunist. In Moskau beim Studium war es genau umgekehrt, da war der Dubcek der linkere. Ich habe auch nicht 1980 schon sagen können, daß das gesellschaftliche Eigentum an Produktionsmitteln die Ursache ist, daß das sozialistische Modell nicht geht. Ich habe zwar Schwierigkeiten gesehen, denn wir haben in den Betrieben überhaupt keine solch hervorragende Arbeitsorganisation mehr zustandegebracht. Aufgrund dieses allgemeinen Eigentumsbegriffs wurde mit dem Arbeitsgesetzbuch Schindluder getrieben - das kannten oft die Faulsten am besten, weil sie wußten, wie sie damit arbeiten.

Wenzel: Die haben gesagt: Volkseigentum ist niemandes Eigentum!

Hertle: *Sie haben das aus der umgekehrten Perspektive, also der anderen Länder im sozialistischen Block, dargestellt, daß die die DDR als am höchsten entwickelt gesehen haben. Wie haben Sie umgekehrt den Stand der Planwirtschaft in den Ländern wahrgenommen, im Verhältnis zur Situation in der DDR.*

Schürer: Ich muß noch einmal sagen, ich hätte mir die Planwirtschaft überhaupt noch effektiver vorstellen können. Aber wir wurden in vielen Fragen ja auch dirigiert. Das ist eine Sache, die darf man nicht vergessen. Nicht die Plankommission hat Pläne erfunden, die nicht realisierbar waren. Es wurde immer mit diesem gesellschaftlichen Aufschlag noch hinaufgedrückt. Nicht die Plankommission hat 300 Konsumgüterpositionen zentral planen wollen; das wurde von uns verlangt, nachdem die halbstaatlichen Betriebe volkseigen geworden waren und dort die Initiative auf einmal auf dem Konsumgütermarkt weg war. Ich könnte mir vorstellen, daß man die Planung überhaupt effektiver machen kann. Sie ist als staatliche Organisation untergegangen und wird sicher in dieser Form nicht wiederkommen, aber allein die Marktwirtschaft löst ja die Probleme der Welt auch nicht. Es wird auch wieder mal Elemente der gesellschaftlichen Planung geben für die Zukunft, um globale Probleme in der Welt beherrschen zu können. Ich habe mir erst nach der Wende, nach dem Untergang der UdSSR, meine Gedanken gemacht, warum wir als System untergegangen sind. Ich hätte vorher immer noch, noch Anfang 1990, dem Sozialismus eine Perspektive gegeben. Ich hätte nur gesagt, wir müssen ihn besser machen, aber ich hätte nicht gesagt, er ist als Gesellschaft - nicht lebensfähig wäre sowieso falsch - nicht effektiver als eine marktwirtschaftliche kapitalistische Gesellschaft.

Lepsius: *Ich wollte noch einmal hinterfragen, was es bedeutet, wenn Sie sagen, das Politbüro oder die Partei hat entschieden. Wer hat denn aufgrund welcher Vorlagen entschieden? Wer ist das Politbüro? Oder anders, nicht personalistisch gefragt: Wie sehen Sie oder wie haben Sie diese Willensbildungsprozesse erfahren? Es kann ja nicht immer Erich Honecker persönlich gewesen sein, der von Wandlitz mit dem Auto 'reinfuhr und sagte, jetzt wollen wir das mal so machen!*

Schürer: Honecker hat aufgrund seiner Lebenserfahrung ein ganz einfaches Modell des Sozialismus im Kopf gehabt: Die Menschen brauchen eine trockene, warme Wohnung, billiges Brot, also Grundnahrungsmittel, sie brauchen Arbeit, damit sie beschäftigt sind und Leistungen bringen können, und dann wird der Sozialismus blühen und gedeihen. Und damit man das machen kann, das war seine Idee - die Zahlen können wir Ihnen aus dem Kopf sagen -, muß das Nationaleinkommen jährlich vier Prozent wachsen, muß der Lebensstandard jährlich vier Prozent wachsen. Er hat ja die Einheit von Wirtschafts- und Sozialpolitik begründet, also muß das Wachstum des Verbrauchers genauso schnell gehen wie das Wachstum der Produktion, obwohl das Prozentzahlen sind, das muß ja gar nicht übereinstimmen. Das war sein Konzept, mit dem er an jedes Dokument herangegangen ist. Wir waren schon immer darauf vorbereitet, daß jeder Plan, in dem er diese vier Prozent nicht gefunden hat, korrigiert wird. Wir haben aber immer wieder, stur wie wir waren, 3,6 Prozent oder 3,2 Prozent reingeschrieben, und immer wurde das korrigiert. Diese Korrektur hat er ganz alleine getroffen, noch nicht mal mit Mittag, der ja wenigstens ökonomisch rechnen konnte. Und Mittag war dieser andere Typ, der diese gesellschaftliche Initiative dermaßen - ich weiß nicht, ob er dran geglaubt hat - hochgespielt hat. Der Mann ist ja nach den vier Prozent, die wir beschlossen haben und in denen schon Luft war, noch in Leipzig aufgetreten und hat sich von den Generaldirektoren Selbstverpflichtungen zur Überbietung des Planes geben lassen in Größenordnungen, die jedes Jahr zur Frühjahrsmesse veröffentlicht wurden. Heute, wenn die Generaldirektoren gefragt werden, die betrachten das alle als Idiotie, aber jeder einzelne der 156 hat damals mit seinem Namen unterschrieben. Mit diesen Dingen waren wir immer konfrontiert.

Lepsius: Gab es denn keine ökonomischen Sanktionsmechanismen oder Entwicklungsindikatoren, die sich gegen politische Intentionen oder Ideologien durchsetzten, so daß es nicht eine Frage Ihrer Parteiloyalität ist, wenn Sie sagen: 'Die Verschuldungshöhe ist nicht tragbar.' Das hat überhaupt nichts damit zu tun, ob Sie der Parteilinie folgen oder nicht, das ist ein Faktum, mit dem muß sich die Partei oder Staatsführung auseinandersetzen.

Wenzel: Und genau das wurde nicht anerkannt!

Lepsius: Wo sind diese Kriterien, die einfach Ideologien, Pläne oder Intentionen zerschlagen? Sie sagen, die Auslandsverschuldung war immer eine Geheimziffer, die offenbar nicht in der politischen Willensbildung berücksichtigt wurde?

Schürer: Die Auslandsverschuldung wurde jeden Monat im Politbüro vorgelegt. Auch da können sich die Politiker nicht herausreden, das nicht gewußt zu haben. Das einzige, was wir in dieser Zeit nicht gemacht haben, ist, daß wir die Guthabenbestände in der Zahlungsbilanz durchleuchtet haben. Diese wurden nämlich "zu schön" ausgewiesen, weil wir hohe Guthaben in Ländern hatten, die gar nicht zahlungsfähig waren. Unsere Guthaben in Syrien, im Irak, in all diesen Ländern, haben wir immer als Plus in der Zahlungsbilanz gehabt; sie waren aber gar nicht mobilisierbar. Insofern könnte das Politbüro sagen, ihr habt uns getäuscht. Das haben wir in aller Deutlichkeit erst mit dem Material gemacht, was wir bei der Wende Ende Oktober für Krenz gemacht haben. Da haben wir die Zusammenhänge in der Zahlungsbilanz aufgelistet.

Die Goldbestände von Schalck kannte ich noch nicht mal. Bis zur Wende oder bis zu meinem Ausscheiden als Minister habe ich diese Goldbestände nicht gekannt. Das war aber auch kein Vertrauensbruch von Schalck, sondern das war gewollte Politik von Honecker, eine Reserve im Keller zu haben, über die nur er verfügt, wenn der Schürer mit seiner Ökonomie auch mal zusammenbricht. Das war der Grundgedanke.

Wenzel: Darf ich dazu noch eine Bemerkung machen: Wir hatten 1978 eine Akkumulationsanalyse gemacht. Der Auftrag kam von Mittag an ein paar ausgewählte Leute: 'Schreibt mal auf, wie die Wahrheit ist.' Es war ja spürbar, daß Probleme entstanden. Und in dieser Akkumulationsanalyse hatten wir gesagt, das ist der Weg in die Katastrophe. Der Abbau der Akkumulation zugunsten dieser Honecker-Illusion geht nicht so weiter. Bis hin zu der Schlußfolgerung, das Wohnungsbauprogramm ist überzogen. Also bis zu diesem Punkt waren wir in der Analyse schon gekommen. Wie aber wurde diese Analyse im Politbüro diskutiert? Sie wurde vorher in der sogenannten Wirtschaftskommission unter Leitung von Mittag behandelt. Krolikowski und andere haben gesagt, eine hervorragende Analyse. Dann wurde sie von der ZK-Abteilung Planung und Finanzen etwas reduziert, aber sie wurde dem Politbüro vorgelegt. Und dann gab es dort eine Diskussion - vielleicht klingt das primitiv, aber ich weiß nicht, ob es nicht in beiden Gesellschaftssystemen so primitiv zugeht. Sindermann, damals Präsident der Volkskammer, sagte: 'Also hier, das verstehe ich überhaupt nicht.' Weil er genau merkte, das war der entscheidende Punkt des Angriffs gegen die Politik von Honecker. Er diskutierte und sagte, Akkumulation, das ist überhaupt ein falscher Begriff, und in den Wohnungen - das war ja eine der Hauptstützen des sozialpolitischen Programms - da wird doch auch produziert, da werden Kinder gemacht; das ist doch auch produktive Akkumulation. Und im übrigen, die ganze Darstellung entspricht nicht dem, was wir uns vorstellen. Damit war dieses Problem vom Tisch. Wir waren abgestempelt als Leute, die nichts verstanden, und es ging nicht weiter. Ich weiß nicht, irgendwer wird natürlich dem Bundeskanzler die Idee von den industriellen Kernen aufgeschrieben haben - eine gute Idee, aber der Springpunkt ist, wie sie zu verwirklichen sind. Um zum Thema zurückzukommen: Ich glaube, daß dann in den achtziger Jahren der Altersstarrsinn doch eine wesentliche Rolle spielte. Die Probleme wurden offensichtlich nicht mehr erfaßt. Diese Politbüro-Vorlage von Herrn Schürer vom Mai 1988, die Mittag als einen grundlegenden Angriff gegen die Beschlüsse des VIII. und X. Parteitages qualifiziert hat, wurde komischerweise nicht nur den Politbüromitgliedern übergeben, und zwar das Material von Schürer und die Antwort von Mittag darauf, sondern auch im Ministerrat verteilt[1]. Da haben wir gesagt, das muß irgendeiner nicht voll übersehen haben. Wenn einem solch großen Kreis von Leuten ein solches Material mit mindestens zehn Punkten des Angriffs gegen die aktuelle Wirtschaftspolitik vorgelegt wird, da muß doch eine Bewegung entstehen. Da müssen doch mal wenigstens drei Leute sagen, der Mann hat recht, wir müssen ihn unterstützen. Aber da war niemand, der dann aufgetreten ist.

Schürer: Die haben gedacht, ihre Macht reicht aus, diese Ideen von Schürer kaputtzumachen, nur wenn sie anders entscheiden.

Wenzel: Und so war's ja auch!

Pirker: *Ich höre Ihnen interessiert zu, weil Sie praktisch mit jedem Satz das materialmäßig unterfüttern, was ich vorher gefragt habe. Sie weisen ja nach, daß*

---

1 Die Vorlage Schürers ist mit der Stellungnahme Mittags abgedruckt in: Hertle, Hans-Hermann, *Vor dem Bankrott der DDR*. Dokumente des Politbüros des ZK der SED aus dem Jahre 1988 zum Scheitern der "Einheit von Wirtschafts- und Sozialpolitik" (Die Schürer-Mittag-Kontroverse), Berlin 1991 (Berliner Arbeitshefte und Berichte zur sozialwissenschaftlichen Forschung Nr. 63).

die sogenannte Planwirtschaft, und zwar nicht nur in der DDR, sondern in allen Ostblockländern, im Grunde genommen in ihren Zielsetzungen extrem irrational gewesen ist. Nun gehören wir nicht zu den Sozialwissenschaftlern, die glauben, in den modernen Staaten, seien sie staatssozialistisch oder kapitalistisch, würde jede Entscheidung, sei sie planmäßig oder marktmäßig, von den politischen Entscheidungen ganz zu schweigen, eine rationale Argumentation zugrunde liegen. Aber Sie demonstrieren ja, daß Ihre Pläne am Irrationalismus zerbrochen sind. Und nun sagt man, das war ein Despotismus. Diesen Begriff gebraucht man heute noch nicht, er war jahrzehntelang besonders unter den marxistoiden Wissenschaftlern verpönt. Aber es ist doch unmöglich, einen sozialistischen Staat aufzubauen, der am Altersstarrsinn der einzigen Spitze dieses Staates und der Partei zerbricht. Dann muß doch etwas in Ihrer politischen Organisation, in der Administration nicht gestimmt haben, und das muß doch sehr frühzeitig schon erfahren worden sein!

Wenzel: Es war das Prinzip des demokratischen Zentralismus, das eine rationale Willensbildung unterdrückt hat. Aber Herr Pirker, es ist nicht ganz so einfach. Ich bitte Sie, das doch differenziert zu betrachten. Sie müssen sich mal in die Situation eines solchen kleinen Landes wie der DDR versetzen, eines Drittels von Deutschland, mit diesem mächtigen Koloß der Bundesrepublik gegenüber, wo jeden Abend in den Wohnzimmern jeder Familie dieses Bild des Wirtschaftswunders dargestellt wurde ...

***Pirker:** ... das ist schon richtig ...*

Wenzel: ... es hätte sehr frühzeitig zu einer Auflösung führen müssen, wenn man nicht bestimmte restriktive Maßnahmen ergriffen hätte. "Despotisch" ist mir zu weitgehend, aber eine ungeheure Gegen-Kraft mußte entwickelt werden, insbesondere von der Ideologie her; das mußte nicht mit Mielke zusammenhängen ...

***Pirker:** ... auch!*

Wenzel: ... sondern man mußte immer wieder einhämmern, wir sind die fortschrittlichere Gesellschaftsordnung, wir sind die Sieger der Geschichte. Und dann noch eine Sache, mit der ich nicht einverstanden bin, was ich für eine unhistorische Betrachtung halte: Wenn Sie sagen, man hätte doch bei Besuchen in der Sowjetunion merken müssen, daß das alles nicht funktioniert. Wir haben darüber diskutiert, zu zweit oder zu dritt, mal in Halbsätzen. Und ich habe zu Herrn Schürer gesagt: Die Sowjetunion stellt 25 Prozent des wirtschaftlichen Weltpotentials. Sie muß 50 Prozent der Rüstungslasten tragen, um die Parität zu den westlichen Staaten herzustellen. Das ist doch klar, daß die Menschen arm sein müssen, wenn sie soviel in die Rüstung stecken. Das ist unter den gegebenen objektiven Verhältnissen der Preis für die längste Friedensperiode der neueren Geschichte. Denn nur wer sich überlegen fühlt, beginnt einen Krieg. Es war für uns nicht der Gedanke, der Sozialismus ist die Ursache, sondern der Kalte Krieg und die historische Situation bedingen das. Dann kam ein zweiter Punkt hinzu: Rußland war ja 1917 auf einem gesellschaftlichen Niveau wie Indien - und hat die Marktwirtschaft Indien bis heute geholfen, aus der Armut herauszukommen? Ich habe jetzt gelesen, 60 % leben unter der Armutsschwelle, von fast einer Milliarde Indern! Wir mußten doch in Rechnung stellen, daß die Sowjetunion zunächst erstmal den Gürtel enger schnallen mußte. Das waren alles Dinge, die uns bei der Beurteilung dieser Frage natürlich beeinflußt haben.

***Hertle:** Ich möchte die These in Frage stellen, daß die Durchsetzung der ökonomischen Rationalität ab Ende der 70er Jahre an der politischen Irrationalität, in* *zugespitzter Form am Altersstarrsinn des Generalsekretärs gescheitert wäre. Ist es nicht richtiger zu sagen, die Durchsetzung der ökonomischen Rationalität ist an einer politischen Rationalität gescheitert, die auf die Sicherung der Macht orientiert war und die argumentieren konnte, die Ökonomen schlagen uns eine Art realsozialistischen Thatcherismus vor, ein Sparprogramm, Preiserhöhungen, Konsumkürzungen, Stärkung der Akkumulation, das führt zu unbeherrschbaren sozialen Situationen. An dem Punkt angelangt, konnten die Ökonomen praktisch keine Vorschläge machen. Da hätten sie das ökonomische Programm ergänzen müssen um Programmpunkte, wie das sozial beherrschbar hätte gemacht werden können. In dem Zusammenhang hat mich Ihre Darstellung des Verhältnisses oder Nicht-Verhältnisses zur Macht überrascht, Herr Schürer. Zu einem verhältnismäßig frühen Zeitpunkt war doch der 17. Juni 1953 ein entscheidender Punkt in der Geschichte der DDR, der meiner Meinung nach insofern ausschlaggebend für dieses Programm der Einheit von Wirtschafts- und Sozialpolitik gewesen ist, daß man potentiellen Volkserhebungen und Konflikten politisch vorbeugt, indem man das zumindest konsummäßig, sozialpolitisch usw. dämpft. Nach dem 17. Juni hat man das auch aus den Erfahrungen in Ungarn und Polen 1956, der CSSR 1968 und Polen 1970, 1976 und 1980 gelernt.*

Schürer: Da stecken viele Fragen drin. Ich glaube, daß überhaupt die Ursachen des Untergangs - also der DDR und des Sozialismus - zumindest nicht vorrangig im Altersstarrsinn von Personen, in Fehlern von Personen zu suchen sind, sondern daß diese Dinge selbst systemimmanent sind, und wir die Ursachen im System suchen müssen. Und da komme ich zurück auf das gesellschaftliche Eigentum an Produktionsmitteln: Das gestattet zuviel Subjektivismus. In einer marktwirtschaftlichen Gesellschaft kann eine Idee gar nicht groß werden, wenn nicht klar wird, was kostet sie und was bringt sie, welchen Gewinn kann man daraus erzielen oder wer geht daran zugrunde, oder hat der Staat die Mittel, das zu fördern, ohne daß Gewinn erzielt wird. Im Sozialismus scheint alles möglich zu sein. Es scheint nur die Energie der Partei, die alles kann - "die Partei, die Partei, die hat immer recht, und Genossen, es bleibet dabei" -, notwendig zu sein; dieser Primat der Politik über die Ökonomie, was meiner Ansicht nach im gesellschaftlichen Eigentum an Produktionsmitteln begründet ist, indem man sich von den ökonomischen Bedingungen und Gesetzmäßigkeiten löst und sagt, wir müssen das politisch verwirklichen, eine politische Idee über alles andere, über die ökonomische Rechnung stellen. Und es wäre auch falsch zu sagen, der ökonomische Irrationalismus ist in den 70er Jahren entstanden. Es gab ihn in den Jahren bei Ulbricht doch teilweise ganz genauso. Das war 1953 ein Irrationalismus, der zu dem Aufstand geführt hat, denn dort haben wir, weil wir gar nicht anders konnten, die Normen noch einmal erhöhen wollen, und dann wurden die Marmeladenpreise erhöht und lauter solcher Unsinn gemacht, und dann platzte der Bogen. Und der äußere Einfluß war ja nun auch noch da; gewünscht war das ja, daß die Menschen hier aufstehen und sich gegen das Regime wehren. Ich sehe hier eine logische Entwicklung. Ulbricht war unter bestimmten Bedingungen mal ganz vernünftig, der hat z.B. viel getan, die Gedanken der neuen Technik, der neuen Entwicklungsrichtungen in der Welt aufzufassen und mit dem Sozialismus zu vereinen. Aber auch Ulbricht hat uns in den letzten Jahren seiner Existenz gezwungen, Pläne mit 10 bis 12 Prozent Wachstum zu machen - idiotisch, wo wir zitternd bei ihm gesessen und gesagt haben, er soll doch bloß mal realistisch mit uns diskutieren. Und seine Paladine haben ihm noch die Munition dafür geliefert.

Ich sehe, um es nochmal zu sagen, die Hauptursache des Untergangs erstens darin, daß wir ökonomisch, in der Arbeitsproduktivität die marktwirtschaftlichen, kapitalistischen Länder nicht überholt haben, sondern ihnen dauernd hinterhergelaufen sind; der Abstand wurde sogar immer größer. Und das wiederum hat seine Ursache in der für die Masse der Menschen nicht begreifbaren allgemeinen Form des gesellschaftlichen Eigentums. Und ich sehe es zweitens darin, daß der Sozialismus, wie wir ihn entwickelt haben, in Wirklichkeit von Anfang an - da haben Sie recht, Herr Pirker - eingeengt war auf gewisse Stalinsche Linien und Denkrichtungen. Da muß ich sogar bei Lenin anfangen, denn dadurch, daß der Sozialismus nicht als erstes in einem oder mehreren hochentwickelten kapitalistischen Ländern gesiegt hat, sondern in dem ganz rückständigen Rußland, ist von Anfang an die Idee von Marx, daß die sozialistische Revolution, die Diktatur des Proletariats, die höchste Form der Demokratie ist, in Rußland gar nicht so entwickelt worden. Denn das Proletariat war eine ganz kleine Schicht in Rußland. Die hatte plötzlich die Macht übernommen, darauf bezog sich der gesamte Leninismus, und sie sind von Anfang an mit Gewalt und Gegengewalt, mit Terror und Gegenterror groß geworden. Über demokratische Institutionen oder so etwas zu diskutieren, war dort in dieser Zeit überhaupt nicht denkbar, und das hat sich logisch entwickelt, vielleicht mit den extremen persönlichen Fehlern von Stalin, mit dem Terror, der nicht nur gegen den Gegner gerichtet war, sondern auch ein Terror, der ja in die eigene Partei gerichtet war. Diesen Terror haben wir ja sogar in bestimmtem Umfang fortgesetzt. Wenn Sie heute mal die Namen der ganzen sogenannten Renegaten lesen, Havemann und Harich und andere, das waren ja alles Kommunisten, Dahlem und Ackermann oder auch die anderen in den anderen Ländern. Ich meine, dadurch fehlte dem Sozialismus, wie wir ihn praktiziert haben, von Anfang an das Korrektiv einer demokratischen Entwicklung. Es blieben unfähige Personen an der Spitze, viel zu lange, es gab keine natürliche Selektion in den Kadern.

Lepsius: Warum sind Sie denn so lange in einer so zentralen Position geblieben? Warum hat niemand gesagt, der Schürer muß jetzt mal verschwinden?

Schürer: Ich hätte manchmal alles hinschmeißen können. Dann saß ich mit meinen engsten Mitarbeitern zusammen, und die haben gesagt, Gerhard, wenn du gehst, dann wird es alles nur noch schlechter bei uns, bleib doch da.

Lepsius: Aber warum sind Sie nicht gegangen?

Schürer: Darüber ärgere ich mich ja heute auch!

Lepsius: Aber warum hat nicht einer gesagt, Honecker oder ein anderer, dieser Schürer, ewig so ein Bremser, so ein Problematisierer, dem fehlt doch eine gewisse frische sozialistische Zukunftshoffnung. Der muß mal verschwinden.

Schürer: Es galt für uns, was die Partei sagt, das machst du. Und wenn die Partei gesagt hätte, du bist nicht mehr frisch genug, wir brauchen was Neues, wäre ich sofort gegangen. Aber das hat die Partei nie gesagt.

Pirker: Aber Sie haben doch beide auf Erfahrungen hingewiesen, daß eines fehlte in der Partei, ja, fehlen mußte, die Kommunikation.

Schürer: Richtig!

Pirker: Und jedes System, das keine Kommunikation pflegt, kommt in Schwierigkeiten.

Schürer: Das meine ich ja!

Pirker: Sie haben von der Gefahr erzählt, wegen Abweichungen von der Linie vor die Partei zitiert zu werden, vor ein Parteigericht zu kommen. Das ist ja keine

Theorie gewesen, das war eine von Ihnen erfahrbare Wirklichkeit über den Zustand der Partei, die keine Kommunikation mehr zuläßt, sondern die gesamte Gesellschaft inklusive der Planung in einen Zustand treibt, in dem bestimmte Erkenntnisse gar nicht mehr richtig politisch eingespeist werden können.

Wenzel: Ich wollte nochmal auf diese Frage an Herrn Schürer zurückkommen, vielleicht kann man sie vom Standpunkt der anderen ganz einfach beantworten: So dumm waren sie nun auch wieder nicht, daß sie alle Leute, von denen sie wußten, die haben ja meistens recht, das haben sie ja mitgekriegt, ausgetauscht hätten. Sie hätten ja dann nur noch Ja-Sager um sich gehabt. Ich habe eine ganz persönliche Erfahrung mit Erich Apel, dem Vorgänger von Herrn Schürer. Ich war mit ihm im Zug nach Warschau und hatte meinen Paß nicht dabei. Damals war es noch ein Problem, ohne Paß über die polnische Grenze zu kommen. Und da hat Schürer gesagt, du kommst mit in diesen Salonwagen von Apel, der wird nicht kontrolliert. Dort saß Apel mit seinen Abteilungsleitern vom ZK und hatte schon Etliches getrunken. Apel sagte: "Wenzel, komm' her. Wir können dich zwar nicht leiden, aber wir brauchen dich!" Das hat sich eingeprägt bei mir. Ich habe mir gedacht, ist ja in Ordnung, daß du mich nicht leiden kannst, das beruht auf Gegenseitigkeit, aber es wird anerkannt, daß eine bestimmte Kompetenz vorhanden ist. Ähnlich war es auch bei Herrn Schürer. Ich glaube bestimmt, daß Mittag es manchmal gerne gehabt hätte, Schürer wegzuhaben. Er hat ihm ja zuweilen in die Linie "gepfuscht", wenn er an Honecker geschrieben hat oder wenn er im Politbüro aufgetreten ist. Aber ich würde sagen, Mittag war nicht so dumm, nicht zu wissen, wenn ich Schürer weghabe, dann kriege ich bestimmte Hinweise, die doch für das Überleben von Bedeutung sein könnten, nicht mehr.

***Lepsius:** Was haben Sie denn mit Ihren 156 Generaldirektoren gemacht? Zu denen mußten Sie doch einen direkten Kontakt haben, oder ist das immer nur über die Ministerien gegangen?*

Schürer: An sich immer über die Ministerien; wir haben die Minister als Partner gehabt. Wir hatten auch kein Recht, direkt an die Generaldirektoren Weisungen zu erteilen oder irgendwas zu machen. Die Generaldirektoren wurden politisch von Mittag dirigiert und ökonomisch von ihrem Minister. Wir haben in der Staatlichen Plankommission nach Kombinaten geplant, aber diese Berechnungen nach Kombinaten haben wir den Ministern nur als Berechnungskennziffern gegeben. Wie der Minister seinen Plan auf die Kombinate aufgegliedert hat, hat er selbst entschieden. Sie unterstanden personell dem Minister, nicht mir, ich habe darauf überhaupt keinen Einfluß gehabt. Die Personalpolitik wurde vom Zentralkomitee gemacht, vom Sekretariat des ZK, so daß wir zwar gute Kontakte, auch persönlich gute Kontakte mit den Generaldirektoren hatten. Z.B. zum Projekt EKO, weil es ein 7-Milliarden-Projekt war, haben wir natürlich den Generaldirektor eingeladen, wenn wir in der Plankommission darüber beraten haben; das konnten wir ohne sein technisches Wissen auch gar nicht machen. Oder in Fragen der Atomenergie und der Agrarpolitik beispielweise mußte man mit Leuten von der Basis arbeiten, auch mit Wissenschaftlern in Instituten, von der Akademie der Wissenschaften. Da hat die Plankommission sehr breit gearbeitet, aber entscheiden durften wir nur bis zum Minister, danach war er dran.

***Hertle:** Die Ministerien waren doch verhältnismäßig klein; klein auch im Verhältnis zur Plankommission. Waren sie von ihren Stäben her dazu überhaupt in der Lage, oder haben die Ministerien schon in der Vorbereitung der Planentwürfe auf die Plankommission zugegriffen?*

Schürer: Die Ministerien hatten eine Planungsabteilung, und diese haben natürlich mit unseren Abteilungen zusammengearbeitet; schon vom Beginn an gab es immer eine Kommunikation zwischen diesen Leuten. Aber natürlich hat jeder Minister versucht, einen möglichst niedrigen Plan zu bekommen, weil er für die Planübererfüllung gelobt wurde.

Lepsius: Wir haben auch in den westlichen Systemen scharfe Schnitte, wo vollkommene Immunisierung herrscht; die einen machen das, die anderen was anderes und es findet nie ein Austausch statt. Die Aufrechterhaltung der eigenen Binnenautonomie gilt ebenso als zentrale Maxime wie die Ausschaltung von Außeninterventionen: Das ist ein Prinzip, das ist nichts Besonderes in der DDR. Jeder Generaldirektor will maximale Binnenautonomie, jeder Minister will maximale Binnenautonomie haben, und infolge dessen wenig Außenverpflichtung.
Was jetzt interessant ist, ist nicht so sehr, daß dieses eine Maxime ist, sondern die Frage, wo und an welcher Stelle werden nun diese administrativ gesetzten Barrieren erzwungenermaßen durchbrochen? Es gibt Ereignisse, die Kommunikation erzwingen, und es gibt Entscheidungsstrukturen, die Kommunikation erzwingen, unabhängig von den Individuen. Und jetzt ist das Spannende: Wo waren im DDR-System diese Kommunikationsnetze, wie waren sie organisiert, wie haben sie funktioniert, was wurde vermittelt? Und dazu gehört diese Spartenorganisation der Industrie. Die Kombinate sind immer multifunktionaler geworden, dennoch waren sie in einem Spartenministerium verwaltet. Wie ist das möglich bei dem Austausch, z.B. der Vor- und Nachprodukte, der gegeben ist? Wer hat denn das vermakelt, wie ist rein administrativ diese Vermakelung zustandegekommen? Die Plankommission ist doch eigentlich die einzige Institution, die aus dieser Spartenfragmentierung den Zusammenhang herstellt.

Schürer: Es gab eigentlich in der geschichtlichen Entwicklung der DDR zwei Grundmodelle. Ministerien gab es immer oder fast immer. Es gab nur einmal für eine kurze Zeit, etwa drei Jahre, eine große Plankommission, in der jeder Minister nur Abteilungsleiter der Plankommission war. Im Großen und Ganzen gab es zwei Modelle: Einmal, daß es Ministerien gab, in die querschnittsmäßig hineinregiert wurde. Der Wissenschaftsminister gab ihnen die Auflage für die Wissenschaft, der andere für die Materialwirtschaft, ein anderer für den Umweltschutz, der Finanzminister für die Rentabilität. Alle Querschnittsorgane wirkten auf die Minister ein. Der Minister hatte zwar viel zu sagen, aber er hatte ungeheuer viel Partner, mit denen er reden mußte. Später wurde das dann in die klare Struktur: Minister - Kombinatsdirektor - Betriebsdirektor geändert, bei der nur die Plankommission die Verflechtungsrechnung gemacht hat. Die Zweige, also die Materialwirtschaft, Finanzen usw., mußten alles über unsere Planung auf die Minister zuarbeiten. Der Minister bekam einen einheitlichen Plan, der in sich stimmen mußte; zwischen materiellen und finanziellen Entscheidungen durfte es keine Differenzen geben, sonst gab es von Anfang an Krach. Und die Plankommission hat diese riesige Aufgabe bewältigen müssen, die Verflechtungsrechnung zu machen, wozu wir überhaupt nur durch die EDV in der Lage gewesen sind. Je mehr das aber ökonomisch begründet gemacht werden mußte, umso gefährlicher war das Hineinreden mit ideologischen Aufschlägen. Die wirkten darin wie ein Virus. Wenn wir nach der Politbüro-Sitzung zurück in die Plankommission gekommen sind und ein Prozent mehr Leistung bringen mußten, für die es keine materielle Deckung gab, dann war das der Beginn der großen Störung im Wirtschaftsablauf. Denn ohne Material kann keiner produzieren. Wir haben ja nie Leistungskennziffern an den Minister vergeben, wenn wir ihm nicht auch sagen konnten, so und soviel Material geben wir dir. Man kann dem Automobilbau nicht die Produktion von 110 000 Autos aufoktroyieren, wenn man ihm nicht den Stahl und die fünf Reifen pro PKW dafür gibt. Das muß doch bilanziert sein, obwohl das eine Produkt aus der Metallurgie kommt und das andere aus der Chemie und das Auto dann aus dem Fahrzeugbau. Diese Verflechtungsrechnung haben wir gemacht, und dafür wurden wir sogar oft in der Welt für gelobt; die hat sogar einigermaßen, schlecht und recht, funktioniert. Jeder Primat der Politik, was immer wieder in der Geschichte vorgekommen ist, dieser Subjektivismus in der Planung, hat den planmäßigen Ablauf gestört.

Lepsius: Die Dauerrede der Generaldirektoren ist, wir hätten ja ganz anders produziert, wenn wir nicht diese Auflagen gehabt hätten, das hat uns ja alles gehemmt. Wir hatten keine eigenen Dispositionsmittel, und wir konnten nicht die angemessenen Ersatzinvestitionen machen usw. usf. Die mußten doch auch zu Ihnen kommen und sagen, diese Verflechtung ist zwar schön, aber sie funktioniert nicht. Die zeitliche Abstimmung ist nicht da oder ist gestört, es gibt zu viele Fehlzeiten, wir müssen diesen Austausch irgendwie anders organisieren. Haben die nicht gemotzt, auch gegen die Plankommission?

Schürer: Es hat immer Auseinandersetzungen gegeben, und zwar begründet, wenn wir die Planvorstellungen überzogen haben. Wenn wir den Koeffizienten der Materialökonomie zu hoch beauflagt hatten, dann fehlte ihnen ja echt Material, oder wenn wir Arbeitsproduktivität und Lohn im Verhältnis drei zu eins geplant haben, also drei Prozent Steigerung der Produktivität, ein Prozent Steigerung des Lohnes, da haben sie höchstens 1,5 oder maximal 2 Prozent akzeptiert. Da gab es immer Ärger, wegen ungenügendem Material, ungenügenden Importgenehmigungen, zu hohen Exportauflagen. Unsere Exportauflagen in das kapitalistische Ausland waren wegen der Sorgen um die Zahlungsbilanz meistens an der obersten, manchmal unrealen Grenze. Da haben sie berechtigt gegen die Plankommission geschossen, auch gegen Änderungen, die erforderlich wurden.

Aber der Betrieb selbst und das Kombinat selbst waren ja auch nicht ideal. Wenn die ihren Planvorschlag eingereicht haben, dann wollten sie die Leistungen um zwei Prozent steigern, Material wollten sie vier Prozent mehr haben, den Export wollten sie senken, den Import wollten sie erhöhen. Sie wollten mehr Zuschüsse vom Staatshaushalt zu den Kosten haben usw. usw. Das heißt, dieser Plan war ja auch nicht annehmbar. Und das wurde in vielen Diskussionen behandelt - übrigens durchaus mit einem Hauch von Demokratie: Da waren Planberatungen, da waren die Gewerkschaften, die Minister und ihre Planungsabteilungen dabei, da war das Finanzministerium, Wissenschaftsministerium alle bei mir, bei uns in der Plankommission am Tisch, und dort wurde dann der Plan diskutiert bis zu einem Vorschlag an das Politbüro oder an die Regierung, meistens erst ins Politbüro, dann in die Regierung, und die Differenzen mit den Ministern, die nicht geklärt werden konnten, mußten von uns aufgeschrieben werden und wurden dem Politbüro mit vorgelegt. Und meistens entschied das Politbüro dann für die Plankommission, weil es gar nicht anders konnte. Bis dahin war das noch einigermaßen rationell. Unrationell wurde es immer mit diesen Äußerungen: 'Die Initiative ist viel größer, ihr unterschätzt die Initiative der Menschen.' Und mit solchen Thesen wurde das wie ein Hefekuchen hochgetrieben, ohne daß sich die Substanz veränderte.

Wenzel: Es gab eine große Kommunikation und Meinungsbildung, die durchaus vergleichbar ist - ich würde das heute noch sagen, nachdem ich noch tiefer eingedrungen bin in Ihr System -, mit Ihren Anhörungen und Diskussionen. Wie lief das ab in diesem Staatsapparat, wenn ein solcher Plan, ein Jahresplan ausgearbeitet wurde? Im Januar/Februar bekamen wir politische Vorgaben. Aus der Analyse des abgelaufenen Jahres heraus entwickelten wir mit den Hauptkennziffern Wachstum, Akkumulation, Konsumtion usw. ein ökonomisches Konzept. Auf der Grundlage eines solchen Konzeptes gingen staatliche Planaufgaben von der Plankommission aus über die Ministerien bis in die Kombinate und Betriebe. Dort gab es auch Diskussionen mit den Leitern. Das war nicht so, daß da alles nur kommandiert wurde. Da gab es in den Gewerkschaftsversammlungen Auseinandersetzungen und Beratungen. Und dann kamen die Ergebnisse zurück. Die Ergebnisse der Kombinate wurden zum ersten Mal in den Ministerien gefiltert. Die Minister wurden von ihren Parteiorganisationen und ihren Abteilungen im Zentralkomitee natürlich unter Druck gesetzt, denn die Abteilungen mußten ja gegenüber Mittag abrechnen, ob "ihr" Industriezweig nun das bringt, was für das Konzept der Parteiführung erforderlich war. Also da gab es dieses Eingreifen, nicht institutionell, sondern auf die Person, auf den Genossen Minister, auf den Genossen Planungschef zu.

Und dann kam der Minister zur Plankommission an den Tisch. Vom Standpunkt der volkswirtschaftlichen Gesamtrechnung und Effektivität wurde dann gesagt, also Minister für Elektrotechnik, du bekommst soundsoviel Investitionen, deine Investitionsquote, die Leistung, die du anbietest, ist im Verhältnis dazu völlig unzureichend, du bringst zu wenig für das, was dort an Nationaleinkommen eingesetzt wird. Oder nehmen wir die Materialökonomie. Wir hatten Materialeinsparungsnormen. Das waren keine aus der Luft gegriffenen Dinge. Natürlich haben wir dann manchmal Beispiele aus der BRD gebracht, wieviel Kilogramm ein Auto dort wiegt und wieviel bei uns. Und dann haben die Minister durchaus diskutiert und gesagt, ja, wenn uns das EKO diese Bleche liefert, viel zu dick im Verhältnis zu den Feinblechen, die bei VW verwendet werden, da geht das nicht anders. So gab es ganz prinzipielle und auch sachlich fundierte Auseinandersetzungen. Dann stellten wir aus dem Ergebnis dieser Beratungen einen Planentwurf zusammen, so im August/September des laufenden Jahres für das nächste Jahr, und dann konnten wir natürlich auch das, was wir den Ministern gegenüber nicht plausibel begründen konnten, dem Politbüro nicht mehr vorschlagen. Wir mußten das, was dort herausgekommen war, vorlegen. Wir haben das auch gemacht und wurden dann oftmals zwei-, dreimal zurückgeschickt mit dem Auftrag: Macht das mal so, dort muß man mehr einsparen, dort darf man nicht soviel ausgeben; wir bekamen direkt Auflagen. Und die wurden dann aber nicht nur an die Plankommission gegeben, sondern - ein ganz subtiles System - über die Abteilungen des ZK auch an die Minister, so daß wir an die Minister herantreten konnten und manchmal mit ihnen zusammen nicht wußten, wie das umsetzbar ist. In einer solchen Situation waren wir oft. Und dann wurden die politischen Entscheidungen gefällt: 'Das versteht ihr nicht, das begreift ihr nicht, das entspricht nicht der Parteilinie.' Und danach mußte natürlich marschiert werden. Zum Beispiel zu Herrn Biermann, dem Generaldirektor von Zeiss Jena, ein Mensch, den ich intellektuell sehr hoch achte, mit dem wir auch beim Vorsitzenden Beratungen hatten, konnten wir auch mal sagen, wenn du ein solches Verhältnis zwischen Investitionen und Leistungen hast, dann entsprichst du nicht den Beschlüssen der Partei. Willst du nun noch immer gegen uns diskutieren, oder können wir nicht gemeinsam auf einer Linie diskutieren, die wir vielleicht bei einer bestimmten vertretbaren, unwägbaren Größe - alles kann man ja nicht immer bis auf den letzten Pfennig berechnen - gemeinsam vorschlagen. Ich glaube, daß das unterschätzt wird, was da an Arbeit drin war, an Auseinandersetzungen und an produktivem Meinungsstreit.

Lepsius: *Nein, das unterschätze ich nicht! Haben Sie denn jemals den Volkseinkommensverlust berechnet, den die DDR durch zu niedrige Exportpreise im Hinblick auf die Gestehungskosten erlitten hat und im Hinblick auf möglicherweise zu teure Gegenlieferungen, für importierte Rohstoffe aus dem sozialistischen Ausland? Ich hatte immer den Eindruck, die Kraft des Landes ist unter Preis in den Westen exportiert worden, und dann sind unter miserablen terms of trade einzelne Güter aus dem Westen importiert worden, die kein Äquivalent waren für die aufgebrachten Leistungen?*

Wenzel: Solche Rechnungen gab es. Mit den terms of trade nach den kapitalistischen Ländern und auch nach den RGW-Staaten haben wir uns beschäftigt.

Lepsius: *Und mit welchem Ergebnis?*

Wenzel: Hatten wir denn eine Alternative? Wir mußten auf Teufel komm raus exportieren, auch wenn es mit Verlusten verbunden war!

Schürer: Ich will ein Beispiel sagen: Wir sind eigentlich kein Land, das für den Stahlexport prädestiniert ist. Wir haben weder Steinkohle noch Erz, müssen beides ranholen, beides ist energieaufwendig. Und trotzdem mußten wir Stahl exportieren, weil wir Stahl importieren mußten. Die Edelstahlsorten, die wir brauchten, gab es in der UdSSR nicht zu kaufen; das bißchen, was sie produziert haben, brauchten sie für ihren Militärbereich und für Sondergebiete, und wir mußten gewisse Profile und veredelte Stahlsorten, Chromstahl, Chromnickelstahl usw. immer aus der BRD, Frankreich oder Italien importieren. Und um den bezahlen zu können, haben wir unseren eigenen Massenstahl exportiert. Natürlich, der Massenstahl bringt bei weitem nicht die Rentabilität wie der Edelstahl, also das Verhältnis dieser beiden Exporte war negativ. Es war uns bekannt, wieviel Subventionen wir brauchen, um das exportieren zu können, aber wir fanden auch keine anderen Quellen der Bezahlung. Oder am Beispiel des Fleischexportes: Der Fleischexport der DDR war, gemessen an den Weltmarktpreisen, sogar gut, weil wir nämlich beim Export in die BRD keinen Zoll zu bezahlen brauchten. Wir haben also eine günstige Rentabilität erreicht, gemessen am Weltmarktpreis. Aber wenn ich unseren Gestehungspreis dazurechne, war das ein riesiges Subventionsgebiet. Dann haben wir als Plankommission eine Strategie überlegt: Wir müssen unsere Bevölkerung mit Fleisch versorgen, und um das mit Sicherheit machen zu können, müssen wir etwas mehr produzieren, als der Verbrauch der Bevölkerung ist. Die Bevölkerung hat etwa 1,4 Millionen Tonnen Fleisch im Jahr verbraucht, und wir haben ungefähr 1,6 Millionen Tonnen produziert. Sind wir niedriger gegangen, dann kam eine Situation, wo mal irgendwie durch andere Ergebnisse das Aufkommen schlecht war, mußten wir Fleisch importieren, und das war dreimal teurer als der Export von Fleisch oder die Eigenproduktion von Fleisch. Die überschüssige Menge haben wir dann Schalck für den Export gegeben, der hat die Valuta dafür reingebracht, und dafür mußten wir wieder Getreide kaufen oder irgendwas anderes. Wir wollten nicht ein großer Fleischexporteur sein, obwohl die Bauern das sogar wollten. Die haben ja gut daran verdient, aber wir wollten das nicht. Wir mußten also wenigstens mit einer Reserve für unsere Bevölkerung produzieren, die ja ohnehin noch kritisiert hat, daß die Fleischversorgung gar nicht gut ist. Beim Export wieder kriegt man für Edelfleischteile mehr Geld, als wenn man eine Schweinehälfte exportiert, also haben wir diesen Valutavorteil auch wieder ausgenutzt, und da gab es dann eben mal kein Rouladenfleisch oder keine Leber und andere besonderen Teile. Insgesamt glaube ich, daß der Export der DDR in die kapitalistischen Länder ein Billigexport war, ein Export, der immer an der unteren Grenze lag, zu Dumpingpreisen zum Teil, um die Märkte zu bekommen, um Absatz zu haben, damit wir die Zahlungsbilanz gewährleisten. Und je höher wir die Auflage gemacht haben, um so mehr Waren kamen in diese Billigexporte hinein. Zum Beispiel Textilwaren: Der Quelle-Katalog hat ja zum großen Teil von der DDR-Ware gelebt, Möbel und so etwas, aber immer die Billigwaren. Wir waren nie bei den Großverdienern, die die edlen Produkte geliefert haben.

Lepsius: Eine wirklich bemerkenswerte und außerordentlich teure Investitionsentscheidung war der Mikrochip. Man kann ja immer überlegen, wenn ich die Investition da nicht reintue, kann ich sie woanders reinstecken. Wäre eine andere Investition ertragreicher gewesen? Wie ist dieses Mikrochip-Projekt zustande gekommen?

Schürer: Zunächst ein paar Zusammenhänge. Ohne Mikroelektronik, Computertechnik, elektronische Rechentechnik in jeder Form wäre auch die DDR nicht mehr ausgekommen. Wenn wir zum Beispiel Werkzeugmaschinen exportiert haben, mußten wir eine Steuerung mit exportieren. Unser großer Wirtschaftspartner Sowjetunion hat auf diesem Gebiet in der zivilen Produktion, und nur das war der Maßstab für uns, nicht auf dem Niveau der Weltproduktion gelegen. Das kam daher, weil sie alle Forschungsarbeiten in die militärische Produktion gesteckt haben, und die UdSSR hat zwischen der militärischen Erfindung und der zivilen Anwendung immer einen Zeitraum von zehn bis zwölf Jahren gehabt, während das in den USA ein halbes Jahr, ein Jahr oder maximal zwei Jahre sind. In der UdSSR waren das immer zehn Jahre. Das kam so, weil sie geschlossene Betriebe hatte, in die keiner rein durfte, es kam dadurch auch nichts raus in den zivilen Bereich. Man konnte von der Sowjetunion keine rationelle Rechentechnik und Mikroelektronik kaufen. Man konnte einzelne Chips kaufen, aber das war in der Struktur sehr begrenzt. Und vom Westen gab es das Embargo, also auch von dort konnten wir nicht kaufen. Die Idee war meiner Ansicht nach ganz natürlich: Selber machen! Wir hatten auch kluge Leute in den Instituten, an der Akademie und überall, und die wollten ihre Erfindungen auch anbringen. Es war also richtig, etwas zu tun auf dem Gebiet.

Das Problem beginnt meiner Ansicht nach an dem Punkt, wo wir in eine breite Palette des Weltmarktsortiments gekommen sind, was die einen zu 60 Prozent und die anderen zu 40 Prozent eingeschätzt haben und mit viel zu geringen Serien viel zu teuer produziert haben. Von dem 256-Kilobit-Chip, den wir produziert haben, weiß ich die Selbstkostenrechnung aus dem Kopf, weil wir die im Politbüro einmal vorgestellt haben. Die Selbstkosten der DDR für einen Chip betrugen 536 Mark, der Verkaufspreis war in der DDR auf 16 Mark festgelegt, weil man für 536 Mark gar keinen Anwender fand. Eine Waschmaschine mit diesem Steuerelement würde ja, weil man mehrere braucht, alleine 3000 Mark für die Elektronik kosten, die da drinsteckt. Also mußte dieser Verkaufspreis sozusagen als Einführungspreis der Technik heruntergesetzt werden, und den Rest hat der Staatshaushalt als Subvention zahlen müssen. Der Weltmarktpreis für so einen Chip war sechs Mark. Aber den hätte man nicht kaufen können, weil er unter Embargo stand. So haben wir das entwickelt. Das wußten wir - trotzdem haben wir es gemacht, denn in dieser Größenordnung, 256 Kilobit, haben wir gesagt, müssen wir das schaffen, weil das in eine Massenproduktion geht, in Werkzeugmaschinen und überall reingeht. Bei 1 Megabit hat die Plankommission schon gezweifelt, und wir sind eigentlich ausgestiegen und haben gesagt, das darf man nicht machen, das ist kostenmäßig so unbeherrschbar für uns, daß wir das nicht machen können. Natürlich hätte man dann bestimmte Geräte nicht produzieren können.

Pirker: *Da haben Sie rational in den Berechnungen gesehen, das geht eigentlich nicht und zur selben Zeit predigt gerade Honecker die Mikrochip-Geschichte als einen großen Schritt vorwärts in der Entwicklung der Planwirtschaft und Entwicklung der sozialistischen Wirtschaft. Das habe ich nie verstanden!*

Schürer: Nein, das konnte man auch nicht. Aber wenn man überlegt, daß Erich Honecker sich verheerenderweise herausgenommen hat, übrigens auch Biermann, Gorbatschow den 1-Megabit-Speicher zu schenken, dem Chef eines Landes, das Raketen in den Weltraum schießt - dem einen Megabit-Speicher zu schenken, das ist eine solche Taktlosigkeit, eine solche Gefühllosigkeit, daß ich mich empört habe. Und Herr Wenzel weiß, daß ich viel Ärger mit Honecker gehabt habe. Ich mußte in der Regierung Selbstkritik üben, weil ich die Mikroelektronik nicht prinzipiell genug unterstützt habe. Und die Ironie des Schicksals ist: Ich bin aus der Partei ausgeschlossen worden, weil ich die Mikroelektronik gefördert habe! Von Honecker bin ich kritisiert worden, weil ich sie nicht genügend gefördert habe, und aus der Partei ausgeschlossen worden bin ich, weil ich sie gefördert habe.

Lepsius: *Haben Sie eine Ahnung, wieviele Verluste der DDR dadurch entstanden sind? Wie groß ist das Volkseinkommen der DDR vermindert worden durch Exporte, durch unangemessene terms of trade, durch falsche Investitionsentscheidungen?*

Schürer: Eine gesamte Aufstellung habe ich da nicht gesehen. Ich weiß, daß wir für die Mikroelektronik in diesen paar Jahren, die wir dort tätig waren, 16 Milliarden aufgewandt haben. Man müßte natürlich dagegenrechnen, was wir daran verdient haben, denn wir haben diese Rechner usw. außerordentlich günstig in die UdSSR exportiert, zu fünffach überhöhten Preisen, weit über dem Weltmarktpreis, so daß man die Gegenrechnung machen und dann alle Faktoren des Verlustes zusammennehmen müßte. Gut, dann kommen wir wahrscheinlich auf den Rückstand in der Arbeitsproduktivität. Das ist nicht berechenbar.

Wenzel: Zur Frage unserer eigenen Einstellung zur Mikroelektronik: Ich war vom Vorsitzenden beauftragt, in einer engen Gruppe für Mikroelektronik für den Zeitraum 1986 bis 1990 - auch in der letzten Phase, als es um den großen Speicher ging - mitzuarbeiten. Es ging darum, wieviel man dafür einsetzt. Wir haben zum Beispiel gesagt, die Aufwendungen für den 256 KB-Speicher muß man machen, weil sonst für die DDR als ein Maschinenbauland überhaupt nichts mehr geht, weder nach West noch nach Ost. Diesen Aufwand, haben wir gesagt, muß unsere ganze Volkswirtschaft tragen, wenn die DDR überhaupt weiterexistieren will, oder sie muß in die Richtung eines Entwicklungslandes marschieren. Und zu dem Großspeicher haben wir gesagt, das ist Wahnsinn, das ist unverantwortlich. In dieser Arbeitsgruppe, das war zunächst völlig intern im Auftrag von Günter Mittag, habe ich in Abstimmung mit dem Vorsitzenden gesagt, von einem noch vorstellbaren Projekt der Leistungsentwicklung, der Akkumulation, aufgeteilt auf Infrastruktur, Wohnungsbau und Mikroelektronik für den Zeitraum 1986 bis 1990 wäre ein bestimmtes Volumen an Investitionen und westlicher Valuta für die Mikroelektronik gerade noch vorstellbar. Das war ja vom Standpunkt und mit mit den Instrumenten der volkswirtschaftlichen Gesamtrechnung noch einschätzbar. Aber das war etwa die Hälfte dessen, was vom zuständigen Ministerium zur Erfüllung der Parteibeschlüsse zur Entwicklung der Mikroelektronik verlangt wurde. Da haben wir in dieser Gruppe gesagt: Wenn ihr die Volkswirtschaft kaputtmachen wollt, dann könnt ihr eure hohen Zahlen weiter vertreten und zur Beschlußfassung vorlegen. Dann muß man aber den Wohnungsbau wesentlich reduzieren oder die Infrastruktur völlig verrotten lassen. Übrigens muß ich bei diesem konkreten Beispiel sagen, Herr Schalck war auch Mitglied dieser Gruppe, weil er noch über bestimmte Mittel verfügte. Wir haben eine bestimmte Summe NSW-Valuta genannt, die noch einordenbar war in unser Gesamtkonzept. Da hat Schalck dann gesagt, gut, die andere Hälfte übernehme ich, in Absprache mit Mittag und Honecker. Solche Auseinandersetzungen hat es gegeben. Nur die Frage, was war davon noch rational, was war völlig irrational - diese Frage zu entscheiden und zu berechnen, das ist schwer.

Schürer: Herr Biermann wollte bei Carl Zeiss einen Videorecorder produzieren. Da hat er eine Berechnung über 3 000 Mark Selbstkosten vorgelegt. Kaufen konnte man ihn damals schon im Ausland für 600 Mark. Es war uns auch gelungen, die Aufnahme dieser Produktion abzuschießen. Aber da waren ja noch dazu die Chips, die da reinkamen, die waren ja noch gestützt vom Staatshaushalt, die waren ja berechnet mit 16 Mark und nicht mit 536 Mark, die sie gekostet haben. Wir haben es machen müssen, wie gesagt, wegen unserer Exporte in die UdSSR, und in der inneren Anwendung war es auch richtig. Aber die Übertreibungen dann. Die Bundesrepublik steigt jetzt bei 64 Megabit auch aus, die macht noch den 16 mit, bei 64 steigt sie aus, habe ich jetzt mal gelesen. Es gibt eine bestimmte Möglichkeit für ein Land, genauso wie der Super-Jumbojet nicht mehr von einem Land als Flugzeug gebaut werden kann, weil die Maßstäbe überschritten werden.

Pirker: *Sie sind sichtbar in eine extreme Abhängigkeit von den kapitalistischen Ländern gekommen. Da war ab einer bestimmten Zeit von autonomer Entscheidung Ihrer Seite gar keine Rede mehr. Und dieses klandestine Imperium des Herrn Schalck war doch im Grunde genommen eine Dunkelwirtschaft, kaum kontrollierbar, sondern nur von bestimmter politischer Seite wurde zugestimmt und da waren Sie dann nicht mehr drin.*

Schürer: Ich war ja immer mit drin, weil ich von Schalck die zwei Milliarden bekommen habe. Schalck hat 2,7 Milliarden jährlich verdient oder - ich will einmal sagen - eingenommen, 2,7 Mrd. Valutamark aufgebracht. Davon wurden zwei Milliarden an die Plankommission gegeben; 700 Millionen wurden für Sondergeschäfte, für seine Einkäufe, für seine Neuanlagen und anderes wieder eingesetzt, darunter auch das Generalsekretärskonto über 100 Millionen. Das war sein Bereich. Aber es war dennoch ein Teil des gesamten Ablaufes. Wir haben einen Umsatz gehabt mit den kapitalistischen Ländern von etwa 22 bis 24 Milliarden; der Export betrug planmäßig rund 12 Milliarden, und dazu kamen noch die Schalck-Umsätze. Das war nicht alles materiell, das waren zum Teil auch Einnahmen aus den Transitgebühren oder Postgebühren oder aus anderen Dingen, die die DDR von der Bundesrepublik bekommen hat, übrigens auch gegen Leistungen. Geschenkt hat auch die BRD der DDR nichts.

Lepsius: *Na ja, die Autobahnen, für die wir immer die Benutzungsgebühren bezahlt haben, die waren schon sehr schlecht! Wenn ich da 'rübergefahren bin, habe ich mir gesagt, und dafür bezahle ich auch noch eine Benutzungsgebühr, das ist schon unglaublich!*
Aber was mich wundert: Die Infrastruktur ist ja enorm verbraucht worden ohne ausreichende Reinvestitionen. Der schlechte Zustand der Straßen, die langsame Eisenbahn und Ähnliches mehr, die Nichtanschlüsse von Telefonen usw. Das waren ja alles Elemente, die bei der Bevölkerung stimmungsmäßig schlecht ankamen. Das Problem war, daß die Investitionsquote zu klein war. Jetzt ist die Frage, wie kann ich die erhöhen, ohne daß ich sozialen Mißmut erzeuge. Also muß

ich die Bedürfnissituation der Bevölkerung manipulieren. Das haben Sie ja weidlich getan. Sie haben die Grundnahrungsmittel dauernd subventioniert, und zwar auf einen absurd niedrigen Stand - Wohnungsmieten, Verkehrsmittel, Grundnahrungsmittel - und gleichzeitig den gehobenen Bedarf extrem heraufgezogen, um dort wieder Kaufkraft abzuschöpfen. Hätte man das nicht irgendwie in eine höhere Elastizität bringen können? Es gibt ja auch die Beispiele für die Verschwendung von Energie, von Grundnahrungsmitteln, der Verfütterung von Haferflocken und Brot und dergleichen mehr, also offensichtlich Dispositionsstörungen im Hinblick auf den Wert der Güter eben wegen der Preisstruktur der Güter.

Schürer: Ich glaube, es gab jährlich mindestens einen Versuch, grundlegende Änderungen in diesem Preissystem herbeizuführen, weil wir natürlich am ehesten gespürt haben, zu welchem Unsinn dieses Preissystem führen kann. Man hat ja nicht nur eine soziale Miete, indem alle Leute eine kleine Miete bezahlen, sondern ich sage mal, es hat jemand eine Vier-Zimmer-Wohnung, dann stirbt der Mann weg, dann gehen die Kinder raus, die Person hat alleine noch die Vier-Zimmer-Wohnung. Sie profitiert von der Mietstützung, aber ganz alleine, und vermietet dann zwei Zimmer an die Bauarbeiter von Berlin und kriegt pro Bauarbeiter 400 Mark im Monat, bezahlt aber selbst für die Wohnung nur 98 Mark. So waren die Verhältnisse. Oder ein Kaninchenzüchter züchtet ein Kaninchen, liefert es ab an den Staat, kriegt 60 Mark für das Kaninchen, der Staat häutet es ab, schlachtet es aus und verkauft das Kaninchen für 14 Mark. So waren die Preisverhältnisse. Brot war für die Bauern das billigste Futtermittel für die Schweine, das war billiger als das Getreide, was sie vom Staat, also vom Produzenten aufkauften. Es gab mindestens einmal im Jahr durch Halbritter, den als Preiskommissar der DDR verantwortlichen Minister, und dann in gewissen Abständen auch durch die Plankommission, solche Versuche. Im Jahr 1988 war das in meinem Papier an Honecker auch wieder einer der Hauptgegenstände. Das war aber eine Position in Honeckers Kopf, die so fest war, daß noch nicht einmal Mittag, der ihn wirklich in jeder Richtung beeinflußt hat, ihn in dieser Richtung zu einer Änderung der Preispolitik, der gesamten ökonomischen Politik veranlassen konnte.

Honeckers Standpunkt war, alle Erschütterungen in den sozialistischen Ländern haben mit Preisveränderungen begonnen, in Polen, Ungarn und in der CSSR. Und bei mir nicht! Es bleibt alles, wie es ist, dann müßt ihr eben billiger produzieren. Es ist ja wirklich niemandem damit gedient, einen Fernseher für 7000 Mark zu verkaufen und ein Schwein für 400 Mark. Wenn man überlegt, was für gesellschaftliche Arbeit notwendig ist, um ein Schwein zu produzieren, und dann so ein technisches, auch bei uns mit hohem Automatisierungsgrad produzierter Fernseher. Die Selbstkosten waren bei uns höher als im Westen, aber die waren etwa bei 2000 bis 2500 Mark und nicht bei 7000 Mark. Und wir haben auch die Bedürfnisse der Menschen dann in die falsche Richtung gelenkt. Es war überhaupt keine Anstrengung notwendig, um eine schöne Wohnung mieten zu können. Die Zahl der Wohnungsanträge war ja trotz des großen Wohnungsbauprogramms noch gewachsen, weil wir im Wohnungsbauprogramm noch eine Besonderheit hatten. Dort wurde ja ungeheuer viel investiert, aber zugleich wurde die Erhaltung des alten Wohnraumes vernachlässigt, weil die Kapazitäten dafür überhaupt nicht reichten.

Lepsius: *Und das war nicht durchsetzbar?*

Schürer: Das war nicht durchsetzbar.

Lepsius: *Aber kann das denn ein einzelner Mann blockieren?*

Schürer: Ja, doch, ich meine, der einzelne Mann hat ja von anderen Leuten seine Unterstützung gehabt, und er konnte es blockieren.

Wenzel: Er hat ja ausgewählt, wer bei ihm im Politbüro sitzt!

Schürer: Es war ja ein Parteitagsbeschluß. Und einen Parteitagsbeschluß ändern ...

Lepsius: ... aber auf dem Parteitag hat er doch beschließen lassen, was er wollte. Wenn Sie sagen, es war ein Parteitagsbeschluß, dann war das doch keine andere Instanz! Der Parteitag hat eine Beschlußvorlage bekommen, die hat Honecker erst festgesetzt. Der Verweis auf die Partei ist ja immer nur zirkulär!

Schürer: Ich stelle mir mal vor, auf dem Parteitag wäre Schürer aufgetreten und hätte gesagt, diese ganze ökonomische Preispolitik ist Unsinn, man muß das grundlegend ändern. Ich wäre am nächsten Tag nicht mehr in dieser Partei gewesen. Die hätten mich ausgepfiffen, die hätten mich rausgeprügelt aus dem Parteitag.

Lepsius: Auf dem Parteitag hat man solche revolutionären Reden auch nicht zu halten! (Alle lachen) Das würde ich ja auch den Westparteien nicht empfehlen. Diese Meinungsbildung kann man nur in kleinen Kreisen herbeiführen. Man müßte sozusagen das Zentralkomitee und seine Sekretäre zersetzen und sagen: "Otto, guck' mal, wir gehen zugrunde, ich will dir das mal erklären." Und dann hole ich den Rudolf und sage: "Rudi, guck' mal, wie könnt ihr uns denn helfen, wir gehen zugrunde, wir müssen das reorganisieren!"

Schürer: Ja ja, das hätte man machen können ...

Pirker: Das hat uns Schabowski erklärt, was das bedeutet hätte: Fraktionsbildung, schlimmer als Sodomie!

Schürer: Ja, da waren Sie schon darauf angewiesen, daß der Mann, mit dem Sie da sprechen, das nicht weitermeldet. In dem Moment, wo der das weitermeldet, komme ich in die Bredouille.

Pirker: Das ist Fraktionsbildung in nuce!

Wenzel: Das ist eine Variante, aber es gab auch noch andere Varianten. Diese Leute kamen auch zu Herrn Schürer und haben gesagt: "Gerhard, langsam begreife ich ja auch, daß das so nicht geht. Du mußt mal ...!" Und wenn es dann zur Diskussion kam, haben genau diese Leute die Linie von Honecker gegen die offensichtlichen Fakten unterstützt. Das hat es auch gegeben, auch bei Schabowski übrigens. Wir haben dann manches Mal scherzhaft und traurig gesagt, es gilt das Wort: "Spring' Du, Genosse! Ich habe Frau und Kind!"

Die Plankommission hat Mitte der 70er Jahre zusammen mit Halbritter dem Generalsekretär ein Konzept, ein schlüssiges, durchgerechnetes Konzept der Veränderung dieser Preisidiotie vorgelegt. Das ist an Honecker geschickt worden. Mittag hat sich dort herausgehalten, hat gesagt, Schürer und Halbritter, unterschreibt mal, ich habe nichts dagegen, weil er genau gewußt hat, daß es richtig ist! Aber er wußte auch, daß der Generalsekretär strikt dagegen ist. Und dann hat er, das kann man heute noch nachlesen in den Dokumenten, auf einer Zentralkomitee-Sitzung in seinem Referat gesagt: "Natürlich wird die Frage gestellt, wie wir das alles bewältigen", - ich habe die Formulierung genau im Kopf. "Es gab Genossen, die haben vorgeschlagen, unsere Preispolitik prinzipiell zu ändern. Das würde für die Bevölkerung das und das bedeuten. Genossen, wir sind der Auffassung, daß man das nicht machen darf, daß das eine falsche Linie ist." Das war sogar zeitungsoffiziell. Wir haben manchmal gesagt, dann müssen doch die Leute, die uns immer so schubsen nach dem Motto: 'Wollt ihr denn nicht mal, und ihr müßt doch', merken, daß es solche Vorschläge gibt, aber da war großes Schweigen.

***Lepsius:** Gab es denn auf den Zentralkomitee-Sitzungen, die ja doch relativ häufig waren und in denen ein großer Teil nicht nur der politischen, sondern auch der Funktionseliten vertreten waren, je Diskussionen?*

Schürer: Es gab Diskussionen, natürlich. Aber es war nicht üblich, im Zentralkomitee von der Linie abweichende Diskussionen zu führen. Es gab nie eine Linienbezweiflung.

***Lepsius:** Und die Linie war immer vorgegeben?*

Schürer: Die Linie war vom Parteitag vorgegeben, durch das Referat im Plenum. Es wurde ein Bericht des Politbüros gegeben, in dem wieder die Linie der Partei drin war. Oder es war ein Punkt auf der Tagesordnung, der Plan, wo ich das Referat gehalten habe, das war dann die Linie für den Plan, die vorgegeben wurde. Dazu gab es Ideen und Hinweise, aber es gab keine extrem abweichenden Diskussionen von der Parteilinie. Man kann auch nicht sagen, die Leute haben keine Chance gehabt zum Diskutieren, die konnten schon diskutieren. Es gab ja die Aussprache, da konnte jeder reden ...

***Lepsius:** ... da konnte man sich melden ...*

Schürer: ... ja, und dann konnte jeder reden!

***Hertle:** Diese Beiträge waren doch alle schon vorher vorbereitet!*

Schürer: Natürlich waren die vorbereitet, da haben Sie recht. Vorher wurde schon von den Abteilungen Einfluß genommen. Aber wenn einer ZK-Mitglied war, dann mußte er nicht mehr in der Abteilung fragen, ob er dort reden kann.

***Pirker:** Das war aber verinnerlicht, soweit ich die Genossinnen und Genossen kenne. Wenn sie öffentlich im Plenum sprachen, wußten sie ganz genau, was das für ein politischer Gang ist, wenn er das, was er vorher unter Fachleuten und Freunden besprochen hat, tatsächlich gesagt hätte, weil es als ein Versuch der Linienänderung gelten würde. An das hat sich keiner herangetraut.*

***Hertle:** Es wurde doch vorher auch die Rednerliste festgelegt. Es war doch vor Beginn des ZK-Plenums klar, wer spricht, und auch, was er spricht!*

Schürer: Da gab es von Dohlus, der für die Parteiorgane verantwortlich war, immer ein Konzept, welcher Bezirkssekretär spricht und zu was. Da gab es einen gewissen Dirigismus. Aber es konnte sich auf diesem Plenum jeder melden. Ich weiß das genau, weil ich mich auch ab und zu mal gemeldet habe ...

***Hertle:** ... als Politbüro-Mitglied!*

Schürer: Ja gut, aber wenn ich mich melde, komme ich dran. Auch ein anderer. Wenn die Genossenschaftsbäuerin X sich gemeldet hat, wurde sie aufgefordert zu sprechen. Man darf das nicht so darstellen, als ob wir ein diktatorisches System waren, bei dem keiner sich getraut hat, auch nur ein Wort zu sagen. Das wäre auch falsch. Und ich habe auch selten erlebt, daß jemand mit größten materiellen Schäden belangt wurde. Bitte, er ist aus der Machthierarchie ausgeschieden, aber weiter ist ihm auch nichts geschehen. Aber das hat ja auch manchmal gereicht.

Weinert: Wenn solche Vorgaben gemacht wurden, kam es der Partei darauf an, daß kein Konflikt zwischen staatlichen Instanzen und den Parteieinrichtungen aufkam. Und wenn Sie das wieder beraten haben, gab es auch eine normative Vorlage zusätzlich zu dem, was zu korrigieren war. War das so? So eine Verpflichtung, das irgendwie zu bereinigen.

Wenzel: Es lag der Partei daran, daß es keinen öffentlichen Konflikt zwischen der Plankommission und den Ministern gab. Wenn das publik geworden wäre, hätte man eventuell schon verschiedene Auffassungen zur Parteilinie definieren können. Das wurde über die Bearbeitung der Funktionsträger, über die Einheit der Meinungen hergestellt, natürlich auf Grundlage der Parteilinie.

Pirker: Es gibt einen zentralen Begriff, den in der Sowjetunion jeder kennt: der Monolith der Partei.

Schürer: Ja, die monolithische Einheit, die mußte immer demonstriert werden. Hier gab es vielleicht im Couleur auch einen Unterschied zwischen Ulbricht und Honecker. Honecker liebte es, daß alles gradlinig, geplant und vorbereitet ablief und als Erfolg registriert wird. Ulbricht hat auch die Antipoden in das Zentralkomitee eingeladen, in die Sitzungen, da wurden Wissenschaftler und Praktiker aus der ganzen DDR eingeladen, und der liebte es, wenn die Funken sprühten, wenn es Auseinandersetzungen gab. Dann hat er natürlich auch seine Entscheidungen getroffen, und wehe, wer die nicht durchgeführt hat. Aber erstmal hat er mehr auf Diskussion geachtet.

Wenzel: Das war noch die Traditionslinie von Pieck und Grotewohl. Das war nicht monolithisch, da gab es schon Diskussionen und Auseinandersetzungen. Oder Rumpf, der erste Finanzminister der DDR, den habe ich in einer ZK-Sitzung mal als Gast erlebt, wie er gesagt hat, Eure Politik führt dazu - an Mittag gewandt -, daß die DDR ein Agrarstaat wird. Aber das wurde dann immer mehr abgeschliffen. Nach dem 17. Juni vor allem - das war ja ein Trauma - durfte es nie wieder passieren, daß in der Öffentlichkeit sichtbar wurde, daß es unterschiedliche Auffassungen gab.

Weinert: War das implizit auch so ein Vorhalt Ihnen gegenüber, wenn Sie jetzt auf Ihren Daten bestanden haben oder auf eine gewisse Nichtmachbarkeit hingewiesen haben?

Schürer: Ich geriet dann schon in die Defensive, denn ich wurde dann ja politisch angegangen von allen Partnern, die gesagt haben: 'Hör' mal, du verläßt die Parteilinie, du bringst Dinge zur Diskussion, die wir nicht akzeptieren können.' Und ich muß ehrlich sagen, wenn man so eine Verantwortung hat, ist man mit sich selber auch konfrontiert: 'Hast du denn nun recht? Ja, kannst du wirklich mit voller Überzeugung sagen, das geht schief?' - Ich hätte es an diesem Tag auch nicht sagen können, ob es wirklich schief geht. Es ist dann schief gegangen, aber ob ich nun recht habe an diesem Tag oder ob ich zu recht kritisiert worden bin, das weiß ich dann nicht genau.

Lepsius: Man möchte ja selbst seine negative Prognose nicht glauben müssen!

Wenzel: Bei uns wurde immer gesagt: Ich hoffe, ich habe nicht recht!

Teil II

Lepsius: *Ich darf mir vielleicht erlauben, eine Thematik anzusprechen, die in dem vorigen Gesprächsverlauf eine gewisse Zentralität hatte: Auf der einen Seite, sagten Sie, haben Sie einen ganz komplexen, großen Kommunikationsprozeß geführt für die Aufstellung des Planes, mit den Ministerien, mit den Stabsabteilungen im Zentralkomitee, aber auch mit den Generaldirektoren für alle Fragen spezieller Sach- und Fachkompetenz, so daß wir dort die Vorstellung eines sehr großen und vielfältigen Kommunikationsprozesses haben. Das ist die Willensbildungsseite. Auf der anderen Seite, der Entscheidungsseite, sagten Sie dann, war die Kommunikation nicht da. Also Sie sind dahingegangen mit einem Vorschlag, dieser Vorschlag ist aber eigentlich nicht diskutiert worden, sondern es ist sofort politisch interveniert worden, ohne daß es möglich war, den noch einmal im Politbüro oder im Zentralkomitee inhaltlich auszudiskutieren, so daß die Willensbildung weithin von der Entscheidungsfindung abgeknüpft war. Dann haben wir gefragt, wenn Sie unterlegen sind, warum haben Sie da nicht Truppen gesammelt, mit den Zuständigen im Zentralkomitee oder mit einzelnen Ministerien eine Koalition gebildet. Sie antworteten, nein, das war nicht möglich, für eine Koalitionsbildung - also keine Anti-Regime-Koalition, sondern eine Koalition für Sachpositionen - gab es keine hinreichende Vertrauensbasis. Jetzt würde ich Sie gerne noch einmal fragen, wie Sie diese Dualität von Kommunikationskomplexität bei der Willensbildung des Planaufbaus und der Kommunikationsunterbrechung bzw. -fragmentierung, des politischen Durchgriffs bei der Entscheidungsfindung beurteilen?*

Schürer: Wenn wir uns verständlich machen wollen, was die Hauptursachen dafür waren, wo es gut ging und wo es nicht gut funktioniert hat, dann streicht man meistens die extremen Seiten heraus. Es stimmt, daß wir einen ganz umfassenden Planungsprozeß der Staats- und Wirtschaftsorgane durchgeführt haben mit vielen Diskussionen, auch mit vielen Kommunikationen und mit vielem Meinungserfragen der beteiligten Leute. Also von der Gewerkschaftsgruppe im Betrieb bis oben oder von oben nach unten. Und es gibt auch einige Jahre oder mehrere Beispiele, wo man sagen konnte, da wurde uns zentral nicht so viel reingeredet, dort hat man den Plan angenommen, dort ist der Plan ordentlich durchgeführt worden. Insbesondere nach den Zeiten größerer Umstürze, z.B. nach dem 17. Juni, hatten wir immer die Chance, mal einen realen Plan zu machen. Dort merkte man, daß man durch das Hineinreden in den Plan überspitzt, übertreibt; man wurde vernünftiger, zügelte seine subjektiven Wünsche, und wir konnten Pläne machen, die im großen und ganzen solide waren. Ein Jahr ist lang; der Verlauf der Wirtschaft in einem Jahr bietet soviel neue Möglichkeiten, ein strenger Winter, schlechte oder gute Ernten, wo man doch nochmal was präzisieren muß, aber im großen und ganzen wurden die Proportionen eingehalten, die Pläne erfüllt, in manchen Gebieten auch übererfüllt, manchmal etwas darunter, aber ohne große Störungen. Das hat es in den Jahren nach 1953 gegeben, das hat es nach dem Wechsel von Honecker die ersten zwei, drei Jahre gegeben; nachdem Ulbricht abgetreten war, da hatten wir auch zwei, drei Jahre, wo wir gute Pläne machen konnten. Aber insgesamt gestattet das System, und darum ging es mir, das klar zu machen, zuviel Subjektivismus. Und dieser Subjektivismus wird vor allem in der Überschätzung der Initiativmöglichkeiten zum Ausdruck gebracht, die eine Partei durch ihre Organisation an Leistung mobilisieren kann: Wenn wir die Kräfte mobilisieren und anspannen, hieß es, dann schaffen wir das eine Prozent, was der sich im stillen Kämmerchen ausgedacht hat, auch noch.

***Pirker:** Von Ihnen selbst kam die Kritik, daß die im voraus angenommenen Leistungssteigerungen und Produktivitätssteigerungen nur fiktiv waren.*

Schürer: Zunächst kann ich das nicht akzeptieren, daß das relativ fiktiv war, das war erst einmal relativ real. Daß die Produktivkräfte so entwickelt werden konnten, wie wir vorausgerechnet haben, war der Normalfall. Ich sage immer wieder, wer den Plan macht, ist immer interessiert daran, der Realität ganz nahe zu sein. Ich will nicht sagen, daß es immer so ist, denn auch wir sind manchmal einer Einschätzung unterlegen, die sich nicht voll bewährt hat. Aber im großen und ganzen sind auf allen Ebenen, nicht nur in der Staatlichen Plankommission, auch im Betrieb, die für den Plan, für die Rechnung zuständigen Leute interessiert, ein reales Konzept zu haben. Genauso, wie Waigel ein reales Konzept haben will; der schätzt ja nicht ein, daß die Konjunktur doch nicht so kommt, wie er sich das wünscht. Das passierte uns auch mal. Oder daß Störungen eintraten im Rohstoffaufkommen. Und die DDR war auch immer sehr abhängig von der Härte des Winters und von der Ernte. Das sind zwei große Ereignisse, die man nie genau vorausplanen kann, die oft große Störungen verursacht haben. Da heißt es dann, zwei Millionen Tonnen an Getreide zu importieren, mit denen man nicht gerechnet hat; das kostet ungeheuer viel Geld, fünf- bis siebenhundert Millionen in Devisen. Und freie Devisen zu erwirtschaften, war immer unser Hauptproblem. So gab es viele Störungen. Aber das waren keine Kommunikationsschwierigkeiten. Wir durften schon im Politbüro sagen, was wir dachten. Aber Honecker sagte dann, das eine Prozent schaffen wir schon; wir mobilisieren die Kräfte, und dann wird es erfüllt.

***Weinert:** Subjektivismus ist auch schon bei Theo Waigel vorhanden; schließlich muß er immer Nachtragshaushalte machen. Aber den Begriff des Subjektivismus unterstellen Sie ja immer dem Staatsratsvorsitzenden?*

Schürer: Nein, das ist nicht der Fall. Das ist die Synonymperson für uns, wenn wir so etwas sagen, aber das war z.B. viel mehr Mittag als Honecker selbst. Mittag war immer derjenige, der an der obersten Spitze eines überspannten Planes stand. Siegfried Wenzel kann bestätigen, daß wir mit Mittag immer Ärger gehabt haben. Aber es gab auch Bezirkssekretäre. Nehmen Sie mal einen Herrn Ziegenhahn von Gera, der sich eine persönliche Grundthese aufgestellt hatte: In Gera gibt es nur Pläne mit einer zehnprozentigen Steigerung der Arbeitsproduktivität; wir haben Zeiss, wir haben die moderne Technik. Und unter 10 Prozent mehr Arbeitsproduktivität machte er das überhaupt nicht. Der hatte seine Leute in den Betrieben schon veranlaßt, uns überspannte Pläne einzureichen. Gut, die großen Generaldirektoren haben sich dann hinten herum wieder durchgesetzt.

***Pirker:** Der Kollege hat Vorbilder gehabt aus der Sowjetunion. Ganze Regionen sind auf die Planung mit der Einstellung zumarschiert, das machen wir schon. Aber die Bedeutung der Ernten z.B. hat zwei Seiten, einmal die interne, zum anderen die Frage, kann ein Industriestaat, ein hochentwickelter Industriestaat, so von der Landwirtschaft abhängig sein? Das widerspricht sich ja. Der Beitrag der Landwirtschaft zum westdeutschen Bruttosozialprodukt beträgt rund drei Prozent!*

Wenzel: Das Problem liegt, glaube ich, woanders. Der Beitrag der Landwirtschaft in der DDR war so um die zehn bis zwölf Prozent. Es waren auch viel mehr Menschen in der Landwirtschaft beschäftigt als bei Ihnen in der BRD. Aber das Problem war die Abgeschnürtheit der DDR. Wir hatten nicht die Möglichkeit, Mißernten auszugleichen durch Export und Import, weil jede Mark schon eingeplant war; sie war schon für andere lebenswichtige Dinge festgelegt.

Wenn wir statt sechseinhalb Millionen Tonnen Getreide nur viereinhalb Millionen Tonnen geerntet haben, wurde es kompliziert. Das hat mit der Frage des hochentwickelten Industriestaates nur indirekt etwas zu tun. Diese Abhängigkeit, dieses Abgeschnürtsein, dieses auf jede Valutamark angewiesen sein, das war das Problem! Und das hat dann jedes Konzept durcheinandergebracht. Ich glaube, eines der Grundprobleme für diese Frage, die von Herrn Lepsius aufgeworfen wurde, war die These der Unterordnung der Ökonomie unter die Politik. Das ist ein Prinzip marxistischer Parteien: die Ökonomie ist der Politik untergeordnet, die Politik gibt die Linie an, und die Ökonomie hat ihr zu folgen. Und dann, ausgehend von dieser These, begann der Subjektivismus. Eine politische Vorstellung wurde vorgegeben - in Halbsätzen haben wir uns manchmal verständigt, und einmal haben wir gesagt, das war ja alles gut gemeint, den Leuten vier Prozent Nettogeldeinnahmenzuwachs zu geben, aber wenn es die ökonomische Basis nicht hergibt, muß es zu Fehlentwicklungen führen. Und da fiel mal das Wort, auch der gut gemeinte Subjektivismus ist ein gefährlicher Subjektivismus.

***Lepsius:** Was mich wundert: Das ist doch ein ungeheurer Voluntarismus. Wenn ich ein anständiger Marxist bin, dann muß ich ein Strukturalist sein. Da kann ich doch nicht voluntaristisch vorgehen, das ist ja deutscher Idealismus! Was ist das eigentlich für eine Basis: die Politik hat die Suprematie über die Ökonomie, das ist doch eigentlich marxistisch ganz töricht! Das heißt ja, das Bewußtsein bestimmt das Sein!*

Schürer: Nach unserer Lehre bestimmt das Sein das Bewußtsein, nicht umgekehrt. Nun übertreiben Sie mal nicht nach dieser Seite. Es geht um die Entscheidungsfindung. Sie dürfen auch nicht vergessen, schon von der Stalin-Zeit her hat in der Entwicklung der Planwirtschaft in der UdSSR zunächst einmal die materielle Seite immer die entscheidende Rolle gespielt, weder das Geschäft noch der Gewinn noch irgendetwas anderes; es wurde rein materiell gerechnet. Als Stalin über "Neue ökonomische Probleme des Sozialismus" geschrieben hat, werden Sie auch feststellen, daß die Wertseite der ganzen Planungen nur eine Übergangsperiode zum Kommunismus war. Entscheidend ist immer wieder die materielle Seite gewesen. "Wenn wir zehn Millionen Tonnen Stahl produzieren, werden wir alle Probleme lösen, vor denen wir stehen", hat Stalin noch 1952 gesagt. Als die UdSSR 100 Millionen Tonnen Stahl produzierte, fehlten immer noch 10 Millionen Tonnen zur Bilanz. Weil die Wünsche immer höhergestellt worden sind als die materiellen Möglichkeiten. Und ich glaube, in der Marktwirtschaft ist jede einzelne wirtschaftliche Tätigkeit unmöglich, wenn der Betrieb, die Abteilung, der Großhandel und der Handel keinen Gewinn erwirtschaften, da finden Sie keinen, der das Geld gibt, außer dem, was über den Staatshaushalt umverteilt wird. Und in unserem System konnten sich die Leute zu viel wünschen. Wir wünschen uns einen Sportpalast in unserer Stadt, und wenn sie den Sportpalast durch die Entscheidung des Staates oder der Partei bekommen hatten, haben sie einen billigen Eintritt genommen, weil sie ja den Sportpalast nicht unterhalten mußten. Das hat wieder der Staat gemacht. Und dort sind die subjektiven Einflüsse im Laufe der Jahre sogar immer größer geworden und nicht kleiner, und das ist auch eine Entwicklung, die sprengt dann irgendwo die materiellen Möglichkeiten und führt zu Auseinandersetzungen; weil man dann auch politisch zu viel versprochen hat, hat man Enttäuschungen hervorgerufen. Das ist das, meine ich, wo unter den Bedingungen der sozialistischen Produktionsweise vielleicht nicht a priori, aber zumindest in der Praxis bei uns solche Erscheinungen entstanden sind.

Weinert: *Um noch einmal die Frage zu vertiefen, worin der Voluntarismus besteht: Sie meinen ja, daß sich als ein wesentlicher Hemmschuh die Praxis der sogenannten Einheit von Wirtschafts- und Sozialpolitik erwiesen hat. Man kann die Geschichte der DDR so beschreiben, daß sich diese Einheit von Wirtschafts- und Sozialpolitik nicht organisch herstellt, wie der 17. Juni 1953 gezeigt hat, und Honeckers Leistung darin besteht, daß man diese Einheit planen und auch herstellen muß. Und wenn man die Bedürfnisse in der Bevölkerung so befriedigt, wie Honecker sie verstanden hat, dann bedurfte es einer jährlichen Steigerung von vier Prozent. Das ist nicht unbedingt Voluntarismus, sondern das ergibt sich aus einer bestimmten Logik, die er sich gegeben hat, die auch politisch einen bestimmten Sinn macht, um nämlich die Stabilität der DDR gerade in Abgrenzung auch zur Bundesrepublik aufrechterhalten zu können. Wenn es um diese jeweiligen vier Prozent geht, die immer ein zentraler Konfliktpunkt zwischen der Staatlichen Plankommission und Honecker gewesen sind, dann kann man Honecker nicht unbedingt Voluntarismus vorwerfen, sondern politisch hat das eine gewisse Berechtigung, diese Einheit so zu begründen, und das ist sicherlich eine politische Begründung und keine ökonomische.*

Schürer: Ich wäre nie auf den Gedanken gekommen, Honecker oder auch Ulbricht Voluntarismus vorzuwerfen. Ich habe sie immer als Menschen gesehen, die politisch die Verantwortung tragen und eine bessere Lösung für die Arbeits- und Lebensbedingungen und für die Produktion natürlich und die Arbeitsproduktivität in dieser DDR anstreben. Ich habe das immer als ein Ringen um den richtigen Plan betrachtet. Es war auch nicht so, daß Ulbricht die Einheit von Wirtschafts- und Sozialpolitik wollte, im Gegenteil: Er wollte sie gar nicht. Die Losungen der Partei waren damals ganz anders, nämlich zum Beispiel: "In der gleichen Zeit für das gleiche Geld mehr produzieren!" Das heißt, erst die Arbeitsproduktivität steigern und noch nicht einmal den Lohn mitsteigern. Dann kam die Frieda-Hockauf-Initiative mit der Losung: "So wie wir heute arbeiten, werden wir morgen leben!" Also erst muß man besser arbeiten, dann kann man besser leben, zwischen dem Heute und Morgen war nicht nur ein Tag gedacht. Das war mindestens ein Jahresplan oder noch mehr. In der Praxis war es so, daß immer mit dem Leistungsfortschritt auch ein materieller Fortschritt in den Arbeits- und Lebensbedingungen eingetreten ist. Wir haben ein Verhältnis von Arbeitsproduktivität zu Lohn angestrebt, in den höchsten Zeiten von 4:1 und in den normalen Zeiten von 2:1, also zwei Prozent Steigerung der Produktivität, ein Prozent Steigerung des Lebensstandards. Das war immer unsere Rechnung, die wir gemacht haben. Ich glaube, daß natürlich der Charakter der Leute auch eine Rolle spielt. Honecker hat als Jungkommunist seinen Lebenstraum gehabt, die Menschen brauchen eine trockene Wohnung, die billig ist, sie brauchen Brot, was billig ist, und sie brauchen Arbeit, dann ist der Mensch schon im Sozialismus und lebt glücklich. Und um das zu erreichen, müssen wir ein Wachstum von etwa vier Prozent anstreben in der Arbeitsproduktivität, im Warenfonds, im Geldfonds - alles sollte eine Steigerungsrate von etwa vier Prozent haben, schon das ist auch nicht ganz sauber. Da muß ja die Gewichtung rein, man muß die Sparentwicklung berücksichtigen, wie man die Geldabschöpfung betreibt, ist wichtig, die Struktur des Warenfonds neben anderem auch. Aber seine Vorstellung war etwa so.

Lepsius: *Aber die war ja nie erreicht. Ich habe hier einen sehr eindrucksvollen Brief von Ihnen an Willi Stoph aus dem Jahre 1970*[2]*. Da schreiben Sie: "Das Tempo der Steigerung der Arbeitsproduktivität rückrechnend aus einem gewünschten Niveau von 110 Prozent festzulegen und alles danach zu messen, wie das erreicht wird, geht nicht. Für zwei bis drei Jahre wurde eine Tempobeschleunigung erreicht, aber eigentlich nur fiktiv, weil es auf der Basis des Abbaus der Bestände bzw. Reserven erfolgte bzw. auf Kosten anderer. Das Tempo eines Planes muß aufgrund materieller Bilanzen berechnet sein. Rückrechnung aus Prognosen kann aber nicht das allein Bestimmende für den Plan sein." Das ist ja vollkommen überzeugend.*

Schürer: Ja. Ich staune, wie klug ich damals schon war!

Lepsius: *Und nun sagen Sie, wir können nicht immer so weiterfahren und jedes Jahr in dieselbe Situation kommen. Es ist also eine Situation, die Sie sehr eindrucksvoll 1970 beschrieben haben. Nun hat sich das ja noch fast 20 Jahre weiter fortgesetzt!*

Schürer: Nein, damit hat Honecker 1972 Schluß gemacht. Es wurde nicht mal 1971 fortgesetzt, da war Ulbricht noch an der Macht, denn auf dem 14. Plenum, und das war 1970, glaube ich, da habe ich diese Thesen, etwas anders, höflicher formuliert, auch schon angesprochen, und wir haben schon 1971 einen nüchternen Plan gemacht. Bis 1969 hat sich Ulbricht durchgesetzt mit seinen zehn, z.T. zwölf Prozent Forderungen. Das war dieses Hineindenken in die Zukunft, von dort zurückrechnend, und so das Tempo zu bestimmen. Die Prognosen lagen im Panzerschrank und in der Plankommission, waren alle Träume für das Jahr 2000, und von dort wurde zurückgerechnet und dadurch natürlich falsche Ausgangspunkte bestimmt.

Lepsius: *Aber das Ergebnis hat sich ja nicht geändert ...*

Schürer: ... doch, es gab bei Honecker in den Jahren 1972, 1973 und 1974, mit Ausnahme der Überforderung durch das sozialpolitische Programm, reale Pläne. Man gestattete uns dort reale Pläne. Das war erst in den 80er Jahren, wo sich das unter dem Druck - gar nicht mal von Honecker, das war immer Mittag, der sich bei Honecker durchgesetzt hat - änderte.

Wenzel: Darf ich einige Bemerkungen dazu machen. Man sollte erstens berücksichtigen, daß es nie rein subjektive Entscheidungen gegeben hat, sondern der Subjektivismus war mit der objektiven Basis immer irgendwie verflochten. Die Dinge hingen immer zusammen, sie gingen von objektiven Dingen aus, über die man sogar streiten konnte, wie zum Beispiel hinsichtlich der Möglichkeit der Mobilisierung der Initiative: Etwas war immer möglich. Man muß sich davor hüten zu sagen, das war ein Subjektivist, und die anderen waren die Objektivisten; das war immer irgendwie verflochten. Das zweite ist, es hat solche Wellenbewegungen gegeben; also nach 1953, unter dem Schock dieses Aufstandes, hat es eine ganze Zeitlang ganz vorsichtige Bewegungen gegeben, und erst lange danach, nachdem die SU die SAG-Betriebe zurückgegeben hatte, nach dem Mauerbau 1961, fingen die Dinge wieder an, vom Boden abzuheben. Und das wurde immer schlimmer, Ulbricht hat sich immer mehr von der Wirklichkeit wegbewegt. Er hatte auch Erfolge; die "sozialistische Menschengemeinschaft" hat ja als Idee die Menschen bewegt, das war ja was. Aber es ging dann so weit, daß

---

2 Der Brief Gerhard Schürers an Willi Stoph vom 13.11.1970 ist dokumentiert in: *Utopie kreativ* 6/1991, S. 101-104.

sich in der Partei eine Gruppe gebildet hat, die gesagt hat, hier müssen wir ändern, mit Honecker dann 1971. Und bei Honecker war es am Anfang genau dasselbe: Auch dieses Zuhören, wenn Herr Schürer im Politbüro über Probleme gesprochen hat; wir durften Dinge aufschreiben, die wir bei Ulbricht nie aufschreiben durften. Und dann auch wieder dieses Wegbewegen. Irgendwie ist das auch eine Frage, die in der Entwicklung betrachtet werden muß, wenn man sie untersucht.

Lepsius: Aber im Ergebnis führt das doch wieder zu dem, was Sie hier schon sagen. Die Steigerungen auf einem Sektor sind gesamtwirtschaftlich fiktiv, weil sie auf Kosten anderer erfolgen oder bestimmte Fonds geplündert werden oder jedenfalls nicht eine entsprechende Zuweisung bekommen, die auch nur den Ersatzbedarf decken würde.

Schürer: Das ist jetzt ein zweites Problem. Das erste Problem ist das des Tempos insgesamt, was durch das Rückrechnen überzogen vorgegeben wurde, und das zweite ist, daß damals diese Schwerpunktbildung übertrieben worden ist. Man meinte, daß die Lokomotiven der wissenschaftlich-technischen Revolution diese ganze Sache nach vorn ziehen, und darauf wurden die Mittel konzentriert, und dann blieb für die anderen für Investitionen nichts mehr übrig, um die Technik wenigstens auf dem Stand zu halten, den sie hatten. Und dort rissen die Verflechtungen in der Volkswirtschaft ab, nämlich die Zulieferungen und alles, was dazugehört, die Vorindustrie für die Lokomotiven der wissenschaftlich-technischen Revolution. Und so entstehen dann Störungen, und diese Störungen in der Volkswirtschaft verhindern ein hohes Wachstumstempo, das man eigentlich durch das Forcieren des Tempos auf einigen Gebieten erreichen wollte.

Lepsius: Das schreiben Sie nun alles sehr eindrucksvoll 1970!

Schürer: Das waren auch entscheidende Jahre, wo mit der Politik Ulbrichts abgerechnet wurde, daß es so nicht mehr weitergeht.

Lepsius: Aber es ist ja so weitergegangen!

Schürer: Nein. Es gab ja mehrere Jahre, da hat man uns ermöglicht, eine ganz normale Planung zu machen. Unreal wurde sie auf einem Gebiete - und das war eine Weichenstellung. Die Weiche wurde 1972 beim Import aus dem kapitalistischen Wirtschaftsgebiet in die falsche Richtung gestellt, das sind Zentimeter, ein einfacher Mensch sieht das nicht und man glaubte es mir auch nicht. Und dann fuhr der Zug weg, in die falsche Richtung, und 1977/78 war schon die große Pleite da mit dem Importüberschuß, wo wir nicht mehr bezahlen konnten. Alles andere nach 1978 ist nicht mehr falsche Wirtschaftspolitik; das sind die Rückwirkungen der Verschuldung, wo die Kredite und die Zinsen uns aufgefressen haben.

Hertle: Es überrascht mich, daß Sie sagen, es war eine Phase realer Pläne Anfang der 70er Jahre, weil doch gerade in dem Zeitraum 1972 bis 1975/76 - ich glaube, Ihre erste Intervention bei Honecker, was die Verschuldung betrifft, stammt schon aus 1975/76 - die Verschuldung auf acht oder zehn Milliarden VM hochgetrieben wurde.

Schürer: Nun gut, real unter den Bedingungen, daß man verschuldet ist, aber die Pläne konnten erfüllt werden. Wir haben zuviel importiert fürs Essen, für die Ernährung, für die sozialen Maßnahmen usw. ...

Wenzel: ... aber wir hatten relativ reale Leistungspläne. Und der Ausweg wurde in der Verschuldung gesucht.

Schürer: Insofern haben Sie recht: Auch das war ja schon in dem Teil, wo wir Importüberschuß gemacht haben, unreal, aber lokalisiert auf einen Punkt - und der wurde geheim gehalten.

***Hertle:** Sie haben es aber nicht direkt auf Verschuldung aufgebaut, sondern über die Pläne den Export überschätzt, den realisierbaren Export, und gleichzeitig zuviel importiert. So kam die Verschuldung zustande. Sie haben ja nicht eingeplant, daß Sie sich pro Jahr um zwei oder drei Milliarden VM zusätzlich verschulden. Warum betrachten Sie den Plan dann noch als "real"?*

Schürer: Der Exportplan in das nichtsozialistische Wirtschaftsgebiet ist ein Teil des gesamten Planes. Ich spreche jetzt von den Jahren vorher, in denen der gesamte Plan in der Zielstellung irreal war, zehn Prozent Wachstum der Arbeitsproduktivität und neun Prozent Wachstum der industriellen Warenproduktion. Und das war Anfang 1971, 1972 nicht so, da standen diese Pläne, die Leistungspläne, auf einer realen Basis. Aber der Exportplan, das hat mir Mittag nicht abgenommen, das Steigen der Verschuldung, also sollte ich den Export ganz hoch planen, und dort begann die erste Unrealität wieder in den Plan hineinzukommen, schon 1972, da haben Sie recht, und dann immer mehr wachsend, 1976 schon ganz deutlich sichtbar. Da habe ich meine erste Intervention gemacht, noch sehr leise, denn mir lag ja immer noch die Kritik im Ohr, daß ich die Beschlüsse des VIII. Parteitags sabotiere. Das war ja ausgesprochen worden, und da steht man, wenn man ganz alleine steht, nicht gerade gut da in einer solchen Situation.

***Lepsius:** Warum standen Sie allein? Stoph haben Sie 1970 geschrieben: "Wir als Mitglieder der Regierung müssen selbst bedeutende Schlußfolgerungen aus dem Beschluß des 8. September ziehen. Meines Erachtens kommt es darauf an, daß wir auf Grundlage der Beschlüsse der Partei unter Deiner Leitung ein festes Kollektiv werden mit einem ständig wachsenden Gefühl der Verantwortung für das Ganze."*

Schürer: Wie weit ich damals schon gedacht habe! Das Dokument war mir gar nicht mehr in Erinnerung!

***Lepsius:** Also 1970 sagen Sie Stoph: Lieber Willi, so geht's nicht weiter, wir müssen - und jetzt lese ich diese Passagen mit meiner Terminologie - gewissermaßen eine Koalition in der Regierung bilden, in der eine höhere Rationalität der Entwicklungsplanung und Wirtschaftsführung, wenn nicht mehr, zustandekommt. Und da steht dann drin: Unter deiner Leitung, und du mußt auftreten - ja, gegen wen denn? Im Grunde doch mit Stoph gegen Ulbricht, im Jahre 1970.*

Schürer: Ja, es war ja die Zeit, wo Ulbricht schon schwach war, ganz sichtbar angeschlagen.

***Lepsius:** Dann war Ihr Appell an Stoph nur ganz kurzfristig wirksam, in dieser Konstellation Ende Ulbricht?*

Schürer: Ende Ulbricht, Anfang Honecker.

***Lepsius:** Und dann war es schon wieder vorbei?*

Schürer: Der erste war schon halb gestürzt, und der zweite war noch nicht an der Macht. Und dann konnte man sich so etwas auch erlauben; im großen und ganzen wäre das sonst der Beginn einer Fraktionsbildung gewesen. Aber in dieser Zeit war das möglich.

Lepsius: *Das ist sehr eindrucksvoll! Sie fahren fort und sagen: "Wir müssen unter deiner Leitung ein festes Kollektiv werden mit einem ständig wachsenden Gefühl der Verantwortung bei jedem Einzelnen für das Ganze."*

Schürer: Ich habe damals gedacht, daß wir es in der Regierung schaffen. Wir waren in der Regierung für die Wirtschaft hauptverantwortlich, auch vor der Partei. Das wäre ja auch der Ausweg gewesen, wenn sich die Partei nicht in jedes Detail einmischt, sondern die Experten machen läßt, - und die Minister waren ja große Experten, sie haben Kombinate geleitet vorher, sie haben eine Ausbildung gehabt. Ein Mann wie Minister Singhuber ist in der Sowjetunion als Stahlfachmann ausgebildet worden; er hat Stahlwerke selbst projektiert, als Projektand gearbeitet und wurde Minister.

Lepsius: *Was ist passiert? Im Grunde finde ich das sehr spannend: Es müßte ein Kollektiv gebildet werden, d.h., eine kollektive Willensbildung müßte erfolgen. Und diese kollektive Willensbildung unter Einschluß von möglichst viel Sachkompetenz ist offensichtlich danach wieder zerstört worden. Was ist da passiert? Wir haben ja solche Situationen ununterbrochen, das ist ja nichts exotisches. Wenn wir den Nationalsozialismus nehmen, haben wir eine Situation, in der kollektive Willensbildung nicht stattfindet; das ist eine der durchgehenden, zentralen Eigenschaften des nationalsozialistischen Systems: die Zerstörung jeder kollektiven Willensbildung in der Partei auf allen Ebenen. Es gibt keine Parteitage; die Reichsregierung hat keine Kabinettssitzungen durchgeführt, das ganze Willensbildungssystem war Hitler-zentriert, und er hat immer in Einzelgesprächen, nie kollektiv verhandelt. Selbst die Gauleiter durften ohne Genehmigung Hitlers nicht mehr als zu dritt zusammenkommen. Also eine ganz zentrale Strategie der Zerstörung jeder Art kollektiver Willensbildung. Und nicht nur einer, von der man sagt, die ist Anti-Regime, sondern auch keine kollektive Willensbildung Pro-Regime. Jetzt frage ich mich, was ist das Äquivalent in der DDR? Haben wir hier auch Phänomene, die gegen kollektive Willensbildung sind, obwohl Organe der kollektiven Willensbildung existieren - im Gegensatz zum Dritten Reich tagte das Politbüro jede Woche, gab es ein koordiniertes Zentralkomitee mit bürokratisch festen Zuständigkeiten, gab es keine Sonderstäbe, die beliebig eingesetzt werden und alle bürokratischen Kompetenzen zerstören. Das alles fällt weg. Wir haben es also mit einem anderen Verwaltungs- und Herrschaftstyp zu tun. Aber die kollektive Willensbildung, die institutionalisiert dauernd gesichert war, ist zersetzt worden, so daß personalisierte und nicht explizierte und debattierte politische Entscheidungen zustandegekommen sind. Wie sehen Sie dieses Problem?*
Das ist ein theoretisches Problem, das mich außerordentlich interessiert. Mein Interesse an der DDR ist nicht das Interesse einer ex-post-Analyse eines Leichnams, sondern mein Interesse ist eine Analyse der DDR als Konfiguration von Elementen, die als solche überall existieren. Ich bin sehr dagegen, das DDR-System zu exotisieren und zu sagen, das Zugrundegegangene war ein historisch auslaufendes Modell, nur noch von historischem Interesse. Für mich hat das ein systematisches, ein aktuelles Interesse. Wie sehen Sie dieses Problem formaler Kollektivität, tatsächlich hoher Subjektivität, also nicht kollektiv auflösbarer Vorentscheidungen von einzelnen Personen?

Schürer: Wenn ich es ganz ehrlich sage, dreht sich mir innerlich alles um bei dem Vergleich mit der Nazizeit. Das müssen Sie verstehen.

Lepsius: *Ich meine das rein formal, nichts Vergleichbares mit dem Verbrechensgehalt, nichts Vergleichbares mit dem Ideologiegehalt, das ist alles vorausgesetzt.*

Schürer: Es gab bei uns diese Institutionen, eine Volkskammer, ein Politbüro, eine Regierung; es gab die Gewerkschaft, alle mit einem großen Einfluß, und dennoch ist es so, wie Sie es vom Gefühl her sagen: Diese Institutionen haben in der Kollektivität immer mehr eingebüßt, auch das Politbüro am Schluß. So wurde z.B. in der Frage der Zahlungsbilanz eine kleine Gruppe gebildet, das ist auch eine Art Sondereinheit, ein Sonderstab, damit die anderen nicht alle wissen, wie schlimm die Lage ist. Oder in der Volkskammer: Es wurde alles vorher ausdiskutiert und entschieden, und die in die Volkskammer gegangen sind, hatten ja die Parteidisziplin zu vertreten, also war schon wieder eine Diskussion ausgeschaltet. Die anderen, die "bürgerlichen" Parteien, die dort in der Volkskammer saßen, haben manchmal mehr Parteitreue gehabt als wir selber, das muß man auch sehen. Auch die CDU, die das heute anders darlegt. Unter Ulbricht wurde z.B. noch mehr mit Wissenschaftlern und Praktikern diskutiert, bevor eine Entscheidung getroffen wurde. Honecker hat sich mit Mittag beraten, und dann wurde eine Vorentscheidung getroffen. Da kam man schon mit einer gewissen Stimmung ins Politbüro. Wenn Honecker etwas durchsetzen wollte, hat er als erster geredet, damit alle wußten, worin seine Linie bestand. Wenn Vorlagen kamen, hat er immer als letzter geredet und zusammengefaßt, aber wenn er etwas durchsetzen wollte, hat er als erster das Wort genommen, und damit war das gelaufen. Der demokratische Zentralismus als Organisationsprinzip wirkte eigentlich fast nur noch zentralistisch und wenig demokratisch. Das Demokratische war nicht verloren, die Plandiskussion gab es, es gab den FDGB, der dort seine Beratungen gemacht hat, aber letzten Endes waren die Entscheidungen immer mehr zentralisiert, das Politbüro war als ein zentrales Organ in der Entscheidung noch kollektiv. Ich betone bis heute die Verantwortung des Politbüros als ganzes. Ich bin dagegen, daß man sagt, das war eine Viererbande, also Honecker, Mittag, Mielke und Herrmann; ich bin dagegen, daß man sagt, es war eine Alleinherrschaft von Ulbricht, später Honecker, sondern das Kollektiv war verantwortlich. Daß wir uns in unserer Verantwortung haben einschränken lassen, hätten wir ja nicht nötig gehabt; schließlich durfte man dort reden!

Pirker: *Aber de facto war es so!*

Schürer: De facto war es ganz schwer, aber es war möglich!

Hertle: *Ich würde gerne das, was Sie als Subjektivismus bezeichnen, besser verstehen können. Sie vertreten genau die Gegenauffassung zu der Meinung, die etwa Mittag vertritt. Mittag sagt, es gab nur eine Ebene der wirtschaftlichen Planung, und die lag in einer Hand, nämlich bei der Regierung, und da war das Zentrum die Staatliche Plankommission; andere Ebenen gab es nicht. Subjektivismus bedeutet ja, es gab andere Ebenen. Was waren diese anderen Ebenen und worauf beruhte deren Macht, in diese Entscheidung hineinregieren zu können? Wieviele Ebenen könnten Sie definieren, und woher nahmen diese Ebenen die Berechtigung, eine Ebene mit Interventionsrecht zu sein?*

Weinert: *Um daran anzuknüpfen: Gab es nicht doch temporär bestimmte Sonderinstanzen wie etwa die Arbeitsgruppe Zahlungsbilanz; Schnittstellen, die sich gebildet haben und Vorentscheidungen getroffen haben?*

Pirker: *Es gab neben der Plankommission ja auch noch andere gewichtige Institutionen. Wie stand es beispielsweise mit der Planung der Armee? Wie wurden* *die technischen, finanziellen, personellen Entwicklungen der Volksarmee festgelegt? Wurde das Ihnen als Planer auf den Tisch gelegt, und Sie mußten es schlukken wie eine Kröte, oder haben Sie bereits vorher an diesem Prozeß teilnehmen können? Diese Frage gilt auch noch einer anderen Institution: Welche Kontrolle ist möglich, wenn in einer Gesellschaft eine Partei eine so große Rolle spielt? D.h. die Partei in sich ist ja auch eine Produktivkraft, auch sie bindet ihre Menschen, und sie bindet vielleicht zuviele Menschen auf verschiedenen Ebenen. Wer hat geplant, wie in drei, vier, fünf Jahren die Partei als Institution aussehen soll? Sind das fixe Größen gewesen, die Sie einfach hinnehmen mußten, oder hat es im Vorfeld Kooperationen gegeben, und zwar nicht nur Meinungsaustausch, sondern Willensbildung und Kommunikation?*

***Lepsius:** Wenn man das alles zusammenfaßt, ist das die Frage nach dem Verhältnis zwischen einer bürokratischen Normal-Organisation mit festen Zuständigkeiten und Sonderstäben, die in diese Bürokratie Daten einspeisen, die von dieser selbst nicht verändert werden können, etwa Armeeplanung, Außenhandelsplanung, etwa die Planung der Partei, also Ziele, die nicht ökonomisch vermittelt werden. Also auf der einen Seite Zuständigkeiten und Verantwortlichkeiten in der formalen Planungshierarchie, auf der anderen Seite extrabürokratische Eingriffe.*

Schürer: Zunächst zur ersten Frage, woher die Leute die Befugnis abgeleitet haben, so entscheidend in die Prozesse subjektiv hineinzuregieren, obwohl sie ja eigentlich in dem Entscheidungsprozeß gar nicht vorgesehen waren. Man muß wissen, daß schon von der Lehre her die Arbeiterpartei in einer solchen sozialistischen Gesellschaft das Höchste ist, denn nach der Lehre ist der Staatsapparat das Machtinstrument der jeweils herrschenden Klasse. Diese Klasse ist die Arbeiterklasse, und die wurde an der Spitze von ihrer Arbeiterpartei, von der SED, vertreten, die sich ja auch "Partei neuen Typus" nannte, nach den Leninschen Prinzipien aufgebaut war und die in dem Staat die führende Rolle übernommen hat, was später sogar in der Verfassung verankert war. Diese Rolle des Politbüros, des Parteitages, der Sekretäre des Zentralkomitees war unbestritten in ihrer gesamten Einflußnahme auf die gesamte Situation in diesem Land. Wenn Mittag heute aus taktischen Gründen, um aus der Kritik herauszukommen, das so darlegt, als habe er als Sekretär des ZK nur "Empfehlungen" gegeben, dann möchte ich mal erlebt haben, daß Sie alle in einer Sitzung der Wirtschaftskommission dabei gewesen wären, wenn alle Minister dort gesessen haben und er dort seine Linie entwickelt hat und sagte, wehe, ich erwische einen, der davon auch nur einen Millimeter abweicht. Und was ihr in der Regierung beschließt, werde ich auch noch kontrollieren. Bei der Möglichkeit ihrer Entlassung haben sie sich dieser Parteidisziplin gefügt und haben die Linie durchgeführt. Nehmen Sie die Vernehmung Mittags vor dem Schalck-Untersuchungsausschuß des Bundestages. Mittag hat dort ausgesagt, daß Schalck ihm überhaupt nicht unterstand; Schalck sei ihm nur zur politischen Anleitung als Person zugeordnet gewesen und er habe für Schalck nur "Empfehlungen" gegeben. Schalck sei ein Organ der Regierung gewesen, die Kommerzielle Koordinierung habe der Regierung, habe Stoph, unterstanden. Schalck habe von Stoph die Aufträge gekriegt, von der Plankommission die Auflagen bekommen usw. - Wir haben Schalck nie Auflagen gegeben! Daß Leute heute die Unwahrheit sagen, um das System anders darzustellen, tut mir leid. Rein formell kann man das begründen: Es gibt eine Weisung von Stoph zur Bildung der Aufgaben von KoKo. Aber mehr hat Stoph auch nicht gemacht. Wehe, Stoph hätte Schalck auch nur einen Auftrag gegeben, da hätte Mittag Honecker eine Notiz gemacht, Stoph redet mir in meine Aufgabenstellung der

Valutawirtschaft hinein. Auch Hager hat ja seinen Einfluß nicht dadurch gehabt, daß er das Ministerium für Volksbildung oder für Kultur dirigieren durfte. Aber wenn Hager im Politbüro in der ideologischen Kommission eine Linie gegeben hatte, waren die Minister für Volksbildung oder für Kultur verpflichtet, diese Linie durchzuführen. Die nahmen das nicht aus irgendeinem inneren subjektiven Empfinden, die nahmen das aus den Machtverhältnissen dieser DDR. Und diese Machtverhältnisse waren so, daß an der Spitze das Politbüro stand, ausgehend von den Beschlüssen des Parteitages und des Zentralkomitees. Und die Regierung hatte deren Beschlüsse durchzuführen.

***Weinert:** Das ist der Dienstweg, den Sie beschreiben ...*

Schürer: ... nein, nicht der Dienstweg! Das ist der exakte Ablauf.

***Pirker:** Aber zurück zu Mittag: Woher nahm er, und zwar aus dem eigenen Konzept einer fortgeschrittenen sozialistischen Partei neuen Typs, überhaupt innerparteilich die Legitimation? Warum konnte Mittag so mit jedem Gremium, das unter ihm war, reden?*

Wenzel: Ich glaube, Gerhard Schürer hat das schon angedeutet. Seinen Ausgangspunkt hatte das eigentlich in Lenins Schrift "Was tun?" über die Rolle der Partei bei der Erreichung des Sieges des Sozialismus in einem Land unter der Bedingung kapitalistischer Umkreisung. Dort hatte Lenin die Theorie entwickelt, das geht nur, wenn das Prinzip des demokratischen Zentralismus durchgesetzt wird, und dabei wurde Zentralismus betont. Die zweite These war, die Partei muß die führende Rolle spielen, sie ist die Vorhut der Arbeiterklasse, die Arbeiterklasse ist die fortschrittlichste Klasse. Das sind die beiden theoretischen Ausgangsthesen, die alles beinhalten, was zu dieser Verformung führen kann, und sie sind sozusagen Grundlage der Theorie und eines ganzen Ideologiegebäudes. Ich glaube, daß dort auch die Ursachen der heutigen Auseinandersetzung mit Lenin und Marx liegen. Dort beginnt die Fehlentwicklung. Und zu dieser Fehlentwicklung: Jawohl, es hat eigentlich "demokratische" Institutionen gegeben. Aber wie sind nun diese Prinzipien durchgesetzt worden? Jetzt mache ich auch einen Vergleich: Von Stalin, und dann auch hier in der DDR, wobei ich Stalinismus nicht mit DDR gleichsetzen will, aber Stalin mußte auch bis 1930 kämpfen. Er mußte sich mit Bucharin auseinandersetzen, mit Sinowjew auseinandersetzen - das war Demokratie, das war Diskussion. Wie wurde aber diese Demokratie eingeschränkt, wie wurde der Zentralismus verwirklicht? Durch die Auswahl der Personen. Ulbricht hat in das Politbüro nur Leute aufgenommen, von denen er wußte, daß sie seine Linie unterstützen. Er hat Leute rausgeschmissen wie Heinrich Rau und Ackermann, von denen er wußte, daß sie sich ihm gleichgeordnet fühlen; die wurden herausgebissen. Und genauso wurde es dann auch bei Honekker.

Und wenn Sie die Frage stellen, wieso konnte Mittag eine solche Macht ausüben, ganz einfach: Weil er sich schon bei Ulbricht eine solche direkte Beziehung zu diesem ersten Mann geschaffen hat. Wir haben immer gesagt, Ulbricht hat eine Idee, die ist schon verrückt, aber Mittag macht sie 120-prozentig verrückt. Das war unser Problem. Deshalb versank Mittag beim Übergang zu Honecker eine Zeitlang, er wurde zurückgestellt. Honecker wußte genau, daß es eine Gruppe von Leuten gab, auch aus dem alten Politbüro, die gesagt hat, das ist eigentlich der Mephisto, der den Faust sogar noch weiter in die falsche Richtung getrieben hat. Und Mittag hat es verstanden, nach dieser Übergangsperiode, wo er stellvertretender Ministerpräsident und nicht mehr Wirtschaftssekretär war - er wurde von der Wirtschaft praktisch entmachtet -, über diese Rolle wieder, auch mit seinem Intellekt, mit seinem Machtbewußtsein, sich bei Honecker in eine solche Lage zu bringen, daß Honecker gesagt hat, ja, auf den setze ich, der setzt meine Ideen um, so wie ich das gerne haben will. Warum ist denn Herr Schürer, obwohl er schon lange fällig gewesen wäre, nie Vollmitglied des Politbüros geworden? Damit er Mittag untergeordnet war, und weil man wußte, daß er ein Mensch ist, der nicht jede Idee so vorbehaltlos durchsetzt wie Mittag und andere. So wurden die Institutionen durch Personalpolitik ausgehöhlt. Und durch diese Personalpolitik wurde dann diese Machtkonzentration auf wenige Personen oder auf bestimmte Personen erreicht. Mittag hat ja den Landwirtschaftssekretär, der auch eine starke Stellung hatte, immer angegriffen und geschurigelt und in seinen Diskussionen im Politbüro gebissen. Dann gab es mal eine Situation, da hat Honecker Mittag nicht mehr bedingungslos unterstützt. Da sagte man im Parteiapparat: Mittag wurde "in die Reihe gestellt." Das war eine ganz wichtige Entscheidung, Mittag wurde eingeordnet. Aber das war eine vorübergehende, ganz kurze Sache.

Noch ein Beispiel vom Beginn der 60er Jahre dafür, wie diese führende Rolle der Partei verwirklicht wurde: Die Partei hatte seit 1953, aber sicher schon aus den früheren Erfahrungen, die ich nicht so kenne, diese panische Angst vor der öffentlichen Konfrontation, entweder mit der Arbeiterklasse oder auch mit bestimmten Institutionen. Sie war darauf bedacht, daß die Plankommission in der Öffentlichkeit nicht mit einem Konzept erscheint, das die Partei zerreißen muß. Das erfolgte alles intern. Und es gab damals eine Sitzung des Politbüros, da waren die stellvertretenden Vorsitzenden der Plankommission alle dabei, da war ich noch lange nicht drin, da waren Helmut Wunderlich und Hermann Grosse dabei, Leute aus den 50er Jahren, die teilweise im KZ gewesen waren. Damals gab es auch eine solche schwierige ökonomische Situation. Und ich weiß noch genau, sie kamen zurück, wir setzten uns zusammen, und sie sagten: "Also heute haben wir aber im Politbüro die Probleme auf den Tisch gelegt! Wir haben alle gesprochen und haben dem Politbüro und Ulbricht mal so richtig die Meinung gegeigt!" - Und das Politbüro hat in dieser Sitzung keine Entscheidung getroffen. Die Sitzung wurde abgebrochen, es hatte keine Argumente mehr. Und Ulbricht hatte keine Argumente mehr. Und das war für Ulbricht die gefährlichste Lage, die entstehen konnte. Und was passierte ein halbes Jahr später? - Zunächst war überhaupt nichts passiert. Die Genossen der Plankommission haben sich gefreut. Aber nach einem halben Jahr wurde diese Leitung der Plankommission abserviert. Und zwar nicht mit der Begründung, weil ihr damals eine solche Linie vertreten habt, sondern es wurde gesagt, wir bilden jetzt einen Volkswirtschaftsrat und eine Plankommission, die Aufgaben werden neu verteilt. Es wurde nicht einmal Bezug genommen auf diese Auseinandersetzung. So wirkte dieses System; also ein ganz raffiniertes, diffiziles System von vielerlei Faktoren und Wirkungsmöglichkeiten.

Schürer: Ich möchte noch etwas zur Armee sagen und wie dort geplant wurde. Zunächst eine Vorbemerkung: Die gesamten Ausgaben für Verteidigung und Sicherheit des Landes betrugen etwa acht Prozent des Nationaleinkommens, und die DDR war hier völlig unvergleichbar mit allen anderen sozialistischen Ländern. An der Spitze stand die UdSSR mit fast 30 Prozent Nationaleinkommen für diese Riesenarmee und Rüstung, aber auch solche Länder wie CSSR und Polen haben große Militärproduktionen und große Armeen gehabt. Also an denen gemessen waren wir relativ klein. Aber natürlich sind acht Prozent acht Prozent. Vor allem der Druck, mehr Mittel auch auf diesem Gebiet zu bekommen, war ständig vorhanden. Die Planung erfolgte so, daß im Februar/März, manchmal auch im Mai, wenn die Orientierungen gegeben wurden, die Orientierungsziffern für den Plan an die Wirtschaft, auch die Armee ihre Orientierungsziffern bekam. Das war ihr Anteil am Nationaleinkommen, den mußte ich mit dem Generalsekretär abstimmen, der ja gleichzeitig Vorsitzender des Nationalen Verteidigungsrates war, und sie konnten dann selbst ihre detaillierten Pläne auf dieser Grundlage eines Gesamtwachstums von, sagen wir, drei Prozent ihre Planvorstellungen ausarbeiten und gaben mir ihren Bedarf; und diesen Bedarf hatte ich nach den Prinzipien der Militärplanung vorrangig in die Pläne "einzuordnen", so nannte man das, also möglichst zu befriedigen. Das gelang mir natürlich nicht überall, und wenn es mir nicht gelang, mußte ich Erich Honecker als Chef des Verteidigungsrates einen "Auskunftsbericht" geben, so nannte sich das nach militärischer Diktion, und in diesem "Auskunftsbericht" mußte ich mitteilen, was von dem Bedarf gesichert wird und was nicht. Bei dem, was nicht gesichert wird, konnte ich Vorschläge machen; also z.B. streichen, gar nicht geben, oder jemand anderem was wegnehmen, also zum Beispiel dem Handel weniger und der Armee mehr Autos geben ...

Pirker: *... der berühmte Verschiebebahnhof!*

Schürer: Der berühmte Verschiebebahnhof, ja. Und das wurde meistens im Herbst in einer Sitzung unter Leitung von Honecker, wo ich ihm die ganzen Unterlagen geschickt hatte, entschieden. Da waren die Minister für Verteidigung und Sicherheit dabei, die eine starke Position gehabt haben. Hoffmann und später Keßler waren Politbüromitglieder, Mielke auch; nur Dickel, der Innenminister, war dort nicht vertreten, weshalb es ihm immer am schlechtesten ging, weil sie ihm immer am meisten gestrichen haben. Also die Ausrüstung der Polizei war bei uns zum Teil ungenügend, muß ich ehrlich sagen. Denen habe ich manchmal Autos zugeteilt, obwohl ich gar nicht durfte, weil ich natürlich gesehen habe, die müssen wenigstens den Verbrechern noch hinterherfahren können, wenn sie sie auch nicht einholen. Und die Feuerwehr mußte löschen können. Insgesamt war das immer ein Ringen um einen möglichst umfangreichen Bedarf, vor allem auch des Ministeriums für Staatssicherheit, weil die meiner Ansicht nach über die Maßen hinaus Anforderungen gestellt haben, die uns natürlich bekannt geworden sind und die wir versucht haben zu reduzieren. Wir haben z.B., nachdem dieses große Gebäude der Staatssicherheit an der Frankfurter Allee gebaut worden war, verhindern wollen, daß das nochmal so groß oder größer in der Richtung Biesdorf gebaut wird, die Bezirksverwaltung der Staatssicherheit. Da hat sogar, als es im Rohbau stand, mal Honecker zugestimmt, daß es stillgelegt, nicht weitergebaut oder "abgerundet" wird, wie wir sagten, also in dem Zustand genutzt wird, wie es gebaut war. Trotzdem ist es aber dann mit eigenen Kräften weitergebaut worden. Das war für uns kaum kontrollierbar, denn die Staatssicherheit hat eigene Baukapazitäten gehabt, und sie haben uns nicht gefragt. Es war ohnehin bei der Armee oder den Sicherheitsorganen so, sie mußten mir gegenüber nicht begründen, wofür sie etwas brauchten.

Daneben mußten wir den Bedarf international abstimmen: Wieviele MIGs wir bekommen, konnten wir ungefähr wissen, aber wieviel man von der UdSSR insgesamt an die DDR liefern kann oder liefern will, und ob es der modernste Typ ist oder ob sie den lieber bei sich lassen und die Volksarmee noch nicht damit ausrüsten, mußte geklärt werden. Oft kam es aber doch gleich zu uns in die Volksarmee, weil wir ja die vorderste Front vom Gesamtsystem darstellten. Wie gesagt, es war ein schwieriger Teil der Planung, aber den haben wir einigermaßen beherrschen können. Genauso ist die Partei gelaufen. Den materiell-technischen Bedarf der Partei haben wir geplant, also z.B. wenn eine Kreisleitung gebaut wird. Ob sie gebaut wird, hat natürlich das Sekretariat des ZK entschieden, nicht wir. Aber beantragt haben sie es erst einmal bei uns. Wir haben dann gesagt, es geht oder es geht nicht, Parteischulen und solche Dinge mußten ja Gebäude haben. Sie wurden also in den Plan aufgenommen ...

Lepsius: *... die Parteieinnahmen lagen doch außerhalb des Planes?*

Schürer: Ja, das hatte mit den Einnahmen nichts zu tun gehabt. Die finanzielle Seite, wieviel davon finanziert die Partei selbst, wieviel gibt der Staat Zuschüsse zu dem Bau, wurde dann entschieden, wenn das Objekt genehmigt war. Die finanzielle Planung hinkte bei uns immer etwas hinterher. Aber noch vor der Entscheidung über den Plan wurde das vom Finanzministerium entschieden. Wir haben in der Staatlichen Plankommission einen Militärbereich gehabt mit einem Generalleutnant an der Spitze, der für die Planung der Verteidigung, der Sicherheit, der Polizei, des Zolls verantwortlich war. Die Parteien, also auch die anderen Parteien, nicht nur die SED, und dann einige Sondervorhaben wie der Palast der Republik oder der Pionierpalast hatten den Status des Sonderbedarfs und mußten gesondert versorgt werden.

Hertle: *Was bedeutete "Sonderbedarf I und II"?*

Schürer: Unter Sonderbedarf I fallen die Organe der Verteidigung und Sicherheit; Sonderbedarf II ist erstmal der Bedarf der Sowjetarmee und dann der Parteien, der Sondervorhaben sowie der Bedarf der Massenorganisationen wie FDGB, FDJ und andere.

Lepsius: *Wir haben bereits über die Zwangssituation geredet, in der Sie sich sahen, gegen Ihre professionelle Überzeugung Direktiven hinnehmen zu müssen. Sie sagten, daß Sie im nachhinein ein Problem darin sehen, warum Sie das so lange gemacht haben. In diesem Zusammenhang haben wir auch darüber gesprochen, daß es eine starke Sanktionsstruktur gab. Sie sagten, natürlich hätte ich sagen können: 'Genossen, so kann es nicht weitergehen', aber was wäre das Ergebnis gewesen? - Man hätte mich aus der Partei ausgeschlossen. Welchen Charakter hatte diese angedrohte oder von Ihnen als Drohung wahrgenommene Sanktionsmacht? War das eine verallgemeinerte Vorstellung, oder hatten Sie exemplarische Fälle, die das verdeutlicht haben, was einem passieren kann? War das eine Projektion auf einen ideologischen Führungsanspruch der Partei, dem man sich auf einer Ebene des Glaubens gewissermaßen nicht widersetzen kann, oder war es ein Konformitätszwang, der sich gelöst hat von der Vorstellung, die Partei, die Partei, die hat immer recht? Wie haben Sie das gesehen? Wer hat Sie "bedroht"? Welche Elemente haben es von vornherein ganz irrational erscheinen lassen zu "protestieren"? Es ist ja vermutlich nicht nur Opportunismus. Die Frage, wenn ich aus dem Amt fliege, was mache ich dann mit meiner Familie, ist der eine Bereich: eine vollkommen realistische Überlebenssorge. Waren das Ihre Befürchtungen oder welche Sanktionsstufen gab es noch dazwischen? Bis Sie ins Gefängnis gekommen wären: So schnell wäre das ja nicht gegangen?*

Schürer: Heute kann ich das ja ganz klar sagen: Ich bin aus der Partei ausgeschlossen worden, und ich habe im Gefängnis gesessen. Das, was ich vermeiden wollte, ist ja alles eingetreten ...

Lepsius: *... aber alles nach Honecker!*

Schürer: Deswegen sage ich heute, hättest du es mal früher gemacht und dich nicht davor gescheut, dann wäre es ein Signal gewesen. Es gab Ecken, wo man so etwas gedacht hat. Aber trotzdem ist das eine Entwicklung, die über so viele Jahre geht und so viele Stufen durchmacht. Ich sage durchaus immer, am Anfang war auch der Zweifel, hast du denn nun eigentlich recht oder haben die anderen recht? Nicht immer war ich fest überzeugt, wenn wir das nicht machen, geht die DDR unter, wie im Jahre 1988, wo ich mein Papier eingereicht habe. Im Jahre 1972, als ich im Politbüro gesagt habe, dieses sozialpolitische Programm ist in diesem Umfang nicht zu finanzieren, es wird zur Verschuldung führen, und man widersprach mir vehement, war ich im Zweifel: Hast du denn nun recht, oder hast du nicht recht? Es dauerte nur drei, vier Jahre, dann wurde sichtbar, daß ich recht hatte. Aber dann steht man natürlich auch nicht auf und sagt: Seht Ihr, ich habe recht gehabt ...

Wenzel: Bei uns wurde immer gesagt: Du darfst nicht recht haben, du mußt recht kriegen, das ist das Entscheidende!

Schürer: Später habe ich auch manchmal meine Zweifel gehabt, z.B. mit diesem Eisenhüttenkombinat Ost, das wir gebaut haben und wo die Warmbandstraße fehlte. Und ich war eigentlich fest überzeugt, daß ich recht habe mit meinem Konzept, diese Warmbandstraße als sowjetischen Import der Grundausrüstung mit westlicher Steuertechnik, westdeutscher Elektronik und belgischen Heizöfen auszurüsten. Ich hatte mich auch mit vielen Experten beraten. Und als plötzlich der Schlag kam, das ist falsch, das müssen wir von Japan importieren, da ist es viel billiger und hat einen höheren Stand der Technik, da war ich fest überzeugt, daß ich recht habe. Aber als dann alle Fachleute, die mich beraten hatten, umfielen, und alle eine andere Meinung vertraten, habe ich dann natürlich gezweifelt, und mich von neuem gefragt: Hast du recht oder nicht? Es wurde gegen mich entschieden, und ich hatte aber dennoch recht, und die anderen waren eben umgefallen.

***Lepsius:** Warum sind sie umgefallen?*

Schürer: Ich muß sagen, es gibt doch genügend Beispiele in der Geschichte dafür, daß es dem Menschen gar nicht gut geht - es geht ihm nicht so schlecht wie bei den Rajk-Kostow-Prozessen der 50er Jahre, wo die Leute aufgehängt wurden; das gab es in der DDR kaum oder überhaupt nicht. Es wurde mal der eine oder andere wegen seiner Ideen, wegen seiner Standpunkte eingesperrt - auf jeden Fall wurden sie aber in die Wüste geschickt, zum Beispiel nach Potsdam ins Archiv, um Bücher zu sortieren. Sie bekamen eine mindere, uninteressante Arbeit. Sie mußten die Wohnung wechseln, sie haben Probleme bekommen in bezug auf ihre Arbeits- und Lebensbedingungen, und alles das stand ja vor Augen, wenn man vor der Frage stand, steckst du den Stachel raus und löst dich los. Es gab dabei auch noch andere Dinge. Ich habe zum Beispiel einen ziemlich guten Kontakt mit meinem Kollektiv gehabt. Ich habe immer die Meinung vertreten, ich bin ein Spezialist der Breite, nicht der Tiefe, und ich unterliege dem Gesetz der Optik: Je breiter die Blende, um so geringer die Tiefenschärfe. Ich muß also, wenn ich richtige Entscheidungen treffen will, weil ich morgens nicht Atomenergiefachmann sein kann und nachmittags Landwirtschaftsfachmann und abends Gesundheitswesenfachmann oder irgend etwas anderes, - auf allen Gebieten mußte ich ja Entscheidungen treffen -, ich muß mich auf meine fachlich gebildeten Leute in der Plankommission, in den Ministerien und in der Wirtschaft stützen. Das habe ich immer so gehalten, d.h. bei mir in der Leitung mußte man diskutieren, man mußte offen seine Meinung sagen, und ich habe immer verhindert, daß dem, der etwas gegen eine Sache gesagt hat, irgendetwas passiert. Wir haben ein ziemlich gutes Leitungskollektiv gehabt. Wenn ich dann mal vor der Entscheidungsfrage stand, schmeißt du es hin, läßt du es sein, denn ich habe ja nur Sorgen gehabt mit dieser ganzen Wirtschaft, und die anderen haben dann gesagt: "Gerhard, mach' doch weiter. Wenn du weg bist, wird doch nichts besser. Im Gegenteil, dann setzen sie wieder einen neuen an die Spitze, den holen sie von außen, den müssen wir erst wieder einarbeiten, und der ist gut sortiert."

Lepsius: *Welche Kontrolle hatte die Parteiorganisation innerhalb der Plankommission?*

Schürer: Die hat schon eine große Rolle gespielt. Der Parteiorganisation in den Ministerien, dazu gehörten wir ja, wurden die Rechte einer Kreisleitung zuerkannt; sie übte das Kontrollrecht über die gesamte Tätigkeit der Plankommission aus. Die konnten schon auf einer Parteiaktivtagung den Vorsitzenden kräftig kritisieren. Dazu wurden sie ja meistens von dem Apparat drüben aufgefordert. Wenn es ganz schlimm war, trat sogar ein Sekretär des Zentralkomitees bei uns auf, hielt das Referat oder sprach zur Diskussion; die Parteiorganisation hat schon auf die gesamte inhaltliche Arbeit Einfluß genommen. Der Kreissekretär war meist ein Stellvertreter von mir.

Wenzel: Sie waren direkt vom ZK angeleitet!

Lepsius: *Wie war Ihr Parteikreissekretär denn, noch dazu als Ihr Stellvertreter, in Ihren Arbeitsbereich in der Plankommission eingebunden?*

Schürer: Er wurde, wenn er Kreissekretär war, von der Partei bezahlt, hatte mit mir organisatorisch aber nur zu tun, daß er in unserem Gebäude Räume bekommen mußte.

Lepsius: *Und wer war das?*

Schürer: Mein Kreissekretär war lange Zeit Wolfram Krause, der bis vor kurzem Stellvertreter von Frau Breuel in der Treuhandanstalt war. Das zeigt schon, daß es ein kluger Mann war, wenn die Frau ihn so lange behalten hat. Vorher war er mein Stellvertreter für das ökonomische System ...

Lepsius: *... aber der mußte doch einen Sachverstand haben und die Probleme der Staatlichen Plankommission kennen?*

Schürer: Der hatte einen Sachverstand; er hat fünf Jahre in der UdSSR studiert, war ein Ökonom. Das ist der Mann, der mit Professor Wolf zusammen das Neue Ökonomische System ausgearbeitet hat. Wolfram Krause war ein sehr kluger Denker, ein Mann, der in Zusammenhängen denken konnte und der die ganzen Probleme kannte. Aber er ist dann auch von Mittag als Kreissekretär 'rausgeschmissen worden.

Wenzel: Er hätte nur wenige Monate amtieren können, wenn er nicht die Linie der Partei durchgesetzt hätte. Dann wäre er abgelöst worden. Das heißt, er war der Disziplin der Partei unterworfen.

Lepsius: *Sie hatten quasi außerhalb des Hauses die Kontrolle durch das Zentralkomitee ...*

Schürer: ... durch die Abteilung Planung und Finanzen des ZK und den Wirtschaftssekretär ...

Lepsius: *..., und dann hatten sie im Haus die Kontrolle durch den Parteisekretär, der wiederum mit dem ZK kurzgeschlossen war ...*

Pirker: *... das war in allen Institutionen der DDR so, da brauche ich ja nur an die Humboldt-Universität zu gehen. Das Schlimmste war, daß sie zur Kontrolle* *im Jahr ein- bis zweimal ihre Mitarbeiter beurteilen mußten, und zwar die wissenschaftliche Fähigkeit ebenso wie die politisch-soziale Tätigkeit. Je nach Ergebnis knüpfte sich die Parteiorganisation die entsprechenden Leute vor ...*

Wenzel: ... das war die Durchsetzung der führenden Rolle der Partei!

Schürer: Personell unterstanden wir allerdings nicht dieser Kreisleitung, zumindest wir als leitende Personen nicht. Ich unterstand personell dem Politbüro, meine Stellvertreter wurden durch Sekretariatsbeschlüsse eingesetzt und ihr Wechsel mußte im Sekretariat des ZK beschlossen werden. Die Abteilungsleiter waren Nomenklatur der Abteilung Planung und Finanzen des Zentralkomitees. Die hatten dann noch eine kleine Kontrollnomenklatur[3]. Und die ganze Summe der Mitarbeiter wurde von der Kreisleitung, unserer eigenen Kreisleitung, beeinflußt; aber über die Führungsriege hat sie personell bis zu einer bestimmten Ebene nicht entscheiden können.

Wenzel: Sie haben insofern recht, daß zumindest über die sogenannten Nomenklaturkader, die vom Sekretariat bestätigt wurden, regelmäßig Beurteilungen angefertigt wurden. Aber streng auf der Basis der Partei, also über Parteimitglieder, und nicht von diesen inoffiziellen Mitarbeitern der Staatssicherheit. Da wurden wir geladen und uns dann vorgetragen, was unsere Vorzüge sind und weswegen man uns kritisiert. Ich war zum Beispiel immer zu ruppig und zu hart zu den Mitarbeitern. Die Parteiverbundenheit wurde beurteilt, die Durchführung der Parteibeschlüsse; das war schon eine Art Gehirnwäsche, wenn Sie wollen, eine Erziehungsmaßnahme, die ihre Rolle gespielt hat in diesem ganzen subtilen System, das aus vielen Etagen bestand.

Um auf diese Frage noch einmal zurückzukommen: Wissen Sie, das ist das Problem, mit dem wir uns wahrscheinlich unser ganzes Leben noch auseinandersetzen werden. Es ist wirklich die Frage, warum hast du nicht früher aufbegehrt und nicht mehr getan? Und wenn ich heute etwas dazu sagen soll: Ich habe bis in die 80er Jahre hinein den Sozialismus für eine Alternative gehalten, ehrlich und überzeugt. Ich habe gewußt, daß dieser Sozialismus in der DDR noch am besten von allen anderen sozialistischen Ländern verwirklicht wird, natürlich unter besonderen Bedingungen, und ich habe auch ziemlich klar gesehen, worin seine Fehler bestanden. Wir haben darüber diskutiert, was man viel klüger machen kann, mit einem viel besseren Ergebnis.

Ich war etwa 1985 zu der Auffassung gekommen - und da begannen unsere Diskussionen -, die DDR ist ohne ein Zusammengehen mit der BRD nicht mehr zu retten. Und unsere Vision bestand darin, daß es eine lange Zeit der Konföderation geben muß, in dieser Zeit muß sich die BRD ändern und die DDR muß sich ändern. Ich habe sogar die Möglichkeit eines einheitlichen Deutschlands gesehen, irgendwann mal, auf einer Linie, die mit den sozialistischen oder sozialen Idealen zusammenbringbar war. Gut, und von diesem Standpunkt aus - wir waren an solchen Punkten, vor allem um 1985 herum - habe ich auch mal mit Fritz Schiefer, ebenfalls einem Stellvertreter des Vorsitzenden der Plankommission, diskutiert: Wir müssen unsere Unterlagen nehmen und zu Herbert Wehner fahren und sagen, wie es mit der DDR wirklich beschaffen ist. Der war Kommunist, der war in Moskau, mit ihm müßte man doch eine Linie machen können, damit etwas herauskommt. Denn so geht es gegen den Baum. - Aber ging denn das? Da haben neben den rein materiellen Fragen die Probleme der gesellschaftlichen Stellung,

3 Die Kontrollnomenklatur war eine Namensliste von Mitarbeitern, die noch nicht offiziell Nomenklaturkader waren, deren Entwicklung aber unter dem Gesichtspunkt ihrer zukünftigen Verwendbarkeit unter Beobachtung der Partei stand.

der Beziehung zur Familie, zu den Freunden und Bekannten vielleicht eine noch größere Rolle gespielt. Angesichts dessen 'nach dem Westen abzuhauen', wie es damals hieß, war praktisch nicht vorstellbar.

Lepsius: *Wie sollte es weitergehen? Sie haben die Probleme erkannt, Sie sahen in der Fortsetzung des bestehenden Systems keine Zukunftssicherung. Man lebt ja in vielen Lebenssituationen nur mit einer gewissen Projektion von Hoffnung. Das hat auch immer etwas Irreales, etwas Gewünschtes. 1985 meinten Sie, man müsse auf eine Konföderation gehen - welche Vorstellungen hatten Sie? Da hatten wir gerade 1984 die Raketen-Aufstellungsdebatte, die nach meiner Vorstellung eigentlich doch noch einmal eine gewisse Legitimitätserhöhung der DDR durch die Friedensfrage gebracht hat.*

Schürer: Über 1985 kann ich nicht diskutieren, da haben wir uns nicht verständigt. Wir haben das erste Mal 1988 offiziell darüber diskutiert. Ich habe 1985 immer noch die Hoffnung auf Gorbatschow gesetzt, habe gesagt, jetzt kommt eine neue Generation an die Spitze der UdSSR, da kommt eine ganz neue Linie 'rein. Und es dauerte eigentlich nur zwei Jahre, bis ich meine Enttäuschung mit der Perestrojka und mit Glasnost hinter mir hatte. Ich habe dann gespürt, daß bei Gorbatschow zumindest ökonomisch überhaupt nichts herauskommt, denn die Produktion ging ja schon bei ihm im Erdöl um 80 Millionen Tonnen zurück, die Getreideproduktion um 50 Millionen Tonnen. Es war eine Katastrophe, was er ökonomisch organisiert hat ...

Pirker: *... bzw. was er nicht organisiert hat!*

Schürer: Ja, was er nicht gemacht hat. Und dann hat er ja auch noch Ryshkow, meinen allerbesten Freund, den ich für den größten Wirtschaftler in der ganzen UdSSR gehalten habe, weil er wirklich etwas geleistet hat, als Ministerpräsidenten rausgeschmissen. Ryshkow war auch erster Stellvertreter der Plankommission in der UdSSR. Wir haben uns gut gekannt und auch leiden mögen. Und den hat er durch diesen charakterlosen Pawlow ersetzt, und da war ich dann am Ende mit Gorbatschow. Dazu kam dann, daß ich 1988 mit meinem Papier nicht zurechtkam, wo ich eine grundsätzliche Änderung wenigstens einmal mit dem Generalsekretär, unter vier Augen diskutieren wollte.

Im Ergebnis dieses Gespräches, als wir drei dann einmal zusammensaßen - Alexander Schalck, Siegfried Wenzel und ich -, haben wir über die Konföderation diskutiert. Wir haben die Konföderation nicht in dem Sinne verstanden, wie man eine gemeinsame Außenpolitik betreiben kann, was man gemeinsam machen kann, sondern wir hatten nur einen Gedanken: Wir brauchen, um einen Ausweg zu finden, ein Schuldenmoratorium, das war der Punkt Nummer eins. Das kann man ohne Unterstützung der BRD überhaupt nicht bekommen. Und zum zweiten: Wir brauchen neue Kredite, mindestens 10 bis 12 Milliarden DM, um die Umstellung der gesamten wirtschaftlichen Tätigkeit auf die produktiven Zweige, also für produktive Investitionen in der verarbeitenden Industrie, insbesondere im Maschinenbau, wo wir auf den Weltmärkten gut und oft sehr rentabel arbeiten konnten, bewerkstelligen zu können. Da haben wir einen Ausweg darin gesehen, über einige Jahre in Konföderation zu leben, wo die Beziehungen zwischen der BRD und der DDR sich auf friedlicher Basis entwickeln. Wir haben an eine Erweiterung der Reisetätigkeit gedacht, aber nicht an die Beseitigung der Mauer. Auf jeden Fall hat in diesem Gespräch Schalck gleich gewarnt und gesagt, wenn wir das machen wollen, verlangt die BRD menschliche Erleichterungen in Größenordnungen, das wird nicht so einfach werden. Wir haben das nur unter uns wie ein Sandkastenspiel diskutiert, gar nicht mit dem aktiven Willen, daß wir drei

Mann jetzt als konterrevolutionäre Gruppe in der SED auftreten. Das alles setzte das Weiterexistieren der Ostmärkte voraus. Ich habe bis nach der Wende noch geglaubt, daß die UdSSR existieren wird, sogar daß die DDR noch in irgendeiner Form weiterexistieren wird. Uns war damals nicht nur klar, daß wir mit den Schulden nicht mehr zurechtkommen, sondern wir haben zur gleichen Zeit auch den Fünfjahrplan 1990 bis 1995 mit der UdSSR abgestimmt. Dort wurde sichtbar, daß wir keinerlei Rohstoffzuwachs bekommen, daß wir auf einigen Gebieten sogar bedeutend weniger Rohstoffe bekommen konnten, bei Nickel, Kupfer und anderen Waren, wo ihre Vorräte ausgelaufen sind, so daß wir von dort auch keine Zukunft für dieses Land DDR erwarten konnten. Wir waren uns im klaren, ohne sich in die Weltarbeitsteilung einzuordnen, kann diese DDR nicht weiterbestehen. Das waren unsere Gedanken zu dieser Zeit um 1988.

Lepsius: Aber das heißt ja, Konföderation als ein Element zur Erreichung von Zwischenkrediten für einen ökonomischen Umbau?

Schürer: Als Ökonomen waren das unsere Gedanken, ja.

Lepsius: Hätte man denn die Produktivität und die Wirtschaftlichkeit der DDR verbessern können durch einen Umbau von Investitionsmitteln innerhalb der Wirtschaftszweige, oder hätte man nicht auch institutionell umbauen müssen?

Schürer: In welche Richtung?

Lepsius: Also größere Öffentlichkeit, Veränderung der intermediären Gruppen, Pluralisierung der Gesellschaft, Stärkung der bezirksgeleiteten Industrie, höhere Versorgungsanpassung über die Privatisierung von Kleinbetrieben, also Ausgliederung dieser ganzen Alltagsversorgung aus der zentralen Planung. Hatten Sie da irgendeine Vorstellung?

Schürer: Wir hatten dort eigentlich nur die Grundideen des Beginns einer Wendung. Das war noch kein durchdachtes Konzept, wo wir hin wollten. Wir hatten zum Beispiel die Idee, wieder mehr Verantwortung nach unten zu verlagern. Diese Idiotie, daß wir von oben her die tausend kleinen Dinge bestimmen, das wollten wir alles abschaffen. Wir wollten den Kombinaten und Einrichtungen mehr Selbständigkeit geben. Uns war auch klar, daß wir von der Selbständigkeit der DDR gar nicht mehr ausgehen konnten, sondern irgendwie Rechte der DDR an die BRD abgeben mußten. Wir mußten sozusagen einen Teil unserer Souveränität, ich will es mal brutal sagen, verkaufen, denn sonst wäre die BRD nie bereit gewesen, uns Kredite einzuräumen. Aber eine gewisse relative Selbständigkeit haben wir uns noch erhofft, ein Aneinanderwachsen oder einen gemeinsamen Wettbewerb der beiden Systeme haben wir in dieser Zeit schon für möglich gehalten. Das war eine Illusion, aber das war in unserem Kopf nun mal drin.

Lepsius: Sie sagten, eines der Grundprobleme der DDR war die Eigentumsverfassung, das Volkseigentum als eine leere Hülse?

Schürer: Das ist meine Erkenntnis nach der Wende. Erst nachdem das ganze sozialistische System in Europa untergegangen ist, habe ich mir in vielen Tagen und Nächten Gedanken gemacht, wo liegen nun eigentlich die tieferen Ursachen. Und das ist eine These, mit der ich bei meinen früheren Freunden überall auf Widerstand stoße, denn wer die These aufgibt, daß das gesellschaftliche Eigentum an Produktionsmitteln nicht produktiver als das private Eigentum im Wettbewerb in der Marktwirtschaft gestaltet werden kann, der gibt ja den Grundgedanken des Sozialismus auf. Insofern bin ich auch mit diesem Gedanken nicht fertig. Aber ich habe es ja erlebt, daß dieser allgemeine Begriff "Uns-gehört-alles" die Produktivität des Menschen nicht so stimuliert, wie das der Überlebenskampf einer Marktwirtschaft hervorruft.

Ich erlebe das jetzt bei meinen eigenen Verwandten, ein Mann, der mir sehr nahe steht, war bei der Staatssicherheit im Bereich der Führungsoffiziere tätig; er war marxistisch geschult, ein sauberer Mann übrigens vom Charakter, keiner, der ins Gefängnis gehört, und dieser Mann ist auf meine Empfehlung hin gleich nach der Wende Tankwart geworden. Ich habe gesagt, du mußt gleich arbeiten, du mußt jetzt körperliche Leistung bringen und materielle Leistung schaffen. Er ist Tankwart geworden, aufgrund seiner Fähigkeiten hat man ihn zum Pächter der Tankstelle gemacht. Er hat die Tankstelle mit 18 Mann übernommen, und nun mußte er kapitalistisch handeln, ob er wollte oder nicht. Er mußte die ersten sechs Mann schon in der nächsten Woche rausschmeißen, weil die DEA mit 18 Mann überhaupt keine Tankstelle betreibt. Dann haben sie ihm moderne Technik gegeben, damit er innen kassieren kann und nicht draußen an der Tankstelle, da waren wieder vier Mann weg. Jetzt arbeitet er mit sechs Mann; die Tankstelle ist Tag und Nacht geöffnet, und wenn er das nicht gemacht hätte, wäre er im Kapitalismus im Wettbewerb untergegangen. Und er konnte gar nicht fragen, was wird aus diesen zwölf entlassenen Leuten.

Lepsius: *Was ist denn das Prinzip des Eigentums? Entscheidungsautonomie, höhere Marktrationalität, Eigennutz, Gewinnmaximierung - was ist die Funktion, die Sie diesem Eigentum zusprechen?*

Schürer: Nach unseren Begriffen ist das Eigentum ja ein Mittel der Ausbeutung des Menschen durch den Menschen, die wir abschaffen wollten. Deswegen wurde das Eigentum gesellschaftlich gestaltet. Und nun hat das Volkseigentum, haben wir gesagt, eine höhere Form, fast eine heilige Form, für das zu arbeiten man alle seine Kräfte einsetzen muß. Wir haben als Methoden zum einen den Plan gesehen, der zu hohen Leistungen auffordert, zum anderen den Wettbewerb, der die Menschen stimuliert, dann die Neuererbewegung, um die Ideen der Menschen mit hinzuzubringen. Aber alles, was die Marktwirtschaft a priori bewirkt, ohne daß überhaupt jemand was machen muß, das mußten wir mit Bewegungen, mit Losungen, mit Systemen machen und haben es nicht mit der Leistungskraft machen können, wie sie die Marktwirtschaft an Kräften freilegt, an Innovation, an Kampf ums Überleben, an Gewinn machen - oder untergehen!

Wenzel: Ich möchte noch etwas zur Eigentumsproblematik sagen. Ich bin sehr früh darauf gekommen, weil das mit dem jugoslawischen Modell und der Selbstverwaltung auch nicht funktioniert hat. Ich meine, man muß auf die "Methoden" der Nutzung des Eigentums offensichtlich ein viel größeres Augenmerk richten. Ist es wirklich der entscheidende Punkt, ob das Eigentum vom Staat oder der Gesellschaft beziehungsweise einem Bankenkonsortium oder einer Aktiengesellschaft verwaltet wird? Entscheidend ist doch, daß das Eigentum an Produktionsmitteln nach dem von Adam Smith entwickelten 'ökonomischen Prinzip' eingesetzt und wirksam gemacht wird. Der materielle Stimulus muß allseits wirken, bis hinein in die feinsten Verästelungen - bei Beachtung und Gewährleistung bestimmter, im gesellschaftlichen Konsens erstrittener sozialer Rahmenbedingungen, die an der Fortentwicklung der Menschheit und der Erhaltung der natürlichen Bedingungen dieser Welt orientiert sind. In diesem Sinne gibt es wirklich eine Einheit von Wirtschafts- und Sozialpolitik. Sie darf sich nur nicht vom 'ökonomischen Prinzip' lösen und weder in der einen noch in der anderen Richtung einseitig verstanden und praktiziert werden.

Lepsius: *Wie haben Sie denn die Entwicklung des Sozialismus in der DDR eingeschätzt, und zwar in einem breiteren Maße? Hat Sie z.B. der Prager Frühling positiv in einer Erwartungshaltung auf die Zukunft des Sozialismus bestärkt, haben Sie darin im wesentlichen nur eine irregeleitete Desorganisation gesehen - was hat der Prager Frühling für Sie bedeutet?*

Schürer: Ich habe ihn so erlebt, daß zunächst mal Dubcek mit seinen Ideen auch für mich ein interessanter Mann war, schon deswegen, weil ich ihn vom Studium her kannte. Ich wurde sogar von Honecker gefragt: "Du hast doch mit ihm drei Jahre studiert, was ist das nun für ein Mensch?" Ich habe ein grundsätzlich positives Urteil über ihn abgegeben, das hat mir später sehr geschadet. Ich glaube, daß die Ideen eines demokratischen Sozialismus auch bei manchen Leuten von uns Sympathie hatten. Aber dann mischten sich ganz kräftig die westlichen Länder ein. Es wurde ein Abfall der CSSR vom System sichtbar, der die Leute erschreckte; auch normale Menschen, nicht nur die Führungen. Es wurden ja viele Versuche gewagt; mit Dubcek wurde an der tschechisch-russischen Grenze diskutiert. Wenn man damals Maß gehalten hätte, hätte das Experiment gelingen können. Aber da man nicht Maß hielt und die Gefahr bestand, daß ein Land des Warschauer Paktes aus dem System herausbricht, wurde praktisch die Doktrin noch verschärft, die es vorher gar nicht gegeben hatte; es gab ja keine Breschnew-Doktrin in dem Sinne. Da wurde das Ganze noch verschärft, und wir hatten nur insofern noch Glück, daß wir durch die gefühlvolle Behandlung der Dinge durch die UdSSR nicht mit Truppen hineingezogen wurden. Die DDR-Truppen haben an der Besetzung der CSSR nicht teilgenommen, aber ideologisch hat die DDR das Ganze natürlich unterstützt und die Beschlüsse im Warschauer Vertrag mitgefaßt und mitunterschrieben. Im Ergebnis dieser Dinge war natürlich dann ein Einschlafen aller Reformideen, die es vorher gegeben hatte, zu verzeichnen. Das Gegenteil war dann wieder eine Periode der Kälte, auch in bezug auf ökonomische Gedanken und Erneuerung, es wurde alles noch straffer, noch zentraler entschieden, und die Einstellung herrschte vor: Das darf nicht noch einmal passieren, obwohl es sich ja in Polen dann ähnlich entwickelt hat. Wir hatten aus dieser Entwicklung heraus keine Änderung des Systems vorgenommen. Es war ja damals die Zeit, wo die "Ökonomischen Probleme des Sozialismus" geschrieben wurden, als Lehrbuch der politischen Ökonomie; es war noch nicht die Zeit, daß das NÖS völlig zu Grabe getragen wurde, das war ja erst 1972 der Fall. Es gab eine gewisse Periode, wo man mit den Leuten arbeiten konnte. Ich kannte übrigens auch einen Wissenschaftler wie Sik, der meiner Ansicht nach ganz dumme Gedanken vertreten hat und gar keine demokratischen Ideen des Sozialismus. Er hat die Idee vertreten, man muß mit der ganzen Rohstoffproduktion aufhören, die Kohle ist unser Unglück in der CSSR, man muß die Chemieindustrie totmachen, man muß nur noch die Konsumgüterindustrie entwickeln. Das war Sik - das vergißt er heute vielleicht ein bißchen, was er damals gesagt hat. Aber es war auch nicht so, daß die Leute nun großen Anklang bei uns finden konnten. Dubcek hat meiner Ansicht nach wirklich etwas Gutes gewollt, als Person auch; er ist ein Mensch, der mit viel Gefühl, mit viel Verstand gearbeitet hat, aber die Methoden haben dann zu diesem furchtbaren Eingreifen geführt und haben einen großen Rückschlag der Reformer in allen sozialistischen Ländern verursacht. Bei uns wurden die sehr kleinlaut.

Lepsius: *Und wie haben Sie 1968 und Prag empfunden, Herr Wenzel?*

Wenzel: Ich habe es ganz persönlich erlebt, meine Frau war mit dem Kinderferienlager ihres Betriebes in der CSSR in diesen Tagen, und ich saß mit der ältesten Tochter am Televisor und machte mir Sorgen. Aber das ist Nebensache. Ich habe das als eine unangenehme Sache empfunden, als eines der Dinge, die man schnell hinter sich bringen muß, die aber nicht gut für den Sozialismus sind. Daß Armee eingesetzt werden muß, um ein sozialistisches Land zur Raison zu bringen, das hat mich im Innern gestört, und ich hatte dann diese Auffassung wie Gerhard Schürer. Am meisten hat mich gestört, daß Willy Brandt eine Münze mit dem Kopf von Dubcek gedruckt und in der BRD in Umlauf gebracht hat. Da habe ich gesagt, nun hört es auf, da muß er doch Fehler machen, der gute Dubcek. Das sind manchmal so Äußerlichkeiten, wo bestimmte Grenzen sichtbar werden. Das Schlimme war dann, daß Gedanken, die in die gleiche Richtung gingen wie die, die wir hatten, ins Zwielicht gerieten.

Pirker: *Die waren dadurch desavouiert?*

Wenzel: Ja, sie waren desavouiert.

Lepsius: *Was haben Sie von dem westeuropäischen 1968 gehalten - Paris, Berlin usw.? Oder haben Sie das als bloßen Radau und Unfug empfunden?*

Wenzel: In Frankreich war es ja fast eine Revolution. Dort war es ja schlimmer, die Bewegung war breiter als in der Bundesrepublik. Ich muß sagen, ich habe das damals mit großem Interesse verfolgt, eigentlich als eine Bestätigung. Die junge Generation steht auf, und die, das war aber auch klar, wäre nicht zu uns gekommen um fehlende Arbeitskräfte zu ersetzen. Es kamen ja nicht mal die Arbeitslosen aus West-Berlin. Aber es war eine Bestätigung dafür, daß dieses System auch reformiert werden muß, einer gründlichen Veränderung bedarf.

Lepsius: *Nachdem nun die CSSR zu Ende war: Wie, dachten Sie, geht es weiter, was ist die Perspektive? Ich hatte früher einen Gesprächspartner in der DDR, der sich mit sozialistischer Betriebsführung befaßte, und ich sagte ihm, was Sie so sagen, das ist eigentlich blanker Taylorismus - also materielle Anreize schaffen, mit materiellen Anreizsystemen muß die Arbeitsproduktivität erhöht werden usw. Ich fragte ihn, wo ist denn da nun eine sozialistische Komponente? Es war eigentlich keine sozialistische Utopie mehr da, nur noch eine technokratische. Was war denn Ihre sozialistische Utopie? Dieses System hatte doch keine mehr!*

Wenzel: Das ist nicht wahr, da bin ich ganz vehement dagegen. Und da entwikkelt sich jetzt etwas im Nachdenken von Menschen aus der Alt-BRD bis hin zu Herrn Diepgen, der kürzlich einen Vortrag gehalten hat, in dem er die Vorzüge der DDR aufgezählt hat. Was unsere Menschen in der Wende erlebt haben: Obdachlosigkeit, soziales Abgleiten, Zerlumpen, das hat es in der DDR nicht gegeben. Jawohl, wir waren ärmer, unsere Arbeitsproduktivität war halb so groß. Zugegeben, in diesem Sinne haben wir den Wettbewerb verloren, aber wir hatten eine Gesellschaft, die diese Auswüchse vermieden hat. Wir hatten das nicht, daß du früh in die S-Bahn einsteigst und dort die Leute schlafen, weil sie keine Unterkunft haben, daß Leute erzählen, sie sind in die Altbundesländer gegangen nach der Wende, haben dort keine Arbeit gekriegt, sind wurzellos geworden; in Leipzig hat sich eine ganze Kommune solcher Leute gebildet - Leute, die bei uns ein bescheidenes, aber ein ordentliches Auskommen hatten. Ich muß sagen, das ist etwas von den Idealen, die ich mir vorstelle.

Eberhard Diepgen sagte unlängst in einem Vortrag folgendes: Daß die Frauen in der DDR zu 92 Prozent berufstätig waren, hatte eine bedeutsame positive Seite. Natürlich wurden sie oftmals über Gebühr beansprucht. Aber diese Frauen hatten eine selbständige ökonomische Existenz, hatten eine eigene gesellschaftliche Stellung. Sie brachten etwas in die Familie ein; sie waren beruflich qualifiziert. Ich erlebe jetzt bei den Umschulungsmaßnahmen, wie sich diese Frauen, 50jährige, 55jährige, anstrengen, verbissen lernen, um diese Position nicht zu verlieren. Da geht es nicht nur um Geldverdienen. Das ist ein anderes gesellschaftlich-soziologisches Konzept. Und zunehmend gewinnen solche Dinge im Bewußtsein der Menschen bei uns wieder an Gewicht.

***Lepsius:** Aber das ist jetzt ex-post, aus dem Nachhinein zurückgeblickt. Was war die sozialistische Utopie im Jahre 1985? Es gibt ja viele Menschen, die bis zum Jahre 1990 der Meinung waren, in der DDR funktioniert dies und jenes nicht, das paßt mir nicht, aber: Die BRD ist keine Alternative. Der Sozialismus ist historisch die fortgeschrittene Form; die Ineffizienzen, die wir bemerkt haben, sind bedauerlich, aber wir können über sie die humanitären Fortschritte nicht abrechnen, die in der sozialistischen Gesellschaftsformation enthalten sind. Die Frage ist also: Was war der noch nicht realisierte utopische Kern, über den eine prinzipielle Überlegenheit auch bei temporärer Unterlegenheit des sozialistischen Systems erwartet, erhofft, geglaubt wurde?*

Schürer: Das ist schwer zu sagen. Daß die soziale Sicherheit in der DDR höher war, ist unbestritten. Es gab das Problem, daß wir die Renten nicht dynamisiert hatten, sie waren außerordentlich niedrig, und jede Rentenerhöhung wurde wie ein Geschenk des Staates behandelt. Da ist die Regelung, die Sie haben, die Dynamisierung mit dem Bruttosozialprodukt, nach meiner Ansicht besser, weil sie es nicht zuläßt, die Rentner als gesellschaftliche Gruppe zu benachteiligen. Aber sonst ist die soziale Sicherheit bei uns größer gewesen. Aber ein großes Problem bestand darin, daß die Menschen sich oft nicht bewußt waren, wie das alles bezahlt wurde. Also den Kindergartenplatz für 30 Mark, heute kostet er schon 180 Mark, die Mieten, die wir hatten, all das war die zweite Lohntüte. Und das ist den Menschen nicht bewußt gewesen, und wir konnten die großen sozialen Leistungen den Menschen gar nicht bewußt machen, bis hin zu dem idiotisch entwickelten Subventionssystem.

***Lepsius:** Aber es mußte doch noch einen Überschuß geben, es mußte doch noch was kommen können!*

Schürer: Geträumt haben die Menschen von der Möglichkeit zu reisen. Das ist das Nonplusultra in jeder Diskussion gewesen: Wieso dürfen wir nicht, noch nicht einmal, wenn die Tante gestorben ist, und noch nicht einmal, wenn die Mutter gestorben ist? Mein eigener Stellvertreter hat einen Antrag gestellt, daß er zur Beerdigung seiner Mutter fahren darf - keiner hat es ihm genehmigt.

***Pirker:** Wer in die und in der Sowjetunion gereist ist, wußte, daß eine Freizügigkeit innerhalb der Sowjetunion nicht möglich war!*

Wenzel: Man braucht nicht so weit zu gehen. Bei einem Lebensstandard, der im Durchschnitt notgedrungen fünfzig Prozent niedriger sein mußte, weil die Ökonomie nicht mehr hergab, und bei einer Betrachtungsweise, daß dieses eine Drittel in der Bundesrepublik, was benachteiligt ist - Sie sprechen ja auch von einer Zweidrittelgesellschaft -, nicht im Blickfeld unserer Bevölkerung war, die zwar ferngesehen haben und eine genaue Vorstellung über das Leben bei Ihnen hatten, aber nur über das Leben, wie es im Fernsehen dargestellt wurde und nicht über das letzte Drittel, was im allgemeinen verschwiegen wurde, entstand ein Sog in Richtung Westen. Und bei einem solchen Sog, doppelt so gut leben zu können, reisen zu können, alles selbständig entscheiden zu können, das, was sie nur vom Hörensagen her kannten, das wäre nur schrittweise auf dem Wege der Annäherung lösbar gewesen. Ich hatte eine Diskussion mit einem berühmten Schauspieler, der seinen Garten neben meinem hatte. Er sagte immer: "Warum machen wir die Grenzen nicht auf? Ich bin öfter mal drüben. Die kommen von alleine wieder, wenn sie merken, daß in Paris Leute unter den Brücken schlafen und sie sehen, wie in London die Schwarzen in den Ghettos hausen." Da habe ich aus tiefer innerer Überzeugung gesagt: "Wenn wir die Grenzen aufmachen, führt das Locken dieses Neuen und noch dazu mit ökonomischer Kraft, mit Begrüßungsgeld, zum Leerlaufen der DDR." Es ist ja nicht nur so, daß sie fahren durften und gefahren wären, sie haben Geld gekriegt, sie wurden besonders eingegliedert, es war doch eine solche Abwerbungsmethode da. Es wäre ja nicht nur der Schritt von hier nach dort gewesen, sie hätten auch schnell Unterstützung bekommen.

Lepsius: Begrüßungsgeld gab es doch nur deswegen, weil die Leute nur mit fünfzehn DM aus der DDR herausfahren konnten, und dann durften sie 14 Tage aus dem Gnadenbeutel der Verwandten leben und konnten die nicht einmal zum Kaffeetrinken einladen. Also die Degradierung zum Beispiel der DDR-Rentner mit Ausreisegenehmigungen war unglaublich. Das waren Leute, die haben gesagt, ich habe mein ganzes Leben gearbeitet, und jetzt komme ich in den Westen und bin auf das totale Gnadenbrot angewiesen. Nicht nur, daß die mich unterbringen und verpflegen, ich kann die nicht einmal zum Kaffeetrinken als Dankesbezeugung einladen. Das waren die 100 Mark, um die Leute psychisch aus dieser vollkommenen Hilflosigkeit zu befreien zu führen. Mit hundert Mark werben Sie niemand ab!

Wenzel: Aber am Ende hat es dazu beigetragen, daß die Leute bei uns gesagt haben, also so wie die leben, so möchten wir auch leben.

Lepsius: Ja, aber da bleibt immer noch mein Argument, daß ein sozialistisches System das leisten muß. Was ist der nächste Entwicklungshorizont? Und mein Eindruck war und ist, daß es in der DDR überhaupt keine sozialistische Utopie mehr gab, sondern eine technokratische Einschrumpfung auf ein ganz merkwürdiges Versorgungsdenken, ein ganz reduziertes Menschenbild, eigentlich ohne jeden utopischen Gehalt.

Weinert: Aus den internen Berichten zum Beispiel des FDGB über die Stimmung und Meinungen in den Bezirken und Betrieben läßt sich ablesen, insbesondere bei den Zäsuren, also 1953, dann nach 1956, nach 1961, nach 1968, was die Leute eigentlich immer wollten. Es sind im wesentlichen drei Punkte, die immer wieder auftauchen: Erstens, wir können nicht reisen; zweitens, wir können uns nicht das kaufen, was wir wollen, und gemeint ist zumeist das, was in Westdeutschland angeboten wird, und drittens sind die Bonner natürlich zwar irgendwelche Ultras, aber irgendwie sind die und wir Deutsche. Das sind drei Punkte, die nicht erst in der Wende erfunden wurden, sondern die man seit 1953 kontinuierlich mit unterschiedlicher Schwerpunktsetzung in den Äußerungen der Leute immer wieder hört.

Schürer: Ich kann alle drei Punkte bestätigen, und ich würde einen vierten hinzufügen. In der DDR wohnten ja auch Deutsche, und der Deutsche ist immer daran interessiert, mit moderner Technik zu arbeiten. Auch bei uns gab es die Sehnsucht nach einer modernen Technik. Also nicht nur die schönen Autos; das begann in der Landwirtschaft beim Traktor, in der Kohleindustrie waren das die großen Bagger und so könnte man viele Beispiele nennen. Die Menschen haben die westliche Technik geliebt und nach ihr gestrebt. Und bestimmte Dinge haben wir uns einfach nicht leisten können, die waren nicht drin. Hundert Mark, um die

Menschen reisen lassen zu können - jeder dritte wäre bestimmt gereist, das ist ja noch wenig, es wären sechs Millionen Menschen gewesen, nur einmal im Jahr mit einhundert DM ausgestattet machte 600 Millionen DM - wo sollten die herkommen?

Hertle: *Wenn Sie 1985 diese Konföderationsideen hatten, dann haben Sie diese doch wahrscheinlich auf der Grundlage einer eigenen Einschätzung der mangelnden Entwicklungsfähigkeit des Sozialismus gehabt. Das heißt, Sie haben eine Art persönliche Bilanz gezogen, haben die Ereignisse zusammengezogen, die für Sie wichtig waren, und die für Sie die Perspektive in Richtung auf eine Konföderation gelenkt haben. Wie sah Ihre Bilanz, Ihre Analyse 1985/86 aus?*

Wenzel: Eine kompromißlose ökonomische Analyse zeigte folgendes: Das gefährlichste Problem war ab Ende 1985 der Einbruch im NSW-Export aufgrund der Halbierung der Erdölpreise und damit der von der DDR aufgrund der Heizölablösung exportierten Erdölprodukte in Höhe von sechs Millionen Tonnen. Das entsprach immerhin mehr als einem Drittel des gesamten Erdölimports aus der UdSSR. Die in den Jahren 1982 bis 1985 damit erreichten Exportüberschüsse in freien Devisen verwandelten sich in Importüberschüsse. Es war zunehmend nicht mehr möglich, die Rückzahlungen und Zinsen für aufgenommene Kredite zu finanzieren. Es mußten in wachsendem Maße Finanzkredite zu ungünstigen Bedingungen aufgenommen werden. Die Zahlungsunfähigkeit war abzusehen, fast berechenbar, nicht bis 1990, aber in jedem Fall im Zeitraum 1991 bis 1993.

Das grundlegende Problem bestand jedoch in folgendem: Der Wettbewerb auf dem Gebiet der Arbeitsproduktivität, den Lenin selbst als die Hauptfrage des Sieges des Sozialismus bezeichnet hatte, konnte mit diesem Modell des Sozialismus nicht gewonnen werden. Der Rückstand war in letzter Zeit sogar größer geworden. Die offensichtlich gut gemeinte, aber falsch verstandene und praktizierte Politik der Einheit von Wirtschafts- und Sozialpolitik engte durch den Rückgang der Akkumulation am Nationaleinkommen den Spielraum hierfür sogar ständig weiter ein. Die positiven Seiten der Sozialpolitik wie niedrige Mieten, niedrige Preise des Grundbedarfs, für Verkehrsleistungen, gesundheitliche und soziale Betreuung wurden von der Mehrheit der Bevölkerung nicht mehr als Ergebnis dieser Politik wahrgenommen, sondern als Selbstverständlichkeit "konsumiert"; mit dem begehrlichen Blick darauf, was in der Marktwirtschaft anstelle dessen an Konsumgütern in höherer Qualität und Vielfalt zu teilweise niedrigeren Preisen geboten wurde. Die Verletzung des 'ökonomischen Prinzips' in dieser Frage, die Nichtübereinstimmung von Wert und Preis führte sogar zu Verschwendung und Nichtachtung des Wertes wirtschaftlicher Güter und Dienstleistungen. Es wurde immer klarer, daß ein Überleben nur im Rahmen prinzipieller Kompromisse möglich war.

In diesem Rahmen entstand der Gedanke der Konföderation zwischen beiden deutschen Staaten, was nichts anderes heißen konnte, als bisher vertretene, auch prinzipielle Positionen aufzugeben, um andere wichtige gesellschaftspolitische Positionen zu retten. Das schien möglich, weil mit Gorbatschow seit Mitte der achtziger Jahre eine solche Bewegung auch in der UdSSR absehbar war. Es erforderte aber Zeit. Das wichtigste Ziel wäre eine finanzielle Unterstützung der BRD zur Sicherung der Zahlungsfähigkeit der DDR bei erklärtem Willen der DDR zur Bewegung auf die Vereinigung und die schrittweise Durchlässigmachung der Mauer gewesen, einschließlich von kurzfristigen Krediten für die Modernisierung der Wirtschaft der DDR sowie der Infrastruktur, um wenigstens das weitere Zurückbleiben bei Arbeitsproduktivität und technischer Entwicklung zu stoppen und den Abstand möglichst zu verringern und eine zunehmende Weltmarktfähigkeit in ausgewählten Sektoren zu erreichen. Zu Lasten des ohnehin niedrigen Lebensstandards wäre diese Aufgabe nicht lösbar gewesen.

Die Erhaltung des Binnenmarktes von 16 Millionen Menschen für Industrie, Bauwesen und Handwerk der DDR wäre die Hauptvoraussetzung gewesen, um die Wirtschaft der DDR zu erhalten und Massenarbeitslosigkeit, wie sie nach der vollständigen Übernahme dieses Marktes im Rahmen des Kurzschluß-Anschlusses der DDR an die BRD durch die potenteren westdeutschen Konzerne, Kaufhausketten, Banken, Versicherungsanstalten eintrat, zu verhindern und die hohen Transferleistungen zu vermeiden. Das Wegbrechen des Binnenmarktes ist heute die Hauptursache der Deindustrialisierung und des Zusammenbruchs der Landwirtschaft in den neuen Ländern, nicht das Wegbrechen des Osthandels, wie oftmals gesagt wird. Man hätte dafür eine Zeit von etwa zehn Jahren in Aussicht nehmen müssen bei zügiger Verwirklichung der damit verbundenen Maßnahmen. Dabei hätte man darauf hoffen können, daß auch in der Gesellschafts- und Wirtschaftsstruktur der Bundesrepublik durch den Abbau der extrem unsozialen Auswirkungen der Marktwirtschaft - Obdachlosigkeit, Armut, soziale Schieflage, menschliche Kälte u.a. - schrittweise Veränderungen erfolgen. Das waren die Gedanken - ausgesprochen und nicht ausgesprochen.

Klar war aber auch, daß dies nur in einer Nach-Honecker-Ära realisierbar war. Manchmal wurde dies sogar mit voraussichtlichen wichtigen Entscheidungen auf dem bevorstehenden XII. Parteitag der SED 1991 verbunden. Offensichtlich waren solche Gedankenspiele wie die Durchführung der Olympischen Spiele im Jahre 2000 in beiden Teilen Berlins noch zu Zeiten Honeckers bestimmte Vorboten solcher Überlegungen. Solche Gedanken ließen natürlich entscheidende politische Zusammenhänge wie die Rolle der 350 000 sowjetischen Militärangehörigen in der DDR, der 40 000 Panzer und andere politische Unwägbarkeiten außer Betracht, die für die Politik offensichtlich die entscheidende Rolle für den Kurzschluß-Anschluß mit seinem hohen Preis für beide Teile spielten.

Wir waren überzeugt, daß unser System richtig ist

Gespräch mit Harry Tisch, Berlin, 9.12.1993

Mitglied des Politbüros und Vorsitzender des Bundesvorstandes des Freien Deutschen Gewerkschaftsbundes.
Geboren am 28. März 1927 in Heinrichswalde (Kreis Uckermünde) als Sohn eines Arbeiters. 1941 bis 1943 Lehre als Bauschlosser, bis 1948 als Schlosser tätig. 1945 in die KPD eingetreten. Von 1948 bis 1953 hauptamtlicher Gewerkschaftsfunktionär, zunächst Kreisvorsitzender des FDGB in Uckermünde, 1950 bis 1952 Landesvorsitzender des FDGB in Mecklenburg, ab 1952 stellvertretender Bezirksvorsitzender in Rostock. 1953 bis 1955 Besuch der Parteihochschule der SED, Abschluß als Diplom-Gesellschaftswissenschaftler. 1955 bis 1959 Sekretär für Wirtschaft bei der SED-Bezirksleitung Rostock. Von 1959 bis 1961 Vorsitzender des Rates des Bezirkes Rostock, 1961 bis 1975 erster Sekretär der SED-Bezirksleitung. Seit 1963 Mitglied des ZK der SED; 1971 Kandidat, 1975 Vollmitglied des Politbüros. Am 28. April 1975 wird Harry Tisch als Nachfolger von Herbert Warnke in den Bundesvorstand des FDGB kooptiert und zum Vorsitzenden gewählt. Seit 1975 Mitglied des Generalrates und des Büros des Weltgewerkschaftsbundes. Im November und Dezember 1989 schied Tisch aus allen Funktionen aus und wurde aus Partei und Gewerkschaft ausgeschlossen. Am 3. Dezember 1989 wurde er inhaftiert, im Juni 1991 wegen Untreue verurteilt und unter Anrechnung der Untersuchungshaft freigelassen.

Lepsius: Wie sind die Grundentscheidungen im Politbüro gefällt worden? Uns interessiert die Frage, wie die Entscheidungsstrukturen waren. Wie ist es zum Programm der "Einheit von Wirtschafts- und Sozialpolitik" gekommen? Wer hat dieses Konzept eigentlich entwickelt?

Tisch: Das war auf dem VIII. Parteitag, da wurde das als Hauptaufgabe verkündet und später verkürzt als Einheit von Wirtschafts- und Sozialpolitik dargestellt. Aber der Ausgangspunkt war die wirtschaftliche Entwicklung und davon abgeleitet die Sozialpolitik. Denn das war die Hauptaufgabe, die Steigerung der Arbeitsproduktivität und Erhöhung des Lebensstandards. Und das wurde verkürzt zur Einheit von Wirtschafts- und Sozialpolitik, darüber gab es sogar einmal eine Diskussion im Politbüro, weil Kurt Hager mit dieser Verkürzung nicht einverstanden war, denn dadurch fiel die ganze Kultur heraus. Er sagte, das ist nicht die ganze Hauptaufgabe. Aber im Sprachgebrauch setzte sich dann doch diese Verkürzung durch. Das war allerdings ein Prozeß, der über mehrere Jahre ging, aber seinen Anfang auf dem VIII. Parteitag nahm.

Lepsius: Da waren Sie schon im Politbüro?

Tisch: Ich wurde 1971 auf dem VIII. Parteitag Kandidat im Politbüro; Mitglied des Politbüros wurde ich Mitte 1975, nachdem ich vorher zur Gewerkschaft gekommen war.

Lepsius: *Aber bevor Sie Mitglied im Politbüro wurden, war die Grundentscheidung schon getroffen worden?*

Tisch: Die war vorher schon getroffen worden, bei der Vorbereitung des VIII. Parteitags, an der ich als Erster Sekretär von Rostock nicht teilgenommen habe. Das war schon ausformuliert und wurde von Honecker verkündet.

Lepsius: *Wer hat das betrieben?*

Tisch: Das ist sehr stark von Honecker selbst betrieben worden, der ein starkes persönliches Interesse an dieser Einheit von Wirtschafts- und Sozialpolitik hatte. Und ich muß sagen, daß Honecker an sich ein starker Verfechter der sozialpolitischen Linie gewesen ist, gar nicht mal so sehr Günter Mittag, sondern Honecker selbst.

Weinert: *Was waren Ihrer Meinung nach die Antriebskräfte, wie ist es dazu gekommen, daß Honecker dies zum Programm erhoben hat? Man könnte ja auch sagen, in einem real existierenden sozialistischen Staat ergibt sich so etwas wie die Einheit von Wirtschafts- und Sozialpolitik organisch.*

Tisch: Sicher ...

Weinert: *... offenbar war das ja nicht der Fall!*

Tisch: Sie müssen sehen, daß wir vor dem VIII. Parteitag eine Auseinandersetzung mit der Linie von Ulbricht hatten, die sehr stark auf wissenschaftlich-technischen Fortschritt konzentriert war. Es standen die Fragen der Kybernetik, der Regelkreise an usw., das ging bis in den Parteiapparat hinein. Und in der Partei herrschte ein Zustand, daß nur noch über diese Probleme gesprochen wurde. Die sind auch wichtig gewesen, aber das war so überzogen, daß die sozialen Aspekte dabei nicht genügend zur Sprache kamen. Auf dem VIII. Parteitag wurde auch festgelegt, das Gesicht mehr dem Volk und der Arbeiterklasse zuzuwenden, und dabei spielten diese Sozialaspekte eine wichtige Rolle. Das Wohnungsbauprogramm kam ebenfalls ins Gespräch, die ganzen lohnpolitischen Fragen, der Produktivlohn wurde eingeführt, und die sozialen Fragen wie Versorgung der Kinder, Kinderkrippen, Schulen, diese ganzen Probleme, wurden stärker hochgezogen mit der Einheit von Wirtschafts- und Sozialpolitik. Es wurde nicht nur über technische Fragen diskutiert, sondern über die Bedürfnisse, die das Volk hat. Das war meiner Meinung nach eine richtige Entscheidung, eine richtige Idee, die auch bis zum Schluß durchgehalten wurde. Nur kamen dann die Widersprüche in der ganzen Politik und vor allem in der Wirtschaftspolitik auf; die sozialpolitische Linie wurde durchgehalten, aber die Produktivität zog nicht mit. Dadurch ist es dazu gekommen, daß wir zum Schluß fast siebzig bis achtzig Prozent des Nationaleinkommens verkonsumiert haben und die Investitionen immer weiter zurückgingen.

Lepsius: *Und da war nichts zu machen? Sie als Chef des FDGB durften ja sowieso nicht dagegen sein! Sie mußten ja sagen, geht mal zugrunde mit eurer Investitionspolitik, Hauptsache ist, ich habe meine Sozialquote!*

Tisch: Ich habe doch soviel Verständnis von der Ökonomie, daß ich auch gesehen habe, daß die Akkumulationsrate immer weiter zurückging, und daß das auf Dauer nicht haltbar war. Nur, Abstriche von der Sozialpolitik zu machen, das wäre für die Bevölkerung und für das Lebensniveau noch katastrophaler gewesen. Das wollte ich natürlich nicht zulassen. Und für die Entwicklung der Wirtschaft war ich nicht verantwortlich, dafür waren die Wirtschaftsleute, die Industrieministerien, Mittag und Schürer verantwortlich, so daß ich immer auf die sozialpolitische Linie gepocht habe. Aber ich habe auch Einschränkungen zugelassen, ich denke z.B. an den Feriendienst. Die Gewerkschaften kriegten Anfang der 70er Jahre jährlich ca. eine Milliarde für den Bau von Ferienheimen. Das war von 1971 bis 1977/78, als wir die großen Ferienheime gebaut haben. Dann mußten wir das einschränken, die Investitionssumme ist um die Hälfte zurückgefahren worden. Zum Schluß hatten wir noch etwa 450 Millionen im Jahr. Das reichte uns nicht. Aber selbst die wurden gar nicht mehr verbaut, weil die Baukraft so gering war. In den 80er Jahren taten sich so viele Widersprüche auf, daß eins das andere gebissen hat. Wenn ich in die Bezirke fuhr, mit denen über das Ferienprogramm sprach und die mir ihre Baubilanz auf den Tisch legten, mußte ich natürlich einsehen, daß sie nicht mehr hatten, um Ferienheime zu bauen oder zu rekonstruieren.

Weinert: *Diese Widersprüche, die Sie erwähnen, sind auf den unterschiedlichen Hierarchieebenen im Partei- und Staatsapparat den Akteuren sehr wohl bewußt gewesen. Ist dieses Bewußtsein auch im Politbüro vorhanden gewesen, ist darüber diskutiert worden?*

Tisch: Darüber ist im Politbüro wenig diskutiert worden, über diese sich anstauenden Widersprüche. Es wurde immer versucht, nach Lösungswegen zu suchen. Da gab es Vorschläge sowohl von der Plankommission wie auch von Mittag, aber das waren alles nur Teillösungen, die der Komplexität nicht Rechnung trugen. Dadurch wurde im Grunde genommen an der Entwicklung der Wirtschaft prinzipiell nichts geändert.

Hertle: *Wir haben im Archiv des FDGB eine Aufzeichnung von Ihnen gefunden über eine Beratung bei Honecker vom November 1977. Da hatten Sie notiert, die "Katastrophe" ist bereits für Mitte nächsten Jahres vorprogrammiert ...*

Tisch: ... "Katastrophe" habe ich nicht geschrieben, nein!

Weinert: *Doch, ich habe das Dokument, in dem "Katastrophe" steht, dabei. Das ist die Wiedergabe einer Äußerung von Erich Honecker.*

Tisch: Das war die sogenannte vorbereitende Kommission für den Plan, die einige Jahre durchgehalten wurde. Die leitete Erich Honecker, ich war dabei, Mittag, Schürer und Krolikowski; und ich habe die Diskussionsbeiträge aufgezeichnet. Als erster hatte Schürer gesprochen, der den Plan begründet hat und dann hat Honecker das Wort ergriffen. Ich habe die Kernsätze mitnotiert. Ja, das war Honeckers Aussage im Jahre 1977.

Lepsius: *Das Problembewußtsein war also da, auch nach Ihren eigenen Aufzeichnungen von 1977, nicht erst 1981 oder später. Wenn die Führungsspitze sieht, daß es strukturelle Probleme gibt, nicht nur eine schlechte Ernte, mußte doch die Frage gestellt werden, wie können wir das Gesamtsystem weiterführen und weiterentwickeln? Man hat den Eindruck, es ist immer weitergemacht worden, obwohl man wußte, man durfte nicht so weitermachen, aber es ist kein Krisenmanagement aufgebaut worden mit der Absicht, längerfristig Korrekturen einzuziehen - warum nicht?*

Tisch: Wir waren der festen Überzeugung, daß unser System richtig ist.

Lepsius: *Ja, man muß ja nicht gleich das System aufgeben, wenn es Schwierigkeiten gibt!*

Tisch: Auch die Frage der Planung war richtig gewesen, nur wie wir da herauskommen, den Weg wußte keiner. Darum haben wir immer vor uns hergewurschtelt und haben immer wieder versucht, hier zu flicken, da zu flicken, aber in dem Bewußtsein, daß das eines Tages doch zu Widersprüchen führen könnte, die nicht mehr lösbar werden, z.B. in der Zahlungsbilanz. Wir haben z.B. auf dem VIII. Parteitag Ulbricht scharf kritisiert, weil wir zwei Milliarden Auslandsschulden hatten - zum Schluß hatten wir vierzig Milliarden.

Lepsius: Es gibt in dieser Debatte immer die alte Geschichte: Die Grundbedürfnisse seien viel zu lange staatlich subventioniert worden, das hätte zu einer falschen Verteilung der Güter geführt und zu einer Aufsaugung des Staatshaushaltes durch im Grunde völlig unproduktive Subventionen, also die verbilligten Lebensmittel, die billigen Verkehrstarife, die nicht einmal die Erhaltungskosten tragenden Wohnungsmieten und ähnliches mehr. Und es gab immer Leute, die gesagt haben, man muß das ändern.

Tisch: Wie sollten wir das ändern, ohne das ganze System ändern zu müssen? Wenn wir z.B. die Mieten oder die Lebensmittelpreise hätten erhöhen wollen, hätten wir das Lohnsystem verändern müssen. Wir wären in diese Lohn-Preis-Spirale gekommen. Wenn man mehr ausgibt, muß man es woanders hereinholen, und über Steuern oder Preiserhöhungen wird das ja hereingeholt. Ich stellte mich aber dagegen, muß ich heute sagen, daß wir über Preiserhöhungen die damaligen Probleme hätten lösen können, weil wir damit das Lebensniveau verschlechtert hätten, wenn wir nicht gleichzeitig die Löhne erhöht hätten. Und um die Löhne anzuziehen, dafür waren keine Mittel da. Und hätten wir die Mieten erhöht, wäre das sofort vom Lohn weggegangen; hätten wir die Lebensmittel erhöht, wäre das auch vom Lohn weggegangen. Das Brot war natürlich zu billig, und es gab auch Subventionen, die völlig fehlgelaufen sind. Wir kauften die Gurken teurer auf, als wir sie im Geschäft verkauft haben.

Lepsius: Aber das hat doch nichts mit Sozialismus zu tun?

Tisch: Nein, das war eine völlig falsche Durchführung der Wirtschaftspolitik und der Subventionspolitik. Daran hätten wir auch herangehen können. Ich habe zweimal bei Mittag versucht, eine unabhängige Preiskommission zu bilden, das war Mitte der achtziger Jahre. Aber er ist darauf gar nicht eingegangen.

Weinert: Wie hat er denn darauf reagiert?

Tisch: Er hat sich das angehört und gesagt, ja ja, da ist was dran. Wir hatten zwar das Preisamt, da gab es auch eine Menge Fehler, aber Halbritter hatte ja auch seine Weisungen von Honecker und von Mittag, der konnte ja gar nicht so, wie er wollte. Wenn wir in Urlaub waren, dann bin ich in die Geschäfte gegangen, wir waren einmal in Gral-Müritz in einem Schuhgeschäft, hatten eine Kleinigkeit gekauft und keinen Beutel mit. Da haben wir so einen kleinen Einkaufsbeutel gekauft, der kostete 12 Mark. Dann war ich im Eisenladen, dort kostete der Spaten 7,50 Mark. Das war doch keine Preisrelation! Und ich wußte, daß der Spaten subventioniert wurde, denn allein die Fahrkosten für den Spaten waren schon so hoch wie 7,50 Mark. Das Material war ja auch umsonst. Das waren Dinge, auf die ich Mittag aufmerksam gemacht habe und habe gesagt, das können wir auf Dauer nicht aufrechterhalten, daran gehen wir kaputt. Aber da war bei Mittag nichts zu machen und bei Honecker war es noch schwerer.

Lepsius: Bei Honecker haben wir häufig den Eindruck ...

Tisch: ... ich weiß, was Sie sagen wollen, er hatte keine ökonomischen Kenntnisse, so wird es gesagt.

Lepsius: *Ich wollte nur sagen, Honecker hatte eine Vorstellung über die sozialistische Mindestkultur und Mindestversorgung der arbeitenden Klasse, die im Grunde historisch formiert worden ist durch seine Eigenerfahrung aus den Jahren der Weltwirtschaftskrise. Also was braucht der Arbeiter? Feste Arbeit, niedrige Mieten, eine trockene Wohnung und die Sicherung der Lebensbedürfnisse, daß es Brot, Kartoffeln usw. gibt. Und deswegen glaubte er, Sozialismus sei die Erfüllung jener Bedürfnisse, die die deutsche Arbeiterklasse unter den Bedingungen der Weltwirtschaftskrise 1930/33 nicht befriedigen konnte. Hat das seine Phantasie fixiert auf die Subventionierung von Brot, auf die Niedrighaltung von Mieten u.ä.?*

Tisch: Ich will glauben, daß dieser Grundgedanke bei ihm vorhanden war.

Lepsius: *Aber das ist doch abwegig, denn die soziale und ökonomische Entwicklung im Sozialismus ist ja davon ausgegangen, daß die Lebenshaltung sich erhöht, also auch die Bedürfnisse der Arbeiterklasse nicht mehr durch billiges Brot, billige Miete bestimmt werden, sondern die wollten eben auch ein Auto haben. Und was wurde gemacht? Man hat die Autopreise im Vergleich zu den Mieten etc. absurd hochgesetzt. Es fehlt sozusagen eine dynamische Vorstellung des steigenden Lebenshaltungs- und Bedürfnisniveaus, in dem dieses gar nicht mehr die Grundbedürfnisse sind.*

Tisch: Da schätzen Sie Honecker falsch ein, daß er nur auf diese Grundbedürfnisse eingegangen ist. Die Grundbedürfnisse mußten gesichert sein, aber er wollte schon einen höheren Lebensstandard, daß es mehr Autos gibt, er wollte sogar Videogeräte, er kannte schon die Bedürfnisse der Bevölkerung.

Lepsius: *Aber der Witz ist doch, ich alimentiere diese Grundbedürfnisse, mit deren Erfüllung ich bei der Bevölkerung keinen Effekt mehr erziele, ziehe die Preise der gehobenen Bedürfnisse so hoch, daß ich damit das ganze Einkommen in einer Sparperiode von jeweils fünf Jahren abschöpfe. Die Bevölkerung hat doch genügend Geld gehabt, denn sie konnte nach fünf Jahren diese überteuerten gehobenen Verbrauchsgüter ohne Mühe kaufen. Das Ganze ist also nicht eine Frage der Sicherung der Grundbedürfnisse, sondern eine falsche Allozierung der Geldausgaben der Bevölkerung. Die hat eben für die Wohnung kaum etwas gezahlt, dafür mußte sie bei Autos und anderen Gütern das Dreifache des eigentlichen Preises zahlen. Also herausgenommen haben Sie aus dem Einkommen der Bevölkerung viel, Sie haben es nur herausgenommen für wenige, hochbewertete Güter, während Sie die anderen Güter sozusagen als wertlos in den Verbrauch genommen haben. Sie hätten ja eine Umschichtung vornehmen können, ohne daß das Lohnniveau verdoppelt wird. Haben Sie solche Überlegungen einmal angestellt?*

Tisch: Das ist schon richtig. Sie sehen das natürlich immer vom Standpunkt der kapitalistischen Wirtschaft.

Weinert: *Nein, das ist jetzt eine immanente Betrachtung, denn das wäre nur eine Umschichtung gewesen.*

Lepsius: *Es geht nicht um Kapitalismus, es geht um Allokation von Wert - was ist mir etwas wert, wofür gebe ich etwas aus?*

Tisch: Nehmen Sie etwa das Problem der Autos, wir haben doch ein Autoprogramm gehabt, wir wollten die Autoproduktion steigern. Da gab es einen Vorvertrag mit der CSSR mit Skoda und Wartburg. Das kam ins Politbüro und sollte vier Milliarden kosten. Das war uns damals zu teuer, das war vielleicht Mitte der siebziger Jahre. Dann wurde nachher umgestellt auf VW, da gab es die Motorproblematik, das hat uns ungefähr zehn Milliarden gekostet, aber mehr Autos kamen nicht heraus, weil die Gesamtkapazität der Fabriken nicht erhöht werden konnte. Es wurde eine Verbesserung der PKWs eingeführt durch den neuen Motor und bestimmte andere Dinge. Aber wenn ich die gesamte Produktion nahm, hatten wir vielleicht 10- oder 20 000 PKWs mehr, aber das war doch gar nichts für die Bevölkerung. Dann haben wir die Frage des Imports von PKWs gestellt, ich habe sogar mal den Vorschlag gemacht, Gebrauchtwagen aus der BRD einzuführen. Das war natürlich politisch nicht sinnvoll und wurde sofort abgeblockt. Dann haben wir versucht, über die CSSR mehr Fahrzeuge zu importieren, über die Sowjetunion mehr zu importieren. Aber das hat alles nicht mehr geklappt, es waren sozusagen immer kleine Losnummern, die haben das Problem nicht gelöst. Dann kam die Problematik der Videogeräte, die wollten wir selber produzieren, das ist völlig ins Auge gegangen. Dann wurden Überlegungen angestellt, die Importe über die BRD durchzuführen. Auch das hat alles nicht mehr geklappt. Honecker hat dann zum Schluß geglaubt, mit dem Megachip alle Probleme lösen zu können, aber auch das war nur in die Tasche gelogen.

***Lepsius:** Das ist ja eine interessante technologische Verkürzung der Problematik. Was Sie bei Ulbricht kritisieren, eine primäre Orientierung auf technologische Produktionsverbesserung, die die gesamte soziale Komplexität der Gesellschaft nicht mehr erfaßte, war am Schluß bei Honecker wieder da. Da war es dann der Megachip!*

Tisch: Ich würde aus der heutigen Sicht sagen, daß die Kritik an Ulbricht nicht richtig gewesen ist. Die Idee von Ulbricht war doch völlig richtig, den wissenschaftlich-technischen Fortschritt schneller zu fördern; wir hätten uns sonst früher auf das kapitalistische Niveau einstellen können. Aber das wurde 1971 abgebrochen, weil es dann mehr um die sozialen Fragen ging.

***Lepsius:** Also ist die DDR an der Einheit der Wirtschafts- und Sozialpolitik zugrundegegangen? Also ist sie an Harry Tisch zugrundegegangen?*

Tisch: An der Einheit von Wirtschafts- und Sozialpolitik ist die DDR nicht zugrundegegangen. Sie ist einfach zugrundegegangen, weil sie keine Produktivität hatte, sie ist an der Wirtschaftspolitik zugrunde gegangen.

***Lepsius:** Honecker sagte ja, wir erhöhen den Lebensstandard, damit erhöht sich die Arbeitsproduktivität, durch die erhöhte Arbeitsproduktivität kriegen wir dann in einem dynamischen Prozeß eine Erhöhung der Produktionsquoten und mit der finanzieren wir wieder die erhöhten Ausgaben für die Sozialpolitik.*

Tisch: Das ist ja auch im Grunde genommen gar nicht falsch, wenn die Produktion so gestiegen wäre, wie das im Plan immer vorgesehen war. Wir hatten ja eine jährliche Zuwachsrate von vier Prozent vorgegeben, aber die wurde doch nicht realisiert.

***Weinert:** Die Absicht oder die Orientierung bei Honecker war doch, wenn ich diese vier Prozent habe, schaffe ich eine Legitimationsbasis innerhalb der DDR und natürlich in Abgrenzung zur reichen Bundesrepublik. Vor diesem politischen Hintergrund hat er an diesen vier Prozent, an der Einheit von Wirtschafts- und Sozialpolitik festgehalten und hat darüber auch nicht mit sich reden lassen. Und wenn er angefangen hätte, das Preissystem zu flexibilisieren, dann hätte das* *möglicherweise um sich gegriffen und diese Konstruktion wäre ihm aus dem Ruder gelaufen. Wie sehen Sie das?*

Tisch: Daran hat er sicher nicht geglaubt.

Weinert: *Warum hat er denn daran festgehalten?*

Tisch: Sie dürfen aber auch die DDR nicht isoliert sehen, sie war doch in den RGW eingebunden. Und was immer außer acht gelassen wird, wir waren doch fest angebunden an die SU, wir kamen doch gar nicht los von der SU, wir waren doch auch abhängig von der SU, z.B. die ganzen Rohstoffe, die wir von der SU bekommen haben. Als die Sowjetunion uns das Erdöl kürzte, hat Honecker die These verkündet, die meiner Meinung nach gar nicht falsch war: Jetzt geht's an die Existenz der DDR. Das war ja auch so.

Weinert: *Aber diese Rohstoffkürzungen haben nicht zu einer Reduzierung dieser magischen vier Prozent geführt.*

Tisch: Nein, dazu hat es nicht geführt. Als wir das Erdöl nicht bekamen, haben wir innerhalb eines Jahres von Erdöl auf Braunkohle umgestellt. Der Vorwurf, den man uns macht, daß wir die ganze DDR umgewühlt haben, das war doch unser Problem, wir hatten kein Erdöl mehr zum Heizen, also mußten wir auf Braunkohle umstellen. Das hat uns in einem Jahr zehn Milliarden zusätzlich außerhalb des Planes gekostet ...

Weinert: *...bei gleichzeitiger Fortführung dieser Vier-Prozent-Steigerung?*

Tisch: Die vier Prozent blieben im Plan.

Weinert: *Aber dem Politbüro mußte doch bewußt gewesen sein, daß diese Rohstoffkürzungen zu größeren Diskrepanzen führen mußten?*

Tisch: Das war uns auch zum Teil bewußt.

Weinert: *Warum hat es da keine Fraktionsbildung gegeben von ökonomisch denkenden Menschen, um zu einer Stabilisierung der DDR gegenüber der Bundesrepublik und auch intern zu kommen, weshalb hat man nicht versucht, über neue Formen der Preisregulierung die DDR sozusagen auf eine andere, neue ökonomische und sozialpolitische Basis zu stellen, um diesen Strukturfehler, der ja wohl doch 1971 mit der Einheit von Wirtschafts- und Sozialpolitik gelegt wurde, zu beheben?*

Tisch: Es gab einfach keine Strategie, selbst bei denen, die in Opposition standen, wenn ich so sagen darf, wie man das ändern könnte.

Lepsius: *War Honecker eine so starke Persönlichkeit, daß seine Definition prinzipiell akzeptiert wurde, auch bei eigenem Zweifel?*

Tisch: Doch, er war eine dominierende Persönlichkeit in der Zeit, als er an der Macht war. Es wagte schon zum Schluß keiner, etwas gegen seine Meinung zu sagen.

Lepsius: *Worauf beruhte dieses Prestige, diese Durchsetzungskraft von Honecker? Theoretisch ist das im Sozialismus gar nicht vorgesehen. Das Politbüro ist der Satzung nach ein kollektiver Führungsstab. Woher kommt diese starke Stellung des Generalsekretärs in dem Kollektiv der Parteiführung? Das haben wir ja auch in der Sowjetunion und in den anderen ehemaligen sozialistischen Staaten,* *das ist keine Einzigartigkeit der DDR. Wie erklären Sie sich diese isolierte Durchsetzungskraft des Generalsekretärs?*

Tisch: Die war ja nicht isoliert, das wurde doch gebilligt, das wurde vom Kollektiv gebilligt. Honecker hatte in alle Entscheidungsfragen Einblick. Wenn ich einmal von mir als Gewerkschaftsvorsitzenden ausgehe: Ich hatte keinen Einblick in die außenpolitischen Details, ich hatte auch keinen direkten Einblick in die wirtschaftlichen Detailfragen, ich kümmerte mich um die Gewerkschaftsproblematik. Honecker war im Politbüro derjenige, der von allem die Informationen hatte und es auch verstand, sie so darzulegen, daß sie für die anderen Politbüromitglieder verständlich wurden, und das wurde akzeptiert. Dabei stellt sich heute heraus, daß das ja gar nicht seine eigenen Entscheidungen waren, sondern daß in Wirtschaftsfragen, aber das wußten wir damals schon, Mittag sehr stark war, der ihm das alles suggeriert hat, die waren ja auch privat sehr viel zusammen. Mittag hat seinen Einfluß sehr stark ausgenutzt bei Honecker. Wenn das heute so dargestellt wird, daß Honecker keine ökonomischen Kenntnisse gehabt hätte, er sich darum auf Mittag verlassen hätte - woraus die Liebe Honecker-Mittag entstanden ist, vermag ich heute noch nicht zu sagen.

Lepsius: Persönlich mochten die sich doch gar nicht sonderlich!

Tisch: Ja, das weiß ich nicht. Das hat man nicht gespürt im Kollektiv, daß sie sich nicht mochten. Jedenfalls sind sie immer eine Schiene gefahren. Dazu kam dann die andere Flanke der Staatssicherheit und der Medienpolitik, die Honecker auch stark in der Hand hatte, Herrmann war ja nur Durchführer, so daß die, die außerhalb des Sekretariats waren, gar nicht groß die Richtung der Politik beeinflussen konnten.

Weinert: Offenbar gab es im Politbüro eine sehr starke Fragmentierung, also Sie waren für FDGB, Sozialpolitik zuständig, Mittag für Wirtschaft, Mielke für die Staatssicherheit etc., und es gab nur einen, der den gesamten Überblick hatte, und das war Honecker, und darauf begründete sich seine sehr starke Macht. Und wenn Sie ressortübergreifende Fragen gestellt haben, wurden Sie gleich mit anderen Informationen konfrontiert, die Sie nicht hatten, so daß Sie das gleich sein ließen. Es gab also keine Brechung dieser fragmentierten Ressorts, die wurde nur über die Person Honeckers hergestellt?

Tisch: Heute wird ja vieles dargestellt. Die Politbürositzungen waren einmal in der Woche, am Dienstag. Wir kriegen am Freitag abend das Material, konnten das studieren und uns vorbereiten, konnten unsere Meinung sagen, das war ja alles nicht verboten. Aber sonst trafen wir uns als Politbüro ja nicht, nur bei Veranstaltungen, wenn irgendwelche Sondergeschichten gewesen sind. Aber das Politbüro in seiner Funktion trat nur am Dienstag für zwei, drei Stunden zusammen.

Weinert: Das ist aber schon sehr kontinuierlich!

Tisch: Das war sehr kontinuierlich. Dann war mittwochs die Sekretariatssitzung. Was im Sekretariat besprochen wurde, wußten die anderen Politbüromitglieder gar nicht, ein Teil von uns kannte das gar nicht. Das Sekretariat hatte ja auch eine große Entscheidungskraft, natürlich vor allem nach innen. Die Grundfragen wurden im Politbüro besprochen. Ich will damit sagen, daß die Politbüromitglieder, die außerhalb des Sekretariats standen, wirklich angewiesen waren auf das Material, das sie am Freitag abend bekommen haben und sich daraus eine Meinung bildeten, und die am Dienstag vortrugen.

Weinert: *Es gab einen riesigen staatlichen Apparat, der Informationen geliefert hat, und es gab das Zentralkomitee der SED, das auch seine Informationsstränge hatte. Es gab also einen ziemlich umfangreichen Apparat, in dem unterschiedliche Formen der Willensbildung stattfanden. Wenn es dann aber zu Entscheidungen gekommen ist, dann reduzierte es sich auf ein Organ, nämlich das Politbüro, und innerhalb des Politbüros auf die Entscheidung eines Mannes - ist das richtig?*

Tisch: Das würde ich so nicht sehen. Im Politbüro mußten doch die Entscheidungen zum Schluß gefällt werden ...

Weinert: *Aber Sie sagen doch auch, Sie konnten nur für Ihren Zuständigkeitsbereich etwas sagen, und wenn ein anderer etwas über den FDGB gesagt hat, sind Sie dem gleich in die Parade gefahren?*

Tisch: Dann bin ich dem in die Parade gefahren, natürlich.

Weinert: *Weil das nicht seine Zuständigkeit war, es sei denn, Erich Honecker hätte Ihnen etwas gesagt, das haben Sie sich angehört?*

Tisch: Das mußte ich mir schon anhören!

Lepsius: *Sie hatten ja als Vorsitzender des FDGB eine sehr große Informationsbasis in eigener Regie. Sie haben Informationen aus den Bezirken und Betrieben erhalten. Sie waren unabhängig von dem Sicherheitsapparat, unabhängig vom Parteiapparat und hatten sehr breite und wirklich die Basis erfassende Informationen. Nur, wenn Sie diese Informationen alle vor sich hatten, mußten Sie doch sehen, welche Spannungen und Probleme es in den Betrieben gab, inwiefern dort sowohl Versorgungsprobleme wie aber auch insbesondere Probleme der Arbeitsorganisation aufgetreten sind, die auch die Arbeitsproduktivität sehr gehemmt haben, z.B. durch mangelnde Materialzulieferungen, durch Fehlzeiten usw. Haben Sie daraus mal etwas gemacht im Politbüro?*

Tisch: Ich habe alle vier Wochen unseren Informationsbericht an das Politbüro, also an die Informationsabteilung geschickt, mußte aber feststellen, daß der im Politbüro keinen Widerhall fand. Im Politbüro gab es nur die Information des Parteiapparats. Dohlus war dafür verantwortlich und die Abteilung Organisation und Information. Sie widerspiegelten aber nicht die Information, die in das Politbüro kam, sondern da war die Information der ersten Kreis- und Bezirkssekretäre der Partei maßgeblich. Ich habe manchmal nachgefragt, ob sie denn unsere Information nicht gelesen hätten. Da haben sie gesagt, doch, doch, die finden sich doch wieder. Ich habe gesagt, ich finde sie aber nicht wieder in eurem Bericht. Aber darüber zu diskutieren, lohnte sich gar nicht, ich kam damit auch nicht durch. Wir haben z.B. Informationsberichte bei der Wahl direkt ins Politbüro gegeben, dann standen sie zur Diskussion. Nur wenn sie mal auf all die Widersprüche aufmerksam gemacht haben - auch ich kriegte ja schon von unten gefilterte Berichte. Also die Gewerkschaften waren doch auch im Betrieb der Parteiorganisation zugehörig, und was auf der Parteilinie informiert wurde, viel anders konnte der BGL-Vorsitzende auch nicht informieren. Es begann doch schon in den Betrieben, daß die Informationen gefiltert wurden, "Gib das bloß nicht nach oben", hieß es da. Und dann kam der Kreis, dann der Bezirk, die haben alle gefiltert, und oben kam ein ziemlich lupenreiner Bericht an. Nur hatte ich gründlichere Informationen, ich wußte über die Versorgung Bescheid, ich wußte über die Widersprüche in den Betrieben Bescheid, die auch in den Informationsberichten ihren Niederschlag fanden, die aber nicht berücksichtigt wurden.

***Weinert:** Aber das hätte Sie doch alarmieren müssen ...*

Tisch: ... ja, aber Sie sehen das alles aus der falschen Sicht. Sie müssen einmal sehen, wie das damals im praktischen Leben gewesen ist. Ich habe z.B. nie an den Zusammenbruch der DDR geglaubt. Die Widersprüche habe ich zwar gesehen, aber ich glaubte, wir könnten sie lösen. Daß die DDR zusammenbrechen würde, das habe ich noch nicht einmal geglaubt, als wir Honecker abgesetzt haben. Da haben wir noch geglaubt - Krenz, Schabowski, als wir bei mir in der Wohnung zusammensaßen -, daß wir die Sache retten können. Daß die DDR zusammengebrochen ist, das habe ich genauso miterlebt wie alle anderen auch. Am 4. November, als die große Demonstration auf dem Marx-Engels-Platz war, da habe ich mit Alfred Neumann noch eine Diskussion gehabt, damals saß ich noch im ZK. Da habe ich gesagt, jetzt ist es zu Ende mit uns. Da hat der noch gesagt, das schaffen wir schon, solche Demonstrationen vergehen wieder. Bei allem Wissen, was wir hatten, haben wir die Stimmung im Volk nicht richtig eingeschätzt.

***Weinert:** Was für eine Kenntnis und was für ein Bewußtsein haben Sie damals gehabt von diesen Diskrepanzen in den Betrieben, in der Versorgung usw.?*

Tisch: Um Ihnen das einmal zu erklären, nehmen Sie meine Niederschrift aus dem Jahre 1977. Wie ist das weiter gegangen? Der Planentwurf ist eingereicht worden, das war die Vorberatung, da wurden auch die Probleme aufgezeigt und Schürer kriegte den Auftrag, sie einer Lösung zuzuführen. Dann wurde das überarbeitet und kam direkt ins Politbüro. Die Vorlage enthielt jetzt auch Lösungsvorschläge; ob sie real waren, war eine ganz andere Frage. Aber er hat Lösungsvorschläge vorbereitet und dem Politbüro vorgelegt. Dann wurde der Plan im Prinzip bestätigt, gar keine Details, und der Regierung überwiesen. Dann ging es in die Ausschüsse der Volkskammer. Dann kam Schürer als Vorsitzender der Plankommission zu uns ins Präsidium des Bundesvorstandes des FDGB und hat seinen Plan erläutert. Da saßen alle Vorsitzenden der Industriegewerkschaften, die ja Erfahrungen hatten, die waren immer bei der Planvorbereitung ihres Ministers in der Plankommission dabei.

Ich wußte, was die Industriegewerkschaften bei den einzelnen Planvorbereitungen gesagt hatten. Und dann kam der Plan auf den Tisch, und der sah eigentlich recht sauber aus, bloß wurde er schon im Januar schon wieder korrigiert, das war doch das Problem. Der Plan wurde beschlossen, war Gesetz, und wurde im Januar schon wieder korrigiert.

***Hertle:** Wenn Sie sagen, Sie selbst sind vom Zusammenbruch 1989 überrascht worden, dann überrascht uns das deshalb, weil es diese Aufzeichnung von 1977 gibt und dann periodisch ähnliche Krisensitzungen, meist im kleinen Kreis, stattgefunden haben und immer wieder darauf hingewiesen wurde, daß die Zahlungsbilanz nicht mehr zu beherrschen ist. Schürer hat die Zahlungsbilanz monatlich im Politbüro vorgetragen; Sie beschließen, den "Sockel" zu halbieren, er wird aber nicht halbiert, er steigt weiter an. Hatte das denn schon zu einer Gewöhnung geführt, daß man das, was Schürer gesagt hat, gar nicht mehr ernstgenommen hat, weil man gesehen hat, irgendeine Lösung wurde immer wieder gefunden?*

Tisch: Ich bin ja mit Schürer gut bekannt. Daß man nun sagt, er mahnte und mahnte, so ist das ja nun nicht. Wenn er das heute sagt, dann sagt er auch zuviel über sich. So viel hat Schürer nicht gemahnt. Und wenn er sich beruft auf sein Papier, das er 1988 eingereicht hat: Das war ein schwaches Papier, das hätte die Lösung auch nicht gebracht. Darum wurde das Papier auch zurückgewiesen, es enthielt nur eine Umschichtung, daraus war doch keine neue Strategie zu entnehmen. Und in persönlichen Gesprächen hat er oft gesagt, wir werden zahlungsunfähig, bloß es schob sich von Jahr zu Jahr hinaus und KoKo fand immer wieder Wege für neue Kredite, und so stoppelte sich das immer. Nur, die Sorge, wann wird das zu Ende gehen, hatten wir schon vor Augen. Wir hatten mit der Sowjetunion Gespräche, die Minister waren in der SU, es wurden Verhandlungen im RGW geführt, dann hat die SU wieder eine Million Tonne Erdöl mehr gegeben, aber uns die Edelmetalle gekürzt - Gold, Silber, alles wurde gekürzt. So wurde der Berg vor uns immer größer. Aber jetzt die Lösung zu finden, wie das generell zu ändern ist - ich habe neulich mit Krenz zusammengesessen und habe ihm gesagt, weißt du, als wir Honecker abgelöst haben, da hatten wir noch keine Konzeption, wie es weitergehen soll. Und wir haben geglaubt, wir lösen Honekker ab und beginnen dann mit der Ausarbeitung einer Konzeption, aber das war alles zu spät. Daß wir eine andere Konzeption brauchten, war schon unsere Sicht, wir hätten die nur haben müssen, als wir Honecker abgelöst haben. Was in der Politbüro-Erklärung drin war, waren ja auch nur Ansätze einer neuen Konzeption.

Lepsius: Bis zu einem bestimmten Zeitpunkt war Honecker sozusagen tabu, dann aber waren Sie der Meinung, jetzt muß er weg, dann war er nicht mehr tabu. Was ist da passiert? Bis wann war Honecker tabu?

Tisch: Für die Gesamtführung war er tabu, aber persönlich war ich schon länger der Meinung, daß wir nicht so weitermachen können. Das war mir schon bei seinem Besuch in der BRD 1987 klar. Als ich mir die Tischreden angesehen habe, die Kohl gehalten hat und seine Tischrede. Das war so niederschmetternd für mich; er ist auf Kohls Reden nie eingegangen, bis auf den einen Satz, Kapitalismus und Sozialismus sind wie Feuer und Wasser. Er ist nie eingegangen auf die Mauergeschichte, nicht auf die Verwandtschaftsgeschichten, die Kohl dezent, aber doch angesprochen hat, die auch Strauß angesprochen hatte. Er ist auf diese Fragen nie eingegangen. Er hat meiner Meinung nach sehr blaß ausgesehen. Bloß, es wurde bei uns alles so hochgespielt, als sei diese Reise ein großer Erfolg für ihn gewesen.

Später gab es dann erste Tastversuche. Ich wußte doch gar nicht, wer im Politbüro so dachte wie ich. Krenz wußte auch nicht, wer so dachte wie er, Schürer auch nicht. In der offiziellen Sitzung wurde das nicht besprochen, und wenn wir so zusammen waren, hat es auch kaum einer gewagt, dem anderen zu sagen, wie er wirklich über die Lage denkt.

Weinert: Keiner konnte dem anderen trauen im Sinne von politischen Alternativlösungen, die die Position Honeckers in Frage gestellt hätten?

Tisch: Das war bis 1988 eine Frage, die für jeden das Todesurteil bedeutet hätte - im politischen Sinne natürlich.

Lepsius: Unterstellen wir, Sie hätten im Jahr nach dieser Reise, also 1987/88, bei irgendeiner Gelegenheit einen Kollegen aus dem Politbüro gesehen und hätten zu dem gesagt: "Der Erich hat doch eigentlich blaß ausgesehen, findest du nicht auch?"

Tisch: Und das wäre ihm zu Ohren gekommen ...

Lepsius: ... das hätten Sie zu keinem gesagt?

Tisch: Das hätte ich zu keinem gesagt.

Lepsius: *Das ist ja noch nichts Böses, das heißt ja noch nicht, daß der unfähig ist, aber das hätten Sie trotzdem niemandem gesagt?*

Tisch: Nein, 1987 noch nicht.

Lepsius: *Hätten Sie gedacht, der würde zum nächsten sagen: "Der Tisch hat aber gesagt ..."*

Tisch: ... natürlich, damit mußte ich doch rechnen. Und Fraktionsbildung wurde bei uns doch sehr scharf verurteilt.

Weinert: *Zum Schluß haben Sie aber faktisch doch angefangen ...*

Tisch: ... wir haben eine Fraktion gebildet, ja.

Weinert: *Ist das deshalb so amateurhaft gewesen, weil Ihnen mehr oder weniger bewußt gewesen ist, daß Sie gegen eine Basisnorm im Sozialismus verstoßen haben, denn Sie haben eine Fraktion gebildet, und sie konnten nicht sicher sein, was dabei herauskommt?*

Tisch: Das war für uns, als wir zusammenkamen, nicht sicher, was dabei herauskommt, obwohl damals schon die Fühler ausgestreckt waren. Wir wußten, was Stoph denkt, da hatte z.B. Krenz seine Verbindungen hin, und ich wußte auch, was einige dachten, weil man doch schon ein bißchen offener damals diskutiert hat. Aber wir haben uns in meiner Wohnung konspirativ getroffen.

Hertle: *Wer hat das Treffen wie eingefädelt?*

Tisch: Wir waren uns ja schon vor der Feierlichkeit zum 40. Jahrestag einig, Krenz, ich, Schabowski und noch einige andere, daß es so nicht weitergehen kann, daß man verändern muß.

Hertle: *Wie haben Sie diese Einigkeit dann festgestellt?*

Tisch: Durch unsere Gespräche.

Weinert: *Aber das war doch so gefährlich, haben Sie gesagt!*

Tisch: Das war auch gefährlich!

Lepsius: *Also 1987 hätten Sie nicht z.B. zu Krenz gesagt: "Der Erich sah doch sehr blaß aus, ob der das noch kann?" Und 1989 ...*

Tisch: ... ob ich es nicht zu Krenz gesagt habe, das weiß ich gar nicht. Wir haben uns z.B. 1988 getroffen und haben schon sehr intensive Gespräche geführt. Nur, Krenz glaubte, daß sich das alles "biologisch" lösen wird - es hat sich ja bis heute noch nicht biologisch gelöst. Ich habe ihn darauf aufmerksam gemacht, wenn wir auf die biologische Lösung warten, können wir vielleicht noch lange warten. Honecker hat ja doch den XII. Parteitag ein Jahr früher einberufen, um sich wieder wählen zu lassen. Das war mir auch bewußt, als er die Frage gestellt hat, den Parteitag ein Jahr vorher einzuberufen.

Weinert: *Das war für Sie ein Indikator, dieses Vorziehen des Parteitages?*

Tisch: Ja. Er war doch ständig dagegen, wenn einer ausschied, der jünger war als er, dann hat er schon Krach gemacht. Ob das ein Minister war oder ein anderer Funktionär, der aus Altersgründen ausschied, dann hat er gefragt, warum scheidet der aus. Aber ich will Ihnen sagen, das sind ja auch solche menschlichen Probleme. Als ich zum Vorsitzenden der Gewerkschaft vorgeschlagen wurde, hatte ich ein Gespräch mit ihm, 1975, da hat er zu mir gesagt, mit mir braucht man nicht zu diskutieren, wann ich zurücktreten soll, ich weiß, wann der Zeitpunkt gekommen ist, und das wird nicht spät sein. Je länger es dann dauerte, um so sturer wurde er. Und, das dürfen Sie auch nicht vergessen, diese ganze internationale Aufwertung, die er erfahren hat, auch durch das Türklinkengeben der westdeutschen Politiker - er war auch sehr eitel - hat ihn in der Auffassung bestärkt, welche große Rolle er spielt. Als er gewählt wurde, hat er noch gesagt, ich bin einer unter euch, aber das hat sich im Laufe der Jahre verändert. Er wurde immer mehr der Erste, und er hat sich in diese Rolle hineingesteigert: Ich bin derjenige, der die DDR führt, der alles kann, der alles weiß, ich habe internationale Autorität. Und er hat sie auch bekommen, das ist ja Fakt, er war fast in allen Ländern außer den USA, sonst war er ja überall gewesen und wurde überall hofiert, selbst vom japanischen Kaiser. Das spielt doch beim Menschen alles eine Rolle, das kann man doch aus dieser ganzen Entwicklung nicht einfach ausklammern. Das spielte auch für uns eine Rolle, ob wir etwas sagen oder nicht. Vom Besuch aus der BRD kam er doch wie der König zurück. Wir kriegten auch die Protokolle zu lesen von den Vier-Augen-Gesprächen mit Kohl. Da hat er sich ja ganz gut geschlagen. Und er ist als der Sieger aus der BRD zurückgekommen, nicht als Unterlegener; er wurde dort mit Hymne und allem empfangen, was man ja heute alles nicht wissen will.

Lepsius: *Ich möchte auf einen Zusammenhang kommen, der beim FDGB vielleicht eine Rolle spielt. Es gab ja eine Art Demoralisierung der arbeitenden Bevölkerung in der Arbeitssituation, und diese Demoralisierung ist eine, die im Zusammenhang steht mit dem Umstand, daß die Arbeitsorganisation eigentlich von der arbeitenden Bevölkerung selbst als unbefriedigend erkannt wurde. Nicht eine Demoralisierung durch Einkommen, sondern daß sie die Arbeitsorganisation im ganzen als ineffizient und daher auch die eigene Arbeitsleistung abgewertet sahen.*

Tisch: Glauben Sie, daß die Bevölkerung das so gesehen hat?

Lepsius: *Das ist die Frage.*

Tisch: Ich will es nicht glauben, und ich habe es selber nicht geglaubt.

Hertle: *Es lassen sich aber schon derartige Äußerungen in den Dokumenten finden. Schürer ist zu Diskussionen in das Kabelwerk Oberspree gegangen, und da hat man zu ihm gesagt: "Was ihr hier seit Jahren von uns verlangt, ist, daß wir den Sozialismus mit dem Faustkeil aufbauen sollen." Auch woanders gibt es solche Äußerungen. So zitiert zum Beispiel ein SED-Stimmungsbericht einen Arbeiter aus dem Ammendorfer Waggonbau mit den Worten: "Bei dieser Arbeitsorganisation, am besten wär's, man bliebe zu Hause." Es fallen gerade in der Wendezeit immer wieder solche Äußerungen, gerade auch nach Ihrer Erklärung in der "Tribüne", in der Sie ja auch Probleme ansprechen, die auf eine solche Demoralisierung hinweisen.*

Tisch: Ja, daß es eine bestimmte Demoralisierung gegeben hat, bestreite ich nicht.

Hertle: *Die Beschäftigten waren zutiefst frustriert über den Zustand der Werke; sie sahen jahrelang, wie alles zusammenbrach.*

Tisch: Diese Demoralisierung habe ich so nicht gesehen. Daß wir in der Arbeitsorganisation große Schwierigkeiten hatten, war allgemein bekannt. Das hing mit dem fehlenden Material zusammen, das war oft die Entschuldigung, warum man nicht arbeiten konnte und darum auch der Plan nicht erfüllt werden konnte. Dann wurden bei uns die Feierabendbrigaden zugelassen, darin zeichnete sich schon eine Demoralisierung ab, denn die Feierabendbrigaden haben ja in der Feierabendarbeit viel mehr verdient als in der Arbeit, und da haben sie auch mehr geleistet. Und die haben ja die Feierabendarbeit vorgezogen, die sind in den Betrieb gegangen, haben ihre Arbeit schlecht und recht getan und haben sich vorbereitet auf die Arbeit am Wochenende. Ich habe das sogar zu Honecker gesagt, daß wir uns mit der Feierabendarbeit totfahren. Laßt doch die Leute ein bißchen dazuverdienen, sagte er. Ich sagte, ja, aber das ist doch kein Problem des Dazuverdienens, sondern daß wir in der Infrastruktur so schlecht sind, daß wir keine Handwerksbetriebe in genügendem Umfang haben, die das machen können; darum greifen doch die Leute auf die Feierabendbrigaden zurück. Aber darüber war keine gründliche Diskussion möglich. Ich war im Grunde genommen gegen die Feierabendbrigaden, weil sie ja auch viele Betriebe durcheinanderbrachten. Ich wußte z.B., daß in der Nachtschicht Leute von der Werkbank weggegangen und drei Stunden Taxi gefahren sind, dann zurückgekommen sind und weitergearbeitet haben. Ich hatte ja meine Informationen. Ich habe gesagt, Leute, das kann doch nicht so weitergehen. Aber es gab über solche Fragen keine Möglichkeit der offenen Diskussion im Politbüro.

***Lepsius:** Aber in der Gewerkschaftsorganisation selbst?*

Tisch: Da gab es solche Diskussionen.

***Lepsius:** Das war ja auch ein Problem für alle Kollegen, die in den Betrieben tätig waren.*

Tisch: Sie müssen die Gewerkschaft eingebunden sehen in das gesamte System. Wenn ich zum Beispiel in einen Betrieb fuhr, habe ich vorher Kollegen hingeschickt, um sich zu informieren. Die sollten insbesondere herauskriegen, welche Fragen in der Belegschaft diskutiert werden. Meistens war dann eine Vertrauensleutevollversammlung, ich wollte das Schlußwort halten und war interessiert, auf solche Fragen einzugehen. Ich wußte also, wenn ich in einen Betrieb fuhr, welche Fragen auftauchen werden, ob das nun Versorgungsfragen waren oder arbeitsorganisatorische Fragen.

Dann kam ich in den Betrieb, das war natürlich immer vorbereitet, und dann gab der Direktor einen Lagebericht, der BGL-Vorsitzende gab einen Lagebericht, und manchmal auch noch der Parteisekretär. Dann habe ich fast bei jedem Besuch die Frage gestellt: "Und was denken die Leute?" Dann waren meistens der Direktor, der Parteivorsitzende und BGL-Vorsitzende schon schockiert, wenn ich überhaupt diese Frage aufgeworfen habe. Dann fingen sie an mit dem Friedenskampf und den Plan zu diskutieren, und ich habe gesagt, nein, was denken die Leute so über das allgemeine Leben. Glauben Sie, ich habe aus den Reihen etwas rausgekriegt? Die haben dann wahrscheinlich gedacht, wie kommt der dazu, solche Fragen zu stellen. Ich habe gesagt, bei euch gibt es doch diese Diskussion - ja, hieß es dann, aber die ist nicht so schlimm. Ich sagte, was heißt nicht so schlimm? Dann bin ich durch den Betrieb gegangen und habe mit den Leuten gesprochen, nicht bloß mit den Vorgesetzten. Das wurde von den Arbeitern immer begrüßt. Die Berichte kamen auch nach oben, das wurde von anderen Politbüromitgliedern schon gar nicht gern gesehen, daß ich unten in den Betrieben gut angekommen bin. Ich habe meine Schlußworte nie auf Tonband aufnehmen lassen, ich habe immer einem Mitarbeiter gesagt: "Paß auf, daß mein Schlußwort nicht auf Tonband aufgenommen wird." Denn sonst kann man zur Verantwortung gezogen werden, und so kann man sich noch herausreden. Ich habe die Schlußworte meistens freigehalten und bin auf die Fragen eingegangen, die die Kollegen gestellt hatten, so daß ich oft unbefriedigt wieder von einem Betriebsbesuch nach Hause gefahren bin und mir im Auto Gedanken gemacht habe, was ist eigentlich bei uns los.

Die Vertrauensleutevollversammlung, die habe ich erst wieder zur Vertrauensleutevollversammlung gemacht. Das waren, als ich Vorsitzender der Gewerkschaft wurde, Funktionärsversammlungen der Partei und der Wirtschaftskader. Die wenigsten waren Vertrauensleute. Dann habe ich sogar im Politbüro den Antrag gestellt, daß die Vertrauensleutevollversammlung nur Vertrauensleute sind und nur die Direktion und der Parteisekretär eingeladen werden kann. Dann konnten wir feststellen, daß die Vertrauensleute wirklich Vertrauensleutevollversammlungen waren. Das war ja eigentlich das Gremium, in dem der Plan diskutiert wurde und in dem die Kollegen ihre Meinung sagen sollten und auch oft ihre Meinung gesagt haben, die weiter oben wieder korrigiert worden ist.

Lepsius: *Der FDGB hätte doch auch die Arbeitsbedingungen und die Arbeitsproduktivität thematisieren müssen. In der Generalstrategie der Partei war die Arbeitsproduktivität der Dreh- und Angelpunkt. Und der FDGB hätte eine zentrale Funktion in dem Bemühen haben müssen, die Arbeitsproduktivität zu steigern.*

Tisch: Das hat er ja auch gehabt. Weil Sie von der Arbeitsproduktivität sprechen: Die These Lenins, daß die Steigerung letztlich entscheidend ist, haben wir jeden Tag in den Mund genommen. Wir wußten das und haben uns doch darauf konzentriert.

Lepsius: *Aber ich habe immer den Eindruck, daß das in den Stellungnahmen von Honecker und anderen eine Bewußtseinsfrage war, also ist die Bevölkerung erst im Bewußtsein sozialistisch, dann wird sie eine höhere kollektive Verantwortung und Moral haben und mehr arbeiten. Dann hat man gesagt, wir müssen ökonomische Anreize bieten, Prämien verteilen, einen gewissen Leistungslohn einführen usw. Es fehlt aber das zentrale Element, was zwischen Bewußtsein und Individualmotivation über Einkommen vermittelt, nämlich die tatsächliche Arbeitsorganisation. Der Sozialismus hatte eigentlich nur ein technologisches und ein Bewußtseinstheorem für die Produktivitätssteigerung, kein soziologisches Theorem der partizipativen Aneignung der Arbeitsaufgaben in flexiblen Strukturen der Arbeitsorganisation. Die Arbeitsorganisation wurde nicht thematisiert; aus dem sozialistischen Eigentum wurde eine normative Motivation einfach abgeleitet ohne Beachtung der Handlungsstrukturen. Das ist doch eine ganz merkwürdige Gesellschaftsauffassung, die im Sozialismus geherrscht hat, im Grunde eine sozial leere Auffassung von Gesellschaft!*

Tisch: Wir sind natürlich stark vom Bewußtseinsfaktor ausgegangen.

Lepsius: *Aber das ist doch das letzte, was Marx gesagt hat - der hat gesagt, es käme primär auf die Produktionsverhältnisse an ...*

Tisch: ... Marx hat aber gesagt, das materielle Sein bestimmt das Bewußtsein.

Lepsius: *Richtig, aber Sie haben gesagt, das Bewußtsein stand im Vordergrund. Das ist doch Marx auf den Kopf gestellt! Sie haben doch die DDR mit Schiller regiert, nicht mit Marx.*

Tisch: Wir haben in vielen Fällen den Boden von Marx verlassen, das stimmt schon.

Weinert: *Aber Sie glaubten doch, durch eine Mobilisierung der Reserven der Arbeiterklasse etwa im sozialistischen Wettbewerb, das ist ja ein Verfahren auf dieser Bewußtseinsebene, neue Leistungsreserven freizulegen. Das ist ja der Punkt, damit wurde die Arbeitsorganisation ausgeklammert; wenn ich die Arbeiterschaft richtig mobilisiere, dann werde ich die Leistung schon hinkriegen, der ganze sozialistische Wettbewerb ist doch darauf ausgerichtet gewesen.*

Tisch: Innerhalb des sozialistischen Wettbewerbs, ja.

Weinert: *Aber das ist doch eine reine Bewußtseinsmobilisierung!*

Tisch: Ja, die natürlich in höherer Leistung enden sollte. Die auch zum Teil in höherer Leistung geendet hat, aber trotzdem am Grundübel nichts geändert hat. Sie hat nichts an der Arbeitsorganisation geändert.

Weinert: *Sind solche Fragen der Arbeitsorganisation bei der Vorbereitung des sozialistischen Wettbewerbs diskutiert worden?*

Tisch: Die Arbeitsorganisation spielte in den Betrieben eine große Rolle, auch wenn es nicht die zentrale Rolle gespielt hat. Aber was soll ein Betrieb in der Arbeitsorganisation machen, wenn ihm die Technik fehlt?

Lepsius: *Die Organisation der Brigaden stellte ja auch ein Konzept dar.*

Tisch: Die Brigade war der Schlüsselpunkt.

Lepsius: *Was hat sich die Gewerkschaft mit der Brigade vorgestellt, was für eine Gruppenbildung sollte hergestellt werden. Wie weit haben Sie als Gewerkschaft mit der Brigade Partizipationschancen eröffnet? Stand da eine Strategie dahinter?*

Tisch: Dahinter stand keine Strategie in dem Sinne, wie Sie es jetzt gesagt haben. Aber die Brigaden, zum Beispiel die Mamai-Brigade in Halle, waren ein Ansatzpunkt. Mir gefiel sie nicht, weil dort die These aufgestellt wurde: "Sozialistisch arbeiten, sozialistisch lernen, sozialistisch leben". Da möchte ich fragen, was heißt das eigentlich, sozialistisch leben oder sozialistisch lernen - wenn das eine sozialistisch ist, muß das andere doch kapitalistisch sein, sonst brauche ich doch nicht das "sozialistisch" davorzusetzen. Ich habe immer versucht, das abzuschaffen und habe es auch abgeschafft. Aber nach dieser Brigade zu leben und zu arbeiten war ja der höchste Punkt des sozialistischen Wettbewerbs, nur begriffen das die Arbeiter gar nicht. Diese Mamai-Brigade hat sich auch ausgedehnt auf andere Betriebe. Und als ich das abgeschafft habe, bekam ich sogar Streit mit der Bezirksleitung in Halle, die meinte, daß ich jetzt alles zerstören wolle, was sie aufgebaut hatten. Mir paßte das aber nicht, weil ich keinen Sinn darin sah. Es hat sich ja auch herausgestellt, daß es keinen Sinn machte. Ich war in der Brigade Mamai und habe die Frage gestellt, wie sie nun sozialistisch arbeiten und wie sie leben. Es gab im Kollektiv Veranstaltungen, Reisen, die kollektiven Feiern, das war ein wichtiger Punkt, den heute viele Menschen bei uns vermissen, dieses Zusammengehörigkeitsgefühl, die Solidarität untereinander, das war schon positiv. Nur sozialistisch arbeiten, ja, dazu brauche ich doch bestimmte Voraussetzungen, und die Arbeit kann ich ja nicht nur sozialistisch taufen.

Hertle: *Im Oktober 1989 wurde in der "Tribüne" gefordert, daß der FDGB eigenständiger agieren sollte. In dieser Forderung drückt sich ja schon aus, daß er vorher nicht eigenständig, sondern untergeordnet war, nämlich unter die Partei und sich auch schwächer als Interessenvertretung hervorgetan hat. Sie haben* *jetzt gesagt, daß Sie versucht haben, den FDGB über die Aktivierung der Vertrauensleutearbeit zu profilieren. Sie haben auch angedeutet, daß die Industriegewerkschaften Widerspruch angemeldet haben in der Plandiskussion, der aber häufig nicht berücksichtigt wurde. Wie würden Sie Rolle und Bedeutung des FDGB in der DDR-Gesellschaft heute einschätzen?*

Tisch: Der FDGB war eingeordnet in das Gesamtsystem der DDR, und so muß man seine ganze Rolle sehen. In der Verfassung steht, daß der FDGB unabhängig ist, daß niemand in ihn hineinreden darf, nach der Verfassung hatte er eine selbständige Rolle. Aber war es im praktischen Leben so? Ich war Mitglied des Politbüros, der Vorsitzende des FDGB im Bezirk war Mitglied des Sekretariats der Bezirksleitung. Im Kreis war der Kreisvorsitzende des FDGB Mitglied des Sekretariats der Kreisleitung der Partei. Dadurch waren die Funktionäre eingeordnet in die Parteilinie und die Parteibeschlüsse waren bindend für mich, ich hatte den Parteibeschluß in der Gewerkschaft umzusetzen. Das wurde auch von mir erwartet, sonst wäre ich gar nicht im Politbüro gewesen. Und so haben wir auch gearbeitet, aber immer auch mit selbständigen Beschlüssen. Die Zentralvorstände der Gewerkschaften haben ihre eigenen Sitzungen gemacht.

Damit Ihnen die Verzahnung noch deutlicher wird: Im ZK gab es die Abteilung Gewerkschaften, der Abteilungsleiter, der hat das zwar nie gesagt, aber der hat sich höher gefühlt als ich. Er war praktisch das Kontrollorgan der Partei über die Gewerkschaft, der hat von jeder Sitzung, das habe ich auch erst hinterher erfahren, dem Mittag eine Information gegeben, was bei uns beraten wurde, wie ich Position bezogen habe. Also die Partei war immer informiert, denn er hat an allen unseren Beratungen teilgenommen, er nahm an der Präsidiumssitzung teil, an den Sekretariatssitzungen, was eigentlich gar nicht sein durfte, aber das hat sich über die Jahre eingespielt und war für uns eine Selbstverständlichkeit.

Dann hatte Mittag in seiner Abteilung wieder eigene Ressorts. Es gab einen ZK-Mitarbeiter für den Feriendienst, der hat bei uns in den Feriendienst hineingewirtschaftet; es gab einen für die Sozialpolitik, es gab sogar eine Fraueninstrukteurin. Also die Struktur der Abteilungen des ZK entsprach unserer Struktur beim FDGB. Und sie haben, ohne daß das immer auffiel, in unsere Abteilungen reingewirtschaftet. Die Frauensekretärin war in der Frauenkommission des Politbüros, die Inge Lange geleitet hat. Inge Lange hat geglaubt, daß das ihre Frauensekretärin ist und nicht die Frauensekretärin der Gewerkschaft.

So ist über vierzig Jahre ein bestimmtes System entstanden, ich habe das einmal so gesagt: "Wir sind nach 1945 in die Stiefel Stalins eingestiegen und haben nie wieder herausgefunden". Wir haben weniger herausgefunden als Gorbatschow, da haben wir uns noch ein bißchen gegen ihn gewehrt. Und wenn Sie das über vierzig Jahre verfolgen: Die Struktur der Partei hat sich bei uns nicht verändert, auch die Struktur der Gewerkschaften nicht, es hat wohl Namensveränderungen bei den einzelnen Industriegewerkschaften gegeben, aber vom Grundsystem her hat sich in der Struktur der Gewerkschaften nichts geändert; auch in den anderen Organisationen nicht, ob das der Bauernverband war, die FDJ usw. Und so haben wir als Gewerkschaft immer auf der Grundlage der Parteibeschlüsse gearbeitet. Das habe ich aber auch in meinem Verständnis gar nicht anders gesehen. Ich war fünfzehn Jahre Erster Sekretär der Bezirksleitung in Rostock, bevor ich Gewerkschaftsvorsitzender wurde. Eine Gewerkschaft in der DDR ohne Anbindung an die Partei wäre unvorstellbar gewesen. Die wäre zum Tode verurteilt gewesen.

Lepsius: Es gibt gar keine Gewerkschaftsbewegung ohne Privateigentum an den Produktionsmitteln. Wenn der Eigentümer der Produktionsmittel der Staat ist, ist jede gewerkschaftliche Aktivität kritischer Art gegen den Staat gerichtet.

Tisch: Wir haben uns als eine staatstragende Organisation aufgefaßt.

Lepsius: Also konnten Sie gar nicht kritisch sein?

Tisch: Kritisch schon, aber nicht gegen den Staat. Wir wollten doch nicht gegen die Partei sein.

Lepsius: Aber Sie hätten doch sagen müssen: "Verdammt nochmal, dieser bürokratische Sozialismus entspricht nicht den Interessen der Arbeiterklasse, wir wollen jetzt den Sozialismus weiter entwickeln!"

Tisch: Ich stelle Ihnen die Gegenfrage: Was sagen denn die westdeutschen Gewerkschaften zum bürokratischen Staat der Bundesrepublik? Sie gehen von Ihren Lebenserfahrungen aus, aber ich lebe jetzt drei Jahre in der Bundesrepublik - einen größeren bürokratischen Apparat als in der Bundesrepublik hat es doch in der DDR gar nicht gegeben! Und was kann die Gewerkschaft der BRD dagegen tun oder tun sie etwas dagegen? Die Gewerkschaften sind doch auch eingebunden in das kapitalistische System.

Lepsius: Natürlich, aber sie können Teilforderungen selbständig und ohne Kontrolle durch die anderen Apparate aufstellen.

Tisch: Sie wollen ausweichen. Ich kann Ihnen sogar sagen, daß in den Massenmedien in der BRD der Betriebsrat überhaupt keine Rolle spielt, daß sogar Kollegen sich weigern, in den Betriebsrat gewählt zu werden, weil sie Angst haben, gemaßregelt oder entlassen zu werden.

Lepsius: Ich möchte noch einmal auf einen Fragenkomplex zurückkommen, über den wir schon gesprochen haben. Sie sagten, mit den Kollegen im Politbüro konnte man nur mit Vorsicht umgehen, der eigentliche Partner war der Abteilungsleiter Sozialpolitik und Gewerkschaften im Zentralkomitee ...

Tisch: ... der eigentliche Partner für mich war der Wirtschaftssekretär Günter Mittag. Der hatte auch die Verantwortung im Sekretariatsplan für die Gewerkschaften. Ich war im Politbüro verantwortlich für die Gewerkschaften, das war meine Funktion. Diese ZK-Abteilung hatte über uns nichts zu bestimmen, aber sie war ein Kontrollorgan von Mittag und auch für das Politbüro.

Lepsius: So daß ein Teil der Willensbildung des Politbüros in Gegenständen, die in Ihre Zuständigkeit fielen, außerhalb Ihres Zugriffs, nämlich in der entsprechenden Zentralkomitee-Abteilung erfolgte?

Tisch: Natürlich.

Lepsius: Ohne daß Sie davon Kenntnis hatten?

Tisch: Ohne daß ich davon Kenntnis hatte.

Lepsius: Und ohne daß Sie darauf direkt hätten reagieren können?

Tisch: Das stimmt.

Lepsius: Wie erfolgte die Auswahl der hauptamtlichen Gewerkschaftsfunktionäre?

Tisch: Sie erfolgte durch uns.

Lepsius: *Sie hatten die kaderpolitische Autorität?*

Tisch: Wir hatten eine Kadernomenklatur, wie sie die Partei hatte, sie war doppelt. So war zum Beispiel der Vorsitzende einer Industriegewerkschaft gleichzeitig Nomenklaturkader der zuständigen Abteilung im ZK. Und wenn ich einen IG-Vorsitzenden vorgeschlagen habe, mußte ich in die zuständige Abteilung des ZK. Die haben ihr eigenes Prüfungssystem gehabt, in das auch andere Organe eingebunden waren, von denen ich aber nichts wußte und mit denen ich auch nichts zu tun hatte. Wobei ich sagen muß, daß unsere Vorschläge meistens durchgekommen sind, aber sie wurden gegengeprüft. Aber die Auswahl trafen wir selber - auch im Betrieb. Jetzt wird gesagt, alle Gewerkschaftsfunktionäre mußten Mitglied der Partei sein, das ist ja Quatsch. Von den 2,2 Millionen Gewerkschaftsfunktionären waren knapp dreißig Prozent Mitglieder der Partei, und die meisten Parteilosen hatten wir natürlich im Betrieb, die Betriebsgewerkschaftsleitung, die Abteilungsgewerkschaftsleitung, Vertrauensleute, da waren viele parteilos. Je weiter Sie aber in der Hierarchie nach oben kamen, waren das alles Mitglieder der Partei. Wie heute die DGB-Funktionäre alle Mitglieder der SPD sind, so waren sie bei uns Mitglied der SED.

Lepsius: *Bis zu welcher Ebene waren diese Personen Nomenklatur des FDGB und des Zentralkomitees?*

Tisch: Der Bundesvorstand des FDGB und unsere Abteilungsleiter gehörten zur Nomenklatur des Zentralkomitees. In den Zentralvorständen waren die Sekretäre der Zentralvorstände ebenfalls zugleich Nomenklaturkader der Partei. Dann gab es in den Bezirken die Nomenklaturkader der Bezirksleitung der Partei, das war auch der Bezirksvorstand des FDGB und die einzelnen Mitgliedsgewerkschaften, und im Kreis war es ähnlich.

Lepsius: *Aber das ging nicht mehr durch das ZK?*

Tisch: Nein. Nur der Bezirksvorsitzende der Gewerkschaft unterlag auch noch der Nomenklatur des ZK.

Lepsius: *Erinnern Sie sich an einen Konfliktfall zwischen FDGB und Zentralkomitee?*

Tisch: In den fünfzehn Jahren, in denen ich Gewerkschaftsvorsitzender gewesen bin, ist das nicht vorgekommen.

Lepsius: *Aus unseren Gesprächen mit den Generaldirektoren haben wir den Eindruck gewonnen, daß der FDGB keine große Rolle gespielt hat. Also, die meinten immer, das mit dem FDGB, das haben wir immer manipulativ hingekriegt, der war für uns kein wichtiges Element.*

Tisch: Das glaube ich Ihnen gerne, daß die Generaldirektoren das gesagt haben, das war ja auch deren Einstellung. Es war für die Gewerkschaft furchtbar schwierig, sich gegenüber der Generaldirektion durchzusetzen, auch im Betrieb gegenüber dem Direktor. Und wenn der Parteisekretär und der Direktor zusammenspielten, dann hat die Gewerkschaft nichts zu sagen gehabt, da kam der BGL-Vorsitzende nicht gegen an. Daß die Generaldirektoren kaum etwas von der Gewerkschaft gehalten haben, das glaube ich Ihnen, das waren ja auch wirklich Generaldirektoren, das waren Manager, das waren sozialistische Manager, die sich heute alle herausreden, allen anderen Leuten die Schuld zuschieben und ihre eigene Verantwortung nicht wahrnehmen wollen.

***Lepsius:** Erinnern Sie sich an einen Konfliktfall, in dem eine Gewerkschaftsleitung auf Kombinatsebene in einen Konflikt mit dem Generaldirektor getreten ist und Sie dann intervenieren oder vermitteln, schlichten mußten?*

Tisch: Ich kann den Betrieb jetzt nicht sagen, das war in zwei Betrieben in Erfurt, da hatten die Vertrauensleute dem Plan nicht zugestimmt. Das war natürlich eine halbe Revolution bei uns in der DDR. Das war sofort im Politbüro, das war auch sofort auf meinem Tisch. Und dann mußten wir schlichten, wobei die Gewerkschaft sogar Recht bekommen hat und der Plan noch einmal vorgelegt werden mußte mit den Korrekturen, die die Gewerkschaft vorgeschlagen hatte. Und dann wurde er auch von den Vertrauensleuten gebilligt. Das gab es auch, aber nur wenig.

***Lepsius:** Welche Rolle hat die Gewerkschaft bei der Lohnpolitik gespielt? Es gab ja Lohnerhöhungen ...*

Tisch: ... wir hatten immer vier Prozent Lohnerhöhung im Plan. Diese Erhöhung gab es auch, aber nicht generell, sondern unterschiedlich nach Industriezweigen; einmal war die Mikroelektronik dran, einmal war stärker die Chemie dran. Im ZK wurde mit uns zusammen eine Liste über die Betriebe aufgemacht, die für die Produktivlöhne vorgesehen waren. Das wurde bestätigt, und dann gab es die Lohnerhöhungen. Aber diese generelle Frage der Lohnpolitik und der Gewerkschaft, so wie es in der BRD ist als autonomer Partner, das gab es bei uns nicht. Und solche Fragen, daß die Lohnpolitik eine der wichtigsten Fragen für die Gewerkschaft ist, das wurde bei uns völlig unterschätzt.

***Lepsius:** Welche Rolle spielte das Arbeitsgesetzbuch? Das ist ja vielleicht eines der interessantesten sozialistischen Elemente in der DDR.*

Tisch: Das Arbeitsgesetzbuch ist zum Teil zu meiner Zeit ausgearbeitet worden. Ich habe es auch in der Volkskammer begründet. Das war ein Gesetzbuch, das auf breiter Basis erarbeitet worden ist. Da haben Universitäten mitgearbeitet, Professoren, das war eine wirkliche wissenschaftliche Arbeit, bei der auch, wenn man sich das heute anguckt, alles enthalten war als Interessenvertretung. Und das Arbeitsgesetzbuch wurde auch angewandt, das konnten die Betriebsgewerkschaftsleitungen als Argument für sich nehmen, wenn sie mit dem Direktor irgendwie in Zwiespalt waren, ob einer entlassen werden durfte oder nicht.

Es gab aber schon gleich nach der Verabschiedung des Gesetzbuches großen Widerstand. Bei uns konnte doch gar keiner entlassen werden nach dem Arbeitsgesetzbuch, aber die Generaldirektoren wollten natürlich entlassen. Aber wir haben doch die Leute in die Betriebe hineingeschoben, nehmen Sie die ganzen Haftentlassenen, die wurden bei uns wirklich sozialisiert, die mußten wieder in den Betrieb, in eine Brigade. Wenn sich die Brigade dagegen gesträubt hat, den aufzunehmen, dann mußte er eben in eine andere Brigade. Aber rein mußte er in den Betrieb. Das hat dem Direktor und dem Generaldirektor oft überhaupt nicht gepaßt. Aber dagegen kamen sie nicht an, weil das Arbeitsgesetzbuch da war und auch andere Gesetze. Das Arbeitsgesetzbuch, das wir verabschiedet haben, hätte meines Erachtens nach dem Jahre 2000 wirksam werden können, das war viel zu früh, weil auch das Leben so widersprüchlich war. Ich hatte über das Arbeitsgesetzbuch zum Beispiel viele Diskussionen mit Theaterdirektoren und mußte ihnen innerlich direkt Recht geben. Nach dem Arbeitsgesetzbuch konnten sie sich von einem alten Schauspieler gar nicht trennen, wenn sie das wollten; das ging nicht, weil die Gewerkschaft dagegengehalten hat. Ich erinnere mich an zwei Theaterdirektoren, die mit mir über das Arbeitsgesetzbuch direkt einen Skandal gemacht hatten. Bloß wir hielten das Arbeitsgesetzbuch für eine große Errungenschaft. Meiner Meinung nach ist das Arbeitsgesetzbuch eine großartige Sache für die Gewerkschaften gewesen.

Weinert: *Die Idee für das Arbeitsgesetzbuch, ist das Honeckers Idee im Zuge der Einheit von Wirtschafts- und Sozialpolitik gewesen?*

Tisch: Das vermag ich nicht zu sagen. Wir hatten ja vorher ein Arbeitsgesetz, das war überholt, und es stand die Frage eines neuen Arbeitsgesetzbuches schon auf dem VIII. Parteitag an. Die Gewerkschaften wurden beauftragt, das auszuarbeiten, natürlich immer unter Kontrolle des ZK. Das muß man bei uns immer voraussetzen, daß nichts ohne Kontrolle der Partei geschehen ist.

Lepsius: *Einer der wesentlichen Effekte oder Funktionen des FDGB auf Betriebsebene war die enorme Bedeutung der Verteilung von Ferienplätzen. Das ist eine ganz merkwürdige Sache: Die Zentralaufgabe der Gewerkschaft war systembezogen nicht zu erfüllen, also nimmt sie eine sekundäre wahr, die an sich mit der Gewerkschaft gar nichts zu tun hat. Man hätte auch eine eigene, unabhängige Ferienorganisation machen können. Aber die Gewerkschaft erreicht ihre Bedeutung im wesentlichen über dieses von ihr zu verteilende Gut, die Ferienplätze. Welche Bedeutung hatten diese Ferienplätze für den FDGB?*

Tisch: Es gehörte zum Sozialbereich der Gewerkschaften, daß die Leute in Urlaub fahren können. Vor allem haben wir gleich auf Familienurlaub orientiert. Das war zum Schluß ein Widerspruch: Wir hatten 5,1 Millionen Ferienplätze, so daß jeder Arbeiter jedes zweite Jahr hätte in Ferien fahren können. Aber das war nicht der Fall. Ein Betrieb, der 1 000 Belegschaftsmitglieder hatte, der kriegte 300, 400 Ferienplätze - zum Schluß waren es nur noch 100, denn er fuhr mit der Frau und mit den Kindern, und jedes war ein Ferienplatz. Dadurch hatten wir dauernd die Diskussion mit den Betrieben, daß sie zu wenig Ferienplätze bekamen. Das war jedes Jahr eine harte Diskussion. Aber da haben wir, und das halte ich heute noch für richtig, den Familienurlaub betont.

Die Zahl der Ferienplätze war natürlich zu gering. Dann kamen die Ferienreisen in die Ostländer dazu, in die Bruderländer; ein paar Ferienplätze gab es in Jugoslawien, die spielten aber keine Rolle, und die in das kapitalistische Ausland gingen nicht über uns, das machte das Reisebüro. Den Haupturlaub machten die Leute bei uns oder in der CSSR, Polen, Bulgarien, Rumänien und in der Sowjetunion.

Hertle: *Aber warum haben Sie diese Funktion überhaupt angenommen, warum haben Sie nicht gesagt, das ist die Aufgabe eines Reisebüros?*

Tisch: Das gehört doch zu einem sozialistischen System, das war doch ein Teil der Sozialpolitik. Das war seit 1947 so, als der Feriendienst entstand, das kam gleich zu den Gewerkschaften und hat sich dann immer weiter entwickelt. Das können Sie mit der BRD überhaupt nicht vergleichen.

Lepsius: *Die Ferienplätze sind über den FDGB abgerechnet worden, Sie waren der ökonomische Träger?*

Tisch: Ja, wobei der Urlauber nur 28 Prozent der wirklichen Kosten zahlte, der Rest wurde von den Mitgliederbeiträgen getragen.

Hertle: *Und durch staatliche Zuschüsse!*

Tisch: Nein. Das waren Zuschüsse für die privaten Urlauber, die auch alle über uns liefen, dafür kriegten sie extra einen staatlichen Zuschuß. Aber die FDGB-Ferienheime mußten wir tragen.

***Lepsius:** Das haben Sie aus dem eigenen Budget tragen können?*

Tisch: Ja. Der FDGB war die einzige Organisation, glaube ich heute behaupten zu können, die sich selbst finanziert hat, außer Neubauten des Feriendienstes, der Sozialversicherung, da haben wir Staatszuschüsse bekommen. Ich brauchte z.B. keinen Finanzplan beim ZK einzureichen, weil wir keinen Zuschuß kriegten. Wir haben uns von den Mitgliedsbeiträgen völlig ernährt, auch von Solidaritätsbeiträgen haben wir alles bezahlen können, wir haben sogar jährlich hundert Millionen dem Zentralen Solidaritätskomitee zugeführt.

***Lepsius:** Also waren Sie eine reiche Organisation?*

Tisch: Der FDGB war eine reiche Organisation.

Freiräume schaffen, die wir nicht hatten

Gespräch mit Dr. Alexander Schalck-Golodkowski, Rottach-Egern, 28.9.1993

Leiter des Bereiches Kommerzielle Koordinierung und Staatssekretär im Ministerium für Außenhandel.
Geboren am 3 Juli 1932 in Berlin. Sohn eines russischen Offiziers, der als staatenloser Flüchtling in Berlin als Droschkenfahrer arbeitete, später Dolmetscher im Dienste der Wehrmacht war und am Ende des Krieges verschollen ist. Der Vater hatte gehofft, die deutsche Staatsbürgerschaft via Adoption durch das Berliner Ehepaar Schalck zu erlangen, was jedoch nicht gelang; er erhielt sie erst bei seinem Eintritt in die Wehrmacht. Die Mutter war Buchhalterin, später Physiotherapeutin in der Charité und Dolmetscherin für die sowjetische Besatzungsmacht. Nach dem Krieg Lehre als Feinmechaniker, 1952 Sachbearbeiter im Ministerium für Außenhandel und Innerdeutschen Handel (MAI). 1951 Eintritt in die FDJ, 1953 in die SED. 1954 bis 1957 Studium an der Hochschule für Außenhandel, die letzten zwei Jahre im Fernstudium. 1955 bis 1962 Hauptreferent, später Leiter der Hauptverwaltung Schwermaschinen- und Anlagenbau im MAI. 1962 bis 1966 1. Sekretär der Kreisleitung der SED-Parteiorganisation im MAI. 1967 bis 1989 Leiter des neugegründeten Bereiches Kommerzielle Koordinierung (KoKo), seit 1975 im Rang eines Staatssekretärs, und zugleich Offizier im besonderen Einsatz (OibE) des Ministeriums für Staatssicherheit (1966-1989). Bevollmächtigter des Generalsekretärs und Staatsratsvorsitzenden für die informellen Verhandlungen mit der Bundesrepublik und West-Berlin. Am 2./3. Dezember 1989 Flucht nach West-Berlin.

Lepsius: Uns interessieren die Willensbildung und die Entscheidungsstrukturen im Bereich der Wirtschaftspolitik: der Grad der Personalisierung, der Grad der individuellen Einflußnahme, die Sonderstellung von KoKo im Strukturzusammenhang der Wirtschaft der DDR. Aber beginnen wir zunächst mit Ihren Aufgaben im Außenhandel der DDR. Sie waren seit Ende der 50er Jahre Leiter der Hauptverwaltung Schwermaschinen- und Anlagenbau im Ministerium für Außenhandel. Was haben Sie dort gemacht?

Schalck: Im Ministerium war ich für die fachliche und politische - politische ist schon sehr eingeschränkt -, aber für die fachliche Anleitung und Kontrolle der Außenhandelsbetriebe verantwortlich, speziell der Generaldirektoren und der Hauptnomenklatur bei der Durchführung und Kontrolle der Volkswirtschaftspläne. Mir unterstanden solche Betriebe wie der Außenhandelsbetrieb Investexport, der Außenhandelsbetrieb Maschinenexport und der Außenhandelsbetrieb Werkzeugmaschinenexport.

Wir haben den Volkswirtschaftsplan mit ausgearbeitet, vom Standpunkt des Ministeriums für Außenhandel und innerdeutschen Handel, und haben das in die Betriebe hinein umgesetzt. Wir waren damals als Hauptverwaltungsleiter weisungsberechtigt, waren Kader der Nomenklatur des Sekretariats des Ministerrates, hatten auch schon besondere Ausweise, hatten auch schon Privilegien, indem wir Mitglieder des Regierungskrankenhauses wurden, und hatten für unsere Verhältnisse ein sehr hohes Gehalt. Wir haben 3010 Mark netto verdient, davon 1000,- Mark Dienstaufwandsentschädigung steuerfrei; das war schon mal eine sehr anständige Bezahlung.

Weinert: *Wie lange waren Sie als Hauptabteilungsleiter dort tätig?*

Schalck: Bis zur Gründung der Kreisparteiorganisation 1962 - fünf Jahre.

Lepsius: *Aber was genau haben Sie da gemacht? Würden Sie uns einmal erklären, wie die Monopolbetriebe des Außenhandels funktionierten?*

Schalck: Der Außenhandelsbetrieb hat im Grunde all das in sich monopolisiert, was den grenzüberschreitenden Verkehr beinhaltete. Natürlich waren dazu auch enge Beziehungen zu Produktionsbetrieben erforderlich. Damals hatten wir ja noch relativ viele private Betriebe, Handwerksbetriebe, die im Export eine sehr wichtige Rolle spielten; es ist eigentlich schade, daß sie kaputt gemacht wurden, weil sie wirklich in der Qualität und in der Konkurrenz in vielen Bereichen und Standorten, gerade in Sachsen, Thüringen und Sachsen-Anhalt, eine große Rolle gespielt haben. Wir haben die Inhalte des Außenhandels, die Handelspolitik, die Marktvorbereitung, besonders im Handel mit sozialistischen Ländern in Form der Handelsabkommen, die ja kurz-, mittel- und langfristig waren, ausgearbeitet. Als Hauptabteilungsleiter war man im Grunde genommen verantwortlich, im Auftrag des Ministers die Generaldirektoren sehr eng an der Strippe zu halten und in der täglichen Plandurchführung des Betriebes dafür zu sorgen, daß die Staatspläne erfüllt werden.

Wir waren ein wichtiger Teil des Systems im Außenhandel der DDR, der dafür sorgte, daß die Beschlüsse des Parteitages, die Beschlüsse des Zentralkomitees, des Ministerrates und die Weisungen des Ministers bedingungslos durchgeführt wurden. Wir waren schon Stützen des Systems, und ein Hauptverwaltungsleiter, muß ich mal sagen, war schon etwas. Dann gab es die Industrieministerien, das waren unsere Partner. Mein Partner z.B. war der Minister für Schwermaschinenbau.

Jedenfalls bestand unsere Funktion darin, das Kunststück fertigzubringen, mit den Generaldirektoren, mit den Kontorleitern und mit den Menschen, die unmittelbar im Export und Import beteiligt waren - Import war ja nie schwierig, Export war immer schwierig -, daß man den Maschinenbau der DDR exportieren konnte. Und die Funktion bestand darin, daß ein Generaldirektor nun nicht entscheiden konnte, z.B. im Falle eines Exportes nach Brasilien, dreißig Prozent freie Devisen als Korruptionsgeld in die Schweiz zu überweisen. Solche Entscheidungsvollmachten hatte er nicht. Dann mußte er ins Ministerium. Wenn ich daran denke, was in Griechenland für Gelder schon vorher verteilt wurden, um den Tagebau hinzubauen: Da war alles korrupt, niemand hat einen Handschlag gemacht, bevor er überhaupt Geld gesehen hat, das ist wie in Rußland heute.

Hertle: *Ihre Funktion war demnach auch, Handelshemmnisse im 'emotionalen' Bereich zu beseitigen?*

Schalck: Nein. Meine Funktion war, mit dem Kopf, mit dem Herzen Leute zu überzeugen, den Staatsplan zu erfüllen. Es gab kein Wenn und Aber, der Staatsplan war Gesetz und mußte erfüllt werden. Und alles, was daran hinderte, wurde niedergekämpft. Von Schürer haben Sie gehört, daß der Plan jedes Jahr schlechter erfüllt wurde, nicht, weil wir alle "Halbgebildete" waren, sondern weil er unrealistisch war. Man konnte also keine Steigerungsraten im Maschinenbau vorführen, die mit dem Leben nicht mehr zusammenpaßten. Und man konnte vor allen Dingen nicht in die Konkurrenz hineinexportieren, wo man die Hälfte zukaufen mußte. Wenn man NC-gesteuerte Werkzeugmaschinen verkaufen wollte, entsprach der Teil der Mechanik internationaler Qualität, aber alle wollten die Steuerung von Siemens haben, alle wollten die Elektrik und Elektronik von westlichen, bekannten, eingeführten Firmen haben, so daß fünfzig Prozent der Werkzeugmaschine praktisch schon Zulieferungen waren. Und dann begannen natürlich die komplizierten innerstaatlichen Prozesse. Mittag forderte, diese Anteile zu verringern. Aber das Leben war anders. Die Konzerne kauften keine Technik aus der DDR mit Steuerungen, die in der DDR produziert wurden, weil sie in ihr System nicht hineinpaßten, und sie nicht bereit waren, für jede Maschine einen eigenen Kundendienst aufzubauen. Wir mußten uns natürlich auch den objektiven Maßstäben eines Konzernbetriebes beugen. Die wollten ja Werkzeugmaschinen kaufen und haben das auch getan, ob das nun VW war oder wie sie alle hießen, da standen ja überall Werkzeugmaschinen von uns. Aber sie wurden unter ganz bestimmten Bedingungen internationaler Kooperation produziert. Und diese Probleme sind natürlich arbeitsaufwendig, weil sie ja nicht mit Dekreten oder auf Zuruf geregelt werden können, denn jede Importentscheidung war umkämpft.

Wenn ich Ihnen heute sage, wie bei uns Valuta zugeteilt wurden - ich rede mal noch von der Zeit 1957/58 bis 1961 -, da gab es eine Valutasitzung; wenn die offizielle Dienstbesprechung beim Minister zu Ende war, blieben die Hauptverwaltungsleiter sitzen, und dann wurde jede Position verteidigt und gesagt, also ich brauche jetzt soundsoviel tausend Mark, englische Pfunde oder US-Dollar, um die Schrauben für den Exportauftrag XYZ zu holen. Dann hat der Minister jede einzelne Position entschieden und dann erst freigegeben. Das hat sich später geändert, weil es so gar nicht mehr ging. Unser Problem war, daß wir zwei Währungen hatten, eine Inlandswährung und eine Auslandswährung; das hat uns bis zum Schluß verfolgt. Es ist ein außerordentlich schwieriges Problem, mit zwei Währungen zu leben und meiner Auffassung nach für eine moderne Industrienation nicht machbar.

***Lepsius:** Was passierte nun, wenn Sie einen schönen Plan hatten mit soundsoviel Exportaufträgen, und dann wurden die Valutabedürfnisse nicht erfüllt? Dann mußte ja irgendein Exportauftrag auf der Strecke bleiben?*

Schalck: Ach, da waren die erfinderisch. Die Generaldirektoren haben dann angefangen zu gaukeln. Sie haben sozusagen auf dem kleinen Dienstweg Formen gesucht und gefunden - und das war ja auch meine Funktion. Meine Funktion war nicht das Machbare, das brauchte ich ja nicht besonders zu kontrollieren, sondern das Schwierige flankierend zu begleiten und eigentlich Freiräume, die wir nicht hatten, zu schaffen. Das Ziel mußte erfüllt werden, und wie ich dahinkomme, hat am Schluß keinen interessiert. Ich muß immer freundlicherweise sagen, wir wurden durch Prämien und durch öffentliche Anerkennung hochstimuliert. Die öffentliche Anerkennung spielte in unserem System eine große Rolle.

Ich möchte wirklich sagen, - sicherlich gibt es auch Beispiele, bei denen es nicht den geplanten Vorstellungen entsprach -, in der Masse und im Durchschnitt war der Bereich Kommerzielle Koordinierung mit den ihm unterstellten Betrieben, vor allem der INTRAC, der BIEG, TRANSINTER und FORUM, eine sinnvolle Ergänzung der Planwirtschaft. Es gab nur in ganz wenigen Fällen Abgrenzungsprobleme zur Staatlichen Plankommission. Im Gegenteil: Im Laufe der letzten fünf Jahre hat sich fast eine ideale Zusammenarbeit entwickelt. Natürlich wurde auch von Gerhard Schürer darauf Einfluß genommen, mit unserer Hilfe bestimmte Investitionen schneller zu entwickeln. Der Plan, sprich der Vorsitzende der Staatlichen Plankommission, Gerhard Schürer, war daran interessiert, daß es immer noch eine zusätzliche Möglichkeit gab, die es gestattete, relativ schnell und ohne die Prozedur der Genehmigungs- und Zustimmungsetappen auf den sich ständig verändernden internationalen Markt zu reagieren.

Lepsius: *Und ein so rigides Planungssystem findet die erforderliche Anpassungselastizität nur durch ein beständiges Maß von Regelverletzungen?*

Schalck: Ja. Die Regelverletzung bestand darin, daß der Exporteur, der den Kunden ja schon gefunden hatte, der das haben wollte, ich bleibe mal bei der Maschine, gesagt hat, hör mal, wenn du mir jetzt das zulieferst, brauche ich keine Geld-Ware-Beziehung. Es wird eine Beistellung organisiert, also z.B. Kugellager werden beigestellt, sie werden auch gar nicht berechnet, sie werden vom Kunden beigestellt und sind dann Bestandteil der kompletten Maschine, aber werden natürlich nicht in Rechnung gestellt, weil sie Kundenbeistellungen sind, Kundenmaterial.

Diese Form hat natürlich dann zu Ärger geführt. Warum? Weil der Exportplan im Wert und in der Masse davon ausging, daß komplette Ausrüstungen geliefert werden, und er ging auch davon aus, daß der Teil der planmäßigen Beistellung, die Schürer geplant hatte, aus dem Import kommen mußte, weil die DDR den Artikel überhaupt nicht oder nicht in der Menge oder in der Qualität produziert hat. Das war ja noch relativ übersichtlich, mit Schwierigkeiten, aber ich muß mal zur Ehre sagen, die Jungs in der Plankommission hatten schon soviel Routine, daß sie in etwa genau wußten, was man importieren mußte. Dann blieb eben diese Größe X übrig, die immer größer wurde, weil die Volkswirtschaft nicht in der Lage war, diese tiefen, horizontalen und arbeitsteiligen Beziehungen in der Masse abzudecken. Und da wir die mittleren Betriebe alle kaputtgemacht haben, indem wir sie den Kombinaten zuordneten, fand man keinen mehr, der überhaupt noch so eine Zulieferung machte, weil der nämlich auch materiell für den Export überhaupt nicht stimuliert war. Es wurde der Betrieb stimuliert, der direkt das Fertigprodukt abgeliefert hat. Derjenige, der jetzt B-Teile geliefert hat, war als Zulieferer ein in der Hierarchie ganz schlecht bewerteter Betrieb. Ohne Schrauben ging nichts zu montieren, er mußte die Schrauben liefern, aber er kriegte keinen einzigen Pfennig an materieller Stimulierung, weder in Mark noch in Valuta. Denn die anderen hatten ja Devisenanrechte bekommen. Die materiellen Anreize bestanden darin, daß erst einmal die Führungskader für die Erfüllung des Exportplanes Warenbewegung und Valutaplan hohe Prämien bekamen. Am Schluß erhielt ein Kombinatsdirektor am Jahresende, wenn er alles erfüllt hatte, bis zu 10 000 Mark, und das ging im Außenhandel auch so. Auch bei mir.

Pirker: *So daß das Gehalt gar nicht so wichtig war?*

Schalck: Das Gehalt war schon die wichtigste Einnahme, eine Leistungsprämie von zehntausend Mark aber auch. Ich mußte das für die Staatsanwälte ausrechnen. Ich war ein hochdotierter Staatssekretär in der DDR und hatte seit 1965 55 staatliche Auszeichnungen, die mit Geldprämien von ca. 160.000,- Mark verbunden waren. Diese Auszeichnungen habe ich nicht als "Zuschauer" erhalten, irgendetwas muß ich ja dafür getan haben, bilde ich mir heute noch ein. Und ich muß auch für den Staat etwas geleistet haben, auch wenn andere das heute nicht ganz so sehen, aber es war in der DDR nicht nur alles mit Beziehungen zu regeln, das ist ausgemachter Schwachsinn. Und ich habe meine Orden nicht vom Minister für Staatssicherheit erhalten - von ihm wurden mir auch welche verliehen -, sondern die Vielzahl der Orden und Ehrungen erhielt ich vom Ministerrat und vom Staatsrat der DDR. Und die meisten darunter habe ich für die Gestaltung der Beziehungen zur Bundesrepublik Deutschland bekommen.

Pirker: *Trotz der Stimulierungen wurde, Sie sagen es selbst, das ganze System immer unelastischer und starrer!*

Schalck: Ja, warum? - Quantität und Qualität stimmten nicht überein. Wir hatten quantitative Kennziffern, die nicht mehr auszufüllen waren, und deshalb standen dann richtige Hausnummern im Plan. Wenn auf Zuruf gesagt wird, daß das Nationaleinkommen um ein Prozent erhöht wird, kann Schürer natürlich nur noch die Kennziffer 4 statt 3 aufschreiben, nach Hause gehen und feststellen, daß das gar nicht geht. Aber damit wurde erstmal agitatorisch ein Schachzug gemacht, der Plan verschwand vom Tisch. Denn wir waren ja am Ende der Fahnenstange angekommen. Es war ja nicht mehr mit den materiell rechenbaren Ressourcen machbar, so daß dann eben solche Kunstgriffe gemacht wurden, also Freunde, wir erhöhen den Plan, und dann werden wir schon mal sehen, wie das funktioniert.

Lepsius: *Ich bin immer fasziniert von einem scharf bürokratisierten Leitungssystem und von der Frage, wo dennoch Anpassungselastizitäten in diesem bürokratisierten System sind, um das System überhaupt wieder über eine Runde zu bringen. Wie funktioniert diese Anpassungselastizität?*

Schalck: Die funktioniert doch aus einem ganz primitiven Grund, daß heißt, primitiv ist er ja nicht. Es ist der Kampf um das Überleben in einem System. Meinen Sie denn, ein Minister wollte sich hinstellen und sagen, das geht nicht? Was hat der Minister nun gemacht? Ich muß immer wieder sagen, sicherlich mit Ausnahmen, hatten wir doch ganz vernünftige Leute. Es ist ja nicht so, wenn Sie jeden einzelnen erleben, daß das Betonköpfe waren, also jedenfalls nicht die, die in der Wirtschaft waren, die täglich in der Produktion standen oder im Außenhandel, die unter ungeheuerlichem Druck standen. Die konnten nur im Interesse ihres persönlichen Überlebens als Führungsfunktionäre handeln. Sie konnten natürlich sagen, ich gebe auf und verschwinde - aber das hat ja keiner gemacht! Warum haben wir das nicht gemacht? Erstens mal war das ja unsere Republik. Also ich behaupte, ich habe das gemacht, weil ich sagte, wir sind Teil dieser Republik; wenn wir schon die Fahne einziehen, dann können wir ja hier Schluß machen. Also müssen wir alles tun, damit wir diese Durststrecken durchstehen.

Dann waren wir ein untrennbarer Bestandteil der Sowjetunion, was ja viele heute nicht hören wollen. Ich erkläre Ihnen heute, daß meine Hauptideale die Liebe und die Verbundenheit zur Sowjetunion waren. Ich habe meine Kinder dahingeschickt. Wenn ich heute daran denke, was ich alles auf die Beine gestellt habe, damit meine Kinder dort für dieses Land sich engagieren; ich habe mich engagiert, wir waren bereit, für dieses Land zu kämpfen! Wobei ich immer sage, ich will nun Stalin nicht zitieren, die Gorbatschows kommen und gehen, und die Russen bleiben. Aber ich habe nach wie vor eine enge Bindung, auch innerlich, zu Rußland und werde die auch behalten, solange ich lebe, aber was hier vorgeführt wird, ist schon schlimm genug!

Weinert: *Sie meinen die Gorbatschowsche Politik?*

Schalck: Na ja - Gorbatschow. 1985 veränderte sich mein Denken, aber bis dahin war ich bedingungslos auf dieses System eingeschworen, war untrennbarer Bestandteil dieses Systems und habe alles getan, damit dieses System so, wie es funktioniert hat, mit allen Anpassungen, mit allen Nischen, mit allen schönen Sachen und mit allen sicherlich unschönen Sachen fortbesteht. Wobei ich sagen muß, ich hatte auch Glück: Ich wurde nie mit extremen Situationen konfrontiert. Ich brauchte nie zu entscheiden, daß jemand zum Beispiel ins Zuchthaus kommt. Ich mußte nie entscheiden, daß an der Grenze geschossen wird. Ich habe das mitgetragen, aber ich mußte es nicht entscheiden. Das war mein Glück. Wenn ich dort General gewesen wäre und Grenzoffizier, hätte ich ja auch entscheiden müssen; deshalb rede ich von Glück. Und so war jeder an einer ganz bestimmten Stelle, wir waren im Wirtschaftsbereich, wobei ich ja behaupte, ohne Wirtschaft kann man keine Politik machen. Das hat mir Jaruzelski eigentlich sehr deutlich vermittelt, daß ein Staat, der zahlungsunfähig ist, die politische Macht verliert und verlieren muß, und damit auch seine Beweglichkeit. Er kann dann nur noch auf Bajonetten im Ausnahmezustand regieren; das hat Jaruzelski auch gemacht, aber ohne Erfolg, weil jede Militärdiktatur irgendwann entscheiden muß, wie es weitergeht - und dazu ist sie nicht imstande. Also hat das gar keinen Sinn.

Hertle: *Wie würden Sie das Verhältnis zwischen der offiziellen Planwirtschaft, wie sie von der Staatlichen Plankommission abgewickelt wurde, und dem von Ihnen geleiteten Bereich Kommerzielle Koordinierung beschreiben?*

Schalck: Erstens möchte ich feststellen, daß der Bereich Kommerzielle Koordinierung fester Bestandteil der Volkswirtschaft der DDR war. Zweitens unterstand dieser Bereich aufgrund seiner volkswirtschaftlichen Bedeutung direkt dem verantwortlichen ZK-Sekretär für Wirtschaftspolitik, Mitglied des Politbüros und stellvertretendem Staatsratsvorsitzenden, Günter Mittag. Dadurch war er drittens in der Lage, sehr schnell und "unbürokratisch" auf Situationen zu reagieren wie zum Beispiel extreme Wintersituationen, Mängel in der Versorgungssituation, auch der Versorgung der Gesundheitseinrichtungen. Dafür gibt es ja viele Beispiele. Viertens waren dem Bereich neben seiner speziellen ökonomischen Tätigkeit Komplexe der Koordinierung und Leitung übertragen worden, die den anderen Volkswirtschaftsbereichen nicht direkt zuzuordnen waren. Dazu gehörten z.B. die ökonomischen Beziehungen zu den Religionsgemeinschaften, die in der DDR zugelassen waren; wir waren verantwortlich für die Leitung und Koordinierung des aus dem nichtsozialistischen Wirtschaftsgebiet eingehenden Tourismus, damit auch Initiator und Kreditgeber beim Neubau von Hotels und Freizeiteinrichtungen; wir hatten dann einen ziemlich großen Bereich der zusätzlichen Leistungsförderung der Industrie aufgebaut, der besonders für den Gewinnteil eine Rolle spielte; und nicht zuletzt hat die Verhandlungsführung im Auftrag des Staatsratsvorsitzenden mit Beauftragten der Bundesregierung meine persönliche Arbeitszeit außerordentlich hoch belastet.

Ich lege Wert darauf, daß wir fester Bestandteil der Volkswirtschaft und der Führungsstrukturen waren, weil es zu vielen wichtigen Fragen Entscheidungen des Vorsitzenden des Ministerrates gab: zum einen zur Gründung des Bereiches, zum anderen zu Fragen des Import- und Vertretermonopols, zu Fragen der Nutzung der staatlichen Reserven, der Staatsreserve A und B, die uns übertragen wurde und schließlich, wie gesagt, zu den Religionsgemeinschaften. Das waren staatliche Bereiche, die auch durch Entscheidungen des Vorsitzenden des Ministerrates geregelt wurden. Es gab auch in den Grundfragen eine direkte Abstimmung.

Was war eigentlich auf ökonomischem Gebiet neu? - Seit Beginn der Periode nach dem VIII. Parteitag wurde im Bereich Kommerzielle Koordinierung ein Experiment erprobt, wo unter den Bedingungen des Monopols der zentralen Leitung und Planung der Volkswirtschaft ein Bereich aufgebaut wurde, der nach den Grundsätzen eines Devisenausländers und einer "sozialistischen" Marktwirtschaft arbeitet. Dem Bereich wurden Rechte eingeräumt, wie sie kein volkseigener Betrieb unter den Bedingungen der zentralen Planung hatte.

Hertle: *Wie ist die zunehmende Bedeutung von KoKo im Verlauf der siebziger und achtziger Jahre zu verstehen? Wäre es richtig zu sagen, daß KoKo die Schwächen der staatlichen Planwirtschaft kompensieren sollte und in dem Maße, wie die Planwirtschaft schwächer wurde, KoKo an Bedeutung gewann und expandierte?*

Schalck: Wenn man den Begriff der Devisenbeschaffung sachlich einordnet, war der Hauptdevisenbeschaffer erstens der Volkswirtschaftsplan, das heißt die Exportbetriebe, Kombinate und staatlichen Außenhandelsbetriebe, zweitens die Außenhandelsbank, die jährlich acht bis zehn Milliarden DM neue Kredite bereitstellen mußte; dann kam drittens die Deutsche Handelsbank, die im Auftrag des Finanzministeriums und auch des Bereiches Kommerzielle Koordinierung - eng koordiniert mit der Außenhandelsbank - weitere Kredite auf dem Markt aufnahm, die vornehmlich dem Bereich Kommerzielle Koordinierung für die Finanzierung außerplanmäßiger volkswirtschaftlicher Vorhaben angeboten wurden. Das stellte eine sinnvolle Ergänzung der sehr strengen staatlichen Planung und Leitung der Volkswirtschaft dar.

Lepsius: *Ihr Hauptpartner war Günter Mittag. Waren Sie ihm in den letzten Jahren alleinig unterstellt?*

Schalck: In den letzten Jahren ist gut! Wir kannten uns ja ungefähr seit dem Zeitpunkt, als KoKo gegründet wurde. Er hat diese Entscheidung mitgetragen und Walter Ulbricht vorgeschlagen, daß ich dort eingesetzt wurde, und seitdem war Mittag der inoffizielle und später der offizielle Chef von mir, eigentlich seit 1967.

Weinert: *1977 wurden Sie persönlich Mittag unterstellt.*

Schalck: 1976! Nein nein, vorher gibt es schon Dokumente; als er erster Stellvertreter des Ministerpräsidenten war, war ich ihm auch direkt unterstellt. Mittag, behaupte ich, war der dritte Mann im Staat oder der zweite Mann, je nachdem, um welche Fragen es ging.

Lepsius: *Wer wäre denn der mögliche Zweite?*

Schalck: Ich meine, für die Sicherheitspolitik war es sicherlich Mielke. Und, nicht zu unterschätzen, zu Lebzeiten Heinz Hoffmann; er war eine große Persönlichkeit und hat sich überhaupt nichts gefallen lassen. Das hängt nun wieder mit der geschichtlichen Stellung der Leute zusammen; Spanienkämpfer, Sekretär von Wilhelm Pieck, Komintern. Die Geschichte konnte keiner wegwischen, an solche Persönlichkeiten hat sich auch keiner herangewagt, weil dahinter die Russen standen. Aber als die starben, kam die andere Generation wie Keßler, die nun nicht mehr international in der Arbeiterbewegung bekannt waren; die waren dann schon angreifbar. Sie standen auch zu Honecker in einem anderen Verhältnis. Keßler war bedingungslos auf Honecker eingestimmt, Hoffmann nicht. Sie waren zunächst auch alle nicht Mitglieder des Politbüros, sondern wurden erst, als die Russen anfingen, die Strukturen zu ändern, Mitglieder des Politbüros bzw. am Anfang Kandidaten des Politbüros.

Weinert: *Wie war Ihr Verhältnis zu Mittag?*

Schalck: Ich lernte Mittag als Sekretär der Parteiorganisation Außenhandel kennen, und seitdem hat sich eine engere Bindung entwickelt, die sich dann ständig durch offizielle oder inoffizielle Anleitung dieses Bereiches Kommerzielle Koordinierung ausgeprägt hat. Ich habe gar keinen anderen Chef gehabt. Mir hatte auch niemand etwas zu sagen, außer Mittag. Andere haben mir auch nichts gesagt. Ob das nun in den Strukturen so festgeschrieben war oder nicht, das war so.

***Lepsius:** Und Mittag wäre doch dann der Mann gewesen, mit dem Sie Veränderungen in der Wirtschaftspolitik primär hätten besprechen müssen? Also sehend, daß die Außenhandelsbilanz und die Zahlungsbilanz immer defizitärer wurde.*

Schalck: Ich habe mit Mittag viel gesprochen - Mittag war ein großes Talent, der ein Gespür hatte, was man in größeren Veranstaltungen oder in kleineren durchführt. Und Mittag beherrschte die Klaviatur der Macht auch sehr gut. Er hat sich zwar für die Öffentlichkeit über die Parteistrukturen den absoluten Einfluß in der Wirtschaft gesichert, aber wenn das ein bißchen dünnhäutig wurde oder den Geruch kriegte, daß irgendwelche Gefahren lauerten, hat er das ganz klar dem Ministerrat zugeschoben. Er hat gesagt, dafür ist Stoph zuständig. Aber wehe, er wurde nicht als erster informiert, und wehe, es wurde an ihm vorbeiregiert! Gerhard Schürer hat das mal erlebt, an einem Beispiel, das werde ich nie vergessen, weil ich die Keile gekriegt habe: Die Arbeitsgruppe Zahlungsbilanz ist ja bekannt; sie tagte und ich hatte irgendwie an dem Tag viel Mut und sagte, also wenn wir keine ungarischen Verhältnisse haben wollen, müssen wir jetzt auf Biegen und Brechen Veränderungen herbeiführen. Beil unterstützte mich. Wir hatten in dem Kreis keine Opposition, weil dort nur Profis saßen, die wußten, wie das passiert. Was wir nicht wußten, war, daß Gerhard Schürer Protokoll führen ließ. Und ein Exemplar schickte er Stoph. Stoph nahm es, unterstrich meine Bemerkung, schrieb an den Genossen Honecker, übermittelte das Protokoll und machte auf die Bemerkung von Schalck aufmerksam. Das war vielleicht 1986. Jedenfalls kriegte ich einen Anruf von Mittag, den ich mir richtig gemerkt habe: "Alex, wenn du noch einmal sowas machst, ist das dein Ende. Der Generalsekretär hat mir die Frage gestellt, was denkt sich denn der Alex, daß er solche Reden hält." Und den Krach kriegte dann Gerhard Schürer, und zwar mit uns, weil wir gesagt haben, paß mal auf Gerhard - Beil wurde zu Recht ganz verrückt -, wenn du uns verlädst und wir hier nicht mehr offen reden können und du anschließend unsere Informationen weiterschickst, halten wir hier alle die Fresse.

***Weinert:** Was war Schürers Rechtfertigung ?*

Schalck: Er war dem Ministerpräsidenten unterstellt; er konnte doch Stoph nicht über die Lage uninformiert lassen. Das war das Komplizierte, wir hatten eine Doppelherrschaft. Formal hatten wir natürlich nur die Herrschaft der Partei, aber daneben hatten wir eine Administration; Stoph war Mitglied des Politbüros und war auch nicht aus seinem Amt herauszutreiben, da standen die Russen dahinter. Das war die russische Fraktion: Krolikowski, Stoph und Mielke waren tabu, da konnte auch kein Honecker Stoph einfach rausschmeißen. Er ist doch schon im Präsidium ständig eingeschlafen, das hat keinen gestört. Alle haben gelacht; ich fand es furchtbar, daß man über einen Menschen, ganz egal, wie er war, lacht, und zusieht, wie er kaputtgeht und ihn nur hält, weil man sich nicht getraut hat, ihn abzulösen. Wenn man Stoph abgelöst hätte, hätte man ein ganzes Kaderkarussell in Bewegung gebracht, und am Schluß wäre Honecker auch mit auf dem Weg gewesen.

Denn die Opposition war da. Werner Felfe war der Interessanteste von allen; er hat offen angefangen, sich mit Honecker anzulegen. Da hat er natürlich furchtbar zurückgeschlagen. Felfe war Landwirtschaftssekretär, und Honecker hat gesagt, paß' mal auf, du erfüllst deine Pläne nicht, kümmere dich doch mal um die Landwirtschaft und halte hier keine großen Reden. Er hat ihn so niedergemacht, da war ich mit dabei, das war schon ein ganz gemeines Ding. Ja, das war die Frage der Macht und des Systems. Da wurde das System richtig vorgeführt. Du kannst zwar alles sagen, du darfst bloß nicht an der falschen Stelle die Rede halten, und schon gar nicht gegen den Generalsekretär, weil das in die Nähe der Fraktionsbildung kommt. Dann kommen diese Begriffe, die kommunistische Parteien eigentlich immer bewegt haben.

***Weinert:** Sie haben die Fraktionsbildungsangst genannt - ist schon die Diskussion in der Arbeitsgruppe Zahlungsbilanz so eine Art Fraktionsbildung gewesen?*

Schalck: Nein, das würde ich nicht behaupten, aber es war zumindest eine eigenständige Meinungsbildung, die zwar mit der Politik im großen übereinstimmte, aber im Detail schon im Grunde genommen gegen die Denkweise von Honecker verstieß.

***Lepsius:** Und im Prinzip doch eigentlich auch gegen Mittag?*

Schalck: Mittag war Mephisto! Mittag war natürlich einer, der auch genau ausloten konnte, wann es sich wirklich lohnt, sagen wir mal, Grundsatzfragen zu diskutieren, und wann es sich nicht lohnte.

***Weinert:** Den Dokumenten zufolge, die jetzt auch der Untersuchungsausschuß vorgelegt hat, haben Sie 1965 Matern den Vorschlag gemacht, so etwas einzurichten, was später dann als KoKo Gestalt annahm.*

Schalck: Das stimmt nicht. Einen solchen Brief an Matern habe ich nicht losgeschickt; die Richtigkeit dieses Briefes wurde bis heute nicht autorisiert, weil ich mir nicht vorstellen kann, daß ich mit Schreibfehlern und mit falschen Namen Matern einen Brief schreibe. Also das fällt mir schwer. Ich vermute, es sind möglicherweise Arbeitskopien, die einer aus meinem Panzerschrank geklaut hat, und zwar müssen das die ersten gewesen sein, die Zugang hatten, also MfS-Leute, denn erst danach kamen Militärstaatsanwälte und dann erst andere Staatsanwälte. Da war alles schon aussortiert.

Und bei Hermann Matern, wenn ich überhaupt mal den Namen in dem Zusammenhang nenne, war ich noch Kreissekretär zu der Zeit. Eines Tages kam Josef Steidl auf den Kreissekretär Schalck zu und sagte: Alex Schalck, schöne Grüße vom Generalsekretär. Den hatte ich bis dahin noch gar nicht richtig gesehen, jedenfalls nicht persönlich erlebt, so wie das dann später der Fall war. Wir bitten dich, daß du uns hilfst, über den Außenhandel die Firmen oder die Genossen, die in Firmen in der Bundesrepublik arbeiten, zu unterstützen. Und wenn ich heute daran zurückdenke, war der erste, der genannt wurde, Fritz Nolte, ein ehemaliger Funktionär der IG Bergbau, am Anfang unter Tage, später im Betriebsrat; ein Kommunist, der dann plötzlich zu einer selbständigen Firma übergelaufen war, also sich aus dem Verband der Arbeitnehmer löste und Unternehmer wurde. Und dann hat sich die DKP, nach meiner Kenntnis war das damals Willi Mohn, der die Arbeit im wesentlichen leitete, den ich bedeutend später kennenlernte, an die Partei gewandt und gesagt, wir brauchen Unterstützung, weil unsere Kader dort arbeiten. Das war die Zeit, wo Angenfort und solche Genossen in den Betrieben arbeiteten, nicht als Leiter, sondern als "Parkplätze", auf denen sie untergebracht wurden. So war das; das war ja schon früher in der Arbeiterbewegung eine beliebte Methode. Bloß jetzt ging das natürlich los; jetzt haben wir ganz bescheiden, am Anfang mit lächerlichen Sachen angefangen.

Da kommt die Macht eines Kreissekretärs in's Spiel. Ich habe mir den Parteisekretär bestellt und gesagt, Paul, hör' mal her, hier gibt's eine Firma Meier, die hat ihren Sitz in Bochum, wir sind interessiert, daß wir im Rahmen der Konkurrenzofferten dort Geschäfte machen, das müßt ihr am Anfang ein bißchen großzügig sehen. Es ging am Anfang immer nur um Importe, bei Exporten wurde ja nichts verdient, das war auch schwierig. Also ging es darum, daß Importe über diese Firmen abgewickelt wurden. Der ganze Außenhandel stand senkrecht dagegen, weil das Laien waren, und sie mußten praktisch jetzt zusätzliche Kosten aufbringen, denn das hat ja die Ware verteuert. Im Grunde genommen wurde ein Neuer eingeschaltet, denn die Kontakte, die da waren, waren über Jahre stabil, und jetzt kommt die Partei und sagt, wir wollen noch einen anderen drinhaben. Aber die Disziplin war natürlich so stark, daß das am Anfang durch Zuruf geregelt wurde. Dann kam die Periode, die organisiert war, da war ich aber schon Staatssekretär, da kriegten die Generaldirektoren schriftliche Weisungen von mir. Das war auch ein völliges Novum, daß ich in dem Bereich der Außenwirtschaft mit meiner Unterschrift Generaldirektoren angewiesen habe, dank meiner Vollmachten des Politbüros, Geschäftskontakte mit vorgegebenem Wertvolumen im Export und Import mit ausgewählten Firmen abzuwickeln.

Pirker: *Ja - mit Adressen!*

Schalck: Mit allem - mit Adressen und Wert! Das wurde vorgegeben, und die Generaldirektoren mußten dann am Ende des Jahres abrechnen. Das wurde auch über die Abteilung im Zentralkomitee begleitend kontrolliert, da wurden die Leute ins ZK bestellt, eine Feier gemacht, ein bißchen kameradschaftlich, aber auch nach der Methode: 'Und bist du nicht willig, so brauch' ich Gewalt.' Eigentlich ging es immer mit der harmlosen Methode, mit der netten, und wenn einer, aus welchen Gründen immer, das nicht wollte, kriegte der so eins vor's Schienbein gehauen, daß der sich das überlegte und ein zweites Mal was anderes machte. Allerdings war diese Periode auch davon begleitet, daß wir, also ich ganz speziell, verlangt haben, aufgrund eines Ermittlungsverfahrens, das in der Bundesrepublik lief, daß die DKP-Funktionäre aus den Betrieben entlassen werden, es sei denn, sie arbeiten dort. Da mußten dann Leute wie Frau Mies und der Fahrer von Mies und solche Leute raus, und nur die wirklich noch gearbeitet haben und auch in der Lage waren zu arbeiten und nebenbei nicht-hauptamtliche Parteifunktionen ausgeübt haben, konnten bleiben. Da habe ich mich durchgesetzt, weil das nämlich gegenüber den Gesprächspartnern, die ich hatte, zum Thema wurde, denn ich wurde ja von Schäuble und auch von Strauß darauf angesprochen. Ich habe ihnen erklärt, daß wir in den internen Anweisungen des Bereiches und in den internen Weisungen an die Geschäftsführer als ersten Satz geschrieben haben: Die Betriebe haben sich entsprechend der Gesetzgebung, der Regelungen des Steuer- und Arbeitsrechtes, an die Bestimmungen der Bundesrepublik Deutschland zu halten.

Gegen mich wird nämlich jetzt strafrechtlich wegen Beihilfe zur Steuerhinterziehung westdeutscher Betriebe ermittelt. Deshalb ist das für mich schon eine ganz prinzipielle Frage geworden, weil die Staatsanwälte nichts finden, müssen sie jetzt schon zu solchen Kunstgriffen starten, daß wir als DDR-Leute Betriebe der Bundesrepublik, die der Partei nahestanden, angestiftet hätten, Steuern zu hinterziehen. Dazu sage ich immer ganz gelassen, weil die ganze Bundesregierung, der BND und der Verfassungsschutz wußten, daß das so war, hätten sie ja freundlicherweise beim Besuch von Honecker 1987 sagen können, daß das eine Sauerei ist, was hier gemacht wird. Aber weder mir noch Honecker noch jemand anders noch Beil wurde bei irgendeiner offiziellen, inoffiziellen oder sonstigen

Gelegenheit gesagt, laßt doch mal die Späße sein. Ich habe den Herren erklärt, daß wir dort keine Arbeit gegen die Bundesrepublik machen, weil die Westleute dort besser Bescheid wußten als wir, weil dort lauter Verfassungsschützer drin saßen.

Weinert: *Und nach Ihrer Interpretation ist es ein Anliegen der westdeutschen Genossen gewesen, daß eine solche Einrichtung geschaffen wird, das an die SED gerichtet wurde, und die ist auf Sie zugekommen?*

Schalck: Nein - Parteiverbindungen gab es schon Jahrzehnte, das hat damit überhaupt nichts zu tun. Diese Verbindungen wurden früher direkt vom ZK geleitet. Aber da das ZK nicht imstande war, das ökonomisch in die Volkswirtschaft einzuordnen, hat Mittag verlangt, daß eine Trennung zwischen ökonomischen und politischen Fragen erfolgt. Mir wurde die ökonomische Anleitung der Betriebe unterstellt, nicht die politische Anleitung; die ganze Ausbildung, die Schulungen und die Kontakte liefen im ZK ab und nicht bei mir. Wir waren dafür verantwortlich, daß die Betriebe ordentlich und korrekt, wie Gesellschaften im Ausland, arbeiten und Gewinne abführen, denn diese Gewinne waren dann Bestandteil der Einnahmen des ZK der SED, wurden von mir verwaltet und abgeführt, wobei das alles Kinkerlitzchen sind. Ich meine, der Staat DDR hat dem ZK der SED jährlich aus dem Staatsfonds 40 Millionen Devisen für die gesamte internationale Arbeit zur Verfügung gestellt; für die Parteienfinanzierung wurden nach meiner Kenntnis fast 100 Millionen jährlich bereitgestellt, da hätten sie auch 150 Millionen 'reinschreiben können, die hätten den Staat auch nicht pleiter gemacht. Also wir haben angefangen, auch ein bißchen Spielerei zu treiben, und die Partei hat sich gegen den Widerstand von Mittag, der das abschaffen wollte, durchgesetzt. Honecker hat angewiesen, daß aus dem Staatshaushalt die Parteienfinanzierung weiter zu laufen hat, bis zum Schluß.

Sie müssen sich das historisch mal so vorstellen: Es gab immer schon Betriebe. Dort standen - das waren ganz normale Privatbetriebe - Händler, meistens Makler an der Spitze. Die Inhaber dieser Firmen standen der KPD oder DKP nahe. Nach dem großen Verbotsprozeß der KPD und nach der Beschlagnahmung des Vermögens der Partei hat die Partei gesagt, wir müssen das besser machen, wir dürfen das Vermögen nicht mehr verlieren. Deshalb wurde das Ganze privatisiert, die Führungskader mußten aus der Partei austreten und wurden praktisch für die Partei nur für die Spenden und für die Finanzierung besonderer Maßnahmen über die Partei interessant, über Spenden wurde das im Grunde genommen über diese Firmen abgedeckt. Andere hatten ihre Stiftungen, und die DKP hat sich mit Hilfe der SED über diesen Bereich finanziert - wir haben z.B. das Parteigebäude der DKP gekauft und vermietet, wir haben die Verlage gekauft, und wir haben vor allem die Druckereien finanziert.

Pirker: *Das war in Frankreich und in Italien ähnlich!*

Schalck: Das waren die Vorbilder. Und die DKP orientierte sich zu Recht an den Österreichern, das waren die Besten von allen. Die Franzosen waren die Zweitbesten, von der Masse der Mitglieder, und die Dritten waren die Italiener, das waren die Schlechtesten, sie waren gespalten, da war schon keine Zucht und Ordnung drin. Die Franzosen habe ich auf meiner ersten Dienstreise im Jahre 1953 kennengelernt, die Kollegen wurden direkt vom ZK straff geleitet, und die Wirtschaftssekretäre der Partei hatten nach meiner Auffassung großen Einfluß und waren auch Gesprächspartner bei der Vorbereitung der diplomatischen Anerkennung der DDR. Da spielten diese Parteien eine große Rolle.

Hertle: *Wie ist KoKo nun entstanden?*

Schalck: Günter Mittag sagte vor dem Bonner Untersuchungsausschuß aus, daß der Bereich Kommerzielle Koordinierung auf Weisung von Walter Ulbricht gegründet wurde. Er muß es ja wissen.

Mit der Verfügung des Vorsitzenden des Ministerrates, Willi Stoph, zum 1. Januar 1967 wird der Bereich formell gegründet und erhält außerordentliche Vollmachten zur Gewinnerwirtschaftung. Das ist die Gründungsurkunde des Bereiches Kommerzielle Koordinierung. Und die Unterstellung der volkseigenen Außenhandelsbetriebe Intrac und Zentralkommerz sowie die handelspolitische Anleitung der nach meiner Kenntnis privaten Firmen F.C. Gerlach, G. Simon und G. Forgber war der Anfang.

Insoweit stimmt es, daß wir zu diesem Zeitpunkt formell dem Minister für Außenhandel unterstellt sind. Aber bereits in diese Zeit fällt eine starke Einwirkung durch Günter Mittag als verantwortlichem Sekretär für Wirtschaftspolitik.

In dieser Zeit 1967 bis 1972 gab es eine Art Doppelherrschaft: Formal war der Minister für Außenhandel mein Vorgesetzter. Er hat die Dokumente bekommen, wurde informiert; ich hatte die Vollmacht, den Schriftverkehr in seinem Namen selbständig zu regeln. Es gibt Verfügungen, die man nachlesen kann, daß ich berechtigt war, auch Weisungen im Namen des Ministers für Außenhandel zu erteilen. Ich hatte auch vom Minister alle Vollmachten bekommen, um selbständig zu arbeiten.

Der Unterschied bestand darin, daß die Volkswirtschaftspläne für den Bereich der Außenwirtschaft vom Ministerrat und der Volkskammer beschlossen wurden, und die Aufgabenstellungen für den Bereich Kommerzielle Koordinierung von dem verantwortlichen ZK-Sekretär für Wirtschaft.

Lepsius: *Nun kamen zu Ihrem Bereich nicht nur die Firmen, sondern Ihnen wurde auch die Vermittlung der EKD-Zahlungen zugesprochen.*

Schalck: Als ich anfing, gab es die schon. Sie wurden dann dem Bereich zugeordnet, weil der Mann, der das vorher gemacht hat, Horst Roigk, Leiter der Kontrollabteilung im Ministerium für Außenhandel und seines Zeichens Oberst im MfS - das waren alle Leiter der Kontrollabteilungen, nicht in dem Dienstgrad, aber am Schluß waren sie alle Obristen -, hat das als mein Stellvertreter eingebracht, und es wurde durch Beschluß des Ministerrates auch von den Institutionen festgeschrieben.

Lepsius: *Mich würde interessieren, was Sie von der These halten, daß die Transferzahlungen der EKD beziehungsweise des Diakonischen Hilfswerks im gesamten Zahlungsbilanzbudget von einer solchen Bedeutung waren, daß die Partei- und Staatsführung nicht entschiedener gegen die evangelische Kirche hat vorgehen können, weil dann der Entzug oder die Verminderung der EKD-Beiträge einen erheblichen ökonomischen Schaden für die DDR bedeutet hätte.*

Schalck: Ich will dazu mal ganz prinzipiell antworten: Wenn jemand wirklich glaubt, daß die DDR von diesen Einnahmen ökonomisch eine wesentliche Stärkung erfahren hat, irrt er. Ich kann Ihnen gerne vorlesen, wie sich die Zahlen in den einzelnen Jahren entwickelt haben. Es gab ein Jahr, das war wohl 1985 oder 1986, in dem wir Größenordnungen hatten, die weit über 300 Millionen lag. Ansonsten gab es kein Jahr, wo man die 300-Millionen-Grenze erreicht hat. Bis Anfang der achtziger Jahre war das bedeutungslos, und dann hat sich das zwischen 150 und 300 Millionen pro Jahr eingependelt. Den Verlust, den die DDR dagegenstellte, und ich habe mich bis heute geweigert, Menschen mit Geldsummen zu bewerten, weil ein Mensch unbezahlbar ist; ich habe nur immer wieder gesagt, wenn - ich sage mal eine Zahl - rund 300 000 Menschen einschließlich Kinder einen Staat verlassen, ist das ein Substanzverlust, der nur in Generationen wieder aufzuholen ist. Und was die Bundesregierung, nicht die Kirche, dafür in Form eines finanziellen Ausgleiches gezahlt hat, steht zu den volkswirtschaftlichen Verlusten in gar keinem Verhältnis. Und ich habe mich nie mit Pro-Kopf-Summen und ähnlichen Späßen zu beschäftigen brauchen. Wer das behauptet, lügt, und alle, die das gemacht haben, Vogel und andere, wissen ganz genau, daß ich darauf gar keinen Einfluß hatte - auch nicht auf die Namen. Das war völlig voneinander getrennt und lag im Verantwortungsbereich von Wolfgang Vogel und dem Innerdeutschen Ministerium, die ja auch heute alle unschuldig sind, und bei Herrn Bischof Binder und wie sie alle heißen, der auch nicht richtig Bescheid wußte. Das ist eigentlich die größte Taktlosigkeit im Leben, daß diese Leute, die jahrzehntelang für die Bereitstellung und Einbringung der Fonds in den Bundeshaushalt verantwortlich waren, so an Gedächtnisschwund leiden. Und nirgends war vereinbart - nirgends! -, daß dafür Lebensmittel oder andere Sachen der Bevölkerung der DDR zugute kommen. Wenn 300 Millionen bezahlt werden, kann sich jeder ausrechnen, wieviel Mark jeder pro Kopf kriegt; das ist ja nicht schwer, das sind 20 Mark.

***Lepsius:** Wo sind die finanziellen Mittel hingeflossen? In den Staatshaushalt der DDR?*

Schalck: Ich erkläre Ihnen das gerne, falls Sie das nicht wissen - ich meine, wenn Sie mich prüfen wollen, ich mache das, und dann können Sie auch annehmen, daß das stimmt!

***Pirker:** Wie hat es denn funktioniert?*

Schalck: Wie das funktioniert hat? Der Wunsch kam doch von der Bundesregierung, nicht von uns! Herr Barzel war der erste, das hat er ja auch geschrieben. Darüber gibt es doch jede Menge Literatur[1].

***Lepsius:** Ja, wer hat denn die Gelder eingenommen?*

Schalck: Die Gelder hat der Staat DDR eingenommen. Es ging in der Praxis so: Die bundesdeutsche Seite und Persönlichkeiten anderer Länder signalisierten auf den verschiedensten Ebenen, Ministerpräsidenten, Politiker aller Couleur, Privatpersonen und setzten sich für eine Familienzusammenführung und für die Freilassung von Inhaftierten in der DDR ein. Das ist dann an Vogel herangetragen worden, der zu dem Zeitpunkt, als ich auftauchte, schon das Mandat hatte. Vogel war ein Zwischenposten; er durfte die Listen, wie ich ja auch später genug Listen bekommen habe, in zweifacher Ausfertigung an das MfS weiterreichen - eine Liste an den Minister, die andere Liste damals an Volpert, später an Niebling. Diese bevollmächtigten Personen haben die Listen übernommen, haben sie an die zuständigen Hauptabteilungen und Bereiche weitergeleitet, um überhaupt festzustellen, wer sind die Personen, wo sitzen sie, weswegen sitzen sie ein, was passiert, wenn man sie vorzeitig entläßt usw. usf. Dann kamen die Listen zurück, und dann wurde erstmal politisch entschieden, wer kann übersiedeln und wer kann nicht übersiedeln oder später und wann.

---

1 Vgl. Rehlinger, Ludwig, *Freikauf. Die Geschäfte der DDR mit politisch Verfolgten 1963-1989*, Berlin-Frankfurt/M. 1991; Geißel, Ludwig, *Unterhändler der Menschlichkeit.* Erinnerungen, Stuttgart 1991; Whitney, Craig R., *Advocatus Diaboli.* Wolfgang Vogel - Anwalt zwischen Ost und West, Berlin 1993.

***Hertle:** Die Listen gingen an die ZK-Abteilung Sicherheitsfragen?*

Schalck: Ach, da ging überhaupt nichts hin, die haben überhaupt nichts zu sagen gehabt. Mielke kriegte die Listen von seinen Leuten, und als die von MfS, Generalstaatsanwaltschaft, MdI, und allen, die komplex zusammenwirkten - unter Federführung des Ministers für Staatssicherheit -, abgeprüft waren, wurden die Listen Honecker von Mielke direkt vorgelegt. Und dann wurde draufgeschrieben "Einverstanden, Honecker". Dann hat Mielke die Listen weggenommen, sie blieben nicht bei Honecker. Mit diesen Listen ist er heimgekehrt, hat die Listen Volpert oder Niebling überreicht und gesagt, die Liste oder die Listen sind bestätigt, klärt das jetzt. Und dann hat dieser Apparat mit dem Minister geklärt, was wir dafür haben wollen. Und dann wurde natürlich - also ich war nie dabei, ich kann das mit gutem Gewissen sagen - auch dieser Ehrgeiz entwickelt, wenn ein Mediziner die Republik verlassen wollte oder verlassen hat, entstand ja ein unermeßlicher Schaden, weil die Patienten keinen Arzt und keine Schwestern mehr hatten. Das war ja ein Notstand ständiger Art, weil die Gehälter bei uns für Ärzte bei 1500 Mark und im Westen bei 10 000 Mark lagen und der Hartmannbund nichts zu tun hatte, als die Leute abzuwerben. Das müßt Ihr ja auch mal sehen und dürft nicht immer nur gucken, was die DDR für Strolche waren, die Geld wollten. Auf der anderen Seite waren ja die, die bewußt hohes Geld gezahlt haben, damit die 'rüberkommen. So war das Leben, ganz einfach, gerade bei dieser Gruppe, Mediziner und Wissenschaftler, denn die wurden ja auf jedem Kongreß schon am Flughafen mit einer Tüte Geld begrüßt, damit die sich schon richtig einstimmen konnten. Das war die Korruption für diesen Kreis der für den Staat wichtigsten potentiellen Leute. Die Wissenschaft war doch der Träger allen Fortschritts: wenn man diese Leute wegnimmt - der Arbeiter hat doch keine Innovation, was soll denn der machen, der ist doch angewiesen auf Wissenschaft und Forschung!

***Lepsius:** Wer hat denn nun die Gelder verbucht?*

Schalck: Verbucht hat die am Anfang noch gar keiner.

***Lepsius:** Die Bundesregierung mußte für diese Köpfe zahlen!*

Schalck: Die Bundesregierung hat erstmal bestätigt, daß sie bereit ist, sagen wir mal jetzt, für die ausgewählten Personen eine Summe X zu bezahlen. Mit ihr wurde über Geld gesprochen, nicht über Waren. Und in der Bestätigung, die Vogel in der Hand hatte, stand Geld drin; die hat er von Herrn Priesnitz und vorher von Rehlinger bekommen. Und dann ist diese Liste vom Ministerium für Innerdeutsche Beziehungen an das Diakonische Werk Stuttgart gelaufen, nicht an die EKD. Und das Diakonische Werk in Stuttgart hat dann den Auftrag bekommen, mit meinem Bereich eine Warenliste zu vereinbaren, die diesem Geldwert entsprach, und da hieß es dann - ohne Kopfbogen, ohne alles: Wir vereinbaren die Lieferung von - dann kam eine Position, dann die Unterschriften. In 99 Prozent der Fälle war das dann bei uns Manfred Seidel und drüben Ludwig Geißel. So, und dann kam die Liste und ging weiter. Von uns wurde der Generaldirektor von Intrac bestellt, und dem wurde mitgeteilt, daß diese Warengruppen zur vertraglichen Bindung bereitstehen, und der Generaldirektor kriegte dann von uns die Weisung, dies in Geldform an den Bereich abzuführen.

***Weinert:** An Ihren Bereich?*

Schalck: An den Bereich Kommerzielle Koordinierung, speziell an Manfred Seidel, der dafür von mir Vollmachten hatte. Wir haben dazu ein Konto geführt, dieses bekannte Konto 628, von dem immer behauptet wird, daß Honecker eine

Unterschriftsvollmacht hatte. Das ist alles Schwachsinn. Man muß sich das mal vorstellen, ein Staatsratsvorsitzender hat eine Bankunterschrift - für sein Konto hat er eine gehabt, aber nicht für dieses Konto. Für dieses Konto hatten Schalck und Seidel Unterschriftsvollmacht. Das einzige, was wirklich eingeschränkt war, und das geschah ganz gezielt auf Wunsch von Mittag, das haben wir auch dann konsequent durchgesetzt, daß der Generalsekretär immer nur einen Kontenstand, wenn er überhaupt danach gefragt hat, mitgeteilt bekam, der um 100 Millionen lag. Aus dem einfachen Grunde, weil sonst dieses Geld vielleicht für unwichtige Dinge ausgegeben worden wäre.

Weinert: *Faktisch war dieses Konto 628 eine Art schwarze Kasse?*

Schalck: Was hat denn das mit schwarzen Kassen zu tun? Der Staatsratsvorsitzende der DDR hat aufgrund seiner Weisung verlangt, daß diese Beträge sichtbar gemacht werden und jederzeit revisionsfähig sind. Wo ist da die schwarze Kasse?

Weinert: *Es gab eine Revision?*

Schalck: Na, sagen Sie mal! Ich war Staatssekretär. Was wollen Sie mich denn hier als Kriminellen einordnen? Bei schwarzer Kasse werde ich ganz allergisch, ich habe keine schwarze Kasse gehabt! Sie haben schwarze Gedanken. Ich bin jetzt so leidenschaftlich, weil ich mich wehren muß, aber solche Formulierungen wie "schwarze Kassen" lasse ich nicht im Raum stehen. Ich hatte einen Verfügungsfonds, das ist ein ganz anderes Kapitel, ich hatte aber keine schwarzen Kassen. Das waren offizielle Konten!

Lepsius: *Gemeint ist das nicht in diesem Sinne, sondern im Sinne der Handelsbilanz der DDR. Da war dieses ja eine nicht geplante Position.*

Schalck: Was hat denn die Handelsbilanz damit zu tun? Menschen sind doch kein Handelsobjekt!

Weinert: *Faktisch doch!*

Lepsius: *Die DDR hat eine Zahlung gekriegt, für die aus dem Warenfonds gar nichts bereitgestellt worden ist. Dasselbe läuft mit den Visa- und Postgebühren usw.*

Schalck: Wer behauptet denn das, daß da nichts bereitgestellt wurde?

Lepsius: *Bei diesem Personenauskauf ist über den Staatshaushaltsplan und über die Plankommission nichts bereitgestellt worden. Die haben ja nicht eingesetzt, wir haben hier noch fünfhundert Leute, die können wir verkaufen, dann kriegen wir das wieder rein!*

Schalck: Das hätte uns noch gefehlt!

Lepsius: *Insofern also war das von Schürer aus gesehen eine außerplanmäßige Einnahme.*

Schalck: Das ist richtig formuliert. Jetzt sind wir wieder richtig, aber keine schwarze Kasse!

Lepsius: *Wie war das Verhältnis zwischen KoKo und der Plandurchführung durch die Plankommission? Schürer sagte, er sei mit Honecker vor einer Politbüro-Sitzung auf dem Gang zusammengetroffen und dieser habe gesagt: "Ihr habt wieder drei Prozent Wachstum vorgelegt, es muß aber bei vier Prozent bleiben. Du wirst schon sehen, ich habe noch bestimmte Möglichkeiten, Bezahlungen aus* *der Bundesrepublik usw. Sprich' mal nicht dagegen, wenn ich heute vorschlage, dem Plan vier Prozent zugrunde zu legen."*[2]

Schalck: Ich bleibe mal an der Stelle stehen. Jetzt passiert folgender Mechanismus; Mittag ruft mich zu sich ...

Lepsius: *... wieso Mittag? Honecker hat das doch zu Schürer gesagt!*

Schalck: Honecker hatte doch keine Ahnung von Ökonomie! Der wußte natürlich, daß er Geld kriegte, das hat er ja schriftlich bekommen von Mielke und auch von mir. Mielke teilte ihm mit, daß die Vereinbarung unterschrieben ist, und wir teilten ihm mit, daß die EKD unterschrieben hat. Soviel Vertrauen hatte er schon zu uns, daß das funktionierte. Gerhard Schürer hat natürlich jetzt dieses Loch sichtbar gemacht, mußte er ja. Er hatte keine Lösung, es sei denn, er hätte gesagt, ich muß mehr bei der Bevölkerung wegnehmen - das ging nicht und war auch mit Honecker nicht zu machen, weil der ja nicht so dumm war, daß er nicht wußte, daß er das gar nicht durchstehen konnte. Also hat Honecker mit Mittag gesprochen und hat gesagt, Günter, sprich mal mit dem Alex, frag' den, was da noch möglich ist, da können wir ja auch die Sachen einsetzen, die Mielke besorgt. So wurde das formuliert. Und der Alex muß sich auch ein bißchen anstrengen, und dann werden wir mal sehen. Also wurde ich bestellt. Das waren immer die Sternstunden des Bereiches. Da hat Mittag gesagt, also Alex, du mußt nochmal richtig nachdenken, wir brauchen von Dir eine Milliarde. Ich habe erstmal gezuckt; eine Milliarde ist ungeheuerlich viel. Ich behaupte nach wie vor, manche wissen nicht, wieviel Nullen sie hat.

Jedenfalls bin ich dann mit dieser Aufgabe nach Hause gegangen, ganz konkret mit dieser Milliarde. Dann habe ich meine Generaldirektoren bestellt, fünf an der Zahl, habe meine Führungskader bestellt, das waren vier Hauptabteilungsleiter oder Abteilungsleiter, und habe denen erklärt, so ist die Lage, wir haben 24 Stunden Zeit, Vorschläge zur Finanzierung zu machen. Das ist das Kampfprogramm des Bereiches, - und jetzt wird es politisch - sagen wir mal, in Vorbereitung des X. Parteitages. Und wenn wir die Milliarde richtig auf die Beine stellen, zusätzlich zu unserem Plan, dann werden wir uns hier schon irgendwie erkenntlich zeigen, da fällt uns was ein. Mittag hatte gesagt, du hast alle Vollmachten, wichtig ist, daß das zusätzlich organisiert wird, und sieh zu, wie du das machst. Da hat er auch keine Einschränkungen gemacht, ich hatte dann Generalvollmachten. Und ich muß sagen, ich habe auch nie einen Korb gekriegt, wenn ich dann für Leute, die sich daran wesentlich beteiligt haben, hohe Staatsauszeichnungen verlangt habe. Hohe Staatsauszeichnungen sind welche mit 10 000 Mark Prämie, zum Beispiel der Vaterländische Verdienstorden in Gold; ich rede nicht von kleinen, sondern von großen Orden. Und meine Generaldirektoren waren alle hochdekorierte Leute, die konnten wie Marschälle marschieren, sie hatten alle hohe Auszeichnungen. Es war eine Motivation, hohe staatliche Auszeichnungen zu erhalten.

Lepsius: *Aber wo kam sie denn her, die Milliarde?*

Schalck: Aus der Bundesrepublik Deutschland!

Lepsius: *Aber von wo denn da - das ist doch ein bedeutender Posten!*

Schalck: Nein nein, ist ja alles nicht so schlimm. Wir müssen das alles mal relativieren. Irgendwo hat der Bereich ab 1972 auf Vollast gefahren. Von 1972 bis

---

2 Gespräch mit Gerhard Schürer und Siegfried Wenzel, S. 74.

1989 haben wir 27 Milliarden Gewinn gemacht, das ist ja auch nicht mehr zu bestreiten, ich habe das ganz bewußt mal ausrechnen lassen, aber da war ich noch nicht übergelaufen; da wollte ich mal für mich wissen, was wir wert waren. Das waren solche Machtfragen. Wir hatten in den besten Jahren drei Milliarden Gewinne. Die sind aus kapitalistischer, betriebswirtschaftlicher Rechnung vor Steuern. Und da wir keine Steuern zahlen mußten, war das Nettoeinnahme. Das waren wirklich Gewinne, weil wir in unseren Bilanzen Bilanz machten wie kapitalistische Betriebe.

***Pirker:** Ja, das schon - das waren aber sehr schöne Bedingungen, die kein kapitalistischer Betrieb in der Bundesrepublik hat!*

Schalck: Das ist nicht meine Schuld, ich war verantwortlich für die DDR. Ich hatte fairerweise gesagt, da ich keine Konkurrenz hatte, war das natürlich eine ganz interessante Variante, marktwirtschaftliche Strukturen zu haben, mit Vollmachten wie kapitalistische Betriebe zu arbeiten, aber immer den Staat im Rücken zu haben.

***Weinert:** Sie hatten ja zwei Staaten im Rücken! Sie haben ja eben gesagt, als Hausbank hatten Sie noch die Bundesregierung.*

Schalck: Die Bundesregierung weniger. Für mich war die Bundesregierung nicht so sehr die Hausbank, nur für Teile. Den größten Teil dieser Hausbank erhielt Frau König im Finanzministerium, nicht Herr Schalck. Das ist ein Irrtum. Ich bleibe mal bei den 23 Milliarden stehen, die ich durch meine persönliche, direkte Verhandlung mit der Bundesrepublik Deutschland in Form von Vereinbarungen oder sonstigen Formen der Formalisierung für die DDR mitgesichert habe. 16 Milliarden davon wurden bezahlt, und dieses Geld, alles dieses Geld bekam das MdF direkt, da hatte der Bereich Kommerzielle Koordinierung kein Zugriffsrecht, um das auch mal an dieser Stelle zu sagen, weil immer wieder herumspukt, daß das bei uns irgendwo angekommen ist. Das war nicht der Fall, es wurde von uns überhaupt nicht geplant, sondern vom MdF und ging geteilt in die Staatsdevisenreserve, die operative Reserve, und die einzelnen Fonds. Die einzige Ausnahme bildeten die Einnahmen der EKD, der Caritas, der anderen Religionsgemeinschaften und die Einnahmen aus den gesonderten Vereinbarungen mit der Bundesregierung in bezug auf Familienzusammenführung und Häftlingsfreilassung. Diese Vereinbarungen gingen in Federführung des Bereiches Kommerzielle Koordinierung ein. Aus dem EKD-Geschäft - ich muß das mal besonders betonen, das waren nämlich reine Kirchengeschäfte - zum Unterhalt der evangelischen Kirche in der DDR wurden jährlich 30 Millionen direkt an den Fonds Schürer abgeführt. Das war die Reserve von Gerhard Schürer, die er von mir jedes Jahr bekommen hat - 30 Millionen. Wir haben von der EKD in etwa im Durchschnitt 40, manchmal 42 Millionen bekommen, in ganz guten Jahren, wenn sie ganz viel haben wollten - wir haben ja immer getauscht, sie mußten ja ihre Pfarrer einstellen. Deshalb habe ich von der Kirche eine Auszeichnung bekommen, weil die Pastoren alle nur durch unsere Gnade ihr Brot bekamen, sonst hätten sie Schwierigkeiten gehabt. Insoweit war die Kirche eigentlich gar nicht so böse mit uns. Und dann haben wir noch das Kunststück fertiggebracht, daß sie in das Versorgungssystem der DDR, in die Sozialversicherung, aufgenommen wurden, haben sie auch bezahlt, irgendwo um 100 Millionen. Dies wurde dann auch über den Bereich vereinnahmt. Alle Bauprogramme der evangelischen Kirche wurden erstmal bei uns vereinnahmt, aber wir mußten dann ja einen Teil in Devisen wieder ausgeben, denn der Bauminister war ja nicht bereit, Kirchenbauten zu machen, ohne Anteile zu kriegen. Also wurde das durch den Staat im Ministerrat beschlossen, das war das sogenannte Bauprogramm Nr. 2, das wurde behandelt wie Landesverteidigung 1 und 2, so daß wir für diesen Bereich Geldeinnahmen hatten, und diese Geldeinnahmen abzüglich aller Kosten und Ausgaben standen dann auf diesem Konto 628. Und das Schöne war, als ich weggegangen bin, war fast das ganze Geld noch da. Ich habe den Staatsanwälten erklärt, warum das da war - weil wir das so wollten. Und auch die Einnahmen, die sogenannten "Steuerhinterziehungen", die hat die Bundesrepublik Deutschland alle über den Tisch bekommen, die waren nämlich auch da und nicht ausgegeben. Weil auch Mittag, das muß ich ihm mal heute gut anschreiben, sich ganz energisch dagegen verwahrt hat, diese Gelder auszugeben. Da kamen nämlich Zurufe aus allen Ekken - der eine wollte Jeans kaufen für die Jugend, der andere wollte, was weiß ich, Bananen - alles Schwachsinn, es war wirklich Schwachsinn. Statt Maschinen zu kaufen für die Produktion und was Vernünftiges, haben wir nun auf irgendeinen Zuruf Konsumgüter gekauft. Sindermann war da führend: Also Alex, mach' doch mal Jeans, kauf' doch mal eine Million Jeans für die Studenten; und dann wurde um den Preis gefeilscht, ob der nun 160 Mark ist oder 100 Mark - dieser Subjektivismus war zum Kotzen. Das war eine Zurufpolitik. Da Sindermann nun Kinder hatte und Enkelkinder, die ihrem Opa ständig einredeten, wie schön das ist, Levis zu tragen, mußten es Levis sein. Da hat Mittag gesagt, wir kaufen den Stoff und machen die alleine. Andere wieder sagten: Nein! Die wollen wir nicht haben, wir wollen Levis haben, da kann man mehr Geld für kriegen - es war herzerweichend.

Lepsius: Nun sagte uns zum Beispiel der Minister für Chemie, daß er ein großes Problem hatte: Er brauchte für irgendeinen seiner Betriebe dringend eine Anlage. In größter Not, wer war der Retter? - Schalck. Er ging zu Schalck, der hat gesagt, was willst du haben, die Chemieanlage kauf' ich dir, du mußt mir das natürlich intern wieder ersetzen ...

Schalck: ... nicht nur ersetzen - ich will ja Gewinne machen!

Lepsius: ... und Zinsen zahlen!

Schalck: Sonst hätte er woanders hingehen müssen; da hätte er zu Schürer gehen müssen. Bei ihm konnte er nach dem Plan kaufen.

Lepsius: Was war und wie funktionierte die Deus-ex-machina-Funktion von Schalck? Also ich bin der Minister für Chemie und brauche diese Anlage aus dem Westen, sonst kriege ich meine Produktion nicht hin und erfülle die Planziele nicht. Jetzt gehe ich zu Ihnen und sage, nun hilf' mir mal!

Schalck: Nein, nein - Wyschofsky war nun der allerletzte, der überhaupt begriffen hat, daß er mich braucht. So fängt das erst einmal an.

Lepsius: Er ist voller Hochachtung und rühmt Sie!

Schalck: Das glaube ich, weil er das ohne uns nicht geschafft hätte. Aber das hat mit mir nichts zu tun - das war das System. Die DDR hatte besonders in den letzten zehn Jahren permanente Probleme - das hing auch zusammen mit den zurückgehenden Erdölexporten der Sowjetunion - eine effektive Erdölverarbeitungsindustrie, um an dem Beispiel zu bleiben, aufzubauen. Wir hatten einen hohen Anteil an dunklen Produkten und waren damit auch preislich schlecht in der Lage, Weltmarktbedingungen zu erfüllen. Also die Ausbeutungsquote war schlecht. Da kam natürlich nicht bei Schalck die Idee, sondern auf der Ebene der Betriebe - PCK Schwedt und Intrac hatten engste Arbeitsbeziehungen. Sie haben gesagt, was könnte man denn machen, um die Ausbeutungsquote zu erhöhen, und was könnte man mit der Bezahlung machen. Und da haben, bevor das überhaupt auf meinen Tisch kam, Leute dort gesessen, die viel mehr Ahnung hatten, Produktionsdirektoren, Spezialisten, Wissenschaftler und haben überlegt, wenn wir uns eine große Anlage aus Japan holen, die - sagen wir - 1,2 Milliarden kostet, wird die Ausbeute in dem und dem Maße steigen; und wenn Schalck noch über die Pipeline, die nicht ausgelastet ist, zwei Millionen Tonnen Erdöl gegen Devisen von den Russen holt, um so besser, denn es ging ja auch darum, die notwendige Menge an Erdöl zu bekommen. Wir hatten gar keine andere Chance. Und dann haben wir praktisch auf dieser Arbeitsebene einen vernünftigen Vorschlag ausgearbeitet. Da haben die gesagt, wir brauchen die Produktion aus diesen Anlagen für zehn Jahre, dann ist die Anlage bezahlt und unser Gewinn auch. Und dann ging das Gefeilsche über die Höhe des Gewinns für den Bereich Kommerzielle Koordinierung los, speziell für Intrac. Wir als Bereich hatten überhaupt keine Beteiligung, aber der Betrieb, Intrac, war beteiligt. Und diese Feilscherei war immer lustig.

Wyschofsky kam am Anfang immer in den Widerspruch, warum er das nicht alleine machen kann. Da habe ich gesagt, Günter, mach' das doch alleine. Ich kenne genug andere, die mit mir was anfangen. Dann ist er zu Schürer gegangen: Gib' Du mir das Geld. Schürer hat gesagt, ich hab keins. Da war das Kreislaufkarussell wieder da, und ich habe mich ganz gelassen zurückgelehnt und gewartet; er kam sowieso wieder. Aber am Anfang war er nicht zu überzeugen. Allerdings hatte er einen klugen Staatssekretär, der heißt Quaas; er ist hier in der Nähe bei einer großen Gesellschaft als Berater untergekommen. Quaas war lange Jahre kaufmännischer Leiter von Buna. Also kluge Leute, die wußten wirklich, was Chemie ist und was Anlagen sind. Und dann kam der Vorschlag auf meinen Tisch. Die Staatliche Plankommission wurde eingeschaltet - sie mußte nach der Ordnung eingeschaltet werden, denn sie mußte den Staatsplan so steuern, daß meine Interessen mindestens gleichberechtigt abgedeckt wurden.

Unser Problem war immer folgendes: Der Staatsplan war so hoch, daß kein Betrieb Luft hatte, noch mit Schalck Geschäfte zu machen. Da habe ich gesagt, das ist wie doppelt oder nichts. Wenn ihr das nicht mit uns macht, erfüllt ihr euren Staatsplan noch schlechter, und jetzt müßt ihr euch überlegen, was ihr wollt - ich muß Kredite auf dem internationalen Markt aufnehmen, ich kriege nichts geschenkt. Wenn ein internationaler Kredit nicht bedient wurde, trug der Bereich KoKo das Risiko. Die Parteiführung, also Mittag, hat zu mir gesagt, Schalck, wenn du das machst, die Kredite ausgibst und das nicht im Politbüro abgesichert ist, stehst du dafür grade, das ist dein Risiko, nicht meins. Mittag hat sich sofort abgeseilt, Schürer auch, aber ein bißchen anders. Und sie konnten auch gar nicht anders, sie hatten ja keine materiellen Fonds, sie konnten nichts verteilen, also waren wir gezwungen, mit diesen Großobjekten in das Politbüro und in den Ministerrat zu gehen. Wir haben uns das beschließen lassen, daß zusätzlich zum Plan für eine Periode Zeitraum X nach Auftragserteilung plus die Zeit der Inbetriebnahme der Produktion, in der Regel drei Jahre, dann fing die Produktion an zu laufen; also sieben Jahre war ungefähr der Nutzeffekt für uns alle. Wir haben uns den Kreditvorschuß, die Zinsen und das Währungsrisiko, das ja in hohem Maß bestand, zurückzahlen lassen. Nehmen Sie nur das Währungsrisiko: Wir haben in japanischen Yen bezahlt und haben die Währung in Verrechnungseinheiten zum Beispiel oder in Pfunden oder in anderen Währungen zurückgekriegt, die plötzlich unten waren, der japanische Yen dagegen war ganz oben. Dieses Währungsrisiko haben die großen, klugen Leute immer so behandelt, als ob das Peanuts sind nach dem Motto: Das machst du! Ich sagte: Ich nicht, dieses Währungsrisiko trägt der Minister, mein lieber Freund, immer der Produzent, nicht der Kreditverleiher. Eine Bank trägt nie das Risiko!

Weinert: *Wenn ich das Modell der Planungsökonomie der DDR nehme, war Ihr Bereich institutionell der einzige, der gegen dieses Modell verstieß ...*

Schalck: ... nein, nicht verstieß! Der durch Beschluß des Politbüros als einziger berechtigt und bevollmächtigt war, mit Zustimmung der Plankommission diese Geschäfte zu machen.

Weinert: *Ja, diesen Verstoß hat der Ministerrat beschlossen!*

Schalck: Ich verwahre mich gegen den Begriff "Verstoß" - was heißt denn "Verstoß"? Was der Ministerrat beschließt! Also diese Vokabeln müssen Sie sich abgewöhnen!

Weinert: *Das Prinzip, die Norm der Planungsökonomie sieht doch vor, daß ich durch einen rationellen Plan auf einem höheren Niveau der Rationalität die Versorgung der Bevölkerung realisiere, als wenn ich das der Anarchie des Marktes überlasse, und hier wird genau das Gegenteil gemacht!*

Schalck: Als Höhepunkt dieses Prinzips erzähle ich Ihnen ein Beispiel: Der Plan 1986 bis 1990 ging in das Politbüro. Er paßte vorn und hinten nicht zusammen; die Einzelheiten lasse ich mal beiseite. Schürer kam in dieser Periode auf folgendes Problem: Um in der Zahlungs- und Verschuldungsbilanz keine zusätzlichen Verschuldungen auszuweisen, kam man auf die grandiose Idee, Schalck nimmt im Auftrag des Staates, - das wurde dann im Politbüro und im Ministerrat beschlossen -, auf dem internationalen Markt Kredite auf, ungefähr sieben Milliarden. Sieben Milliarden sind viel Geld. Und er schließt die in Abstimmung mit der Plankommission - wir stimmten im Grunde genommen jeden Betrieb, jede Position ab, die für diese sieben Milliarden außerplanmäßig importiert wurden. Und da sie außerplanmäßig in diesen Zeitraum hineingingen, wurden sie in der staatlichen, offiziellen Zahlungsbilanz nicht als Verschuldung ausgewiesen, die standen bei mir in der Verschuldung. Und da ich schon ahnte, was hier passiert, habe ich natürlich sofort den Bereich intern angewiesen, daß alle Guthaben des Bereiches sofort gegen die Kredite gestellt werden, denn wenn der Staat an dieser Stelle nicht bezahlt hätte, und damit mußte ich rechnen, wären wir sofort über Nacht pleite gewesen, der ganze Staat, weil Schalck nicht mehr zahlungsfähig gewesen wäre, und die Banken unterscheiden nicht zwischen Schalck und Schürer, die unterscheiden nur noch zwischen DDR, weil auf dem Markt ja nur zwei Banken agierten, die Handelsbank und die Außenhandelsbank. Und wenn die nicht mehr gezahlt hätten, nur eine Zahlung nicht pünktlich gekommen wäre, wäre das Gewitter komplett gewesen, und das ganze Ding wäre über mich gekommen. Schürer hätte gesagt, der Alex hat das nicht richtig geregelt; es war beschlossen, daß ich erst verpflichtet bin, das ab 1991 zurückzuzahlen.

Schürer hatte nämlich die Idee, das war auch eine Illusion, daß man dann mit Hilfe dieser zusätzlichen Produktivkraft einen Teil zumindestens dann zurückzahlen kann. Wir haben das Ganze gestreckt, und das war natürlich auch die höchste Form des Opportunismus, indem man Honecker einen Plan vorgeführt hat, der für ihn schön aussah, die Verschuldung ist nicht besonders hoch gewesen oder nicht höher geworden, und das haben die geklärt. So kam diese Mystifizierung hinein, daß wir nun Zauberkünstler, Nikolause oder ähnliche Spinner sind. Und ich muß auch immer wieder sagen, ich verwahre mich wirklich, auch im Interesse meiner Mitarbeiter und im Interesse von Gerhard Schürer dagegen, daß wir hier schwarze Kassen und geheimnisvolle Dinge hatten. Was wir hatten, war so gewollt; dazu hat Mittag vor dem Ausschuß ausgesagt, daß der Bereich ja Geld behalten mußte, um mehr Geld zu verdienen. Ich bin doch kein Zauberkünstler. Ich kann doch nicht ohne Kapital, ohne Vermögen, massenhaft Geld verdienen. Wie soll das vor sich gehen? Ich meine, unsere Betriebe mußten doch einen Grundstock an Kapital haben, um ständig spekulieren zu können. Es ist doch nicht so, daß jedes Geschäft mit einer schwarzen Zahl endet. Es gab doch viele Geschäfte, die rote Zahlen brachten. Wie soll ich an der Börse spekulieren, in Dollar oder in Kupfer oder in Zink oder in anderen Positionen oder an der Getreidebörse oder an der Zuckerbörse - wir haben auch Verluste einstecken müssen. Die haben mich teilweise gar nicht erreicht, weil die Generaldirektoren natürlich auch so gearbeitet haben wie der Bereich. Wir waren wie eine Finanzholding. Ich hatte meine Vorstände, und wir haben ganz bestimmte Positionen bei uns festgehalten, und die Generaldirektoren hatten Vollmachten, selbst zu spekulieren. Die Losung hieß: Sie hatten ein volkswirtschaftlich vertretbares Risiko einzuhalten, aber es wurde nie dergestalt quantifiziert, daß es hieß, du darfst nur in einer Höhe von 10 Millionen spekulieren. Er konnte auch mit 100 Millionen spekulieren, und wenn es schiefgegangen wäre, hätten sie ihn eingesperrt. Da hätte ich ihn auch gar nicht halten können. Das war bei uns immer ein wichtiger Gegenstand bei Dienstbesprechungen, denn ich mußte ja den Leuten auch erklären, welche Vollmachten sie haben. Ich wollte nie Obergeneraldirektor werden, deshalb werde ich auch immer wieder falsch eingeordnet. Ich war wirklich Staatssekretär, ich war nicht Obergeneraldirektor. Denn hätte ich mir erlaubt, dem Mann vorzuschreiben, wie er seine Geschäfte zu machen hätte, wäre das mein Ende gewesen.

***Lepsius:** Aber Ihre Generaldirektoren mußten ja doch ganz ordentlich in dem Westsystem zu Hause sein?*

Schalck: Ich will Ihnen erzählen, wie das mit dem Westsystem war. Bennigsen ist tot, deshalb kann ich Ihnen das sagen. Horst Steinebach war Verhandlungspartner von Bennigsen. Ich übrigens auch, bei der Elektrifizierung, Bennigsen hat richtig Spaß mit mir gehabt. Mit Klaus Liessen habe ich für das Gasprojekt Sowjetunion selber verhandelt. Also ein bißchen weiß ich da Bescheid. Da kamen meine Generaldirektoren, die ja nun viel öfter mit den Leuten zu tun hatten, und sagten, also weißt du, Alex, ich kriege bei dir hier 4000 Mark Gehalt, und der hat eine Million im Jahr, das kann doch nicht zusammenpassen. Du willst von mir die gleiche Summe oder ähnliche Summen haben, aber ich werde hier ganz schlecht bezahlt. Und dann kamen wir in eine Diskussion hinein, da würde man heute vielleicht sagen, na ja, läppisch - die war nicht läppisch, denn ich behaupte, drei Prozent der Mitarbeiter waren nur in der Lage, so kreativ zu arbeiten, mehr waren das nicht. Das war eine Handvoll Leute, die überhaupt dieses Metier beherrschten. Stellen Sie sich mal vor, wir haben mit 100-Millionen-Dollar-Positionen gehandelt, das konnten nicht hundert Mann machen, das konnten nur zwei Mann machen. Und die zwei brauchten auch nur die Volksschule, die mußten bloß ein Gefühl haben für Geld, die mußten das richtig riechen. Geldhändler sind seltene Persönlichkeiten, sage ich immer.

***Pirker:** In der Bundesrepublik ist das ja ähnlich!*

Schalck: Das haben wir ja von Ihnen übernommen! Ich meine, wir haben ja auch manches übernommen, was gut ist. Bloß ich will damit sagen, diese Leute waren schlecht motiviert, und ich hatte natürlich nur eine Möglichkeit, und dazu hat Mittag auch gesagt, - ein Glück, daß er das ausgesagt hat -, Schalck war berechtigt, Wohnungen zu bauen, Häuser zu bauen und soziale Maßnahmen durchzuführen. Was konnte ich also machen? Ich konnte sagen, Horst Steinebach, wir geben dir einen Kredit, kauf' dir ein Haus. Da hat der sich ein Haus gekauft in der DDR und hat den Kredit abbezahlt. Er hat einen Zins bezahlt von zwei Prozent oder sowas. Dann hat er gesagt, ich will mal ein anständiges Auto fahren ...

***Pirker:** ... Prämien hat er ja auch bekommen!*

Schalck: Ja, für ihn war das zu wenig. Ich meine, sie haben ja am Schluß immer wieder weitergearbeitet. Aber dieser Widerspruch: nicht daß die nur die gleiche Art und Form von Geschäften machten wie der Partner, sondern sie wollten natürlich auch so leben wie der Partner. Was das Fernsehen für den kleinen Mann in der Werbung war, war für diese Führungsleute der Partner. Also war der Drang und die Gefahr der Korruption ungeheuerlich gewachsen und damit auch die Gefahr, daß Leute überwechseln zum Feind. Ich sage das mal so, das war damals so, das kann man formulieren, wie man will, aber das war ja unser Gegner.

Und nun begann diese soziale, politische und ideologische Beeinflussung. Bei einem 65jährigen kann ich mir Agitation sparen. Ich kann meinem Generaldirektor nicht von morgens bis abends den Kampf um den Weltfrieden erklären, da lacht der ganz milde und sagt, jetzt ist der Schalck endgültig bescheuert. Ich kann mit denen nur konkret reden und sagen, also Horst, ich brauche noch 100 Millionen, das versteht der. Und dann sagt der ganz ruhig zu mir, Alex, darüber können wir reden, aber erst nach der Messe. Da war schon ein Vierteljahr vorbei, und die Brüder haben natürlich die Methode entwickelt, übrigens alle Kombinatsdirektoren, das ist auch ein immanenter Bestandteil des Systems, die haben immer so viele Reserven geplant, daß beim nächsten Parteitag noch was herauszuholen war, das gehörte zum Wettbewerb. Der Wettbewerb war ja nun eine Hauptmethode zur Durchsetzung der Planung und Übererfüllung des Planes. Da hat der gesagt, dieses Jahr kommt der X. Parteitag, also Männer, wir müssen uns hier mal ein bißchen zurückhalten, wenn wir jetzt schon alles auf den Tisch legen, haben wir nichts mehr zum Zusetzen - und Gerhard Schürer hat das natürlich gespürt, bei seiner Planverteidigung wußte der ganz genau, daß die alle noch irgendwo was in der Kiste hatten. Und die Chemieleute waren ja Zauberkünstler; die konnten natürlich am Schluß wirklich, indem sie das durch eine andere Anlage gejagt haben oder indem sie ihren Restbestand bei den schweren Rückständen und die Betriebsbestände verringert haben, immer noch ein bißchen, so 100 Millionen, 'rausdrücken. Und das haben sie natürlich lieber über uns gemacht als über den Plan, weil die Betriebe bei uns Devisenanteile bekamen. Der Generaldirektor brauchte auch ein Auto, er mußte ja fahren - das hätte er bezahlt, bloß er kriegte keins.

***Weinert:** Ja, wie würden Sie dieses Verfahren bezeichnen?*

Schalck: Ich würde das so bezeichnen, daß die materielle Interessiertheit mit den gestellten Aufgaben nicht immer konform war und die Innovation dieser Leute nicht ausreichte, um Höchstleistungen ständig zu fordern. Denn die Leute haben ja auch sechzehn, achtzehn Stunden gearbeitet. Sie waren ja genau wie Ihre Führungsleute ständig im Flugzeug, und die flogen ja nun auch nach Australien und Japan, die waren ja nicht um die Ecke hier. Die mußten ständig raus. Und diese Ebene war voll belastet. Ich muß Ihnen sagen, wenn ein Generaldirektor, und ich habe das erlebt, nicht in einem Betrieb, der mir direkt unterstellt war, aber teilweise unterstellt, wenn dort eine Position mit 50 Millionen plötzlich notleidend wird, das handelte sich mal um Zucker, da könntest du Angst haben, daß so ein Mann sich was antut. Da kannst du dich als Staatssekretär und auch als Kamerad nur hinsetzen mit den Leuten und sagen, wie hauen wir das wieder raus, und da müssen alle helfen. Da muß ich dann den ganzen Apparat motivieren und sagen, wir müssen unseren Weggefährten hier raushauen, der ist so schief gelegen in der Position, und da, muß ich sagen, war die Solidarität auch so groß, daß denn auch geholfen wurde. Das war mein Risiko. Das konnte ich weder dem Staat ankreiden noch Mittag noch Schürer, niemandem.

Lepsius: *Das ist doch ein großer Bereich Ihrer eigenen Entscheidungskompetenz im Rahmen der Generalvollmachten, die Sie hatten?*

Schalck: Ja. Ich hatte überhaupt Generalvollmachten. Ich habe nur eine Vorgabe gehabt: Jedes Jahr mehr zu erwirtschaften.

Weinert: *Die Beispiele, die Sie jetzt erzählt haben, sind doch auf den Anfang der siebziger Jahre zurückzuführen. Ab 1972 expandiert KoKo enorm, Sie haben das ausgeführt. Als Honecker kam und die Einheit von Wirtschafts- und Sozialpolitik erfunden wurde, wurden die Pläne immer unrealistischer, wie Sie sagen. Und es führte im Politbüro zu einem unerhörten "Subjektivismus", ein Begriff, den Sie jetzt auch verwendet haben. Schürer erklärt das so, daß Honecker ein sehr einfaches Sozialismusbild hatte: Der Arbeiter im Sozialismus braucht eine warme Wohnung, Arbeit und was zu essen, also billige Grundnahrungsmittel. Um diese Voraussetzungen zu erfüllen, brauche ich im Plan eine vierprozentige Steigerung. Und wenn der Plan das nicht hergab, dann mußte das irgendwie anders kompensiert werden, und dazu war so etwas wie KoKo funktional erforderlich.*

Schalck: Soweit kann ich folgen ...

Weinert: *Sind die Einheit von Wirtschafts- und Sozialpolitik und die damit implizierten unrealen Planerhöhungen von jährlich vier Prozent das Grundübel für den Untergang?*

Schalck: Ich würde mal versuchen, das sachlich zu formulieren. So primitiv waren die Denkstrukturen von Honecker nicht. Ich will Ihnen mal was anderes erzählen, vielleicht kann man daraus eine Synthese machen. Der größte Ehrgeiz von Honecker bestand darin, daß er den ersten Arbeiter- und Bauernstaat auf deutschem Boden international hoffähig macht und sozusagen beweist, daß es möglich ist, speziell in Deutschland ein solches Gesellschaftsmodell international auf einem hohen industriellen und sozialpolitischen Niveau vorzuführen und damit auch den Menschen eine hohe Motivation zu geben. Und jetzt hat Schürer recht: Mit trockenem Brot wäre keiner zufrieden gewesen, das ist eine Illusion, weil wir immer das Leitbild Bundesrepublik vor uns hatten. Wenn wir als Nachbarland Portugal gehabt hätten, hätten wir vielleicht die Schlacht gewonnen, vielleicht - auch dort bin ich sehr vorsichtig. Aber wir hatten die Bundesrepublik, das höchstentwickelte Land Europas, vor uns, mit der Unterstützung der Vereinigten Staaten von Amerika, mit keinen Cocom-Bestimmungen belastet und ohne Reparationsleistungen durch den Marshall-Plan auf ein hohes Niveau befördert. Die Bundesrepublik war uns weit überlegen, und Honecker mußte, um wirklich die DDR zu halten, in die Nähe der Bundesrepublik kommen. Deshalb ja diese furchtbaren Losungen: "Überholen ohne einzuholen" und andere schwachsinnigen Losungen, die uns ständig begleitet haben, von Ulbricht bis Honecker.

Honecker hatte andere Leitmotive. Er hat die Versorgung der DDR und alles das, was hier an Einheit von Wirtschafts- und Sozialpolitik war, als Mittel zum Zweck benutzt, um die DDR aus der Isolation herauszuführen und das Gesellschaftsmodell international vorführbar zu machen. Honecker fehlte ja nur noch Amerika und England als Staatsbesuch, dann wäre ja sein Wunschtraum erfüllt worden. Honecker wollte die volle internationale Anerkennung der DDR, und die hat er im Grunde genommen deshalb nicht geschafft, weil die Bundesrepublik das nicht wollte. Wenn die Bundesrepublik das gewollt hätte, hätte man ganz sicherlich auf eine elegantere Art und Weise, als wir sie jetzt erleben und ohne 150 Milliarden pro Jahr die DDR noch lange in einer Konföderation halten können, behaupte ich. Denn unsere Forderungen beliefen sich damals so ungefähr auf 12 Milliarden, die wir 1989 im Kopf hatten; Schürer glaubte damals, daß er mit 12 Milliarden als Anfangsstart eine ganze Menge hätte beeinflussen können. Ich glaube heute, daß das vielleicht auch eine Illusion war, aber zumindestens waren das keine 150 Milliarden, denn wir hätten nicht alle Beamten aus der Bundesrepublik rüberbringen müssen und ähnliche Sachen.

Heute habe ich mich dazu durchgerungen, daß das sozialistische System als realer Sozialismus der sozialen Marktwirtschaft nicht überlegen war; die Menschen haben sich für die soziale Marktwirtschaft teilweise mit Gewalt, teilweise aus innerer Überzeugung, am Anfang sicherlich mit viel innerer Überzeugung zugewandt, und erleben natürlich jetzt, nachdem kein Gegenpol mehr besteht, die Form einer Strukturkrise, wie sie ja auch ohne deutsche Einheit zustandegekommen wäre. Die DDR hätte sie auch erlebt, bloß hätte das auf einem anderen Wege möglicherweise besser kompensiert werden können als durch eine private oder freie Marktwirtschaft. Auf jeden Fall bin ich froh, daß dieser Schritt der deutschen Einheit vor sich gegangen ist, daß er ohne Blutvergießen vor sich gegangen ist, daß Deutschland die Chance hat, wirklich seine verantwortliche Rolle im Zentrum Europas mit achtzig Millionen Menschen auf allen Gebieten - der Wirtschaft, der Kultur, der sozialen Welt, auch im militärischen Bereich - zu spielen. Ich betone den letzten Punkt, weil ohne die Existenz der NATO Deutschland seine Verantwortung nicht wahrnehmen kann. Und ich bin auch fest überzeugt, daß Deutschland im Rahmen eines vereinten Europas eine große Verantwortung trägt und daß es noch zu beweisen ist, ob die gegenwärtig bestehende soziale Marktwirtschaft mit ihren Strukturen in der Lage ist, dem Anforderungsbild der Masse der Menschen zu genügen.

Weinert: *Ich will nochmal auf Honecker zurückkommen. Sie sagen, für Honecker ist dieses Programm Einheit von Wirtschafts- und Sozialpolitik ein Instrument gewesen, um die Attraktivität eines Sozialismus auf deutschem Boden gegenüber der Bundesrepublik repräsentieren zu können? Außenpolitisch mußte er etwas vorweisen, was gegenüber der Bundesrepublik attraktiv aussah?*

Schalck: Es ist doch unbestritten, daß das Lebensniveau und die Lebensqualität in der ehemaligen DDR von allen sozialistischen Ländern, ich rede gar nicht von der Sowjetunion, wirklich am höchsten war.

Hertle: *Führen Sie das auf den besonderen Charakter der DDR oder auf besondere Eigenschaften des Systems zurück, die in der DDR besser zur Geltung gebracht wurden?*

Schalck: Das ist nur möglich gewesen durch die Existenz der Bundesrepublik Deutschland.

Pirker: *Durch das Konkurrenzsystem!*

Schalck: Nein.

Hertle: *Durch das Geld!*

Weinert: *Sie haben Beispiele dafür gebracht, daß der Plan ausgereizt und häufig unrealistisch war. Auf der anderen Seite haben Sie gesehen, wie das marktwirt-*

schaftliche Prinzip funktioniert hat. Wenn Sie das auf die Ideale beziehen, die Sie als DDR-Bürger hatten, ist Ihnen dieser Widerspruch nicht aufgefallen oder haben Sie das nicht als Widerspruch empfunden?

Schalck: So kompliziert haben wir nicht gedacht.

Weinert: *Das ist doch eine ganz einfache Überlegung!*

Schalck: Die Überlegung ist einfach, aber wenn wir das denn auch noch verwirklicht hätten, wären wir Hochverräter geworden. Das wäre ungefähr so wie der Putsch im Juli 1944 gewesen. Ich brauchte ja Honecker nicht zu erschießen, ich brauchte bloß öffentlich aufzutreten und zu sagen, dieses System hat sich nicht bewährt, es muß ersetzt werden durch die soziale Marktwirtschaft, wie wir sie in der Bundesrepublik Deutschland haben.

Weinert: *Sie haben ja aufgrund Ihrer Tätigkeit eine sinnliche Erfahrung dessen gehabt, wie man es machen kann!*

Schalck: Liebe Leute, wir haben das doch auch gemacht. Das hat doch Gerhard Schürer wahrscheinlich auch erzählt, es gab wochenlange Beratungen um 300 000 Arbeitskräfte, die aus den allgemeinen Verwaltungen herausgenommen werden sollten, weil natürlich die Vorstellung war, die 300 000 Arbeitskräfte kommen dann irgendwo wieder in die Produktionssphäre hinein. Das ist ja Schwachsinn! Wenn ich einen Kaderleiter herausnehme, wird er arbeitslos. Und da hat Honekker mit Recht gesagt, das sind ja alles SED-Mitglieder, die stehen auf der Straße und machen den ersten Streik in der DDR; da streikt die SED und nicht die anderen! Denn wer war denn in der Verwaltung? Das waren doch SED-Mitglieder! In der Verwaltung saßen doch in den volkseigenen Betrieben fast neunzig Prozent der SED-Mitglieder, doch nicht in der Produktion. In der Produktion hatten wir, wenn wir viel hatten, zehn Prozent SED-Mitglieder. Die Verteilung der SED-Kader war ein ständiges Problem der SED. Wir brauchten doch Arbeiter in der SED!

Wir waren - ich will mich ja nicht weniger machen - ein Teilbereich in der Volkswirtschaft, der sicherlich ganz bestimmte Schwerpunkte mildern konnte, besser fördern konnte, besser entwickeln konnte, und der Staat hat uns Rechte eingeräumt, die uns das ermöglichten. Und es stimmt nicht, daß wir nicht kontrolliert wurden. Alle mir unterstellten Betriebe, die diese Mittel erwirtschaftet haben, wurden jährlich durch die Sonderrevision des Finanzministers kontrolliert. Das ist auch untrennbarer Bestandteil der Führungsanweisungen für die Arbeit des Bereiches. Und Herta König war ganz speziell verantwortlich. Und Honecker hat sich ja nicht zufällig besonders die Zahlen von Intershop und Intertank vorlegen lassen, weil das innenpolitisch die empfindlichsten Positionen waren, weil er auf der einen Seite natürlich das Geld haben wollte - das heißt, er weniger, aber Mittag. Auf der anderen Seite wußte er, daß das innenpolitischer Zündstoff ist, weil die Leute uns ständig bombardierten, daß auch der normale Bürger in den Genuß von Importen aus kapitalistischen Ländern und hochwertiger eigener Produktion kam. Deshalb gab es dann die Exquisit- und Delikat-Läden.

Und viele Gelder des Bereiches, die auch über diese verschwungenen Parteilinien hineinkamen, konnte man gar nicht mehr trennen - Geld hat doch keine Fähnchen, im Grunde genommen war das Staatseigentum. Die DDR hatte in ihrer Verfassung die Grundpräambel, die führende Kraft der Arbeiterklasse mit der SED an der Spitze, und damit war das Statusproblem geklärt. Und wenn der Generalsekretär entschieden hat, wir machen das so, dann hat der Ministerrat nicht gesagt, das machen wir nicht. Das ist in einer Diktatur nicht vorstellbar. Ich muß das Wort heute erstmal wieder lernen, aber das war ja eine Diktatur. Diktatur des Proletariats hatten wir ja selbst immer formuliert. Da gab's dann große Philosophen, die sagten, das hört sich zu grob an, wir wollen das mal ein bißchen anders nennen.

***Pirker:** Für mich war der Zusammenbruch nicht eine DDR-Geschichte, sondern eine internationale Geschichte ...*

Schalck: ... da bin ich sehr einverstanden!

***Pirker:** ... und sie hat ihr Zentrum in Moskau gehabt. Und das Ausfallen der Zentrale dieses großen Reiches hat sozusagen keine Möglichkeiten hinterlassen. Das muß aber einen Grund gehabt haben in der ökonomischen und innenpolitischen Situation der Sowjetunion. Und ich habe nie begriffen, wie man die Sowjetunion, rein ökonomisch und von der Effizienz der Verwaltung her, als die große Orientierungsgröße für eine zukünftige real existierende sozialistische Gesellschaft ansehen konnte.*

Schalck: Jetzt will ich mal ein bißchen gehässig sein! So geistig verblendet waren wir nicht, daß wir das nicht wußten. Und jeder, der in der Sowjetunion war und sich nur einen Kilometer von Moskau entfernte - denn in Moskau ging's ja wirklich, auch in Leningrad -, merkte, was wirklich los ist. Jetzt muß ich das mal aus meiner Sicht sagen: Wir wollten ja nicht den dritten Weltkrieg verlieren! Wir wollten ihn überhaupt nicht, aber schon gar nicht verlieren. Also hatte die Sowjetunion die Hauptlast der Rüstung zu tragen; die DDR spielte keine Rolle, die anderen haben ein bißchen mitgewirkt. Jedenfalls ist eins sicher: Wenn die Sowjetunion nur einen Teil der Rüstungskosten für die Versorgung der Menschen oder was Vernünftiges hätte einsetzen können, hätte das System sicherlich auch nicht überlebt, aber es wäre für eine längere Zeit effizienter und anziehungsfähiger geworden, denn die Russen hatten ja mit dem Leitbild des Zaren auch nichts Erstrebenswertes vor sich. Und da das Land völlig abgeschottet war, hatten sie auch nicht das Vergnügen wie wir, jeden Tag das Westfernsehen im Haus zu haben. Und als dann ein Sender Free Europe anfing, dort hineinzustrahlen, wurden die Russen auch richtig nervös, weil sich damit diese Schallmauer, die sie über fast ein Jahrhundert um sich herumgezogen hatten, langsam auflöste. Und die Russen haben mit dieser ungeheuerlichen Rüstung und mit diesem stehenden Heer, das ja bezahlt werden mußte, mit der schlechten Effektivität, mit der sie das gemacht haben, natürlich eins gemacht, sie waren als Weltmacht pari zu den Vereinigten Staaten, und niemand hat gewagt, diese Weltmacht anzugreifen. So war es doch. Und das einzige Ziel der Sowjetunion war, sie durfte in einer militärischen Auseinandersetzung nicht schon von Haus aus die schlechteren Karten haben. Also wurden große Kräfte und Mittel auf diesen Teil konzentriert. Die Freundschaft mit der Sowjetunion war für uns eine Lebensmaxime, aus welchen Gründen, das ist heute schwer zu begründen. Das waren Emotionen. Wir waren eben so, und für uns waren die Russen die Sieger und für viele die Befreier vom Hitlerfaschismus.

***Lepsius:** Wann haben Sie denn wie oft und zu welchen Zeiten die DDR in ernsthafte Zahlungsbilanzschwierigkeiten kommen sehen? Denn diese Krisensituation muß ja in Ihrer Amtszeit mehrfach aufgetreten sein, ganz sicherlich 1982/83, ganz sicherlich 1988. War die Situation auch schon so, als Sie 1967 mit KoKo angefangen haben?*

Schalck: Nein. Nach meiner Erinnerung hat die DDR nach dem VIII. Parteitag 1971 eine Verschuldung von nicht mehr als zwei Milliarden Dollar gehabt.

Lepsius: *Das war das Ulbricht-Erbe ...*

Schalck: ... und das Erbe von Stoph. Ulbricht hat sich ja damit nicht so sehr beschäftigt. Das hat Willi Stoph in seinen besten Zeiten als Ministerpräsident und alter Militär, Armeegeneral, mit straffer Ordnung und straffer Hand erreicht; er war nämlich damals ein sehr gefürchteter Ministerpräsident. Stoph war dann einfach ausgepumpt und hat wohl auch die Zeit nicht mehr ganz mitempfinden können. Die Hauptentwicklung entsteht mit den unrealistischen Beschlüssen des VIII. Parteitages und wird dann mit dem IX. Parteitag fortgesetzt. Politik wird immer zu Parteitagen von der Vorbereitungskommission gemacht, indem Ziele formuliert werden, die dann durch die Jahrespläne und Fünfjahrespläne untersetzt werden.

Weinert: *Also die Einheit von Wirtschafts- und Sozialpolitik ...*

Schalck: ... ist nach meiner Auffassung der Sargnagel der DDR. Ich meine, die Überschrift geht ja noch, die kann man ja noch ertragen. Was man nicht ertragen konnte, war die Untersetzung mit ökonomischen Fakten. Einige fingen an, den Wohlstand daran zu messen, ob es Bananen oder das ganze Jahr über Zitronen gab: Dann ist das Lebensniveau gut. Man soll nicht glauben, daß das nur Honecker war. Plötzlich schnellten die Zahlen im Import hoch.

Hertle: *Dazu hat Honecker immer gesagt, der Import war zum größten Teil geplant, das war beschlossene Politik. Was nicht beschlossen war, war der Anstieg der Rohstoffpreise, und der hat uns das Genick gebrochen.*

Schalck: Das ist Honeckers Entschuldigung für eine Politik der Illusionen. Ich meine, an dem Tag X, wo sowas beschlossen wurde, das war 1971 auf dem VIII. Parteitag, da waren alle fasziniert und begeistert. Bloß eins geht natürlich nicht: Man kann nicht beschließen, wir importieren Bananen, wir importieren alles mögliche, sondern auf der anderen Seite muß man natürlich als Ökonom auch kalkulieren, daß sich Weltmarktpreise verändern können. Honecker hat sich immer darüber aufgeregt, das war sein Zorn gegenüber den Russen, daß sie uns das Erdöl-Kontingent von neunzehn auf siebzehn Millionen Tonnen gekürzt haben. Wenn es nach manchen Russen gegangen wäre, hätten die uns nur fünfzehn Millionen Tonnen gegeben, denn die Russen hatten ja recht; sie haben gesagt, die DDR verscheuert das im Westen, und wir sind hier die Dummen. Wir mußten ständig den Russen nachweisen, daß das nicht so ist. Das fiel uns nicht so schwer, weil das kein Mensch kontrollieren konnte, wie die Produkte der Chemie am Schluß verarbeitet wurden. Aber die Russen konnten sich ausrechnen, daß aus einer Masse von neunzehn oder siebzehn Millionen Tonnen Rohstoffen ganz bestimmte Produkte kommen. Bloß haben wir dann am Schluß geantwortet, Ihr kriegt von uns ja auch Fertigprodukte, da sind auch viele Importe drin, und die werden nicht in Devisen abgerechnet, sondern in Rubel. Also am Schluß war die Diskussion so zugespitzt, daß Honecker meiner Auffassung nach den Zorn in Richtung Sowjetunion so personifizierte, daß auch der Subjektivismus nicht dem System galt, sondern Personen, von denen er glaubte, daß sie praktisch die Schwierigkeiten in der DDR zugelassen haben. Alle hatten ein bißchen auf Andropow gehofft; ich behaupte, das wäre noch schlimmer geworden!

Hertle: *Ich möchte einige wichtige Stationen noch einmal etwas langsamer passieren lassen. Wir haben die Situation des VIII. Parteitages und die Proklamation* *der "Hauptaufgabe", danach steigende Rohstoffpreise, Starrheit des politisch-ökonomischen Systems, keine Anpassung des Preissystems, Zunahme der Importe, starkes Anwachsen der Verschuldung 1976/77. Die Sowjetunion kommt 1975/76 auf die Idee, daß die Rohstoffpreise im RGW, also vor allem die Ölpreise, an Weltmarktpreise angepaßt werden müssen, und die DDR kommt am Ende der siebziger Jahre in enorme Zahlungsschwierigkeiten auch im Warenaustausch mit der Sowjetunion. Die Sowjetunion hilft mit einem Riesenkredit von über einer Milliarde Rubel. Dann kommt die Senkung der Rohöllieferungen ab 1982, gleichzeitig der Zusammenbruch Polens und der Kreditboykott des Westens gegenüber den osteuropäischen Ländern, der für die DDR durch die Milliardenkredite 1983 und 1984 aus der Bundesrepublik beendet wird. Die letzte Etappe beginnt dann 1985/86: Die Ölpreise, die die DDR an die Sowjetunion bezahlen muß, sinken zwar langsam, aber der vollkommene Verfall der Preise für Erdölprodukte auf dem Weltmarkt bedeutet für die DDR Milliardenausfälle an Devisen. Sind das die Etappen des sich anbahnenden Zerfalls?*

Schalck: Die Etappen stimmen schon. Aber Sie glauben doch nicht ernsthaft, daß Sie das Ganze an steigenden Erdölpreisen aufhängen können!

Lepsius: *Das wäre schön! Warum ist der Sowjetblock untergegangen - an sinkenden Erdölpreisen, das ist eine These. Der Thesen gibt es viele. Und jetzt wollen wir nur eine These ganz scharf machen, und fragen, wie weit trägt sie oder wie weit nicht?*

Schalck: 1985 war ich eingebunden in eine feste Struktur der Disziplin und der Einordnung und muß sagen, auch des unerschütterlichen Glaubens, 1985 noch, daß, an der Spitze die Sowjetunion, das sozialistische Weltsystem existieren wird. Da war ich 1985 noch von überzeugt. Das hat überhaupt nichts damit zu tun, daß ich die komplizierten ökonomischen Prozesse nicht sah. Aber hätte ich 1985 daran geglaubt, daß das System zusammenbricht, hätte ich meine Koffer packen oder Selbstmord machen müssen oder irgendwas anderes. Ich habe fest daran geglaubt, daß das System in der Lage ist, die vorhandenen Probleme zu meistern und daß niemand in der Welt es wagen wird, dieses System nicht in irgendeiner Weise am Leben zu erhalten.

Die Amerikaner hätten ja theoretisch einen völligen Kreditboykott über die Sowjetunion und das sozialistische Lager beschließen lassen können, das hat aber keiner gemacht. Die westlichen Strategen haben doch gewußt, daß man Widersprüche zwischen den sozialistischen Ländern organisieren muß und die ökonomischen Probleme und die sich weiterbildenden Menschenmassen und ihren Drang nach Demokratie und auch einem gewissen höheren Wohlstand dazurechnen konnte. Strauß hat gesagt, also Herr Schalck, ich gebe Ihnen noch zehn Jahre. Strauß war ein richtig netter Gesprächspartner, er war nicht bösartig, wir haben herrliche, schöne Stunden verlebt, und ich war oft in der Rolle des Studenten, er war dann der Professor oder Dozent oder wie man ihn bezeichnen will. Er hat ungeheuerlich lange Monologe gehalten, aber sie waren spannender als mancher Roman; er hat dann auch viel erzählt, viel Interessantes, was ihm heute möglicherweise nicht so hoch angerechnet wird, aber es waren Lehrveranstaltungen eines nun auch nicht sehr verharmlosten Demokraten. Strauß zählt ja sicherlich nicht zu den Leuten, die für eine liberale staatliche Marschstruktur stehen, das war schon ein handfester Kollege, der ja auch in der Internationalen Konservative eine große Rolle spielte.

Lepsius: *Aber wenn Strauß Ihnen 1983 sagte, ich gebe Ihnen noch zehn Jahre ...*

Schalck: ... da hat er ja recht behalten!

***Lepsius:** Was haben Sie sich denn dabei gedacht: ein alter Kalter Krieger?*

Schalck: Strauß und später Schäuble haben mein Leben und mein Denken sehr beeinflußt. Ich habe ja wirklich mit denen fast zehn Jahre verbracht. Schäuble habe ich nun viel länger erlebt als Strauß. Ich habe auch Seiters erlebt, aber das war keine Persönlichkeit, die mich so fasziniert hat. Seiters war ein richtiger nüchterner Minister. Strauß hat natürlich keine Konfrontation in der Diskussion mit mir vorgeführt, er hat mir aus seinem Leben und aus seinen Denkvorstellungen eine Gesellschaft gezeichnet, wie er sie gegenwärtig sieht und wie sie sich möglicherweise in den nächsten zehn Jahren entwickelt. Das hat mich an Strauß fasziniert, daß der Mann, zumindestens für mein Verständnis und für mich in der Lage war, mir eine Perspektive der nächsten zehn Jahre aufzuzeichnen, die mir sehr glaubhaft erschien. Und er war auch klug genug, nicht den Sozialismus zu verdammen. Er hat gesagt, es gibt überhaupt nur zwei Wertesysteme, das ist der Sozialismus mit seiner zentralen Leitung und Planung der Volkswirtschaft, wie Sie ihn machen, dann gibt es eine soziale Marktwirtschaft, wie wir sie machen, und dann gibt es noch französische Modelle, die so rosarot sind, die für mich überhaupt nicht erträglich sind - das ist frei nach Strauß. Er hat sich natürlich nicht für uns entschieden, sondern für sein System, aber hat mindestens respektiert, daß ich das andere vertrete, und hat sich innerlich wahrscheinlich eins gefeixt und gesagt, Schalck, du kommst freiwillig noch zu mir. Und ich werde nie vergessen, aber das war ein anderer Zusammenhang - es ging um Leute, er hatte reichlich Listen zu übergeben -, da sagte er zu mir, Herr Schalck, wenn Sie mal in Not geraten - da war seine Frau noch am Leben -, dann werden Sie bei uns immer ein offenes Haus finden und unsere Hilfe erfahren. Und das habe ich dann lange für mich behalten. Ich habe mir gesagt, das ist ja eigentlich ein bißchen grob, was er jetzt mit dir macht, aber die Szene werde ich nie vergessen, sie war beeindruckend. Psychologisch war der Mann sicherlich gut geschult. Strauß hat ja meine Biographie gehabt und meinen Lebenslauf; er hat mir mein MfS-Dossier gezeigt und gefragt, Schalck, stimmt das? Ich sage, ja, stimmt. Da sagt er, das stört mich auch nicht, ich hätte eigentlich auch nicht erwartet, daß man irgendwelche Leute herschickt, die nicht mit dem System fest verbunden sind. Aber der wußte natürlich ganz genau, daß ich nie in diesem Ministerium gearbeitet habe. Deshalb hat er das sicherlich auch nicht so ernst genommen.

Es war, da haben wir an einem Tisch gesessen, die Enkelkinder turnten herum, eine gefährliche Stimmung, und es hätte nicht viel gefehlt, da hätten wir uns beim Abschied noch umarmt. Da hat er gerade noch in letzter Minute die Kurve gekratzt, es standen zuviele Grenzschützer herum. Das hat natürlich etwas damit zu tun, daß ich einen Strauß kennenlernte, der nun siebzig Jahre alt war. Hätte ich ihn kennengelernt als Verteidigungsminister, wäre das anders verlaufen - nehme ich an. Aber er war ja mittlerweile auch schon etwas vom Leben geschüttelt, hatte die Höhepunkte überschritten und ahnte vielleicht, daß er nicht ganz gesund war. Und er war in seinen Denkmodellen und in seiner Art sehr kulant.

Schäuble war sehr prinzipiell, das war eine ganz andere Persönlichkeit. Schäuble überzeugte durch seine Kompetenz, durch sein Wissen und durch seine ungeheuerliche Klarheit in seinem Reden und Denken. Er hat druckreif formuliert. Das hat mich fasziniert. Ich habe mit Schäuble über die Elbgrenze verhandelt, und ich muß sagen, das waren Lehrveranstaltungen. Er hatte nie ein Stück Papier, das hat mich auch fasziniert. Ich habe mich auch schon gar nicht mehr getraut, was mitzunehmen und habe die Tasche zugelassen, weil ich dachte, wenn du das jetzt 'rausholst, denkt der, du bist geistig unterbemittelt. Ich dachte, bloß jetzt nicht hier anfangen, Papier rauszuholen, lieber auswendig lernen. Denn ich meine, das war für mich auch sehr schwer, für alle Verhandlungspartner; man mußte von der Elbgrenze bis zur Elektrifizierung und bis zu allem Möglichen mindestens Bescheid wissen. Man mußte nicht alle Details kennen, aber man mußte schon ein bißchen Bescheid wissen, und wenn das Stichwort kam, konnte man ja nicht sagen, kenne ich nicht, weiß ich nicht. Und die Verhandlungen wurden dann ja immer schwieriger, Reiseverkehrzuschüsse, Eisenbahnfahrkarten - die Atmosphäre wurde ja herzerfrischend.

Lepsius: *Ich habe den Eindruck, daß der Status quo in der DDR unter Honecker im Hinblick auf den gesamten organisatorischen und politischen Leitungs- und Planungsapparat festgeschrieben wurde. Es gibt keine neue Idee mehr, selbst keine, die unter systemerhaltenden - also nicht unter reaktionären, sondern unter systemerhaltenden! - Effizienzgesichtspunkten zur Debatte gekommen wäre. Sie sind mit dem Bereich Kommerzielle Koordinierung gewissermaßen die einzige organisatorische Innovation!*

Schalck: Ja - und warum? Ich meine, ich sage heute am Schluß immer wieder, man kann es fast nur als Glück bezeichnen, daß jemand uns soviel Vertrauen geschenkt hat.

Die Unbeweglichkeit wurde immer größer

Gespräch mit Wolfgang Rauchfuß, Berlin, 2.9.1993

Minister für Materialwirtschaft, Stellvertretender Vorsitzender des Ministerrates. Geboren am 27. November 1931 in Grüna, Kreis Chemnitz. Aufgewachsen in einer Arbeiterfamilie. Nach Abschluß der Volksschule Mechanikerlehre. 1946 Eintritt in die FDJ, 1949 bis 1950 hauptamtlicher FDJ-Instrukteur in Berlin im Bereich des Außenhandels. 1951 Eintritt in die SED. 1952 Besuch der Fachschule für Außenhandel, anschließend Verkaufsleiter in einem Betrieb für Feinmechanik und Optik, danach Direktor von Polygraph-Export und Bereichsleiter im Ministerium für Außenhandel. Fernstudium an der Hochschule für Ökonomie, 1963 Diplom-Wirtschaftler. 1961 Staatssekretär im Ministerium für Außenhandel und innerdeutschen Handel und Stellvertreter des Ministers. 1965 stellvertretender Vorsitzender des Ministerrates und Mitglied des Präsidiums des Ministerrates. Seit 1974 zusätzlich Minister für Materialwirtschaft. Mitglied des Zentralkomitees der SED und Abgeordneter der Volkskammer seit 1967. Vorsitzender der DDR-Sektion in den Wirtschaftsausschüssen der DDR mit Ungarn, Indien und dem Iran. November/Dezember 1989 Mitglied des erneuerten Politbüros. Dezember 1989 bis März 1990 Staatssekretär für die Koordinierung der wirtschaftlich-wissenschaftlich-technischen Zusammenarbeit mit der Bundesrepublik in der Regierung Modrow.

***Lepsius:** Wie hat man den Ministerrat oder das kleinere Gremium, das Präsidium des Ministerrates, als Willensbildungsorgan im gesamten politisch-ökonomischen Entscheidungssystem der DDR einzuschätzen? Hatten sie eine Koordinationsfunktion? Inwieweit haben die Sekretäre des Zentralkomitees unter Umgehung des Ministerrates direkt in die Ministerien oder gar in die Kombinatsstruktur hineinregiert? Mit anderen Worten: Wie schätzen Sie die Funktion und Bedeutung des Ministerrates und seines Präsidiums ein?*

Rauchfuß: Man kann diese Frage für die gesamte Zeit nicht gleich beantworten. Der Ministerrat hat aus meiner Sicht und meiner Erfahrung einige Etappen durchlaufen. Es wird viel über Ulbricht geredet, aber Ulbricht war eigentlich einer derjenigen, die dem Ministerrat bei der Durchführung der Beschlüsse und bei der Koordinierung besonders der Wirtschaftspolitik relativ viel Spielraum ließen. In der ersten Zeit Honeckers war das eigentlich auch so, aber dann kommen allerdings auch gewisse persönliche Dinge dazu.

Ich will das an einem Beispiel versuchen zu erklären, um damit aufzuzeigen, wie kompliziert es ist, die Tätigkeit des Ministerrats zu objektivieren. 1973 starb Ulbricht, Stoph wurde Vorsitzender des Staatsrates, und Sindermann wurde Vorsitzender des Ministerrates. Damals war die Losung, man muß die Funktion des Staatsratsvorsitzenden und des Generalsekretärs der Partei trennen, man darf nicht so viel geballte Macht in einer Hand haben. Honecker war Generalsekretär. Aber diese These wurde schnell aufgegeben. Im Jahre 1976 waren Wahlen aller

Art und der Parteitag. Es wurde entschieden, daß Honecker beide Funktionen übernimmt, als Staatsratsvorsitzender und Generalsekretär. Mir ist aus Gesprächen mit Sindermann und anderen in Erinnerung, daß zu dieser Zeit vorgesehen war, daß Sindermann Ministerpräsident bleibt und Stoph Vorsitzender der Volkskammer werden sollte. Ich war nicht dabei, aber ich glaube, authentisch sagen zu können, daß Stoph das abgelehnt hat. Er hat gesagt, wenn ich abgesetzt werde als Staatsratsvorsitzender - man kann schon an dieser Formulierung sehen, was das für ein Verhältnis zu Honecker war -, dann verlange ich, daß ich wieder Ministerratsvorsitzender werde. Damit ging das Konzept Honeckers nicht auf, und Sindermann wurde Volkskammerpräsident. An die Seite von Stoph wurde Mittag als erster Stellvertreter des Vorsitzenden des Ministerrats gesetzt. Zu dieser Zeit hat Stoph die Führung des Ministerrats aus der Hand gegeben, geben müssen. Im Grunde hat ihn Mittag geleitet. Mittag wurde aber 1976 Sekretär für Wirtschaftspolitik im ZK und hat alle Macht mitgenommen. Er hat den Ministerrat total entmachtet.

Mittag baute ein Regime auf, mit dem er in jedes Ministerium und in jedes Kombinat hineinregierte oder hineinregieren ließ. Er hat selbst gar nicht so viel gemacht, er war nicht halb so schlau, wie er aussah. Er wollte, was ihm sicher nicht gelungen ist, die Politik machen, die Entwicklungsrichtung der Wirtschaft bestimmen und, wenn's schiefgeht, die Verantwortung auf den Ministerrat schieben. Schlimm an der ganzen Sache, das habe ich noch nie so deutlich gesagt, war, daß Stoph, der die Möglichkeit hatte dagegenzuhalten - es konnte sich keiner leisten, Stoph abzusetzen -, das nicht getan hat. Und das war für uns als Minister natürlich nicht einfach. Trotz alledem, würde ich sagen, hat der Ministerrat auch in dieser letzten Periode, der längsten, natürlich ein gewisses eigenes Gesicht und ein Eigenleben gehabt. Es ist nicht so, daß er überflüssig war; für die Organisierung der Durchführung war er eigentlich immer zuständig, aber vom Standpunkt der Willensbildung war er wirklich auf Sparflamme gesetzt.

Lepsius: Sie kennen Stoph aus der ersten Zeit seiner Ministerpräsidentschaft - war er da denn kräftiger, stärker?

Rauchfuß: Er war kräftiger und stärker, hatte allerdings einen Fehler, und in meiner Funktion als stellvertretender Vorsitzender des Ministerrates, die ich in der ersten Zeit dort hatte, war das nicht ganz einfach. Er hat sich oft verzettelt, er konnte einer Kleinigkeit nachrennen, später insbesondere in Fragen der Umweltpolitik.

Weinert: Wenn Stoph so stark war, wie Sie gesagt haben, warum hat er seine Stärke in der zweiten Phase nicht eingesetzt?

Rauchfuß: Also stark im Sinne seiner Persönlichkeit, ich möchte das ausdrücklich betonen. Stoph hatte ein großes Ansehen, auch in der Bevölkerung, nicht zuletzt durch die ersten Verhandlungen mit Brandt, so daß Honecker es sich nicht hätte leisten können, Stoph abzulösen. So meine ich das.

Lepsius: Bei der Absetzung Ulbrichts hat er das Wort ergriffen ...

Rauchfuß: ... und bei dem Sturz Honeckers wurde er auch wieder genommen, weil er auch im Politbüro als Person ein solches Ansehen hatte, daß es am sichersten für alle war, die nun endlich Honecker weghaben wollten, wenn Stoph das sagt. Und Stoph war auch dafür: Honecker und Stoph waren ja nun wirklich keine Freunde.

Hertle: *Worauf gründete die Macht von Mittag und seines ZK-Apparats, den Ministerrat und die vielen Ministerien anzuleiten, zu beherrschen und dort einzugreifen?*

Weinert: *Um das noch zu ergänzen: Innerhalb des Politbüros gab es ja ganz wichtige Leute, wie Mittag, und weniger wichtige; es gab eine Art Abstufung ...*

Rauchfuß: ... für die Abstufung gab es zwei Gründe. Der eine Grund war die Position, die sie hatten, und der andere Grund war tatsächlich die persönliche Zuneigung oder Abneigung des Generalsekretärs. Natürlich hatte jemand, der für die Wirtschaft verantwortlich war, Gewicht - auch abgesehen von der Person. Nur Mittag hat natürlich diese Machtmöglichkeit und die persönliche Freundschaft mit Honecker rücksichtslos ausgenutzt. So etwas baut sich auf, das geht nicht von einem Tag auf den anderen.

Pirker: *Aber diese Zentralisierung, die Mittag als Person demonstriert hat, war natürlich schon im System angelegt.*

Rauchfuß: Ja, die Frage ist nur, wie weit es ausschlägt! Von der Tendenz her haben Sie recht. Im demokratischen Zentralismus herrschte Zentralismus auch wieder objektiv, unabhängig von der Person ...

Pirker: *... die Demokratie war additiv ...*

Rauchfuß: ... es hieß nur so. Die Frage ist in einem solchem Zentralismus nur, welche Charaktere und welche Personen die Funktionen ausüben. Und da schlägt das Pendel dann in die eine oder andere Richtung.

Lepsius: *Was wurde denn im Ministerrat behandelt? Der Ministerrat kam 14täglich zusammen?*

Rauchfuß: In der Regel war wöchentlich Präsidium, 14täglich Ministerrat.

Lepsius: *Und was wurde dort verhandelt?*

Rauchfuß: Das waren natürlich viele Gebiete. Zunächst die gesamte Koordinierung der Ministerien untereinander. Soweit es um die Kompetenz der Plankommission ging oder auch um bestimmte Einzelfragen, die die Minister betrafen, war es notwendig, daß im Ministerrat verhandelt und beschlossen wurde. Außenpolitik kam mehr in Form von Politbürobeschlüssen auf die Tagesordnung, die dem Ministerrat zugeleitet wurden, z.B. ein Kurzbericht über einen Auslandsbesuch von Außenminister Fischer.

Lepsius: *Außenpolitik war kein Diskussionsgegenstand?*

Rauchfuß: Ja, schon, aber mehr im Sinne des Informierens, nicht im Sinne des Erkenntnisschöpfens oder Umsetzens, das gab es in der Außenpolitik nicht. Probleme in der Wirtschaft, die operative Durchführung des jeweiligen Jahresplanes, das waren Gegenstände des Ministerrates, und bei diesen Fragen ging es auch hoch her. Aber in der Volksbildung wurde der Ministerrat nur informiert, in Militärfragen sowieso, die lagen vollkommen außerhalb des Ministerrates.

Lepsius: *Aber Mielke war doch Mitglied des Ministerrates?*

Rauchfuß: Er saß da ...

Lepsius: *... aber er hat nichts weiter gemacht?*

Rauchfuß: Ach, nein. Ich kann mir nicht vorstellen, daß in der Zeit, in der ich da war, Mielke als Minister eine Ministerratsvorlage vertreten hat, das wüßte ich jetzt nicht, so daß der Ministerrat doch stark darauf reduziert war - und das Präsidium noch mehr -, die Plandurchführung zu organisieren. Viel mehr kann ich dazu nicht sagen. Was war nun ausschließlich Sache des Ministerrates? Gut, die Zusammenarbeit mit den Räten der Bezirke. Aber gleichzeitig lief darüber die Linie des Politbüros zu den ersten Sekretären der Partei. Obwohl man dort überwiegend sehr vernünftige Personen kennengelernt hat, die eigentlich den Kontakt, und zwar den freundschaftlichen Kontakt mit den Mitgliedern im Ministerrat und besonders ihrem Ratsvorsitzenden gesucht haben. Das war nicht nur Hans Modrow, das waren auch andere, die im Grunde genommen mit ihrer Haltung die Doppelregentschaft in den Bezirken relativiert haben. Ich könnte schon fünf oder sechs aufzählen, mit denen man wirklich gut arbeiten konnte. Die Vermittlung in die Bezirke war sogar ein wichtiges Gebiet.

***Pirker:** Auf welche Daten haben Sie sich eigentlich gestützt? Sie wie auch die Plankommission müssen doch Dateninformationen von den einzelnen Bereichen gehabt haben.*

Rauchfuß: Der Datenfluß hatte im Grunde zwei Richtungen. Die Hauptrichtung war Betrieb, Kombinat, Ministerium, Plankommission. Das war der formale Weg. Die Informationen waren korrekt oder geschönt. Dann hatte man zweitens bestimmte statistische Erhebungen, die nicht alle unbedingt über die Betriebe, sondern über den Kreis und dann den Bezirk an die Zentrale der Plankommission gingen, so daß die Plankommission im Grunde genommen den Zugang zu allen Primärdaten hatte, komprimiert auf allen Ebenen, das war kein Problem. In den letzten drei Jahren wurde beispielsweise die Materialdecke immer enger. Welche Ressourcen waren noch verfügbar? Es waren die Bestände in den Betrieben. Es war für mich kein Problem, diese bis in die Betriebe hinein zu erfassen und an die Bestände heranzukommen. Insofern war das Datennetz schon ordentlich aufgebaut.

***Pirker:** Es wird ja seit langer Zeit die These vertreten, daß in der DDR eine gespaltene Ökonomie existierte; eine erste sozusagen formal geplante Ökonomie bis hinunter zur Materiallage und eine zweite auf allen Ebenen der Verarbeitung und des Außenhandels, auf der man immer Reserven vorhalten mußte, die nicht ausgewiesen wurden.*

Rauchfuß: Das würde ich nicht als typisch bestätigen. Gemeint ist wahrscheinlich etwas anderes , und das war ja leider auch so. Der Ausgangspunkt ist, daß es neben dem staatlichen normalen Außenhandel noch einen zusätzlichen Außenhandel mit KoKo gab, mit Wirkungen bis in die Betriebe. Aus gutgemeintem Grund sagten Alexander Schalck oder seine Leute, ich besorge dir, da du es über den Plan nicht bekommen kannst, Ausrüstungen, aber die mußt du mir zurückzahlen mit Produkten, die ich exportieren kann. Das lief in der Tat neben dem Plan. Es sah so aus, als wäre das nur eine Schalck-Sache, aber in Wirklichkeit spielte sich das als Entzug von Produkten ab, die dem normalen Plan hätten zugeführt werden müssen. Tatsächlich mußten die Betriebe ihre Waren zu Devisen machen, damit sie das Geld an KoKo zurückzahlen konnten. Insofern haben Sie recht, aber nicht in dem Sinne, wie ich das aus Ihren Worten herausgehört habe, nämlich, daß es einen offiziellen Plan gab, das ist der schöne, aber daneben noch einen, der sieht ganz anders aussieht.

Weinert: *Ich möchte das noch einmal konkretisieren, weil in verschiedenen Publikationen tatsächlich folgende These vertreten wird: Es gab auf der einen Seite die formale Planstruktur, die häufig von unrealistischen Vorgaben ausging, daneben aber eine Art informeller Austausch sowohl innerhalb der Kombinate, aber auch zwischen den Kombinaten, um die vorhandenen Engpässe zu überwinden, der völlig abgekoppelt war von diesem Plan. Das hat ja dann auch etwas zu tun mit dem Verhältnis zwischen den Ministerien und ihren Kombinaten und Betrieben, die Sie mit Ihrem Ministerium geführt haben. Können Sie das bestätigen?*

Rauchfuß: Ich hatte keine Kombinate und Betriebe, wir waren ein sogenanntes Querschnittsministerium und verantwortlich für Materialversorgung. Außerdem hatte ich ein sehr schönes Gebiet in meinem Ministerium, das war die gesamte Sekundärrohstoffwirtschaft. Wir hatten schon mit Sero etwas aufgebaut. Ich habe Sero 1987 abgegeben, aber bis dahin habe ich mich sehr viel mit Sekundärrohstoffen beschäftigt, und das immer als eine Einheit von Verwertung von Material bzw. Sekundärrohstoffen und Umweltpolitik betrachtet. Das war eine feste These bei uns. Aber das war nicht die Frage. Ich kann Ihre Frage insofern nicht ganz bestätigen, weil der Prozeß der Ausarbeitung der Pläne keine Kommandosache war, wie sich das manche vorstellen. Bei der Auseinandersetzung des Ministers mit dem Kombinatsdirektor um einen realistischen Plan hätten Sie mal Mäuschen sein müssen! Bei den Auseinandersetzungen des Vorsitzenden der Plankommission mit dem Minister um einen realistischen Plan, bei denen ich als Beisitzer dabeigesessen habe, ging es hart zu!

Weinert: *Wo war denn dann der Knackpunkt?*

Rauchfuß: Der Knackpunkt war eigentlich das Bemühen, einen einigermaßen realen Plan zu machen. Dieses Bemühen hatten alle. Das muß ich auch Gerhard Schürer und Siegfried Wenzel unterstellen. Aber andererseits waren die Anforderungen da, und daraus resultierte die Frage, wie man das zusammenkriegt. Die Verschuldung durfte nur in einem bestimmten Umfange wachsen. Ich rede gar nicht davon, daß sie gestoppt wurde, sie wuchs ja weiter. Jeder war sich darüber im klaren, bei dem Tempo der Verschuldung gibt es eines Tages einen Knall. Die Auseinandersetzung von unten nach oben nahm zu, die Forderungen, auch der Gewerkschaft beispielsweise, nahmen zu, so daß die Planausarbeitung ein immer härterer Prozeß war. Und dann verlief dieser Prozeß folgendermaßen: Der Minister sagte zum Generaldirektor, wenn du eine Produktion von 100 anbietest, dann hast du noch was in der Tasche, ich verlange 103. Der Minister, der nun schon von den Kombinatsdirektoren 103 verlangt hatte, kam zum Vorsitzenden der Plankommission. Der sagte: Dein volkswirtschaftlicher Teil, den du in meinem großen Kuchen zu leisten hast, damit der Plan bilanziert, ist 105. Jetzt war die Plankommission verpflichtet, in einem bestimmten Umfang Reserven nachzuweisen und nicht einfach nur zu behaupten. Dann ging's los. Da wurden die Bestandsnormative verändert, da wurden die Normative des Materialverbrauchs verändert, es wurden Ziele gestellt, durch wissenschaftlich-technische Maßnahmen, die aber nicht untermauert waren, mit weniger Material auszukommen. Das waren die letzten Prozente - und das war bekannt! Es ist nicht so, daß das nicht bekannt war. Man wußte, daß man den Betrieben ein Restziel aufs Auge gedrückt hat, das absolut nicht sicher war und auch meistens nicht kam. Ich würde die These, daß wir, die wir in dem Prozeß drin waren, uns an irgendwelchen Zahlen berauscht haben, nicht auf mich nehmen - Gerhard Schürer sicher auch nicht. Wir wußten schon, was in der Wirtschaft los war.

Lepsius: *Jeder Plan ist ja eine gewisse Abstraktion, es passiert pausenlos Unvorhersehbares: Die Ernte ist schlechter als vorausgesagt, die internationalen Austauschpreise ändern sich, in den Betrieben bricht eine Maschine zusammen, die Ausfallzeiten sind groß, eine Reparatur wird nicht fertig ...*

Rauchfuß: ... der Krankenstand nimmt plötzlich zu ...

Lepsius: *... und dergleichen mehr. Ich brauche also unter allen Umständen eine gewisse, manchmal kleine, manchmal große Anpassungselastizität, weil es nicht vorherzusehende Ereignisse gibt. Wo kam diese Anpassungselastizität her?*

Rauchfuß: Im Grunde genommen wäre eine solche Planwirtschaft mit derartiger Zentralisierung, wie sie in den letzten Jahren in der DDR perfektioniert war, nur einigermaßen gangbar mit Reserven gewesen, um solche unvorhergesehenen Ereignisse der verschiedensten Art ausgleichen zu können, damit auch z.B. eine Havarie bei Leuna nicht auf die gesamte Wirtschaft durchschlägt, sondern begrenzt werden kann. Natürlich wurde mit einigen Reserven gearbeitet, sonst wäre das ja ganz unmöglich gewesen. Aber die Reserven wurden mehr und mehr verplant und somit die Unbeweglichkeit größer und die Reaktionsgeschwindigkeit auf bestimmte Ereignisse kleiner. Wenn der Generaldirektor von Leuna diese Reserven hat, wenn ihm was passiert, dann redet da niemand drüber, der gleicht das aus - und früher konnte er das. Wird ihm die Reserve immer mehr genommen, dann tritt auch psychologisch noch ein zusätzlicher Effekt ein: "Die wissen ja Bescheid, daß ich keine Reserven habe, ich hab's ihnen ja gesagt." Also wird das Problem, auch wenn man es manchmal noch selbst lösen könnte, nach oben geschoben. Und dann geht es los: Da sitzen der Plankommissionsvorsitzende, ich und noch ein paar zusammen und sagen: "Da müssen wir jetzt einen Tropfen 'reingeben, damit das weiterläuft." Aber die Reaktionsschnelligkeit geht doch dadurch verloren und auch die Eigenverantwortlichkeit der Kombinatsdirektoren, deren Wille, eigenverantwortlich zu handeln, den ich bei dem allergrößten Teil als sehr hoch einschätze, geht natürlich zurück. Der sagt, wenn die es so wollen, melde ich es hoch, und dann wird eben jede Schraube auch hochgemeldet. Da liegt das Problem.

Lepsius: *Ich habe den Eindruck, daß auf die Dauer durch die Verminderung dieser Spielräume die Selbsterzeugung von Produktionsmitteln immer mehr von den Betrieben selbst vorgenommen worden ist, was ganz unrationell war. Da man nicht wußte, wann man eine Lieferung bekommt, haben alle angefangen, ihren eigenen Werkzeugmaschinenbau zu machen.*

Rauchfuß: Das haben sie vielleicht nicht ganz so schlimm gemacht, und außerdem ist es nicht so, daß die Betriebe das erfunden haben. Es war ja die große Idee von Mittag, die Autarkie der DDR zu untermauern. So wurden unter anderem die Kombinate aufgefordert, einen eigenen Rationalisierungsmittelbau aufzubauen, was dann natürlich, wenn sie das nicht vernünftig machten, sondern zur Perfektion trieben, einen Selbstlauf bekam. Derjenige, der den Rationalisierungsmittelbau abrechnen mußte, war versucht, alles Mögliche da hineinzuschreiben, was er an Rationalisierungsmitteln gefertigt habe. Das ist jetzt nicht typisch, aber solche Extreme gab es. Und das zweite waren die eigenen Bauabteilungen, die teilweise sehr groß waren.

Lepsius: *Das ist ja eine Verminderung der Arbeitsteilung und der Produktivität.*

Rauchfuß: Aber selbstverständlich, keine Frage, das ist Unsinn.

***Lepsius:** Und dazu kommt natürlich die Lagerhaltung, die auch sehr groß gewesen sein muß. Einer der wesentlichen Rationalisierungseffekte im Westen ist ja, die Lagerhaltung herunterzufahren auf ein Minimum.*

Rauchfuß: Die normative Lagerhaltung war ja nun mein Gebiet. Ich hatte hervorragende Spezialisten, die sich heute sicherlich sagen, Mensch, alles, was wir uns ausgedacht haben, funktionierte ja nicht. Wenn erst Mangel herrscht, hält eine ganze Volkswirtschaft so dagegen, daß man nicht durchkommt. Sie müssen das aus der inneren Problematik der DDR-Wirtschaft sehen: Mit Rohstoffen und Materialien waren wir in unterschiedlichem Umfang - bei Erdöl zu 100 Prozent, bei Walzstahl zu 50 Prozent, bei Kupfer zu 100 Prozent, bei Aluminium zu 80 Prozent - von den Lieferungen aus der Sowjetunion abhängig. Von Anfang an haben der Minister für Außenhandel und der Vorsitzende der Plankommission einen Kampf mit der Sowjetunion geführt, Monatsverträge zu machen. Aber es gab im Prinzip nur Quartalsverträge mit vier Wochen Nachlieferungsfrist ohne Sanktionen. Und was ist das Ergebnis? Rein rechnerisch vier Monate Lagerhaltung! Um ganz störungsfrei versorgen zu können, hätte man vier Monate vorhalten müssen, denn die Sowjetunion hätte ja, Quartalslieferung plus vier Wochen Karenz, solange nichts liefern müssen. Bei bestimmten Erzeugnissen war das ein Riesenproblem - nicht nur für die DDR-Wirtschaft. Ich habe mit den Ungarn sehr engen Kontakt gehabt, und auch für die hatte das eine völlig uneffektive Wirkung auf die Volkswirtschaft. Andererseits natürlich sollte man nicht nur solche negativen Aspekte sehen. Im Prinzip hat die Sowjetunion, übers Jahr gesehen, fast immer die Verträge eingehalten ...

***Weinert:** ... und Verluste gemacht!*

Rauchfuß: Und selbst Verluste gemacht, Sie sagen es.

***Lepsius:** Wenn Lagerhaltung, Transportprobleme, dadurch verursachte Fehlzeiten, Produktionsausfälle, ungeschickte, die Produktionskosten maximierende Reparaturleistungen, ein zentrales Problem werden, finde ich es interessant, daß keine systematische Anstrengung gemacht worden ist, das zu verbessern, sondern daß in einem technokratischen Sinne die Modernisierung und die Erhöhung der Arbeitsproduktivität immer nur auf neue Maschinen, auf neue Technologie gelegt worden ist. Nicht die Modernisierung der Organisation, sondern die Modernisierung der Technologie scheint immer das Eigentliche gewesen zu sein.*

Rauchfuß: Oberflächlich betrachtet haben Sie recht, aber es war natürlich nicht so, daß wir uns diesen Themen nicht gewidmet haben. Die Grenze war dann immer beim Machbaren. In der Schublade gab es Pläne, neue organisatorische Formen der Lagerhaltung einzuführen. Nur, um sowas einführen, bedarf es eines materiellen und finanziellen Anschubs, der nicht erfolgte. Das war inkonsequent! Dadurch wurde die Effektivität des Wirtschaftens nicht erhöht. Die Effektivität des Wirtschaftens nicht erhöhen, heißt letztlich, das verteilbare Endprodukt wuchs nicht in dem Umfange, wie es hätte wachsen müssen, und die Verschuldung der DDR nahm weiter zu. Der Effekt, eine neue Technologie oder ein neues Erzeugnis zu bringen, ist eben ein offensichtlicherer als eine innere Organisation, die man nicht sieht und die man nach außen nicht präsentieren kann, so daß eigentlich derjenige immer gelobt wurde, der das neue Erzeugnis hatte, und keiner danach fragte, wie die Organisation darauf eingestellt wird, wie dieses neue Erzeugnis mit der entsprechenden Effektivität auch wirklich produziert wird.

Pirker: *Das forcierte Tempo der Einführung neuer Technologien war für mich immer so, als ob die Leute das als den Stern von Bethlehem angesehen hätten. Ich habe Ihren Optimismus nicht verstanden, darauf zu vertrauen, denn wir haben ja gesehen, wie in technologisch hochentwickelten Gesellschaften bestimmte Probleme nicht durch die Technologie gelöst wurden, sondern durch Unternehmens-Reorganisation.*

Rauchfuß: In der Mikroelektronik, in der Frage der Datenverarbeitung, in der Chemisierung hat es immer solche Etappen gegeben, wo im Grunde genommen richtige Erkenntnisse einfach überzogen wurden, ein Fetischismus aus dieser Entwicklung gemacht wurde, wo dann plötzlich z.B. die Einführung der Datenverarbeitung Selbstzweck und nicht Mittel zum Zweck wurde. Da gebe ich Ihnen völlig recht. Natürlich kann man das nicht alles in Bausch und Bogen gleichsetzen. Ich glaube, es hat gute Keimzellen gegeben - immer unter den Bedingungen einer nun mal generell gescheiterten zentralen Planwirtschaft - wo vernünftige Leute in den Betrieben und Kombinaten unter Nutzung eben dieser neuen Technik, ob das nun die Datenverarbeitung oder computergesteuerte Werkzeugmaschinen waren, wirklich gut gearbeitet haben. Aber es gab eben auch viele, die ganz froh waren, daß sie von oben vorgeschrieben bekamen, daß sie die und die Datenverarbeitungsanlage kaufen sollen.

Lepsius: *Als Minister für Materialwirtschaft haben Sie keine Produktionsbetriebe gehabt?*

Rauchfuß: Nein.

Lepsius: *Mit was haben Sie sich beschäftigt?*

Rauchfuß: Ich hatte drei Hauptbereiche. Der eine war der Bereich Materialökonomie, das war die Normierung und auch die Erstellung der wissenschaftlichen Vorgaben für den Materialverbrauch für die gesamte Volkswirtschaft.

Lepsius: *Das hatte einen überwiegend technischen Charakter?*

Rauchfuß: Ja, das hatte im wesentlichen einen technischen Charakter, was sehr unterschätzt wurde am Anfang. Um letztlich den Materialverbrauch zu reduzieren, brauchte man entweder neue Materialien oder andere Technologien. Es gibt noch ein drittes, da kommt man zur Lagerhaltung, aber das ist nicht das Typische.

Das zweite Gebiet war die gesamte Sekundärrohstoffwirtschaft. Das war schon sehr weitgehend und umfaßte nicht nur Papier, sondern wirklich alle Sekundärprodukte, die in der Wirtschaft anfielen. Um diesen Bereich zum einen wissenschaftlich bearbeiten zu können und zum anderen dann Vorgaben für die technische Lösung der Probleme in die einzelnen Ministerien geben zu können, unterstand mir ein Institut für Sekundärrohstoffwirtschaft. Beispielsweise war die Wiederverwendung von Plaste eines der Gebiete. Dazu gehörten, die Methoden der Wiederverwendung von Plaste zu erarbeiten und dann die Vorgaben an die einzelnen Bereiche zu geben. Das Ministerium für Chemieindustrie, aber auch andere, waren zuständig, um die Bedingungen für die Verarbeitung von Plaste zu schaffen. Die Bedingungen für die Verarbeitung von Plaste sind ja heute eigentlich in der ganzen Welt noch nicht befriedigend gelöst.

Das dritte Gebiet war eigentlich mehr aus der Lage heraus geboren, dann aber das arbeitsmäßig umfangreichste Gebiet: die operative Koordinierung der Materialversorgung zur Durchführung des Volkswirtschaftsplans. Es fällt mir immer schwer, den Inhalt zu erklären - wir haben es gemacht, aber ich kann es nicht wissenschaftlich erklären. Das waren die drei Hauptgebiete, und dann gab es eine ganze Reihe von Aufgaben, die man in ein solches Querschnittsministerium hineingibt, wenn man nicht weiß, wem man es sonst geben soll.

Weinert: *Mit dieser Aufgabenpalette müßten Sie doch bei Ihren Ministerkollegen so eine Art Prügelknabe gewesen sein.*

Rauchfuß: Da haben Sie nicht ganz Unrecht. Wissen Sie, womit ich mich immer verglichen habe? Mit dem Ausputzer einer Fußballmannschaft.

Pirker: *Wie groß war denn Ihr Apparat?*

Rauchfuß: Der war gar nicht so groß ...

Pirker: *... weil Sie immer zurückgreifen konnten auf die Ministerien ...*

Rauchfuß: ... so ist das. Ich hatte eines der kleinsten Ministerien. Wir waren etwas über 200 Leute, aber da waren Aufgaben dabei, die mit dem eigentlichen Aufgabenbereich des Ministeriums nichts zu tun hatten. Zum Beispiel war die gesamte internationale Solidarität drin. Also der Inhalt jedes Flugzeugs, das nach Äthiopien oder nach Mosambik flog, mußte von uns organisiert werden.

Weinert: *Hatten Sie auch etwas mit dem FDGB-Solidaritätsfonds zu tun?*

Rauchfuß: Mit dem Fonds hatte ich nichts zu tun, aber der FDGB mußte letzten Endes die Ware von mir bekommen.

Weinert: *Haben Sie dann so eine Art Feuerwehrfunktion gehabt? Wenn irgendwas fehlte, z.B. Senf, landete das irgendwann bei Ihnen?*

Rauchfuß: Mit der Versorgung der Bevölkerung, mit Konsumgütern, hatte ich nichts zu tun, sondern nur mit der Produktion, aber nie direkt. Wir haben in den letzten Jahren einen solchen Rhythmus gehabt, daß ich mit jedem Minister und dessen Lieferanten einen operativen Versorgungsplan pro Quartal gemacht habe. Dort zeigten sich die Reibungspunkte, und dort mußte ich auch in den Ministerrat und sagen, ich brauche zur Sicherung für das nächste Quartal über das bisher im Plan Enthaltene das, das und das mehr. Was das hieß, können Sie sich vorstellen. Und im Präsidium des Ministerrats saß ich neben Gerhard Schürer, und der sagte, was hast du denn nun schon wieder. Ich würde sagen, wenn nach meinem Vorschlag entschieden wurde - ich bin mit einer sehr umfangreichen Vorlage ins Präsidium des Ministerrats gegangen, von meinen Mitarbeitern unter Anlegung strengster Maßstäbe in der gemeinsamen Diskussion mit den Ministerien erarbeitet -, war der Plan für das nächste Quartal mit entsprechendem Holpern und Stuckern zu 95 Prozent gesichert. Den Rest, den mußten wir dann so machen, wie Sie es gesagt haben. Da gab es da eine Hiobsbotschaft, da kommt ein Import nicht, da kommt ein Schiff nicht. Natürlich bedarf das dann operativer Maßnahmen, und dafür gab es natürlich auch einige Reserven; es ist ja nicht so, daß mit Null gefahren wurde, aber eben sehr zentralisiert.

Weinert: *Wie haben sie denn z.B. eine Havarie bewältigt?*

Rauchfuß: Eine Havarie beispielsweise in den Leuna-Werken hatte der Minister für Chemie zu bewältigen und nicht ich. Ich bin dem nur auf die Füße getreten oder die anderen Minister mir, daß ich dem auf die Füße trete und sage, wenn dein Polyethylen ausfällt, dann verhandeln wir mit den Tschechen, daß die dir zeitweilig 3000 Tonnen mehr Polyethylen liefern, und du verpflichtest dich, entweder andere Produkte dafür zu geben oder nachzuliefern. Das ist sehr häufig der Fall gewesen.

Hertle: *Mit der Sicherung der Volkswirtschaft war ja auch die Hauptabteilung XVIII beim MfS beschäftigt, die - zum Teil in Objektdienststellen in den Kombinaten - nicht nur im Bereich der politischen Kontrolle tätig war, sondern regelrecht TÜV-Funktionen übernommen hat, also z.B. die Anlagensicherheit untersucht hat. Gab es eine offizielle Zusammenarbeit mit dem MfS oder lief das inoffiziell?*

Rauchfuß: Ich habe in meiner Tätigkeit keine Anforderungen vom MfS gehabt oder Vorstellungen, Vorschläge. Aber es war natürlich bekannt, daß jedes Ministerium ganz offiziell einen Verbindungsoffizier hatte. Aber über Material hat der sich mit unseren Leuten kaum unterhalten, ich glaube nicht. Sie müssen sehen, die sind jeder auf ihrer Ebene geblieben. Eine Kreisdienststelle ist nicht nach Berlin gegangen, die hat das mit dem Generaldirektor geklärt. Oder sie hat den Generaldirektor animiert, nun schreib das doch endlich auf und sage oben, daß es klemmt. Das hat sich in dieser Weise abgespielt. Das hat es überhaupt nie gegeben, daß Material offizieller Gegenstand gewesen ist.

Pirker: *Ihre Ausputzerfunktion beinhaltet ja einen sehr wichtigen Aspekt. Entweder funktioniert sie, dann brauchen Sie Unterstützung und Absegnung durch die oberen Instanzen. Oder Sie haben sie nicht mehr, dann müssen Sie in zunehmende Schwierigkeiten gekommen sein, wenn Sie nicht wieder unmittelbar den Zugang zur obersten politischen Instanz und deren Schutz und Förderung gewonnen haben.*

Rauchfuß: Meine Vorlagen waren nirgends beliebt. Das möchte ich ausdrücklich betonen. Ich glaube, die beste Partnerschaft hatte ich mit Gerhard Schürer, und das war für mich lebenswichtig. Wir konnten uns erstens persönlich gut leiden. Und zweitens wäre für mich ein ernster Konflikt mit der Plankommission, und ich hatte manchmal schwierige Verhandlungen zu führen, verheerend gewesen; das System hätte nicht geklappt. Für mich waren die höchsten Gremien gar nicht das Interessante. Für mich waren erstens die Plankommission und zweitens die einzelnen Minister wichtig. Ich habe immer alles versucht, daß bis zum letzten Mitarbeiter jeder begreift, daß ein kooperatives Zusammenarbeiten mit dem jeweiligen Minister notwendig ist. Die Minister hätten mich leerlaufen lassen können. Aber da war immer ein Geben und Nehmen. Ich brauchte den Minister, weil er das Produkt herstellte, aber er brauchte mich auch. Die Kunst bestand darin, das Ganze nicht zu einem Feilschen zu machen, sondern zu sagen, sei doch vernünftig, laß' uns das Problem vernünftig gemeinsam klären. Und das entwickelt sich über Jahre, denn zum Schluß entscheiden Menschen. Das ist nirgends aufzuschreiben, das ist eine Frage, wie man zusammenarbeitet. Und da bilde ich mir ein, daß die Organisierung dieser Zusammenarbeit das Wichtigste war, was mir gelungen ist.

Weinert: *Wie Sie das beschreiben, ist das so eine Art Routinisierung von Improvisationen?*

Rauchfuß: So ist das.

Lepsius: *Und persönlich waren die Kollegen angenehm, loyal?*

Rauchfuß: Der größte Teil ja.

Lepsius: *Mit Mittag hatten Sie direkt wenig zu tun?*

Rauchfuß: Ich hatte natürlich mit ihm zu tun. Ich unterstand ihm ja parteimäßig. Er ließ mir eigentlich, muß ich sagen, weitestgehend freie Hand. Ich unterlag keiner ständigen Kontrolle. Ich hatte auch ein Gebiet, auf dem man keine Lorbeeren verdienen kann.

***Lepsius:** Wie waren Sie denn auf der Zentralkomitee-Ebene parteimäßig gesichert? Und wie war Ihre Situation innerhalb des Ministeriums mit der innerministeriellen Parteiorganisation? Wie fühlten Sie sich von der Partei beobachtet, kontrolliert, unterstützt, freigesetzt? Wie könnte man das beurteilen?*

Rauchfuß: Wenn ich bei der eigenen Parteiorganisation im Ministerium beginne: Dort hatte ich überhaupt keine Probleme.

***Lepsius:** Und der Parteisekretär war ein Mitarbeiter von Ihnen?*

Rauchfuß: Das war ein Mitarbeiter, ja.

***Lepsius:** Und der war hauptberuflicher Parteisekretär?*

Rauchfuß: Ja, das war immer so, in jedem Ministerium.

***Lepsius:** War er loyal zu den Aufgaben des Ministeriums?*

Rauchfuß: Ja, und er war sachkundig. Er kam aus der Mitte, er kam aus dieser Improvisation, das war mein Glück.

***Lepsius:** Und er war langjährig in seiner Funktion?*

Rauchfuß: Ich bin 1974 in das Ministerium gekommen und habe vier Parteisekretäre gehabt.

***Lepsius:** Das war immer ein loyales Verhältnis?*

Rauchfuß: Die beiden letzten waren absolute Fachleute. Sie kannten dieses Ministerium, und sie hatten schon alleine dadurch Ansehen bei den Mitarbeitern, daß sie selbst Sektorenleiter oder Abteilungsleiter gewesen waren.

***Lepsius:** Die Parteisekretäre hatten praktisch eine primäre Loyalität zu dem Aufgabenbereich des Ministeriums, die stärker als zum Zentralkomitee war?*

Rauchfuß: Ja, absolut.

***Lepsius:** So daß Sie im Hause ...*

Rauchfuß: ... im wesentlichen Ruhe hatten. Wobei Ruhe bedeutete, schöpferisch an einem Strang zu ziehen.

***Lepsius:** Denn das kann einen ja sehr stören, wenn das nicht so ist.*

Rauchfuß: Und ob! Mit dem ersten Parteisekretär habe ich diese Erfahrung gemacht.

***Lepsius:** Sie waren auch Mitglied des Zentralkomitees. War das von Bedeutung? Wie sehen Sie die Funktion der Mitgliedschaft im Zentralkomitee?*

Rauchfuß: Sehr nominell.

***Lepsius:** Waren die Sitzungen des Zentralkomitees ritualistisch?*

Rauchfuß: Ja, absolut. Also zunehmend, sagen wir es so. Je größer die Probleme wurden, um so weniger wurde über sie diskutiert.

Lepsius: *Und in der Volkskammer erst recht?*

Rauchfuß: Ja. Wo es noch Auseinandersetzungen gab, war in den Ausschüssen der Volkskammer. Da ging ein Minister ungern hin.

Lepsius: *In der DDR gab es einerseits die Außenverschuldung im Westen, andererseits eine große Binnenverschuldung. Hat sich der Ministerrat mit dieser Problematik beschäftigt?*

Rauchfuß: Natürlich hat er sich damit beschäftigt! Immer wieder gab es Programme, das zu ändern. Aber es reduzierte sich immer wieder darauf, daß die Zahlungsbilanz "gängig" gemacht werden mußte, oder welche Begriffe es auch immer dafür gab. Aber letztendlich waren die Bedingungen nicht gegeben, diese Ziele, die man sich gestellt hatte, zu erfüllen. Und dann wurde es neu beraten, und dann wurden neue Beschlüsse gefaßt. Der Vorsitzende der Plankommission versuchte, die Probleme sachlich hineinzutragen und dabei ja zu vermeiden, daß er als Demagoge oder als Miesmacher hingestellt werden konnte. Aber letzten Endes standen wir natürlich alle vor der Frage: Na und? Wir müssen aus eigener Kraft weiter sehen! Die eigene Kraft wurde formuliert, mit eigener Kraft wurden die Beschlüsse gefaßt, die Aufgaben verteilt, die Aufgaben wurden nicht erfüllt, und die Verschuldung nahm zu.

Weinert: *Was die Zahlungsfähigkeit betrifft: Haben Sie mit Ihren Mitarbeitern darüber diskutiert, daß das Ende absehbar ist?*

Rauchfuß: Die Zahlungsbilanz als Ganzes war für Mitarbeiter tabu, aber Teilbereiche, mit denen sie befaßt waren, waren für sie auch durchschaubar.

Hertle: *Sie waren ja Mitglied der Arbeitsgruppe Zahlungsbilanz, und es ist verschiedentlich angedeutet worden, daß in dieser Arbeitsgruppe zu einem frühen Zeitpunkt auch über Konföderation gesprochen worden ist. Wie ist diese Diskussion gelaufen?*

Rauchfuß: Diese Diskussionen hat es in der Arbeitsgruppe Zahlungsbilanz nicht gegeben. Aber es waren Mitglieder der Arbeitsgruppe Zahlungsbilanz, die diese Fragen diskutiert haben. Ich möchte da einen Unterschied machen.

Hertle: *Zu denen Sie auch gehörten?*

Rauchfuß: Ich gehörte insofern dazu, als Gerhard Schürer und ich voreinander keinerlei Geheimnisse hatten und natürlich mein Rat zu bestimmten brisanten Problemen auch von Gerhard Schürer gefragt war. Er hat das dann aber für sich verarbeitet. Man muß wissen, alles andere gilt ja sofort als Fraktionsbildung oder Cliquenbildung. Das hat Gerhard Schürer schon mit Absicht so gemacht, daß keiner wußte, ob er mit mir gesprochen hat oder mit wem. Ich würde mich auch ganz weit zurücklehnen und sagen, also ich bin da kein Held gewesen, der aufgetreten ist und gesagt hat ...

Hertle: *Wie konkret oder unkonkret waren denn diese Vorstellungen?*

Rauchfuß: Ich sage noch einmal, es gibt ja Papiere, die in der Diskussion erarbeitet wurden, die andere geführt haben, von denen Sie sprechen. Das Wort Konföderation habe ich bis zu meiner Tätigkeit als Staatssekretär bei Modrow für die Zusammenarbeit mit der BRD nie gehört. Insofern kann ich Ihnen logischerweise auch über Vorstellungen dieser Art nichts sagen, weil ich es nicht weiß. Was ich weiß, ist, daß wir letztendlich keinen gangbaren Ausweg hatten - ich auch nicht, ich hatte keinen.

Pirker: *Interessant ist ja, daß Gerhard Schürer und andere sehr frühzeitig genau wie Sie gesehen haben, das läuft nicht mehr. Aber um so abenteuerlicher, würde ich sagen, wurden die Rettungsversuche; über KoKo haben wir schon gesprochen. Das müßte doch für einen Menschen, der von einer Konzeption der Planung ausgeht, ein reiner Horror gewesen sein, wie einzelne ganz unkontrolliert in Wirtschaftsprozesse, insbesondere in den Außenhandel und die Zahlungsbilanz, eingriffen?*

Rauchfuß: Ich kann Ihnen dazu nur folgendes sagen: Die Zusammenarbeit fand zwischen Gerhard Schürer und Alexander Schalck statt, so daß die Frage sowieso nur Gerhard Schürer beantworten kann. Und ich hatte nicht das Gefühl, daß sie Feinde waren.

Lepsius: *Im Grunde sind die Schalck-Aktivitäten alle schon hasardeurhaft gewesen. Das war ja keine systematische Sanierungspolitik, das war ja nur eine Zahlungsüberbrückung, um den nächsten Termin wieder hinzukriegen.*

Pirker: *Aber wenn ein Ofen schon am Glühen und kurz vor dem Zerplatzen ist, ist man natürlich froh, wenn Schalck mit den Strauß-Milliarden kommt. Das ist zwar keine Lösung, aber man denkt, vielleicht ergibt sich doch was. Und man sah vielleicht, daß in der Deutschlandpolitik etwas anders werden mußte, denn technologisch und finanziell wurde man immer mehr von der Bundesrepublik abhängig.*

Rauchfuß: Das ist richtig. Aber das hat nicht gleich zur Folge, daß man solche Konföderationsgedanken hat. Es gab ja auch eine ganz andere Politik, das war letzten Endes der Versuch, die alte Bundesrepublik zu bewegen, kooperativer mit der DDR zu sein, indem man ganz besonders den drei Ländern Japan, Österreich und Frankreich gewissermaßen mit der Fahne winkte. Es gab ja nicht nur die Option der Konföderation.

Lepsius: *Aber die Kreditlinie von diesen Ländern war natürlich zu klein. Das einzige, das wirklich größere Kreditsummen hätte aufbringen können, wäre die Bundesrepublik gewesen, und man hätte sie mit innenpolitischen Veränderungen bezahlen müssen.*

Rauchfuß: Sicher - aber ich glaube, darüber waren wir uns grundsätzlich einig.

Lepsius: *Aber wenn Sie innenpolitische Veränderungen vornehmen, dann war das doch eine Frage der Sicherung des Bestandes des Regimes.*

Rauchfuß: So ist es.

Lepsius: *Und was hatten Sie sich 1988 gedacht - also vor der Auflösungsphase im Sommer 1989 - wie weit man gehen kann, um den Bestand des Systems zu sichern?*

Rauchfuß: Wissen Sie, ich bin nicht mehr geneigt, dazu irgend etwas zu sagen. Ich habe einen Prozeß mitgemacht, den man, wenn man ihn nicht mitgemacht hat, einfach nicht verstehen kann. Ich habe im Dezember 1989 die Funktion Staatssekretär für die Koordinierung der wirtschaftlich-wissenschaftlich-technischen Zusammenarbeit mit der Bundesrepublik übernommen. In mein Aufgabengebiet fiel dann im Januar 1990 nach dem Davoser Treffen Kohl-Modrow die Vorbereitung der Währungsunion. Das waren dann von Januar bis Mitte April ungefähr drei Monate. Wir haben Ziele formuliert. Es waren noch gar nicht alle Seiten der entsprechenden Papiere von der Sekretärin geschrieben, da konnte man sie schon wieder wegschmeißen. Ich will damit sagen, das eine ist, was man sich denkt, und das andere ist, welche Umwelteinflüsse auf einen zukommen. Und das ist auch 1988 so gewesen. Deshalb habe ich keine innere Neigung, mich dazu groß zu äußern.

Lepsius: Waren Sie nicht überrascht, daß die Sowjetunion die DDR ohne großen Aufwand verkauft hat?

Rauchfuß: In der Art und Weise schon, aber vom Prinzip her war mir klar, wenn es um die Stabilität der Weltpolitik geht, ist die DDR ein kleines Rädchen. Aber das war erst im Januar 1990 klar.

Lepsius: Vorher hatten Sie noch gedacht, die Bestandsgarantie wird von der Sowjetunion aufrechterhalten?

Rauchfuß: Vorher ja.

Lepsius: Also auch noch im Sommer 1989 wären Sie davon ausgegangen, was immer wir machen, die Bestandsgarantie bleibt?

Rauchfuß: Ja. Das Problem lag ganz woanders. Das Problem lag da, daß, wenn der Kurs Gorbatschows zu Auflockerungen in der DDR führt, daß das dann Weiterungen hat, wie sie dann gekommen sind. Heute sagt jemand, hättet ihr es 1988 geschafft, dieses sogenannte "Länderspiel" zu machen, dann wäre der 9. November 1988 gekommen. Das erste Ventil hätte dazu geführt, was später zum 9. November 1989 geführt hat ...

Lepsius: ... ob das nun die ungarische Grenze war oder etwas anderes ...

Rauchfuß: ... es wäre ja irgend etwas gekommen - wir können da spekulieren, was es gewesen wäre.

Lepsius: Es ist ja nicht nur eine Planwirtschaft, sondern auch eine Sozialordnung zu Ende gegangen. Und ich könnte mir vorstellen, daß Ihnen an der Sozialordnung mehr gelegen war als an der spezifischen planwirtschaftlichen Technik, mit der diese zustandegekommen ist?

Rauchfuß: Das war ja Mittel zum Zweck. Ziel war die soziale Komponente.

Lepsius: Die Frage ist, wie Sie nun eigentlich den Untergang einer Sozialorganisation, einer Sozialordnung sehen? Auf der technisch-wirtschaftlichen Ebene tun wir uns immer leicht, weil das instrumentelle Argumentationen sind, aber dahinter steht ja mehr.

Rauchfuß: Für mich war die soziale Struktur, wie sie gewollt war - ich betone, wie sie gewollt war -, ein edles Ziel, wofür es sich lohnte, mehr als acht Stunden zu arbeiten. Damit muß man ja nicht jede einzelne Komponente gleich mit verteidigen, aber in der Gesamtentwicklung. Wo stehe ich heute in meinen Überlegungen? Ich sage, es ist bedauerlich, daß viele wichtige, über Jahre auch gewachsene soziale Strukturen zusammengebrochen sind. Das geht bis zum Paragraphen 218, das ist ein breites Feld. Und ich entschuldige es eigentlich damit, innerlich, für mich, daß ich sage, es war ein Wunschtraum, einen solchen Sozialstaat aufzubauen, und es sollte auch aus meinen inneren Überlegungen ein Ziel bleiben, daß Menschen in einer gewissen sozialen Sicherheit leben können. Aber die Mittel, mit denen dieser Sozialstaat aufgebaut werden sollte, sind gescheitert. Er ist nicht nur gescheitert, weil die materiellen Potenzen nicht vorhanden waren. Er ist auch gescheitert, weil das System im Grunde genommen, so paradox das klingen mag, vom Volk gar nicht angenommen wurde. Das muß ich letztlich akzeptieren.

Es gab keine Macht gegen die Macht

Gespräch mit Dr. Günther Wyschofsky, Berlin, 2.9.1993

Minister für Chemische Industrie.
Geboren am 8. Mai 1929 in Bischofswerda, Oberlausitz. Aufgewachsen in einer Arbeiterfamilie, der Vater war Konditor und Bäcker, in der Wirtschaftskrise arbeitslos und vor 1933 Mitglied der KPD, die Mutter war Glasmacherin. Schon in der Schule Begeisterung für Chemie und nach dem Schulabschluß, mit 14 Jahren, Chemielehre in einer Chemiefabrik in Bautzen. Nach dem Krieg, noch vor der Gründung der SED, Eintritt in die KPD und Mitglied der FDJ. Studienplatz im "Vorsemester", der späteren Arbeiter- und Bauernfakultät, in Halle. Studium der Chemie an der Technischen Hochschule in Dresden und nach dem Vordiplom an der Universität Leipzig; zugleich Laborleiter in der Industrie. 1953 Diplom-Chemiker und Betriebsleiter in Leipzig. Von dort als Mitarbeiter für das Zentralkomitee der SED angeworben. Im Zentralkomitee zunächst Instrukteur und dann Leiter der Abteilung für Grundstoffindustrie. 1962 Wechsel in die staatliche Plankomission. 1963 Kandidat, 1964 Mitglied des Zentralkomitees der SED. 1966 Minister für Chemische Industrie bis zum Rücktritt der Regierung Stoph im November 1989. Zugleich Vorsitzender der Kommission für Chemische Industrie im Rat für Gegenseitige Wirtschaftshilfe.

***Hertle:** Welche Bedeutung hatte die chemische Industrie für die wirtschaftliche Entwicklung in der DDR? Sie war ja offensichtlich ein vorrangiger Wirtschaftszweig.*

Wyschofsky: Wenn Sie die Gründe für die Vorrangigkeit der Chemie in der DDR studieren, werden Sie auf das Chemieprogramm und die Chemiekommission mit Ulbricht an der Spitze kommen. Die Traditionen der Chemie in Deutschland generell spielten auch damals eine Rolle. Die Konzentration des Kapitals in der Chemie war am größten. Ulbricht stand damals vor der Aufgabe, die Sowjetischen Aktiengesellschaften[1], die vor allen Dingen durch die großen Chemiebetriebe und einige Metallurgiebetriebe repräsentiert wurden, zu reorganisieren. Die Chemie leistete die größten Reparationen. Auf einmal merkte man, daß ohne Chemie überhaupt nichts zu entwickeln war. Ulbricht konnte ja diesen Staat ohne Stoffwirtschaftler nicht aufbauen. Es gab bei uns Braunkohle, Salz, Kalk und Anhydrid, was anderes gab es nicht. Und dazu keine Maschinen! Hinzu kam, daß die übriggebliebenen Chemiekader des alten, faschistischen Deutschlands fast alle da waren und gehätschelt wurden. Ich weiß nicht, ob Sie verstehen können, wie mir zumute war: Mit fünfundzwanzig Jahren lehrte mich die Partei, was das Kapital mit dem Imperialismus und dem Krieg alles zu verantworten hat - und dann wurde ich konfrontiert mit den ganzen zurückgebliebenen Leuten von Buna, von

1 Die sowjetische Besatzungsmacht hatte 1946 213 Betriebe beschlagnahmt und als sowjetische Aktiengesellschaften fortgeführt. Zum 1.1.1954 wurden diese an die DDR verkauft.

Bitterfeld, die ganze Leuna-Spitze war dageblieben. Diese Leute wurden von Ulbricht gehätschelt und uns auf allen Konferenzen vorgesetzt!

Pirker: *Das hat Ulbricht von Lenin gelernt. Um seine Rote Armee aufzubauen, mußte er auf die weißgardistischen Offiziere zurückgreifen und diese besser behandeln als die eigenen rotgardistischen Jungoffiziere, die ja keinen Hintergrund hatten!*

Wyschofsky: Ja, Ulbricht hat solche Leute gehalten und sogar gegen uns aufgehetzt - das ist nicht schön, wenn ich das sage -, wie den Adolf Thiessen. Thiessen war Leiter des Kaiser-Wilhelm-Instituts bei Hitler, das war einer der größten Chemievertreter des deutschen Kapitals. Steenbeck kam von Siemens, er war der technische Direktor von Siemens früher. Er kam von Rußland zurück und wurde hier ein berühmter Materie-Physiker. Ardenne kam zurück aus dem Kaukasus, als Physiker und Chemiker, von dem ich fasziniert war als junger Chemiker. Hertz leitete unter Ulbricht die Atomenergiekommission, und der junge Chemiker Wyschofsky wurde Mitglied dieser Atomenergiekommission, weil es niemanden gab, der von den neuen jungen Leuten was davon verstand. Für mich war das trotzdem eine komplizierte Lage. Bertsch war bei Rau in der Deutschen Wirtschaftskommission, er war früher der Vorstandsvorsitzende von Henkel. Er wurde dann zynisch der "rote Professor" genannt - er war nie rot! Ich habe mit ihm viel zu tun gehabt. Correns war der Chemiker von Teltow-Seehof; er wurde Vorsitzender der Nationalen Front. Klare war zehn Jahre lang Akademiepräsident, war Chemiker. Präsident des Deutschen Friedensrates war Professor Drefal aus Jena; ein Organiker, mit dem ich oft gestritten habe. Der letzte war Kolditz, der nach Correns kam, ein Anorganiker, Fluorchemiker von der Humboldt-Universität. Das heißt, das alles hat eine Rolle gespielt. Ich weiß nicht, warum sich Ulbricht nur die Chemiker herausgesucht hat. Hinzu kam noch die Vorreiterrolle im RGW, die Ulbricht gefiel. Die Chemie, so zerschlagen, wie sie war, war natürlich nach wie vor die einzige Chemie in den sozialistischen Gebieten.

Die Leute waren gebildet, sie waren umfassend gesellschaftlich wissend, hatten bereits ihre Lebensleistung, die ich vor mir hatte. Ich kann nicht klagen, ich habe keine Konfrontationen gehabt. Diese Personen traten nicht in die SED ein, aber sie haben die SED und diesen Staat lange getragen.

Mit der Chemiekonferenz wurde 1958 für mich eine neue Periode eingeleitet[2]. Ich war dann schon etwas älter und konnte als Chemiker schon etwas mehr machen. Es war eben so: Wyschofsky war der Chemiefritze im ZK oder später bei Stoph, weil von dieser blödsinnigen Chemie niemand etwas verstand. Ich will noch eine zweite Frage behandeln: Es wurden mit der Chemie von Ulbricht und anderen die meisten Experimente gemacht und die größten Illusionen für den Staat und für die Wirtschaft verbunden. Warum ausgerechnet mit der Chemie, habe ich mich gefragt? - Weil sie eben alle Zweige durchdringt, weil man ohne Chemie nicht weiterkommt, weil man die Nelles hatte, weil man eine gute Arbeiterklasse hatte, weil man das Rohstoffproblem lösen mußte. Also hat man die Chemie genommen, und Ulbricht machte das Chemieprogramm. Der erste Kredit, den die Russen nach Deutschland gaben, ging nach Bitterfeld, für das sogenannte SU-Sonderprogramm. Und das war das Eingeständnis von Chruschtschow, daß die sowjetische Chemie nur eine Rüstungs- und Grundchemie konnte und die deutsche Chemie die Feinheiten bringen sollte. Die Chemie wurde von

2 Die Chemiekonferenz des Zentralkomitees der SED und der Staatlichen Plankommission fand am 3. und 4. November 1958 unter dem Motto "Chemie gibt Brot, Wohlstand und Schönheit" in Leuna statt.

der DDR quasi in alle Ostländer übertragen. Überall gab es Chemieprogramme und ähnliches. Ulbricht sah sich gerne in dieser Vorreiterrolle, die wir auch hatten. Und der junge Wyschofsky wurde Präsident der RGW-Chemiekommission. Ich habe 110 oder 120 Chemieminister erlebt, die immer gewechselt haben. Ulbricht hatte mindestens soviel Mut, bestimmte Fachleute nicht wegzulassen.

Politisch hat er uns keine Freiheiten gelassen. Die Experimente, die Illusionen mit der Chemie, entsprangen dem Ehrgeiz und dem Hochmut, die Vormachtrolle im RGW zu erreichen. Insoweit war die Entwicklung der chemischen Industrie in der DDR immer durch politische Handlungen und Verantwortungen geprägt. Die Chemie - und damit auch viele Personen - wurden ausgewählt, um an einem geeigneten Beispiel die Überlegenheit der DDR-Wirtschaft und Wissenschaft geschichtlich zu beweisen. Dazu wurde bekanntlich im März 1970 eine spezielle Staatsratssitzung in Merseburg durchgeführt[3]. Diese politische Demonstration war Ausdruck und Fanal der tragischen Illusionen und des tiefen Subjektivismus in der Führung.

Die gesamte Staatsführung, Regierung sowie bekannte Wirtschaftsleiter und Wissenschaftler wurden versammelt. Ich hatte als Chemieminister den Auftrag, öffentlich Rechenschaft abzulegen und die Siegesthese von Walter Ulbricht und Günter Mittag: "Überholen ohne einzuholen" zu begründen. Es sollte das Modell der Überlegenheit der DDR-Politik gegenüber der westlichen Welt, aber auch gegenüber den anderen RGW-Staaten werden. Es kam dort zu tiefgreifenden Auseinandersetzungen über meine Analyse und meinen Verkündungen, die den gewünschten schönfärberischen Illusionen und Phrasen nicht ausreichend entsprachen. Der Einzige von der Führung, der mich damals unterstützte und versuchte, die Beschlußfassung zu verhindern, war der damalige Vorsitzende des Ministerrates, Willi Stoph. Mir wurde als persönliche Schlußfolgerung von Günter Mittag empfohlen, mich wie Erich Apel zu entscheiden[4].

Ich will damit sagen, daß es nicht um die Chemie ging, sondern um die politische Strategie der siebziger und achtziger Jahre. Diese Staatsratssitzung offenbarte die ganze Tragik der politischen Machtausübung, des Wunschdenkens und der innenpolitischen Spannungen und Machtkämpfe. Es genügten Selbstkritik und Schönfärberei und kluge Sprüche; die gesellschaftliche und wissenschaftliche Wahrheit war nicht gefragt. Wir Staatsdiener hatten dabei selbst Angst vor der Wahrheit oder den Folgen der Unwahrheit. Es ist bedauerlich, daß bei dieser Entartung des "realen Sozialismus" viele ehrliche und kluge Gedanken und Ideen vergewaltigt wurden. Ich glaube, daß erst die Zeit darüber urteilen wird, keine Kommission oder wohlfeile Sprüche.

Lepsius: *Aber war denn diese Idee der Vorreiterrolle so unrealistisch?*

Wyschofsky: Wenn Sie uns im kleinen gesehen hätten, war es unrealistisch. Die Absicht, der BRD Paroli zu bieten - wir wußten doch damals schon um unseren Rückstand, der eindeutig meßbar war. In der DDR-Chemie gab es bis 1970 nicht eine Lizenz. Es wurde alles durch Druck, Befehl, Illusion und Einbildung vorge-

---

3 Vgl. Der Staatsrat der DDR, *Chemisierung der Volkswirtschaft erfordert die sozialistische Wissenschaftsorganisation in der chemischen Industrie*, Heft 13, 3. Wahlperiode, Berlin/DDR 1970 (Materialien der 23. Sitzung des Staatsrates am 25./26. März 1970 in Merseburg zur Durchführung des Beschlusses des Politbüros des Zentralkomitees der SED vom 14.10.1969 über die Wissenschaftsorganisation der chemischen Industrie).

4 Erich Apel, seit Januar 1963 als Nachfolger von Karl Mewis Vorsitzender der Staatlichen Plankommission, beging am 3. Dezember 1965 im Haus der Ministerien Selbstmord.

geben, was zu machen ist, bis zum letzten Mikrochipbaustein von Mittag. Das ist ein historisches Versagen. Ich habe dann erst 1970 die erste Lizenz mitgekauft, in Japan: Sie wurde aber aus Not für die Erdölverarbeitung gekauft, weil man dazu gezwungen war. Der Durchbruch in der Frage der Lizenzen kam nicht aus politischer Erkenntnis, er kam aus der Not, aus der Armut, aus der dann erkannten Sorge und Angst, daß die DDR kaputtgeht.

Unter Ulbricht war das eindeutig: Eine aufblühende Arbeiter- und Bauernmacht braucht keine kapitalistischen Lizenzen, die kann das selbst. Und dann will Mittag, wie er in seinem Buch schreibt, sogar der Retter mit seiner Aussage gewesen sein, daß die DDR ohne Kredite nicht leben konnte. Mit Mittag habe ich dreißig Jahre zusammengearbeitet. Ich kenne ihn also im Empfinden, in Feinheiten und in anderen Dingen, und er kennt auch meine Meinung. Das jetzt von ihm veröffentlichte Buch finde ich schlimm; damit kann die Wissenschaft gar nichts anfangen. Es ist eine klug aufgebaute Geschichtsstrategie, die alles auf den Kopf stellt und verschleiert[5].

***Hertle:** Wofür wurden die Kredite eingesetzt?*

Wyschofsky: Die Kreditnahme verlief in drei Etappen: Die ersten Kreditgeschäfte waren Plangeschäfte, die Schürer richtig geplant hat, eine Plangröße von soundsoviel Prozent, zwei Prozent als Kreditnahme und noch mit einer Refinanzierbarkeit. Dann kam die zweite Etappe, als die Schulden begannen, 1969/70, dann reichte die Anleihekraft des DDR-Anteils der Investitionen auch durch Kreditnahme nicht aus. Dann mußten Kredite gesucht werden, um sie mit eigener Ware zurückzubezahlen, Bartergeschäfte und Kompensationsgeschäfte. Ich war in vielen Vorständen von westdeutschen Chemieunternehmen, ich kenne alle Leute und habe überall dann die Geschäfte vorbereitet und gekauft. Es war oft schwer für diese Herren, gegen ihre eigene Produktion Geschäfte zu vereinbaren. Die Hoechst AG war so vernünftig, eine geplante Chlorfabrik in Holland nicht zu bauen, weil wir in Buna bauten und sie das Chlor und das Chlorprodukt zurückkauften. Und sie kauften es, obwohl sie davon nur Marktschwierigkeiten hatten. Dann gab es eine Zeit, weil die Schulden weitergingen und immer größer wurden, in der es nicht einmal Kompensationsgeschäfte gab, weil es keine Bauleistungen mehr gab, weil die Montagekräfte völlig verplant waren, weil die alle Raketenstützpunkte bauten, im Zusammenhang mit der Militärdoktrin von Breschnew. Also wurden auch Bauleistungen gekauft, und das waren die Kredite, die Schalck-Golodkowski organisierte: eine rein marktwirtschaftliche Kreditnahme mit den Weltbanken im Rücken ...

***Pirker:** ... aber mit abenteuerlichen Verfahrensweisen, zumindest innerhalb einer Planwirtschaft!*

Wyschofsky: Ja, das wurde aber ein separates Gebiet. Aber wir mußten das alles, so hart war der Schalck und durfte es sein, zurückbezahlen. Unsere Kombinate haben dadurch jedoch ein Stück Marktwirtschaft gelernt. Das ist das Positive. Die haben zehn Jahre lang in der harten Mühle des Lizenzgebers und Anlagenlieferanten - von Hoechst, BASF, Voest, ICI, Ensa, Salzgitter und VEBA - gewirkt; und das war sehr erdrückend und sehr ernüchternd. Dort mußten unsere Leute rechnen lernen, aber für zwei Rechnungen: eine für Schürer, die nichts taugte und nichts zu taugen brauchte, - das nehme ich Schürer so übel, daß die nichts zu taugen brauchte -, und eine für Schalck. Auf den Monat zog der das Kapital ein und, wenn es nicht reichte, wurde Ware vom inländischen Markt ab-

5 Gemeint ist: Mittag, Günter, *Um jeden Preis*, Berlin-Weimar 1991.

gezogen, damit er seine Last bezahlen konnte. Aber ich bin froh, daß ich vor allem mit Schalck 154 komplette Anlagen aus der westlichen Welt für 12,5 Milliarden DM gekauft habe, die von den Chemiebetrieben bezahlt wurden.

***Hertle:** In welchem Zeitraum?*

Wyschofsky: In den Jahren 1969 bis 1989. Das letzte Erdöl hat Schalck in Moskau gegen Dollar gekauft, das hat Schürer auch nicht bezahlt. Die haben 3,5 Millionen Tonnen gegen Dollar gekauft. Und der Krach, den Kossygin und Ryschkow machten, daß Honecker Öl nach dem Westen verkauft, war nicht gerechtfertigt. Ich habe Kossygin und Ryschkow vorgerechnet, daß sie eine Erdöldestillation mit 46 Prozent, wir dagegen mit 93 Prozent Ausbeuten an hellen Produkten machten. Ich habe Millionen Tonnen Methanol auf den westlichen, schweren Märkten verkauft und damit meine Schulden bezahlt.

***Lepsius:** Sie haben Methanol und andere Produkte verkauft, um Schalck die Kreditkosten zu bezahlen. Wie war das in dem Plan drin? Es fehlt Ihnen ja doch im Plan?*

Wyschofsky: Zuletzt gab es direkt zwei Pläne, zwei Planteile. Es gab einen Planteil, der nicht veröffentlicht wurde und auch nicht durchsichtig war. Das war der Kreditplanteil; er erschien in den Aussagen nach draußen nur als Tonnage; für die Propaganda, daß wir soundsoviel Tonnen Methanol machten. Dort erschien er, das war uns sehr angenehm, um uns aufzuwerten: Wir sind der größte Methanolproduzent nach der Lurgi. Aber im inneren Rechenmodell gab es zwei Pläne, da wurde Schalck aus dem offiziellen Plan ausgegrenzt, nur geldmäßig. Ich habe das Geld bei der Außenhandelsbank zum 29. jeden Monats abzuliefern gehabt, also nicht bei Schalck.

***Lepsius:** Aber die Verkäufe mußten Sie selbst organisieren?*

Wyschofsky: Die Verkäufe hat Schalck gemacht, also eingeleitet. Er hatte ja seine Außenhandelsunternehmen, hatte überall seine Leute sitzen. Er hatte ja Macht; wer Geld hatte, hatte auch bei uns Macht. Und so wuchsen wir langsam in den Kapitalismus hinein.

***Hertle:** Dann hat er doch das Geld selbst eingenommen?*

Wyschofsky: Nein, er hat das Geld an den Außenhandelsbankpräsidenten Polze abgeführt, d.h., ich habe es dorthin abgeführt; er hatte eine Gewinnspanne.

***Hertle:** Aber wieso haben Sie es abgeführt, wenn Schalck die Produkte über die Intrac, eine KoKo-Firma, verkauft hat?*

Wyschofsky: Es gab eine Valutabilanz, die niemand kannte, nur diese fünf Leute - Schürer, Schalck und andere - die jeden Donnerstag früh tagten und die dann mit imaginären Größenordnungen arbeiteten. Und Mittag machte dann eine Ministerberatung und hetzte alles gegeneinander. Wir, unsere Generaldirektoren, führten ihre Valutaeinnahmen aus dem Außenhandel an den Außenhandelsbankpräsidenten ab. Und das wurde ganz scharf gerechnet. Und wenn dort ein Tag Rückstand gewesen wäre, wurde Inlandware weggenommen, also Dieselkraftstoff oder Heizöl, um sie zu verkaufen. Da gab es kein Pardon. Das Risiko konnte Schalck wahrscheinlich auch nicht eingehen. Welchen Profit er gemacht hat, das ist mir nicht bekannt.

***Lepsius:** Da hat er doch auch in Ihre Kompetenz unmittelbar eingegriffen?*

Wyschofsky: Ja natürlich! Ich glaube, er hat 24 Prozent Gewinnspanne gemacht, was nicht zum Bankpräsidenten gegangen sein kann. Sonst hätte er ja nicht diese Anhäufung gehabt. Aber es war eben ein Stück Kapitalismus im Sozialismus. Niemand wußte darüber Bescheid, und es wurde Schwindel damit getrieben. Schwindel war ja ein Stück der Machterhaltung, wie bei Ihnen auch geschwindelt wurde und noch wird, bloß gibt es noch keinen Machtwechsel. Bei Ihnen wird man abgelöst oder tritt zurück und heißt Ex-Minister und bekommt 15 000 Mark Rente, und bei uns wird man rausgeschmissen, wird vor den Kadi geholt und bekommt ca. 1 000 Mark Rente. Ca. 1 000 Mark Rente bekomme ich demnächst für 30 Jahre als Leiter und Minister.

***Hertle:** Wenn wir das am Beispiel einer Industrievereinbarung mal erläutern, die Sie abgeschlossen haben …*

Wyschofsky: … die Generaldirektoren der Kombinate, der Betriebe, waren die Träger!

***Hertle:** … aber Sie haben als Minister mit unterschrieben …*

Wyschofsky: … nicht unterschrieben, aber gewußt, und ich mußte es bestätigen.

***Hertle:** Irgendwann ist diese Anlage refinanziert worden über Lohnverarbeitung, die Schalck-Firmen haben die Produkte verkauft …*

Wyschofsky: … oder wenn es andere verkauft haben, mußten sie die Valuten an die Schalck-Firmen abführen. Nach dreieinhalb oder viereinhalb Jahren wurde getilgt und die Tilgung bekanntgegeben, und dann gab Schürer die Produkte frei für das Inland oder für den direkten Export. Dann konnte ich planmäßigen Außenhandel betreiben. Das heißt, nach viereinhalb Jahren Abzahlung meiner Schuld machte Schürer die Bilanzrechnung auf, also er wußte schon Bescheid in den Tonnagen, und dann stand plötzlich mehr Methanol oder mehr Faser zur Verfügung und ging in seine andere Rechnung, in die linke Seite der Rechnung, und bei mir wurde es Export. Und ich bekam ein Lob, daß ich einen guten, ansteigenden Export hatte. Der Schalck-Export wurde ja als Exportkennziffer nicht veröffentlicht.

***Hertle:** So daß Sie im Endergebnis, von diesen drei oder vier Jahren abgesehen, in denen Sie refinanzieren mußten, was vermutlich eine verstärkte Ausbeutung der Betriebe auch war, zufrieden und glücklich waren?*

Wyschofsky: Ja, der Chemie hat es gutgetan. Dem Lande ist es weniger bekommen als der Chemie. Sonst wäre die Chemie eher kaputtgegangen, sonst hätte sie eher nicht mithalten können. Wir haben immerhin noch unter den Spitzenländern der Chemieproduzenten mit rangieren können. Aber ohne die zehn bis fünfzehn Jahre Kreditwirtschaft dieser Art wäre das nicht gegangen. Zuletzt hatten wir nicht mal mehr ein Stückchen Draht zum Schweißen.

***Hertle:** Sind alle KoKo-finanzierten Investitionen in die Erdölverarbeitung gegangen?*

Wyschofsky: Nein, die Rosinen sind das Erdöl gewesen, die Erdölveredelung, die Erdölspaltung, das Visbreaking, die Heizölverarbeitung, die Braunkohlesynthese, die Braunkohleveredelung, die Faserveredelung und die Plastveredelung. Ich habe mir dann schon die Rosinen herausgepickt. Nur so konnte ich auch mit den Herren in den Vorständen der großen West-Unternehmen, die die Lizenzgeber waren, auskommen. Am besten habe ich verhandeln können mit einem

Anlagenunternehmen, das nicht selbst Chemieproduzent war, weil ich denen nicht den Markt versaut habe. Die letzte Anlage habe ich für das Synthesewerk Schwarzheide gekauft, bei der ENI bzw. Montedison, die ihre Produkte mit Shell vermarktet hatten. Drum war das kein Problem. Aber wenn ich bei Hoechst war und teilweise bei Bayer, habe ich denen immer teilweise den Markt mit angepickt. Darum wurden saubere, teilweise auch nette, vertrauensvolle - ich sage nicht geheime, aber vertrauensvolle - Vereinbarungen abgesprochen, die ich auf jeden Fall einhalten mußte, sonst wäre ich von den Herren verklagt worden. Also ich, die DDR-Chemie hat ihre Schulden bezahlt - ich kenne keine Schulden bis Ende 1989. Aber zu dieser Mißwirtschaft im wirtschaftswissenschaftlichen Stil, das wollte ich Ihnen nicht vorenthalten, kommt, daß diese Periode zugleich - wie auch woanders - eine Periode von Machtkämpfen war.

Weinert: *Zwischen wem?*

Wyschofsky: Wenn ich die Ulbricht-Zeit nehme, in der ich jung nach Berlin kam, zunächst Ulbricht gegen Oelßner - Oelßner war der rote Professor von Moskau. Dann Ulbricht gegen Leuschner - Leuschner starb nach Drangsalierung. Ziller erschoß sich, das war sein Wirtschaftsmann im ZK. Selbmann war der robusteste Mann, den die DDR hatte; er hatte zehn Jahre Einzelhaft hinter sich und stand und konnte nicht durch. Apel erschoß sich - ich war zehn Minuten vor seinem Selbstmord noch bei Apel und habe mit ihm gesprochen, damit er sich möglichst nicht erschießt. Er tat es dennoch, weil er aus der Lage nicht mehr herauskam und das Programm mit der Sowjetunion mit ökonomischen Perspektiven, für das es keine Bilanzdeckung gab, unterzeichnen sollte. Dann Mewis und Neumann: Das waren alles Persönlichkeiten in der DDR, die alle von Ulbricht auf die verschiedenste Art und Weise ausgeschaltet wurden. Mit einer Ausnahme: Bei Mittag gab es keinen Machtkampf, der wurde herrlich hin und her gebogen, in allen Perioden war Mittag immer wieder da und als unverzichtbar beurteilt. Er hatte alle Machtfäden, er hatte Strauß in der Hand, er hatte alles plötzlich in der Hand. Die Politik von Mittag war eigentlich das größte Chaos für die Arbeiterschaft und Intelligenz der DDR. Das ist nur nicht zum Ausbruch gekommen, konnte auch nicht zum Ausbruch kommen, weil er einen Machtapparat, einen Unterdrückungsapparat hatte; Parteisekretäre wurden abgelöst, Minister wurden rausgeschmissen, das war die einzige Demokratie, die es bei Mittag gab. Das war die schlimmste Persönlichkeit dieser Art.

Aber auch international gab es diese Machtspannungen und Machtkämpfe. Ulbricht gegen Chruschtschow: Chruschtschow wollte die Stahlwerke bei uns schließen. Er hatte uns vorgerechnet, wir holen das Erz und den Koks aus der Ukraine und aus Rußland, um in Eisenhüttenstadt Roheisen zu machen - was das für ein Unsinn ist. Wir holten den Koks von den Russen, - Mais sollten wir lieber anbauen! Das haben wir alles erlebt. Also gab es Spannungen, Machtspannungen. Ulbricht gegen Gomulka. Ich war mit Ulbricht einige Male bei Gomulka. Ulbricht hat es fertiggebracht, sogar die komplizierten Grenzfragen zu stellen, die Westgebiete. Er war bereit, sie gegen die Russen aufzurollen, das habe ich selbst erlebt. Ulbricht gegen Ceaucescu. Ceaucescu sei der Verräter von Gheorghiu-Dej, auch die Nationalitätenfrage in Rumänien spielte für die deutsche Seite eine Rolle. Das waren Machtkämpfe. Und betrachten Sie die Kronprinzenfrage - einmal war der Kronprinz Konrad Naumann, einmal war der Kronprinz Mittag, einmal Lamberz, einmal Krenz, einmal Felfe. Felfe starb, Lamberz starb und Naumann hatte seine Weibergeschichten und Alkohol, der konnte nicht genommen werden.

So gab es Machtkämpfe immer von oben nach unten, die wenigsten von unten nach oben. Das hat die Spitze eben fertiggebracht, daß die unten sich nur zum 17. Juni 1953 entfaltet haben und später noch einmal durch Meckereien in den siebziger Jahren, als der Parteitag Ulbricht abwählte. Das heißt, in dieser Partei, die nicht unsere Partei war, die wir eigentlich wollten, die nicht die Sozialdemokratie und auch nicht die Kommunistische Partei war, gab es solche Machtkämpfe.

Pirker: *Das war eine Partei neuen Typs!*

Wyschofsky: Jawohl - stalinistisch, sagen wir es doch. Wir wußten nicht, was Stalinismus ist, aber ...

Pirker: *... die haben's Ihnen beigebracht!*

Wyschofsky: Ja.

Pirker: *Mich wundert dann, wie Sie das so lange ausgehalten haben!*

Wyschofsky: Wir konnten ja nicht raus. Ich wollte ja auch nicht den Sturz des Staates, ich wollte eine andere Politik. Ich habe zwar einiges gemacht, aber am Ende wäre der Parteiausschluß gekommen und dann Einsperren. Das war unser Parteigesetz.

Pirker: *Drum kam von oben immer die Säuberung. Wenn man sich unten zusammensetzte, um Widerstand zu leisten, war das Abweichen von der Partei.*

Wyschofsky: Aber das reichte uns nicht mal aus, muß ich sagen. Es gab ja nicht nur Personen- und Machtkämpfe, sondern dazwischen dann auch noch den Schwindel. Heute steht Krack vor Gericht wegen Wahlschwindel. Ich weiß gar nicht, warum man sich darüber so aufregt, daß man darüber Prozesse macht - Wirtschaftsschwindel ist betrieben worden, unter Ulbricht, Honecker und Mittag. Es wurde jeden Abend der Plan korrigiert, je nachdem, wie er gebraucht wurde. Dazu sagt Schürer auch nichts in Ihrer Befragung.

Pirker: *... aber es gab auch kein Konzept der Veränderung!*

Wyschofsky: Es gab nur das Konzept zu schwindeln. Mittag hat es fertiggebracht, die Statistik zu beugen. Ich war als Naturwissenschaftler so erzogen, daß in der Wissenschaft nichts zu beugen und zu korrigieren ist. Die Wirtschaftswissenschaft, die ist zu beugen und zu korrigieren, nicht nur in der DDR, aber in der DDR war sie besonders gebeugt. Das kann ich auf jeden Fall sagen.

Pirker: *Soweit es eine Wirtschaftswissenschaft in der DDR überhaupt gegeben hat.*

Wyschofsky: Ja, soweit es eine gegeben hat. Und dann gab es noch Probleme mit den sogenannten Sekretären. Mittag war ja Sekretär und Politbüromitglied. Ich kenne die Parteigeschichte von der Tradition her nicht so genau, aber das eigentliche Machtzentrum war das Sekretariat, nicht das Politbüro. Das waren nur die sieben Leute, die dem Politbüro abgestimmte Beschlüsse unterjongliert haben. Es gab ja auch keine Regierung. Ich kenne keine Regierungsbeschlüsse in den zwanzig Jahren, die allein aus der Regierung entstanden sind, ohne von der Partei gemacht zu sein oder ohne in die Partei zu gehen. Vielleicht gehörte das zur Ordnung dieser Machterhaltung, das weiß ich nicht, aber die Regierung war völlig überflüssig. Daß sich Stoph das hat gefallenlassen, stieß immer auf meine persönliche Verwunderung, weil er ein ganz anderer Mensch als andere in dieser Frage war.

Aber warum konnte das nicht verändert werden? Die Frage muß man ja stellen: Warum hat Stoph und warum habe ich als Chemiker oder als politisch Wissender bei so viel Wissen die Lage nicht verändert? Das war nicht möglich. Im Ministerrat saßen acht Politbüromitglieder, so war das aufgebaut. Von den Ministern saßen sieben im Präsidium, das war die höhere Schicht, und der Rest waren wir Fachminister, also die Branchenminister, die nur die Zuträger waren. Die Mitglieder des Politbüros brachten die Beschlüsse schon aus dem Politbüro mit. Die Dummheit ging so weit, daß Fehler in Protokollen und Niederschriften aus dem Politbüro und ZK-Sekretariat, die wir im Ministerrat gefunden haben, nicht korrigiert werden durften; dazu wurde nur eine Protokollnotiz gemacht. Die Methoden waren so sehr ausgefeilt, und Mittag dirigierte den Schwindel. Mittag machte jedes Jahr die Generaldirektoren-Seminare, die Schürer vorbereitete. Honecker machte jedes Jahr die Beratung mit den sogenannten Ersten Kreissekretären. Die Referate wurden vorneweg gedruckt und wurden dann auf den Tisch gelegt. Das waren Tabus, die konnten durch niemanden gestürzt oder umgekrempelt werden. Wie Schürer es Ihnen gesagt hat: Aus dem System kam niemand heraus. Die Parteisekretäre waren zu Parteiorganisatoren des Zentralkomitees geworden, die unterstanden niemandem mehr außer Mittag direkt; über einhundert Parteiorganisatoren waren Mittag direkt unterstellt, er hatte die ganze Macht und die ganze Brutalität, sie auszuüben. Und dann gab es noch die sogenannten Fachabteilungen, das waren die kleinen Fachabteilungen im Zentralkomitee, das waren die Pinscher, die dann nur das Papier taktisch hinterhergeschoben oder dem Politbüro untergeschoben haben.

Mittag hat in seinem Buch nicht uninteressante Feststellungen zu seinen Abteilungen gemacht. Das waren kluge Leute, die teilweise ja aus unserem Apparat kamen wie z.B. Götz, der bei mir früher Mitarbeiter gewesen war; er kam von der Hochschule als Matrizenrechner, hat bei mir Chemiewirtschaft dazu gelernt, ist dann von der Plankommission ins Zentralkomitee geholt worden. Der kennt diesen Prozeß aus dem Effeff; das waren die Leute, die wenigen, die abends um neun Uhr anriefen und sagten, morgen veröffentlichen wir eure Planschulden nicht, das machen wir das nächste Mal. Aber die größte Abteilung des ZK war die Plankommission unter Herrn Schürer, da gibt's kein Pardon!

***Hertle:** Das war ja keine Abteilung des ZK!*

Wyschofsky: Sie verstehen meine Zyne nicht: Die Plankommission war die größte Abteilung und die einflußreichste, die eigentlich hätte vorne stehen müssen, wenn jemand zum Sturz hätte aufrufen müssen! Er hat es ja versucht. Sie müssen sich mal die Protokolle der Reden von Wyschofsky bei Schürer anschauen, wie ich Schürer und Wenzel die volle Wahrheit vorgerechnet habe. Wenzel ist ja ein kluger Mann, ein kluger Wissensträger von vielen Jahren, in Strategie und Politik. Die konnten nicht mehr. Ich habe denen vorausgerechnet, ab wann wir die gesamten Plaste nur noch bei Hoechst kaufen, ab wann es nichts mehr gibt bei dieser Akkumulationsrate. Zehn Prozent Akkumulation! Ich habe in der Chemie 29 Milliarden Mark Bruttoumsatz im Jahr gehabt und habe davon zwei bis drei Milliarden für Investitionen zurückbekommen. Den Rest mußte ich als Kredit nehmen. Sechs Milliarden Lohnfonds für die Belegschaften und zwei Milliarden Umlaufmittelfonds. Das heißt, acht Milliarden bekam ich zurück, und die anderen zwanzig Milliarden wurden umverteilt - wohin, weiß kein Mensch, hat keiner gefragt, das wußte nur Schürer. Natürlich mußte er woanders hin verteilen, natürlich mußte er die Kohle subventionieren oder die Metallurgie. Aber wenn die Chemie diese melkende Kuh sein konnte, hätten die Leute doch begreifen müssen, daß man dort investieren muß, obwohl sie kapitalintensiv ist, weil sie die meisten Valuten, die meiste Produktivität gebracht hat.

***Weinert:** Schürer rechtfertigt das mit den vier Prozent Wachstum, die ihm Honekker vorgegeben hat.*

Wyschofsky: Ja, das ist auch eine Wahrheit, aber das ist eben die Methode der Beugung der Wissenschaft oder der Planung. Ich würde es so bezeichnen, zumindest im nachhinein. Ich war in der Lage, das alles bereits zehn Jahre vorher dargelegt zu haben und habe auch meine Form der Opposition versucht, die aber zu nichts führte. Aber ich war kein Umstürzler, kein Fraktionsmacher. Das ging nicht, weil hinter einem niemand stand. Ich kenne aber Leute, die mich nicht verraten haben. Ich erinnere mich an Nachtgespräche mit Sindermann, als er noch in Halle war, wo ich ihm die ganze Schande dargelegt habe, was zu machen ist - kein Wort, nichts veränderte sich. Ich war bei seinem Nachfolger, bei Böhme, Politbüromitglied und Hallenser Sekretär. Es ist nichts, nichts verändert worden. Ich habe führenden Leuten vorgerechnet, wohin das führt, ich habe ihnen gesagt, zu welcher Operationszeit von Honecker und Mittag der Wechsel passieren könnte und wer - es war nicht möglich. Hinter einem standen einige wenige Kollegen und Sympathisierende, was sollten die machen - sich einsperren lassen? Es gab keine Macht gegen die Macht. Es ließen sich auch die Massen nicht bewegen, außer durch die Bürgerbewegung. Das ist ja das Interessante dann: Zwei Pfarrer und eine marode Bevölkerung waren in der Lage, in vier Wochen ihre vierzig Jahre aufzugeben. Das muß man herausfinden, woran das liegt, trotz dieser Erziehung, trotz dieser Machtausübung.

***Weinert:** Wie war denn das Verhältnis zwischen Wyschofsky als Minister und seinen ihm unterstellten Kombinaten? Häufig kommt die Diskussion auf, daß aufgrund der unrealistischen Planvorgaben sich innerhalb der Kombinate fast zwangsläufig eine Art informelle Struktur herausgebildet hat, sowohl innerhalb der Kombinate als auch zwischen den Kombinaten, von der weder die Plankommission noch die Minister etwas gehört haben oder hören wollten. Können Sie das aus Ihrer Erfahrung bestätigen oder nicht?*

Wyschofsky: Ich kann Ihnen mein politisches, fachliches oder wirtschaftliches Image bei den Direktoren nicht einfach beschreiben und diese Frage nicht einfach beantworten. Ich habe vielleicht durch meine Langjährigkeit, vielleicht auch zu einem Teil durch mein Wissen Kompetenz gehabt; mich konnte keiner belügen und betrügen oder mir etwas vormachen, weder in der Chemie noch in der Technologie oder in der Wirtschaftsführung. Mit wenigen habe ich über solche Dinge Kontakte gehabt und gesprochen, und wir haben miteinander stillgehalten. Das war Müller von Leuna, teilweise Frohn von Schwedt. Es gab aber nur Disziplin- und Ordnungsverhältnisse, und ich kann nicht sagen, daß es Perioden gab, mir sichtbare Perioden, in denen ich in irgendeiner Art geschnitten wurde.

***Weinert:** Wenn ich Sie recht verstanden habe, sagen Sie, ja, es hat solche informellen Vereinbarungen gegeben, aber nur im Sinne eines Disziplin- und Ordnungsverhältnisses?*

Wyschofsky: Ja. Ich beantworte Ihnen diese Frage mal von einer ganz anderen Seite. Ich war im November 1989 einer derjenigen, der gedrängt hat, die Regierung aufzulösen. In der Verfassung der DDR war die Selbstauflösung der Regierung nicht vorgesehen[6]. Und Stoph sagte, wir können uns eigentlich gar nicht auflösen. Wir haben uns dennoch aufgelöst, dann bin ich in mein Büro gegangen und habe meine 250 Mitarbeiter zusammengerufen und eine Erklärung abgegeben, die schriftlich vorliegt. Nach der Rede auf dem 10. Plenum des Zentralkomitees am 8.-10. November, die auch schriftlich vorliegt, steht da als letzter Satz: Wyschofsky wird nie wieder politische Funktionen, Führungsfunktionen und Staatsfunktionen übernehmen, er hat vierzig Jahre lang genug gemacht, falsch gemacht. Ich habe mich für Fehler entschuldigt, die passiert sein mögen, auch gegenüber Mitarbeitern, habe meinen Panzerschrankschlüssel abgegeben und bin dann nie wieder in dem Haus gewesen. Und dasselbe mit den Generaldirektoren: Ich habe seit diesem Tag nicht mit einem Generaldirektor gesprochen und Kontakt gehabt.

***Pirker:** Sie haben Ihre Rolle als Minister und das Verhältnis zu Ihren Generaldirektoren aus Ihrer Sicht dargestellt. Uns interessiert daneben die Frage, ob es zwischen den Generaldirektoren und Kombinaten informelle Austauschbeziehungen gewissermaßen am Plan, an Ihnen als Minister und an der Plankommission vorbei gab und welche Bedeutung Sie diesen Absprachen - wenn es sie gab - beimessen.*

Wyschofsky: Das ist nicht auszuschließen. Aber das wäre verwaltungsmäßig verfolgt worden. Dem wäre nicht zugestimmt worden, wenn es offensichtlich geworden wäre. Ich war bei zwei, drei Generaldirektoren teilweise regelmäßig, die anderen habe ich in Ruhe gelassen, wenn sie ihre Arbeit machten und alles lief. Wenn es brannte, wenn es Havarien gab, dann war ich nachts am Ort. Alle hatten sehr viel zu tun, das waren arme Schweine, so wie ich, auf einem niederen Niveau, aber alles geplagte Leute, und ich hatte Achtung vor ihnen, aber ich schließe sowas nicht aus. Aber auch Herr Frohn kam in die Beratung mit den Generaldirektoren und stellte fest, daß er von dem Finanzminister betrogen wird und daß er seine ökonomischen Kennziffern deshalb so schlecht erfüllt hatte, weil die Produktivitätszuwächse aus den Kreditgeschäften von Schalck in dem nationalen Plan nicht anerkannt wurden. Das mußte Frohn erst sagen, dann konnte ich das aufschreiben, dem Finanzminister geben, mußte dann dreimal hingehen, und dann hat Frohn Recht bekommen. Nach einem halben Jahr wurde er dann mit einer halben Milliarde im Plan richtiggestellt, weil es eben zwei Planteile gab. Aber es gab leider keine Möglichkeit, sich zu etwas zusammenzurotten, das gab's nicht.

***Pirker:** Dann müssen Sie als Kommunist in dieser Periode, in der es immer brenzliger wurde, doch gesehen haben, daß die Hoffnungen auf eine sozialistische, geplante Wirtschaft und noch dazu eine sozialistische Gesellschaft zunichte sind?*

---

6 Um eine tragfähige verfassungsgemäße Absicherung für seinen Rücktritt zu finden, entschied sich der Ministerrat in seinem Rücktrittsbeschluß auf der Sitzung am 7.11.1989 für eine Bezugnahme auf Art. 50 der DDR-Verfassung. Art. 50 lautet: "Die Volkskammer wählt den Vorsitzenden und die Mitglieder des Staatsrates, den Vorsitzenden und die Mitglieder des Ministerrates, den Vorsitzenden des Nationalen Verteidigungsrates, den Präsidenten und die Richter des Obersten Gerichts und den Generalstaatsanwalt. Sie können jederzeit von der Volkskammer abberufen werden." Der Vorsitzende des Ministerrates wurde in dem Rücktrittsbeschluß beauftragt, einen entsprechenden Abberufungs-Antrag an das Präsidium der Volkskammer zu stellen mit der Bitte, diesen Antrag der Volkskammer zu unterbreiten. Bis zur Wahl eines neuen führte der zurückgetretene Ministerrat seine Geschäfte amtierend fort (vgl. Bundesarchiv/Abteilungen Potsdam, C-20 I/3-2866, Bl. 9 ff.).

Wyschofsky: Die waren seit 1981 absolut vorbei, das war schon damals sichtbar. Was ich hier erzähle, habe ich ja schon vorher im Prinzip gewußt, das ist nicht im Nachhinein durch Überlegen entstanden.

Hertle: Warum seit 1981?

Wyschofsky: Seit 1980/81 ging nichts mehr. Die Methoden des Schwindelns, des Betrügens, des Sichhinüberrettens, des Nichtehrlichseins nahmen zu. Die Methoden, aus Bruttoproduktion Nettoproduktion und aus Nettoproduktion Bruttoproduktion zu machen, die Arbeitsproduktivität in der Presse abzurechnen - früher im Verhältnis zur Bruttoproduktion, da war sie hoch, und dann zur Nettoproduktion, da wurde sie wieder hoch, weil der Plan nicht erfüllt war, nahmen überhand. Die Pläne wurden nicht erfüllt. Sindermann ging drei Jahre nicht in meine Chemiebetriebe in Halle, weil die alle ihre Pläne nicht erfüllten und keine Prämie bekamen. Er sagte: "Günter, ich gehe dort nicht hin!"

Lepsius: Zu Ihrem Bereich gehörten vierzehn Kombinate, das waren die Produktionsstätten, die haben die Entwicklungen betrieben. Was haben Sie als Minister entschieden?

Wyschofsky: Ich habe eigentlich nichts entschieden, wenn Sie so fragen. Ich habe ihnen die Zahlen vorgegeben.

Lepsius: Die Betriebsführung haben sie nicht gemacht. Aber was war die Aufgabe des Ministeriums?

Wyschofsky: Das Ministerium hatte die Aufsichtspflicht, die Kontrolle der Produktionszahlen, die Kontrolle am Objekt, die Kontrolle in der Region und das Zusammenspiel, die Disproportionen zu sehen, die nicht vom Plan geregelt werden konnten, die aus dem Leben entstanden.

Lepsius: Die Kombinate hatten eine eigene Wirtschaftsführung und eigene Produktionspläne, waren also direkt in den Staatsplanpositionen enthalten. Welcher Leitungs- und Planungsraum ist zwischen diesen Kombinaten und der staatlichen Plankommission überhaupt frei?

Wyschofsky: Da ist für die Kombinate nichts frei gewesen. Die Staatsplanpositionen von Herrn Schürer und die Staatsplanthemen des Planes der wissenschaftlichen Entwicklung wurden gesondert festgestellt. Darüber hatte ich zu wachen, das durfte ein Generaldirektor nicht, der hatte nur abzurechnen und die Erfüllung zu organisieren. Ich hatte siebzig Staatsplanpositionen von den 400 000 Erzeugnissen, die da irgendwo rumschwirrten, und ich hatte zwölf oder dreizehn Wissenschaftsthemen. Wenn ich ein solches Thema aufnahm, da konnte ein Generaldirektor nichts machen. Dafür wurden vom Wissenschaftsminister aus seinen Fonds Gelder bereitgestellt. Die Laboratorien erhielten dann die entsprechenden staatlichen Fonds und waren an die Staatsplanthemen gebunden.

Lepsius: Die sind über Sie empfohlen und koordiniert worden?

Wyschofsky: Jawohl. Das war die Ordnung. Alle Ministerien hatten einen gleichen Aufbau. Es gab eine Abteilung für die normale Planung, die die Partnerplanung für Herrn Schürer gemacht hat. Dann gab es eine Abteilung für wissenschaftliche Aufgaben, die neue Wissenschaftsthemen untersuchte. Dann gab es eine Abteilung für Absatz und Außenhandel, die die Bilanzen auf den Markt brachten und abrechnen mußten. Den Export konnte der Generaldirektor nicht alleine machen, weil zum Beispiel der Kreditplan mit Frankreich durch Staatsbesuche, durch Kredit- und Bankbeziehungen, festgelegt war. Das wurde durch Schürersche Planung festgelegt und von uns untersetzt und überwacht. Dann gab es noch eine Personalabteilung und einen Fuhrpark, zuletzt noch mit vier oder fünf Autos. Mehr haben wir nicht gemacht. Das andere spielte sich tatsächlich unten ab.

Lepsius: *Aber Sie haben sehr eindrucksvoll geschildert, wie Sie Industrieanlagen besorgt haben und ähnliches. Also hat das Ministerium irgendwelche Investitionspläne ...*

Wyschofsky: ... die Abteilung Investitionsplanung habe ich vergessen. Das heißt, die produktiven Fonds wurden geplant.

Lepsius: *Den Investitionsfonds haben Sie in der Hand gehabt, für alle Kombinate?*

Wyschofsky: Nein, nein, der wurde auch in Staatsplanpositionen geplant. Das plante die Plankommission mit dem Staatssekretär Gress, unterteilt in Investitionen und in übrige Fonds. Bei den übrigen Fonds wurde der Plan nicht erfüllt, die Betriebe bekamen keine Schaufel, keinen Sand, keinen Beton, keinen Kies, und die staatlichen Investitionen wurden nur zu 80 Prozent erfüllt. Am Jahresende wurden sie als erfüllt zurückgerechnet, und die zwanzig Prozent Schuld bei einer Investition dann auf das nächste Jahr draufgelegt, und die Anlage wurde zwei Jahre später fertig. Das habe ich kontrolliert. Also die Großanlage in Leuna wurde aufgrund einer Wissenschaftsentscheidung, aufgrund einer Fondsentscheidung, aufgrund eines Investitions- oder Kreditfonds zentral von Schürer zusammengefaßt, durch uns untersetzt, den Generaldirektoren übergeben. Sie hatten die Verantwortung dafür, und ich hatte die Hoheit. Und in der Regierung mußte ich abrechnen. Selten war ein Generaldirektor von der Regierung einmal mit eingeladen, das war aber dann wirklich schon eine Ausnahme.

Ich wollte aber etwas anderes sagen. Wenn ich Ihnen das erzähle, klingt das in der Pyramide verständlich, die Praxis war aber ganz anders. Wenn in Berlin in zwei Kaufhäusern keine Zahncreme zu kaufen war, weil zum Beispiel die Polen die ganze Zahncreme wegkauften, dann waren der Minister und der Generaldirektor dafür verantwortlich. Das war nicht mehr auszuhalten. Jeder, von der Bevölkerung bis zu Schnitzler, konnte einen Brief darüber schreiben, was es alles nicht gab; und es gab irgendwie mal alles nicht. Und dann spielten wir die Feuerwehr. Aber vom Reglement her, wenn Sie die Gesetze über die Rolle der Plankommission, der Ministerien und der Generaldirektoren lesen, dann ist es ungefähr so, wie ich es sage. Eine Reihe hervorragender Generaldirektoren hatte eine weitgehende Wirtschaftshandlungsfreiheit, aber keine Fonds. Ich finde es auch interessant, daß die Treuhandanstalt in der Chemie viele als Geschäftsführer übernommen hat.

Lepsius: *Die Chemie ist ja ein Industriezweig mit einer raschen Produktinnovation und, abgesehen von den Grundprodukten, mit einer relativ hohen Innovationsrate.*

Wyschofsky: 60 Prozent sind bleibende Grundstoffe, und 40 Prozent erneuern sich alle sechs bis acht Jahre.

Lepsius: *Das ist sehr hoch im Vergleich zu anderen Bereichen. Wie hoch war Ihre Investition in Verfahrens- und Produkterneuerungen in der chemischen Industrie? Haben Sie das im Ministerium konzipiert?*

Wyschofsky: Wenn die Investitionen bei der Planung erkennbar waren, wenn der Plan dann durch den Vorsitzenden der Plankommission und im Politbüro und dann formal in der Regierung und Volkskammer beschlossen war, waren die dafür als notwendig erachteten Mittel in Geldfonds, in Lohnfonds, teilweise in materiellen Fonds oder in Hilfsfonds, in Reisefonds vorhanden. Das schlimmste Übel war, wenn einer außerhalb dieses Planes eine große Erfindung machte. Das war dann nicht zu verdauen. Plan war Plan. Wenn da zwischen dem Plan von einem Jahr zum anderen irgendetwas Interessantes erfunden wurde: die Leute konnten sich die Hacken ablaufen, die konnten Patente anmelden ...

Lepsius: *... das konnte nicht mehr elastisch aufgefangen werden?*

Wyschofsky: Nein, das konnte nicht mehr eingebunden werden. Aber ich kann Ihnen ein Geheimnis verraten: Ich hatte eine Festlegung durchgesetzt, daß alle Lizenzen, alle Anlagen, die mit Katalysatoren betrieben werden, - und das sind 80 Prozent der organischen Großsynthese, die auch gut, ausgezeichnet teilweise, bearbeitet worden ist, - egal woher sie gekauft wurden, auch von den Russen, sofort in Leuna nachentwickelt wurden. Dort gab es eine große Katalyseabteilung, die wir sehr stark aufgebaut haben. Teilweise waren die Früchte so schnell, daß ich sie wegen des Lizenzschutzes nicht nutzen konnte.

Pirker: *Die Entwicklungstempi der einzelnen Chemien sind im Grunde nicht planbar, nicht von der Entwicklung, vom Personal und vom Erfolg her. Dann frage ich mich allerdings, wie das von einer höheren Ebene noch rational kontrolliert und gefördert werden kann?*

Wyschofsky: Ich gebe Ihnen recht! Die Produktivkräfte solcher wissenschaftsbezogenen Zweige lassen sich nicht in ein solches Modell bringen. Da gibt es doch eine Grundfrage, die die Gesellschaftsphilosophie, unsere jedenfalls, nicht zugab: Es gibt gegenwärtig als Instrument der Entwicklung und Nutzung der Produktivkräfte nur das Kapital und den Markt.

Pirker: *Der Markt ist auch keine Lösung!*

Wyschofsky: Gegenwärtig gibt es doch nur das Kapital. Und der Sozialismus hat zum einen kein Kapital, keine Kapitalklausel und keine Kapitalform, kein Kapitalverständnis - nichts, nichts, nichts. Und auch keinen Markt, sondern eine Planung, wo am 31. Dezember von Schürer und Baibakow festgelegt worden ist, sie bekommen nächsten Monat 347 Tonnen Lavendelöl und 10 000 Tonnen von etwas anderem. Das kann nicht gehen. Dieses sozialistische Planungssystem generell kann nicht gehen, und in solchen Innovativzweigen erst recht nicht. Und dann kommt noch im eigentlichen Kapitalismus hinzu, daß die Konzerne ausweichen können. Ich habe oft Chefs westlicher Konzerne gefragt: "Haben Sie nicht wieder Ärger mit dem Dollarkurs?" Da sagten sie, das interessiert uns gar nicht. Wir wissen genau, wieviel Prozent unseres Kapitals auf dollareigenem Boden produziert. Das ist ein Anruf, und in vierzehn Tagen wird umgestellt!

Pirker: *Innerhalb des Plankonzeptes stellt sich ja die Frage der Rechenhaftigkeit. Welches Instrument der Rechenhaftigkeit wurde angewendet? Bei Stalin war es einfach, da war es die Tonnage.*

Wyschofsky: Bei uns auch - lange Zeit.

Pirker: *Aber was ist danach gekommen?*

Wyschofsky: Dann sollte es der Gewinn sein, nach dem kapitalistischen Modell! Ich habe immer gelacht! Der wird ja gar nicht gemessen, der wird nur als Zahl eingetragen. Das ist das Betrugssystem.

Lepsius: Was Kosten sind und was infolgedessen Gewinne sind, das sind ja Konstruktionen, die nicht immer richtig sind. Das Wichtige ist nur, daß es eine kontinuierliche Rechenbasis gibt, die nicht manipulierbar ist. Das Markt-Preis-System hatte auch für die DDR-Wirtschaft einen Realitätsbezug, und zwar über den Handel mit dem nicht sozialistischen Wirtschaftsgebiet. Spielte das eine Rolle?

Wyschofsky: Wir haben teilweise auch nur Warentauschgeschäfte gemacht. Innerhalb des Planes habe ich zu einem Koeffizienten X für 100 Millionen Ware nach Moskau geliefert und bekam die Gegenware Stahl auch zu einem solch günstigen Koeffizienten. Dann hat mich das nicht interessiert. Aber es war kein echter Ausdruck. Sobald ich dieselbe Ware nach der Schweiz lieferte, brach alles zusammen, weil die Rechnung eben nicht stimmte.

Lepsius: Standen die vierzehn Kombinate mit ihrer Produktpalette untereinander im Wettbewerb?

Wyschofsky: Ganz selten! Die Kombinate waren eigentlich so zugeschnitten, daß sie sich nicht überlappten.

Lepsius: Wenn keine Konkurrenz besteht, fehlt die Vergleichsmöglichkeit.

Wyschofsky: Die Kombinate wurden so zusammengebastelt, daß sie zu diesem System paßten - und nicht zum Markt. Wir hatten doch Kombinatsstrukturen bei uns, die dem Charakter der volkswirtschaftlichen Kombinierung der Produktion widersprechen. Horizontale Kombinierung und Zusammenfassung, das ist doch kein Kombinat. Zwanzig Chemiefaserbetriebe in einem Kombinat - ich habe zu Mittag gesagt, was ist denn das für ein Unsinn. Aber die Kombinierung beispielsweise von der Kohle zum Phenol, vom Phenol zum Kaprolaktam, vom Kaprolaktam zu den Hochpolymeren ist eine sinnvolle Kombinierung.

Lepsius: Das war aber eher selten der Fall?

Wyschofsky: Dort, wo es offensichtlich war, haben wir Kombinate so gebildet. Aber es durften ja keine Betriebe übrig bleiben. Das ist ja wieder dieser Dirigismus von Mittag.

Lepsius: Wie war denn die Pharmazie organisiert?

Wyschofsky: Die Pharmazie wurde auch in einem Kombinat zusammengefaßt. Das pharmazeutische Kombinat hatte fünf große und siebzehn kleine Betriebe. Und die siebzehn kleinen versuchte man nach sogenannten Erzeugnisgruppen noch weiter anzupassen. Aber wie machen Sie das in der Pharmazie: Nehmen Sie die Therapie, die Zusammensetzung oder die Indikation als Kriterium? Also nach Schmerzgebieten, nach Kügelchen, oder nach was machen Sie das? Das paßte alles gar nicht zusammen. Von Quedlinburg kam zum Beispiel alles das, was aus dem Mohn oder aus dem Digitalis kam. Ich habe immer gesagt, von dort kommt die Waldchemie. Das war nicht zuzuordnen; sie waren in dem Kombinat wie ein Fremdkörper, der auch von dem Kombinatsgeneraldirektor nicht eingepaßt wurde.

Lepsius: Nun hat man immer gesagt, vieles an der DDR-Versorgung war weder ein technisches noch ein ökonomisches Problem, sondern Folge der Organisation.

Wyschofsky: Auch das ist nicht auszuschließen.

Lepsius: Es gab doch gar keinen Grund, weshalb es bestimmte Dinge - wie zum Beispiel Lockenwickler - nicht gab.

Wyschofsky: Das lag daran, daß der Betrieb keinen Plastrohstoff bekam, wenn es nicht in der Planbilanz drinstand.

Lepsius: Ja, aber der Lockenwicklerbedarf ist ja kein Saisonschwankungsbedarf, das kann man doch planen!

Wyschofsky: Es gab dann eben keine Lockenwickler - oder sie wurden aus Metall gemacht, wenn in einem Betrieb Metallabfall da war.

Lepsius: Wer hat denn die Lockenwickler "verwaltet"?

Wyschofsky: Sie gehörten zur Gruppe der sogenannten "Allgemeinen Erzeugnisse". Sie kamen oder sie kamen nicht; sie wurden von einem Betrieb auf den Markt gebracht - ohne Schürer, ohne den Plan, mit Initiative, mit in Aussicht gestellter Prämierung oder Gutdastehen in der Region. Es gab eine Warenentwicklung und einen -vertrieb, wie es der kapitalistischen Marktwirtschaft entspricht. Aber das war nicht das Bestimmende, das waren vielleicht 10 oder 15 Prozent. Und die haben am besten gelebt, z.B. der kleine Chemiker in irgendeinem Labor, in einem kleinen Betrieb, dem es gelungen war, den Lockenwickler aus einem Abfallstoff zu machen, auszuspritzen und dazu noch Pigmente zu nehmen, die einmalig waren. So kamen sie auf den Markt, aber wenn sie gut waren und Schürer oder Wyschofsky das merkten, dann kam schon nach drei Jahren der Lockenwickler in die Plangröße, damit das erhöht wird oder stranguliert wird, damit der Staat mehr davon planen kann. Wir hatten doch die Einbildung, wenn man es plant, wird es billiger und besser. Wir haben doch solche Privatinitiativen nur propagandistisch ausgenutzt.

Lepsius: Wo hat Mittag Sie nun geärgert?

Wyschofsky: Überall!

Lepsius: Aber was hat er denn gemacht?

Wyschofsky: Alles! Er hat - mit seinen Apparaten natürlich - willkürliche Plankennziffern und willkürliche Themen festgelegt, also was ihm paßte oder was ihm aufgeschwatzt wurde.

Lepsius: Hat er Ihnen Entwicklungsvorgaben gegeben?

Wyschofsky: Natürlich! Das heißt, er hat sie den Querschnittsministern gegeben; das hat Schürer bekommen, der es in die Planvorgabe umsetzen mußte, das hat der Wissenschaftsminister bekommen durch das Thema, und das hat Rauchfuß bekommen durch den Fonds. Durch seine Zuträger, durch seinen Starrsinn, durch seinen Charakter und durch das System hat Mittag alles bestimmt. Rauchfuß war zum Beispiel in den letzten Jahren immer ein Puffer zwischen Mittag und uns. Ich habe mit ihm jede Woche darüber gesprochen, wie wir Mittag ausbooten können. Aber dann war Rauchfuß wieder in der Vorderhand: wenn Schürer drei Milliarden unfinanzierte Größe hatte, darunter eine Milliarde für die Bevölkerung oder den Außenhandel, hat Mittag ihm 200 Millionen freigegeben. Und Rauchfuß wurde als ein Marktpuffer eingesetzt. Und merkwürdigerweise hat Rauchfuß mit 200 Millionen dann mehr gemacht - durch Druck, durch Stimulanz, ich weiß nicht, durch was alles -, als mit der Milliarde, die eigentlich angemeldet, gedacht und errechnet war. Aber da gab es jeden Tag bei Rauchfuß eine Sitzung. Jeden Tag mußte ein Minister zu Rauchfuß und sagen, mir fehlen 120 000 Mark, sonst bleibt die Gießmaschine Y in der Filmfabrik stehen. Und Rauchfuß hatte die Vormundschaft über dieses Geld und wurde noch dafür kritisiert, daß auch er es nicht fertiggebracht hatte, mit weniger Geld auszukommen. Die Ausübung der Macht fand durch Mittag statt.

***Lepsius:** Haben Sie in Ihrer Arbeit etwas mit der Gewerkschaft zu tun gehabt? Was hat sie gemacht, wie liefen da die Auseinandersetzungen?*

Wyschofsky: Im Prinzip müßte ich sagen, bei allem, was Soziales betrifft, war die Gewerkschaft immer, in unterschiedlicher Art und Weise, gegen die Höhe der Leistungsbeauflagung. Es gab jedes Jahr von der Gewerkschaftsvorsitzenden zum Chemieplan eine Stellungnahme; die wurde sogar abgefordert. In der Stellungnahme wurden erhebliche Einwände gegen den Plan geltend gemacht; sie machte darauf aufmerksam, daß damit Risiken verbunden sind. Das hat die Gewerkschaft für die Arbeitnehmer nicht unterschlagen. Die Vorsitzende hat sich dann aber überzeugen lassen müssen, daß trotzdem nicht zu machen ist, was sie denkt, und mußte dann den Plan mit unterschreiben. Und dann funktionierte dieselbe Hierarchie in der Gewerkschaft wie im Staat.

***Pirker:** Wenn die Arbeiter oder Angestellten in den Werken auf unterer Ebene mit ihren Problemen zur Gewerkschaft gegangen sind, haben sie dort gar keine Antwort bekommen!*

Wyschofsky: Das konnten sie auch nicht, weil die Gewerkschaft ja, wenn sie sich in ökonomische Grundfragen eingelassen hat, an die Grenze des Planes kam. Bei uns war zum Beispiel immer das Meistergehalt ein Gewerkschaftsproblem. Die Meister wurden geknebelt, und die Vorarbeiter verdienten mehr als sie. Bis dann irgendjemand, vielleicht war es noch Warnke, mal wieder Anlauf genommen hat, um für eine Periode die Meister zu stabilisieren, weil die Meister einfach in die Produktion gingen und in die Schichtarbeit; da verdienten sie 300 Mark mehr.

***Pirker:** Die Chemie hat ja auch in der westdeutschen Presse einen schlechten Ruf, und zwar wegen ihrer Umweltbelastung. Haben die Wirtschaftsplaner gerade auch auf dem Gebiete der Chemie nicht gemerkt, was sie mit der Umwelt anrichten?*

Wyschofsky: Aber natürlich! Doch die ersten Planmittelsenkungen, Fondskürzungen wurden immer in den sozialen und den Umweltbereichen vorgenommen. Das Geld reichte ja nie, deshalb wurde versucht, die Defizite mit Ausgabenkürzungen im Bereich der Umwelt oder des Sozial- oder Lohnbereichs zu lösen. Ich habe noch vier Wochen vor der Wende die Aluminiumfabrik in Bitterfeld zum Schließen gebracht, die wirklich grausame Arbeitsbedingungen hatte. Die Temperaturen betrugen dort 70 Grad, der Schmelzpunkt liegt bei 1000 Grad; Staub ist auch da, weil die Tonerde staubig ist, und die Asbestanzüge waren vielleicht auch nicht so gut - es ist eine komplizierte Produktion. Ich mußte dreimal ins Politbüro, um diesen Betrieb zu schließen. Der Import von Aluminium aus dem NSW kostete Schürer 200 Millionen Valutamark pro Jahr. Schürer war deshalb der Hauptgegner der Schließung und mußte es sein, weil es im Plan stand. Und in diesem Fall bin ich von Honecker mit der Bemerkung herausgeschickt worden, ich soll mit solchen Dingen nicht wiederkommen; er habe in der Ziegelei bei 100 Grad gearbeitet.

Bei uns wurde die Ökologie wirklich vernachlässigt. Sie mußte vernachlässigt werden, lieber hat man die sozialen Folgen hingenommen. Die Leute haben sich beschwert; ich habe genügend Beschwerden von Belegschaften, zum Beispiel von Buna, warum der Schornstein nicht endlich eine Elektrofilterstation bekommt usw. Aber dafür war eben wieder kein Geld da, und wenn Geld da war, war keine Lieferung da, weil es nicht in der Bilanz stand. Das gab es auch.

Hertle: *Die Frage der sowjetischen Erdöllieferungen haben Sie schon angesprochen. Welche Bedeutung messen Sie der Kürzung der Lieferungen ab 1982 bei, welche Konsequenzen hatte das für die Chemie?*

Wyschofsky: Ich habe schon gesagt, ab 1980 war mir klar, daß das so nicht weitergeht, auch in der Sowjetunion nicht. Ab 1980 fielen die Förderquoten in der SU, die Stillegungen waren größer als das, was hinzukam. Ab 1980 mußten Schürer und Wyschofsky Valutakredite geben, um Erdöl zu bekommen. Dann kamen aber die Weltmarktpreise dazu.

Hertle: *Können Sie das von der Entwicklung her schildern? Anfang der siebziger Jahre hatten Sie noch Festpreise ...*

Wyschofsky: ... wir haben über fünf Jahre Festpreise gehabt, der vereinbarte Preis blieb fünf Jahre konstant. Dann wurden sie jährlich korrigiert und den Weltmarktpreisen angepaßt.

Hertle: *Ab 1976?*

Wyschofsky: Ja. Dann wurden sie korrigiert, negativ und positiv. Als die Weltmarktpreise stiegen, hat die DDR verloren, und die Russen haben gewonnen. Dann kam es in der zweiten Hälfte der achtziger Jahre plötzlich umgekehrt, und Ryschkow mußte Kredit bei uns beantragen, als der Barrelpreis wieder auf siebzehn bis achtzehn Dollar herunterging. Wir haben so gelebt: Ich bekam von Schürer vom Plan her schon sowieso immer zu wenig Erdöl gegenüber dem, was die Wissenschaft und die Wirtschaft brauchte. In einem Perspektivplan von 1970, den ich selbst ausgearbeitet habe, standen schon einmal 28 Millionen Tonnen als jährliche Lieferungs-Zielgröße. Ich habe einmal im Höchstfalle 21 Millionen Tonnen bekommen. Ab 1982 waren 17 Millionen Tonnen dann die Größe, auf die alles zurückgefahren wurde. Und dann gab es Gott sei Dank einen Herrn Schalck. Schalck hat das Erdöl zwar für sich vermarktet, aber ich konnte meine Anlagen auslasten und unsere Arbeiter konnten arbeiten und brauchten keine Schichten stillzulegen. Wir hielten wenigstens den Markt, und draußen hat das niemand gemerkt, ob das fehlendes Russenöl ist - aus der DDR kam Benzin und schwefelfreier Dieselkraftstoff. So konnten wir einen Teil abfangen, aber den Gewinn nicht. Aber der war ja keine echte Größe, sondern nur eine Zahl; das wurde dann wieder mit dem großen Plan verrechnet. Das verstanden die alle nicht, das verstand das Politbüro nicht, wir verstanden es auch nicht.

Ich war ein Verfechter und der Durchsetzer einer immer tieferen Erdölspaltung, auf allen Wegen. Das war das, was die Moskauer Herren uns ankreideten und nicht verstehen wollten, wo ich immer angefeindet wurde. Ich habe ihnen vorgerechnet, wenn sie von den 540 Millionen Tonnen Erdöl, die sie selbst im Lande verarbeitet haben, nur die Hälfte spaltend verarbeitet hätten wie wir, wären sie alle im Gold geschwommen. Und wir haben diese 17 Millionen Tonnen zuletzt fast alle spaltend verarbeitet, aber auch mit unterschiedlichem Spaltgrad: in Schwedt zuletzt mit 70 Prozent, in Leuna mit 90 Prozent. Das war natürlich auch aufwendig und ein Risiko. Wenn der Methanolabsatz mit der Metallgesellschaft nicht gegangen wäre und meine Absprache mit Natus nicht geregelt worden wäre, dann hätten wir auf den kapitalintensiven Spaltanlagen sitzen können.

Wissen Sie, was ich als produzierender Minister für Bestände an Erdöl hatte für einen Jahres-Durchsatz von 21,5 Millionen? Ich hatte Bestände von 1,3 bis 1,6 Tagen, einschließlich des Schlamms in den Tankbehältern, laut Planbestand von Schürer! Also für länger als zwei Tage war kein Vorrat da, und wir haben die Wirtschaft kontinuierlich beliefern müssen. Die Vorräte in der alten BRD waren 88 Tage an Erdöl, nicht nur für den Krieg, auch für Wirtschaftsbestände, und in den USA sind das 120 bis 140 Tage. Das hat alles irgendwo gezehrt. Die Wirtschaft mußte versagen. Da alle im RGW so gearbeitet haben, das merkt man ja jetzt, mußten auch alle kaputtgehen. Ich glaube, wir waren noch am intelligentesten, vielleicht auch am raffiniertesten. Mittag war vielleicht der drangvollste Wirtschaftsleiter und -lenker im RGW. Aber alle mußten kaputtgehen.

Darum komme ich auf die Grundthese, die Sie mir vielleicht nicht ganz abnehmen: Es gibt gegenwärtig für mich keine andere Alternative als Kapital und Markt, so unsozial das sein mag. Und so schön die Mieten bei Honecker waren und viele Dinge, die heute die Leute bei uns vermissen, das nützt alles nichts. Autarkiepolitik zu machen und noch mit einem Krieg im Auge, das konnte nicht gutgehen.

Lepsius: *Wenn ich Sie recht verstanden habe, haben Sie sich selbst als Industriechemiker verstanden, als primär professionell orientierten Supergeneraldirektor und weniger als Funktionär des politischen Systems, und die Konstanz Ihrer beruflichen Tätigkeit innerhalb des Chemiebereiches entspricht ja auch dieser Selbstwahrnehmung. Dennoch die Frage: Wie sehen Sie das Verhältnis zwischen einem hochverwissenschaftlichten Produktionszweig wie der chemischen Industrie und den allgemeinen politischen Grundentscheidungen, die sich doch in einem starken Maße nicht an diesen professionellen Kriterien ausgerichtet haben? Wie haben Sie das selbst empfunden, denn natürlich sind Sie auch ein Element des politischen Gesamtsystems gewesen?*

Wyschofsky: Man kann beides auf keinen Fall trennen, obwohl die Naturwissenschaft Chemie sich kontinuierlicher und glaubwürdiger wissenschaftlich entwikkelt hat als die Gesellschaftswissenschaft und ihr Staatsgebilde der DDR. In der Staatswissenschaft gibt es Perioden, die mit subjektiven Faktoren aus aller Welt oder zumindest aus der DDR selbst entstanden sind oder gemacht wurden oder auf sie eingeflossen sind. Die Schwefelsäure blieb so, das Erdöl und das Erdgas im Prinzip auch und die Moleküle. Dort konnte man nur hinzulernen. Trotzdem kann man es nicht trennen, da gebe ich Ihnen völlig recht. Ich bin in meiner Funktion natürlich direkter und unmittelbarer Bestandteil dieses Machtapparates gewesen, des Machtapparates als Plan, des Machtapparates der Politik und der Durchsetzung dieser Politik. Ich war nicht genügend konfrontiert mit Dingen, die ich nicht erklären kann, wo ich vielleicht selber noch eines Tages staunen werde, was es alles gegeben hat, wie alles noch verzerrter oder subjektivistischer gemacht worden ist. Mein ehrliches Interesse war eigentlich immer, ich will wieder zurück ins Labor. Das hat man mir aber nicht gestattet. Und mein fehlerhaftes Verhalten, das sagt mir meine Frau, war mein nicht bezahlter Ehrgeiz. Ich habe angefangen mit meinem Ehrgeiz in meinen Schuljahren, mit meinen Zeugnissen. Und ich habe auch meinen Ehrgeiz für diese Chemiepolitik benutzt. Ich habe soviel Mist erlebt, soviel Mist zu vertreten. Es ist unvorstellbar; ich habe achtzehn Stunden pro Tag gearbeitet und alles Gute gemeint und gedacht, das ist alles nicht wegzubringen. Auch dort hat man Ehrgeiz zum Lösen oder zum Bekämpfen oder den Ehrgeiz, die Nachtstunden zu nehmen, um sich auf die "Mittag"-Sitzungen vorzubereiten. Auch dieser Ehrgeiz hat viel, viel Kraft gekostet, ohne etwas zu bringen. Ich habe es auf jeden Fall doch miteinander ertragen müssen und ertragen, ich habe ja nicht die Kraft gefunden aufzuhören. Ich "wurde" auch nicht aufgehört; die Chemie war mit Wyschofsky irgendwie verwoben - vielleicht ließ sie sich am besten mit dem Kerl machen, ich weiß es nicht, ich kenne meinen Leumund nicht.

Hertle: *Sie haben in einigen Kombinaten direkt drinnen auf dem Betriebsgelände Objektdienststellen des MfS gehabt. Hatten Sie einen Einblick in deren Tätigkeit?*

Wyschofsky: Nein.

Hertle: *Haben Sie von den Objektdienststellen Rückmeldungen bekommen oder direkt von oben, von Mielke oder von der Hauptabteilung XVIII?*

Wyschofsky: Ich habe jetzt erst gelernt, welche Abteilungen es in diesem komplizierten Gebilde gab. Wir haben Personenverbindungen gehabt; jeder Minister - ich weiß nicht, wie das beim Generaldirektor unten war - hatte einen Mitarbeiter der für die Wirtschaft zuständigen Abteilung des MfS. Der konnte zu Wyschofsky nicht gehen wie vielleicht zu einem anderen. Der mußte mit Wyschofsky auskommen, das wußten die Leute auch so, und ich habe auch mit denen keine Probleme gehabt. Die kamen nur alle Vierteljahre einmal zu mir mit Fragen, wo sie mich - ich muß sogar sagen, anständigerweise - darauf aufmerksam machten, daß eventuell Unregelmäßigkeiten zu sehen sind in dem Prozeß sowieso, daß man aufpassen müsse, daß der Kaufvertrag mit der Firma XY in Ordnung ginge usw. - also mit solchen kriminalistisch gestellten Fragen.

Hertle: *Die Objektdienststellen des MfS haben sich unter anderem mit der Anlagensicherheit befaßt, und wenn sie gesehen oder befürchtet haben, da fliegt möglicherweise demnächst eine Anlage hoch, haben sie Bericht erstattet?*

Wyschofsky: Jawohl, das haben die Leute gemacht, also die, die mir zur Verfügung standen. Und dann gab es im Prinzip jeden Monat einen Bericht über die Situation, gemessen an der Sicherheit der gesellschaftlichen Stabilität. Und ich habe erlebt, daß ich meine eigenen Berichte, die ich in meinem eigenen Haus durch die Kontrollabteilung hatte machen lassen, weil ich kritisch bin - ich hatte nichts zu befürchten, und erkannte vieles selber, wenn mich jemand betrügen wollte oder wenn etwas hochgegangen war - plötzlich von diesen Leuten wiederbekam. Und einmal erhielt ich meinen eigenen Bericht von dem stellvertretenden Ministerpräsidenten Krolikowski mit einem Anschreiben: "Werter Herr Minister! Anbei übergebe ich Ihnen meine Einschätzung über die Situation in Ihrem Bereich. Ich verlange, daß Sie kurzfristig alles einleiten, um dies zu bereinigen". Da habe ich nur geschrieben: "Ich verbitte mir, meine eigenen Materialien als Ihre Materialien weiterzugeben." Leider hat es selbst solche primitiven Dinge gegeben. An uns haben sie sich wahrscheinlich doch nicht so herangetraut. Ich weiß nicht, ob ich eine Akte habe und wie sie aussieht.

Hertle: *Ich meine nicht Ihre persönliche Akte. Die Tätigkeit des MfS, das waren ja alleine in Buna dreißig oder vierzig Leute ...*

Wyschofsky: ... da habe ich keinen Einblick.

Hertle: *Diese Tätigkeit des MfS macht praktisch keinen Sinn, wenn Vorgänge im Betrieb untersucht werden, die Ergebnisse aber nicht weitergegeben werden. Irgendwie muß das MfS ja mit den Informationen und Befunden umgegangen sein.*

Wyschofsky: Nein, das ist wahrscheinlich in der eigenen Hierarchie geblieben. Die werden das nach oben gemeldet haben, aber nicht zu uns.

Hertle: *Aber es muß doch einen Rückfluß gegeben haben.*

Wyschofsky: Na gut, es kann natürlich so gewesen sein: Wenn ich eine Information bekommen habe, daß es bei dem Katalysatorensystem beim Anfahren der Anlage A Unsicherheiten gibt, und die Schicht B, die schon immer als unzuverlässig gilt, Schwierigkeiten bereitet, daß das ein solcher Bericht war, der von unten gekommen ist und bei dem die Leute von oben gesagt haben, das muß man dem Minister geben. Aber das weiß ich nicht, ich habe da keine Kontakte. Man konnte die Leute ja gar nicht erkennen, und die haben so oft gewechselt. Das war wirklich eine ordentliche Abwehr.

Lepsius: *Wie gut waren die für den Bereich Chemie zuständigen Mitarbeiter im Zentralkomitee qualifiziert?*

Wyschofsky: Gut und schlecht. Ich kann das nur an Personen festmachen.

Lepsius: *Wo kamen sie her, wer hat sie geholt, wie waren sie ausgebildet?*

Wyschofsky: Die haben die Leute selber geholt, so wie sie mich vielleicht auch geholt haben. Das weiß ich nicht. Sie wurden nach Kriterien eingestellt; ein Kriterium, das nie eingehalten wurde, war die Qualifizierung, also Schulbesuch oder so etwas, als Absolventen neu einzusteigen. Das war in meiner Zeit ein wesentliches Kriterium. Die DDR hatte immer Kadermangel, so hieß das. Es war immer, wenn einer gebraucht wurde, niemand da. In dieser reichen DDR, bei dieser stolzen Partei, immer, wenn jemand Wichtiges gebraucht wurde, war niemand da.

Lepsius: *Sie haben ja nicht nur mit Mittag, sondern auch direkt mit den Sektorenleitern für die Chemie verhandelt.*

Wyschofsky: Ja, mein Sektorenleiter war ein Dr. Jeschka, der aus dem Forschungslabor von Leuna kommt, ein hochgebildeter, kluger, junger Chemiker, der jünger ist als ich. Der dann auch nur in bestimmten Zeiten und Zeitabschnitten Politik betreiben mußte und politische Einschätzungen und Wertungen machen mußte, aber ansonsten nicht. Aber es gab um ihn herum auch andere, die diese Position vielleicht viel besser benutzt haben. Ich kann nur von meinen Leuten reden, das sind in diesem Bereich für die Chemie, die Biologie und die Pharmazie vier gewesen. Aber Dr. Jeschka war mein direkter Partner.

Lepsius: *Mit dem hatten Sie keine Schwierigkeiten?*

Wyschofsky: Nein.

Lepsius: *Dort ließ sich immer in einer vernünftigen Weise reden?*

Wyschofsky: Ja.

Lepsius: *Und die Parteiorganisation im Ministerium?*

Wyschofsky: Die hat bei mir keine besondere Rolle gespielt. Da gibt es eine These, von irgendeinem großen Mann, hinter dem ich mich versteckt habe, ich weiß nicht mehr, von wem: Partei und Gewerkschaft haben in staatlichen Organen nichts zu sagen, da bestimmt die Politik, also die gültige Hierarchie. Drei Parteisekretäre wurden nicht wiedergewählt, weil sie während der Arbeitszeit getrunken haben.

Lepsius: Sie waren schließlich 23 Jahre Minister, wieviele Parteisekretäre haben Sie da erlebt?

Wyschofsky: Es war bekannt, mit Wyschofsky war nicht zu spaßen. Die Parteiorganisation hat keine Rolle gespielt; das ging auch gar nicht, denn die Probleme, das war meine Arbeit, das war mein Gedankengut den ganzen Tag. Ich war von früh um halb sieben bis abends um halb elf im Dienst. Für diese Fragen, muß ich einfach überheblich sagen, war diese Partei und diese Parteiarbeit einfach zu ungebildet. Und ich hätte Einmischung auch nicht zugelassen. Die Gewerkschaft habe ich auch so gesehen; die haben dann nur den Tag bekanntgegeben, an dem sie zusammen auf den Friedhof von Bertolt Brecht gegangen sind, bitte schön. Aber in meinem Ministerium habe ich festgelegt, was gemacht wird, das kann nicht die Gewerkschaft. Da gab es für mich keine Probleme. Für andere gab es Probleme, ich war unbequem für sie.

Lepsius: Aber Sie fühlten sich intern durch die Parteiorganisation nicht irgendwie behindert?

Wyschofsky: Nein. Ich habe sie für die staatliche Arbeit nicht für voll genommen.

Lepsius: Und das Zentralkomitee, dessen Mitglied Sie waren - welche Bedeutung hatte es?

Wyschofsky: Da müssen Sie unterscheiden. Als Mitglied des Zentralkomitees sind Sie nichts; Sie kriegen eine Mitteilung, daß Sie gewählt werden. Im Zentralkomitee sind die Hauptindustriezweige zu vertreten, also immer der Chemieminister, der Elektrotechnikminister, der Plankommissionär und drei Generaldirektoren aus den Zweigen. Dann wurden Sie gewählt. Das Zentralkomitee tritt im Jahr zweimal zusammen. Sie kriegen eine Einladung vom Generalsekretär mit dem Thema der Sitzung, und dann kommen Sie dorthin, kriegen Papiere zu lesen, was er mit dem mosambikanischen Staatschef laut Protokoll beraten hat. Da können Sie nichts kontrollieren, nichts prüfen, es ist nichts Geheimes, dann haben Sie zu lesen. Dann hält einer das Referat zu dem Thema, das bekannt war, und dann wird diskutiert. Und ich muß sagen, beim ehrenwerten Ulbricht, da mögen meine jungen Jahre mitspielen, waren es teilweise noch richtige Diskussionen und Dispute. Und Ulbricht machte auch keine Schlußbemerkung vom Papier her, sondern aus dem hohlen Bauch. Die klangen nicht so schön, sie waren auch nicht wohlfeil formuliert, während Honecker nicht mehr als zwei Sätze frei sagen konnte, um nichts Falsches zu sagen wahrscheinlich oder weil er es nicht brachte. Das wurde dann abgelesen, anschließend ein Beschluß gefaßt. Der Beschluß lautete dann: "Ist jemand gegen den von Gerhard Schürer vorgelegten Plan? Die Bemerkungen, die da gemacht worden sind, werden natürlich noch von der Redaktionskomission berücksichtigt. - Ist niemand dagegen." Dann: "Ist jemand gegen den Beschlußvorschlag, daß der nächste Termin dann und dann ist? Ist jemand dagegen? - Es ist niemand dagegen." Das war das Zentralkomitee, das sogenannte hohe Organ, das gewählte Organ, das nichtssagend und völlig bloßgestellt ist. Bis auf die Sekretäre, die aber in Wirklichkeit etwas ganz anderes sind. Wenn Sie die meinen, ist das etwas anderes. Und dann nimmt man als Zentralkomitee noch den Arbeitsapparat. Das sind so die armen Sünder wie überall. Dort gab es einen Abteilungsleiter für den ganzen Bereich Grundstoffindustrie. Er hatte das Recht, mich oder uns ständig zu rufen, und die Pflicht, uns ständig zu informieren. Meiner war Dr. Wambutt, ein Maschinenbaumann, der aber seit fünf Jahren wußte, wie meine Meinung zu der Politik ist. Und er war auch nicht bereit oder in der Lage oder gefeit oder stark genug, daran etwas zu ändern. Ich weiß ganz genau, daß er das alles gewußt hat; wir haben oft ganz laut gesprochen, wo alle Mikrophone alles mitgeschnitten haben, und es hat sich nichts geändert. Ich habe aber auch keine mir bekanntgewordenen Quereleien bekommen, also mich hat nicht Mittag gerufen und gesagt, ich habe dich abgehört. Also das ist das Zentralkomitee. Aber in Wirklichkeit war nur der Sektorenleiter mit seinen drei Leuten für das Ministerium wichtig.

Lepsius: *Konnten Sie mit dem offen reden?*

Wyschofsky: Aber natürlich. Mit dem habe ich so geredet, wie wir jetzt reden. Aber wenn ich gesagt habe, nehmt doch Einfluß, daß das ausgeschaltet wird, ist der rübergegangen und hat in der nächsten Beratung auch gesagt, Wyschofsky hat mich wieder gelöchert. Aber die konnten auch nichts machen, das ist systemimmanent; die Politik, die ist beinahe selbstlaufend.

Man mußte ein König der Improvisation sein

Gespräch mit Dr. Wolfgang Biermann, Berlin, 22.9.1993

Generaldirektor des Kombinats VEB Carl Zeiss Jena.
Geboren am 29. November 1927 in Leipzig in einem sozialdemokratischen Elternhaus. Vater Buchdrucker, Mutter Stenotypistin, für kurze Zeit Soldat, 1944 Mitglied der NSDAP; nach der Rückkehr aus der Kriegsgefangenschaft Lehre als Maschinenschlosser in Leipzig, anschließend Besuch der dortigen Maschinenbauschule, Abschluß als Maschinenbauingenieur, 1951 Konstrukteur und Assistent des Technischen Direktors im Lausitzer Kohlerevier (BFG Lauchhammer), anschließend Technischer Direktor von VEB Nobas in Nordhausen; 1964 Werkdirektor des Werkzeugmaschinenkombinats "7. Oktober" in Berlin, seit 1976 Generaldirektor von Carl Zeiss Jena. Mitglied der SED seit 1956, seit 1967 Kandidat und seit 1976 Mitglied des ZK der SED. Wolfgang Biermann trat im Dezember 1989 von seinem Posten als Generaldirektor zurück und arbeitete danach als Unternehmensberater in Berlin.

Lepsius: Unser Interesse richtet sich auf eine institutionenanalytische Betrachtung der Funktionsweise und der Organisationsstruktur der DDR, insbesondere auf Fragen der Willensbildung, Entscheidungsvorgänge, und der Dispositionsspielräume in der Wirtschaftspolitik und Wirtschaftsverwaltung der DDR im weitesten Sinne. Nun gehören Sie ja zu den berühmten und mächtigen, einflußreichen und zentralen Generaldirektoren, und alle Generaldirektoren oder fast alle darf man wohl zur effizienten Funktionselite der DDR zählen. Wir haben es bei den Generaldirektoren mit einer für die Gesamt-DDR außerordentlich wichtigen sozialen Gruppe zu tun, die in der schwierigen Lage, in der sich die DDR befand, zentrale Anpassungsleistungen erbringen mußte zwischen Plan und Praxis, zwischen politischen Vorgaben und tatsächlicher ökonomischer Realisierung. Deshalb möchte ich zunächst fragen: Wie sehen Sie selbst die Rolle der Generaldirektoren?

Biermann: Ich habe in der ehemaligen DDR so gut wie alles gemacht, ich habe Maschinenschlosser gelernt, war Konstrukteur, ich war Produktionsdirektor, Werkleiter und habe zwei Kombinate geleitet. Und ich war bei der Kombinatsgründung 1968/69 dabei. Es gab 159 Kombinate, das war schon der erste Fehler in der DDR, weil diese 159 ja keine wirklichen Kombinate waren. Im Laufe der Jahre mußten alle erst Kombinat werden, sowohl in der zentralen Industrie als auch in der sogenannten bezirksgeleiteten Industrie, also vom Milchhof bis zur Bäckerei und von der Brotfabrik bis zur Limonadenfabrik, also alles, was Versorgung war, mußte auch ein Kombinat werden. Und dann hatten Sie Kombinate in der Größenordnung zwischen 70.000 und 1.000 oder 1.500 Beschäftigten. Diese Kombinate nach einem einheitlichen Maßstab zu führen, obwohl sie extrem unterschiedlich waren, ist eine recht utopische Angelegenheit. Das bedeutete aber, daß alle Kombinate, unabhängig von ihren qualitativen und quantitativen

Voraussetzungen und Kapazitäten, nach gleichen Führungskriterien geführt werden mußten.

Nächster Punkt: Die Kombinate sollten bei der Konzentration von Kräften und Mitteln auf strukturbestimmende Erzeugnispaletten eine Führungsrolle spielen, und zwar sowohl gegenüber dem Osten, also in das sozialistische Wirtschaftsgebiet, als auch gegenüber dem kapitalistischen Wirtschaftsgebiet konkurrenzfähig sein. Wenn man diese Grundaufgabe erfüllen will, muß man eine Erzeugnispalette haben, die entwicklungs- und ausbaufähig ist, mit der man auch in kürzeren Zeitabständen durch die Konzentration der Mittel und Kräfte etwas erreichen kann. Sie müssen des weiteren ein Forschungspotential haben und nicht irgendwie ein Sammelsurium von technischen Zeichnern und anderen, ohne diese Berufsgruppen abzuwerten, ein Forschungspotential aus Wissenschaftlern, die in der Grundlagenforschung, in der angewandten Forschung und in der konstruktiven Realisierung dieser Ergebnisse etwas darstellten, also vom technologischen Knowhow über die praktische Anwendung bis zur ökonomischen Darstellung des Produktes. Dazu brauchten Sie Möglichkeiten, produktiv zu fertigen, das setzt einigermaßen moderne Produktionsmittel voraus. Sie können nicht mit alten Drehbänken moderne Fließstraßen bauen, Sie brauchen eine eigene betriebliche Elektronikentwicklung, eigene pneumatische, hydraulische Komponenten usw., weil Sie in diesen großen Kombinaten davon ausgehen mußten, daß Sie eine schwache Zulieferindustrie hatten. Das war eine zentrale Schwachstelle der Kombinate. Sie hatten ja keine Situation wie in einer westlichen Wirtschaft, daß Ihre Konstrukteure einen Katalog hatten und sagen konnten, also Hydraulikelemente oder was weiß ich alles, da hole ich mir zehn Angebote und suche mir das passende Technische und auch Ökonomische aus. Als die Kombinate gegründet wurden, bin ich davon ausgegangen, das habe ich meinen Forschern auch immer gesagt, daß mich Forschung nur so lange interessiert, wie zum Schluß ein ökonomisch sinnvolles Ergebnis herauskommt. Hinzu kam, daß wir unter dem Namen Zeiss immer Partner in den Wissenschaftsgremien hatten, wir hatten eine umfangreiche Wissenschaftskooperation mit der Technischen Universität Dresden, Karl-Marx-Stadt, in Ilmenau, nur um unsere Hauptpartner zu nennen. Denen haben wir Auftragsforschung gegeben, die auch durch das Kombinat finanziert wurde. Aber das konnten nicht alle Kombinate, das muß ich immer wieder betonen. Ich hatte sogar einen Wissenschaftsfonds von ein paar hundert Millionen. Aber das konnten nur wenige Kombinate. Damit teilte sich die gesamte Kombinatsstruktur der DDR in die "armen" und "reichen" Kombinate; in solche, die bestimmte finanzielle und kapazitive Voraussetzungen hatten, und die, die sich über die Runden retten mußten. Also ohne den Leuten einen Vorwurf zu machen: sie hatten einfach keine Voraussetzungen.

Lepsius: *Wieviel Kombinate würden Sie als strukturdominante oder in Ihrem Sinne als eigentliche Kombinate bezeichnen?*

Biermann: Maximal 25 bis 30, nicht mehr. Vor allem in den Branchen, also die Reihenfolge ist jetzt beliebig, Elektronik, Werkzeugmaschinenbau, bestimmte Kombinate des Schwermaschinenbaus, weil das eine traditionelle Lieferungssache mit der Sowjetunion war, Walzwerke, Zementfabriken, Schiffe, Kühlausrüstungen. Die Chemie war schon immer zweigeteilt. Sie hatten eine moderne Veredelungschemie, die auf Petrobasis arbeitete, wenn ich an Schwedt denke, dann teilweise Leuna, und dann hatten Sie Kombinate wie Buna usw., die auf Braunkohlenbasis arbeiteten und demzufolge auch einen riesigen Kostenaufwand in der Produktherstellung hatten. Außer in Schwedt hatten sie in den Kombinaten z.B. keinen hohen Veredelungsgrad. Schwedt konnte Erdöl bis 16 Stufen spalten, das konnten die anderen nicht, die mußten Zwischen- und Rohprodukte in die Bundesrepublik exportieren, oder, wie in Buna, Kompensationsgeschäfte mit einer äußerst geringen Devisenrentabilität machen.

Zu Zeiss muß ich sagen, daß wir von Anfang an im Werkzeugmaschinenbau immer davon ausgegangen sind, daß wir keine Subventionen kriegen. Das war bei uns der Grundansatz. Selbstverständlich habe ich es zu verantworten gehabt, Zeiss war ja kein Einzelwerk, aber das war auch eine Frage der Kollektiv- oder Teamarbeit von Leuten. Demzufolge müssen Sie, wenn Sie so ein Kombinat leiten, auch die richtigen Leute finden. Ich habe einen Riesenaufwand getrieben, um die richtigen Leute zu kriegen, die fachlich und auch politisch - das wird ja nicht bestritten - kompetent waren. Also bitte, das ist hier kein Freibrief für Qualität, ich habe in die Führungspositionen nur Leute gebracht, die wenigstens zehn Jahre betriebliche Erfahrung hatten. Ich rede jetzt von der ersten Garnitur. Man kann nicht in einem Betrieb mit 2.000 Leuten als Werkleiter einen Mann von der Hochschule nehmen. Unter DDR-Bedingungen mußte man ein König der Improvisation sein, man mußte vieles beherrschen, was hier in der Wirtschaft überhaupt nicht bekannt ist. Für die Führungspositionen habe ich deshalb Leute mit einem Hochschulstudium nach etwa zehn Jahren genommen. Man mußte auch in der DDR qualitative Anforderungen an die Führungsleute stellen, man konnte nicht mit Hausmacherkost Führungsposten besetzen. Ich sage das ganz nüchtern; das hat mir früher den Ruf der Überheblichkeit eingebracht - du und deine Elite. Und man mußte ein Wissenschaftspotential haben, mit dem man die Strategie für die Zukunft eines Kombinates wenigstens zehn Jahre vorausbestimmen konnte. Die können ja nicht von der Hand in den Mund leben und sagen, was machen wir nächstes Jahr und übernächstes Jahr, jetzt ist der Plan dran, und dann kommt der nächste Plan dran. Ich hatte immer einen Prognosehorizont, der zehn, fünfzehn Jahre umfaßte, eine echte Vorschauarbeit auf Weltpositionen, nicht Ostpositionen. Wir hatten ja in Zeiss besondere Bedingungen, unsere Leute konnten überall hinfahren, von Amerika bis sonstwohin. Und die Leute haben mich auch nicht enttäuscht, es ist jeder wieder gekommen, das möchte ich hier klipp und klar sagen, ich habe dadurch niemanden verloren. Das war auch eine andere Basis für die Arbeit, die Leute waren auf Messen, Kongressen in München, Hannover, in den USA, auf den Elektronikkongressen in Japan. Sie sind alle zurückgekommen.

Ich habe in meinem Kombinat eine Forschungskapazität von 13.000 Mitarbeitern gehabt ...

***Lepsius:** 1.300?*

Biermann: Nein, 13.000 Wissenschaftler, Forscher, Konstrukteure und Erzeugnisentwickler. Ich hatte ja insgesamt 70.000 Beschäftigte! Das Potential an Hoch- und Fachschulkadern betrug 18.700 Mitarbeiter in allen Betrieben zusammen. Wenn ich sage 70.000 Beschäftigte, bezieht sich das auf alle Betriebe; wir hatten den Standort Jena und daneben Riesenkapazitäten in Dresden, im Rathenower Raum, im Karl-Marx-Städter Raum und in Leipzig.

***Lepsius:** War das denn nach Ihrer Vorstellung ein sinnvoller Zuschnitt? War das Kombinat mit den etwa 12 großen Betrieben oder wieviele es gewesen sein mögen ...*

Biermann: Es waren etwa 30 Betriebe. Dieses Kombinat war so aufgebaut worden, daß wir von fast niemandem abhängig waren.

***Lepsius:** Aber das ist ja eine ganz schlimme Autarkie!*

Biermann: Ja, aber was ist, wenn Sie nichts haben, wenn Sie keine richtige Schrauben kriegen, wenn Sie keine moderne Elektronik baugruppenmäßig kriegen? Ich hatte einen großen Elektronikbetrieb in Saalfeld mit einem großen Forschungsbereich, den wir als trennbare Elektronik bezeichnet haben. Das war die Elektronik, die dem Gerät zugeordnet und als trennbare Elektronik separat nach eigenen konstruktiven Unterlagen gefertigt wurde. Aber der Betrieb in Saalfeld mußte jedes Bauelement kaufen, mußte jede Leitung kaufen, jeden Schalter, und wir hatten eine eigene Leiterplattenfertigung. Wenn Sie das unter Ihren Kriterien sehen, ist das natürlich unökonomisch, weil dem Kombinat große Kosten entstanden, die sie sonst durch katalogwürdige, konkurrenzfähige, technische und ökonomische Artikel zugekauft hätten. Wir hatten einen Eigenherstellungsgrad, der im Verhältnis zu den westlichen Monopolen völlig irreal war. Aber wir brauchten das, sonst hätten wir zwei Jahre warten können, bis wir vielleicht einmal irgendwo hundert Spezialmotoren gekriegt hätten. Wir haben auch teilweise eigene Spezialmotoren, Hydraulikmotoren, in der Elektrobranche hergestellt. Das ist natürlich lächerlich. Wir hatten auch einen eigenen Betrieb für komplette Verkleidungen von wissenschaftlich-technischen Geräten, in dem Einschübe und Verkleidungsbleche hergestellt wurden, eine moderne Fertigung für dünne Bleche. Wir hatten eigene Gießereien für Schwermetall und eine hochmoderne Druckgußgießerei. Also wenn Sie im Jahr 250.000 Ferngläser und 500.000 Kameras herstellen, dann müssen Sie eine moderne Druckgußgießerei haben. Bei unseren Hochleitungsgeräten kam es aufs Zehntel Druckguß an, das konnte uns keine allgemeine Aluminium-Gießerei liefern, die ja ihre Tonnen und Massen bringen mußten, nein, wir brauchten 0,8 Wandstärke. Ich führe das etwas näher aus, um Ihnen die Notwendigkeit dieses hohen Eigenherstellungsgrades zu verdeutlichen. Und wir hatten zum Schluß, auch das sei nicht verschwiegen, eine eigene Herstellung für die Verpackung der Geräte. Ich hatte also eine Fertigung, in der nur Kisten gemacht wurden, ich sage es mal ganz primitiv, und ich hatte eine eigene Fertigung, in der Kunststoffverpackungen hergestellt wurden, also Tüten usw. für die Fotoapparate und die Mikroskope. Ich brauchte ja eine moderne, elegante Verpackung, die werblich gestaltet war. Und wir hatten einen eigenen Werbebereich, wir machten unsere Prospekte, Kataloge, unsere Logos, Briefbogen alles selber. Ich habe zum Schluß eine eigene Messehalle in Leipzig gehabt, die Zeiss-Halle, die haben wir für 50 Millionen gebaut, die war Eigentum des Kombinates. Und dieses Kombinat, um das abzurunden, hatte acht eigene kapitalistische, gemischte Gesellschaften, in denen ich der Hauptaktionär war. Wir hatten die sogenannten gemischten Gesellschaften in England, in Frankreich, in Italien, in Österreich, in Brasilien usw., die von einem dortigen Landsmann nach der Gesetzgebung des jeweiligen Landes geführt wurden. Aber der zweite Mann war ein DDR-Mann, der von mir dort hingeschickt wurde, und wir hatten 99 Prozent der Aktien im Panzerschrank. Wir hatten dort auch Mitarbeiter beschäftigt, in England 200 oder 300 Engländer, die das Marketing und die Servicearbeiten etc. gemacht haben. Wir hatten in den USA als einziges Kombinat der DDR ein eigenes Firmenbüro mit der Zulassung der Amerikaner in New York mit drei Leuten, damit wir dort unsere Produkte verkaufen konnten. Sie können sich vorstellen, daß das meine Kollegen nicht gerne gesehen haben.

***Pirker:** Eigentlich waren Sie doch ein Unikum. Andere Firmen, die amerikanischen z.B., haben eine so große Autonomie von Herstellungseinheiten doch gar nicht gekannt!*

Biermann: Ich verstehe Ihre Frage, und ich kann den Satz vorweggreifen. Dieses Kombinat Zeiss hatte überall den Ruf: "Ein Staat im Staat", damit ist die Sache gesagt. Das betraf auch die sozialen Angelegenheiten, wir hatten eigene Hotels, einen großen Fußballclub, wir hatten 13.000 eigene Werkswohnungen, uns gehörte ja halb Jena, wenn Sie so wollen, selbst das Bürgermeisteramt war ja von der Zeiss-Stiftung vermietet. Seit der Gründung von Zeiss in der Kaiser-Zeit läuft in Jena ohne den Generaldirektor nichts, und das hat sich auch unter DDR-Bedingungen nicht geändert.

***Hertle:** Was haben Sie über den staatlichen Außenhandel abgewickelt? Also, was haben Sie selbst verkauft und was über den staatlichen Außenhandel?*

Biermann: Dieses Kombinat hatte als eines der wenigen einen kompletten eigenen Außenhandelsbetrieb für Export und Import, der mir persönlich unterstand. Dem Staat war ich nur verpflichtet, die Valuten über die Deutsche Außenhandelsbank abzurechnen. Ich hatte einen Außenhandelsbetrieb mit rund 1.000 Leuten für Export und Import, wir haben auch unseren eigenen Import gemacht, wir hatten eine Außenstelle in Berlin in der Leipziger Straße, die mit den westlichen Firmen den Kontakt hielten; und wir hatten in rund vierzig Ländern eigene technisch-kommerzielle Büros, außer diesen gemischten Gesellschaften. Und die machten dort die Geschäfte, die mußten mit Kunden verhandeln usw. Und wir hatten auch, das ist vielleicht alles nicht so bekannt, eine eigene Filiale der Staatsbank der DDR in Jena, eine 13-Mann-Filiale, die bearbeitete nur Zeiss. Dort wurden die Konten geführt, dort wurden die Kredite geführt und dort wurden auch die Außenhandelsbeträge abgeführt. Mit dieser Staatsbankfiliale hatten wir gute Beziehungen, was die Zinskonditionen angeht; na ja, Sie wissen wahrscheinlich, wie das gemacht wird, der kriegte dann seine Prämien. Das war zwar alles verboten, aber so war das nun einmal. Sie kriegten Kreditbedingungen, für die andere seitenlange Begründungen schreiben mußten, und die dann noch zehnmal überarbeitet werden mußten, da haben wir gesagt: Paß auf, das brauchen wir, hier ist mein Ökonom und mein Finanzchef, der gibt dir die Begründung - drei Tage später hatte ich das Geld. Wir haben finanziell völlig selbständig gearbeitet. Und in den fünfzehn Jahren, in denen ich das Kombinat geleitet habe, hat das Kombinat zwischen neunzehn und zwanzig Milliarden Ostmark Gewinn an den Staat abgeführt, immer unter Berücksichtigung der Regulative der Gewinnerwirtschaftung, man konnte ja zwischen dreißig und vierzig Prozent behalten. Diese Mittel konnten wir einsetzen, wie wir wollten, für Investitionen usw.

Was wurde zentral finanziert? Es gab bestimmte Vorhaben, die, sagen wir einmal, für ein Land von Bedeutung sind, das ist auch in der Bundesrepublik so. In der DDR war das beispielsweise die Kosmosforschung, für die haben wir zentrale Fonds bekommen. Wir haben in der Kosmosforschung für die Sowjetunion erst die Voraussetzungen geschaffen, daß sie überhaupt im Weltraum mit den Kameras arbeiten konnten. Da gab es den Auftrag, ihr, Zeiss, ihr habt die Optiker mit jahrelanger Erfahrung, nun macht das einmal. So, nun ist ja bekannt, wo man viel Geld verdienen kann, nämlich in der Militärproduktion. Wir haben zwei Werke gehabt, eines in Jena, ein Forschungsinstitut nur für militärische Forschung, und in Gera einen völligen Neubaubetrieb, der war wirklich modern, in dem wir im Jahr 600 bis 800 Millionen für Rüstung erwirtschaftet haben. Wir haben aber nur, das ist keine Einschränkung, sondern ergibt sich aus der Art des Kombinates, Spezialsachen gemacht, die die anderen Länder im Comecon-Bereich nicht herstellen konnten. Wir haben für die neue Panzerserie der Russen, die berühmten P 72, die Nachtsichtgeräte mit den Laserzieleinrichtungen gemacht, denn die russischen Panzer waren ja früher nachts blind. Warum haben wir das gemacht? Weil wir ein Werk für Kristallzuchtherstellungen hatten, in dem wir Kristalle gezüchtet haben, und deshalb haben wir auch die Kristallaser gemacht. Oder wir haben für den gesamten Warschauer Pakt bestimmte Produkte hergestellt, etwa die nukleargeschützten Feldstecher für die Stabsoffiziere. Wir hatten dabei viele zivile Abfallprodukte in der Forschung. Wir haben nicht nur die Kameras gemacht, sondern für alle Staaten die Auswertegeräte. Was nutzen die Filme, wenn sie herunterkommen, und die Operatoren können das nicht sofort auswerten. Und diese Auswertegeräte auf Laserbasis haben wir hergestellt. Das war zum Schluß ein Riesenexportartikel, auch in der zivilen Produktion. Dann haben wir für die Polizei sämtliche Ausrüstungen der kriminaltechnischen Institute gemacht. Das ist eine Traditionslinie bei Zeiss, das haben die schon immer gemacht. Ich erzähle das nur, um Ihnen den Charakter dieses Kombinates darzustellen. Dann hatte ich eine riesige Berufsausbildung, wir hatten im Schnitt 3.000 Lehrlinge im Jahr, die hatten eigene Fabriken mit eigenen Wohnheimen.

Und nun kommen wir wahrscheinlich zu der Frage, wie kann man das machen mit dem Staat?

Lepsius: *Was haben Sie denn mit der Plankommission gemacht? Außerdem waren Sie noch einem Industrieministerium unterstellt?*

Biermann: Sie müssen sich die Leitungshierarchie folgendermaßen vorstellen: Wir haben oben die Regierung, dann kommt die Plankommission, dann kommen die Fachministerien, dann kommen entweder die Generaldirektoren oder die Werkleiter. Das ist natürlich ein sehr subjektiver Prozeß, der mit objektiven Kriterien nur bedingt etwas zu tun hat, das muß ich ausdrücklich sagen. Ich kann Ihnen nur erzählen, wie wir das bei Zeiss gemacht haben, und das konnte nicht überall so gemacht werden, das sagte ich ja bereits. Fangen wir kurz an, wie es normalerweise bei uns war. Die Plankommission erteilte Auflagen an die Minister, und die Minister teilten die Aufgaben an ihre Kombinate und Betriebe auf. Die Summe, die oben beschlossen wurde, sollte immer gleich sein. Also, wenn zehn die Vorgabe war, dann sollte es immer zehn sein, aber wenn es unten ankam, war es schon fünfzehn, denn jeder plante nach dem Motto, wir brauchen sowieso mehr, also müssen wir ein bißchen dazutun. Ich betrachte das jetzt subjektiv, denn so etwas wäre ja jederzeit korrigierbar gewesen. Jeder Generaldirektor hatte solche Beziehungen zur Plankommission, daß er fragen konnte: Sag' mir mal die Zahl, die ich in den Plan kriege, damit ich die mit meiner Zahl vergleichen kann. Das waren so Erfahrungen, die man mit der Zeit gemacht hat. Vorher mußte man einen Fünfjahrplan einreichen, dieser Prozeß ging voraus, in dem eine Grundlinie vorgegeben war und ein Fünfjahrplanbeschluß, also kam nun die Jahresscheibe X dran. Diese Jahresscheibe aus dem Fünfjahrplan stimmte mit den ursprünglichen Zahlen des Fünfjahrplanes nie überein, die Jahressumme war immer höher. Dann hat man ein Planangebot gemacht; sie hatten ja die Gelegenheit, demokratisch ein Planangebot zu machen, indem sie sagten, das Kombinat bietet soundso viel. Ich lasse jetzt einmal die Vielzahl und Massen von Kennziffern weg, so ein Plan eines Kombinates bestand ja aus einer 1.200seitigen Vertraulichen Verschlußsache, die nie einer gelesen hat. Diese ganzen Detailfragen und Dispositionen, die völlig unwichtig waren, bedeuteten immer einen enormen Zeitaufwand. So, dann haben Sie ein Planangebot gemacht, das ging zum Minister und wurde dort verteidigt. Selbstverständlich gab es Auflagen, das muß noch gemacht werden und das noch, aber es ging alles sehr sachlich zu. Dann kamen aber die echten staatlichen Auflagen. Die waren natürlich von einem ganz anderen Kaliber und meistens waren die in entscheidenden Punkten höher, nämlich dort, wo die Schwachpunkte des Landes waren - beim Geld, bei den Finanzen insgesamt, im Export, dann zunehmend auf dem

Gebiet der Konsumgüter. Dann verschärften sich solche Fragen der abnehmenden Investitionen, der weniger werdenden Baukennziffern; diesen Problemen stand das Wohnungsbauprogramm gegenüber und der Industriebau, und dann kam das Mißverhältnis zwischen Konsumtion und Industrie hinzu. Das waren so die staatlichen Auflagen. Dann kriegten Sie die Auflagen, die verteilten sie auf auf ihre Werkleiter, das hatten wir ja vorher fertiggemacht. Dann gab es den sogenannten Planrücklauf, sie verteidigten dann ihre Zahlen, das habe ich immer persönlich gemacht. Da gab es Auseinandersetzungen, ich hatte natürlich auch meine Reserven, man hatte ja schließlich seine Erfahrungen. Also, wenn der drei Millionen weniger Gewinn bringen wollte, wußte ich, da kannst du mitgehen, denn du hast im Kombinat zwanzig Millionen Mark zurückbehalten. Es gab eine Vielzahl nicht definierbarer und nicht aufschreibbarer Praktiken, die so ein System mit sich bringt, ganz einfach dadurch, daß sie nach und nach einen Erfahrungsschatz anhäuften und jedes Jahr ein wenig klüger wurden. Und wenn Sie gute Leute hatten, die haben sich die Pläne der Betriebe vorher angeguckt, haben mir das auf zehn Seiten vorbereitet, und wenn Sie sich darauf verlassen konnten, gab es bestimmte Entscheidungskriterien: Eins bis siebzehn können wir lassen, wir reden nur noch über vier oder fünf Punkte, dann konnten sie sich auf die Führungsfragen konzentrieren. Und dafür mußte man sich Zeit nehmen. Natürlich gab es auch Krach und Theater, aber wir hatten zum Schluß immer einen Plan, den wir erfüllt haben. Das Kombinat Zeiss hat alle Pläne fünfzehn Jahre lang erfüllt und übererfüllt.

Sicher, wir hatten immer eine Schwachstelle, das waren die Exporte ins kapitalistische Ausland. Da wollte jeder unermeßliche Summen haben. Etwa zwanzig Prozent unseres Exports ging ins kapitalistische Ausland, da waren sie alle unzufrieden, da gab es den meisten Krach. Wir haben aber immer eine Rentabilität gehabt, eine Effektivität, die ohne Zuschläge und Umrechnungsfaktor zwischen 0,5 und 0,8 lag. Und dann wurde das zum Kombinatsplan gemacht und wurde beim Minister verteidigt. Der hatte auch seine Auflagen, der sagte dann, nein, das geht nicht, und da gab es auch Diskussionen, die man aber nicht so ernst nehmen mußte. Und dann verteidigte der das in der Plankommission. Es ging ja die Treppe von unten wieder nach oben. Und der Vorsitzende der Plankommission marschierte nun in die Regierung und kriegte auch wieder den Auftrag, das noch einmal zu überarbeiten. Das ist so ein Vorgang gewesen, bei dem es sehr höflich zugegangen ist.

Dann kamen die endgültigen staatlichen Auflagen wieder 'runter. Und nun mußte man wissen, kannst du das noch erfüllen, ist es zuviel, legst du dich an, oder was machst du? Wir hatten immer nur beim NSW-Export Theater. Ich habe dann meinem Minister einen Brief geschrieben, daß für mich nur meine Zahl maßgebend ist, und die Zahl, die er mir gegeben hat, das erklärte ich ihm, die kann nicht realisiert werden, das kann er jederzeit überprüfen lassen. Aber die Auflage hatte man trotzdem. Es ging nicht ums Absichern, es ging um die Realität. Und dann kriegten die Betriebe ihre Pläne. In der üblichen Untersetzung wurde losgelegt und gearbeitet, und jeden Monat war das ein Kampf, ob der Plan erfüllt wird. Aber als Generaldirektor hatten Sie, wenn Sie dreißig oder wenigstens mehrere Betriebe hatten - der eine hatte Schwierigkeiten, im anderen kam die Forschung zu spät, im dritten haute die Zulieferung nicht hin oder die Kapazität reichte nicht aus -, objektiv die Möglichkeit zu sagen: Paß' auf, du mußt diesen Monat zwar sechs Millionen bringen, ich habe mir das angeguckt, ich erlasse dir den Plan auf fünf, ohne den Jahresplan insgesamt zu korrigieren, und ein anderer gleicht das in diesem Monat aus. In einem Kombinat mit fünf Milliarden Jahresproduktion, geteilt durch zwölf, hatten sie immer eine gewisse

Spielmasse. Offiziell war das natürlich verboten. Und die Bezirke wollten ja auch ihren Plan erfüllen. Da war nun wieder die Frage zu klären, ist nun ein Kombinat der Regierung unterstellt oder hat jeder Bezirk seinen Teil am Kombinat, denn der mußte ja seinen Plan auch in Berlin abrechnen, und der sagte natürlich: Oh, Zeiss hat nicht erfüllt! Dann sagten die in Berlin, Zeiss hat übererfüllt - na, aber mein Bezirk nicht. Nun kommt die Frage, wie stehen Sie das durch, und ich muß sagen, ich habe das durchgestanden.

Lepsius: Wieso? Hatten Sie persönlich etwas zu sagen?

Biermann: Ja, würde ich annehmen; ich hatte schon in Berlin etwas zu sagen. Und wenn es ganz schlimm wurde, bin ich eben zu Mittag oder Honecker gegangen und habe gesagt, so geht es nicht.

Weinert: Können Sie ein Beispiel dafür sagen?

Biermann: Wenn Sie Investitionen für einen zentralen Forschungsauftrag haben, dann müssen Sie den bis zu einem bestimmten Zeitpunkt erfüllen. Dann kommt der Minister und sagt, ja, der will fünfzig Millionen Bauvolumen haben, aber ich kann nur zwanzig geben, weil meine Baubilanz das nicht hergibt. Das glaube ich ja dem Mann. Aber dann muß ich doch zu Mittag hingehen sagen, so geht das nicht, bitte, alles in gebotener Art und Weise, höflich und freundlich. Und dann wurde das bei bei Zeiss in unserem Sinne korrigiert. Die Plankommission kriegte einen auf den Deckel, aber wir kriegten fünfzig Millionen. So, und dann kamen sie natürlich in den Ruf, daß Zeiss wieder einmal alles hat und wir gar nichts, also die anderen Kombinate. Aber das war keine Frage der Subjektivität, sondern der Leistung, die die Leute in den Zeiss-Betrieben überall brachten, das haben wir bis zum Schluß bewiesen. Wir hatten eine ganz bestimmte Ausnahmefunktion. Die DDR hatte zentrale Probleme, das wissen Sie, und diese zentralen Probleme konnten nicht geklärt werden, aus welchen Gründen auch immer.

Durch diese Ausnahmefunktion kam dieses Kombinat auch zur Mikroelektronik. Denn das ist für Zeiss völlig untypisch gewesen. Und damit wurde auch dieses Kombinat immer größer. Um das realisieren zu können, brauchten wir aber zusätzliche Ressourcen. Wir haben dann eine Vorlage erarbeitet, in der stand, daß wir das Forschungszentrum Dresden brauchen und andere Voraussetzungen mußten ebenfalls geschaffen werden. Weil wir die kombinatsmäßigen Voraussetzungen hatten, konnten wir vieles machen, aber nicht alles. Und damit wuchs das Kombinat, zum Schluß hatte ich vier stellvertretende Generaldirektoren, die sich um verschiedene Fachbereiche kümmern mußten, einen für Mikroelektronik, einen für den Gerätebau, einen für die Verteidigungsindustrie, und der vierte, das weiß ich jetzt nicht. Das konnte nur in einer breiten, sinnvollen Arbeitsteilung gemacht werden. Das war bei uns das normale Planungsgeschehen.

Lepsius: Also, kraft der Größe und der Funktionsbedeutung konnten Sie sich relativ autonom gegenüber Plankommission und Ministerrat behaupten?

Biermann: Das hat sich mit der Zeit entwickelt. Ich habe mir die Stelle ja nicht in der Zeitung gesucht oder mich beworben, über Nacht war ich da ...

Lepsius: Wer hat Sie denn delegiert?

Biermann: Mittag hat mich dahingeschickt. Ich wurde zu ihm hinbestellt, zum Kaffee, und in drei Sätzen war das getan. Er sagte mir, jetzt bist du schon eine Weile im Maschinenbau in Berlin, hast du Interesse, etwas anderes zu machen. Da fragte ich, was denn, ja, sagte der, wir suchen einen für Zeiss in Jena, das funktioniert dort nicht. Ich verstehe aber nichts vom wissenschaftlichen Gerätebau, habe ich ihm geantwortet, da sagte Mittag, umso besser, da kannst du unvoreingenommen die Aufgabe übernehmen. Zum Schluß tranken wir ein Kännchen Kaffee, und ich fuhr mit einer anderen Meinung zurück; wie das so ist, wenn man aus dem Rathaus kommt.

***Lepsius:** Die Generaldirektoren wurden über das Zentralkomitee bestellt?*

Biermann: Sie wurden kadermäßig in der Nomenklatur im ZK vorgeprüft, wurden dann bestellt und an den Ministerrat zur Einsetzung gegeben.

***Lepsius:** Aber die eigentliche Personalentscheidung lief...*

Biermann: ... auf der Parteiebene.

***Lepsius:** Und das war die Kompetenz von Günter Mittag?*

Biermann: Das behielt sich bei den entscheidenden Namen der Generalsekretär vor, also bei Namen wie Robotron oder beim Schiffbau, bei Zeiss oder beim Werkzeugmaschinenbau Heckert in Chemnitz, Schwedt gehört natürlich dazu oder im Textilmaschinenbau Textima. Also, das war eine auserwählte Truppe, fünf oder sechs Kombinate. Die hatten im ZK Sitz und Stimme und diese Entscheidungen fällte Mittag nicht alleine. Das waren die Kombinate, mit deren Produkten man auch Politik machen konnte. Bei Zeiss war es z.B. die Linse von Ernst Abbe, das wurde in der DDR dargestellt so wie der Krupp und der Mercedesstern, das war ja ein Warenzeichen, das seit der Gründung erhalten geblieben ist. Diese Linse von Zeiss ist nicht durch den Zweiten Weltkrieg verlorengegangen. Das ist etwas anderes gewesen als BMW in Eisenach oder Agfa in Wolfen, die waren verschwunden. Und das wurde auch politisch für das Ansehen dieses Landes genutzt, das fanden wir auch richtig, muß ich ausdrücklich sagen. Ein Land stellt sich nicht nur durch Sport und Kultur und Bildung dar, sondern auch durch industrielle Wahrzeichen. Als ich zu Zeiss gegangen bin, nun, ich war ehrgeizig, ich wollte daraus was machen. Ich habe immer dazugelernt, ich habe zweimal promoviert, ich habe in England meinen Ehrendoktor gemacht, ich war auch energisch und konsequent. Wenn Sie so ein Kombinat führen wollen, dürfen Sie nicht zimperlich sein. Sie können nicht sagen: Seid ihr nun in allen Fragen derselben Meinung? Ehe man da durch ist, ist ja Weihnachten! Wenn ich von einer Sache überzeugt war, war die Alternative entweder-oder, und ich habe mich auch nicht von einer Führungsentscheidung distanziert, wenn einmal etwas schiefgegangen ist. Ich habe nicht gesagt: Paß' mal auf, ich bin nicht schuld, aber der Lehmann und der Meier, die sind schuld. Und das wußten die Leute auch. Und sie hatten in dieser Zeit große Vorteile. Die Führungskader hatten Häuser, sie hatten Autos, was unter den Bedingungen dieses Landes nicht selbstverständlich war. Ich konnte ihnen nach einem Jahr einen Lada geben, auf den man sonst zehn oder zwölf Jahre gewartet hat.

***Lepsius:** Wo haben Sie den Lada hergekriegt?*

Biermann: Ich hatte ein eigenes, von der Regierung zur Verfügung gestelltes Kontingent von etwa 60 Autos im Jahr.

***Pirker:** Würden Sie aus Ihrer internationalen Erfahrung heraus sagen, daß es in der Wirtschaftsorganisation des Ostblockes vergleichbare Kombinate in der Tschechoslowakei oder der Sowjetunion gab, die ungefähr Ihrem Kombinat entsprochen haben?*

Biermann: Also die optische Industrie, um dieses Beispiel zu nehmen, muß man historisch betrachten, es gab wenige Industriezweige, die eine historische Bedeutung hatten. Nun wurde ja der Kampf um den Weltmaßstab, um die internationale Konkurrenzfähigkeit geführt. Wie steht die DDR im internationalen Wettbewerb, an welcher Stelle ist sie im Vergleich zu Amerika, im Vergleich zur Bundesrepublik und der Sowjetunion. Es gab im wesentlichen nur drei Unternehmen, die in unserer Branche von Bedeutung waren. Die Statistiken konnte man überall bekommen, und danach waren wir die vierten in der Welt. Diese Riesenkombinate in der Sowjetunion, die hatten ja 150 000 Leute, die nur auf dem optischen Gebiet gearbeitet haben, das waren geschlossene Kombinate im militärisch-technischen Komplex. Sie hatten in der Bundesrepublik Ihre Firmen, in Amerika gab es bestimmte Spezialgebiete. Wir haben diese ganzen Planetarien und Observatorien gemacht, das war ja auch ein Industriezweig oder ein Bereich von uns. Wir haben 18 000 bis 19 000 Vermessungsgeräte im Jahr gemacht, dieser Osten war ja unerschöpflich für die geodätische Vermessung. Von meinem Gehalt aus gesehen war ich der billigste Hilfsarbeiter, wenn Sie den Stundenlohn nehmen. Wenn ich das hinterher jemandem gesagt habe, dann haben die alle mich ausgelacht. Ich meine, es ist ja kein Geheimnis, ich war noch immer der bestbezahlte Generaldirektor in der DDR und kriegte 4500 Mark brutto im Monat und eine Jahresendprämie, die 80 Prozent des Bruttogehaltes ausmachte. Das steht in jedem Sozialversicherungsausweis.

***Lepsius:** Hatte Ihr Minister, es war ja wohl der für Elektrotechnik, hatte der überhaupt Kader, die fachlich in der Lage waren, gleichmäßig qualitativ zu planen, zu urteilen wie Ihre eigenen Kader, oder haben Sie sowohl das Ministerium mit seinen Kadern wie die Plankommission wie das Zentralkomitee mit seinen Kadern, wie man so schön sagen würde, über den Tisch ziehen können?*

Biermann: Also die Minister, entschuldigen Sie, das waren arme Schweine. Die Minister waren ein kleines Getreidekorn zwischen zwei Mühlsteinen: Oben walzte das Politbüro und das Zentralkomitee, dann kam das Ministerium, und unten war die Basis, also die Kombinate mit den Generaldirektoren. Dem Minister für Elektrotechnik unterstanden 450.000 Leute, und nun mußte er sich drehen und wenden, nur, nach welcher Seite sollte er sich denn nun drehen? Ich bin zigmal gefragt worden: Willst du nicht Minister werden? Ich war doch nicht blöd. Wenn Sie nun die unterschiedlichen Kombinate hatten, das werden Sie bei der Chemie gesehen haben, der Chemie-Minister Wyschofsky konnte mit denen bei Schwedt, Dr. Frohn, mit denen konnte der gemeinsam in den Krieg ziehen, Schwedt hatte Sitz und Stimme im ZK, die waren gut, die waren wirklich qualifiziert, lieferten gute Produkte, machten gute Ergebnisse, hatten moderne Industrieanlagen, hatten aus Japan riesige Chemieanlagen von Mitsubishi. Dann gab es den Minister für den verarbeitenden Maschinenbau, Dr. Georgi, der konnte mit seinem Heckert-Kombinat, das Dr. Winter geleitet hat, auch eine Schlacht schlagen, wenn ich das einmal so nuanciert ausdrücken darf. Und der Minister für Elektrotechnik, Meier, konnte das mit Robotron oder mit mir genauso machen. Auf dieser Ebene gab es ein inoffizielles, friedliches Übereinstimmen nach außen. In unserem Ministerium gab es einen hervorragenden Staatssekretär, einen Herrn Nendel, der war wirklich der Elektrofachmann, das ist viel wert, wenn Sie mit Spezialisten verhandeln, Spezialisten sind nun mal von der fachlichen Seite her realistisch, ohne daß Sie pessimistisch, rückwärtsorientiert und langsam sind. Das spielte schon eine große Rolle. Außerdem mußte ich mich ja auch taktisch verhalten. Wenn der Plan erfüllt war, mußte man sagen, da war der Minister und das Ministerium auch beteiligt.

***Lepsius:** Man hört ja immer, daß Günter Mittag direkt auf die Generaldirektoren eingewirkt hat unter Übergehung der Ministerien und der Plankommission, fallweise direkt eingegriffen hat, also eine das Plansystem durchbrechende Art von Entscheidungsstruktur. Sie selber haben gesagt, wenn gar nichts mehr lief, dann bin ich zu Mittag gegangen, und dann hat Mittag gesagt, der kriegt jetzt sechs Millionen für irgend etwas.*

Biermann: Das ist richtig, aber ich bin nie zu Mittag gegangen und habe gesagt, mach' meinen Plan niedriger. Ich bin nicht zu Mittag gegangen, um zu jammern oder um mich zu beschweren. Sie sagen, er hat eingegriffen. Ich muß allerdings sagen, es gibt über Dr. Mittag viele Meinungen, negative und positive. Zum Schluß wird immer ein Schuldiger gesucht. Mittag für alles verantwortlich zu machen, stelle ich in Frage. Honecker hatte nie das Bedürfnis, sich mit Innenpolitik und Wirtschaftspolitik zu beschäftigen, das lag ihm nicht. Er war der Außenpolitiker mit hohem internationalen Ansehen, er wurde von jedem Staatschef empfangen bis auf den amerikanischen Präsidenten. Also, wer sollte nun Wirtschaftspolitik in der DDR machen? Nun können Sie sagen, der Staat hätte das machen müssen. Was wollen Sie von einem Ministerrat verlangen? Und jetzt müssen Sie auch die Personen sehen, das Verhältnis Stoph-Mittag, das Verhältnis Krolikowski-Mittag usw. Ich sage Ihnen, das war immer Kreisklasse gegen Bundesliga, ich sage das ganz offen. Mittag war auf der politischen Leitungsebene immer der bessere Mann. Und er hatte seinen Apparat im ZK, er hatte in seinen Fachabteilungen hochqualifizierte Leute. Da saßen in den Abteilungen Elektrotechnik, Maschinenbau und Elektronik Diplomingenieure, die er sich aus den Fachkombinaten geholt hatte. Also die hatten eine andere Potenz von der fachlichen Qualifikation her. Und Mittag hatte natürlich auch ein Bedürfnis, wenn einmal etwas schiefgegangen war, sich einzuschalten und zu klären. Ob er das nun aus der Erfahrung heraus gemacht hat, da will ich keine Wertung vornehmen. Ich habe die Rolle der Minister - Weizenkörner zwischen Mühlsteinen - erwähnt, und Mittag war eine starke Persönlichkeit. Was sollte er machen? Er holte eben die Generaldirektoren zu sich, aber nie ohne Ministerrat. Die Form wurde schon eingehalten.

***Hertle:** Waren in Leipzig die Minister dabei?*

Biermann: Natürlich, die Plankommission, die Bank, der Außenhandel. Sie saßen alle brav und artig im Saal, von Schürer bis zum Minister, Ministerrat, alle saßen mit da. Und Mittag konnte das machen, er hatte das geschickt angelegt, denn er war ja stellvertretender Vorsitzender des Staatsrats, übte also gleichzeitig eine staatliche Autorität aus.

***Lepsius:** Das war die formale Schiene!*

Biermann: Ich habe ausdrücklich gesagt, das war das Formale. Er saß auch im Staatsrat, wenn Gesetze verabschiedet wurden. Und Mittag war ein sehr dynamischer Mann, auch ein Freund von schnellen Entscheidungen. Ob die nun alle richtig waren, ist eine andere Frage. Ich rede von dem Verhältnis zu Zeiss. Die Entscheidungen, die Mittag für Zeiss gefällt hat, waren für diesen Strukturbereich richtig. Und sie haben auch zu Erfolgen geführt. Es gehören zu jeder Sache zwei: der, der es vorbereitet und entscheidet, und der, der es umsetzen muß. Diese Sachen können Sie in der DDR nicht losgelöst betrachten. Diese Mechanismen und Eigenarten in der DDR mußte man durchschauen. Wo berührten sich in dem Strickmuster welche Nähte, das mußte man wissen. Und das konnten die erfahrenen Generaldirektoren. Es gibt ja außer mir noch andere

Kollegen, Generaldirektoren, die auch zehn, zwölf Jahre lang nie die Funktion gewechselt haben. Vom ZK wurde das auch bewußt so gemacht, weil die sich sagten, diese Leute sind nicht ersetzbar, die brauchen wir.

Lepsius: Sie haben also ein gutes persönliches Verhältnis zu Mittag gehabt?

Biermann: Ich muß Ihnen sagen, daß wir nie privat zusammen waren, ich war z.B. nie in meinem Leben in Wandlitz gewesen, das war mir auch egal.

Lepsius: Bei welchen Anlässen sind Sie zu Mittag ins Zentralkomitee gegangen oder haben ihn angerufen?

Biermann: Wir waren ein Kombinat der Rüstungsindustrie, deshalb hatte ich ein besonderes Telefon. Ich brauchte nur den Hörer abzunehmen und Mittag zu verlangen, dann habe ich einen Termin erfragt, und das ging oder ging nicht, und bei diesem Termin ein paar Tage später habe ich mein Problem vorgetragen.

Lepsius: Es wird häufig gesagt, Mittag sei so diktatorisch gewesen, und man hätte mit ihm auch nicht diskutieren können. Schabowski hat das beispielsweise geschrieben.

Biermann: Komödianten wie Schabowski, die solche Bücher schreiben, lehne ich prinzipiell ab. Wissen Sie, ich bin ja Augenzeuge; ich weiß, wie sich Schabowski vorher verhalten hat und heute schreibt er solche Bücher, Krenz übrigens auch.

Aber noch einmal zu Mittag: Ich habe ausdrücklich gesagt, Mittag war ein großer Dynamiker, ein Fleißmensch. Er hat sich nie vor Entscheidungen gedrückt. Er hat sogar viele Entscheidungen treffen müssen, für die eigentlich andere zuständig waren. Dann kamen Leute aus den Kombinaten und haben gesagt, hier, das liegt schon ein halbes Jahr beim Minister, wir waren beim Parteisekretär und sonstwo, aber da passiert nichts. Mittag hat gesagt, Vorgang her - und hat entschieden. Solche Vorgänge haben natürlich nicht die Autorität dieser Staatsfunktionäre aufgebaut. Ich habe Situationen erlebt, in denen mein Minister zu mir gesagt hat: Mensch, geh' doch zu Mittag, da kommt viel mehr bei heraus!

So, wie ich Ihnen das hier erzähle, habe ich das auch an den Hochschulen erzählt. Ich habe mich mit diesem Kombinat immer identisch gefühlt, ich habe es behandelt, als wäre es meins gewesen, symbolisch gesehen. Und dieses Gefühl, etwas leisten zu können, damit können Sie Leute motivieren und begeistern, damit können Sie Innovationen schaffen. Aber, wenn die merken, das ist gar nicht so, dann denken die auch, wie verhält der sich eigentlich? Ich habe immer gesagt, es braucht niemand mehr zu arbeiten als ich selber. Das ist doch ein guter Slogan!

Weinert: Ich will nochmal auf die Verfahrensfragen eingehen. Ihre Darstellung ist ja eine etwas andere als die, die wir etwa von den Ministern oder den Vertretern der Staatlichen Plankommission gehört haben. Sie sagen mit einem leichten Zynismus, das ist so ein überbürokratisiertes Verfahren gewesen, man hätte das auch anders machen können, aber gut, das gehörte zum Geschäft. Wir haben unser Angebot gemacht und irgendwann haben wir eine Vorgabe bekommen ...

Biermann: Wir haben dann eine ordentliche Auflage bekommen!

Weinert: Ja, Sie haben eine Auflage bekommen, und selbst wenn sie überhöht war, haben Sie doch Verteilungsspielräume innerhalb des Kombinats gehabt, so daß Sie diesen Plan in der Regel erfüllen und übererfüllen konnten. Wenn ich Ihnen so zuhöre, gewinne ich den Eindruck, daß, wenn alle Generaldirektoren ihre

Kombinate so geführt hätten wie Sie, die DDR keine ökonomischen Probleme gehabt hätte!

Biermann: Das habe ich nicht gesagt! Wir können gerne über die Grundfehler der Wirtschaft der DDR reden, aber das ist dann ein besonderer Abschnitt. Bitte, ich kann Ihnen das kurz erläutern, wenn Sie das wissen wollen. Bei der DDR muß man die Ausgangsbasis sehen, es gab keine oder fast keine Rohstoffe, keine Schwerindustrie usw. Und als die DDR gegründet wurde, gab es das Bedürfnis, es genauso gut wie die Bundesrepublik zu machen. Die DDR sollte auch ökonomisch unabhängig werden, und deshalb wurden auch die Industriebereiche gegründet, die es früher auf diesem Territorium gar nicht gegeben hatte. Das ist auch eine Zeitlang gutgegangen, das ist ja unbestritten. Dann kamen aber die berühmten Jahre um 1970.

***Weinert:** Der Übergang zur berühmten "Einheit von Wirtschafts- und Sozialpolitik"?*

Biermann: Sie sagen es! Und dann tat sich die Schere auf: Konsumgüter, Versorgungsfragen, Sozialleistungen usw. auf der einen Seite, Subventionen auf der anderen Seite. Dann kam der Punkt, daß das einfach nicht zu halten war, denn die Preise blieben stabil. Man kann nicht ein Brötchen für fünf Pfennige und die S-Bahn für zwanzig Pfennige und die Fahrtarife usw. so billig halten, ohne ökonomische Probleme zu kriegen. Es sind jedes Jahr 75 Milliarden aus dem Nationaleinkommen in Preissubventionen gesteckt worden; die waren verschwunden. Das waren 75 Milliarden und die DDR hat gerade mal für fünfzehn Milliarden in den Westen exportiert. Dadurch kriegten sie diese Schere zu Lasten der Industrie. Nun können Sie fragen: War es zu retten, oder war es nicht zu retten? Solche Diskussionen halte ich heute für müßig. Sie müssen ja auch sehen, daß sich die Verhältnisse im sozialistischen Lager damals insgesamt änderten. Diese ganze Entwicklung blieb ja nicht auf die DDR beschränkt, das muß man realistisch sehen. Und dann kam ein ganz entscheidender Punkt, man war aus politischen Motiven heraus nicht bereit, mit dem Westen in den Wirtschaftsfragen kooperativ zu arbeiten. Ob das nun noch fünf Jahre länger gegangen wäre, ist jetzt eine Zauberlehrlingsfrage. Wir haben das versucht, wir sind im Saarland viele Kooperationen eingegangen, haben dort 300, 400 Arbeitsplätze geschaffen. Das war aber alles auf kleiner Flamme und keine Grundlinie. Das ging auch nur deshalb, weil Honecker dort zu Hause war, und das mußte man ausnutzen.

***Weinert:** Ich habe eine andere Frage zur Planung. Es wird eine Position vertreten, daß aufgrund der unrealistischen Planvorgaben die Kombinate gezwungen wurden, ein Netz von informellen Beziehungen, planabweichenden Beziehungen in den Betrieben als auch zwischen den Kombinaten zu entwickeln, so daß eigentlich, ich spitze das jetzt zu, die Planvorgaben für Sie als Generaldirektor immer unwichtiger wurden.*

Biermann: Richtig ist, daß man jede Planzahl interpretieren kann. Sie können innerhalb eines Kombinates dreimal kooperieren und es dreimal als Warenproduktion abrechnen. Ich will mich nicht weiter auslassen, das ist natürlich kein Umsatz. Und Geld gibt es nur einmal. Und wenn Sie dreimal hin- und herkooperieren innerhalb des Kombinates, wird es nicht billiger, sondern teurer. Rentabel wird es nur, wenn Sie ökonomisch zukaufen und selber hohe, intelligente Fertigungsanteile haben und nicht nur Material; Sie müssen eine intelligenzintensive Produktion haben. Zwischen den Kombinaten gab es einen regen Produktenaustausch, alles streng wissenschaftlich in Wertgrößen, aber wenn sie anfangen, Kaninchen gegen Kartoffeln zu tauschen, dann kann sich das auch wertgraduell nicht erhöhen. Wir sind in Zeiss immer von der Nettoproduktion ausgegangen, die ist auch unter DDR-Bedingungen die Stimme der Wahrheit gewesen, denn bei der Nettoproduktion wurden alle Zulieferungen abgezogen. Nach der Nettoproduktion kam die abgesetzte Warenproduktion, der Umsatz, und dann der Nettogewinn. Aber das, was ich Ihnen jetzt erzähle, geht nur in großen Kombinaten. Nun versuchen Sie einmal zentral diese variantenreichen Fragen und Möglichkeiten zu lokalisieren!

Weinert: *Eine Frage zum Binnenverhältnis, die an Ihre Ausführungen anknüpft. Da gab es doch so ein 'Unternehmen Damenschlüpfer' - was hatte es damit auf sich?*

Biermann: Ja, das stand sogar in der "Süddeutschen Zeitung" und auch das Politbüro hat das erst aus der Westzeitung erfahren, weil sie keine eigenen Zeitungen mehr gelesen haben. Was hatte es damit auf sich? Ich hatte in diesem Kombinat einen großen Frauenanteil, vor allem in der Kameraindustrie, das ist Feinmechanikarbeit, und Frauen haben ja goldene Hände. Nun kommen die Leute aus diesen Frauenbetrieben und die Gewerkschaft und der Parteisekretär und sagen: Es gibt seit Monaten keine Damenschlüpfer mehr! Nicht die Exquisiten, sondern die Billigen. Na ja, haben wir gesagt, wenn das so ist, dann müssen wir etwas unternehmen. Da habe ich einen Kollegen in einem anderen Kombinat angerufen, die das produzieren, im sächsischen Raum. Im persönlichen Mitarbeiterstab hatte ich findige Leute, zu denen habe ich gesagt: Also, du fährst dahin und besuchst die. Das hat der gemacht und etwa 100.000 billige Damenschlüpfer mitgebracht, denn die Produktionsarbeiterinnen können ja nicht 50 Mark dafür bezahlen, die haben 3,50 Mark oder 6 Mark gekostet. Ich habe gesagt, macht das unter euch aus, und die Gewerkschaft hat die dann verkauft.

Lepsius: *Wie hat denn der seinen Plan wieder in Ordnung gekriegt, der Kollege?*

Biermann: Herr Professor, wollen Sie die Wahrheit wissen? Der Kollege hat eben in seinen Planpositionen Trainingsanzüge gemacht, die brachten ja mehr, für Damenschlüpfer kriegte der nicht viel.

Lepsius: *Und was haben Sie ihm dafür gegeben - ein Fernglas?*

Biermann: Ach! Der hat für seine Leute Ferienplätze von uns gekriegt, das war doch ein kleiner Textilbetrieb. Oder als Zeiss international im Fußball-Europacup gespielt hat, da kriegte er eben die ersten einhundert Karten.

Hertle: *Wie ist das Kombinat zur Mikroelektronik gekommen?*

Biermann: Das kann ich Ihnen genau sagen. 1987 tagte auch die Runde der Generaldirektoren im kleinen Kreise in Berlin, Mittag war der Chef. Es ging um die Erfüllung des NSW-Planes, alle wurden hart 'rangenommen, die ihn nicht erfüllt hatten. Und zwischendurch sagte Dr. Mittag zu mir: Also, da sind wir uns doch einig, ihr übernehmt die Mikroelektronik. Das war alles, kann ich eidesstattlich bezeugen. Später hat er mich hinbestellt und einen Beschluß vorbereitet. Wir haben dann hunderte Millionen an Ausrüstungen für die Mikroelektronik bekommen, alle elektronischen Anlagen, die Mikroskope, die ganzen Steuerungsfragen, die Geräte für die Belichtungen der Platten usw. gekriegt. Da hatten wir eine große Erfahrung mit der Sowjetunion. Das war in Ordnung und wurde auch vom Westen anerkannt. Die Leute haben sich gesagt, wenn die die Ausrüstungen herstellen können, dann können sie auch die Chips machen. Es wurde ein Beschluß vorbereitet, daß Zeiss die Mikroelektronik aufgrund seiner Wissenschaftserfahrung übernimmt. Dem Kombinat wurde zur Erfüllung dieser riesigen Aufgabe das Zentrale Forschungsinstitut Dresden für die Mikroelektronik zugeordnet, das war ein neues, hervorragend ausgerüstetes Institut, und ein, zwei Fabriken. Und dann stellte man den Plan auf und wir kriegten die Investitionen. Die Dresdner machten die produktionsreif und in den riesigen, neu entstandenen Werken der Mikroelektronik in Erfurt mußten wir das in den Produktionsbetrieb überführen. So sind wir dazu gekommen.

Hertle: *Hat sich Ihnen von der Kalkulation her nicht der Magen umgedreht?*

Biermann: Das sagt man heute. Unter den damaligen Bedingungen der DDR gab es aber keine Alternative. Jeder Megachip eine Interkontinentalrakete - koste es, was es wolle, das war doch der politische Zusammenhang! Die Sowjetunion konnte die Megachips nicht bauen, und sie hätten uns die Chips auch in Gold und Edelsteinen bezahlt, das darf man auch nicht vergessen. Selbstverständlich wollte die DDR die Mikroelektronik haben. Und auf mittlerem Niveau konnte sie ja auch mithalten. Außerdem dürfen Sie doch nicht die Embargoliste vergessen! Und die Sowjets hatten natürlich auch ein Interesse daran und haben gesagt, ihr müßt das machen, ihr seid die einzigen, die das können, die Tschechen oder die Bulgaren können das nicht. Das ist ökonomisch außerhalb jeder Betrachtung. Bloß in den Comecon-Ländern hätten sie überhaupt keinen Megachip gehabt, wenn die DDR nicht so etwas produziert hätte. Hinterher sind alle klüger als vorher.

Lepsius: *Die Rüstungsindustrie erfolgt ohnehin außerhalb ökonomischer Rationalität.*

Pirker: *Hinzu kommt ja noch, daß die großen Hoffnungen, die auf die Sowjetunion gesetzt wurden, sich nicht realisiert haben. Ich habe dort auf meinen Reisen Ingenieure erlebt, die sich äußerst despektierlich über den Zustand der sowjetischen Fabriken und Betriebe und das niedrige internationale Niveau geäußert haben.*

Biermann: Die ehemalige Sowjetunion bestand immer aus zwei Teilen, dem militärisch-technischen Komplex, der war geschlossen, da gab es eigene Gesetze, eigene Regeln, die hatten eine andere Versorgung, eine andere Bezahlung, andere Anzüge und andere Wohnungen. Und der übrige Teil, naja, das war eben der Rest. In der Sowjetunion gab es beispielsweise diese Stadt sechzig Kilometer vor St. Petersburg, eine geschlossene Stadt mit 160.000 Einwohnern, da kamen Sie nicht hinein, weil vorne die Miliz stand; die stellten nur Mikroelektronik her, und ich muß Ihnen sagen, die machten Mikroelektronik vom feinsten. Diese Leute trafen Sie auch in der ganzen Welt, die meine ich auch, wenn ich von unseren Partnern in der Mikroelektronik spreche. Das Ministerium der Verteidigungsindustrie der ehemaligen Sowjetunion hatte 560 Betriebe über das ganze Land verteilt, die wichtigsten lagen schon aus rein strategischen Gründen, aus den Erfahrungen des Zweiten Weltkrieges, weiter weg. Aber wie gesagt, das, was ich jetzt gesagt habe, trifft nur für den militärisch-technischen Komplex in der ehemaligen Sowjetunion zu.

Lepsius: *Außerhalb des militärischen Komplexes brauchte man diese Chips ja auch für Hausgeräte und ähnliches. Und da heißt es dann, die Herstellungskosten betrugen ungefähr 500 Mark, der Binnenverrechnungspreis in der DDR war 16 Mark, der Weltmarktpreis war 6 Mark. Für den zivilen Bereich erhebt sich die Frage, was ist das für ein Binnenpreis, der überhaupt nichts mit den tatsächlichen Gestehungskosten zu tun hat?*

Biermann: Das Kombinat, das den produziert hat, mußte einen Preisplan einreichen, der vom Amt für Preise bestätigt wurde. Dann gab es den industriellen Abgabepreis, den wir beantragt haben. Dann gab es den Abgabepreis an die anderen, also für die Konsumgüterindustrie wurde das nochmal stimuliert, und nun traten die Differenzen auf. Der Herstellungspreis, sagen wir einmal, war 16 Mark, dann kriegten wir vom Finanzministerium die 16 als Preis. Der Rest ging zu Lasten des Staatshaushaltes.

***Lepsius:** Die aber bei Ihnen als Subvention ankommen mußte? Denn die Herstellung hat Sie ja nicht 16 gekostet ...*

Biermann: Ich habe jetzt die 16 Mark als Beispiel genommen.

***Lepsius:** Ach so, wenn es Sie 16 Mark gekostet und der Abnehmer sechs bezahlt hätte ...*

Biermann: ... wäre die Differenz 10 Mark gewesen, die der Staat bezahlt hat. Und demzufolge waren alle Konsumgüterpreise ...

***Lepsius:** ... fiktiv! Wie konnten Sie dann noch kalkulieren, wenn das Preissystem im ganzen weitestgehend fiktiv war?*

Biermann: Das war ganz einfach, man machte Exportpreise und Inlandspreise. Wir haben unsere Kalkulation immer auf der Basis von Inlandspreisen gemacht.

***Lepsius:** Ja, aber die waren doch zu einem erheblichen Teil fiktiv!*

Biermann: Nur bestimmte ...

***Lepsius:** Ja, aber beispielsweise die Transportkosten waren doch keine Kostenpreise ...*

Biermann: Wir hatten aber die Möglichkeit, uns aus diesen Verhältnissen zu erlösen, weil wir gute Erzeugnisse hatten, die im Westen 60 oder 70 Pfennige für eine DDR-Mark brachten; da die in den sozialistischen Ländern noch schlechter waren, kriegten wir für eine DDR-Mark umgerechnet in Rubel 1,50 oder sogar 2,20 Mark.

***Lepsius:** Nun konnten Sie die Rubel wieder nicht umtauschen, so daß die Westverschuldung natürlich zunahm.*

Biermann: Das Kombinat erhielt natürlich auch einen gewissen Anteil Eigen-Rubel, und manches konnte man auch schon von der Sowjetunion günstig kaufen.

***Lepsius:** Wie kamen Sie nun zu Ihren Investitionsmitteln? Wenn Sie NSW-Güter brauchten für Anlagen, Maschinen usw., wo haben Sie die herbekommen?*

Biermann: Man hat ja den Fünf-Jahr-Plan gemacht. Da wurden zentral Prioritäten gesetzt, also z.B. die Kosmosforschung oder die Rüstungsindustrie. Diese Prioritätensetzung war, wie ich schon sagte, außerhalb jeglicher ökonomischen Betrachtung, hatte aber damals auch seine Vorteile. Wir kriegten nämlich Mittel. Warum? Weil die Sowjets sagten - wir haben beschlossen, daß jetzt Sojus sowieso startet, dafür brauchen wir die Ausrüstung, das wurde dann auf verschiedene Kombinate verteilt. Und so bekam man seine Mittel. Dann gab es noch andere Strukturbereiche, die auch wichtig waren, wie z.B. die Medizintechnik.

Sie dürfen nicht vergessen, daß wir viele Dinge produzierten, die sonst nicht in den sozialistischen Staaten hergestellt wurden. Dann wurde gefragt, wer kann das im Osten herstellen. Diese Importmittel waren relativ einfach zu bekommen, weil die DDR immer Exportüberschüsse in allen Ländern des Ostens hatte. Aber der große Kampf tobte immer um die harte Währung. Das war dann so: Wenn Sie Mikroelektronik herstellen sollen, dann brauchen Sie zur Realisierung objektive Voraussetzungen und Kapazitäten. Dann haben wir alles aufgelistet, was wir zur Produktion brauchen und in welchen Ländern es das gibt. Das wurde noch tausendmal geprüft, aber dann mußte das beschafft werden. Diese Beschaffungen haben nicht wir durchgeführt, sondern das hat KoKo gemacht, das durften die Kombinate nicht. Da gab es ja die berühmte Firma, der haben wir auf neutralem Papier die technischen Listen gegeben, und die organisierten das mit ihren Händlern und Verkäufern quer durch die Welt. Dann wurden die Verträge gemacht. Wir schlossen immer mit dem zuständigen Unternehmen des Auslands ab, das war staatlicherseits extra so geregelt. Wir mußten mit Faktor 4,8 bezahlen, wenn z.B. die DDR eine Million Westmittel zu begleichen hatten, bedeutete das einen Aufwand von 4,8 Millionen DDR-Mitteln. Dann wurde die Ware geliefert, sie wurde vielleicht in Hawai gekauft, der Lieferant war aus Taiwan, kam dann mit dem LKW über Jugoslawien. Die standen irgendwann vor der Tür, das wurde ausgeladen, wir haben die Sachen in neutralen weißen Kisten gekriegt. Und die Firmen aus dem westlichen Ausland hatten überhaupt keine Hemmungen, die haben ihre Monteure und Spezialisten geschickt, die haben in unseren Werken die Anlagen eingefahren, das waren ja halbe Fabriken, die manchmal angeliefert wurden. Und das Wichtigste beim Rechner ist die Speicherkapazität und die Rechnergeschwindigkeit, was wollen Sie denn da mit so einer Taigatrommel machen, da werden Sie nie fertig. Jedenfalls hatten wir zum Schluß auch die modernsten NASA-Rechner. Wie die besorgt wurden, weiß ich nicht, aber sie waren da.

Lepsius: *Also ohne Schalck keine Zeiss-Mikroelektronik!*

Biermann: Ohne KoKo lief auf diesem Gebiet nichts. Und ich muß Ihnen sagen, Schalck ist ja nur eine Symbolfigur. Ohne KoKo hätte es keine hochintegrierten Schaltanlagen über 256 KB gegeben.

Hertle: *Zeiss war ja allein schon durch seine Rüstungsproduktion sicherheitspolitisch ein hochbrisantes Kombinat und verfügte wie die großen Chemiekombinate über eine eigene Objektdienststelle des Ministeriums für Staatssicherheit. Wir haben in den Chemiekombinaten gesehen, daß das MfS ganz erstaunliche Aufgaben wahrgenommen hat wie zum Beispiel eine TÜV-Funktion; sie machten Berichte über Anlagensicherheit und ähnliches. Was war denn die Tätigkeit der Objektdienststelle bei Ihnen?*

Biermann: Zeiss hatte ein eigenes Volkspolizeiamt, eine eigene Feuerwehr, eine eigene Zollabfertigung. Ich rede jetzt von den bewaffneten Einheiten. Wir hatten für die Volksarmee 40 oder 50 Militärabnehmer, das ist bei der Bundeswehr genauso; wir hatten sowjetische Abnehmer in den Betrieben, und wir hatten auch eine Objektdienststelle. Nun muß ich sagen, daß der zuständige Objektdienstleiter, ein 36 Jahre alter Diplomingenieur für Elektronik aus Ilmenau, unser Partner war. Er hatte Stil, das war schon eine neue Generation, die nicht mehr mit der Faust und rustikalen Methoden arbeitete. Der machte das auf die wissenschaftliche und gepflegte Art. Und was hat der gemacht? Wenn Sie eine Rüstungsindustrie mit vielen Staatsaufträgen haben, dann haben die sich Kaderakten angeguckt. Das machen Ihre Rüstungsbetriebe auch, das habe ich in Amerika gesehen, das ist doch ganz logisch, daß der Sicherheitsoffizier solche Aufgaben hat. Sie prüften, wie Sie sich verhalten haben, wenn Sie auf Konferenzen waren; sie konnten ja mitfahren, die verstanden was von dem Fach.

***Lepsius:** Hatten Sie in so einem großen Betrieb einmal Kaderprobleme? Sie sagen, niemand ist in den Westen gegangen, auch wenn er reisen konnte.*

Biermann: Probleme hatte ich nur im Sinne von Fähigkeit und Qualifikation ...

***Lepsius:** ... und als politisches Loyalitätsproblem?*

Biermann: In den Führungsgremien nicht, das waren doch ausgesuchte Leute, von oben bis unten. Wir hatten eine einzige Verhaftung, aber das war wirklich ein Spion des BND, den hatten sie im Militärbereich geschnappt. Ich habe immer gesagt, den Oberstleutnant, den Funktionär usw., laßt sie doch alle fahren, die kommen alle wieder. Sie haben hier ihre gute Arbeit, sie haben ihre Familie hier, sie haben eine vernünftige Wohnung, sie haben einigermaßen Freiheiten und konnten nach Kuba und sonstwo fahren. Wir hatten auch ein Kontingent für Westreisen privater Art; sie konnten zum Beispiel drei Wochen nach Österreich reisen. Was mußte ich als Generaldirektor machen? Ich mußte für die Leute bürgen, mußte unterschreiben.

***Lepsius:** Welche Rolle spielten die Kreisparteileitungen?*

Biermann: Ja, sowas gab's auch. Fassen Sie das nicht als überheblich auf. Ich war Mitglied des ZK. Die Kreisleitung war doch heilfroh, wenn sie Erfolge vorweisen konnte. Wenn man Erfolge hatte, dann konnte das der Kreissekretär der Bezirksleitung berichten, der Bezirkssekretär konnte das in Berlin berichten, und so hatten wir immer eine friedliche Koexistenz. Der hat seine Parteiarbeit gemacht und ich meine fachliche Arbeit. Und nun kommen wir zur Gewerkschaft. Nun werden Sie auch sagen: Biermann, Sie sind ein überheblicher Mensch, bin ich aber nicht. Ich habe dem Kreisvorstand der Gewerkschaft einmal gesagt, wenn ihr eure Arbeit macht und ich meine, dann müssen wir uns nicht streiten, und es ist gegangen. Das können Sie aber nur auf meine Person beziehen. Manche Leute konnten einem das Leben ja auch schwer machen. Und die Werkleiter waren autoritätsmäßig stark genug, um sich dem anzupassen. Ich war doch auch froh, Solidarität zu bekommen. Und was die Gewerkschaftsbeiträge angeht, da wurde doch viel Geld verdient. Das waren für die Jahresprämie und die Sozialfonds große Zuschüsse, so ein Kombinat ist doch eine Finanzmasse. Auch der Sport und die Ferienheime gehören dazu.

***Lepsius:** Sie meinen also, daß durch die relative Elastizität mit den Sozialfonds etc., die Sie hatten, eine hohe Betriebsidentität hergestellt wurde? Der SED-Kreisleiter war primär ein Zeissianer und sekundär ein Parteimann, der FDGB-Mann war primär ein Zeissianer und sekundär Gewerkschafts-Mann?*

Biermann: Das kann ich Ihnen bestätigen. Der Gewerkschaftschef war vierzig Jahre bei Zeiss, sein Vater war bei Zeiss, die Brüder, seine Frau, alle arbeiteten bei Zeiss, der hatte bei Zeiss gelernt. Keiner von denen ist irgendwie aus diesem Werk je herausgekommen.

***Pirker:** Beinahe wie bei Siemens und Krupp!*

Biermann: Und alle hatten das Bedürfnis zu sagen: "Wir sind von Zeiss!" In Jena sagte man nicht, wir gehen zur Arbeit, sondern dort geht man ins Geschäft. Und die Arbeiter gingen mit Schlips und Kragen zur Arbeit. Aber das ist die Tradition bei Zeiss, das war schon Jahrzehnte so, und der Großvater übertrug es auf den Vater und der Vater auf seinen Sohn und der auf seine Kinder. Und in den Familien war es obligatorisch, daß bei Zeiss gelernt wurde, daß man wieder zu Zeiss zurückgekommen ist, wenn man sein Diplom gemacht hatte. Durch diese Tradition hatte man natürlich eine große Stammbelegschaft. Aber das war nicht nur unser Erfolg, das ist auch die menschlich-moralische Einstellung der Leute gewesen, die sich in hohem Maße mit Zeiss identifiziert haben.

***Lepsius:** Das Volkseigentum hat ja in der DDR zu einem Nicht-Eigentum geführt und eine Motivationsschwäche und Beliebigkeit hervorgerufen. Ist das bei Zeiss nicht eingetreten? Wurde Zeiss nie richtig Volkseigentum, sondern blieb Zeiss?*

Biermann: Ja, das würde ich so sehen. Die Leute kriegten ja bei Zeiss, um ein anderes Beispiel zu nehmen, früher eine Pension, und diese Pension wurde nach der Betriebszugehörigkeit berechnet. Auch das war eine große Ausnahme. Und diese Pension betrug das Zwei- und Dreifache der staatlichen Rente - warum sollte da jemand weggehen?

***Hertle:** Die Pension beruhte auf dem alten Zeiss-Statut?*

Biermann: Das Zeiss-Statut wurde auch von der Regierung der DDR nie angetastet. Es wurde ein einziger Beschluß gefaßt, den wir damals eingebracht haben, wonach es keinen Unterschied mehr in der Pensionsberechnung zwischen Angestellten und Arbeitern geben sollte. Die Pension wurde auf Nettobasis berechnet, das fand ich auch in Ordnung. Dadurch hatte man bei den Lohnempfängern natürlich ein großes Plus.

***Pirker:** Diese Kontinuität bei Zeiss, auch die Personalkontinuität nach 1945, ist schon sehr erstaunlich.*

Biermann: Das ist richtig. Und es sind damals viele Spezialisten im Rahmen der Reparationen nach Rußland gegangen, vor allem die Spezialisten aus dem Rüstungsbereich, die solche Dinge entwickelt hatten wie den Antrieb für Torpedos oder die Artilleriebeobachtungsgeräte. In Zeiss ist es immer die Optik gewesen, die das Wesen dieses Unternehmens bestimmt hat. Und diese Spezialisten hatten in den ersten Jahren nach dem Krieg ein bißchen die Elektronik verschlafen, weil sie dachten, Optik, Feinmechanik, das reicht, aber da mußte der Faktor Elektronik hinzukommen.

***Lepsius:** Sie gehörten zu den Wirtschaftsführern der DDR, einer Elite, die nie richtig zum Zuge gekommen ist. Es gab eine Leistungselite in der DDR, vor allem die Generaldirektoren, die aber nicht die politische Führungsetage erreicht hat. Nun stand die Frage an, daß Honecker und die ganze alte Garde weg muß. Und dann sollten die Neuen kommen, das wären dann so Leute wie Biermann und andere gewesen!*

Biermann: Macher! Ja, es hat immer einmal Versuche gegeben, jüngere Leute ins Politbüro zu bringen, also Schalck und Beil, davon weiß ich. Aber da wäre etwas losgewesen, zwischen den Generationen wäre es da zu Konflikten gekommen!

***Lepsius:** Haben Sie den Eindruck gehabt, daß die Wirtschaftsführer für die DDR eine Chance gewesen wären?*

Biermann: Nein, da war es schon zu spät.

***Lepsius:** Aus dieser wirtschaftstechnischen Elite ist eigentlich niemand in die erste Etage gekommen, weder als ZK-Sekretär noch als Politbüromitglied?*

Biermann: Wie ich schon sagte, gab es wiederholt solche Versuche, die vor allem von Mittag ausgingen, der seine Lobby im Politbüro erweitern wollte, das ist ja verständlich. Und bei diesen Versuchen spielten immer dieselben Namen eine Rolle. 1986 gab es so einen Versuch, da hieß es, Stoph ist krank und zu alt, jetzt müssen neue Leute 'ran.

Lepsius: *Er hat ja auch nichts mehr gemacht.*

Biermann: Na gut, aber das ist ja eine Entscheidung dieser Herren im Politbüro gewesen. Ich war dreimal im Politbüro: Einmal wurde das Zeiss-Pension-Statut korrigiert, dann wurde die Mikroelektronik beschlossen, und das dritte Mal ein Bericht über den Megachip erstattet. Das hat 20 bis 30 Minuten gedauert. Sie müssen ja auch sehen, daß die Funktion eines Generaldirektors eine sehr interessante Aufgabe war. Wenn Sie ins Ausland kamen, kannte dort keiner den Minister, aber den Generaldirektor von Zeiss, den Generaldirektor von Robotron, den Generaldirektor vom Schiffbau, die kannten alle. Ich habe mit allen geredet, und wir wurden auch empfangen.

Lepsius: *Nun haben ja viele Leute in der DDR gesagt, daß angesichts der zunehmenden Auslandsverschuldung der dauerhafte Bestand der DDR seit 1985 oder schon seit 1981 rein ökonomisch immer problematischer geworden sei. Haben Sie das auch so empfunden, sozusagen das Auslaufen der ökonomischen Selbstreproduktionsfähigkeit dieses Staates?*

Biermann: Ich würde sagen, das hat Ende der siebziger Jahre angefangen. Ulbricht hat Honecker valutamäßig eine relativ schuldenfreie DDR übergeben, das waren ein oder zwei Milliarden DM, aber für ein Land wie die DDR keine Größenordnungen. Und unter Honecker stieg diese Verschuldung rasant an. Es wurden Konsumgüter, Textilien und Autos, ich will das nicht alles aufzählen, in Massen gekauft, und das mußte ja alles bezahlt werden. Und es wurde viel importiert, z.B. eine Fabrik für die Herstellung von Jeanshosen, Möbelfabriken, Plattenwerke aus Finnland für Wohnhäuser, das sind ja alles harte Devisen für den Konsumbereich gewesen. Es wurden aber auch technische Anlagen importiert, das war ja sinnvoll, z.B. in Buna, Zeiss, Schwedt, die Riesengießerei in Leipzig wurde komplett aus dem Westen geliefert, dann in Piesteritz die Anlage für Düngemittel, die Beispiele könnte ich noch fortsetzen. Und das alles mußte irgendwann einmal bezahlt werden. Da ging man von bestimmten Annahmen aus, nämlich daß die DDR bestimmte Größenordnungen an Erzeugnissen in den Westen exportiert.

Lepsius: *Wann sahen Sie die Krise heraufziehen?*

Biermann: Das fing an, als die Russen sagten, ab morgen verlangen wir für unser Erdöl Weltmarktpreise. Die DDR hatte einen Jahresbedarf von 19 Millionen Tonnen, sie war auf Rohstoffe angewiesen, und jetzt verlangten die Russen auf einmal Weltmarktpreise.

Hertle: *Aber mit einer gleitenden Anpassungsklausel über fünf Jahre!*

Biermann: Ja, aber bezahlen Sie mal 19 Millionen Tonnen Erdöl; das bedeutete eine Steigerung um zehn Milliarden Rubel. Und wir mußten die Schlacht jetzt nach beiden Seiten führen. Nun hieß es, die Exporte in die Sowjetunion haben Priorität, weil wir das Erdöl brauchten. Die Sowjetunion kürzte das Erdöl auf 17 Millionen Tonnen, also brauchten wir zwei Millionen vom Westen. Da wurde Erdöl auf dem freien Markt im Irak oder Kuwait gekauft, in Schwedt aufbereitet, veredelt und weiterverkauft. Das waren wilde Geschäfte.

Und in diesem Zusammenhang wurde wieder die Frage von Preisänderungen aktuell. Es gab Diskussionen, ob die Sozialpolitik überhaupt noch durchführbar war. Durch die Erdölkürzung benötigten wir zusätzliche Finanzmittel, um investiv die Industrie zu fördern. Da hätte man schon im Jahre 1975 bis zu 100 Milliarden Mark finden können, die man nur hätte umschichten müssen, denn wir hatten einen Investitionsstau von mehreren Milliarden. Aber diese Entscheidung wurde nie gefällt.

***Lepsius:** Warum nicht?*

Biermann: Tja, das hätte politischen Ärger gegeben!

***Lepsius:** Wer hat denn diese Wirtschafts- und Sozialpolitik durchgesetzt ...*

Biermann: ... das kann ich Ihnen authentisch sagen: Honecker persönlich!

***Lepsius:** Wieso hatte Honecker so einen sozialpolitischen Einschlag?*

Biermann: Ja - wenn man als Größter in die Weltgeschichte der DDR eingehen will, dann muß man etwas für die Masse tun! Honecker spielte die maßgebliche Rolle, wenn der als Vorsitzender etwas sagte, es wird so gemacht und nicht anders, da zuckten die schon hinten am letzten Tisch in der Ecke. Und Schabowski sowieso, der hätte ihm am liebsten noch die Füße geküßt. Dafür bin ich Zeuge! Aber die Schere zwischen der Verschuldung und den Investitionen wurde immer größer. Und Schalck und Beil versuchten einen Kredit nach dem anderen zu beschaffen, und dann gab es wieder einen Überbrückungskredit und wieder einen. Das ist denen ja auch immer gelungen, das waren ja hervorragende Leute. Die haben nicht gesagt, wenn wir morgen nicht die Million bezahlen, dann ist die DDR bankrott oder zahlungsunwürdig. Nein, sie zogen einen neuen Kredit aus dem Ärmel und sagten, den haben wir von der Bank sowieso aus dem Westen, und schon waren wir an den Börsen und Banken wieder liquid. Und das hat sich schon ein paar Jahre hingezogen. Dann kamen ja Politiker aus der Bundesrepublik in die DDR, denen wurde alles gezeigt, und wir haben Kooperationen abgeschlossen. Ich habe sie alle erlebt, Wolf von Amerongen und Krupp oder auf der Messe in Hannover Frau Breuel, das waren unsere guten Wirtschaftsbeziehungen. Und als Gorbatschow kam, hieß es auf einmal, jeder macht seine Sachen. Und da war es vorbei. Die Sowjetunion hat die Finger von der DDR weggenommen, und da war alles vorbei.

***Weinert:** Das war Ihnen sehr früh klar?*

Biermann: Gorbatschow hat seine Gedanken in dem Buch "Perestroika" niedergeschrieben. Das Buch ist außenpolitisch in Ordnung, innenpolitisch aber schwach, da hatte er keine Konzepte. In diesem Buch redet er zwar immer von Markt und Marktwirtschaft, aber ohne ein wirkliches wirtschaftspolitisches Konzept zu haben. Ich habe mir auch tausendmal die Frage gestellt: Was man hätte machen müssen? Wir wollten ja als Akteure auftreten. Gut, ich habe mich in den Sitzungen der Generaldirektoren bemüht, die Wahrheit auf den Tisch zu legen, die Dokumente liegen ja vor. Darauf wurde nicht eingegangen, das ist nachweisbar. Ich hätte ja sagen können, ich trete von meinen Funktionen zurück, das habe ich nicht gemacht, das hat keiner gemacht, ich auch nicht. Hinterher stellt man sich die Frage, warum hast du es nicht gemacht - hättest du was verändert? Wissen Sie, meine Frau durfte zweimal mit ins westliche Ausland, einmal nach England, da war es vorgeschrieben, mit Garderobe und Ehegattin, zum Ehrendoktor, da mußten sie ja zustimmen, sonst geht die Zeremonie nicht auf. Und einmal durfte sie nach Paris mitfahren. Da hat man sie nach Berlin bestellt und zu ihr gesagt. Paß auf, du kannst mitfahren, aber wenn du nicht wiederkommst, dann sperren wir deinen Sohn ein und die Kinder fliegen von der Schule. Im nachhinein stellt man sich die Frage, ob man nicht bei solchen Anlässen etwas geändert hätte. Ich bin der festen Überzeugung, daß ich an der DDR gar nichts hätte ändern können, außer das ich Märtyrer geworden wäre. Trotz dieser Dinge hatte ich ein bißchen Hoffnung gehabt, daß das noch irgendwie hinkommen wird, aber erklären kann ich es Ihnen nicht ganz.

Lepsius: Was hatten Sie denn am Jahresanfang 1989 für eine Vorstellung, wie das Jahr zu Ende geht?

Biermann: Zeiss war immer ein interessantes Gebiet für westliche Reporter, und zur Frühjahrsmesse in Leipzig erschien Herr Brinkmann von der "Bild"-Zeitung, den ich schon längere Zeit kannte. Wir sind in einen abhörsicheren Raum gegangen, und er sagte, Honecker muß doch gehen, er ist krank. Und ich antwortete ihm, eigentlich haben Sie recht, aber jetzt ist genau das Gegenteil richtig, denn wir haben keinen Besseren. - Mittag? Mittag ist schwer zuckerkrank und hat beide Beine amputiert. Ich sagte jedenfalls, ich weiß auch keine Lösung. Er fragte, ob er das veröffentlichen kann. Ich sagte, wenn du das veröffentlichst, sitze ich morgen im Knast. Er hat sich an sein Wort gehalten. Hinterher haben wir uns getroffen, da hat er mir das vorgespielt und gesagt: Mensch, hätte ich das bloß damals veröffentlicht, ich wäre ganz groß herausgekommen!

Lepsius: Die DDR war der erste deutsche Arbeiter-und-Bauern-Staat. Da war der Weltsozialismus mit einer Weltvision, da war die Friedensmacht gegen den kapitalistischen Imperialismus, da war das Programm einer neuen, humanen Begründung menschlicher Gleichheit. Dieses Kapitel konnte so einfach geschlossen werden?

Biermann: Sie müssen schon die Reihenfolge sehen: Als erster hat es ja Gorbatschow geschlossen. Und sie hingen alle von ihm ab.

Lepsius: War das nicht doch für Sie ein Bruch einer Weltsicht, mit der Sie sich subjektiv in Teilen unproblematisch identifizieren konnten?

Biermann: Ja, selbstverständlich. Man konnte sich für die Grundziele - nie wieder Faschismus, nie wieder Krieg, keine anderen Völker angreifen, nie wieder Judenhaß - einsetzen. An den grundsätzlichen Thesen gibt es auch heute nichts zu kritisieren, das Problem war die Praxis. Und diese Differenzen haben sich in der Praxis von Jahr zu Jahr verschärft.

Lepsius: Aber warum ist denn nun diese DDR zugrundegegangen? Hätte man das nicht doch in Ordnung bringen können? Das ist ja wie bei einer kleinen Firma: Der Unternehmer war nicht mehr auf der Höhe, er war zu alt, hat nicht die richtige Modernisierung gemacht, hat die Marktregeln nicht beachtet, und schließlich war er pleite. Dann kam der Pleitegeier, und die Firma ist verkauft worden.

Biermann: Sie können sich das gerne noch jahrelang wissenschaftlich überlegen, Herr Professor, aber die DDR ist durch sich selber von der Bildfläche verschwunden. Man spricht auch nicht mehr über sie. Sie wird auch in der Geschichte nur eine Fußnote sein. Das ist keine Verbitterung. Die DDR hat sich selber aufgelöst, glauben Sie mir. Es ist niemand gekommen mit einem Gewehr von außen, es ist niemand gekommen mit einem Gewehr von innen; es ist niemand gekommen, der alle Konten gesperrt hat, also die DDR pleite gemacht hat. Es ist niemand gekommen, der gesagt hat, du kriegst Geld, wenn du das politisch änderst. Nein, die DDR hat es einfach nicht mehr gemacht.

Lepsius: Aber es gab doch die staatstragenden Eliten ...

Biermann: Die staatstragenden Leute - das kann ich Ihnen ganz offen sagen, das ist jetzt nicht gegen das Alter gerichtet, es hängt aber doch damit zusammen -, die 25 Mann, die da oben saßen, haben alle gedacht, für uns individuell reicht es noch, biologisch. Die haben sich gesagt, so drei, vier Jahre kommen wir schon noch über die Runden. Und ich weiß nicht, ob jemand an Rettung gedacht hat. Die Bundesrepublik war ja auf diesen Zusammenbruch der DDR überhaupt nicht vorbereitet, sie wußte ja auch nichts. Da war keine Konzeption. Ein paar Monate vorher hat jemand noch zehn Punkte erläutert, die gingen aber auf Jahre, einen längeren Zeitraum.

Vor dreieinhalb Jahren hatte ich auch Ideen: Dreißig Prozent der Ministerien können verschwinden, die brauchen wir nicht. Warum braucht jeder Industriezweig einen eigenen Minister? Die Plankommission kann das Kennziffernsystem auf dreizehn Kennziffern reduzieren, den Rest lassen wir weg. Das wußten wir alle, das haben wir auch aufgeschrieben, aber daraus wurde nichts.

Lepsius: Im Grunde hat sich das doch so abgespielt, daß jeder in seinem Bereich nur einen Teil beeinflussen konnte ...

Biermann: Herr Professor, man muß sich doch über den Mechanismus oder über die Bedeutung des Zentralkomitees keine Illusionen machen. Dieses Zentralkomitee, diese 180 Mitglieder, kamen zweimal im Jahr für drei Tage zusammen. Da wurde ein Rechenschaftsbericht gegeben, der immer von einem anderen Politbüromitglied vorgetragen wurde, über die Zeitetappe, das dauerte schon einen Tag. Und dann sprach der nächste über den Zeitraum, der bevorsteht, also über den Volkswirtschaftsplan, Fünfjahrplan, Außenpolitik. Und dann sprachen etwa fünf Leute, im Schnitt haben nur zehn bis fünfzehn Mitglieder insgesamt gesprochen, die anderen Beiträge wurden schriftlich abgegeben, da gab's eine Broschüre. Dann wurde ein Beschluß gefaßt, der Volkswirtschaftsplan wurde bestätigt und der Regierung der DDR empfohlen, die entsprechenden Gesetze zu erlassen. Damit war diese Funktion der Mitglieder des Zentralkomitees erledigt. Im Politbüro wurden die Entscheidungen vorbereitet, die gingen an die Regierung, und die machten die Gesetze, wiederholten das noch einmal, dann trat Stoph vor der Volkskammer auf, und die Volkskammer beschloß das. Die eine oder andere Gegenstimme gab es auch im ZK, aber nach außen wurde alles einstimmig beschlossen. Das war ja eine geschlossene Veranstaltung, da war kein Reporter, niemand. Es gab auch kritische Stimmen, von Modrow zum Beispiel. Aber jeder kämpfte erstmal für seinen Bezirk, das ist ja auch verständlich. Denn Modrow hatte dort die Probleme, also zu wenig Wohnungen, schlechte Versorgung, schlechte Stimmung an der Universität und unter den Künstlern und was weiß ich noch alles.

Lepsius: Tut Ihnen irgendetwas leid an Ihrer Entwicklung?

Biermann: Nein, ich habe damit abgeschlossen. Ich war nie wieder in Jena, ich habe mit niemandem Kontakt. Ich weiß, daß die, die nach mir angetreten sind, auch alle verschwunden sind. In den Führungspositionen ist keiner von früher mehr da. Man soll sich da nicht einmischen. Und ich kann da auch abschalten.

Wir dachten, wir finden schon eine Lösung

Gespräch mit Christa Bertag, Berlin, 19.10.1993

Generaldirektorin des VEB Kosmetik-Kombinats Berlin.
Geboren am 16. Dezember 1942 in Sondershausen, Thüringen. Aufgewachsen in einer kommunistischen Arbeiterfamilie; der Großvater war Maurer und gehörte vor 1933 der KPD an, der Vater arbeitete nach dem Krieg im Kalibergbau. Absolvierung der Grund- und Oberschule in Sondershausen, danach Besuch der Arbeiter- und Bauernfakultät in Halle und dort 1961 Abitur. 1961 bis 1962 Qualifikation zum Chemiefacharbeiter in einem Betrieb in Bitterfeld und anschließend Studium an der Technischen Hochschule in Merseburg. Heirat und Familiengründung. 1967 Diplom-Chemiker und Eintritt als Betriebschemiker in Leuna. Mitglied in der FDJ und der SED. 1974 von Leuna an die Parteihochschule "Karl Marx" in Berlin delegiert und nach drei Jahren Abschluß als Diplom-Gesellschaftswissenschaftler. Danach Verpflichtung in die Abteilung Grundstoffindustrie des Zentralkomitees der SED mit Zuständigkeit für die verarbeitende Chemie mit dem Bereichen Haushaltschemie, Kosmetik, Farben und Lacke. 1986 Ernennung zum Generaldirektor des Kosmetik-Kombinats in Berlin mit 8 000 Beschäftigten. Nach der Übernahme des Betriebs durch die Treuhand Geschäftsführerin und nach der Privatisierung des Berliner Kernbetriebs 1993 Chief Operating Officer der Berlin Cosmetics GmbH.

Lepsius: Wie kamen Sie als Mitarbeiterin in den Apparat des Zentralkomitees?

Bertag: 1974 war ich als Betriebschemikerin von Leuna an die Parteihochschule "Karl Marx" nach Berlin delegiert worden. Nach dem Abschluß der Parteihochschule habe ich gebeten, daß ich in einen Betrieb gehen kann, weil ich Menschen brauche, mit denen ich arbeiten kann. Das war aber nicht möglich. Ich bin dann 1977 als Mitarbeiter in die Abteilung Grundstoffindustrie des Zentralkomitees gegangen. Mein Verantwortungsbereich war damals die verarbeitende Chemie, damals waren das die VEB Leichtchemie, das war also Haushaltschemie, Kosmetik, Lacke und Farben. Und dann gab es immer noch Querschnittsthemen, das war bei mir die Konsumgüterproduktion der chemischen Industrie. Das war mein Aufgabengebiet, dem ich mich sehr ernsthaft zugewandt habe. Das begann damit, daß ich erstmal in alle Betriebe gefahren bin, weil ich mir gesagt habe, ich kann nur über das sprechen, was ich kenne. Selbst in die kleinsten Betriebsteile dieser ganzen Branche bin ich gegangen, und ich war in dieser Abteilung bis Ende 1985. Ab 1.1.1986 wurde ich Generaldirektor des Kosmetik-Kombinates Berlin.

Weinert: Wer hat Sie vorgeschlagen?

Bertag: Ja - wer mich vorgeschlagen hat, das weiß ich eigentlich nicht so richtig. Man muß da die ganze Entwicklung sehen. Ich sage mal, wenn ich eine Sache tue, dann tue ich sie ganz - oder gar nicht. Und als ich in dieser Abteilung Grundstoffindustrie war und mir das alles angeschaut hatte, wurde mir einiges sehr schnell deutlich. Erstmal habe ich rumgemault und gesagt, das kann doch gar nicht sein, ich komme aus der Großchemie Leuna, und jetzt gehe ich dahin und sehe, wie die mit dem Gummihammer die Pfropfen in die Parfumflaschen schlagen und wie die die Seife rühren - man fühlte sich als Leunaer zu etwas Höherem berufen. Ich habe dann aber bemerkt, unter welch unglaublichen Bedingungen die Leute in dieser Branche arbeiten und vor welchen Anforderungen sie stehen. Da ich etwas praktisch-technisch ausgebildet bin, habe ich auch gesehen, was man eigentlich tun könnte. Ich habe mich in dieser ganzen Zeit sehr dafür eingesetzt, daß für diese Bereiche etwas getan wird. Die Anforderungen an die Bereiche stiegen immer mehr, das war auf der einen Seite die Versorgung im Inland und der Export nach dem Osten, und auf der anderen Seite wurde die Decke immer kürzer. Das war einmal die Decke der technischen Möglichkeiten, also die technologische Seite, und zum anderen natürlich die Seite der materiellen Dekkung, also Zulieferungen usw.

***Pirker:** Sie haben das tiefe Gefühl gehabt, daß die Decke nicht mehr langt?*

Bertag: Ja, natürlich, die langte auch nicht. Zuerst, wenn man neu ist und dort so reinkommt, muß man sich das erarbeiten. Ich habe mir alles angesehen und gesagt, das ist unmöglich, so kann man einfach nicht arbeiten, was muten wir den Menschen eigentlich zu. Das muß ich wirklich sagen. Es war unglaublich.

***Hertle:** Wie war denn Ihr Arbeits- und Aufgabengebiet genau definiert - also welche Anforderungen waren mit dieser Stelle im ZK verbunden?*

Bertag: Die Abteilung Grundstoffindustrie des ZK war eine Abteilung, die über große Bereiche der DDR-Volkswirtschaft mitzubestimmen hatte ...

***Lepsius:** ... das war der Mittag-Bereich!*

Bertag: Das war der Mittag-Bereich, ich saß sogar auf seinem Flur. Und Horst Wambutt war unser Abteilungsleiter. In diesem Bereich gab es Sektoren, dazu gehörten die Grundstoffindustrie, die chemische Industrie, Kohle-Energie, Kali und Wasserwirtschaft-Umwelt. Die Mitarbeiter waren entsprechend der Wirtschaftsstruktur angegliedert an die staatlichen Strukturen, eingeteilt für diese Bereiche. Ich war für die verarbeitende Chemie zuständig und unsere Verantwortung lag darin, daß wir genau Bescheid wußten über diese Bereiche; viel mehr, als man eigentlich in einem solchen politischen Bereich erwarten konnte oder durfte, sowohl über die wirtschaftlichen Möglichkeiten als auch über Stimmung und Meinung und dergleichen. Und von uns wurde auch verlangt, daß wir Vorschläge zur Veränderung machten. Auf der anderen Seite gab es die staatlichen Planvorgaben, und wir waren auch verpflichtet, dafür zu sorgen, daß in unseren Verantwortungsbereichen diese Planzahlen und Planvorgaben umgesetzt wurden. Das war das Thema.

***Pirker:** Da sind Sie ja in eine problematische Lage gekommen. Aus Ihrer Betriebserfahrung sahen Sie, die Decke langt nicht mehr, die Arbeitsbedingungen werden immer schlechter. Die Anforderungen für die innere Versorgung und die Exportseite steigen, und dann müssen Sie trotzdem noch dafür sorgen, daß die Zahlen der Pläne erfüllt werden. Ja - aus was heraus?*

Bertag: Ja, es war so - das ist vielleicht nun meine eigene Art -, ich muß mit den Leuten arbeiten. Ich bin dort hingegangen, habe mich mit ihnen unterhalten, und vielleicht war es schon das, daß ich auch zuhören konnte, daß ich gefragt habe, wie ist es. Und ich habe nicht nur mit den Betriebsleitern gesprochen, sondern ich bin wirklich in die Produktion gegangen und habe mir das angehört. Und manchmal habe ich auch gesagt, Kinder, das geht wirklich nicht so, ich setze mich jetzt dafür ein, daß das verändert wird. Manchmal gab es große Skepsis; da haben sie gesagt, hier waren schon viele, die das erzählt haben. Es ist mir nicht alles gelungen, aber an vielen Stellen konnte ich doch Einfluß nehmen, daß sich etwas verändert hat. Und damit hat sich auch ein Vertrauensverhältnis herausgebildet. Es war natürlich so: Das eine war die Erkenntnis, das andere, was nach oben weitergegeben wurde. Ich habe mich sehr bemüht, sehr offen und real die Dinge darzulegen, und ich war da auch nicht feige. Ich bin so ein Mensch, der nicht an seinem Stuhl klebt. Ich habe sehr viele Vorschläge eingebracht, zunächst in die Abteilung des ZK, die ja mein Arbeitsgebiet in dieser Zeit war, die aber auch natürlich Einfluß auf das Ministerium hatte, auf Herrn Wyschofsky, auf unseren Minister, und einiges konnten wir schon bewegen. Wir haben in dieser Zeit viele Konzeptionen erarbeitet, was besser gehen könnte.

Die Situation verschärfte sich insbesondere 1981/82, als die Devisensituation der DDR sehr prekär wurde und Importeinsparungen und dergleichen anfielen. Ich muß sagen, das Ganze, was auf dem Gebiet Spee und Spee-Color entstanden ist, also das waren Waschmittel für bestimmte Anwendungsgebiete, da war ich schon maßgeblich mit involviert. Solche Dinge konnten wir schon durchsetzen. Wir haben Konzeptionen gemacht zur Entwicklung auf der Strecke Lacke und Farben, aber auch auf anderen Gebieten. Ich könnte jetzt viele Details anführen. Für mich wurde folgendes sichtbar, natürlich auch für andere: Wir hatten in der DDR eine Grundstoffindustrie entwickelt, die einen bestimmten Stand erreicht hatte, der sich nicht verstecken mußte, und wir hatten auf der anderen Seite eine verarbeitende Industrie, die in den einzelnen Branchen sehr differenziert war. In dem Bereich, in dem ich tätig war, war sie sehr unterentwickelt, aber in anderen war sie ziemlich hoch, in der Textilindustrie zum Beispiel. Aber in der chemischen Industrie wurde sichtbar, daß zwischen dem, was aus der Grundstoffindustrie kam, z.B. an Zwischenprodukten, und dem, was die verarbeitende Industrie brauchte, um hochwertige Güter zu produzieren, eine große Lücke klaffte. Was wurde also getan? Grund- und Zwischenprodukte wurden exportiert und zu teurem Geld wieder eingekauft, damit sie zu billigen Konsumgütern verarbeitet werden konnten. Eine Idiotie eigentlich! Und wenn ich das mal für unseren Bereich nehme: Es hätte weniger Investitionen bedurft, um bestimmte Stufen in der Raffination bestimmter Grundstoffe anzuschließen; wir hätten dann bei Grundstoffen für Shampoos oder Waschmittel oder Ähnlichem genau dieselbe Qualität gehabt. Das wurde aber nicht getan, weil diese Investitionen nicht gemacht wurden. Nein, es wurde exportiert, um kurzfristig irgendwelche Devisen zu erwirtschaften und sie auf der anderen Seite über Importe doppelt hinauszuwerfen.

Pirker: *Der Export ging doch in erster Linie in die Ostblockländer?*

Bertag: Bei den Grundprodukten in westliche Richtung, bei den verarbeitenden Industrien in die Ostrichtung. Ich habe es in meinem eigenen Kombinat erlebt. Wir waren sehr stark vertikalisiert. Wir haben im Hydrierwerk Rodleben unsere eigenen Grundstoffe hergestellt, und unsere Grundstoffe waren nicht so schlecht; wir konnten sie schon einsetzen, auch bedenkenlos. Es gab keine gesundheitlichen Probleme, wie das heute so überspitzt dargestellt wird. Aber wenn wir vielleicht noch eine Stufe der Hydrierung angeschlossen hätten, hätten wir Grundstoffe gehabt, die einwandfrei gewesen wären, die es uns ermöglicht hätten, z.B. in einem Shampoo viel weniger Parfum einzusetzen, damit wir nicht diesen Eigengeruch der Rohstoffe überdecken mußten. Parfumöl war aber ein Importprodukt. Und wir haben eigentlich das Geld mit vollen Händen hinausgeschmissen, es war nicht zu verstehen.

Ähnliches spielte sich in der Industrie Lacke und Farben ab, für die ich in dem Sektor Chemie der Abteilung Grundstoffindustrie noch zuständig war. Es gab ständig die Diskussion, die Farbe blättert von den Häusern - natürlich, es war das billigste Latex, was wir hatten. Wir haben also eine Konzeption erarbeitet, was investiert werden muß, damit wir zu Acrylaten kommen, und haben ausgerechnet, was unter dem Strich langfristig an Mitteln eingespart wird, aber es ging einfach kein Weg rein. Wir haben also die Häuser weiter angestrichen - und alle drei Jahre blätterte die Farbe ab.

Lepsius: *Was Sie gemacht haben, ist ja eigentlich die Funktion eines Entwicklungschemikers in einem Betrieb. Wieso wurden solche Aufgaben im ZK bearbeitet anstatt in den Kombinaten?*

Bertag: Das ist eigentlich die generelle Frage. Gerade in dieser Zeit, als es um Deviseneinsparungen ging, wurden Vorschläge erarbeitet, wie die DDR die Volkswirtschaft besser gestalten kann. Das ging bis zu Vorschlägen, die auf der Mitarbeiterbasis, auf der Sektorenbasis im ZK erarbeitet wurden. So wurde diskutiert, wenn wir den Preis für die Schrippe um einen Pfennig erhöhen, verhindern wir dies und das, aber damit können wir anderes einsparen. Oder wir erhöhen die Benzinpreise und sparen damit soviel ein; das hing mit den Reifen zusammen, es war ja alles knapp bei uns. Es gab schon solche Diskussionen, die wirklich in Vorschlägen konkret fixiert wurden.

Pirker: *Aber nur bis zu einer bestimmten Ebene!*

Bertag: Die gingen bis zur Ebene Abteilungsleitung, wurden dort nochmal diskutiert, und ich muß sagen, Horst Wambutt war eigentlich einer derjenigen, der, wenn er überzeugt war, auch bestimmte Dinge gegenüber Mittag vertreten hat. Ich habe selbst ein ganz konkretes Beispiel. Und dann verschwanden sie, weil sie bei Mittag vom Tisch gewischt wurden. Dort gab es überhaupt kein Denken in dieser Richtung. Ich muß Ihnen ehrlich gestehen, ich verstehe diese ganze Diskussion in gewisser Weise schon, die jetzt um die Parteiführung geht; ich verstehe aber eines nicht, daß der Hauptschuldige an der Misere, Mittag, überhaupt keine Rolle mehr spielt. Man holt Keßler und was weiß ich wen vor Gericht, und um Herrn Mittag ist vollkommene Ruhe.

Pirker: *Sie haben sozusagen versucht, die Schwierigkeiten mit der Mobilisierung der Intelligenz Ihrer Mitarbeiter zu lösen, Sie haben dauernd versucht, die Motivation zu heben. Aber die Ressourcen, mit denen man das kapitalmäßig zu machen hatte, wurden immer geringer.*

Bertag: Sie wurden immer geringer, das ist richtig.

Lepsius: *Was hat Ihr Abteilungsleiter nun zu Ihnen gesagt, wenn das wieder mal hängengeblieben ist? Hat er gesagt, liebe Christa, du hast vollkommen recht, aber ...*

Bertag: Das hat er nicht gesagt. Er hat gesagt, weißt du was, dich kriegen wir nie groß, du verstehst überhaupt nicht, was hier los ist! Was reißt du eigentlich ständig dein Maul auf - ich sage das jetzt mal ganz salopp -, du begreifst die Parteipolitik nicht! Ich sagte, ja, vielleicht ist es so, ich weiß es nicht. Es gab schon Auseinandersetzungen, und die waren manchmal sehr hart und nicht einfach.

Lepsius: *Das war der Kanal innerhalb des Zentralkomitees, aber Sie konnten ja auch direkt in das Chemieministerium eingreifen.*

Bertag: Das war natürlich eine Gesamtstruktur. Ich weiß nicht, wie bestimmte Herren das heute darstellen, aber es passierte in den Ministerien nichts, was nicht ohne Absegnung des ZK geschah.

Lepsius: *Aber es müßten doch genau solche Menschen wie Sie im ZK auch im Ministerium gesessen haben?*

Bertag: Ja, aber wissen Sie, es gab wenige. Das Ministerium ist vielleicht zu vergleichen mit einer Behörde, wie wir sie heute auch haben, wo also alles gesichert ist und man nicht mehr denken muß. So erscheint es mir heute auch. Und in dem Ministerium gab es sogar manchmal eine Riesen-Antipathie gegen das, was das ZK gesagt hat, sowohl gegen das, was wirklich unmöglich war wie auch gegen das, was möglich gewesen wäre. Das Ministerium hat gesagt, was haben die sich nun wieder ausgedacht; wir sind hier nur die Erfüllungsgehilfen - was als Fazit vielleicht stimmte. Aber es wurden auch nur sehr wenige Vorschläge eingebracht, soweit ich das überblicken kann. Ich weiß nicht, was Herr Wyschofsky gesagt hat, aber er war z.B. ein Minister, der unbedingt das gemacht hat, was das ZK gesagt hat und sich zugleich gegen alle gewandt hat - auch gegen mich, als ich noch im ZK war, in dem Sinne: Das sind ja ein paar Verrückte, und wenn wir noch mehr davon hätten, wären wir bald am Ende. Solche Äußerungen gab es da. Ich sage mal, ich bin kein Märtyrer, ich war kein Opportunist, gar nicht, ich habe einfach nur versucht, das Beste aus den Dingen zu machen.

Hertle: *Wie kamen die Probleme, die Sie bearbeitet haben, überhaupt auf Ihren Tisch?*

Bertag: Ich habe sie mir eigentlich selbst geholt, indem ich ständig draußen war. Ich war unterwegs, ich habe mir das angesehen und habe gesehen, was kam von oben, also was wurde vorgegeben, was ist möglich und was müßte man tun. Ich bin auch kein Mensch, der sich nun an Problemen aufhält, sondern mich interessiert immer die Frage: Wie kann man ein Problem lösen? Das war für mich der Ansatzpunkt. Man hat ein Verständnis für bestimmte Dinge, sieht auf der anderen Seite, was verlangt wird, und irgendwo ist doch diese Lücke. Nach der Kombinatsbildung - da habe ich auch eine Aktie dran, gebe ich zu - hatten wir Riesenprobleme in dem Kosmetik-Kombinat, damals war es noch das Haushaltschemische insgesamt, die Produktivität zu steigern, weil die Maschinen am Ende waren, und es ging einfach nichts mehr. Ich hatte einen Vorschlag für Investitionen in die Aerosolindustrie gemacht - der wurde vom Tisch gewischt, weil kein Geld da wäre. Und plötzlich erfahre ich über irgendwelche Wege, daß der Generaldirektor vom Petrolchemischen Kombinat in Schwedt eine neue Aerosolfabrik aufbaut. Und da habe ich gedacht, das kann doch nicht wahr sein. Ich habe mich hingesetzt und geschrieben, wie ich gehört habe, kostet das soviel, wir müßten das eigentlich dort tun. Ich habe zwei Varianten aufgeschrieben, was man tun könnte und habe darunter geschrieben, handschriftlich: Und wenn das nicht so gemacht wird, dann bitte ich um meine Demission hier, dann mache ich nicht mehr mit, es reicht. Das habe ich Wambutt gegeben, er hat es gelesen, hat mich in sein Arbeitszimmer gerufen und gesagt, also Mädel, was hast du hier aufgeschrieben. Ich sage, so ist das, und ich habe wirklich die Nase voll, so geht das einfach nicht, was wird hier gespielt? Er hat Mittag angerufen, um eine Unterredung gebeten und hat gesagt, du wartest hier. Er ging und meinte, wenn ich zurückkomme, weiß ich nicht, ob wir beide dann noch hier sind. Ich saß in seinem Arbeitszimmer und habe gewartet und gedacht, was jetzt wohl passiert. Und es dauerte eine Weile, er kam zurück und sagte, gut, wir folgen dem Vorschlag, wir machen das so. Das Ergebnis war dann ein Kompromiß: Schwedt durfte seine

Investition machen, aber wir bekamen auch etwas. Aber die Folge war, daß Schwedt eine Auflage für Konsumgüterproduktion bekam und in der Folge nochmal eine Veränderung in der Kombinatsbildung erfolgte, weil ich gesagt habe, das ist untragbar, so geht das ganz einfach nicht.

Lepsius: *Das Interessante ist, daß Sie durch diese Hartnäckigkeit einen außerplanmäßigen Vorgang gewissermaßen kreiert haben, der durch Ihren persönlichen Einsatz plötzlich dramatisiert worden ist. Und dann hat Mittag tatsächlich innerhalb einer Stunde einen verbindlichen Beschluß gefaßt?*

Bertag: Ja.

Weinert: *Wie war denn die Konfliktsituation in Ihrer Position als Generaldirektorin?*

Bertag: Der Ausgangspunkt war, wer mich für diese Funktion vorgeschlagen hat. In der ZK-Abteilung kamen natürlich auch andere Fragen zur Sprache, z.B. zur Energiepolitik, zu der ich eine ganz kritische Haltung hatte, dazu gab es schlimme Auseinandersetzungen. Aber im nachhinein habe ich das so betrachtet: Wer ist eigentlich aus dieser Abteilung in andere Funktionen rausgegangen? Wenn man dort war, das war fast so, als wenn man ein Beamter war. Und im nachhinein muß ich sagen, es waren eigentlich die etwas kritischen Stimmen, die wieder gingen. Ich wurde Generaldirektor. Das Kosmetik-Kombinat war dadurch gekennzeichnet, daß es seit seinem Bestehen ab 1980 einfach nicht unter diesen Bedingungen existieren konnte. Es hat nie den Plan erfüllt - Exportanforderungen, Inlandsanforderungen, alles wurde nicht erfüllt, und es hatte in dieser kurzen Zeit schon mehrere Generaldirektoren hinter sich gebracht. Der erste Generaldirektor war der ehemalige stellvertretende Minister, das war eine absolute Pleite; er hatte weder ein Feeling für die Leute noch für die Aufgaben. Wir waren als ZK-Abteilung auch für diese Personen, die Kader, wie man so sagte, verantwortlich. Und ich habe dann gesagt, ich habe mir das Kombinat angeschaut, wir brauchen einen Mann der Praxis, der auch Feeling für das Ganze hat. Und mein eigener Vorschlag war, einen Betriebsdirektor aus einem kleineren Betrieb als Generaldirektor für das Kosmetik-Kombinat zu nehmen. Ich hatte mit dem Mann gesprochen, es gab ein großes Vertrauensverhältnis. Ich habe ihm auch gesagt, paß' auf, mach das und das. Als Generaldirektor war es ja nicht so leicht, mit allem fertigzuwerden. Man hatte erstens das ZK, dem man sozusagen direkt unterstellt war, dann den Minister, dem man offiziell unterstellt war, aber das ZK war natürlich gleichwertig, und dann mußte man noch mit den territorialen Parteiorganen klar kommen. In Berlin war das die Bezirksleitung und dann noch die Kreisleitung. Und das war eigentlich das Schlimmste; die territorialen Organisationen waren die kompliziertesten ...

Pirker: *... weil die immer dreinredeten und die Kompetenz geringer war als die Ihrige?*

Bertag: Natürlich! Erstens redeten sie rein, zweitens redeten sie ohne Sachverstand rein. Der Generaldirektor kam mit den Leuten nicht klar, und das Kombinat ging immer weiter abwärts, das war nicht zu ertragen. Und nun kam die Frage, wir brauchen schon wieder einen neuen Generaldirektor. Dazu hatte ich einen Vorschlag gemacht, und dann wurde ich zum Abteilungsleiter gerufen, und da sagte man mir, jetzt haben wir an dich gedacht, daß du das machst. Und ich wollte das nicht!

Pirker: *Sie haben ja das Beispiel eines Schleuderstuhls vor sich gehabt!*

Bertag: Ja, genau. Ich habe gesagt, ich habe keine Lust, dort als Abschußfigur zu sitzen. Aber auf der anderen Seite dachte ich, warum machst du das nicht? Du hast die ganze Zeit dafür gearbeitet, und eigentlich weiß ich, wie es geht, was man tun muß; aber auf der anderen Seite hatte ich eine große Scheu. Es ist ja ein Unterschied, ob man im ZK sitzt und sagt etwas, oder ob man die Verantwortung selbst trägt. Ich sagte, ich muß mich erst bedenken. Dann gab es mehrere Gespräche, und dann sagte ich, okay, ich bin bereit, das zu tun, aber ich habe meine Forderungen. Nicht in bezug auf das Gehalt; das war festgelegt. Es waren keine persönlichen Dinge. Ich sagte, wenn ich das tue, dann fordere ich erstens Investitionen in der Größenordnung, zweitens einen Plan, der machbar ist, drittens das, das, das. So, dann gab es eine zweistündige Diskussion, und dann hat man mir das zugesichert, und ich habe verlangt, daß das auch protokollarisch festgehalten wird. Dann habe ich gesagt, unter den Bedingungen bin ich bereit.

***Lepsius:** Wer hat Ihnen das denn zugesagt?*

Bertag: Auf der einen Seite Herr Wyschofsky als Minister für Chemie und auf der anderen Seite Herr Wambutt als zuständiger Abteilungsleiter im ZK. Er hat gesagt, gut, ich werde mich dafür einsetzen. Was das auch immer heißen mochte, wußte ich nicht. Aber ich hatte wirklich auch eine bestimmte Vertrauensbasis zu Herrn Wambutt; zu Herrn Wyschofsky nicht so, muß ich ganz ehrlich gestehen.

***Lepsius:** Das heißt, ein Abteilungsleiter im ZK hatte eine bedeutende Stellung?*

Bertag: Ja.

***Lepsius:** Mit Mittag hatten Sie direkt nichts zu tun?*

Bertag: Nein.

***Lepsius:** Das ist im Grunde alles über Wambutt gelaufen?*

Bertag: Ja, über die Abteilungsleitung.

***Lepsius:** Und die Abteilungsleitungen waren eigentlich die zentralen Organe der Willensbildung und der operativen Konkretisierung?*

Bertag: Ja, schon. Sie waren Herrn Mittag direkt unterstellt.

***Hertle:** Und welche Rolle spielte in dieser Konstellation der entsprechende Abteilungsleiter in der Plankommission?*

Bertag: Ich kann mich gar nicht erinnern, wie der hieß.

***Lepsius:** Der Minister und der ZK-Abteilungsleiter haben die Zusagen an Sie in der Plankommission irgendwie durchgesetzt und durchgedrückt?*

Bertag: Na ja, was heißt durchgesetzt und durchgedrückt? Das ist wieder ein Kapitel für sich. Aber das war das eine, und das zweite war, daß ich versucht habe, diesen gestörten Kontakt, den es zwischen dem Berliner Kombinat und der Bezirksleitung gab, zu löten, auch mit der Kreisleitung, um auf dieser Ebene einfach mal Ruhe reinzubringen, denn die können einen rund um die Uhr beschäftigen.

***Lepsius:** Wie ist Ihnen das gelungen?*

Bertag: Mit Geschick!

***Lepsius:** Wo war das Kombinat kreisleitungsmäßig angesiedelt?*

Bertag: Bei der Kreisleitung Mitte. Weil wir damals noch in der Anklamer Straße saßen.

Lepsius: *War da jemand, mit dem Sie fachlich reden konnten?*

Bertag: Schwer! Wissen Sie, die Kreisleitung war für diese fachlichen Dinge auch gar nicht zuständig.

Lepsius: *Aber was konnten die Ihnen denn für Ärger machen?*

Bertag: Die Kreisleitung hat darauf geachtet, ob der Plan erfüllt wurde, weil das abgerechnet werden mußte. Aber sie konnten einen erheblich durch ganz verschiedene Dinge stören. Erstens, ob die ideologische Arbeit in Ordnung war, zweitens, ob in dem Betrieb auch alles richtig war und nicht einer etwa irgendwann in der Nachtschicht ein kaltes Mittagessen gekriegt hatte oder ...

Lepsius: *Aber das war doch eine Aufgabe des FDGB?*

Bertag: Nein, nein, der FDGB hat überhaupt keine Rolle gespielt. Ich sage das so offen; ich habe mit den Leuten von der Gewerkschaft sehr wenig Probleme gehabt. Es gab das Parteilehrjahr und die Schulen der sozialistischen Arbeit und die Messe der Meister von morgen, das waren die Punkte, für die sich die Kreisleitung interessiert hat, weniger für das Fachliche, aber damit konnten sie einen manchmal sehr beschäftigen. Bei der Bezirksleitung war das schon etwas anders, da gab es natürlich eine Wirtschaftsabteilung, in der aber, da hatte ich vielleicht ein bißchen Glück, sehr vernünftige Leute waren, mit denen man sprechen konnte. Und dann gab es Herrn Schabowski, der zu DDR-Zeiten den Anschein erweckte, daß er den Kombinaten - ich suche jetzt nach Worten, ohne unsachlich zu werden - sehr zugetan sei, also er machte auf Popularismus. Von ihm bin ich eigentlich nach der Wende am meisten enttäuscht, weil er wirklich als Politbüromitglied auch hätte etwas bewirken können.

Pirker: *Sie mußten doch als Kader von der Partei jedes Jahr beurteilt werden. Sind Sie da wegen Ihres Verhaltens gerügt worden?*

Bertag: Ich habe derartiges nicht erfahren. Ich habe zwar manchmal eine Kritik einstecken müssen. Und bei der Kritik wußte man immer nicht, woher sie kam. Es gab bei uns die Arbeiter-und-Bauern-Inspektion, es gab die sogenannten Inspektoren, mit denen man sich herumärgern mußte, und meist habe ich Kritik auf dieser Ebene eingesteckt, weil ich wieder mal irgendwas getan hatte oder mich gegen irgendeinen gewandt hatte. Wissen Sie, was ich im April 1989 gemacht habe? Da habe ich meinen Inspektor entlassen, und der Inspektor im Kombinat in der DDR war Mitarbeiter der Staatssicherheit. Also wir brauchten ihn nicht mehr zu entlassen, als die Wende kam, wir hatten schon keinen mehr, er war weg.

Lepsius: *Das war frech ...*

Bertag: ... ja, das war frech, und ich habe daraufhin viel einstecken müssen. Aber wir hatten Tatsachen, da konnte keiner dran vorbei. Unser Inspektor war gleichzeitig unser APO-Sekretär, Abteilungsparteiorganisator. Es waren Wahlen, und er wurde nicht mehr gewählt. Ich hatte ihn vorgewarnt und gesagt, Kinder, es liegt was in der Luft. Nein, nein, hieß es da; das Ergebnis war, daß er nicht gewählt wurde. Wissen Sie, was das für ein Skandal war? Da habe ich natürlich gesagt, also das kann doch nicht sein, wenn die eigenen Genossen zu dem Herrn - damals haben wir gesagt, zu dem Genossen - kein Vertrauen mehr haben, dann kann er doch diese Funktion nicht mehr ausüben. Und das war der Punkt, wo wir ihn entlassen haben.

Lepsius: *Der Parteisekretär wurde einfach nicht mehr gewählt?!*

Bertag: Es war ein sehr ungewöhnlicher Vorgang. Das war natürlich 'rum in Berlin, und die Telefone klingelten am nächsten Tag heiß. Mir wurde gesagt, das ist dein Einfluß, weil du die Genossen nicht richtig ideologisch bildest. Und da habe ich gesagt, okay, aber ich kann nichts dafür, es ist nun mal so, und nun muß er weg.

Hertle: *Welches Aufgabengebiet hatte der Inspektor? Wir kennen die MfS-Tätigkeit in den großen Chemiekombinaten, in denen es direkt Objektdienststellen des MfS auf dem Kombinatsgelände gab. Wie war das bei Ihnen organisiert, was hat der gemacht?*

Bertag: Ja, das weiß ich nicht so genau. Er nannte sich Inspektor. Aufgrund unserer Betriebsgröße hatten wir nur einen, aber wir waren halt ein Kombinat mit vielen juristisch selbständigen Betrieben und Betriebsteilen, und in diesen Betrieben waren wieder welche, die er auch angeleitet hat. Er hat eigentlich Ordnung und Sicherheit sowie bestimmte andere Fragen, auch personelle Fragen kontrolliert.

Hertle: *Er war für die Sicherheitsüberprüfungen zuständig?*

Bertag: Ja.

Hertle: *Merkwürdig ist, daß der Inspektor im Kombinat angestellt war und nicht direkt beim MfS.*

Bertag: Nein, das waren Kombinatsangestellte, dafür gab es ja auch eine entsprechende Abteilung beim Ministerium.

Weinert: *Wenn Sie in Ihrer Funktion als Generaldirektorin etwas durchsetzen wollten, was innerhalb des Planes aufgrund der knappen Ressourcen nicht vorgesehen war, wie haben Sie Ihre Interessen durchgesetzt und mit wem?*

Bertag: Ich habe im Anschluß an meine Bedingungen, die ich bei meinem Antritt gestellt hatte, Konzepte erarbeitet, natürlich nicht alleine. Wir haben überlegt, was wir an Investitionen und anderen Dingen haben müßten und versucht, das wirklich mit Verbissenheit durchzusetzen. Aber ich wußte aus der ganzen Konstellation heraus, daß wir keine Chance hatten, wenn wir den Plan nicht erfüllen. Meine erste Handlung war, daß ich versucht habe, das Kombinat erstmal in die Planerfüllung zu bringen. Das ist mir gelungen, nachdem ich ein halbes Jahr hier war.

Lepsius: *Wodurch?*

Bertag: Indem ich erstmal ein sehr strenges Regime der Aufgabenstellung und der Kontrolle eingeführt habe, aber auch durch Unterstützung, wenn irgendwo was klemmte, und durch die Motivation der Leute. Denn vieles, was in der DDR in dieser Zeit geschehen ist, in der Zeit des Mangels, ist nur durch Motivation zustande gekommen. Wir haben unseren Leuten gesagt, Kinder, jetzt müßt ihr nochmal ran und den Sonntag müßt ihr wieder arbeiten, weil usw., laßt euch mal was einfallen, wie wir noch zu Verpackungsmitteln kommen. Wir haben ja hier alles selbst gemacht, sowohl im Kombinat als auch in den Betrieben. Die Vertikalisierung war ja vielschichtig.

Lepsius: Die Verpackungsmittel waren ein Schwachpunkt?

Bertag: Ja, das war der größte Schwachpunkt.

Lepsius: Da mußten Sie die Verpackungen zunehmend selbst herstellen?

Bertag: Ja, ganz einfach deshalb, weil diese volkswirtschaftliche Struktur insgesamt nicht mehr stimmte und weil die Zulieferindustrie in der DDR fast völlig darniederlag, es klappte überhaupt nichts mehr. Wir bekamen weder Plastflaschen noch Verschlüsse noch Etiketten noch Kartonagen, weder Tuben noch Glas in ausreichendem Maße, und wir haben außer Glas dann wirklich alles selbst gemacht. Das Kosmetik-Kombinat war damals einer der größten Plastflaschenhersteller, und überhaupt der größte Aluminiumtubenproduzent in der DDR. Ja, das haben wir alles gemacht.

Hertle: Von wem haben Sie die Rohprodukte bekommen - von Buna?

Bertag: Buna, Leuna - das war unterschiedlich, zum Teil haben wir sie sogar importiert.

Lepsius: Und wie haben Sie das von denen losgeeist?

Bertag: Sobald man es hatte, kriegte man einen Plan. Es gab ja die staatlichen Bilanzen. Und darin hieß es eben, in diesem Jahr werden in der DDR soundsoviel Plastflaschen hergestellt. Dann wurde unterteilt, wer wieviel Plastflaschen herstellt, und nachdem wir das in unserer Produktion hatten, waren wir innerhalb dieser Bilanz. Und nach diesen Produktionsbilanzen wurden dann wieder die Zulieferbilanzen gemacht. Das heißt, uns wurde zugeteilt, ihr bekommt soviel Aluminium, soviel Polyethylen, soviel PVC usw. für eure Flaschen. Das Dilemma war, daß diese Lücke immer weiter auseinanderklaffte und sie fast nicht mehr zu schließen war. Ich frage mich heute manchmal noch, wie wir alles gemacht haben. Wir haben z.B. wiederaufgearbeitet, recycelt, und es funktionierte schon irgendwie. Und wir haben dann wieder was draus gemacht.

Lepsius: Uns wurde gesagt, einer der größten Fehler war die Kombinatsstruktur und die Auflösung der kleineren Zulieferbetriebe, das hat die Elastizität enorm verringert.

Bertag: Ja, das würde ich auch so sehen. Man muß natürlich die Bedingungen der DDR sehen, und deshalb glaube ich schon, daß es richtig war, oder besser gesagt notwendig war, eine solche Zentralisierung herbeizuführen. Aber es war falsch, die Zentralisierung zum Exzeß zu treiben und alles, aber auch alles, in irgendwelche zentralen Bilanzen und Pläne zu fassen. Das war eigentlich der Fehler. Es war für niemanden mehr Spielraum da. Irgendetwas war immer in Bilanzen erfaßt, und wenn es das Toilettenpapier für den Betrieb war, um das mal ganz lapidar zu sagen.

Lepsius: Also war Ihr Ziel, autark zu werden und nicht eine möglichst hohe Wirtschaftlichkeit zu erreichen?

Bertag: Richtig.

Lepsius: Es war ganz egal, wieviel bei Ihnen die Herstellung der Plastikflaschen gekostet hat, vielleicht hätte ein anderer sie billiger gemacht, aber die Autarkieprämie war größer als die Kostenbelastung?

Bertag: Ja. In einer Diskussion habe ich z.B. gesagt, daß es doch idiotisch ist, was wir hier machen, Plastflaschen. Wer Plastverarbeitung macht, muß die Plastverarbeitung und ihre Entwicklung auch wissenschaftlich begleiten. Dann habe ich gesagt, guckt euch mal an, wieviel Plastflaschen wir machen, es ist nicht ökonomisch, es ist ökonomisch sinnlos. Aber weil wir es brauchten, haben wir es gemacht.

***Lepsius:** Aber Sie wußten das, und viele andere Kollegen wußten es auch?*

Bertag: Ja. Aber ich habe es nicht verändern können.

***Lepsius:** Sie sahen keine Möglichkeit, eine Umstrukturierung einzuleiten?*

Bertag: Nein. Es kam dann so ein Punkt, man kann es Resignation nennen oder wie auch immer, aber ehe ich mich mit den Ministerien und mit der Plankommission über verschiedene Ebenen rumstreite, ob ich diese Bilanz kriege oder nicht, dann mache ich es lieber selbst, und dann weiß ich, was ich habe und was nicht.

***Weinert:** Welche Aktivitäten haben Sie denn entfaltet, wenn Sie den "Dienstweg" bei Engpässen umgehen mußten?*

Bertag: Soweit ich das selbst beeinflussen konnte, d.h. wenn es Herstellung im eigenen Kombinat war, haben wir erstens versucht, die notwendigen Rohstoffe heranzukriegen, also PVC oder Plaste. Das ging einmal auf Basis der zugeteilten Mittel, die man hatte ...

***Pirker:** ... aber die reichten ja hinten und vorne nicht!*

Bertag: Nein, nein, ich werde Ihnen sagen, wie das ging. Ich habe dann gesagt, na gut, wir müssen noch mehr machen, noch mehr, wir brauchen immer mehr. Wir haben immer zum Jahresende vorgezogen, im September war es alle, und dann mußte ohnehin entschieden werden, wenn unser Limit alle war, daß wir noch was brauchen. Das waren immer diese Planmodifikationen, das war diese Spielwiese, auf der sich die Planwirtschaft abspielte. Jeder hat erstmal produziert, produziert, produziert. Er hat den Plan übererfüllt im Monat, aber das war schon zu Lasten des nächsten. Ich habe auch ein Jahr gebraucht, ehe ich es erkannt hatte, wie es läuft. Im ersten Jahr war es furchtbar als Generaldirektor, da habe ich immer nur Kritik gehabt, weil ich alles falsch gemacht habe. Und dann habe ich erkannt, wie es geht, und dann habe ich es auch so gemacht, weil ich mir sagte, was soll ich tun - also gut, wir produzieren, produzieren, borgen uns immer vom nächsten Monat, bis es alle ist, und dann muß eine Entscheidung her. Vor allem zum Jahresende war das bei uns wie an der Börse. Da rief der Generaldirektor von Lacke und Farben an und sagte, jetzt ist der Plan alle - also wir haben wieder unsere Konsumgüterproduktion nicht erfüllt. Habt ihr ihn übererfüllt? Ja. Ich fragte, was brauchst du? Ich sagte, kriegt ihr, aber denn müßt ihr uns was anderes abgeben. Na, was braucht ihr denn? Dann habe ich gesagt, meinetwegen Investitionen oder Export oder irgendwas. Und dann haben wir immer getauscht. Wir haben uns verabredet und gesagt, wir haben das überschüssig - Planzahlen, das waren nur Zahlen -, und dann sind wir ins Ministerium und haben gesagt, hört mal zu, korrigiert uns mal hier den Plan, weil wir das überschüssig haben usw. So ging das. Das ging dann nur noch auf Planveränderung.

***Weinert:** Das ist eine außerhalb des Planes angesiedelte Aktivität, nicht um den Plan auszuhöhlen, sondern um Defizite des Planes auszugleichen?*

Bertag: Richtig, genauso.

Weinert: *Ich frage das deshalb, weil es in der Literatur die Diskussion gibt, daß der Plan eigentlich immer unrealistisch war und deshalb alle jenseits des Planes ohnehin gemacht haben, was sie wollten, weil die Ressourcen so knapp waren.*

Bertag: Ganz so ist es nicht. Ich sage mal, der Plan war natürlich eine Hülle, die nicht realistisch war, das war klar, weil diese gesamte Bilanzierung einfach nicht aufging. Wir als Kosmetik-Kombinat z.B. hatten jedes Jahr zweistellige Steigerungsraten im Absatz, sowohl im Inland als auch für den Export. Die haben wir erreicht durch Investitionen, die ich durchgesetzt habe. Sie befinden sich hier in dem modernsten Betrieb Europas für Kosmetikproduktion. Das ging natürlich auch auf die Knochen der Leute, durchgehender Schichtbetrieb, Zusatzschichten usw. Und die Leute haben das mitgemacht, sie waren nicht geknechtet - das war nicht so. Die Leute haben es mitgemacht, zum Teil wegen des Geldes, aber auch zum Teil, weil sie wirklich der Meinung waren, es muß sein. Es gab da so eine Solidarität, wo sie gesagt haben, Mensch, soll der Mittag uns wieder kritisieren? Das gab es. Es war ja nicht so, daß die alle eingesperrt waren oder unterdrückt. Das sagt man heute so. Es gab schon eine Solidarität und auch ein Einstehen für den eigenen Betrieb. Außer dreien sind heute nur Leute hier, die früher auch da waren.

Die Differenzen zum Plan, um darauf zurückzukommen, waren von vornherein da. Und wir haben versucht, und ich sage das auch als Generaldirektor, daraus zu machen, was ging; also wirklich diesen Plan zu erfüllen, weil wir wußten, was vielleicht dranhängen könnte. Das hatte ich nun im ZK erlebt, als 1982 das Erdöl abgedreht wurde.

Weinert: *Waren die Seminare der Generaldirektoren in Leipzig neben anderem auch eine Börse, auf der Tauschgeschäfte zwischen den Generaldirektoren angebahnt wurden?*

Bertag: Nein, das war keine Börse.

Lepsius: *Was waren die Mittag-Seminare?*

Bertag: Die Mittag-Seminare in Leipzig waren für mich die Inkarnation der Macht. Dort trat Herr Mittag auf, keiner wußte richtig, was er sagt. Manchmal hatte man schon aus dieser oder jener ZK-Abteilung gehört, paßt auf, ihr seid dran. Dort saßen gestandene Leute, Generaldirektoren, nicht so junge Spunde wie ich, wie die Lämmer und warteten nur darauf, daß sie dort nicht genannt wurden. Es wäre dort wirklich das Forum gewesen, wenn man sich solidarisiert hätte, wo man hätte aufstehen und sagen können, Schluß jetzt, also so nicht mehr. Ich war einmal so weit, das war im Frühjahr 1989, drei Mann haben mich festgehalten, weil ich rasend war. Sie haben gesagt, bist du denn verrückt geworden, du stehst hier auf, bist Märtyrer und morgen bist du weg, und es hat sich nichts geändert. Ich sagte, ja, weil ihr Pfeifenköpfe hier nicht mitmacht. Es war schlimm. Und ich habe andere Dinge erlebt von Herrn Mittag, die waren erniedrigend bis zum Gehtnichtmehr. Wenn wir als Generaldirektoren ins ZK gerufen worden sind zu irgendwelchen Beratungen, standen dort 15 Generaldirektoren der chemischen Industrie, zusammengetrieben wie die Lämmer in einer Bucht, einigen wurde schlecht, die gingen schon. Das war unmöglich, furchtbar. Das war das Schlimmste eigentlich.

Lepsius: *Worauf führen Sie diese Angstwahrnehmung und diese Isolierung zurück? Denn auf der anderen Seite haben Sie sich ja untereinander geholfen! Es gab ja eine relativ enge Kontaktstruktur und auch eine Solidarität in der Erfül-*

lung des Planes. Und kaum war man dann vor Mittag, dann zerfiel das alles, und jeder war für sich verängstigt - wie erklären Sie sich das?

Bertag: Ich habe eine Erklärung gesucht, und ich glaube, nach der Wende ist vielleicht einiges erklärbar, weil doch viele Generaldirektoren in der Position, in der sie waren, an ihrer Funktion gehangen haben, vielleicht auch an den paar Vorteilen, die da waren. Es waren nicht allzu viele, wenn man nicht ZK-Mitglied war. Aber es waren doch einige, und vielleicht war es die Angst, dort entfernt zu werden, und daß man irgendwo anders hingehen mußte.

Lepsius: Sind denn Generaldirektoren aus politisch disziplinären oder aus fachlichen Gründen entfernt worden?

Bertag: Weder das eine noch das andere. Meist waren das dann sehr anrüchige Dinge, die als Anlaß hervorgekarrt wurden. Man wurde dann kriminalisiert, man hatte sich angeblich irgendwas unter den Nagel gerissen - oder getrunken. Aber mir ist kein Beispiel bekannt, daß sich ein Generaldirektor oder ein Minister "parteifeindlich", wie das damals hieß, geäußert hätte. Vielleicht haben sie sich kritisch geäußert, vielleicht manchmal etwas unbedacht, und dann fand man schon Anlässe. Vielleicht hat das viele aus Angst um ihre eigene Stellung abgehalten. Ich kann das einfach nicht erklären, ich weiß es nicht. Ich bin jedenfalls der Meinung, wenn man dort gesagt hätte, so geht das nicht, man hätte schon was erreichen können. Aber es war ja nicht so.

Lepsius: Wieso hatte Mittag diese persönliche Macht? Er ist dort aufgetreten, hat die Leute verängstigt. Wieso - was war die Furcht? War das das Politbüromitglied, war das die Vorstellung, wenn der was sagt, haben wir gar keine Möglichkeit, dagegen etwas zu sagen?

Bertag: Sehen Sie, Herr Mittag ist natürlich ein Mensch gewesen, der machtbesessen war. Das können Sie aus seiner ganzen Entwicklung nach oben sehen. Wenn Sie sich einmal die Zusammensetzung des Politbüros anschauen, war da niemand, der von Wirtschaft Ahnung hatte, keiner. Und diejenigen, die vielleicht etwas Ahnung hätten haben können, die wurden entfernt oder überhaupt nicht zugelassen. Mittag war der einzige in diesem Gremium, der zumindest sagte, ich weiß, was los ist. Und alles, was er gesagt hat in dieser Richtung, wurde natürlich auch im wesentlichen geglaubt und durch die Ideologieberichte, die von den anderen Bereichen kamen, untermauert.

Und es gab natürlich Vorzeigekombinate, Carl Zeiss Jena war eins davon und die Vorzeigekombinate waren die, deren Generaldirektoren ZK-Mitglieder waren. Das war auch in der chemischen Industrie so. Dort waren es Leuna, Schwedt, Piesteritz und der Chemieanlagenbau. Diese Kombinate haben immer den Plan erfüllt, sie waren immer vorn. Sie haben immer den Plan erfüllt, weil der Plan korrigiert wurde. Es gab die Berichte über die Planerfüllung, und ich habe mir dann erlaubt, mal zu gucken, wie das Kosmetik-Kombinat dasteht und habe dann immer jeden Monat Plätze verteilt, aber umgerechnet nach Produktivität, nach bestimmten anderen Kriterien, als sie dort angegeben waren. Und das war z.B. für mich auch ein Grund, zum Minister zu gehen, und zu sagen, so und so sieht das aus, wir bringen das und das, die bringen das, warum kriege ich keine Investitionen und warum kriegen die Investitionen. Ich habe dann viel Investitionen gekriegt, sehr viele. Von 50 Millionen sind wir dann 1987 auf 400 Mio im Jahr hochgegangen. Man mußte das allerdings auch alles beweisen, und ich habe diese Investitionen auch durch Hilfe von Herrn Schalck bekommen, weil Schalck vielleicht der einzige war, der überhaupt Durchblick durch die Prinzipien der Marktwirtschaft hatte. Von ihm habe ich viel gelernt, was mir heute zugute kommt. Er hatte die Einsicht zu sagen, jetzt muß ich auch mal sehen, was die Kleinen machen.

Hertle: *Haben Sie Industrievereinbarungen mit ihm bzw. KoKo-Firmen abgeschlossen?*

Bertag: Wir haben keine Industrievereinbarungen abgeschlossen, er trat als Person überhaupt nicht in Erscheinung. Es waren bestimmte KoKo-Firmen, die für uns Importe von Ausrüstungen gemacht haben, weil wir fast ausschließlich damals sogenannte Westimporte hatten.

Hertle: *Aber das wurde doch vertraglich fixiert?*

Bertag: Das wurde vertraglich fixiert. Wir haben einen Vertrag über unsere Importe gemacht, und das Ministerium hat dann, wahrscheinlich muß ich sagen, einen Vertrag mit Herrn Schalck gemacht und mit den entsprechenden Banken über die Refinanzierung. Das führte z.B. dazu, daß das Kosmetik-Kombinat niemals in der Lage war, über direkte sogenannte NSW-Exporte das zu refinanzieren, was es an Ausrüstungsimporten bezogen hatte. Da gab es dann innerhalb der chemischen Industrie eine Abstimmung, welche Kombinate was zu exportieren hatten, um unsere Importe zu refinanzieren. Soweit hatte ich es gebracht.

Hertle: *Weil Sie selbst keine Produkte in den Westen geliefert haben?*

Bertag: Ja, wenig. Wir haben einen großen Export nach Japan gehabt. Das waren pharmazeutische Grundstoffe, die wir in Rodleben produziert haben. Bei Konsumgütern waren wir verpflichtet, in den Osten zu liefern. Sie hätten das auf den Messen miterleben müssen, wenn die Russen kamen und sagten, gib' mir noch Zahnpasten, ich kann nicht zurück, wenn ich nicht noch ein paar Zahnpasten bekomme. Das waren Dinge, die ich sogar auf meine Kappe genommen habe. Ich habe mir den Betriebsdirektor von Elbe-Chemie[1] geholt und gesagt, seht Euch den Plan noch einmal an, irgendwie kriegen wir das schon hin, der weint hier fast. Das sind übrigens Dinge, die auch heute in den Verbindungen noch eine Rolle spielen. Hinterher gab es furchtbaren Ärger, bis hinauf zur Plankommission, das waren ja alles zentrale Bilanzen. Aber ich habe auch oft erlebt, daß die gesagt haben, ihr müßt den Russen die Zahnpasten, die Lippenstifte, die Haarwäschen, die Hautcremes liefern, sonst kriegen wir kein Erdöl! So war das.

Lepsius: *Ich habe eine Frage zur Preispolitik, über die man die Modernisierung auch hätte vorantreiben können. Wie haben Sie Ihre Preise festgesetzt?*

Bertag: Wir hatten ja verschiedene Arten von Preisen in der DDR. Das eine waren die Industrieabgabepreise, IAP. Das waren die Preise, die sich noch einigermaßen auf ökonomischer Basis bewegten, die also auch eine Kostengrundlage hatten und errechnet wurden. Und dann gab es die EVP, also die Einzelverbraucherpreise, die sich jeglicher ökonomischer Grundlage entzogen, sondern einfach politische Größen waren. Die hatten überhaupt keine Beziehung zu den Kosten - die wurden einfach, ich möchte nicht sagen, aus der Luft gegriffen, sondern aus gesellschaftspolitischen Erwägungen abgeleitet.

Weinert: *Sie hatten in Ihrer Palette sowohl hochsubventionierte Produkte als auch Luxusgüter. Wie glich sich das aus?*

---

1 Elbe-Chemie war ein Kombinatsbetrieb des Kosmetik-Kombinats in Dresden, in dem Zahn- und Mundpflegemittel hergestellt wurden.

Bertag: In der Kosmetik hatten wir überhaupt keine subventionierten Produkte. Wir haben kostendeckend gearbeitet und unter DDR-Gesichtspunkten Riesengewinne erwirtschaftet.

Lepsius: *Auf der Ebene der Industrieabgabepreise?*

Bertag: Ja.

Lepsius: *Und auf der Verbraucherpreisebene?*

Bertag: Auch. Es gab vielleicht ein, zwei Produkte, bei denen das nicht der Fall war, aber ansonsten nicht. Wir hatten dieses Problem nicht. Was uns grämte, war, daß wir alles abgeführt haben und jede Investition wieder neu erbettelt werden mußte. Wir hatten 1989 drei Milliarden Umsatz - in diesem Jahr hatten wir gerade die 3-Milliarden-Grenze überschritten, das war eines meiner persönlichen Ziele - und hätten etwa eine Milliarde Gewinn gehabt.

Lepsius: *Was konnten Sie von diesem Gewinn selbst disponieren?*

Bertag: Gar nichts - nun gut, ein bißchen, aber es wurde grundsätzlich alles abgeführt, und was man für das Kombinat oder den Betrieb brauchte, wurde einem dann wieder staatlich zugeteilt, über Anträge bis hin zu geringsten Kleinigkeiten, bis hin zu Büropapier, das war alles wieder zugeteilt.

Lepsius: *So daß Ihr eigenständiger Dispositionsspielraum sehr eng war?*

Bertag: Er war sehr eng.

Lepsius: *Sie mußten sich den Spielraum immer wieder über Eingriffe in die Planfeststellung selbst neu erkämpfen?*

Bertag: Das ist richtig, ja. Aber wir waren hier nicht nur Verwalter von Zahlen, sondern unsere Möglichkeiten bestanden ganz einfach in der Lösung der Probleme, die ich schilderte, wo man auch eigenes Wissen, Initiative, Überlegungen hineinbringen konnte. Aber ansonsten war es in der Tat eine ständige Auseinandersetzung mit diesen Planvorgaben, d.h. mit den übergeordneten Behörden. Das Geschick oder die Intelligenz oder wie man es bezeichnen will, bestand darin, wirklich sein Unternehmen sehr genau zu kennen, die Möglichkeiten und die Probleme, und ganz konkret vorzuschlagen, das ist es, durch die und die Maßnahmen könnten wir das und das erreichen. Die Maßnahmen kosten so und so viel, davon können wir so viel selbst machen, aber dafür brauchen wir etwas. Im Innern ging das immer noch so einigermaßen, aber wenn es dann um Importe ging, da mußte man schon begründen, wie kann ich das refinanzieren. Und da gab es sowohl die direkte Refinanzierung, indem also exportiert wurde oder Mittel zur Verfügung gestellt wurden, als auch die indirekte, indem ich nachgewiesen habe, wenn ich das habe, spare ich zum Beispiel soviel Importe ein.

Lepsius: *Was konnte Schalck dabei helfen? Er hat doch eine eigene Entscheidungskompetenz gehabt, denn sonst hätte er ja gar nicht helfen können.*

Bertag: Welche Möglichkeiten der eigenen Entscheidung er hatte, kann ich schwerlich beurteilen. Ich kann nur sagen, wenn Schalck erkannt hatte, daß ein Problem da ist, das man lösen kann, indem man für die DDR sogar noch was dabei verdient, dann hat er sich dem zugewandt. In unserem Fall war das so: Ich bin nicht gleich mit Schalck in Kontakt gekommen. Wir haben uns auf den Leipziger Seminaren gesehen; er kam, und ich sagte, komm', du bist für mich viel zu teuer. Denn es gab ja diesen Umrechnungsfaktor größer als vier für eine

D-Mark. Dann habe ich mir das aber überlegt und gedacht, bestimmte Dinge gehen wirklich nur mit ihm. Er hat sich dann, und das halte ich ihm zugute, als er erkannt hatte, jawohl, das muß sein und es kommt für uns etwas dabei heraus, im Ministerium und in der Plankommission dafür verwandt, daß es durchgesetzt wurde. Als wir Niveacreme produziert haben, war das wirklich eine Sache, die wir nie selbst hätten refinanzieren können, obwohl Beiersdorf erklärt hatte, wir nehmen eine Million Dosen zurück. Das durfte alles nicht publik werden, da hatte Beiersdorf wieder Angst. Aber das war damit nicht zu refinanzieren oder nur über einen Zeitraum, der unermeßlich war. Also woher kriegen wir das Geld? Und es gab in unserem eigenen Ministerium Widerstände gegen unser Kombinat. Schalck hat sich eingesetzt und gesagt, wir müssen was tun, weil aus dieser Investition heraus das und das kommt, wobei er sich vielleicht auch mit seiner politischen Stellung verwandt hat.

Lepsius: *Also war er einer der wenigen Leute, die ökonomisch gedacht haben?*

Bertag: Ich würde sagen, vielleicht war er der einzige, der den Durchblick hatte.

Pirker: *Die Orientierung war doch dabei für Sie - über Schalck - auf das Produktionsvorbild der kapitalistischen Marktwirtschaft gerichtet. Das muß für Sie eine seltsame Drehung der ideologischen Orientierung gewesen sein?*

Bertag: Nein.

Pirker: *Doch! Schalck hat Ihnen das ABC der Marktwirtschaft beigebracht!*

Bertag: Ja, aber das war ja für den Sozialismus auch gar nicht so schlecht!

Hertle: *Wie haben Sie den VIII. Parteitag der SED und seine Ergebnisse, insbesondere die sogenannte Hauptaufgabe der Einheit von Wirtschafts- und Sozialpolitik, aufgenommen?*

Bertag: Wir haben das sehr scharf diskutiert und auch kritisch beleuchtet, weil damals schon klar war, daß der Investitionsfonds, der Akkumulationsfonds, schon gar nicht mehr ausreicht, die einfache Akkumulation abzudecken, die einfache Reproduktion. Und als dann der Wohnungsbau hineingenommen wurde, da erinnere ich mich noch an eine Diskussion, die wir auf die Spitze trieben. Da hieß es hinterher, Kinder, ihr könnt das doch nicht prozentual sehen, ihr müßt doch mal die absoluten Werte sehen, die dahinterstecken, wenn dieser Fonds so wächst. Das war dann ein Flüchten, wenn man keine Antwort darauf wußte. Ich will damit nur sagen, es war schon klar, daß bestimmte Prinzipien des Marktes auch hier gelten müssen, aber sie wurden gerade durch diese Einheit von Wirtschafts- und Sozialpolitik völlig verbogen, und es war schon zu diesem Zeitpunkt eigentlich klar, daß wir auffressen werden, was wir brauchen und daß die Decke immer kürzer wird. Das lag für denkende Menschen auf der Hand. Und nun werden Sie wieder sagen, warum haben Sie nichts gemacht? Na ja, weil wir dachten, wir finden schon eine Lösung! Man fragt sich das ja heute manchmal selbst, denn wir haben ja in Freundeskreisen, in den engeren Kreisen ständig über diese Fragen diskutiert, daß das so nicht geht.

Pirker: *Aber von dieser Diskussion fanden wir früher und finden wir heute nichts in den Protokollen der Parteiversammlungen!*

Bertag: Die Partei hat ihr eigenes Prinzip verlassen, das war das Problem. Und alle Prinzipien, die in den Parteistatuten verankert waren, wurden völlig mißachtet. Im Parteistatut stand, ich kann jeden kritisieren ohne Ansehen der Person -

das ging aber nicht. Ich mußte erst zum Kreissekretär, dann zum Bezirkssekretär und dann dorthin, und inzwischen war das schon so verfahren - oder man war selbst schon weg. Das war eigentlich dieses Schreckliche.

Pirker: *Sie kannten den Ostblock sehr gut. Wie war Ihre Kenntnis der Westländer?*

Bertag: Ich bin natürlich ziemlich viel gereist als Generaldirektor, auch in Westländer. Das hing damit zusammen, daß wir riesige Investitionen durchgeführt haben. Wir haben überall neue Betriebe gebaut; bei Elbe-Chemie in Dresden beispielsweise den modernsten Zahnpastenbetrieb und mit Florena eine moderne Cremeproduktion. 1989, als in Dresden auf dem Bahnhof schon diese Bewegungen waren, da stand ich in Dresden in einer Baugrube und habe einen Grundstein gelegt. Dort habe ich eine Rede gehalten, die war schon ein bißchen verhalten, nicht mehr ganz so kämpferisch. In diesem Zusammenhang war ich also sehr viel im Ausland und habe mit sehr interessanten Leuten gesprochen. Ich habe in dieser Zeit die Herren von Beiersdorf und Salzgitter kennengelernt, ich war in der Schweiz und in Frankreich. Ich habe dort sehr viel gesehen, und das war so: Wenn wir zurückkamen, mußten wir Berichte schreiben. Nun habe ich mir das dort angeguckt, und ich war erstmal fürbaß erstaunt, weil ich vorher noch nie im westlichen Ausland war. Dann habe ich mich geärgert, weil dort alles so schön war, die Straßen usw., und vor allem in der Schweiz, mir wurde richtig schlecht. Ich hatte nach zwei Tagen so etwas wie einen Koller, ich konnte das nicht mehr ertragen. Ich dachte, wie ist denn das möglich, bei uns gehört jedem alles, und dennoch sieht alles so schlimm aus, und hier sieht das so schön aus. Ich konnte auch einfach nicht in die Geschäfte gehen, dieser Überfluß hat mich richtig erschlagen, ich kann es gar nicht richtig erklären. Das war das eine, dieser persönliche Eindruck. Dann war ich in den Betrieben, und ich habe sehr genau hingeschaut, habe gefragt, und wir haben diskutiert. Nun bin ich sehr offen, und das war für die anderen auch irgendwie ein Erlebnis, mein Gott, die kommt aus dem Osten und macht hier noch Scherze! Dann bin ich zurückgekommen und habe nun aufgeschrieben, ich habe mir das dort angeguckt, und ich finde das ganz toll, wie das dort organisiert ist, der Produktionsablauf und die Arbeitsdisziplin, und ich schlage jetzt vor, daß wir das so und so machen. Das hatte zur Folge, daß ich das nie wieder geschrieben habe. Die haben sich gesagt, wir haben dich doch nicht da hingeschickt, damit du hier revolutionierst. Wenn ich aber für so ein Kombinat verantwortlich bin, muß ich doch sehen, wie mache ich es am besten, und was dort besser ist, warum soll ich das nicht übernehmen, ist doch unsinnig. Was mir dort sehr auffiel, war die Arbeitsdisziplin, die Akkuratesse und vor allem die wenigen Arbeitskräfte. Wir hatten ja genug, auch überzählige, damals; es war aber nicht so, daß hier nun alle sich irgendwie beschäftigt haben, wir hatten schon genug zu tun. Aber wir hatten natürlich Fälle von Arbeitsbummelanten, die zwei Jahre lang den Betrieb überhaupt nicht gesehen hatten, und wir durften sie nicht entlassen. Oder andere Dinge, mit Krankheit, das war eigentlich alles so sinnlos, so übertrieben, wirklich gegenläufig zu dem, was wir eigentlich wollten, nämlich eine höhere Produktivität zu erreichen.

Lepsius: *Nun gehörten Sie zu den wirtschaftlichen Einheiten, die offensichtlich bis zum allerletzten Moment eine positive Entwicklung nachweisen konnten, in bezug auf den Umsatz, auf die Produktentwicklung, konkurrenzfähige Produkte. Gleichzeitig haben Sie aber die gesamte ökonomische Enge gesehen. Wann glaubten Sie, daß das System zusammenbricht, oder haben Sie das nicht geglaubt? Waren Sie von dem Umbruch überrascht?*

Bertag: Es war irgendwie eine Angst da, eine Beklemmung: Wie lange halten wir es denn noch aus? Weil wir schon wußten, wie es stand. Ich habe auch verschiedene Freunde, die ein bißchen besser informiert waren, die mir das erzählt haben. Ich habe immer gesagt, erzählt mir das nicht, das belastet mich nur noch mehr. Es war schon absehbar, daß das Ganze kippt. Und als natürlich 1989 die Bewegung einsetzte, alle wegliefen und überhaupt nichts dagegengestellt wurde außer blödsinnigen Redensarten, da kam einem schon die Beklemmung, was wird denn nun werden. Ich muß allerdings sagen, daß ich an diesen Verlauf nicht gedacht habe, vielleicht weil ich es auch nicht wollte. Ich habe immer gedacht, wer weiß, vielleicht findet man doch noch einen Ausweg. Ich habe eigentlich eher gedacht, weil das damals auch so ein bißchen in der Schwebe war, vielleicht machen wir auf wirtschaftlicher Basis eine Kooperation mit der BRD oder Ähnliches. Aber daß das so kommt, habe ich nicht gedacht.

Lepsius: Und 1988 hatten Sie noch keine Besorgnis?

Bertag: Doch. Das war ganz einfach: Sie brauchten sich nur unsere Planzahlen anzusehen. Die Auflagen und das, was zur Verfügung stand, gingen immer weiter auseinander, d.h. die Decke zwischen materieller Sicherung und der eigentlichen Aufgabenstellung wurde immer kürzer. Es war bezeichnend - und das war eigentlich das, was mir am meisten aufgefallen ist -, je schwieriger die Situation wurde, desto mehr wurde dieses Planabrechnungssystem verkompliziert. Es wurden immer mehr Faktoren eingeführt, die für die eigentliche wirtschaftliche Arbeit überhaupt keine Bedeutung hatten. Ich habe das nach der Wende durchgezählt: Wir hatten etwa 500 Planzahlen, die täglich, monatlich, quartalsweise und jährlich sowieso abgerechnet werden mußten. Allein für Forschung und Entwicklung waren etwa 100 Planzahlen abzurechnen. Aber das waren in der Mehrheit keine echten, sondern solche Pseudozahlen wie beispielsweise der Anteil von Frauen an der MMM-Bewegung[2]. Die sinnlosen Schnörkel, die dieses Planungssystem machte, liefen genau parallel zu dieser miserablen Entwicklung.

2 "Messe-der-Meister-von-Morgen"-Bewegung, die auf Initiative der FDJ ins Leben gerufen wurde.

Die DDR war eine Hauswirtschaft

Gespräch mit Prof. Dr. Helmut Koziolek, Berlin, 2. Mai 1994

Direktor des Zentralinstituts für sozialistische Wirtschaftsführung (ZSW) beim ZK der SED.
Geboren am 5. Juli 1927 in Beuthen, Oberschlesien, in einem katholischen Elternhaus. Der Vater war Reichsbahnlokführer. Bis Januar 1944 besuchte er die Oberschule für Jungen in Kattowitz. Danach Absolvierung der Arbeitsdienstzeit. Bei Kriegsende kurze Kriegsgefangenschaft in Neuengamme bei Hamburg. 1945 zunächst Besuch der Textil-Ingenieurschule, noch im gleichen Jahr Aufnahme des Studiums der Staats- und Rechtswissenschaften an der Martin-Luther-Universität Halle-Wittenberg. 1948 Abschluß als Diplom-Volkswirt. Anschließend bis 1953 Assistent und Dozent an der damaligen Deutschen Verwaltungsakademie Forst Zinna, der späteren Akademie für Staats- und Rechtswissenschaft in Babelsberg und Gastdozent an der Universität Leipzig. Bis 1955 mit der Wahrnehmung einer Professur an der Finanzhochschule in Gotha beauftragt. Seit 1955 Professor für Politische Ökonomie, Prorektor und Erster Stellvertreter des Rektors der Hochschule für Ökonomie und zugleich zeitweilig Gastprofessor an der Universität Leipzig. Von 1963 bis 1965 Leiter des Ökonomischen Forschungsinstituts der Staatlichen Plankommission. Von Ende 1965 bis 1989 Direktor des Zentralinstituts für sozialistische Wirtschaftsführung beim ZK der SED. Bis zur Emeritierung Ende Juli 1990 Ordentlicher Professor am Institut für Unternehmensführung. Von 1976 bis 1990 Vorsitzender der DDR-UdSSR Ökonomenkommission. 1965 wurde er Ordentliches Mitglied der Deutschen Akademie der Wissenschaften zu Berlin, 1988 Auswärtiges Mitglied der Akademie der Wissenschaften der UdSSR und nach der Auflösung der UdSSR Auswärtiges Mitglied der Akademie der Wissenschaften Rußlands. 1977 Honory Scholar des Internationalen Instituts für angewandte Systemanalyse in Luxemburg. Seit 1946 Mitglied der SED, ab 1976 Kandidat und von 1981 bis zur Auflösung im Dezember 1989 Mitglied des ZK der SED.

***Hertle:** Sie waren von 1963 bis 1965, als Apel noch Vorsitzender der Staatlichen Plankommission war, Direktor des Forschungsinstituts der Plankommission. 1965 wurde das Zentralinstitut für sozialistische Wirtschaftsführung als Einrichtung des Zentralkomitees gegründet. Welche politische Zielsetzung war mit der Gründung dieses Instituts verbunden?*

Koziolek: Dieses Institut habe ich mit guten Wissenschaftlern und erfahrenen Wirtschaftsleitern aufgebaut und muß sagen, die Zeit, in der ich mich gestalterisch am wohlsten gefühlt habe, war vor allem die NÖS-Periode. Gestaltet haben das NÖS vom Ansatz her außer Walter Halbritter, der der staatlich Beauftragte war, Dr. Wolfgang Berger, Herbert Wolf, Otto Reinhold und ich. Wir vier bekamen für das Neue Ökonomische System den Nationalpreis. An der konkreten Ausarbeitung waren zahlreiche Wissenschaftler und Praktiker beteiligt. Es war eine Aufbruchstimmung. Es wurde stark nachgedacht über eine Erhöhung der ökonomischen Effizienz des Sozialismus.

Der Beweggrund für die Gründung des Zentralinstituts war ein ganz progressiver. Im Forschungsinstitut der Plankommission hatten wir die Aufgabe erhalten, eine kritische Analyse des bisherigen Standes der Planung vorzunehmen. Die Analyse des Planungssystems habe ich mit einer Gruppe von Mitarbeitern durchgeführt, und Prof. Wolf, der damals mein Stellvertreter war, verfaßte den Ansatz zur Vervollkommnung des Systems der Planung mit einer anderen Gruppe von Mitarbeitern. Wir waren beide direkt mit der Absicht in die Plankommission geholt worden, das NÖS zu machen. Mittag war der Ansicht, ebenso wie Berger und ich, aber auch Ulbricht und Wolf, wir müssen die Führungseinstellung in der Wirtschaft verändern; das NÖS hat keine sehr große Chance, wenn die Wirtschaftsspitzen nicht mit einem neuen Denken infiltriert werden, das dem Wesen des NÖS entspricht. Es wurde dann überlegt, wo machen wir das? Die Entscheidung lautete, wir machen es nicht an einer Universität, sondern bei der Partei, weil die Partei die höchste Autorität hatte. Niemand redet dir rein, du kannst eine moderne Wirtschaftsführung, die eine Art NÖS-Management war, am sinnvollsten dort installieren, und dort gehört die Spitze hin, also die Minister, die Generaldirektoren der Kombinate, die Direktoren von Großbetrieben und die Parteiorganisatoren des ZK. Das war etwa die Begründung für meine Berufung. Uns war klar, daß der informelle Mechanismus stark beachtet werden muß, denn sonst kann man den Funktionsmechanismus der Wirtschaft der DDR nicht begreifen. Im Grunde genommen waren ja die Hauptbeschlüsse schon fertig, bevor sie in das beratende Gremium kamen.

Das war die Grundüberlegung, und so wurde ich Ende 1965 Direktor des Zentralinstituts für sozialistische Wirtschaftsführung, das ich wirklich von Grund auf gestalten konnte. Ich konnte mich relativ unabhängig machen. Das bedeutete auch, daß ich nur zwei Vorgesetzte hatte: den Generalsekretär, der Vorgesetzter aller Abteilungsleiter war, und den zuständigen Wirtschaftssekretär, und das war Mittag. Ich hatte keine anderen Vorgesetzten, und Ulbricht bzw. später Honecker sowie Mittag waren natürlich Vorgesetzte, die viel zu wenig Zeit hatten, als daß sie sich um jemanden kümmern konnten. Deshalb habe ich auch mehrfach gesagt, ich kann eigentlich auf niemanden schimpfen: Ich bin selbst für das Gute und das weniger Gute verantwortlich, das in meinem Umfeld passiert ist.

Der Hauptgrund war somit die Änderung in den Köpfen, das hieß, die Erziehung aus der alten bürokratischen, sowjetischen Administration zu überwinden, denn das Vorbild der Planung war bei uns bis 1962/63 die sowjetische Planung mit ihrem ganzen Aufbau. Natürlich war in der DDR-Wirtschaft die kaufmännische Tradition nicht völlig verschüttet. Ich will ein simples Beispiel nennen: Deutschland hatte auch zu unserem Vorteil die doppelte Buchführung. Wir haben niemals die Journalorder-Methode eingeführt, die russische Zettelwirtschaft, wir haben immer die doppelte Buchführung gehabt. Damit haben wir die Bilanz gehabt, mit der Bilanz hatte man die Gewinn- und Verlustrechnung. Man hatte also, wenn man so will, eine vom Rechnungswesen her relativ moderne betriebswirtschaftliche Substanz.

***Weinert:** Wenn Sie sagen, daß 1962/63 eine Ablösung des sowjetischen Modells beabsichtigt war, ist das NÖS dann eine Westorientierung der Wirtschaft einschließlich ihrer Managerialisierung gewesen?*

Koziolek: Nein! Wir waren immer überzeugte Anhänger der Politischen Ökonomie des Sozialismus, aber ich muß jetzt massiv sagen - und ich sage es so, wie ich es sehe und gesehen habe -, die Politische Ökonomie des Sozialismus, wie sie aus der Sowjetunion kam, war aufgrund der bis zum Schluß unentwickelten Verhältnisse sehr einfach ausgestaltet. Das erste geschlossene Lehrwerk zur Politischen Ökonomie des Sozialismus litt noch stark unter dem Einfluß der Stalinschen Auslassungen zur Politischen Ökonomie.

Das NÖS beinhaltete im wesentlichen drei substantielle Überlegungen: Erstens, den Gewinn zum Kern des Wirtschaftens zu machen, also eine effizienzorientierte Wirtschaft zu gestalten. Zweitens, ein neues Verhältnis von Zentrale und Dezentralisierung zu schaffen, also die Allmacht der Zentrale zu brechen, die Zentrale auf die entscheidenden Dinge zu konzentrieren und die Beweglichkeit der Wirtschaftseinheiten, also vor allem der Betriebe, und der Betriebsorganisation zunächst der Vereinigungen der volkseigenen Betriebe (VVB) und später der Kombinate zu erhöhen. Und das Dritte war, wir wollten das Eigentum handhabbar machen und die materielle Interessiertheit erhöhen, also sozialistisches Eigentümerverhalten erzeugen. Im Zentrum stand dabei, durch Steigerung der Arbeitsproduktivität mittels wissenschaftlich-technischen Fortschritt ein Mehrprodukt zu erzeugen oder anders ausgedrückt, einen Gewinn zu erzielen, der sowohl den sozialen Fortschritt gewährleistet als auch eine Verbesserung der materiellen Reproduktionsbedingungen. Das NÖS war also als Ansatz gedacht, die Gestaltung des Sozialismus der DDR Schritt für Schritt zu ermöglichen. Dabei wurde selbstverständlich davon ausgegangen, daß solche Veränderungen des ökonomischen, ja gesellschaftlichen Systems nicht im Hauruck-Verfahren und auch nicht ohne Widerstand durchsetzbar sind.

Bei der Entscheidung über die Betriebsorganisation gab es große Kämpfe. Es ist klar, daß Sie keine Zentralisierung machen können und gleichzeitig 3 600 Betriebe haben, das ist in der Marktwirtschaft im Prinzip auch nicht der Fall. Da haben wir dann zunächst versucht, die VVBen zu einer Wirtschaftsorganisation zu machen, also von der Briefträgerstellung zu befreien und sie mit ökonomischen Fonds auszugestalten, so daß sie eine gewisse Macht im Entscheidungsprozeß erhielten. In einem späteren Prozeß haben wir uns für die Kombinate entschieden und dafür, die Kombinate zur Drehscheibe zu machen, denn die Zentrale konnte natürlich mit 100 und soundsoviel Kombinaten versuchen, einen Entscheidungsrahmen zu finden, der funktioniert. Und die Kombinate hatten Kombinatsbetriebe mit hoher Selbständigkeit. Ich war einer der Hauptverursacher der Kombinatsbildung. Also wenn Sie dafür einen Schuldigen suchen, das bin ich. Ich wurde zugleich aber auch abgelöst von dieser Aufgabe, mir wurde diese Sache aus den Händen genommen wegen einer prinzipiellen Auseinandersetzung. Sie entzündete sich am Beispiel der Leicht- und bezirksgeleiteten Industrie; als auch hier eine vollständige Organisation in Form der Kombinate angeordnet wurde, konnte ich dem nicht mehr folgen und wurde von der Aufgabe entbunden. Ich war für Kombinate, dort wo sie als Drehscheibe im Reproduktionsprozeß erforderlich gewesen sind, um den volkswirtschaftlichen Kreislauf beherrschen zu können, aber nicht für ein allgemeines Aufgehen der Wirtschaft in Kombinaten.

Und was das Eigentum angeht, so ist klar, daß die NÖS-Leute Gegner eines nebulösen allgemeinen Volkseigentums-Begriffs waren. Dieses Eigentum war nicht faßbar, mit dem allgemeinen Volkseigentum konnte man alles ablehnen oder allem zustimmen. Ich war ein Anhänger eines Volkseigentums, das von den Verwaltern des Volkseigentums auch ökonomisch gehandhabt werden konnte; wenn Sie so wollen, zugleich als Eigentum der wirtschaftenden Einheiten, um dem Gewinngedanken zum Durchbruch zu verhelfen und auch die Verantwortung der Betriebskollektive durch eine entsprechende Ausgestaltung der materiellen Interessiertheit für dieses Eigentum zu stärken. Es gibt eine ganz entfernte Parallele zum Gedanken des Miteigentums, den Sie in der Bundesrepublik ja zumindest in der Theorie und an ein paar Beispielen hatten. Der Gedanke flackerte in der Modrow-Luft-Zeit nochmal auf, ohne jedoch in der Kürze der Zeit praktische Lösungen zu finden. Mit anderen Worten: Es wurde an das NÖS und das Ökonomische System des Sozialismus (ÖSS) angeknüpft.

Das waren unsere Kerngedanken. Es ist wahr: Wir waren nicht für die Auflösung des Sozialismus, wir waren für diesen Rahmen, aber es ist auch wahr, daß wir uns einer praktikablen Ökonomie näherten und uns von den Dogmen entfernten. Wir haben in der Praxis den Versuch gestartet, zu entdogmatisieren.

Weinert: *Also würden Sie das NÖS als eine immanente Reformstrategie auf ökonomischen Gebiet betrachten?*

Koziolek: Ja. Der Kerngedanke von NÖS, die allgemeinen ökonomischen Ziele in den Vordergrund zu rücken, hat uns stark bewegt. Daraus resultiert, daß die soziale Seite von dem Ergebnis des ökonomischen Handelns getragen werden muß. Das war unsere Auseinandersetzung mit Honecker 1974 zum Konzept der Einheit von Wirtschafts- und Sozialpolitik, wo wir in einem Gutachten prophezeit haben, daß die DDR einer tiefen Schuldenbilanz entgegengeht. Es gehört in das Reich der Fabel, zu glauben, daß die Führung erst 1988 über den Zustand ihrer Wirtschaft Bescheid wußte. Wir waren also keineswegs gegen die Einheit von Wirtschafts- und Sozialpolitik. Wir warnten aber davor, sie nicht auf eigenen ökonomischen Ergebnissen, sondern auf Auslandsverschuldung aufzubauen.

***Weinert:** Wie kam es zum Zusammenbruch des NÖS?*

Koziolek: Das Ende von NÖS wurde folgendermaßen eingeleitet: Halbritter, Wolf und ich wurden zu einer Politbürositzung eingeladen. Es ging um die Behandlung der sogenannten VVB-Experimente. Es wurden von uns die Konzeptionen von sechs VVB vorgestellt, die aus der "reinen" Briefträgerposition zu Gebilden mit ökonomischen Fonds entwickelt werden sollten, um zwischen der ökonomischen Zentrale (SPK) und den vielen Betrieben gewissermaßen eine Drehscheibe für die konkrete Produktpolitik und damit verbunden für die wissenschaftlich-technische und Investitionstätigkeit zu haben. Uns schwebte eine Art "sozialistische Konzerne" vor.

Das Politbüro tagte unter Leitung von Honecker, Ulbricht war nicht da. Es gab schon vorher Sitzungen, die andeuteten, daß man sich gegenseitig das Ding zuschob; also beispielsweise solche Sachen sind mir erinnerlich, daß Stoph ironisch fragte: "Wer ist denn eigentlich det NÖS? Ali Neumann, bis du det NÖS oder ist det Halbritter? Wer ist denn eigentlich det NÖS?" Das war natürlich für uns ein Angriff. Das heißt, daß die Führung bis zum Schluß, bis auf ganz wenige Leute, NÖS-feindlich war. Ich muß noch strenger formulieren: Sie waren absolut NÖS-feindlich, und NÖS-freundlich waren eigentlich nur, solange sie Rückendeckung hatten, Ulbricht, Apel und Mittag. Das Klingelzeichen hat dann Matern, der in der Partei sehr geachtete Vorsitzende der Parteikontrollkommission, mit einer Bemerkung gegen das Leistungsprinzip in der Zeitschrift "Einheit" gegeben. Als er das Leistungsprinzip angriff, war das als Todesstoß gegen das Neue Ökonomische System zu verstehen.

Der eigentliche Gegenstand der Beratung: die VVB-Experimente, die übrigens sehr gründlich vorbereitet waren, wurde mit der Begründung abgelehnt, in der Wirtschaft könne man nicht in so großem Ausmaß experimentieren. Außerdem schaffe man für die VVB-Experimente Sonderbedingungen, die nichts über die Feldeinführung aussagen. Mittag äußerte sich übrigens in der Sitzung nicht zur Sache und bedeutete auch uns, zu schweigen.

***Lepsius:** Es wird häufig gesagt, die Sowjets seien gegen das NÖS gewesen...*

Koziolek: ... absolut! Absolut, was die Spitze anbetraf, keineswegs kann dies jedoch von den Ökonomen gesagt werden. Von dort erhielten wir nicht wenig Zuspruch.

***Lepsius:** ... und das entscheidende Hemmnis sei ihre direkte Intervention dagegen gewesen.*

Koziolek: Sie kennen den Bericht Honeckers an das Politbüro zur Korrektur der Wirtschaftspolitik Walter Ulbrichts, in dem er auf die Russen aufmerksam macht?[1] In diesem Dokument, in dem Honecker in einer sehr infamen Weise Ulbricht angreift, um dessen Absetzung vorzubereiten und zu erklären, da sind diese Dinge drin. Wahr ist, daß fast die gesamte Führungsebene der Sowjetunion im NÖS-ÖSS den Beginn eines Ausbruchs der DDR aus ihrem Wirtschaftsgefüge sah. Honecker war also bei seinem Angriff auf Ulbricht durch die sowjetische Führung gedeckt. Er fuhr solche starken Geschütze auf wie: Ulbricht sehe in der DDR das Modell für den Sozialismus und in der UdSSR nur das Grundmodell. Zur Vorbereitung des VII. Parteitages habe er sich vor allem auf einen Kreis von ausgesuchten Wissenschaftlern und einen strategischen Arbeitskreis gestützt, nicht aber auf das Sekretariat des ZK. Mit seiner These, daß man mit dem Vergleich zur Weltspitze beginnen müsse, und seiner Orientierung, von der Prognose auszugehen, kam neben Richtigem auch viel Fehlerhaftes zustande, vor allem sei es dazu gekommen, daß er für den Zeitraum 1966 bis 1970 und darüber hinaus keine Übereinstimmung mit der Sowjetunion gab. Er wirft Ulbricht vor, eine Politik der Verschuldung betrieben und maßlose Übertreibungen auf wissenschaftlich-technischem Gebiet initiiert zu haben. Auch in Honeckers Kritik findet sich Falsches und Richtiges. Das war jedoch nebensächlich, da es tatsächlich um die Absetzung Ulbrichts ging. Ulbricht hatte Recht mit seiner These vom Grundmodell und der Entwicklung der DDR als eigenem Modell. Er vertrat aber nicht den Standpunkt von der DDR als "dem" Modell. Recht hatte Honecker meines Ermessens damit, daß im Konzept Ulbrichts viele Übertreibungen steckten, was ihn allerdings nicht daran hinderte, es Ulbricht bald nachzumachen.

Übrigens vertrat Fritz Behrens hinsichtlich des Modells die später von Ulbricht aufgegriffene Meinung. Überhaupt sei an dieser Stelle erwähnt, daß Arne Benary und Fritz Behrens in ihren 1956 veröffentlichten Arbeiten "Zur ökonomischen Theorie und ökonomischen Politik in der Übergangsperiode" erstmals in der DDR tiefgehende Aussagen zur Wirkungsweise ökonomischer Gesetze in einem industriell entwickelten sozialistischen Land vorlegten[2]. Benary und Behrens ernteten ebensowenig Dank für ihre progressiven Ideen wie später letztlich Herbert Wolf und Wolfgang Berger.

Auch die DDR-Leitungsstruktur stand nicht voll zum NÖS, wir konnten die Widerstände nicht voll überwinden. Aber wir haben klugerweise in der Apel-Zeit hervorragende sowjetische Ökonomen eingeladen, von denen wir wußten, daß sie uns stützten, besonders aus der mathematisch-ökonomischen und der soziologischen Richtung. Das waren Leute aus Nowosibirsk, z. B. Nentschinow, Aganbegjan, und das waren auch schon ein paar Leute aus Moskau, z.B. Bogomolow, Notkin, Chatchaturow, aber auch Liberman muß unbedingt erwähnt werden. Sonst war die gesamte sowjetische Wissenschaftsspitze, besonders im Bereich der

---

1 Vgl. Erich Honecker, Zur Korrektur der Wirtschaftspolitik Walter Ulbrichts auf der 14. Tagung des ZK der SED (SAPMO-BArch, ZPA-SED, J IV 2/2A/3196).

2 Benary, Arne/Behrens, Fritz, Zur ökonomischen Theorie und ökonomischen Politik in der Übergangsperiode. *Wirtschaftswissenschaft* Jg. 5 Sonderheft 3, Berlin 1957.

Politischen Ökonomie, voll gegen das NÖS, aber solche Leute gab es auch bei uns. Wir waren leitungsmäßig mit ein paar Besonderheiten eine Photokopie des sowjetischen Apparats.

Im Frühjahr 1965 führten wir in Leipzig eine internationale Konferenz zum NÖS durch. Wolf hielt das Hauptreferat und ich das Schlußwort. Ich entsinne mich noch genau, daß insbesondere Notkin uns stark unterstützte. Unabhängig davon, daß vieles unfertig blieb, daß manches erst im Ansatz konzipiert war, daß es hier und da berechtigte Einsprüche und die Forderung nach mehr Sorgfalt gab, daß es auch versteckte und offene Behinderungen gab: Es war eine Phase des Aufbruchs, der Kreativität, mit dem Ziel eine effizientere Wirtschaft zu gestalten, um die Bedürfnisse der Menschen besser zu befriedigen.

Das Wesentliche, was wir verändern wollten, was uns aber nicht gelungen ist, war eine Änderung von der Organisationsstruktur her. Das NÖS war am Schluß mehr zu einem Deckblatt geworden, es enthielt zwar eine bestimmte Ökonomisierung, es war aber nur noch ein kleiner Prozentsatz von dem, was wir wollten.

Weinert: *Wenn ich das richtig gelesen habe, sind die Befürchtungen der Sowjets nicht so sehr ökonomischer Art gewesen, sondern die Implikation des NÖS war ja eine stärkere ökonomische Zusammenarbeit mit der Bundesrepublik. Diese Wirtschaftskooperation wurde unter politischen Gesichtspunkten in Moskau als äußerst problematisch angesehen.*

Koziolek: Richtig. Das war aber erst später. Aber diese Wende in Richtung Bundesrepublik resultierte aus der Überlegung, ökonomisch kultiviert zu handeln, und entstand zugleich auch aus der Verärgerung über die unglaubliche Bevormundung durch die Sowjetunion.

Die Sowjetunion ihrerseits beargwöhnte uns aus zwei Gründen: erstens wegen der angeblich kapitalistischen Tendenzen im NÖS; darin sah sie die Gefahr einer Entfernung aus dem RGW-Bereich. Und zweitens hatte sie die Befürchtung, daß die Beziehung zwischen der DDR und der Sowjetunion Löcher bekommt, porös wird. Das war durchaus berechtigt, denn es war deutlich erkennbar, daß aus verschiedenen Gründen, auch zentrifugalen Gründen, die DDR in ihren Beziehungen zur Sowjetunion nicht so weitermachen konnte. Es reifte bei den leitenden Kräften in der Wirtschaft die Erkenntnis heran, daß die Trennung von den Hochtechnologieländern, insbesondere auch von der BRD, zu einer ökonomisch unvertretbaren Ausdehnung des Sortiments, zur technologischen Rückständigkeit, zum Zurückbleiben in der Arbeitsproduktivität, zum Nachlassen der Investitionstätigkeit und damit auch zu Schwierigkeiten in der Konsumtion und im Dienstleistungsbereich führen muß.

Lepsius: *Eigentlich hätte man doch sagen müssen, dieser Professor Koziolek stört hier. Wir müssen ihn entfernen, er kompliziert das Verhältnis innerhalb der deutsch-sowjetischen Beziehungen, er produziert Unruhe. Auf der einen Seite sagen Sie, mit rein ökonomischen Kategorien sind Sie politisch gescheitert, dennoch haben Sie Ihr wissenschaftlich-ökonomisches Prestige erhalten können!*

Koziolek: Ich habe eine Reihe von Büchern geschrieben, zum Beispiel "Die Theorie des Nationaleinkommens im Sozialismus", "Theorie der Reproduktion", "Reproduktion und Infrastruktur", "Ökonomisches Wachstum im Sozialismus", "Die Systemanalyse von Reproduktionskreisläufen", "Ökonomische und soziale Effektivität", "Wissenschaftlich-technische Revolution und sozialistische Reproduktion", "Die Theorie der sozialistischen Wirtschaftsführung", "Grundzüge einer Systemanalyse von Reproduktionskreisläufen" etc. Übrigens hatten Herbert Wolf und ich im September 1989 ein umfangreiches Buch über die Ökonomie der

Zeit beendet, das nicht mehr erscheinen konnte. Sicher hatte ich als Direktor des ZSW auch dadurch etwas Rückendeckung, daß fast alle führenden Repräsentanten zur Demonstration des NÖS-ÖSS bzw. der Wirtschaftspolitik auch das Zentralinstitut besuchten: Kadar, Schiwkow, Gierek, Gorbatschow, aber auch der chinesische Generalsekretär und viele andere namhafte Politiker und Wissenschaftler.

Ich habe ja nach wie vor mein eigentliches wissenschaftliches Arbeitsfeld, die Reproduktionstheorie, nicht verlassen, es ist noch 1988 eine Arbeit von mir erschienen und 1990 im Frühjahr eine Arbeit über systemtheoretische Fragen der Wirtschaftsorganisation. Ein nicht geringer Teil meiner Arbeiten erschien übersetzt in Ost und West. Ich muß sagen, ich habe immer selber geschrieben. Ich hatte zwar die Leitungstätigkeit im Institut, habe mich aber von der eigentlichen wissenschaftlichen Arbeit nicht abdrängen lassen. Ich hatte sehr gute Leute; aus meinem Institut kamen zehn Nationalpreisträger, und das bedeutete für DDR-Verhältnisse, daß das Institut nicht gerade schlecht gearbeitet hat.

Lepsius: *Wie erklären Sie diese duale Spannung von professioneller Anerkennung und gleichzeitig politischer Abwehr, in der Sie standen? Man würde meinen, das muß sich irgendwann einmal brechen.*

Koziolek: Das brach auch ein paarmal. Ich muß sagen, ich bin ja vier Jahre nicht gefragt worden, im Gegenteil, ich stand in Auseinandersetzungen und manche, selbst ehemalige Schüler, versuchten, Front zu machen. Ich habe zwar viele Freunde behalten, aber in so einer Wende erlebt man ja unglaubliche Dinge. Ich hatte der Generalstaatsanwaltschaft auch gesagt, als sie mich über Mittag befragte, daß ich einen enormen Freiraum hatte. Nur wenn Signallampen aufgingen, gab es gleich von oben Krach. Ich konnte aber auch umgekehrt sagen, jetzt ist Feierabend, das geht nicht. Es wird Sie wundern, aber ich brauchte meine Arbeiten, auch meine Bücher, nicht vorzulegen. Es sind zwar auch Bücher nicht erschienen, und mir hat niemand gesagt, warum. Aber ich habe sie nicht vorgelegt. Ich habe nur Arbeiten vorgelegt, wo die Politisierung hoch war. Also Artikel z.B. zur Wissenschaftstheorie und -politik der DDR für die Zeitschrift "Kommunist" in Moskau oder ähnliches mußte man schon aus Anstand vorlegen. Es erschienen einige Artikel im "Neuen Deutschland" nicht, da wußte ich, aha, das ist nicht gewünscht. Wenn es Reibereien gab, gab es sie mit der Zentrale. Ich hatte also keine Mühe, herauszufinden, wer eine Veröffentlichung verhinderte. Ich wußte sofort, das ist Mittag, oder das ist Honecker. Andere haben sich zurückgehalten, bis auf eine Auseinandersetzung, als mich Krolikowski sehr scharf in der Wirtschaftskomission angegriffen hat.

In einer erhitzt verlaufenen Diskussion ging es um die Ursachen von Wachstumsschwierigkeiten und von Tempoverlusten auf dem Gebiet von Forschung und Entwicklung in der DDR. Mittag wandte sich plötzlich an mich und fragte mich nach meiner Ansicht. Unter anderem antwortete ich, daß eine nicht geringe Ursache darin besteht, daß bis auf geringe Ausnahmen die Kaderleiter sprich Personaldirektoren der Kombinate abgetakelte Parteifunktionäre seien, die mehr mit "Sicherheitsnadeln" arbeiten, statt die Kreativität zu fördern, daß sie außerdem auch nicht an der Weiterbildung teilnehmen und folglich die fachlichen Anforderungen an die Kaderarbeit unter den Bedingungen schnellen wissenschaftlich-technischen Fortschritts nicht voll erfassen. Das führte zu lautstarken Reaktionen bei einigen Teilnehmern. Besonders Krolikowski erklärte, dies sei eine Beleidigung verdienstvoller Funktionäre und ich müsse dafür zur Rechenschaft gezogen werden. Schalck sagte, daß ich in der Sache recht habe, aber in der Art und Weise nicht. Mittag bestellte mich im Anschluß an die Sitzung in sein Büro, machte kritische Bemerkungen zu meiner Äußerung. Danach verlangte er aber die

Ausarbeitung einer Beschlußvorlage, daß die Kaderleiter der jeweiligen Ebene in die Weiterbildung einzubeziehen seien.

Dann gab es eine zentrale Auseinandersetzung 1984/85, da habe ich Honecker darauf aufmerksam gemacht, daß ich in der DDR-sowjetischen Ökonomenkommission massiv gegen den sowjetischen Vorschlag einer vertieften Baugruppenspezialisierung der DDR mit der Sowjetunion auftreten werde.

Hertle: *Im Bereich der Mikroelektronik?*

Koziolek: Vor allem in der metallverarbeitenden Industrie, insbesondere im Maschinenbau. Und daß ich mich verpflichtet fühle, ihn darauf aufmerksam zu machen, weil die Rückwirkungen massiv sein können. Daraufhin sagt Honecker, die Sache ist so wichtig, leg mir dein Referat vor. Das war die Zeit, in der er mich zur Kenntnis nahm. Ich lege mein Referat vor, Honecker sagt, das gibst du auch Verner, der damals für die RGW-Arbeit und Kirchenfragen verantwortlich war; weil er Mittag nicht mächtiger machen wollte, hat er die RGW-Arbeit abgetrennt. Dann sagte er, gib es auch Mittag, Hager und Jarowinski und auch Schürer; der kennt die Sache auch genau. Er bat mich dann zu sich und sagte, also Genosse Koziolek, ich bin mit deinen Ausführungen einverstanden, aber das Echo wird massiv sein. Das hing schon mit unserer stärkeren Westorientierung zusammen. Das war 1984. Ich habe geschrieben, wenn wir diese Politik machen, verlieren wir unser letztes Pfand gegenüber der Sowjetunion, nämlich unseren Maschinenbau. Wir werden glatte Zulieferanten unter dem Blickwinkel der Arbeitsteilung. Seht euch das gewaltige Land an, wir werden Mühe haben, die Ersatzteile zu liefern. Wir werden nicht mehr komplette Anlagen, Maschinen und andere Geldbringer machen können; wir werden unsere Ölbasis verlieren und alles mögliche. So hatte ich die Sache aufgeladen. In Moskau gab es Leute, die zu meiner Delegation gehörten, die nach meiner Rede erklärt haben, ich sei Balkan-Sozialist bzw. ein Rumäne. Diese Atmosphäre herrschte damals. Honecker sagte dann, ich stütze die Auffassungen, so gehen wir ran, aber es wird ein fürchterliches Echo geben.

Hertle: *Das Echo kam ja auch von Gorbatschow. Er hat sich bei Honecker darüber beschwert, daß die DDR in dieser Frage bremst.*

Koziolek: Ja. Ich hatte übrigens die Freude, wie schon erwähnt, M.S. Gorbatschow persönlich erleben zu können. Er war bei uns im Institut, dreieinhalb Stunden, und beim Rausgehen sagte er zu mir, alles hochinteressant, ihr seid auf dem richtigen Wege, aber mein Hauptproblem ist die Nationalitätenfrage. Das habe ich lange nicht begriffen, ist mir aber im Gedächtnis hängengeblieben. Alles das, was später kam, der Kladderadatsch, beschäftigte ihn eigentlich schon stark.

Aber zurück zu Honecker. Er sagte: "Genosse Koziolek, sprich aber noch mit Schürer." Und Schürer sagte zu mir: "Helmut, mach das nicht! Am besten ist, du wirst krank! Das ist ein schwerer Hammer!" Ich habe zu ihm gesagt: "Gerhard, es ist nicht nur meine Überzeugung, sondern ich halte es für ganz wesentlich, das zu stoppen. Das ist der letzte Punkt; gehen wir diesen Schritt auch noch, dann haben wir wieder eine wichtige Position im Handelsbereich mit der Sowjetunion verspielt." Unsere Stärke im Handel mit der UdSSR, abgesehen von der Chemie, war eben noch ein relativ intakter Maschinenbau. Nachdenklich machte mich in Moskau die Begegnung mit Oleg Bogomolow. Ich sagte ihm: "Oleg, heute wird dir mein Referat nicht gefallen." Worauf er mir erklärte: "Ich komme gerade aus Berlin und kenne deine Rede." Da sie nur intern verteilt war, dachte ich mir meinen Teil, zumal ich die Handschrift auf Bogomolows Exemplar erkannte.

Lepsius: Von Mittag aus gesehen gab es die Hoffnung, mit der Elektronik wieder eine unabhängige Einflußbasis zu erlangen. Wir haben ja schon bei Ulbricht die Vorstellung, mit dem Chemieprogramm die Hochleistungs-Chemie der DDR RGW-dominant zu machen und dadurch eine symmetrische Beziehung in Hinblick auf die Rohstoffabhängigkeit zur Sowjetunion zu etablieren. Es war ja wohl ein Dauerthema der DDR, wie ihre Wirtschaft mit Elementen ausgestattet werden konnte, die sie aus der völligen Asymmetrie durch die Rohstoffabhängigkeit löste - oder war das nicht so?

Koziolek: Doch, das war so. Eigentlich gab es in dieser Hinsicht zwei Probleme. Das erste war die mißliche Geschichte der DDR-Wirtschaft. Die DDR hat durch verschiedene Formen der Reparationszahlungen, ich will es mal so nennen, und zugleich der Etablierung relativer sowjetischer Strukturen im Wirtschafts- und Verwaltungsaufbau starke Verluste schon in ihrer Anfangszeit hinnehmen müssen. Zur gleichen Zeit, als die Bundesrepublik voll in die Weltwirtschaft und die "scientific community" integriert wurde, wurde die DDR, was die weltwirtschaftlichen Zusammenhänge anbetrifft, absolut abgeschnürt.

Es ist schon merkwürdig, daß über die Entwicklung der DDR-Wirtschaft geurteilt wird, ohne die Ausgangslage ernsthaft zur Kenntnis zu nehmen. Das Gebiet der ehemaligen SBZ war in weiten Teilen mit Ausnahme des Nordens über Berlin und Teilen des Südens - ein industriell entwickeltes Territorium, das sowohl nach dem Osten als auch nach dem Westen einen überdurchschnittlich hohen Verflechtungsgrad aufwies. Die Durchschneidung dieser Verflechtungen war die eigentliche Ursache für den schwierigen Start und die außerordentlich komplizierte wirtschaftliche Entwicklung der DDR. Diese Verflechtung ist von beiden Seiten gekappt worden: Einerseits von der westlichen Strategie des Kalten Krieges, die über die Währungsreform zur Gründung des westdeutschen Staates geführt hatte, und andererseits durch die kurzsichtige Reparationspolitik der Sowjetunion und damit verbunden mit der strategischen Einbindung der ostdeutschen Wirtschaft in die sowjetische Interessensphäre.

Da immer wieder von "maroder Wirtschaft" zur Kennzeichnung der Wirtschaft der DDR gesprochen wird, sei kurz daran erinnert, daß die von den Ostdeutschen an die UdSSR geleisteten Reparationen nicht nur einmalige, sondern auch laufende Entnahmen aus der Produktion umfaßten. Karlsch, der diese Vorgänge genau analysiert hat[3], führt als Summe der Reparationsleistungen der SBZ/DDR für die Zeit von 1945 bis 1953 54 Milliarden Reichsmark zu laufenden Preisen oder rund 14 Milliarden Dollar zu den Preisen von 1938 an. Das waren immerhin mehr als zwei komplette Nationaleinkommen der DDR des Jahres 1949.

Der zweite Punkt war, daß wir unsere Industriestruktur vor allem nach sowjetischen Interessen aufbauen mußten. Wenn Sie zu den Reparationskosten noch die Kosten für die energie- und materialfressenden Investitionen im Zusammenhang mit der Integration in das RGW-System hinzufügen, ist die Frage erlaubt, ob eine Volkswirtschaft von der Größe der DDR in historisch kurzer Zeit mit einer solchen Belastung fertig werden kann. Keiner kann doch sagen, weil die DDR-Ökonomen Kommunisten waren, waren sie keine Ökonomen; das ist doch blanker Unsinn. Wir konnten rechnen, und wir konnten analysieren. Der Bruch zur Bundesrepublik war ökonomisch schon in den Jahren bis 1956 katastrophal und vertiefte sich danach weiter. Ich war z.B. kein Freund der Entwicklung des Chemieanlagenbaus; ich bin sehr dagegen aufgetreten, aufgrund der sowjetischen Interessen einen Chemieanlagenbau aufzubauen, und habe das im Forschungsrat immer

3 Karlsch, Rainer, *Allein bezahlt. Die Reparationsleistungen der SBZ/DDR 1945-53*, Berlin 1993.

als zu teuer betrachtet. Der Chemieanlagenbau hat sich prächtig bei uns entwikkelt, aber es konnte nie eine effiziente Größe werden und er war ein Energie- und Materialfresser. Oder nehmen Sie überhaupt die Tatsache, daß wir Stahlwerke in Größenordnungen aufbauen mußten, die für unser Land im Prinzip hirnverbrannt waren, das gilt auch für den überdimensionalen Schiffbau, den Schwermaschinen- und Anlagenbau.

Das muß man sich immer aus einer bestimmten Proportion zur Sowjetunion und aus dem Zwang zur Selbstversorgung heraus vorstellen. Die Selbstversorgung der Wirtschaft war unser Drama, und daran waren wir nicht schuld. Dann gab es das Embargo, das uns von den Westpartnern hinsichtlich des Know-hows abschnitt. Unter diesen Umständen machen Sie mal eine handfeste Wirtschaftsstruktur!

Ich war mit Mittag in der Sowjetunion, als sich Mittag sehr wehren mußte gegen Angriffe, er wäre für eine Abkopplung vom RGW, insbesondere sei er gegen eine engere Verflechtung mit der sowjetischen Wirtschaft. Die Sowjets verlangten von uns und auch von den Tschechen, als sie selber immer tiefer in die Kreide kamen, daß wir fast für jeden normalen Austauschvorgang - als Beispiel diente ihnen der Bau der Erdöltrasse - Wohnungen und andere Einrichtungen im allgemeinen infrastrukturellen Bereich bauen sollten. Er erklärte, er sei für alles Notwendige, aber gegen solche für die Wirtschaft der DDR nicht zu leistenden Aufwendungen, noch dazu mit den entsprechenden Kapazitäten. Ich habe übrigens die Züge mit den Fertigteilelementen für den Häuserbau von Deutschland nach Rußland fahren sehen. Das war doch ökonomisch ein katastrophaler Unsinn!

***Lepsius:** Wie konnte sich die Sowjetunion denn durchsetzen?*

Koziolek: Am Schluß konnte sie sich nicht mehr durchsetzen. Aber über lange Zeit stellte die DDR in den Augen vieler sturer sowjetischer Fuktionäre nicht einen Vorposten des Sozialismus dar, sondern einen zeitweiligen Geländegewinn mit einer Bevölkerung, die fleißig war und intelligent, also eine Rahmenbedingung für die Periode nach dem Krieg. Das schloß ein, daß wir auch gehätschelt und gepäppelt wurden wie Kinder, denen man etwas Gutes tun muß. Dieser Stil, den Direktbefehlsweg zu gehen, blieb relativ lange erhalten, und er herrschte noch während der NÖS-Zeit. Er änderte sich eigenartigerweise erst, als Ulbricht mit dem NÖS begann; die Änderung war aber zunächst eher ideologisch und änderte noch nichts an den Praktiken. Und eigenartigerweise war es dann Honekker, der auch im Zusammenhang mit der Verschuldungspolitik Widerstände gegen die Art und Weise des Umgangs mit uns entwickelte. Wie sich das im einzelnen bei ihm abspielte, weiß ich nicht. Honecker war ein eigenartiger Mensch; er war im ökonomischen Bereich absolut unbeleckt und voluntaristisch, ein Träumer von den Möglichkeiten, die die Wirtschaft hergibt. Was sein außenpolitisches Spiel und das politische Taktieren anbelangt, hatte Honecker jedoch mehr Fortune und Realitätssinn als Ulbricht.

***Lepsius:** Manchmal hat man den Eindruck, daß es eine Moskau-Fraktion im Politbüro gab, also Stoph, Krolikowski und andere, die eine primäre Orientierung an der Harmonie zwischen der DDR und der Sowjetunion hatten, so daß es nicht nur eine einseitige Intervention der Sowjetunion in die DDR gab, sondern daß die Sowjetunion in der DDR Personen hatte, die ihren Standpunkt innerhalb der DDR-Leitungsgremien unterstützt haben.*

Koziolek: Das ist im Konkreten ein schwer zu durchschauender Vorgang. Sicher ist nur, daß es eine stark Moskau-hörige Fraktion gab. Das resultierte aus einer Vorstellung von der UdSSR als Zentrum des sozialistischen Weltsystems und aus

Dankbarkeit für den Sieg über den Hitlerfaschismus und in Zusammenhang damit für die Entstehung der DDR. In der Form dürfte dies nicht weit entfernt sein vom Verhalten der BRD-Regierung gegenüber den USA. Ich wollte nur einen bestimmten Punkt deutlich machen, an dem ich gesagt habe, so kann es nicht weitergehen, wir verlieren den letzten Trumpf. Auch mit der Schalck-Organisation wollten wir etwas Bestimmtes weiterführen, was wir unter anderen Aspekten nicht durchsetzen konnten. Aus meinen Bemerkungen könnte vielleicht entnommen werden - und das will ich nicht so verstanden wissen -, als ob die anderen gegen die Sowjetunion gewesen wären. Eigentlich wußten alle, daß das Schicksal der DDR mit der Sowjetunion verbunden ist. Trotzdem gab es intern bereits Konföderationsgedanken, nicht Konföderationsrealitäten, sondern Aussprüche im Kreis von mehr oder weniger kompetenten Leuten, daß eine Konföderation beider deutscher Staaten eigentlich ein Weg wäre. Das ist nicht erst ein Gerede am Schluß, also 1989, gewesen; darüber wurde lange vorher gesprochen. Dieser Konföderationsgedanke war eigentlich nie bis zum Endpunkt, der Aufgabe der DDR, ausformuliert, sondern mehr im Sinne des ökonomischen Überlebens der DDR ausgesprochen worden.

Aber keiner hat die engen Beziehungen zur Sowjetunion in Frage gestellt; das Anzweifeln kam eher über konkrete ökonomische Fakten und Fragen, also zum Beispiel, wie geht's mit der Chemie weiter, oder was geht die Sowjetunion eigentlich an, was wir mit dem Erdöl machen. Mit dem Erdöl, das ist überhaupt kein Geheimnis, haben wir uns auch zeitweilig gesundgestoßen. Wir haben bestimmte Erdölmengen in einfacher Verarbeitung oder als Rohöl gegen harte Devisen weiterverkauft, zwar nicht zuviel, aber zu bestimmten Zeiten, als der Erdölpreis hoch war, konnten wir damit Gewinne machen. Später sind wir damit eingebrochen. Der Erdölpreisrutsch war auch für uns ein Drama, wie aber auch die Erdölpreiserhöhung ein Drama war. Und dann noch die Veränderung der RGW-Preise. Das waren Dramen, denn wir haben unter dem Langzeit-RGW-Mechanismus auch eine sehr günstige Phase hinsichtlich der Wirkung auf das Wachstum des Nationaleinkommens gehabt. Die niedrigen RGW-Preise waren für uns eine hervorragende Einnahmequelle. Später brach das zusammen. Mit einer ordentlichen Wirtschaftsstrategie hätte manche negative Auswirkung solcher vor allem Rohstoffpreisentwicklungen gemildert werden können. Statt dessen kam es zu solchen fragwürdigen und kostspieligen ökonomischen Manövern, wie der Heizölablösung, um nur ein Beispiel zu nennen. Ich kann das nur als Gemisch sehen, es war nicht antisowjetisch, aber es war klar, die Wirtschaft der DDR war seit 1970/71 in eine außenwirtschaftlich gefährliche Lage geraten. Während wir zu Ulbrichts Zeiten noch über eine halbe bis eine Milliarde Dollar Schulden gekräht haben und das als Gefahr sahen, wurde bei Honecker die Schleuse aufgemacht. Wir haben die Folgen vorausgesehen; in unserem Gutachten von 1974 haben wir, d.h. Otto Reinhold, Willi Kunz, Karl-Heinz Stiemerling und ich geschrieben, daß die DDR-Wirtschaft, wenn sie die Einheit von Wirtschafts- und Sozialpolitik in der begonnenen Weise weiterführt, die Sozialpolitik auf Verschuldung aufbaut, die Investitionen im produktiven Bereich stark vermindert und 1980 bei 28 Milliarden Valutamark Schulden landen wird[4]. Das ist genau eingetroffen und im übrigen auch ein Beweis dafür, daß DDR-Ökonomen rechnen konnten. Wir waren von Honecker mit dieser Analyse über die Per-

4 Vgl. Helmut Koziolek/Willi Kunz/Otto Reinhold/Karl-Heinz Stiemerling, Einige Grundfragen der wirtschaftlichen Entwicklung der DDR und notwenige Maßnahmen zur weiteren Durchführung der vom VIII. Parteitag beschlossenen Linie der Wirtschafts- und Sozialpolitik (unveröff. Ms.).

spektiven der Sozialpolitik beauftragt worden, und als wir sie vorlegten, fiel dieser berühmte Satz, den Przybylski auch zitiert: "Euch passiert nichts."[5]

Lepsius: Es gibt diese bekannte Senkung der Erdöllieferungen der Sowjetunion, die vergeblichen Briefe von Honecker an Breschnew und dann nochmal das ergebnislose Gespräch zwischen Honecker und Russakow[6]. Honecker warnte die Sowjets vor dieser Kürzung und bezeichnete sie als "Untergrabung der Grundpfeiler der Existenz der DDR". Wie haben Sie das damals wahrgenommen? Fanden Sie auch, daß 1980/81 ein zentraler Krisenpunkt war, der nicht mehr überwunden wurde?

Koziolek: Etwas früher, zu der Zeit, als Apel sich erschoß, gab es schon einmal einen solchen Rammstoß. 1981 würde ich als den Versuch der Sowjetunion einschätzen, klarzustellen, es gibt keinen Ausbruch von unseren Wünschen und Bedürfnissen. Die Erdölkürzung und die weiteren Forderungen seitens der sowjetischen Seite brachten Mittag zugleich auf den Trichter, Honecker klarzumachen, daß sich in den Handelsbeziehungen zwischen der Sowjetunion und der DDR Daumenschrauben andeuteten, die man nicht mehr so einfach hinnehmen kann. So würde ich 1981 einschätzen.

Weinert: Sie sagten, das Scheitern von NÖS war schon 1968 besiegelt. Warum?

Koziolek: Das Scheitern deutete sich 1967/68 an und Vorboten gab es schon früher. Einer der Grundgedanken des NÖS war, daß unbedingt das Leistungsprinzip verwirklicht werden und daß der Gleichmacherei der Kampf angesagt werden müsse. Der Slogan war, daß individuelle Leistung zum gesellschaftlichen Nutzen auch persönlichen Vorteil bringen muß. Dazu ist es nötig, sich in Erinnerung zu rufen, daß damals in der DDR nicht selten ungelernte Arbeiter mehr als Facharbeiter und beide nicht selten mehr als in Forschung und Technik tätige Wissenschaftler und Techniker verdienten. Dr. Wesselburg, der Forschungsdirektor des Hettstedter Stahlwerkes, der am NÖS mitgewirkt hat, stellte auf einem ZK-Plenum 1964 die These auf, daß die Anwendung des Leistungsprinzips eine erhebliche Differenzierung der Einkommen zugunsten der Forscher erfordere. Die von ihm genannte Beispielsumme rief die NÖS-Gegner auf den Plan und ein führender Gesellschaftswissenschaftler konnte eilfertig im "Forum", einer damals viel gelesenen Studentenzeitschrift erklären: Das Leistungsprinzip ist ein Antagonismus im Sozialismus. Das verhinderte die damals beabsichtigte Schaffung von deutlichen Anreizen für Spitzenkräfte in Forschung, Technik und Wirtschaftsleitung.

Die Hauptphase des NÖS lief von 1963 bis 1965/66. Da waren wir in der Wirtschaft intensiv um Veränderungen bemüht, wir haben Konferenzen durchgeführt. Vom Politbüro bis zu den unteren Ebenen mußten alle staatstragenden Leute das NÖS durcharbeiten. Bis etwa 1967 ging das. Ich war verantwortlich für diese Schulungen, und das gesamte Politbüro hat daran teilgenommen, mit viel Ironie und teilweise auch mit viel Spott belegt bei einigen dieser Leute, mit Ausnahmen, während die Minister und Generaldirektoren dem NÖS ausgesprochen aufgeschlossen gegenüberstanden. Aber intern begann es schon zu knistern.

---

5 Przybylski, Peter, *Tatort Politbüro. Bd. 2: Honecker, Mittag und Schalck-Golodkowski*, Berlin 1992, S. 55.

6 Vgl. Niederschrift über das Gespräch des Generalsekretärs des ZK der SED, Genossen Erich Honecker, mit dem Sekretär des ZK der KPdSU, Genossen Konstantin Viktorowitzsch Russakow am 21. Oktober 1981, Berlin, den 21. Oktober 1981, S. 29. (SAPMO/ZPA-SED J IV 2/2A/2431).

Ich will zwei Punkte nennen, woran man es gemerkt hat: Ich war nie für die Änderung des Namens NÖS. Ich habe gesagt, wir sind noch nicht durch, unsere Grundideen haben noch nicht Fuß gefaßt; im Grunde genommen herrschen noch alte Strukturen. Ein NÖS-Gedanke war beispielsweise, den Volkswirtschaftsrat zu beseitigen, was dann auch geschah, und ihn durch nur noch ein Industrieministerium, bei Weiterführung der Plankommission selbstverständlich, zu ersetzen. Was ist daraus geworden? Die Abteilungen des Volkswirtschaftsrates wurden in Ministerien umgewandelt, die Bürokratie blieb erhalten mit ihrer Entscheidungsverlangsamung. Noch etwas: Obwohl die Plankommission eine Zentrale des NÖS war, dort die entscheidenden Ausarbeitungen erfolgten, insbesondere im Ökonomischen Forschungsinstitut und im Stellvertreterbereich "Planmethodik", blieb die Plangestaltung noch lange unberührt vom NÖS, ja die NÖS-Forderungen auf diesem Gebiet wurden nie realisiert.

Der zweite Punkt war, als das NÖS zum Ökonomischen System des Sozialismus (ÖSS) wurde. Wir hatten diese verdammte Manie, von Parteitag zu Parteitag einen neuen Namen für einen Prozeß zu wählen, der noch gar nicht abgeschlossen war. Und damit wurde die Illusion erzeugt, als ob diese Veränderung in der Wirtschaft schon durchgesetzt wäre. In Wirklichkeit war das ÖSS eine Kapitulation vor dem Durchsetzen des ursprünglichen Gedankens mit "progressiven" Worten.

Mit den "Regelmechanismen" und vielem anderen war das ÖSS von vornherein eine Überdrehung an Worten, die die Leute in der Wirtschaftspraxis kaum noch verstehen konnten, und sie wußten auch, daß bei dem existierenden Wirtschaftsmechanismus solche freischwebenden Kategorien sich nicht durchsetzen konnten. Wir hatten mit dem ÖSS, als es um die Eigenerwirtschaftung der Investitionen ging und ähnliche Dinge, bei der Durchsetzung des NÖS schon an Substanz verloren. Wir haben mit Worten weitergedreht, was in der Praxis noch nicht Fuß gefaßt hatte. Und der letzte Anstoß kam dann auf einer Sitzung mit Finanzminister Böhm, an der Wolf, Wenzel und einige andere und auch ich teilnahmen. Herbert Wolf, den ich als sehr kreativen Wissenschaftler und zuverlässigen Freund hoch schätze, schlug vor, von Ulbricht angeregt, auf dem VIII. Parteitag das sogenannte entwickelte gesellschaftliche System des Sozialismus zu proklamieren und legte ein entsprechendes Material vor. Das war wirklich nur noch Worthülserei, da sollte als kybernetisches System die gesamte Gesellschaft, nicht mehr nur die Ökonomie, untereinander verflochten werden, und da wußte natürlich jeder, das ist eine Sache, die eigentlich schon ein Begräbnis einleitet. Ich schlug in dieser Sitzung vor, Herbert Wolf das Material zur Überarbeitung zurückzugeben und tat dies, wie andere, z. B. Siegfried Wenzel, auch demonstrativ. Der damalige Finanzminister hingegen erklärte: "Das wird Folgen haben!" Er war ganz offensichtlich schon instruiert, ein Signal gegen die Reformbewegung zu setzen.

Lepsius: *Wie hoch setzen Sie das Beharrungsvermögen des Eingeübten an? War die Aufrechterhaltung der Ministerien nach Wirtschaftsbranchen nicht einfach ein Selbstinteresse, sich Kompetenzen zu sichern? Und eine weitere Frage ist: War die Kombinatsstruktur und die Idee der selbständigen Erwirtschaftung von Fonds überhaupt realistisch? Diese Fondserwirtschaftung hätte doch nur dann funktioniert, wenn über einen internen Markt mit Hilfe der Kombinatsfonds eine Veränderung der Allokation der vorhandenen Produktivkräfte und auch der vorhandenen materiellen Güter hätte eintreten können. Wenn man sagt, du kannst etwas damit machen, eigentlich aber doch nicht, weil die Zulieferindustrie nicht funktioniert und weil die Außenhandelsabhängigkeit von dir nicht gebrochen wird, bleibst du immer an den staatlichen Außenhandel gebunden. Dann ist natürlich* *die Frage, wie hoch kann man unter diesen Bedingungen überhaupt eine Verselbständigung der Kombinate realisieren? Überspitzt formuliert: Mußte das NÖS nicht zwangsläufig unter den Bedingungen der Aufrechterhaltung der Grundprinzipien der Politischen Ökonomie des Sozialismus scheitern?*

Koziolek: Was Sie über das Beharrungsvermögen alter Strukturen gesagt haben, dem stimme ich völlig zu. Dazu noch eines: Wir hatten auch keine theoretischen Lösungen oder kamen mit ihnen nicht durch.

An einem Beispiel will ich klarmachen, was uns nicht gelungen ist, was geradezu unmöglich war. Im NÖS-Gedanken war auch der Bankrott von Betrieben enthalten, wir hatten drin die Gewinn- und Verlustrechnung, also diese sogenannten Bilanzveröffentlichungen der Kombinate. Aber ich bleibe mal bei der Pleite, beim Ruin von Betrieben mit der Tatsache, daß sie sich vor den Banken verantworten müssen und die Banken auch ihren Bankrott feststellen können. Es ist uns nicht gelungen, den Bankrott von Betrieben in unser System einzuführen. Positiv war, aber das wurde Routine, daß sogenannte Stabilisierungsverfahren durchgeführt wurden, die im Extremfall mit der Ablösung des Direktors verbunden waren. Aber das waren schon, ich sage es mal offen, Heftpflaster, aber nicht mehr der ursprüngliche NÖS-Gedanke, das unrentable Betriebe in bestimmten Größenordnungen bankrott gehen können. Einen Gegenpol des Gewinns unter sozialistischen Bedingungen einzuführen, ist uns also nicht gelungen.

Unser großes Problem war, daß wir nie mit dem Eigentumsbegriff fertiggeworden sind und mit der Handhabbarkeit des Volkseigentums. Es hieß, Volkseigentum ist Eigentum des ganzen Volkes, und die Betriebe verwalten dieses Eigentum. Eine theoretische Durchdringung, aber auch praktische Handhabbarkeit im Sinne der Ökonomisierung ist uns nicht gelungen. Wir blieben in der Eigentumstheorie eigentlich bei der These stecken.

Weinert: *Das sind jetzt Grundfragen der Politischen Ökonomie sozialistischer Systeme. Wenn man bei dem Beispiel der Pleite bleibt - die Pleite im kapitalistischen System wird dann ausgelöst, wenn die Betriebe nicht mehr zahlungsfähig sind ...*

Koziolek: ... genau das war unser Punkt!

Weinert: *Und wenn ich das auf die DDR anwende, dann hätte eine solche harte Budgetrestriktion für die Kombinate im Sozialismus auch über Geld implementiert werden müssen!*

Koziolek: Das ist das Komplizierte. Wenn ich heute über eine funktionsfähige sozialistische Wirtschaft nachdenken würde, das war ja auch unser Arbeitsfeld, dann würde ich sagen, daß wir beide Extreme hätten verbinden müssen, daß wir mit der Orientierung auf eine funktionierende Ökonomie im Sinne des NÖS zugleich auch allgemeine ökonomische Kategorien aufgewertet haben - Gewinn, Kredit, Zins, Lohn usw. Was uns nicht gelang im NÖS, war wirklich die Verbindung einer modernen Planwirtschaft mit - wenn Sie so wollen - einem ökonomischen Regulativ. Die Einflüsse der Außenwirtschaft haben ja nicht durchgewirkt. Der hauswirtschaftliche Charakter der DDR, der den Umständen geschuldet war - kein Ökonom war der Meinung, daß die Hauswirtschaft gut war - führte zu einer katastrophalen Ausdehnung des Sortiments, damit zu kleinen Serien, zu relativ hohen Kosten und damit zu einer wachsenden Unrentabilität und zu einer Abschirmung vom Weltmarkt.

Wir haben manchmal doppelt und dreifach bezahlt, was wir uns über das Embargo an der Seite herangeholt haben. Und genauso war die Beziehung zur Sowjetunion. Wenn Sie so wollen, unterlagen wir der Hauswirtschaft, die ihrem Charakter nach unökonomisch war, von zwei Seiten gegen unseren Willen: von der Seite der Binnenorganisation und der Außenorganisation. Und natürlich müssen dazu noch die Wirkungen des Embargos berücksichtigt werden.

***Weinert:** Sie haben vorhin erwähnt, daß in der DDR eine Art Fiktionalismus vorherrschte, d.h. bestimmte Strukturen eher zurückgedreht wurden, jedenfalls nicht den intendierten Weg nahmen, gleichzeitig aber ein extremer Überbau an Proklamationen erarbeitet wurde, der sich von der tatsächlichen ökonomischen Entwicklung doch sehr weit abhebt. Ist das jetzt Voluntarismus, oder ist das quasi systemimmanent angelegt?*

Koziolek: Nein. Bei Honecker war Voluntarismus im Sinne eines Glaubens vorhanden, daß man mit Wünschen eine Wirtschaft steuern kann. Ich war ein scharfer Kritiker der Einheit von Wirtschafts- und Sozialpolitik, das ist auch dokumentiert. Das bedeutet aber nicht, daß ich aufgehört hätte, im Sinne ökonomischer Vorschläge an ihr zu arbeiten; das sind zwei verschiedene Dinge. Das eine war, daß mein Verstand mir gesagt hat, das führt zu nichts Gutem; heute bin ich wieder froh, daß es diese Phase gegeben hat, denn sonst hätten wir in der materiellen Substanz, Wohnungsbau usw., natürlich viel weniger hinterlassen, denn die Bekämpfung der Einheit von Wirtschafts- und Sozialpolitik war ja zugleich auch ein rigider Ökonomismus. Ich war Anhänger eines viel schärferen Ökonomismus, als sie sich in der Einheit von Wirtschafts- und Sozialpolitik niederschlug.

***Lepsius:** In der Einheit von Wirtschafts- und Sozialpolitik gibt es ja eine Reihe von wirklich interessanten Elementen. Das eine ist, daß mit Hilfe dieser Politik der Lebensstandard der DDR, verglichen mit den anderen Staaten im Ostblock, hoch war. Die Konsumquote wurde erhöht, auf der anderen Seite wurde jedoch die Investitionsquote erheblich beschränkt. Nun ist die Frage, wie beurteilen Sie diese Ausweitung der Konsumquote und die über die Zeit sichtbare Nichtreproduktion des ökonomischen Systems durch eine unangemessen niedrige Investitionsquote?*

Koziolek: Sie werden sich über meine Antwort wundern! Ich gebe Ihnen eine Vorwende-Antwort und eine Nachwende-Antwort. Ich könnte auch sagen, ich gebe Ihnen eine Antwort als Ökonom und eine als Bürger. Aber ich muß es so sagen aus meiner Sicht, um die Gedanken, die ich ursprünglich hatte, nicht zu verfälschen. Das wirtschaftliche Drama fing natürlich auf dem 14. Plenum des ZK der SED 1970 und mit dem Sturz Ulbrichts 1971 an. Ulbricht wollte bestimmte Preise erhöhen, und das war der äußere Anlaß dafür, daß man ihm auf dem 14. Plenum das Vertrauen entzog und später stürzte. Honecker nahm das nach dem Motto zum Anlaß: Was? Wir sollen den Gürtel enger schnallen? Schluß mit dieser Politik! Honecker unterstellte Ulbricht die Politik des Gürtelenger-Schnallens, und sagte, das können wir nicht machen. Die Stimmung unter den Bürgern war so, daß sie Honeckers Ansichten durchaus trug. Und dann hatten wir die heftige Diskussion zum Buch "Politische Ökonomie des Sozialismus"[7]. Da hieß es, Schluß mit dieser NÖS-Politik. Es gab an der Akademie für Gesellschaftswissenschaften eine Konferenz der Ökonomieprofessoren dazu, auf der interessante Leute dagegen auftraten. Ich will jetzt keine Namen nennen, aber ich

7 Autorenkollektiv, *Politische Ökonomie des Sozialismus und ihre Anwendung in der DDR*, Berlin/Ost 1969.

muß sagen, ich fragte mich damals, wie ist es möglich, daß Ökonomen so gegen dieses Buch auftreten können, das eigentlich eine Ökonomisierung der sozialistischen Ökonomie wollte, entschuldigen Sie diese Tautologie. Es orientierte auf die sozialökonomischen und materiellen Anforderungen der Wirtschaft, und es wurde mit dem Buch Abschied genommen von einer plakativen Beschreibung des Sozialismus. Es erschien übrigens kurz nach seiner deutschen Ausgabe in Übersetzungen in allen sozialistischen Ländern von der UdSSR bis China. Es ist meine Überzeugung: Wenn es zu einer Versachlichung der Diskussion zum Sozialismusversuch kommt, wird man nicht um eine Diskussion über dieses Buch herumkommen.

Hertle: *Wie haben Sie sich die Frage beantwortet, warum das Buch von Ökonomen angegriffen wurde?*

Koziolek: Das war ganz klar: Das waren Leute, die den Honecker-Schwenk vorgenommen hatten, und die der Meinung waren, jetzt brechen neue Zeiten an, und in diesen Zeiten wollen wir uns etablieren.

Hertle: *Grassierte nicht nach dem Prager Frühling von 1968 und dem Arbeiteraufstand in Polen von 1970 und vor dem Hintergrund der gewachsenen Disproportionen und der internen Versorgungsprobleme eine politische Furcht vor dem Machtverlust?*

Koziolek: Die internen Versorgungsprobleme waren noch nicht so groß. Aber tatsächlich gab es Probleme wegen der Halbherzigkeit der Weiterführung des Neuen Ökonomischen Systems seit 1967/68 und der Überdrehungen im Gesamtsystem. Dieser Zustand ging natürlich vielen Leuten auf den Wecker.

Hinzu kamen die Krisen, aber eigentlich war der eingeschlagene Weg des Neuen Ökonomischen Systems meiner persönlichen Meinung nach richtig gewesen, den hätte man etwas korrigieren können, dafür wäre ich auch gewesen. Sie dürfen aber nicht vergessen, daß Deutschland gespalten war, die Bundesrepublik blühte auf, die Beziehungen zwischen den Verwandten nahmen zu und alles mögliche, Illusionen wuchsen im großen Stil. Ich bestreite nicht, daß diese politischen Umstände eine Rolle spielten, aber der Hauptumstand war natürlich die sowjetische Rückendeckung für Honecker, getragen von der Furcht, die DDR löst sich von uns los, und Ulbrichts Widerstand gegen die russische Einflußnahme. Wir wollen nicht vergessen: Als Ulbricht Breschnew in Moskau auf dem Parteitag der KPdSU klarmachte, er sei der einzige Mann, der Lenin noch kannte, war natürlich klar, daß die Sowjets gesagt haben, das geht zu weit; Lenin ist ja schließlich unser Mann. So blöd solche Geschichten klingen, man sollte sie nicht unterschätzen.

Ulbricht hatte begriffen, daß die DDR, ohne daß sie ein moderner Industriestaat wird, ohne wissenschaftlich-technischen Fortschritt, kaputt geht. Das war eigentlich der Kern solcher Losungen wie "Chemie gibt Brot-Wohlstand-Schönheit", "Überholen ohne Einzuholen" und ähnlicher Dinge. Er wußte, wenn wir ein moderner Industriestaat bleiben wollen, müssen wir uns neu organisieren. Das war seine progressivste Leistung. Und nicht ganz zu Unrecht warf man ihm auch im Zusammenhang mit dem Buch "Politische Ökonomie des Sozialismus" vor, daß dieses Buch einen nationalökonomischen Charakter trug. Es war natürlich klar, wenn man eine Ökonomie aufbaute, die nach den NÖS-Regeln funktionieren sollte, dann setzte man sich von der politischen Ökonomie des Sozialismus, wie sie im Lager allgemein bekannt war, ab. Obwohl es kein nationalökonomisches Buch war, wurde es dann so bezeichnet, um nachzuweisen, es paßt nicht in das sozialistische Weltsystem.

Es gibt aus heutiger Sicht für mich Gründe, auch konstruktive Gründe, warum das NÖS nur bruchstückweise funktionierte. Diese lagen sowohl in der politischen Organisation der Gesellschaft als auch in ungenügendem theoretischen Vermögen. Dazu gehören die verworrenen Beziehungen zwischen Parteiführung und Staat; die nicht genügend regelbaren Beziehungen zur SU und den RGW-Staaten; das nichtgelöste Problem der praktikablen Ausgestaltung des Volkseigentums und damit verbunden die Nichtdurchsetzbarkeit der fundamentalen NÖS-These von der Konzentration der Zentrale auf die strukturbestimmenden ökonomischen Prozesse und die hohe Eigenverantwortung der wirtschaftlichen Einheiten. Damit war ganz ohne Zweifel auch verbunden, daß das Leistungsprinzip, das Stabilisierungsverfahren, die Jahresendprämie, die Eigenerwirtschaftung der Investitionen, die Gewinnverwendung, die Preisbildung, die außenwirtschaftliche Verflechtung etc. stets Interventionsgebiet der Zentrale blieb. Diese Erkenntnis ist schmerzhaft, da das NÖS gerade mit der uneffizienten "Kommandowirtschaft" Schluß machen sollte. Es ist uns auch nicht gelungen, die Planung auf NÖS-gerechte Weise zum Funktionieren zu bringen. Die bewußte und rationelle Regelung wurde dominant zentralistisch betrachtet. Die Vorstellung des NÖS, dem Nachfragefaktor von unten durch die Betriebe gerecht zu werden, wurde nie Realität. Ebenso wurde das Postulat der planmäßigen Proportionalität mehr oder weniger als übergeordnete Aufgabe betrachtet. Die Vorstellung im NÖS, daß die planmäßige Entwicklung unter den Bedingungen des wissenschaftlich-technischen Fortschritts und die damit verbundene hohe Dynamik wirtschaftlicher Organe nur durch schnelle Anpassung der Wirtschaftseinheiten untereinander gewährleistet werden kann, daß dazu Reserven erforderlich sind, wurde schon von Beginn an bekämpft. Auch die Eigenerwirtschaftung der Mittel für Investitionen blieb ein Torso. Es war daran gedacht, daß Betriebe mit guter Gewinnerwirtschaftung auch selbst für Rationalisierungs- und Neuinvestitionen Vorteile haben sollten. Gescheitert ist dies oft an den materiellen Realisierungsmöglichkeiten und am Abzug der Mittel für den extensiven Ausbau der Volkswirtschaft.

Ein letztes Beispiel sei angeführt: Die Jahresendprämie in den Betrieben war als Stimulus gedacht für effiziente betriebswirtschaftliche Ergebnisse. Das heißt, bei guten Ergebnissen sollte quasi ein 13. Monatsgehalt gezahlt werden. Als die ersten Belegschaften von Betrieben sich beschwerten, daß sie trotz "angestrengter" Arbeit die Prämie nicht erhalten haben, wurde sie fast ausnahmslos eingeführt, womit auch dies nicht mehr als Triebkraft wirken konnte. Das NÖS-ÖSS blieb in der Praxis ein Torso und auch seine weitere theoretische Ausarbeitung wurde behindert.

Weinert: *Mittag sagt, im Politbüro gab es immer zwei Linien: die Moskau-Kommunisten und die, das ist jetzt meine Formulierung, "Nationalkommunisten". Würden Sie sagen, daß Ulbricht ein Nationalkommunist war?*

Koziolek: Ich will es abmildern. Ulbricht wußte natürlich immer, wo der Hammer hängt. Mittag wußte es auch, Mittag war aber gedeckt durch Honecker und durchaus etwas kühner. Deshalb ja auch die Verleumdung, er sei nicht bloß ein BND-Mann, sondern ein CIA-Mann. Das hat man mir selbst in Moskau gesagt. Also Mittag wurde schwer bis in die eigenen Reihen hinein verdächtigt, weil ja die sowjetischen Partner auf breiter Front dafür gesorgt haben, daß diese These vom CIA-Agenten bekannt wird, die bestimmt nicht zutrifft, sonst würde es Mittag anders ergangen sein.

Aber es ist wahr, daß Ulbricht auch nationalkommunistische Merkmale hatte, also in der Schlußphase des NÖS war es eindeutig so, daß ihm das Wohl seines Landes - das klingt jetzt merkwürdig, aber seine Interessen, mit allem, was

Mauer usw. anbetrifft, wichtiger wurde - er war nicht mehr bedingungsloser Anhänger jedes sowjetischen Befehls.

Weinert: *Das hat er ja gegenüber Breschnew ganz klar gesagt: Die DDR ist nicht Bjelo-Rußland!*

Koziolek: Richtig. Ich will aber noch etwas zur Art des Umgangs sagen; ich habe ja mit Ulbricht auch Vier-Augen-Gespräche gehabt, Gespräche im kleinen Kreis. Und unter vier Augen konnte man jede Frage fallen lassen. Es ist nicht wahr, daß man da immer die Stärke des Sozialismus betonen mußte, das wäre uns sowieso nicht eingefallen. Bei aller Anerkennung der Dominanz der Sowjetunion war später auch bei Honecker dieser Zug des Nationalkommunisten da. Bei Mittag standen übrigens die Wirtschaftsinteressen der DDR im Vordergrund.

Hertle: *Jetzt sagt Claus Krömke, als es auf das 14. Plenum zuging, hat man gemerkt, irgendetwas läuft da; man wird an der Formulierung schon nicht mehr beteiligt. Dann kommt der VIII. Parteitag, die "Hauptaufgabe" wird formuliert und später definiert als "Einheit von Wirtschafts und Sozialpolitik". Niemand weiß, wer diese "Einheit von Wirtschafts- und Sozialpolitik" eigentlich erfunden hat. Wissen Sie es?*

Lepsius: *Gab es eine Reorientierung gegenüber der - ich überspitze jetzt - Ulbrichtschen technologischen Modernisierungspolitik mit weiterem Konsumverzicht zur Erwirtschaftung der erhöhten Investitionsquoten, ist das ökonomisch einmal reflektiert worden? Daß Überlegungen angestellt wurden, wir können unserer Bevölkerung nicht länger einen Konsumverzicht zur erhöhten Ausbildung von Investitionsquoten zumuten, wir müssen die Konsumquote proportional erhöhen? Also eine antizipatorische Erhöhung der Konsumquote in der Erwartung, damit die Grundlage für eine Erhöhung des Volkseinkommens zu legen? Und daß sich diese Politik insofern auf eine Art Automatismus stützte: verbesserte materielle Lebensbedingungen lösen eine höhere Motivation aus, die höhere Motivation steigert die Arbeitsproduktivität, das dann eintretende Wachstum des Volkseinkommens ermöglicht die Finanzierung der Sozialpolitik und so erhalte ich einen Ausgleich der Konsum- und Investitionsquote. Gab es eine ökonomische Systemreflexion in dieser oder einer ähnlichen Kategorie?*

Koziolek: Ich kann Ihre Frage nach der konkreten Formulierung nicht beantworten, da müßte ich nachdenken, denn ich war ja ununterbrochen irgendwie an den Abläufen beteiligt. Ich müßte tiefer nachdenken, woher die Geschichte von der Einheit von Wirtschafts- und Sozialpolitik gekommen ist. Daß sie aus dem Honecker-Lager, aus seinem persönlichen Beraterkreis, kam, würde ich schon annehmen.

Lepsius: *Wo ist der intellektuelle Braintrust, der das konzipiert hat? Sie haben es nicht konzipiert?*

Koziolek: Nein.

Weinert: *Wo ist denn der Koziolek und der Wolf des Programms der Einheit von Wirtschafts- und Sozialpolitik zu finden?*

Koziolek: Das ist eine ganz komplizierte Frage für mich. Die Formulierung der Hauptaufgabe in der Einheit von Wirtschafts- und Sozialpolitik habe ich später auch gebraucht. Wenn Sie aber meine Arbeiten lesen, die ich auf dem Gebiet der Reproduktionstheorie verfaßt habe, werden Sie feststellen, daß ich immer einen ganz starken Erwirtschaftungseinschlag hatte; der Erwirtschaftungsgedanke spielte bei mir immer eine große Rolle, natürlich mit dem Ziel der Verbesserung der materiellen und geistig-kulturellen Lebensbedingungen der Menschen.

Das war immer schwierig umzusetzen. Wir hatten zum Beispiel eine Auseinandersetzung, nachdem die Programmkommission zum IX. Parteitag getagt hatte. Im Entwurf des Programms befand sich der überzogene Gedanke, daß die DDR auf dem Wege des Übergangs zum Kommunismus ist; der IX. Parteitag sollte den Übergang zum Kommunismus beschließen. Ähnlich wie dies kurz zuvor die Parteitage in Bulgarien und anderen sozialistischen Ländern getan hatten. Das ist heute lächerlich, aber in der damaligen Phase haben Reinhold und ich uns an die Köpfe gefaßt und gesagt, das Ruder ist denen völlig entglitten, wir müssen etwas dagegen tun. Damit das verhindert wird, machen wir eine wirtschaftswissenschaftliche Konferenz. Wir vereinbarten, daß ich das Referat und Otto Reinhold das Schlußwort hält. In dieser Rede begründe ich, daß die weitere Gestaltung der entwickelten sozialistischen Gesellschaft unser Ziel ist, und da wir beide zusammen auftraten, war es doch ein Ereignis, das zur Kenntnis genommen wurde. Wir haben die Referate auch nicht vorgelegt. Im Programmentwurf stand das mit dem Übergang zum Kommunismus drin, und namhafte Wissenschaftler waren für diese Formulierung: keine Trennung zwischen den zwei Phasen Sozialismus und Kommunismus, sondern nach dem Sozialismus, der keine eigene Formation ist, geht es über zum Kommunismus. Während Reinhold und ich auf dem Standpunkt standen, der Sozialismus ist eine eigene Formation und muß sich ausreifen, später kann man über anderes reden. Wir waren der Meinung, der Sozialismus ist nicht ausgereift, er muß in einem längeren historischen Prozeß zur Reife gebracht werden. Es gelang auch, Kurt Hager von dieser Auffassung zu überzeugen und er wiederum brachte Honecker dazu, diese Ansichten zu unterstützen, obgleich er gerade noch in einer Rede in Weißwasser zur Vorbereitung des Parteitages zu unserem Schrecken erklärte: Auch wir wollen noch den Kommunismus erleben.

Lepsius: *War Kuczynski auch dieser Meinung von der Gestaltung der entwickelten sozialistischen Gesellschaft?*

Koziolek: Nein, Kuczynski nicht. Kuczynski war ein Anhänger des Übergangs zum Kommunismus, wenn auch in einem seriös begründeten Sinne. Anders also als Honecker. Heute schreibt er, Koziolek hat mit dem entwickelten gesellschaftlichen System übertrieben, ich habe es in seinen Memoiren gelesen[8]. Das ist natürlich purer Unsinn. Die Übertreibung war damals eine Untertreibung gegenüber dem, was man wollte. Wir haben gesagt, man muß erst den Sozialismus entwickeln, und Kuczynski war einer der Protagonisten des Übergangs zum Kommunismus, der Nichttrennung der beiden Phasen. Sie sehen die Relativität solcher Diskussionen: Wenn Sie sie aus Raum und Zeit wegnehmen, können sie dort lächerlich sein, wo sie ursprünglich progessiv waren. Doch um Kuczynskis Position genauer wiederzugeben: Er vertrat die Ansicht, daß der Übergang zum Kommunismus in weiter Ferne liegt und sich die sozialistische Entwicklung ganz am Anfang und mit vielen Schwächen behaftet befände. Hierin stimmten wir im Grunde genommen überein, denn die von Otto Reinhold und mir vertretene Auffassung von der Gestaltung der entwickelten sozialistischen Gesellschaft machte ja gerade darauf aufmerksam, daß es sich bei der Auffassung des Sozialismus um einen langen und eigenständigen historischen Prozeß handelt.

Aber jetzt zur Einheit von Wirtschafts- und Sozialpolitik. Es wurde richtig von Ihnen geschildert; der Konflikt zwischen der Ulbricht- und der Honecker-Politik ist genau getroffen. Ulbricht hätte die Politik der Ökonomisierung

8 Vgl. Kuczynski, Jürgen, *Probleme der Selbstkritik*, Köln 1991, S. 75.

weitergetrieben, aber ich muß Sie bitten einzubeziehen, was ich gesagt habe: 1967 war das NÖS schon aus dem Ruder gelaufen. Ich hätte eine rigorose Änderungspolitik gegen die Konsumtion auch nicht vertreten. Ich war auch der Meinung, von der Volkseinkommenstheorie her, das wir uns das nicht leisten konnten; das hätte sich zugespitzt. Honeckers Antrittsmarsch war, auch gegenüber der Bevölkerung, wir müssen Sozialpolitik betreiben. Dann kamen die zehn Thesen der ökonomischen Strategie auf dem X. Parteitag 1981, die eigentlich nichts anderes waren als die Auflistung normalen ökonomischen Verhaltens. Sie können mit den zehn Punkten nicht viel anfangen, Sie können einen Punkt mit dem anderen aufheben, es ist noch keine Gewichtung, es deutet nur an, was Ökonomie eigentlich tun sollte. Es war schon eine Bremse in Richtung der Intensivierung. Deren Anhänger war ich dann allerdings, und ich habe auch, glaube ich, einen wesentlichen Anteil daran gehabt zu begründen, daß die Wirtschaft unbedingt den Kurs der Intensivierung einhalten bzw. wieder aufnehmen muß. Das ergab sich aus der Reproduktionstheorie, die mein Arbeitsfeld war. Dort habe ich ganz sicher viel dazu beigetragen, daß die Intensivierung wenigstens als Begriff wieder Mode wurde. Wenn ich auch insgesamt wenig Hoffnung hatte, denn die Investitionsquote im produktiven Bereich ging jämmerlich zurück - ich glaube, wir waren zum Schluß bei sieben oder acht Prozent angelangt - und die Akkumulation in den nichtproduzierenden Bereichen überwog das um mehr als das Doppelte; es wurde mehr in Wohnungsbau und Sozialeinrichtungen gesteckt als in die materielle Produktion, deren Substanz sträflich zurückging. Wir haben dann die Theorie der Intensivierung der einfachen Fonds, also der einfachen Reproduktion, der Substanzerhaltung, hochgezogen, so, als ob sie wirklich stattfände. In Wirklichkeit gab es eine zunehmende Überalterung der Fonds, es gab wenig Zuführung zu den Fonds; die Eigenerwirtschaftung der Investitionen aus der Devisenerwirtschaftung waren für die meisten Betriebe und Kombinate nur Worte. Selbst die Amortisationssumme floß in diese Fonds, über die konnten sie auch nicht mehr frei verfügen. Ich bin jedoch der Ansicht, daß der Honeckersche Ansatz, davon auszugehen, daß wir etwas für die Bevölkerung tun müssen, keine Fehlleistung war. Das hat er aus Ungarn gelernt, das hat er aus der Entwicklung in der BRD gelernt, also die Besuche der Verwandtschaften usw.

Jetzt komme ich aber wieder mit meiner sehr harten ökonomischen Herangehensweise, für die ich ja auch "bezahlt" wurde. Und da ist das Problem, daß wir natürlich gesehen haben, diese Politik Honeckers konnte nur mit einer satten Auslandsverschuldung, die die DDR auch in ihrer Substanz gefährdet, gehen. Ich bin übrigens nicht der Meinung, daß die DDR an der Wirtschaft kaputtgegangen ist, das muß ich ganz eindeutig sagen. Die Vorstellung, daß unser Land nicht dreißig bis vierzig Milliarden Valutamark Schulden ertragen hätte oder sechs bis sieben Milliarden Valutamark Zinszahlungen - das ist in etwa die Veruntreuungssumme des untergetauchten Immobilienspekulanten Schneider - weise ich zurück. Sicher, das war eine ernste Lage, aber die DDR ging tatsächlich mit dem gesamten Experiment Sozialismus kaputt. Der Krebsschaden war jedoch, daß bei Honecker wirklich ein soziales Wunschdenken da war und ihm niemand beibringen konnte, daß man solche Schecks auch ökonomisch decken muß.

Die Verschuldung erreichte Ende 1979/80 etwa zwanzig Milliarden Valutamark und bedeutete für die DDR, einen neuen Schuldendienst aufzubauen. Vor allen Dingen untergrub diese Verschuldungspolitik jetzt extrem die ökonomische Entwicklungssubstanz. Da sie aber zu gleicher Zeit neuen technischen Fortschritt propagierten, wurden die Disproportionen in der Wirtschaft noch katastrophaler. Sie machten selektiv Mikroelektronik, haben darin sehr viele Milliarden verbraten. Sie waren im ganzen Lager die einzigen, die mit den Sowjets noch in der Mikroelektronik übriggeblieben waren. Ich habe selbst an der Beratung teilgenommen, als Mittag die Ungarn gebeten hat, in das Boot einzusteigen. Die Ungarn hatten mit Tungsram einen hervorragenden Betrieb, diesen Glühlampenbetrieb, der ein ausgezeichnetes Forschungspotential im elektrotechnisch-elektronischen Bereich besaß. Die Ungarn sind nicht eingestiegen. Und die Sowjetunion forderte von uns auf dem Gebiet der Elektronik sehr viel, machte sich zu gleicher Zeit selbständig, weil ihr klar war, Zeiss-Jena ist sowieso nicht verläßlich, weil Zeiss in einem Krieg sofort erledigt ist, denn da wurde ja auch ohne Illusion militärstrategisch gedacht. Daneben mußten andere Dinge forciert werden, die richtig waren, z.B. die Durchsetzung der elektronischen Datenverarbeitung mit Eigenaufbau von Datenverarbeitungsanlagen in Dresden und Sömmerda.

Wir mußten zur gleichen Zeit, als die Verschuldung durch den Wohnungsbau, die soziale Komponente und die Preisstützungen in weiten Bereichen einsetzte, bestimmte industrielle Entwicklungen vorantreiben und mit Investitionen ausstatten, übrigens auch höhere Verarbeitungsstufen in der Chemie anstreben. Dadurch geriet die traditionelle Industrie stark in den Hintergrund: Sie verfiel, wenn Sie so wollen. Und zu gleicher Zeit forderte die Landwirtschaft von uns enorme Investitionen. Wir haben zum Teil mit achtzehn Prozent Zinsen den Import von Getreide, Fischmehl usw. bezahlt, der sofort wieder in der Viehwirtschaft verbraucht wurde. Bei allen Erfolgen der Landwirtschaft, ich will sie nicht herabwürdigen, aber das spielte sich alles zur gleichen Zeit ab: der Versuch von Strukturpolitik im Sinne des technischen Fortschritts, der Versuch, die Sozialpolitik auszudehnen, und der Versuch, außenwirtschaftlich einigermaßen Schritt zu halten. Und Sie hatten dabei Riesensubstanzverluste, weil die DDR-Wirtschaft einfach eine extrem ausgerüstete Hauswirtschaft war. Und wenn Sie die haben, haben Sie beim Vorhandensein geringer Investitionen im Zweifelsfall das Gießkannenprinzip ihrer Verteilung.

Lepsius: ... aber das sind keine unbekannten Probleme. Nirgends sind die Mittel ausreichend, Wirtschaften beschäftigen sich immer mit knappen Mitteln. Knappheit ist die Voraussetzung dafür, daß wir rational über Wirtschaft nachdenken. Jetzt ist die Frage, wie ist die Knappheit zu verringern, a) durch die Erhöhung des Volkseinkommens, b) durch Entscheidungen über die Verteilung des Volkseinkommens, eine möglichst befriedigende Nutzung des Volkseinkommens. Und im Falle der DDR entsteht der Eindruck, daß man zunehmend in ein permanentes Krisenmanagement eingetreten ist, in dem hier ein Loch, da ein Loch zu stopfen versucht wurde, ohne daß noch eine Strategie erkennbar ist. Also eine Strategie, die nicht die Aufgabe der Einheit von Wirtschafts- und Sozialpolitik bedeutete, sondern Umschichtung innerhalb der Sozialpolitik, also zum Beispiel der berühmten Subventionen der sogenannten Grundnahrungsmittel, die im Grunde gar nicht mehr bestimmend waren für die Lebenshaltung der DDR-Bevölkerung.

Die Wohnungsmieten hätte man im Zuge der Modernisierung und erheblichen Verbesserung mit Warmwasser und Fernheizung usw. erhöhen können. Zweites Element: Man hätte sagen können, wir müssen überhaupt den sozialen Sektor herunterfahren, jedenfalls elastisch halten, kein lineares Wachstum mehr. Man hätte sich fragen können, was können wir denn aus dem Sicherheitsbereich abschmelzen. Dann der Kulturbereich, der ja ganz ungewöhnlich luxurierte. Alle diese Bereiche sind strukturell immer auf Erhalt und Ausdehnung ausgerichtet. Jetzt stellt sich die Frage, auf welcher Ebene muß eigentlich die Konfrontation stattfinden, und nach welchen Kriterien brechen sich die Einzelinteressen. Wie sehen Sie das?

Koziolek: Wir haben natürlich auch Vorschläge gemacht. Aber ich will versuchen, Ihnen die damaligen Verhältnisse zu schildern, unter denen wir das aufgeschrieben haben. Kein vernünftiger Mensch kann gegen eine Einheit von Wirtschafts- und Sozialpolitik sein. Die DDR war eine Hauswirtschaft, das bedeutet aber nicht, daß wir ein ökonomisch isoliertes Land gewesen sind.

Wir hatten eine starke Außenwirtschaft, aber entscheidend war etwas anderes: Wir konnten nie an einer exakten internationalen Arbeitsteilung teilnehmen. Die gesamte Zusammenarbeit mit der Sowjetunion im RGW war ein extremer Bilateralismus, also Moskau-Berlin, Moskau-Warschau usw.; es kam nie zu wirkungsvoller Mehrseitigkeit, schon gar nicht bei der Problemlösung zwischen Ländern, an denen Moskau nicht beteiligt war. Es hat nie richtig: Polen-Tschechoslowakei-DDR gegeben, trotz wichtiger Vorschläge dazu; "Alleingänge" wurden unterbunden. Das muß man wissen, um zu verstehen, was ich jetzt sage. Der Zugang zu modernen Industriestrukturen mußte sich im wesentlichen auch in ihrer vorhandenen 100 Prozent-Substanz abspielen. Das bedeutet, sie hatten immer eine Ausdehnung an Produktion, sie hatten keine verengende Stromlinienform der Wirtschaft, die sich arbeitsteilig organisieren konnte. In der Planwirtschaft hatten sie deshalb immer eine Ausdehnung der produktiven Investitionen, für die Ausdehnung der Produktion mit neuen Maschinen, Anlagen usw. Hinzu kommt, auch das war ganz wesentlich, das Embargo mit seinen Schwierigkeiten, damit hatten Sie zugleich Schwierigkeiten im Erhalt der Substanz, weil die produktive Akkumulation insgesamt durch den Ausbau der nichtproduzierenden Investitionen wie Wohnungsbau, kulturelle Einrichtungen usw. erheblich zurückging. Das ist ein ganz wichtiger Faktor, wenn man verstehen will, wogegen ich eigentlich war. Sonst sagt man, der hat als Professor irgendwie geschlafen und ist gegen die Bedürfnisse des Volkes, das ist Quatsch. Ich war gegen extreme Unsinnigkeiten und Substanzverlust in der Wirtschaft und konnte mir ausrechnen, es kommt, was kommen mußte, nämlich der Zuwachs des Nationaleinkommens war am Schluß vor allem ein Zuwachs an verwendetem Nationaleinkommen. Das produzierte Nationaleinkommen oder Sozialprodukt zu Faktorkosten war geringer als das im Inland verwendete. Das lief darauf hinaus, außer später Franz-Josef Strauß hilft niemand mehr. Die zunehmende Verschuldung und der Rückgang der produktiven Investitionen entsprachen genau dem Zuwachs an Leistungen im sozialpolitischen Bereich. Natürlich haben wir gesagt, notwendig ist eine andere Mietenpolitik und der Verkauf von Wohnungen; alles das, was Sie gesagt haben, haben wir empfohlen: Schluß mit der Subventionierung vieler Lebensmittel im Verschwendungsbereich und ähnliche Dinge.

***Lepsius:** Man kann es solange machen, wie man es machen kann! Wir subventionieren die Kohle, auch das ist ökonomisch völlig sinnlos.*

Koziolek: Ich teile Ihre Meinung, daß dies alles nicht unter absoluten Gesichtspunkten gesehen werden muß, sondern unter konkreten. Und mein Haupteinwand setzte ein, als das verwendete Nationaleinkommen größer war als das produzierte, und deutlich war, aus dieser Lage hilft dir niemand. Und wenn du gegenüber den internationalen Banken deine Verpflichtung nicht erfüllst, kommst du in den Sog des Internationalen Währungsfonds, und du mußt blankziehen, d.h. ein Moratorium über dich ergehen lassen. Das war unsere Gefahr!

***Lepsius:** Wenn das der Fall ist - ich stelle mir vor, ich sei der Vorsitzende der Plankommission gewesen - hätte man doch sagen müssen, wir müssen eine Revision vornehmen zur Erhaltung der sozialistischen DDR! Hier ist ein hoher Wert in der historischen Entwicklung eingeleitet, die sozialistische Gesellschaft kann* *nicht über Außenhandelsverschuldung, Zinszahlungen usw. in ihrer Entwicklung gehemmt, möglicherweise gelähmt werden! Also laßt uns auf ein anderes Pferd umsatteln oder auf einen anderen Plandampfer umschwenken!*

Koziolek: Das Pferd war aber nicht mehr da, auf das man satteln konnte! Das war in der Anfangszeit die Sowjetunion gewesen. Der Revisionsvorschlag wurde 1974 von uns ja gemacht; der Hauptwunsch war die Änderung in der Verteilungspolitik: mehr Maßhalten. Ich bin übrigens der Meinung, der beste Plan hätte uns vor dem Untergang nicht gerettet. Das sage ich heute, aus der Sicht der internationalen Zusammenhänge. Damals war ich natürlich fest überzeugt, daß wir es schaffen können, und ich habe ja auch in dem Sinne gearbeitet.

***Hertle:** Wenn ich Ihre Intervention des Jahres 1974 nehme, so gibt es drei Jahre später ein ganz erstaunliches Dokument in den Akten der Staatlichen Plankommission[9]. Im März 1977 intervenieren Schürer und Mittag gemeinsam bei Honekker und weisen darauf hin, daß die DDR in die Schuldenfalle gerät, der Export zu niedrig und der Import zu hoch ist; das macht sich immer an Kleinigkeiten fest. Jetzt nehmen wir nur mal diese Periode um die Mitte der siebziger Jahre: 1974 Ihre, 1977 Mittags und Schürers Intervention, aber diese Koalition kommt danach nie wieder zustande. Und 1974 ließen Mittag und Schürer Sie ja im Regen stehen. Was sind die Hinderungsgründe gewesen, wieso kommen diese Kräfte nicht zusammen?*

Koziolek: Ja, sie ließen uns im Regen stehen. Von Schürer ist mir allerdings nicht bekannt, ob er unsere Ausarbeitung kannte. Mittag war damals noch im Ministerrat, und schlimm war, daß mein damaliger unmittelbarer Chef Krolikowski uns als "Kapitulanten" bezeichnete. Daß keine Koalition zustande kam, hatte ganz einfache Gründe, ob Sie's glauben oder nicht. Hier sind wir beim Voluntarismus. Sie nehmen es mir nicht übel, wenn ich sage, das gibt es auch in der Bundesrepublik. Warum entsteht zwischen Kohl und seinem ehemaligen Generalsekretär mit vernünftigen Überlegungen keine Koalition? Man merkt im Fernsehen, die - höflich ausgedrückt - mögen sich nicht. Und jetzt müssen Sie unsere Strukturen sehen, wo bei der Entscheidung der Mann am Schluß keine Begründung mehr zu geben brauchte! Wenn Sie die Entscheidung auf Personen allein hochtrimmen, dann wird die andere Person, in diesem Falle Mittag, zu zwei Dingen gezwungen: sich entweder absolut unterzuordnen, oder was Mittag dann gemacht hat - sein taktisches Vermögen, die Jagdausflüge oder Ähnliches für Vorentscheidungen zu benutzen, so daß die anderen dann ausgebootet waren. Wenn Sie so wollen, wurde der Vorsitzende der Plankommission auf der Jagd sicher oft ausgebootet.

In einem solchen Gremium, selbst im Politbüro, wurde im Grunde nicht entscheidungsorientiert beraten, sondern Vorabstimmungen zugestimmt. Das hat man heute auch in anderen Gremien, da braucht man gar nicht so weit zu gucken. Es ist ganz klar, daß Honecker Mittag zur Seite genommen hat und ihm klargemacht hat, lieber Freund, vertrete die Wirtschafts- und Sozialpolitik, du bist nicht dazu da, sie zu untergraben, orientiere dich an meinen Erwartungen. Und Honecker hat die Ökonomie als Bringefeld für die Gestaltung einer Gesellschaft nie hundertprozentig ernstgenommen. Er war immer der Meinung, hingeworfene Thesen usw. reichen eigentlich aus, die Geschicke des Landes und der Gesellschaft in eine bestimmte Richtung zu treiben. Und der Hauptgrund ist im Grunde eine Art geistige Beugehaft, wenn ich das so sagen darf. Mittag hat sich dann

9 Brief von G. Mittag und G. Schürer an Honecker, 14.3.1977, S. 2 (BA/P E-1-56323).

überlegt, wenn der Generalsekretär dagegen ist, steckst du zurück. So war es bei Mittag auch mit dem NÖS. Wenn der erste Mann anders dachte, dachte Mittag auch anders. Das war bei Schürer nicht der Fall. Schürer hat das dann eine Weile zurückgedrängt und kam nach einer bestimmten Zeit wieder darauf zurück. Meine einfache Erklärung ist, daß Mittag wider besseren Wissens das Hängen an seiner Position bedeutungsvoller war als die Aufklärung des Generalsekretärs. Er hat dann manchmal Umgehungsschleifen gemacht, aber in großen strategischen Fragen hat er nicht gegen den Generalsekretär gesteuert.

Hertle: *Sie haben angedeutet, daß zumindest eine Innovation in der zweiten Hälfte der siebziger Jahre stattgefunden hat: daß nämlich Gedanken aus dem NÖS in die Konstruktion von KoKo eingeflossen sind.*

Koziolek: Ja, das habe ich wirklich gesagt. Ich weiß natürlich nicht, was Schalck alles angestellt hat, und ich hatte auch keinen Einblick in die finanziellen Transaktionen von KoKo, aber ich weiß, daß er einer der wenigen wirklich begabten Wirtschaftsfachleute war. Er hätte genauso gut in der BRD Konzernmann sein können. Schalck hat KoKo nicht wie einen Staatsapparat geleitet, sondern wie einen großen Zirkulationskonzern. Natürlich war er mit dem KoKo-Unternehmen eingebunden, und natürlich hat das KoKo-Unternehmen viel durcheinandergebracht. Aber das Interessante ist diese Nebenwirtschaft, die dann in immer größeren Dimensionen entstand.

Hertle: *Wie würden Sie KoKo systematisch einordnen? Das war doch eigentlich ein Fremdkörper in der Planwirtschaft; ein Teilbereich kapitalistischer Marktwirtschaft oder halboffizieller Valutawirtschaft innerhalb der sozialistischen Planwirtschaft?*

Koziolek: Ich will die Frage aus meiner Systemsicht beurteilen. Natürlich hatten wir neben KoKo alles andere, was üblich war. Die Ministerien machten ihren Außenhandel; es gab das Ministerium für Außenhandel, wir hatten den Kombinaten Außenhandelsbetriebe zugeordnet. Wir haben die nur zentrale Unterstellung der Außenhandelsbetriebe beseitigt. Daran war auch mein Institut beteiligt.

Wir haben den Kombinaten mit den Außenhandelsbetrieben ihre Außenwirtschaftslegitimation gegeben, d.h. sie direkt mit den äußeren Märkten verbunden. Das wurde in der Notzeit mit der "doppelten Unterstellung" unter das Außenwirtschaftsministerium und die Kombinate wieder gekappt. Wenn Sie mich jetzt scharf fragen würden, erklären Sie doch mal die Gründungsursachen für KoKo - warum gab es KoKo: KoKo hat einfach von den Methoden der Arbeit her ganz simple kapitalistische Verhaltensformen übernommen.

Der politische Kern war, daß KoKo ein Blockadebrecher war, ein legales Gegenmittel gegen die Embargopolitik. Die entscheidende Frage war, wie kann man ein Land auf einen modernen Kurs bringen, wenn es keinen Zugang zum internationalen Hochtechnologiemarkt hat. Bevor alle anderen Geschäfte mit der Kirche kamen, mit dem Häftlingsfreikauf, die Versorgung von Wandlitz oder ähnlichen Dingen, war der erste Grund für KoKo die Teilnahme am internationalen Markt, insbesondere am Hochtechnologiemarkt, zu organisieren.

Weinert: *Die Aufgabe von KoKo war das Aufbrechen dessen, was Sie Hauswirtschaft nennen?*

Koziolek: Richtig. KoKo war eine der wichtigsten Organisationen bei der Durchbrechung der Hauswirtschaft im Hochtechnologiebereich, d.h. der Öffnung zu den Hochtechnologiemärkten, die uns normal verschlossen waren. Das andere hätte man ja ganz simpel mit allen beliebigen Organisationen machen können.

KoKo hatte nicht zuletzt aufgrund der Bezahlung erstklassige Leute. Und KoKo war organisatorisch nicht im Sinne von Verwaltung organisiert, sondern Schalck hat KoKo im Sinne von Unternehmen organisiert. Deshalb spreche ich auch nie vom Bereich, sondern vom Unternehmen KoKo. Hauptpunkt war die Teilnahme an der Hochtechnologie. Und das Zweite war, KoKo war der Versuch, mit eigener Mittelerwirtschaftung die chronische Devisenlage der DDR durch die Verlangsamung der Schuldenzunahme zu verbessern - eine fürchterliche Dialektik, aber es ist die Wahrheit. Schalck konnte die Verschuldung nicht aufhalten, aber er konnte den Exitus verlängern. KoKo war im Hauptbereich ein Unternehmen, das wirklich auf Gewinnerwirtschaftung orientiert war.

Hertle: *Sie würden also sagen, daß KoKo von der strategischen Anlage her langfristig zum Scheitern verurteilt war, weil sich gleichzeitig der Hauptsektor nicht entsprechend änderte?*

Koziolek: Genau. Schalck wird ja seine Direktunterstellung vorgeworfen. Das Wichtigste, was Schalck für die Schaffung seines Handlungsspielraumes zustandegebracht hat, war das Unterhöhlen der bestehenden Wirtschaftsstruktur; das Geniale war, mit scheinheiligen Postulaten die Direktunterstellung zu sichern, die ihn aus der normalen Leitungsstruktur des Landes herausnahm. Das brachte zwar Widersprüche zwischen dem normalen Wirtschaftsbereich und KoKo, das ist wahr, ließ ihn aber ökonomisch handeln. Ich lobe das nicht nur, aber, unter unseren Bedingungen war es wichtig, daß er nur zwei Leuten rechenschaftspflichtig war, nämlich Honecker, praktisch ganz gering, da mußten einige Dinge klappen, und vor allen Dingen Mittag. Das heißt, er konnte das Unternehmen weitgehend nach ökonomischen Interessen gestalten. KoKo war im strengen Sinne aus der Tatsache unserer außenwirtschaftlichen Isolation geboren, das muß man deutlich sagen. Insofern war KoKo auch keine ganz normale Einrichtung im Sozialismus, aber es war eine sehr gute Idee zu versuchen, über KoKo Schranken zu durchbrechen, die es ermöglichten, die wirtschaftlichen Spannungen in der DDR zu mildern.

Lepsius: *Inwieweit reflektiert das Funktionieren von KoKo Strukturmängel des Normalsystems?*

Koziolek: Ich würde es so ausdrücken: Mit KoKo konnten unter den konkreten Umständen Probleme gelöst werden, wozu das Normalsystem nicht zuletzt wegen des Embargos nicht in der Lage war. KoKo muß im Verhältnis zu großen wirtschaftenden Einheiten gesehen werden, also zu Konzernen beispielsweise, weil die KoKo-Unternehmen eigentlich so gearbeitet haben, und die Hochaggregierung zur Volkswirtschaft bringt Ungewichte mit sich, man vergleicht dann 210 Milliarden mit 20 oder 10 Milliarden Mark und das gibt kein richtiges Bild mehr, das ist der Schwachpunkt. Ich komme jetzt aber noch einmal darauf zurück, warum ich KoKo als ökonomisches Gebilde verteidige, ohne mir ein Urteil über alle Fasern seines Handelns zu erlauben.

KoKo war ein Zirkulationskonzern, wie ich vorhin gesagt habe. KoKo hat streng zwischen der Mittelerwirtschaftung und der Mittelverwendung unterschieden. Die Mittelerwirtschaftung war konkrete Handelstätigkeit oder andere Tätigkeit, während die Mittelverwendung nicht mehr auf die Substanzen der Erwirtschaftung, sondern in ein breiteres Streufeld vom Kosmetik-Kombinat in Berlin über Carl-Zeiss-Jena bis zur Sozialpolitik und der Beschaffung von Autos oder ähnlichem Beiwerk zurückfloß. Es gab also auch Verselbständigungen, die von der ursprünglichen Konzipierung von KoKo abgingen. Aber das war nicht der Normalfall; der Normalfall waren ...

Hertle: ... zum Beispiel Investitionen in die Erdölverarbeitung?

Koziolek: Erstens die Erdölverarbeitung und die Beschaffung moderner Anlagen im Hochtechnologiebereich, zweitens die Funktion des Lückenspringers bei ernsten Versorgungsmängeln. Wir waren immer im Energiebereich "schwindsüchtig", in der Kohleversorgung oder Ähnlichem. Oder nehmen Sie Getreide, das Defizit von Futtergetreide bzw. -mitteln, die Versorgung mit Fischmehl und ähnlichem.

Wir haben uns oft darüber geärgert, daß die Flaggschiffe unserer Wirtschaft nicht effizienter arbeiteten. Eine Ausnahme war die Chemie, vor allem die Erdölverarbeitung in Schwedt und Leuna. Dort war das aber auch keine große Kunst, da wir vom Weltmarktpreis gelebt haben. Als sich der Weltmarktpreis dann ungünstig entwickelte, haben wir einen riesigen Deviseneinbruch gehabt. Dort, wo wir eigentlich die Erwirtschaftung wollten - wie bei Robotron in Dresden, oder bei Zeiss-Jena - klappte es nicht. Nehmen wir mal das Beispiel Zeiss-Jena. Zeiss-Jena lebte natürlich vor allem von der Verbindung zur Sowjetunion. Seine Stärke war, für die Sowjetunion ein wichtiger Technologiebringer zu sein. Das wurde teilweise penetrant gemacht, ich war selber bei der Vorstellung des Mikrochips in Moskau anwesend, peinlich, wie solche Dinge überzogen wurden. Jena hatte ganz geringfügige Westexporte. Und seine Vertreter im Ausland waren nicht immer bescheiden. KoKo hat Zeiss-Jena viel geholfen, aber die eigentliche Sache ging nicht auf, nämlich eine nennenswerte Devisenerwirtschaftung zu erzielen. Der Fairness halber muß jedoch betont werden, daß der Generaldirektor des Kombinates, Professor Biermann, in wenigen Jahren diesen bedeutenden Betrieb zurück auf Erfolgskurs brachte, insbesondere in den Handelsbeziehungen und wissenschaftlich-technischen Beziehungen zur UdSSR. Da spielte das Embargo wieder eine ganz erhebliche Rolle.

Die Rückführung der Mittel, die über KoKo in die Kombinate geflossen sind, auf dem Wege über die Gewinnerwirtschaftung durch die Außenwirtschaft ging nicht auf. Da haben uns die kleinen Wirtschaftseinheiten in vielen Fällen mehr gebracht als die großen. Robotron, um ein solches Beispiel zu nennen, ist es auf dem komplizierten Gebiet der Datenverarbeitung nie gelungen.

Lepsius: Würden Sie sagen, daß die DDR-Wirtschaftsführung einen technologischen Bias hatte? Sie haben Technologieprojekte höher geschätzt, als ihre ökonomische Rentabilität war, so daß die ökonomische Rentabilität an zwei Fronten gescheitert ist: Erstens am Vorrang politischer Ziele, und zweitens an der technologischen Entwicklungsphantasie, die nicht ökonomisch begründet war.

Koziolek: Das ist wahr. Sie treffen den Nagel auf den Kopf. Es ist zunächst mal eine Tatsache, daß das NÖS-ÖSS als ökonomisches Konzept zur Steigerung der Arbeitsproduktivität mittels des wissenschaftlich-technischen Fortschritts gedacht war, um auf diese Weise die Mittel für das Wachsen des Volkswohlstandes als auch für die Modernisierung und Erneuerung der Reproduktionsbedingungen durch Rationalisierungs und Neuinvestitionen zu schaffen. Mittag hat dieses richtige Bestreben durch kampagnenartiges Vorgehen und maßloses Übertreiben ad absurdum geführt und damit viele Investruinen, nichteffiziente technologische Inseln geschaffen und dadurch Milliarden fehlgeleitet. Es fällt mir nicht schwer, dafür Beispiele anzuführen, wie sinnvolle Anfänge durch extensive Verbreiterung nicht ökonomisch wirksam wurden: So entstanden z.B. "komplexe Vorhaben der Systemautomatisierung", Fließverfahrenszüge, die Robotertechnik, CAD/CAM-Vorhaben, die Schaffung mikroelektronischer Bauelemente in Eigenfertigung etc. in jedem Betrieb, ohne daß die ökonomischen Auswirkungen beachtet wurden.

Ähnliches passierte im Bereich der Landwirtschaft etc. Das waren "technologische Schauprozesse" ohne entsprechende nützliche Wirkungen. Als "Die Welt" einen Tag vor einem Leipziger Seminar mit den Generaldirektoren einen Artikel brachte mit der Überschrift, Prof. Koziolek erklärt, "Roboter" werden falsch gezählt, und auf der gleichen Seite ein weiterer Artikel über mich brachte mit der Überschrift "Führender Wirtschaftswissenschaftler erklärt: Rückstände im Niveau der elektronischen Datenverarbeitung", wurde ich vom Podium herunter kritisiert. In der anschließenden Beratung zu diesem Thema in Mittags Berliner Büro schickte er seine Abteilungsleiter wissenschaftlich-technische Entwicklung und Planung und Finanzen vor, die Kritik an mir zu begründen. Anwesend war auch Krömke. Ich wehrte mich entschieden und erläuterte meine Auffassung, Mittag enthielt sich dann einer Stellungnahme. Im Gegensatz zu vielen anderen, die in der Wendezeit viel geringeren Kritiken ausgesetzt waren, hielt ich solche Vorkommnisse für normal, und gegen Verletzungen im Ton wehrte ich mich sofort.

Lepsius: *Sie müßten als Ökonom immer zwei Niederlagen gehabt haben: Die eine war, daß das politisch nicht durchsetzbar war, und die zweite, daß das, was durchsetzbar war, aus falschen Gründen durchgesetzt worden ist; nie aus ökonomischen, sondern aus technologischen Gründen.*

Koziolek: Ich würde dasselbe, was Sie jetzt gesagt haben, aus meinen eigenen Erlebnissen folgendermaßen schildern: Natürlich haben wir in der Lehre, im theoretischen Konzept, im Erfahrungsaustausch, alle Hauptpunkte des Kreislaufs richtig bewertet. Sie haben dennoch recht. Und selbst, wenn Sie heute viele Bücher der Betriebswirtschaft lesen und vergleichen, stellen Sie diesen Touch fest, den Sie gesagt haben: aus der Beschaffungsideologie und dem großen technologischen Rückstand heraus, der zu bewältigen war, die Entscheidungen treffen zu müssen. Am Schluß, wenn dann entschieden wurde, war es immer eine Frage von Tonnen und Kilogramm. Die Ökonomie war so eine Art Petersilie; intern spielte die nicht-ökonomische Beurteilung eigentlich bis zum Schluß eine größere Rolle als die Bewertung an ökonomischen Kriterien. So z.B. gelang es uns nie, die mit enormen Doppelzählungen belastete industrielle Warenproduktion als Leistungsmaßstab gegenüber realeren Leistungskennziffern zu verdrängen. Das war einfach die Realität.

Ich darf mir abschließend noch eine persönliche Bemerkung zum Wirken des Zentralinstituts erlauben. Auf der letzten Tagung des ZK der SED informierte Egon Krenz schriftlich über sein jüngstes Gespräch mit M.S. Gorbatschow. Er erwähnt dort, daß Professor Koziolek die Führung stets über die reale Lage in der Wirtschaft, besonders in den Kombinaten, informiert hat, daß Mittag diese Informationen liegen ließ, und man diese beim Aufräumen seines Zimmers gefunden habe. Ich hatte am Institut sehr kluge Analytiker, unter anderem Professor Müller, der diese Aufgabe hervorragend erfüllte. Seit 1985 etwa ließ Mittag unser Institut von der Liste der Bezieher der Statistischen Monatsberichte streichen, in denen ab und zu kritische Aussagen gemacht wurden. Natürlich bedeutete dies für unsere Arbeit nicht viel, da wir durch konkrete Untersuchungen die Lage in der Praxis genau kannten. Der Leiter der Staatlichen Zentralverwaltung für Statistik, Prof. Donda, stellte uns zudem die Ur-Materialien der statistischen Betriebsmeldungen zur Verfügung. Auf dieser Basis konnten wir genaue Berichte über die Lage und die Schwachpunkte in den Kombinaten, etwa in der Devisenerwirtschaftung etc. anfertigen. Das erwähne ich nur, um auf die Kolportage einzugehen: Wir hätten nicht informiert, oder die Lage in der Wirtschaft nicht gekannt, oder wir wären feige Ja-Sager gewesen.

Analysen

Rainer Weinert

Wirtschaftsführung unter dem Primat der Parteipolitik

Probleme der Analyse kommunistischer Herrschaftsysteme beginnen bereits auf einem einfachen Abstraktionsniveau. Begriffe wie Wirtschaft, Staat oder Kultur setzen im Regelfall die Gültigkeit eines Mindestmaßes an ausdifferenzierten, sektoralen Rationalitätskriterien voraus. Aber sowohl das sowjetische Gesellschaftsmodell als auch die Wirklichkeit in den realsozialistischen Ländern folgten einer anderen Kategorie, nämlich der der "Einheit" im Sinne der (wieder-) versöhnten Gemeinschaft auf einer höheren Ebene gesellschaftlichen Bewußtseins. Der Marxismus-Leninismus lieferte der Partei und deren Führung, den Berufsrevolutionären, die wissenschaftlich fundierte Einsicht in historische Gesetzmäßigkeiten, insbesondere die zwingende Begründung des Sieges der Arbeiterklasse. Diese Einsicht in die welthistorische Mission der Arbeiterklasse, definiert als "richtiges Bewußtsein", befähigte die Leninsche "Partei neuen Typs" zum Aufbau einer neuen Gesellschaft: des Realsozialismus. Die welthistorische Mission der Arbeiterklasse objektivierte sich seit der Oktoberrevolution in Rußland in der Trägerschaft dieser höheren gesellschaftlichen Gesamt-Rationalität, die jedoch nur durch die Partei politisch einheitlich organisiert und historisch spezifiziert werden kann. Aus dem hieraus abgeleiteten Primat der Politik und - damit zusammenhängend - dem Monopol der Berufsrevolutionäre, begründete und legitimierte die Partei ihren Herrschaftsanspruch. Die Partei erhielt die alleinige Verantwortung auch für die Steuerung und Verwaltung der Wirtschaft. Daraus hatten sich schon in den 20er Jahren Konflikte mit den Wirtschaftsfachleuten ergeben, die auf die immanenten Schwächen einer Wirtschaftspolitik hinwiesen, die sich ausschließlich an der "extensiven Produktion" orientiert[1].

Das Verhältnis zwischen Partei- und Wirtschaftsbürokratie war seit Anfang der 60er Jahre von qualitativ neuen Herausforderungen geprägt, als in allen sozialistischen Gesellschaften wirtschaftspolitische Reformprogramme diskutiert wurden. In der westlichen Kommunismus-Forschung war man sich darin einig, daß bestimmte Minimal-Reformen notwendig und machbar seien, während über die Realisierbarkeit weitergesteckter wirtschaftspolitischer Ziele Uneinigkeit herrschte[2]. Das wirtschaftspolitische Reformprogramm in der DDR war das "NÖS", das "Neue Ökonomische System der Planung und Leitung". Ein Charakteristikum dieses Programmes war die fehlende Umsetzung wirtschaftspolitischer Minimalia - auf die wir weiter unten ausführlicher eingehen -, die theoretisch für unab-

---

1 "Basarow, Groman, Ginsburg und andere Fachleute warnten vor ebenso optimistischen wie dilettantischen Vorstellungen, nach denen ein zentrales Verwaltungssystem in der Lage sei, ein kontinuierliches Wachstum der Produktion zu sichern und auf linearem Wege zu Sozialismus und Kommunismus zu gelangen ..." Lewytzkyj, Borys, *Die Kommunistische Partei der Sowjetunion*. Stuttgart 1967, S. 205 ff. Selbst W.W. Kujbyschew, erster Vorsitzender des Obersten Volkswirtschaftsrates, forderte schon im August 1926, die Rechte der Betriebe und der Wirtschaftsleitungsorgane auf der unteren Stufe zu erweitern. Vgl. ebd., S. 207.

2 Diese Ansätze resümiert Löwenthal, Richard, Kommunistische Einparteiherrschaft in der Industriegesellschaft. In: *Einparteisystem und bürokratische Herrschaft in der Sowjetunion*, hrsg. v. Boris Meissner/Georg Brunner/Richard Löwenthal, Köln 1978, S. 9-64.

dingbar galten, um eine systemkonforme Erhöhung der ökonomischen Modernisierung und der politischen Stabilisierung zu erreichen. Diese Defizite konnten zu keinem Zeitpunkt in der DDR geschlossen werden, sie bestimmten das Funktionieren bzw. Nicht-Funktionieren dieser realsozialistischen Gesellschaft, was wir auf der Basis der hier vorgelegten Gespräche mit den ehemaligen Wirtschaftsführern der DDR beispielhaft analysieren wollen. Unsere These ist, daß vor dem Hintergrund des absolut gesetzten Primates der (Partei-)Politik selbst apolitische, technokratisch oder funktionalistisch ausgerichtete Wirtschaftsreformen eminent politisch sein mußten. Das bedeutete auch, daß die Favorisierung oder Blockierung der einen oder anderen Wirtschaftsreform gerade in der DDR entlang politischer 'Fraktionierungen' in der politischen Führung der DDR verlief. Es war diese Politisierung ökonomischer Reformen, die ihr Scheitern bedingte.

Dieses Spannungsverhältnis zwischen Wirtschaft und Primat der Politik wirft grundsätzliche Fragen der Organisation und des Funktionierens realsozialistischer Staaten auf. Deshalb rücken wir im Gesamtvorhaben wie in diesem Beitrag die Prozesse der Willensbildung und der Entscheidungsfindung in der Wirtschaftsführung der DDR in den Mittelpunkt. Diese Schwerpunktsetzung ist forschungspraktisch wie theoretisch von Bedeutung. Der praktische Grund ist die Tatsache, daß die Geschlossenheit der DDR vor 1989 kaum Einblicke in diese Prozesse ermöglichte (teilweise waren diese Prozesse sogar für die Akteure selbst intransparent)[3]. Der theoretische Grund liegt darin, daß die Entstehungsbedingungen des Kommunismus, der "Erfolg" kommunistischer Gesellschaften und deren Zusammenbruch als Selbstauflösung und die Transformation dieser Gesellschaften auf absehbare Zeit zentrale Herausforderungen an die sozialwissenschaftliche Theoriebildung stellen. Das Verhältnis von Partei-Politik und Wirtschaft sowie deren Akteure ist von besonderer Bedeutung, weil dieses Verhältnis Aufschlüsse über das faktische Funktionieren dieser Gesellschaften insgesamt zu liefern vermag. Wir stellen in diesem Beitrag den Sturz Walter Ulbrichts und das Ende des NÖS-Programms in den Mittelpunkt, da sich an den Kritikmustern dieses Programms grundsätzliche Probleme der (Nicht-) Reformfähigkeit sozialistischer Gesellschaften aufzeigen lassen. Diese grundsätzliche Problematik zeigte sich wenige Jahre später in der intern geübten Kritik an der neuen Hauptaufgabe, die die Ära Honecker bestimmte, nämlich die "Einheit von Wirtschafts- und Sozialpolitik". Unsere Argumentation ist folglich historisch-soziologisch angelegt und kombiniert zeitgeschichtliche Analysen über kommunistische Herrschaft[4] mit den handlungstheoretischen Ansätzen von M. R. Lepsius[5] und T. H. Rigby[6].

---

3 Auch die letzten elitensoziologischen Arbeiten konnten deshalb keine Informationen über Prozesse der Willensbildung und Entscheidungsfindung enthalten. Vgl. Meyer, Gerd, *Die DDR-Machtelite in der Ära Honecker*, Tübingen 1991, S. 48; Schneider, Eberhard, *Die politische Funktionselite in der DDR*, Opladen 1994, S. 58.

4 Anknüpfend an die Analysen von Lewytzkyj, *Die Kommunistische Partei*, ders. *Die Marschälle und die Politik*, Köln 1971; Löwenthal, Richard, *Weltpolitische Betrachtungen*, Göttingen 1983; ders. 1978 und Pirker, Theo, *Die Moskauer Schauprozesse*, München 1963; ders. *Utopie und Mythos der Weltrevolution*, München 1964; ders., *Soziologie als Politik. Schriften von 1949 bis 1990*, hrsg. v. R. Weinert. Berlin 1991.

5 Lepsius, M. Rainer, *Interessen, Ideen, Institutionen*, Opladen 1990; ders. 1994.

6 Rigby, T. H. *The Changing Soviet System. Mono-organisational Socialism from its Origins to Gorbachev's Restructuring*, Aldershot 1990.

1. Was heißt "Primat der Politik" im Sozialismus?

Der historische Prozeß der gesellschaftlichen Modernisierung führt zur Ausdifferenzierung autonomer Handlungskontexte mit spezifischen Rationalitätskriterien. Entscheidend für die auf dieser Basis etablierte institutionelle Ordnung ist, daß es benennbare Grenzen für die Gültigkeit der jeweiligen Rationalitätskriterien gibt. In den sozialistischen Gesellschaften, insbesondere den ostzentraleuropäischen Gesellschaften nach 1945, wurde dieser Prozeß abrupt unterbrochen und dem absoluten Primat der Politik kommunistischer Herrschaft unterworfen. Primat der Politik bedeutete in diesen Ländern institutionell eine rigide Entdifferenzierung, die in die für den Realsozialismus typische mono-organisationale Struktur mündete. T. H. Rigby[7] versteht unter geschlossenen mono-organisationalen Sozialsystemen Gesellschaften, die im Gegensatz zu kapitalistisch verfaßten Gesellschaften nicht durch verfahrensorientierte politische Rahmenprogramme bestimmt sind, die sektoral von den autonomen Handlungsakteuren ausgefüllt werden, sondern die Dominanz eines zentralistisch verordnetem Zielerreichungsystems, in dem Aufgaben und Ziele vorgegeben und normativ durchgesetzt werden. Diese Feststellung ist theoretisch von erheblicher Konsequenz, denn die Ideologie wie die Praxis des Realsozialismus betrachteten "ihre Gesellschaft als ein System, das aus vielen Teilen besteht, wie dem Staatsapparat mit seinen Untergliederungen, den Streitkräften, den Sicherheitsorganen, der Wirtschaftsverwaltung, den wissenschaftlichen Institutionen, den gesellschaftlichen Organisationen usw., deren leitender, steuernder und integrierender Kern die Partei ist. Sie erhebt den Anspruch auf die totale Führungsrolle und Kontrolle der gesamten Gesellschaft. Dabei behauptet sie, daß ausschließlich die Partei eine alle diese Teile inspirierender und auf den richtigen Kurs lenkende Funktion wahrnehmen kann."[8] Lewytzkyj bezieht diese Aussage zwar auf die Sowjetunion, sie hat jedoch für die DDR ebenso Gültigkeit wie für die anderen sozialistischen Gesellschaften. Diesem Gesellschaftsverständnis liegt die Vorstellung zugrunde, daß die einzelnen Teile der Gesellschaft nur Partikularinteressen und Partikularrationalitäten generieren können, die gesamtgesellschaftlich destruktiv wirken und charakteristisch für kapitalistische Gesellschaften sind. Ziel des Kommunismus ist die Überwindung und Harmonisierung dieser unterschiedlichen gesellschaftlichen Partikularinteressen durch eine neue, höhere Organisationsform, nämlich der (wieder-)versöhnten Gemeinschaft auf einer höheren Ebene. Gesellschaftliche Entwicklungsdynamik ist in dieser Perspektive nicht möglich über soziale Differenzierung, sondern als bewußte, holistische Konstruktion der Gesellschaft als Gemeinschaft. Vor dem Hintergrund sozialer Differenzierung gerade in den ostzentraleuropäischen Ländern war die Durchsetzung dieses Gesellschaftsmodells nur als Zwangshomogenisierung möglich.

Der Beitrag des Leninismus bestand in der Behauptung und der politischen Exekutierung, daß revolutionäres Bewußtsein sich nicht durch die Organisation gesellschaftlicher Interessen "von unten" entwickele, sondern daß revolutionäres Bewußtsein nur durch das "Hineintragen" von außen in Gestalt der Partei und ihres politischen Kerns, den Berufsrevolutionären, möglich sei. In dieser politisch-ideologischen Legitimationskonstruktion liegt auch das tiefe Mißtrauen leninistischer Parteien gegenüber Verbänden, Parteien und Gewerkschaften jeglicher Art begründet. Die Überwindung partikularer Interessen durch die realsozialisti-

---

7 Rigby, *The Changing Soviet System*, S. 164.

8 Lewytzkyj, Borys, Der Lenkungsmechanismus des sowjetischen bürokratischen Herrschaftssystems, in: *Einparteisystem und bürokratische Herrschaft*, S. 155.

schen Gesellschaften war deshalb immer begleitet von der Abschaffung bzw. Homogenisierung und politischen Fusion vorhandener Handlungsarenen und Interessenvertretungen zugunsten der Kompetenzkompetenz der Partei.

Im realsozialistischen Alltag ist folglich Primat der Politik gleichzusetzen mit "Primat der Parteipolitik", eine Gleichsetzung, die, ausgehend von der Entwicklung in der Sowjetunion unter Lenin und Stalin, sämtliche sozialistischen Gesellschaften prägte. Mit dieser organisatorischen Konstruktion handelten sich die realsozialistischen Gesellschaften einen Dauerkonflikt zwischen der zentralistischen Kompetenzkompetenz der Parteibürokratie und den lokalen und sektoralen Autonomiebestrebungen ein. Dieser Konflikt ist in den sozialistischen Gesellschaften unterschiedlich gelöst worden, in der DDR sehr rigide, in Ungarn und Polen flexibler. Diese Unterschiede lassen sich vor allem als Kompromisse zwischen Parteibürokratie und Wirtschaftsführung interpretieren. Da aber in allen sozialistischen Gesellschaften der Primat der Parteipolitik unangetastet blieb, strukturiert diese Dimension ihre Gleichförmigkeit.

Diese institutionelle Dimension realsozialistischer Herrschaft mußte durch ein neues, stabiles System von Normen und Werten abgesichert werden, das der Selbstlegitimation als erste Arbeiter- und Bauernstaaten gerecht wurde, gleichzeitig die Gesellschaft im Sinne dieser Werte organisationsfähig und kontrollierbar machte. Insofern mußte Lenin nach der Oktoberrevolution den Begriff des Politischen und des Ideologischen sozusagen neu erfinden. Gelöst wurde dieses ideologische Problem durch die "Katechisierung" des Marxismus[9], die als die ideologische Dimension die sozialistische Herrschaft untermauerte. Als Katechismus war der Marxismus-Leninismus erlernbar, indoktrinierbar und vor allem kontrollierbar. Begreift man die ideologische Basis des Primates der Parteipolitik als Katechismusmarxismus, dann ist einsichtig, daß die Erlernung und Indoktrinierung dieser Normen unbedingte Priorität haben mußte. Insofern können die realsozialistischen Staaten auch als Erziehungsdiktaturen interpretiert werden. Das Resultat jeglicher Katechisierung von Politik und Ideologie ist Entpolitisierung, im Sozialismus sowohl der Gesellschaft als auch der Parteibürokratie[10].

Entwicklungsdynamik war nach der Selbstlegitimation leninistischer Parteien nur auf der Basis gesamtgesellschaftlich fusionierter Interessen denkbar, d.h. nur als Parteipolitik, nicht als deren Fraktionierung in ausdifferenzierten Handlungsarenen mit autonomen Entscheidungskompetenzen. Bei der Analyse dieser Gesellschaften ist deshalb die fehlende soziale Grundlage für Koalitionsbildungen maßgeblich. Die fehlenden sozialen Grundlagen für Koalitionsbildungen wurden durch einen normativen Aspekt zusätzlich abgesichert, dem berüchtigten Verbot der Fraktionsbildung. Dieses Fraktionsbildungsverbot wurde bereits auf dem X. Parteitag der KPdSU im Jahre 1921 beschlossen, von Lenin drakonisch exeku-

9 Vgl. Theo Pirker in diesem Band, der diesen Begriff schon 1965 entwickelt hatte. Vgl. ebenso Lewytzkyj, *Die Kommunistische Partei*, S. 130. Die historische Voraussetzung dieses Katechismusmarxismus war die ungenügende Trennung von Staat und Kirche im vorrevolutionären Rußland. "Die Fusion von Kirche und Staat im absolutistischen Zarentum bildet die historische Grundlage für die später im Sowjet-Kommunismus erreichte Verbindung von politischer Herrschaft und selbstlegitimierender Wertinterpretation durch die Doktrin der Diktatur des Proletariats in der Organisationsform der kommunistischen Partei." Lepsius, M. Rainer, Modernisierungspolitik als Institutionenbildung: Kriterien institutioneller Differenzierung, in: Ders., *Interessen*, S. 60.

10 Mit unterschiedlichen Akzentuierungen ist diese Tendenz von verschiedenen Autoren ausgemacht worden, mit Verweis auf Theo Pirker vgl. Lewytzkyj, *Die Kommunistische Partei*, S. 130; von Beyme, Klaus, *Systemwechsel in Osteuropa*. Frankfurt 1994, S. 69.

tiert[11] und seither als ideologische Basisnorm kommunistischer Herrschaft wohl von jedem Funktionär dieser Parteien auf der ganzen Welt als "Fraktionsbildungsangst" internalisiert[12]. Für unsere Fragestellung reicht an dieser Stelle die Feststellung, daß die Leitung der realsozialistischen Staaten hinsichtlich der Letztentscheidungskompetenz im politischen System bei der Parteiführung lag, die ihre Kompetenzkompetenz ideologisch durch eine Katechisierung des Marxismus-Leninismus immunisierte und durch das Fraktionsbildungsverbot normativ absicherte.

2. Theorie der Planungsökonomie und Realsozialismus in der DDR

In marxistisch-leninistischer Perspektive sollte der Grundwiderspruch des Kapitalismus zwischen Kapital und Arbeit durch eine in der modernen Geschichte neue Form des Eigentums, das Kollektiveigentum, aufgelöst werden. Der Wirtschaftsprozeß sollte durch eine gesamtgesellschaftliche zentrale Planung gesteuert werden, die die Destruktivität der Marktprozesse überwindet und die Bedürfnisse der Beschäftigten befriedigt. Die Bedürfnisse der Beschäftigten wurden als erfüllt betrachtet in einem neuen sozialistischen Wohlfahrtspostulat, das im wesentlichen auf ökonomischer und sozialer Sicherheit sowie einer egalitären Lohnstruktur beruhte. Ökonomisch können wir deshalb die realsozialistischen Gesellschaften allgemein bestimmen über die Dimensionen des Kollektiveigentums und dem wohlfahrtsökonomischen Postulat, wobei die staatliche Mengenplanung mit administrierten Preisen der entscheidende ökonomische Mechanismus war[13]. Dabei war die Tatsache wesentlich, daß die staatliche Mengenplanung politisch festgelegt wurde und nicht ökonomischen Kriterien folgte.

Die sozialistischen Gesellschaften verstanden sich als Überwindung des Kapitalismus, ihre Planungsökonomien vertraten ein abweichendes wohlfahrtsökonomisches Konzept, das dem liberalen Effizienzkriterium nicht gerecht werden konnte[14]. Der immanente Widerspruch sozialistischer Wirtschaften bestand in der Unabhängigkeit der Preise von den Kosten sowie der egalitären Lohnstruktur, so daß diese Ökonomien auf Ineffizienz angelegt waren. Schwerer wiegt in dieser Perspektive, daß Planungsökonomie zu einer Mangelwirtschaft führte, die diesem wohlfahrtsökonomischen Postulat widersprach[15]. Die zentrale Norm der liberalen Ökonomie, das Kostendeckungsprinzip, erlaubt eine individuelle Reproduktion, ist notwendige Bedingung der Autonomie der Betriebe und schlägt sich im Prinzip der uneingeschränkten wirtschaftlichen Rechnungsführung nieder. "Entsprechend bedeutet die Normverletzung (im Sozialismus, R.W.), daß das Kostendekkungsprinzip nicht gewahrt wird, somit lediglich eine eingeschränkte wirtschaftliche Rechnungsführung besteht, deren Ausdruck eine Unabhängigkeit von Preisen und Kosten ist. Man kann deshalb eine Planungsökonomie formal auch so de-

---

11 Lewytzkyj, *Die Kommunistische Partei*, S. 19.

12 "Eines der schlimmsten Vergehen, ja ein Verbrechen, ist die Fraktionsbildung. Diesem Gesetz haben wir uns alle unterworfen. Du konntest eher Sodomie betreiben, als daß du versucht hättest, eine Fraktion hochzuziehen. Das wäre geradezu etwas Unsittliches gewesen." So Günter Schabowski in einem Gespräch am Zentralinstitut für sozialwissenschaftliche Forschung im April 1990. Vgl. Hertle, Hans-H./Pirker, Theo /Weinert, Rainer, "*Der Honecker muß weg!*" Protokoll eines Gesprächs mit Günter Schabowski. Berliner Arbeitshefte und Berichte zur sozialwissenschaftlichen Forschung Nr. 35/1990, S. 23.

13 Riese, Hajo, *Geld im Sozialismus*, Regensburg 1990.

14 Riese, *Geld*, S. 12.

15 Ebd., S. 13.

finieren, daß sie auf einer Verletzung des Kostendeckungsprinzips beruht. Entsprechend beziehen sich Reformen innerhalb des Horizonts der Planungsökonomie auf das Ausmaß einer mit den Funktionsbedingungen einer Planungsökonomie vereinbaren wirtschaftlichen Rechnungsführung."[16] Hier setzen die ökonomischen Reformen in den 60er Jahren an.

Die sozialistischen Ökonomien haben im Verhältnis von politischer Führung (Politbüro und den Abteilungen des ZK) zu den Betrieben erhebliche Wandlungen durchlaufen. Der uns interessierende Zeitraum der Nachkriegsperiode in der DDR ist bestimmt durch eine Erhöhung der Produktivität dieser Gesellschaft, in deren Verlauf verschiedene Varianten von Wirtschaftsreformen diskutiert wurden. Ein "begrenzter Reformtyp"[17] wurde in der Sowjetunion ausgemacht, aber hierzu muß auch die DDR gerechnet werden. Dieser Reformtyp zeichnet sich durch ein Festhalten an der staatlichen Planung aus und der Ablehnung einer freien Preisbildung, des weiteren sollte die Autonomie der Betriebs- und Kombinatsdirektoren begrenzt bleiben. Beabsichtigt war jedoch eine Preisreform, eine Delegation von Planungsentscheidungen an lokale Einheiten sowie eine Reduktion des Plankennziffernsystems und die Einführung der Kategorie des "Gewinns" in den Wirtschafts- und Planungsprozeß. Insbesondere für die Betriebe und Kombinate sollte das eingeführt werden, was Kornai "harte Budgetrestriktionen"[18] nennt. Das Programm, das in der DDR für diesen begrenzten Reformtyp[19] stand, war das "Neue Ökonomische System der Planung und Leitung".

Wie wir wissen, sind selbst diese sehr begrenzten Wirtschaftsreformen entweder gar nicht oder nur fragmentarisch bzw. punktuell als tagespolitische Maßnahmen umgesetzt worden. Damit muß die Frage beantwortet werden, warum in der DDR selbst eine derart begrenzte Wirtschaftsreform nicht realisierbar war. Während sich die DDR zu einer Industriegesellschaft entwickelte, die grundsätzlich Preisreformen, flexiblere Formen der Planung, Reduzierung des Kennziffernsystems etc. benötigte, erwies sich die Parteibürokratie gegenüber solchen Reformintentionen strukturell als resistent und konservierte die Monopolisierung politischer Entscheidungen. Die soziologisch interessante Frage ist die nach den politischen, ideologischen und ökonomischen Bedingungen, unter denen sich einmal implementierte institutionelle Strukturen als resistent gegenüber Reformen erweisen und damit nach den Bedingungen des Scheiterns der Durchsetzung neuer gesellschaftlicher Interessen.

3. Das "Neue Ökonomische System": Politische Restriktionen einer Wirtschaftsreform

In der Führung der DDR lassen sich zwei politische Flügel ausmachen. Die Befürworter des NÖS können dabei als die Repräsentanten eines "nationalkom-

---

16 Riese, *Geld*, S. 28.

17 Diesen Begriff übernimmt Löwenthal von R.V. Burks, vgl. Löwenthal, Kommunistische Einparteiherrschaft, S. 23.

18 Kornai, Janos, *Economics of shortage*. 2 Bände, Amsterdam 1980.

19 Auf den "radikalen Reformtyp" brauchen wir an dieser Stelle nicht näher einzugehen. Darunter wurden die tscheslowakischen Reformvorstellungen verstanden, aber auch die Entwicklungen in Ungarn. Mit dieser radikalen Reform, so Löwnthal, würden "so viele etablierte Interessen verletzt, daß sie nur durchgeführt werden kann, wenn andere gesellschaftliche Kräfte im Zuge einer größeren Umgestaltung zum Angriff auf die Bürokratie mobilisiert werden." Löwenthal, Kommunistische Einparteiherrschaft, S. 25.

munistischen Flügels"[20] bezeichnet werden. Dieser Begriff mag vor dem Hintergrund der deutschen Teilung und des Kalten Krieges irritieren, gleichwohl sind die Wirtschaftsreformen in den sozialistischen Ländern Versuche eigenständige, "nationale" Entwicklungspfade des Sozialismus einzuschlagen und eine schematische Übernahme bzw. Fortführung des sowjetischen Modells der Wirtschaftsführung abzulehnen. Diese Absicht verband politisch die Wirtschaftsreformen in den sozialistischen Ländern der 60er Jahre. Vor dem Hintergrund der Breschnew-Doktrin waren deshalb diese Reformen machtpolitisch immer brisant[21]. Unter nationalkommunistischen Orientierungen können wir in der DDR Deutschland- und weitergehende Westorientierungen in der Partei- und Staatsführung auf primär wirtschaftspolitischem Gebiet verstehen, die sich hinsichtlich der politischen und ökonomischen Prioritätensetzungen von dem Moskowiter-Flügel deutlich unterschieden. Zu den Vertretern dieses Flügels gehörten die Protagonisten der NÖS-Reform Walter Ulbricht, Erich Apel, Günter Mittag, Wolfgang Berger, Helmut Koziolek, Herbert Wolf, Claus Krömke u.a.[22] Diese nationalkommunistischen Orientierungen mögen insbesondere im Zusammenhang mit der Person Walter Ulbrichts irritieren, da Ulbricht die SED nach 1945 diktatorisch entsprechend dem stalinistischen Vorbild aufgebaut hatte, den Mauerbau 1961 durchsetzte und im Westen als Protytyp eines kommunistischen "Kalten Kriegers" galt. Aber gerade seine stalinistische Prägung hatte aus Ulbricht einen ausgesprochenen Machtpolitiker gemacht, der wußte, daß nach dem Mauerbau eine rigide Fortführung des sowjetischen Modells der Wirtschaftsführung für die DDR mehr Probleme heraufbeschwörte als löste. Nach dem Mauerbau wurde er deshalb zu einem Befürworter der NÖS-Wirtschaftsreform, die klare deutschlandpolitische und somit "nationale" Orientierungen enthielt und zumindest auf wirtschaftspolitischem Gebiet eine Abkehr von der traditionellen SED-Politik der 50er Jahre darstellte[23]. Obwohl Ulbricht wußte, wo machtpolitisch "der Hammer hängt"[24], vertrat er diese Position 1970 selbst gegenüber Breschnew und provozierte damit einen Konflikt, der den Auftakt für seinen Sturz bedeutete.

Die NÖS-Wirtschaftsreform beinhaltete u.a. eine Preisreform, einen Subventionsabbau, eine Reduzierung des Plankennziffernsystems, eine größere Handlungsautonomie der Betriebe und Kombinate, eine Bestandsgarantie der privaten Handwerksbetriebe und die Einführung einer harten Budgetrestriktion für die Be-

---

20 Der Begriff "politischer Flügel" ist zugegeben ein vager Begriff; gemeint ist in diesem Kontext die weitgehende Übereinstimmung oder Ablehnung bestimmter politischer Programme in der Parteiführung, ohne daß diese Repräsentanten eine homogene politische Gruppe und schon gar keine Fraktion darstellten. Gleichwohl lassen sich klare konzeptionelle Konturen feststellen, in denen sich diese Flügel voneinander unterschieden.

21 Wie wir sehen werden, richtete sich die Kritik Breschnews gegen die SED-Führung unter Walter Ulbricht vor allem gegen deren nationalkommunistische Orientierungen, d.h. einer ungenügenden Abgrenzung zur Bundesrepublik, der sozialliberalen Entspannungspolitik mit der Gefahr der "Sozialdemokratisierung der DDR"; dem habe die DDR-Führung durch eine traditionelle "prinzipienfeste Politik" zu begegnen. Vgl. dazu die Zitate weiter unten.

22 Das (wirtschafts-)politische Programm dieser Reformer ist enthalten in Autorenkollektiv, *Politische Ökonomie des Sozialismus und deren Anwendung auf die DDR*. Berlin/Ost 1969. Auf die Bedeutung dieses Buches für die Wirtschaftsreformer und der späteren Tabuisierung nach dem Machtwechsel von Ulbricht zu Honecker gehen Claus Krömke (S. 34-37) und Helmut Koziolek (S. 270-272) ein.

23 Zu den nationalkommunistischen Orientierungen bei Walter Ulbricht vgl. die Ausführungen von Helmut Koziolek, S. 271 und Claus Krömke, S. 25 ff.

24 So Helmut Koziolek, S. 267.

triebe und Kombinate[25]. Diese Reform stellte den Versuch dar[26], das sowjetische Modell der Planungsökonomie mit der ausschließlichen Orientierung an der "extensiven Produktion" zu überwinden und auf die Bedingungen der sog. Zweiten industriellen Revolution umzustellen. Obwohl das NÖS zu den Minimalreformen gerechnet werden muß, blieben eine Reihe von Vorschlägen dieser Reform auf der Ebene konzeptioneller Vorstellungen, die nicht umgesetzt wurden, das betrifft vor allem die Einführung einer harten Budgetrestriktion. "Gewinn" als harte Budgetrestriktion wurde ebensowenig implementiert wie die Zahlungsunfähigkeit von Betrieben. Der politisch zentrale Aspekt dieser Wirtschaftsreform war jedoch die Öffnung der DDR zu den westlichen Märkten, insbesondere eine verstärkte Kooperation mit der Bundesrepublik. Damit lag dieser Wirtschaftsreform faktisch die Einschätzung zugrunde, daß die DDR die Bundesrepublik wirtschaftspolitisch nicht ein- oder gar überholen könne, gleichwohl sich aber durch eine verstärkte wirtschaftspolitische Kooperation die Chance eröffne, die DDR an das Produktivitätsniveau der Bundesrepublik heranzuführen. Diese ökonomische Westorientierung basierte wiederum auf der Annahme, daß das wohlfahrtsökonomische Postulat der DDR auf Dauer nicht in Form der abgeschotteten "Hauswirtschaft" (Koziolek) realisierbar war, sondern nur durch eine weitere Öffnung der DDR gegenüber den kapitalistischen Ländern. Dieser Westorientierung entsprach gleichzeitig der Versuch, die nach 1945 erzwungene Ostorientierung zu lockern und die wirtschaftspolitische Umklammerung durch die Sowjetunion zu reduzieren. Wirtschaftspolitisch bedeuteten diese Implikationen, daß die DDR auf dem erreichten Produktivitätsniveau gravierender immanenter Reformschritte bedurfte. Damit lag dieser Wirtschaftsreform eine politische Legitimationsstrategie zugrunde, die am wohlfahrtsökonomischen Postulat der DDR und dessen perspektivischer Sicherstellung ansetzte. Außenpolitisch bedeutete dies eine stärkere Zusammenarbeit mit der Bundesrepublik und eine vorsichtige Lockerung des Verhältnisses zur Sowjetunion auf wirtschaftspolitischem Gebiet. Hinsichtlich der bürokratisch-administrativen Dimension hätte eine weitgehende Umsetzung des NÖS zu massiven Reorganisationsmaßnahmen in der Wirtschaftsführung und -verwaltung sowie der Parteibürokratie insgesamt führen müssen, deren politische Auswirkungen zumindest prekär gewesen wären. Jedenfalls wären eine Reihe etablierter Zuständigkeiten und Interessen berührt gewesen, so daß es nicht verwundert, daß die Mehrheit der Parteibürokratie der SED gegen diese Wirtschaftsreformen eingestellt war. Diese innen- und außenpolitischen Aspekte der Wirtschaftsreform, ihre möglichen machtpolitischen und sozialen Auswirkungen dieses Programms wurden nicht ausreichend bedacht und dies wurde dem ökonomischen Reformprogramm zum Verhängnis.

Dem wirtschaftspolitischen Reformflügel stand ein "Moskowiter Traditionalisten-Flügel" gegenüber, zu dem Willi Stoph, Hermann Axen, Hermann Matern[27],

---

25 Vgl. auch die nicht veröffentlichte Rede Günter Mittags auf dem 13. Plenum des ZK der SED, auf das er in unserem Gespräch bezug nimmt, vgl. Naumann, Gerhard/Trümpler, Eckhard, *Von Ulbricht zu Honecker*, Berlin 1990, S. 71-78.

26 Zur NÖS-Wirtschaftsreform vgl. die Ausführungen von Claus Krömke, S. 35-42; Helmut Koziolek, S. 255-261; 266-269.

27 Diese Namen erwähnte Leonid Breschnew 1970 gegenüber Erich Honecker als die Vertreter im Politbüro der SED, die die KPdSU besonders schätze, vgl. Protokoll einer Unterredung zwischen L.I. Breschnew und Erich Honecker am 28. Juli 1970, in: Przybylski, Peter, *Tatort Politbüro*, Bd. 1, Berlin 1991, S. 280 f.

Werner Krolikowski[28] und Erich Mielke gehörten. Die (wirtschafts-)politischen Überlegungen dieses Flügels gingen davon aus, daß die Bestandssicherung der DDR nur in enger Abstimmung mit der jeweiligen Generallinie der KPdSU erfolgreich durchsetzbar sei[29], selbst dann, wenn die Führung der DDR die aktuelle Generallinie Moskaus ablehnte. Diesem Primat der Außenpolitik hatte sich jede (wirtschafts-)politische Diskussion und Reform in der DDR unterzuordnen. Politisch setzte dieser Flügel also auf eine enge Kooperation mit Moskau auf allen Gebieten bei gleichzeitiger rigider Abgrenzung gegenüber der Bundesrepublik. Wirtschaftspolitik und Wirtschaftsreform sind in dieser Perspektive von sekundärer Bedeutung und haben sich der politischen Generallinie unterzuordnen. De facto favorisierte damit dieser Flügel die traditionelle, abgeschottete "Hauswirtschaft" und perpetuierte die "extensive Produktion", obwohl der Parteiführung bewußt war, daß das wohlfahrtsstaatliche Postulat der DDR auf diesem ökonomischen Niveau mit den erkannten Schwächen des planwirtschaftlichen Systems auf Dauer nicht aufrechtzuerhalten war. Dieser Widerspruch tauchte in den wirtschaftspolitischen Überlegungen dieses Flügels nicht auf, da der Sowjetunion auch auf dem Gebiet der Wirtschaftspolitik freiwillig die Funktion einer letzten Konfliktlösungsinstanz zugewiesen wurde. Auch hier folgt der Traditionalisten-Flügel seinem grundsätzlichen Politikverständnis, wonach die DDR nicht in der Lage sei, eine Binnenlegitimation zu erreichen, sondern sich ausschließlich über die unmittelbare und bedingungslose Ankoppelung an die Sowjetunion, die Ergebnisse des Zweiten Weltkriegs und die militärische Stärke der Sowjetunion legitimieren könne. Auf der bürokratisch-administrativen Ebene entsprach dieser Traditionalisten-Flügel den zentralen Normen, unter denen die Parteibürokratie der DDR in der Periode des Stalinismus Anfang der 50er Jahre etabliert und erzogen wurde[30].

Die unterschiedlichen Interessen bzw. "Einschätzungen" politischer und ökonomischer Entwicklungen lassen sich derart zusammenfassen, daß die Traditionalisten den "Primat der Außenpolitik", die Wirtschaftsreformer hingegen den "Primat der Wirtschaftspolitik" vertraten. In der Praxis verlief diese Konfliktlinie auf einer anderen, scheinbar unideologischen Ebene: die Traditionalisten waren die Pragmatiker und die Wirtschaftsreformer die Theoretiker. Die Pragmatiker waren

28 Krolikowski fertigte in den 80er Jahren verschiedene, äußerst kritische Berichte über Honeckers Politik und das schlechte Verhältnis der DDR zur Sowjetunion an, die offenbar direkt nach Moskau übermittelt wurden. Vgl. die Dokumente bei Przybylski, *Tatort Politbüro*, Bd. 1, S. 340 ff.

29 Nach Arbatow gab es im Apparat des ZK der KPdSU wiederum jeweils einen herausragenden Spezialisten für bestimmte Länder im Imperium, der "sich nicht nur als ein imperialer Statthalter betrachtete, sondern auch mit der unerschütterlichen Überzeugung gewappnet war, daß er als Parteioffizier aus Moskau, der endgültige Schiedsrichter von Wahrheit und Autorität war." Und weiter: "Unter den Parteikadern in den Ländern, mit denen diese Offiziellen zu tun hatten, besaßen sie Freunde und Informanten, denen sie trauten, und sie hatten Gegner, die sie nicht mochten. Sie begannen "ihr" Land mit den Augen der Freunde und Favoriten zu sehen, die dort eine Art Moskau-Fraktion bildeten." Arbatow, Georgi, *Das System. Ein Leben im Zentrum der Sowjetpolitik*, Frankfurt a. Main 1993, S. 159.

30 Während die politische Schwäche der Wirtschaftsreformer dem ökonomischen Reformprogramm zum Verhängnis wurde, hatte umgekehrt die wirtschaftspolitische Schwäche des politischen Programms des Moskowiter Flügels keine vergleichbaren prekären Auswirkungen, da es die Dominanz des Primates der Parteibürokratie und die unmittelbaren Auswirkungen des "Metternich-Syndroms" der Nachkriegsperiode auf die DDR reflektierte. Vgl. hierzu Pirker, Theo, Reform und Restauration: Die Krise und der Zerfall kommunistischer Herrschaftssysteme. In: ders. *Soziologie als Politik*, S. 265.

mit einem bestimmten Politikverständnis groß geworden, das in den 50er Jahren noch unter Stalins Herrschaft geprägt wurde; das war die Basis der SED-Parteibürokratie. Und in den 60er Jahren gab es keine gravierenden Anzeichen, die in dieser Perspektive einen politisch heiklen Kurswechsel, insbesondere gegenüber der Sowjetunion, möglich erscheinen ließen. Die Theoretiker hatten demgegenüber nur bestimmte, zum Teil äußerst diffuse wirtschaftspolitische Reformideen, etwa über das Eigentum, die aus der Sicht der Parteibürokratie schon deshalb nicht funktionieren konnten, weil sich die Wirtschaftsfachleute eine politische Kompetenz anmaßten, die sie nach dem vorherrschenden Politikverständnis der SED nicht erfüllen konnten.

Die zentrale Zäsur in diesem Konflikt wie in der DDR-Geschichte insgesamt waren die Jahre 1970 und 1971 mit dem Sturz Walter Ulbrichts, der zugleich das Ende der Wirtschaftsreform bedeutete. In dieser Phase der Auseinandersetzung traten, entgegen den sonstigen Gepflogenheiten unter den Genossen und Bruderländern, die unterschiedlichen Auffassungen dieser Flügel offen zutage. Dieser Konflikt ist von allgemeiner Bedeutung, da sich an ihm verdeutlichen läßt, über welche politische Mechanismen der Primat der Politik durchgedrückt wurde.

Die Kritik an Ulbrichts Politik richtete sich vermeintlich nur gegen seine Wirtschaftspolitik, unzweifelhaft handelte es sich jedoch um eine Abrechnung mit der Ulbrichtschen Politik insgesamt. Diese grundsätzliche politische Kritik kam gleich von zwei Seiten, von der sowjetischen Führung unter Breschnew und von der eigenen Parteibürokratie. Zum Sprecher dieser Kritiker machte sich Erich Honecker, der seine Vorwürfe im Dezember 1970 in einem 26-Seiten-Papier formulierte[31], dabei stützte er sich auf die Anklagen Leonid Breschnews, die dieser anläßlich eines Besuchs einer Delegation des ZK der SED im Juli/August 1970 und in mehreren Geheimunterredungen ihm gegenüber erhoben hatte[32]. Diese Kritik ist nicht nur zeitgeschichtlich von Relevanz, sondern reflektiert generell die Grenzen wirtschaftspolitischer Reformen in der DDR als Bestandteil des sowjetischen Imperiums. Honecker kritisierte an Ulbricht (1) die zu weitgehende Wirtschaftsreform des NÖS, (2) die mangelnde Kooperation mit der Sowjetunion, (3) die zu enge Kooperation mit der Bundesrepublik und (4) die Ausschaltung der Parteibürokratie bei der Politikformulierung.

Kritik der Wirtschaftspolitik Ulbrichts

Honecker monierte an der NÖS-Wirtschaftsreform die disproportionale Förderung bestimmter Branchen zu Lasten einer ruhigen, alle Wirtschaftsbereiche gleichermaßen berücksichtigenden Planung und Entwicklung der DDR-Ökonomie. Die "planmäßig proportionale Entwicklung und die Stabilität der Volkswirtschaft der DDR"[33] (S. 10) sei nicht mehr gewährleistet. Diese Formulierung richtete sich zugleich gegen die Abkoppelung der DDR-Wirtschaft von der der So-

---

31 "Zur Korrektur der Wirtschaftspolitik Walter Ulbrichts auf der 14. Tagung des ZK der SED", SAPMO-BArch, ZPA-SED, J IV 2/2A/3196.

32 "Vermerk über die gemeinsame Besprechung der Delegation des ZK der KPdSU mit der Delegation des ZK der SED am 21.8.1970 in Moskau". SAPMO-BArch, ZPA-SED, J IV 2/2A/3196; in diesem Zusammenhang gehört auch ein Brief Breschnews an W. Ulbricht vom 24.10. 1970, SAPMO-BArch, ZPA-SED, J IV 2/2A/3196. Ein Protokoll einer Unterredung zwischen Breschnew und Honecker vom 28. Juli 1970 ist abgedruckt in Przybylski, *Tatort Politbüro*, Bd. 1, S. 280-288.

33 Die folgenden Seitenangaben beziehen sich auf das Dokument "Zur Korrektur der Wirtschaftspolitik Walter Ulbrichts auf der 14. Tagung des ZK der SED".

wjetunion[34]. In der Tat gingen Ulbrichts Planungen von völlig überzogenen Erwartungen hinsichtlich des Wirtschaftswachstums und der Erhöhung der Arbeitsproduktivität aus, so sollte z. B. das jährliche Wirtschaftswachstum in den 70er Jahren zehn Prozent betragen. Honecker zu diesen Planungen: "Materiell-technisch war ein solcher Plan nicht zu bilanzieren. Trotz gehäufter Kritiken des Genossen Ulbricht an der Arbeit der SPK, die nach seiner Meinung "keine richtige Planmethodik hat, um die Durchbruchstellen ökonomisch zu sichern", wurden ständig weitere, nicht bilanzierte Aufgaben in die Pläne hineingedrückt." (S. 11) Auf diesen Aspekt des "Subjektivismus" in der Ulbrichtschen Politik gehen wir weiter unten näher ein.

Honecker bemängelte aber nicht nur die überzogenen Planvorgaben, vielmehr weisen seine Einwände klare anti-modernisierungspolitische Konturen auf. So habe Ulbricht an die elektronische Datenverarbeitung "übertriebene Erwartungen geknüpft", bei Robotron neige er zu einer "pompösen Planung" und die Zulieferindustrie würde insgesamt vernachlässigt.

Die Politik Ulbrichts der einseitigen Bevorzugung bestimmter technischer Vorhaben hatte gravierende negative Auswirkungen auf die Volkswirtschaft der DDR, insbesondere eine Unterversorgung mit Konsumgütern und Wohnungen. Diese "Disproportionen" machte Honecker zu einem Kernpunkt seiner Kritik: "Die Sprengung des Planes in der DDR durch subjektivistische Entscheidungen ... führte nicht nur zu starken Disproportionen und erheblichen Versorgungsschwierigkeiten, die es bereits seit Jahren gab, sondern führte weiterhin zur groben Vernachlässigung und Zurücksetzung des Wohnungsbaues." (S. 15) Außerdem wurde unter Ulbricht "der kapitalistische Sektor in der Wirtschaft ständig erweitert. Die Zahl der Arbeitskräfte in diesem Sektor stieg laufend an." (S. 19) Ulbricht habe zudem den halbstaatlichen Betrieben frühzeitig eine Bestandsgarantie bis 1980 gegeben. In der wirtschaftlichen Entwicklung sei, so Honecker weiter, eine gleichmäßige Entwicklung notwendig, kein Vorgehen nach Schwerpunkten (S. 26). Diese Äußerungen sind von einem Konservativismus geprägt, der in der Parteibürokratie der SED offenbar weit verbreitet war[35]. Diese Kritik konnte Honecker noch verstärken, indem er Ulbricht vorwarf, seine Wirtschaftsreformen auf Verschuldung aufzubauen. "Mit Absicht wurde von ihm (Ulbricht) eine große Verschuldung gegenüber der Sowjetunion und den sozialistischen Ländern sowie gegenüber kapitalistischen Ländern durchgesetzt." (S. 2) Diese Verschuldungspolitik führte dazu, "daß er (Ulbricht) mit seiner Wirtschaftspolitik der BRD, ökonomisch in der DDR Fuß zu fassen, in die Hand arbeitete. Durch diese Entwicklung wurde die DDR in den Jahren 1970 an den Rand einer Katastrophe getrieben." (S. 3) Diese Kritik orientiert sich am Status quo, die eigentlichen Reformvorstellungen des NÖS (Preis, Gewinn, Dezentralisierung etc.) werden nicht aufgenommen, alternative Reformansätze gar nicht erst entwickelt.

Mangelnde Kooperation mit der Sowjetunion

Honecker teilte die Ansicht, die ihm Leonid Breschnew Ende Juli 1970 dargelegt hatte, wonach die Existenz der DDR das Ergebnis des Zweiten

34 Vgl. Krömke, Claus, *Der personelle und politisch-ökonomische Strategiewechsel in der DDR 1970/71*, Ms, Berlin 1994, S. 2.

35 Die mangelnde Untersützung der NÖS-Wirtschaftsreform durch die Parteibürokratie war ein wesentliches Manko dieser Strategie von Anfang an, vgl. insbesondere die Aussagen von Helmut Koziolek, S. 259 f. und Claus Krömke, S. 64 f.

Weltkriegs sei und den Interessen der Sowjetunion entspreche, das bedeute auch, daß die DDR ohne die Macht der Sowjetunion nicht existieren könne[36].

Ulbricht hatte demgegenüber andere Akzente gesetzt und sagte zu Breschnew: "Wir wollen uns so in der Kooperation als echter deutscher Staat entwickeln. Wir sind nicht Bjelorußland, kein Sowjetstaat. Also echte Kooperation."[37]

Aus diesen Zitaten wird deutlich, daß die NÖS-Wirtschaftsreform von der KPdSU wie von der Mehrheit der Parteibürokratie der SED als eine politische Absetzbewegung der DDR interpretiert wurde. Die Wirtschaftsreformer hingegen wollten mit der Abweichung vom Moskauer Modell die notwendigen Voraussetzungen schaffen, um den Sozialismus in der DDR zu stärken, während der Moskowiter Flügel in diesem Reformansatz eine Aufweichung des Verhältnisses zur Sowjetunion sah, an dessen Ende die Sozialdemokratisierung der DDR stünde. Zwei Jahre nach dem Einmarsch der Warschauer Pakttruppen in Prag herrschte in Moskau die Furcht vor einem Herausbrechen der DDR aus dem sowjetischen Imperium, deshalb mußte jede Form eines 'deutschen Sonderweges', den die NÖS-Wirtschaftsreform in jedem Fall bedeutet hätte, unterbunden werden.

Kooperation mit der Bundesrepublik

Ein wesentlicher Bestandteil der Ulbrichtschen Politik war die Erhöhung der Produktivität unter Ausnutzung der Möglichkeiten enger wirtschaftlicher Kooperation mit der Bundesrepublik. Demgegenüber erwartete die Sowjetunion von der DDR eine stärkere politische, ideologische und ökonomische Abgrenzung von Westdeutschland. Breschnew war davon überzeugt, daß die Regierung Brandt versuche, in die DDR "mit sozialdemokratischer Ideologie und wirtschaftlich"[38] einzudringen. Dem müsse die DDR eine "prinzipienfeste Politik" entgegenstellen, dies treffe gerade für die wirtschaftliche Entwicklung zu. Für die sowjetische Führung wie für die konservative Parteibürokratie der SED war die strukturelle Homogenität der DDR mit der Sowjetunion und den übrigen sozialistischen Ländern lebenswichtig, die allein eine "planmäßig proportionale Entwicklung" der Ökonomie garantieren könne. Wirtschaftspolitisch war diese Option unter den Bedingungen der DDR-Wirtschaft strukturell modernisierungsfeindlich.

"Es gibt, es kann und es darf zu keinem Prozeß der Annäherung zwischen der DDR und der BRD kommen."[39] Das ist der durchgängige Tenor Breschnews Äußerungen in den Gesprächen mit Erich Honecker und der Delegation des ZK der SED Mitte 1970 in Moskau. Diese Gefahr schätzte man in Moskau sehr hoch ein, vor allem eine mögliche "Sozialdemokratisierung der DDR"[40], wichtig sei deshalb eine rigide Abgrenzung gegenüber der Bundesrepublik.

Auch hier setzte Ulbricht andere, (deutschland-)politische Akzente: "Wenn wir die Existenz einer unter sozialdemokratischer Führung stehenden Regierung Westdeutschlands nicht maximal ausnutzen, um die friedliche Koexistenz zu erreichen, dann werden uns die Völker das nicht verzeihen, auch nicht das Sowjetvolk."[41] Hier umschreibt Ulbricht die Tatsache, die auch der Führung der KPdSU

---

36 Zit. n. Przybylsky, *Tatort Politbüro*, Bd. 1, S. 281.

43 "Vermerk über die gemeinsame Besprechung der Delegation des ZK der KPdSU mit der Delegation des ZK der SED am 21.8.1970 in Moskau". SAPMO-BArch, ZPA-SED, J IV 2/2A/3196.

38 SAPMO-BArch, ZPA-SED, J IV 2/2A/3196.

39 So L.I. Breschnew in den Gesprächen im Juli/August 1970 zu Erich Honecker, SAPMO-BArch, ZPA-SED, J IV 2/2A/3196.

40 Zit. n. Przybylski, *Tatort Politbüro*, Bd. 1, S. 287.

41 SAPMO-BArch, ZPA-SED, J IV 2/2A/3196

bekannt gewesen sein dürfte, daß hinsichtlich des Wohlstandsniveaus die Referenzgröße für die SED-Führung und für DDR-Bevölkerung immer das Wohlstandsniveau der Bundesrepublik war - und nicht das der Sowjetunion. Der Unterschied zur bisherigen Politik besteht darin, daß die ohnehin existierende Westorientierung mit der NÖS-Reform eine konzeptionelle Basis erhielt.

Der Widerstand der Parteibürokratie

Die NÖS-Wirtschaftsreform verletzte aus der Sicht der Parteibürokratie gleich mehrere Normen: sie lockerte das Verhältnis zur Sowjetunion, war ideologisch unzuverlässig und suchte eine engere Kooperation mit der Bundesrepublik. Diesen ideologischen Abweichungen entsprach Ulbrichts Politikstil, insbesondere das Ausschalten der Parteibürokratie bei wichtigen Entscheidungen. Erich Honecker bemängelte in seinem Papier von 1970, daß Ulbricht bei der Vorbereitung des VII. Parteitages das "Kollektiv des Politbüros und des Sekretariats des ZK" ausgeschaltet und sich auf "Wissenschaftler (gestützt habe), die über wenig Verbundenheit gegenüber der Partei und dem sozialistischen Staat verfügten" (S. 3). Zudem habe er eine Reihe von Gremien eingerichtet, die ebenfalls der Ausschaltung des ZK und des Politbüros dienten, hierzu zählte vor allem der "strategische Arbeitskreis", bei dem sich Ulbricht auf seinen Mitarbeiter Berger, der weitgehende Vollmachten erhielt, und einen ausgesuchten Kreis von Wissenschaftlern stützte. "Diese Linie, die Konzeptionen für die gesellschaftliche, insbesondere auch die wirtschaftliche Entwicklung unter maßgeblicher Beteiligung von Außenstehenden und solchen, die keine Verantwortung für die Durchführung zu tragen hatten, auszuarbeiten, führte faktisch zur Ausschaltung des Parteiapparates und auch weitgehend der Regierung." (S. 3 f) Auch die Thesen zur Wirtschaftspolitik auf dem VII. Parteitag der SED wurden nicht von der zuständigen Abteilung des ZK ausgearbeitet, sondern von der Gruppe "Ökonomie" des strategischen Arbeitskreises unter Herbert Wolf. (S. 4)

Auch in diesem Punkt konnte sich Honecker auf die Führung der KPdSU verlassen. Breschnew hatte 1970 in Moskau gegenüber den DDR-Genossen die Leistungen der Parteibürokratie in den letzten Jahrzehnten hervorgehoben, die keine radikalen Veränderungen erforderten und hatte damit eindeutig die Position der Parteibürokratie unterstützt. Breschnew betonte insbesondere die Notwendigkeit der "Einheit der Führung" in der DDR und der Festigung des Kollektivs; es gebe keinerlei Anlaß, die Ergebnisse der bisherigen Zusammenarbeit in Frage zu stellen[42].

Politisch hatten die Wirtschaftsreformer also an zwei Fronten zu kämpfen, gegenüber den Vorbehalten in Moskau und der Kritik der eigenen Parteibürokratie. Auf beiden Ebenen konnten die Wirtschaftsreformer diesen Konflikt nicht durchstehen, da sie nur ein wirtschaftspolitisches Konzept entwickelt hatten, dessen innen- und außenpolitischen Implikationen sie nicht reflektierten bzw. nicht reflektieren konnten. Ihre Kritiker hingegen argumentierten dezidiert politisch: Absetzbewegung von der Sowjetunion und Gefahr der Sozialdemokratisierung waren die Haupteinwände, mit denen die konservative Parteibürokratie ihr Beharrungsvermögen durchsetzte. Insofern war für das Scheitern der Wirtschaftsreform ausschlaggebend, daß es hierfür keine ausreichende politisch-personelle Basis in der Parteibürokratie der SED gab, da, ganz im Gegenteil, die Parteibürokratie durch die Ulbrichtsche Politik einen massiven Bedeutungsverlust befürchten mußte.

42 Ebd.

4. Die neue Hauptaufgabe der "Einheit von Wirtschafts- und Sozialpolitik"

Wirtschaftspolitisch waren die Auswirkungen des Bruches mit der Wirtschaftsreform insofern massiv, als in den folgenden Jahren selbst die Möglichkeiten von begrenzten Reformen nicht genutzt und darüberhinaus sogar programmatisch abgelehnt wurden. In der Ära Honecker war bis zum Schluß keine Preisreform durchsetzbar, mit dem Effekt der Inflation; es gab keinen Abbau der Subventionen, von einer Veränderung der Allokation der Produktivkräfte ganz zu schweigen, keine Reduzierung des Plankennziffernsystems und keine Erhöhung der Autonomie der Betriebe und Kombinate. Anfang der 70er Jahre wurden die restlichen nichtstaatlichen Betriebe eliminiert und die "Wissenschaftler" und Wirtschaftsführer, auf die Ulbricht so große Hoffnungen gesetzt hatte, politisch ausgeschaltet. Der gemeinsame Nenner all dieser Maßnahmen ist die Überwindung des Ulbrichtschen Ökonomismus und die uneingeschränkte Re-Etablierung des Primates der Politik. "Der Primat der Partei dominierte fortan unangefochten von technokratischen Versuchungen in Ökonomie und Gesellschaft; entsprechend reduzierte sich die zuvor ausdifferenzierte parteistaatliche Steuerungspalette."[43] Insofern ist die Ära Honecker die deutsche Variante des sozialistischen Konservativismus Breschnewscher Prägung.

Die "Einheit von Wirtschafts- und Sozialpolitik" wurde auf dem VIII. Parteitag 1971 beschlossen und stellt Honeckers politischen und ökonomischen Gegenentwurf zur Ulbrichtschen Politik dar. Dieses Programm ist zunächst deshalb ungewöhnlich, weil in der DDR zwar bestimmte sozialpolitische Grundlinien feststellbar sind[44], der politisch relevante Aspekt dieses Programms besteht allerdings in der Explizierung von Sozialpolitik als einer Hauptaufgabe der SED. Vor dem Hintergrund der Kritik der Parteibürokratie an den Unwägbarkeiten des Ulbrichtschen Ökonomismus und dem damit verbundenen Konsumverzicht der Bevölkerung repräsentiert die Belebung der Sozialpolitik die Gegenbewegung der Parteibürokratie. Als Gegenbewegung war dieses Programm konservativ und pragmatisch, antikonzeptionell und antiintellektuell.

Kernstück des sozialpolitischen Programms war die planmäßige Steigerung der Realeinkommen (und damit der Konsumquote), Anhebung der Mindestlöhne und Mindestrenten, Erhöhung der Produktion von Konsumgütern und Dienstleistungen, Ausbau der "gesellschaftlichen Konsumtionsfonds" (Bildung, Qualifizierung, Kindereinrichtungen etc.) und die "Lösung der Wohnungsfrage"[45].

Die Einheit von Wirtschafts- und Sozialpolitik ist ein Motivationsprogramm: die höheren Einkommen und Sozialleistungen sollten die Motivation der Beschäftigten erhöhen und zu einer höheren Arbeitsproduktivität führen. Daraus sollten dann die Aufwendungungen für die Sozialpolitik gedeckt werden können. Ein politisches Programm jedoch, das die arbeitsorgansatorischen Bedingungen unreflektiert läßt, muß immanent scheitern. Das Nicht-Funktionieren dieses Programms resultiert aus seinem Charakter als ausschließliches Motivationsprogramm, das von den materiellen Bedingungen des Wirtschaftens abstrahiert. Selbst eine höhere Arbeitsmotivation der Beschäftigten bleibt folgenlos, wenn die

43 Meuschel, Sigrid, *Legitimation und Parteiherrschaft in der DDR*. Frankfurt a. Main 1992, S. 222.

44 Vgl. Hockerts, Hans Günter, Grundlinien und soziale Folgen der Sozialpolitik in der DDR, in: *Sozialgeschichte der DDR*, S. 519-544.

45 Weitere Punkte waren die Verbesserung der Vorsorge und der Behandlung von Krankheiten, Ausbau von Einrichtungen der Ferien- und Naherholung, Verbesserung der Situation der Familien etc. Vgl. *Marxistisch-leninistische Sozialpolitik*. Berlin/Ost 1975, S. 19 f.

Ressourcen für die geforderten Arbeitsleistungen fehlen. Diese beiden Konstruktionsfehler des Programms, Herstellung eines nicht erzwingbaren Zusammenhangs und die Abstraktion von den materiellen Bedingungen des Wirtschaftens, weisen die "Einheit von Wirtschafts- und Sozialpolitik" als 'idealistisches Programm' aus. Sein Kern richtete sich auf die Sicherung der Massenloyalität und damit auf die Parteiherrschaft, nicht auf eine neue Wirtschaftspolitik.

In der Realität führte dieses Programm zwar planmäßig zu einer Erhöhung der Konsumquote, aber planwidrig zu einer Abnahme der Investitionsquote. Diese "Disproportion" wurde durch eine rapide steigende Verschuldungspolitik aufgefangen. Gleichwohl ermöglichte der Pragmatismus dieses Programms eine zentrale Innnovation, den Ausbau des Bereichs "Kommerzielle Koordinierung". Mit dem Bereich "Kommerzielle Koordinierung" wurde in den 80er Jahren u.a. das Ziel verfolgt, die sog. Cocom-Liste der westlichen Länder zu umgehen und der DDR den Zugriff auf westliche Hochleistungstechnologie zu sichern. Die institutionelle Konstruktion als "Devisenausländer" erwies sich darüberhinaus als äußerst flexibel, so daß vor dem Hintergrund der ständig steigenden Verschuldung der DDR die Tätigkeitspalette von KoKo enorm expandierte und den Verkauf von Antiquitäten ebenso umfaßte wie den von Waffen. Außerdem verfügte die DDR über eine außergewöhnliche Ressource, die wir nur hier und ansonsten bei keinem anderen sozialistischen Land finden, nämlich die Möglichkeit der 'Produktion' von "humanitären" Leistungen und deren Monetarisierung im deutsch-deutschen Handel[46].

Im Zuge dieser ökonomischen Entwicklung der DDR[47] sah sich die Parteibürokratie mit einer Konfliktkonstellation konfrontiert, die erstaunliche Parallelitäten zur Ulbrichtschen Politik aufweisen. Obwohl Honeckers Programm der Einheit von Wirtschafts- und Sozialpolitik im wesentlichen ein konservatives Gegenprogramm zum Ulbrichtschen Ökonomismus darstellt, wiederholen sich spätestens ab Ende der 70er Jahre die politischen und ökonomischen Konflikte, mit denen die DDR bereits Ende der 60er Jahre zu kämpfen hatte.

Kurz nach seinem Amtsantritt setzte Honecker zielstrebig auf den Ausbau der Wirtschaftsbeziehungen mit der Bundesrepublik. Damit finden wir bei Honecker - ähnlich wie bei Ulbricht - die Dualität von donnernder ideologischer Abgrenzungsrethorik bei gleichzeitigen pragmatisch ausgerichteten Wirtschaftsbeziehungen zu Westdeutschland. Was Honecker 1970 an seinem Vorgänger kritisierte, bemängelte 1980 der Moskowiter Flügel im Politbüro an Honecker: die Westorientierung bedeute eine Lockerung der Wirtschaftsbeziehungen zur Sowjetunion[48].

In der Wirtschaftspolitik herrschte wie zu Zeiten Walter Ulbrichts "Subjektivismus". So sei der Planansatz von 1981 bis 1985, "der so offen ist, wie eine Feldscheune, (..) schlimmstes Abenteurertum."[49] Auch der Vorwurf des Ausschaltens der Parteibürokratie blieb Honecker nicht erspart. Das Ausschalten der Parteibürokratie erfolgte durch die enge Abstimmung mit Günter Mittag und durch die für das Politbüro als Gremium nicht transparenten Geschäfte im Be-

46 Hinzu tritt die faktische Assoziierung der DDR zur Europäischen Gemeinschaft via Bundesrepublik.

47 Vgl. hierzu den Beitrag von Hans-Hermann Hertle in diesem Band.

48 In einem Vermerk Werner Krolikowskis über ein Gespräch zwischen Stoph und Mielke vom 13. November 1989 wird letzterer mit den Worten zitiert: "Besonders im Verhältnis zur BRD sei sichtbar, daß er (Honecker) öffentlich provokativ auftritt, während er intern gegenüber der BRD für sein öffentliches Verhalten Entschuldigungen abgibt." Zit. n. Przybylski, *Tatort Politbüro*, Bd. 1, S. 345. In einem anderem Vermerk aus dem Jahre 1980 kritisiert Krolikowski Honeckers "Westdrall". Ebd., S. 341.

49 Notiz von Werner Krolikowski, zit. n. Przybylski, *Tatort Politbüro*, Bd. 1, S. 341.

reich "Kommerzielle Koordinierung". Erich Mielke soll gar geäußert haben: "Er (Honecker) macht alles nur noch im Komplott mit GM."[50] Nach Auffassung Krolikowskis wurde das Arbeitsverhältnis zu den anderen Mitgliedern im Politbüro in dem Maße abgebaut, in dem Honecker die Kontakte zu Mittag enger gestaltete. Mittag wiederum verstand es, seine Machtbasis strategisch zu erweitern: Er war Mitglied des Politbüros, Leiter der Wirtschaftskommission beim Politbüro, Leiter der Arbeitsgruppe "Zahlungsbilanz", erwarb Zuständigkeiten im Außenhandel, war Mitglied des Staatsrates und des Nationalen Verteidungsrates; insbesondere in den wirtschaftspolitisch wichtigen Gremien wirkte Mittag faktisch "wie ein Regierungschef"[51]. Das Ergebnis war die Ausschaltung des Politbüros und der nicht von Mittag geleiteten Sekretariate des ZK und des Ministerrates in wichtigen wirtschaftspolitischen Fragen.

Die Frage, die uns hier interessiert, ist die Parallelität der Vorwürfe gegen die Staatsratsvorsitzenden aus den Jahren 1970 und 1980. Jenseits der tagespolitischen Frustrationen der Mitglieder des Politbüros reflektieren diese Kritiken politische, institutionelle und ökonomische Zwänge, denen jede SED-Führung unterworfen war, unabhängig von der personellen Konstellation in der Parteiführung und in der Parteibürokratie und unabhängig von den jeweiligen politischen oder ökonomischen Konzeptionen bzw. Generallinien der SED. Diese Kontinuität bestimmter Konfliktkonstellationen der DDR-Politik bestand in der jeweiligen Einschätzung einer engeren (Wirtschafts-)Kooperation zur Bundesrepublik oder einer rigideren Abgrenzung, einer bedingslosen Unterwerfung unter die Generallinie der KPdSU oder einer Lockerung der (Wirtschafts-)Kooperation zu Moskau. Diese Konfliktkonstellationen repräsentieren Konstanten der DDR-Politik, die ihre Ursache wiederum in der weltpolitischen Bipolarität der Nachkriegsperiode hat. Deshalb waren diese Konfliktkonstellationen immanent weder nur politisch noch nur ökonomisch auflösbar.

5. *Personalisierung der Parteiführung und Verlust der Steuerungsmacht der Parteibürokratie*

Die zentrale bürokratische Konstante in der Parteiführung der SED sind Taktiken des Parteiführers, zur Durchsetzung seiner Generallinie gesonderte Exekutivstäbe einzurichten - mit der Folge eines tendenziellen Bedeutungsverlustes der Abteilungen des Zentralkomitees. Unter Ulbricht erfüllte die "Arbeitsgruppe Ökonomie" eine extrabürokratische Stabsfunktion, die deshalb einflußreich war, weil sie beispielsweise mit der Vorbereitung von Parteitagen betraut wurde, jedoch keine formale Entscheidungskompetenz hatte. Aber eine alte bürokratische Erfahrung aus dem ZK-Apparat besagte, "wer formulieren durfte, der hatte Einfluß, und wo man nicht mehr mitformulieren durfte, hatte man diesen Einfluß nicht mehr, das war ein klares Signal."[52] In den 70er und 80er Jahren ist die bereichsübergreifende Kompetenzappropriation Günter Mittags eine vom Parteiführer gewollte, partielle Beleihung der Funktion des Generalsekretärs für den Bereich der Wirtschaftspolitik; konsequenterweise war deshalb der Bereich "KoKo"

---

50 Notiz von Krolikowski über ein Gespräch zwischen Stoph und Mielke vom 13. November 1980. Zit. n. Przybylski, *Tatort Politbüro*, Bd. 1, S. 347.

51 Notiz von Krolikowski über das Verhältnis von Erich Honecker und Günter Mittag vom 12. November 1980, Zit. n. Przybylski, Peter, *Tatort Politbüro*, Band 2. Honecker, Mittag und Schalck-Golodkowski, Berlin 1992, S. 353.

52 Claus Krömke, S. 40.

formal ebenfalls Günter Mittag unterstellt[53]. Gemeinsam ist diesen unterschiedlichen bürokratischen Instrumenten ihre ausschließliche Zuordnung zum Generalsekretär bzw. dem Politbüromitglied, das der Generalsekretär bevollmächtigt hatte; damit blieb die formale Kompatibilität mit dem ZK-Apparat gewahrt trotz faktischer Intransparenz des Wirkens dieser Sonderinstanzen für die Regelorganisation von Partei und Staat[54]. Trotz der unterschiedlichen Politikstile Ulbrichts und Honeckers besteht die Gemeinsamkeit dieser Exekutivstäbe in Versuchen, aktuelle Probleme der Wirtschaftsführung und Wirtschaftsbürokratie zu lösen; institutionssoziologisch reflektieren sie die immanenten Probleme der DDR, sich über ihr wohlfahrtsökonomisches Postulat zu legitimieren.

Die Errichtung dieser Stäbe ist nicht strategisch angelegt, vielmehr handelt es sich um ad-hoc-Entscheidungen, um durch derartige Instrumente aktuelle Führungsprobleme zu lösen. Die Anzahl dieser extrabürokratischen Exekutivstäbe des Parteiführers ist nicht beliebig, deren Etablierung wird mit einer effektiveren Umsetzung der jeweiligen "Hauptaufgabe" legitimiert, hieraus resultiert eine zahlenmäßige Begrenzung und gleichzeitig deren politische Relevanz. Die konkrete Ausgestaltung der Kompetenzen und die personelle Besetzung bestimmt ausschließlich der Parteiführer, stirbt dieser oder wird jener gestürzt, werden diese Exekutivstäbe politisch entmachtet - und vielfach auch politisch geächtet. Die 'Willensbildung' erfolgt in abgeschotteten kleinen Kreisen, vielfach nur in Vier-Augen-Gesprächen, deren allgemeiner Kontext nur dem Generalsekretär bekannt ist. Diese Exekutivstäbe sind zwar persönlich dem Parteiführer zugeordnet und verfahrensmäßig nicht mit dem ZK-Apparat koordiniert, gleichwohl unterliegen sie den gleichen Rationalitätskriterien wie die Regelverwaltung des ZK-Apparates, so daß ein Charakteristikum dieser Exekutivstäbe die formale Wahrung des Primates der Parteibürokratie ist[55].

Die Widersprüchlichkeit dieser Stäbe ergibt sich aus der faktischen Konkurrenz zur Regelorganisation des ZK-Apparates. Unter diesem Aspekt wirkten sie potentiell desorganisierend, da die Zuständigkeiten der ZK-Abteilungen umgangen oder gar ignoriert wurden. Einen gegenteiligen, nämlich herrschaftsstabilisierenden Effekt hatten diese Verwaltungsstäbe für den Parteiführer, der seine Führerschaft mit der von ihm festgelegten Generallinie legitimierte. In einer monoorganisationalen Gesellschaftsstruktur mit einer Unterinstitutionalisierung von Konflikten und damit dem grundsätzlichen Fehlen politischer Bestandsgefährdungen vergrößert sich einerseits der Personalismus der Führung und vermindert sich andererseits die Artikulationsfähigkeit der organisatorischen Teilbereiche. Die Apparate agieren zunehmend binnenorientiert und gegenüber externen politischen

53 Vgl. die Ausführungen von Schalck-Golodkowski, S. 149 ff.

54 "Extrabürokratische Exekutivstäbe" konnten im Realsozialismus aufgrund der Selbstlegitimation der Partei und deren Kompetenzkompetenz-Anspruchs nicht gegen-bürokratisch angelegt sein, vielmehr handelt es sich um in die Partei- und Staatsbürokratie formal eingeordnete, faktisch jedoch außerhalb der Regelorganisation angesiedelte, nur dem Parteiführer persönlich zugeordnete, gesonderte Verwaltungsstäbe, deren tatsächliches Wirken den formal zuständigen Partei- und Staatsinstanzen intransparent war.

55 Insofern repräsentieren diese extrabürokratischen Exekutivstäbe im mono-organisationalen Realsozialismus einen eigenständigen, neuen Verwaltungs- und Herrschaftstypus, der begrifflich hinsichtlich der Selbstlegitimierung der Partei, der institutionellen Konstruktion und der Herrschaftstechnik von den poly-organisationalen Strukturen im Nationalsozialismus zu trennen ist; vgl. zu letzterem Lepsius, M. Rainer, Das Modell der charismatischen Herrschaft und die Anwendbarkeit auf den "Führerstaat" Adolf Hitlers. In: ders., *Demokratie in Deutschland*, Göttingen 1993, S. 95-118.

und ökonomischen Entwicklungen indifferent[56]. Diese verstärkte Binnenorientierung führte zu dem bürokratischen Paradox, daß die jeweilige Hauptaufgabe bzw. Generallinie im hohen Maße außerhalb der Regelorganisation durchgesetzt werden mußte und insofern der Parteiführer gezwungen war, solche extrabürokratischen Exekutivstäbe zu implementieren. Soziologisch läßt sich deshalb die Einrichtung derartiger Stäbe nicht aus der besonderen Problemkonstellation der DDR-Führungen erklären, sondern aus grundlegenden immanenten Problemen kommunistischer Herrschaft.

Die extremste Ausprägung erfolgte natürlich unter Stalins Herrschaft, der einflußreiche Sonder-Institutionen außerhalb des Parteiapparates einrichtete. In den 30er Jahren zählte hierzu insbesondere sein Privatsekretariat unter Aleksander N. Poskrebyschew: "Die graue Eminenz Poskrebyschew vereinte in ihren Händen mehr Macht als alle Genossen aus dem Politbüro zusammen."[57] Auf dem XX. Parteitag der KPdSU kritisierte Chruschtschow diese Praktiken: "Die Stellung des Politbüros des Zentralkomitees wurde geschwächt und seine Arbeit durch die Schaffung verschiedener Politbüroausschüsse - der sogenannten "Fünfer-", "Sechser-", "Siebener-" und "Neunerkommissionen" desorganisiert."[58] Zentrale Ursachen für die Existenz solcher bürokratischen Strukturen müssen in der Gründungsperiode der KPdSU nach der Oktoberrevolution gesucht werden, denn wesentliche Bestandteile der Etablierung des Normen- und Institutionensystems der Partei sowie des gesamten ideologischen Systems haben ihren Ursprung in der Aufbauphase der KPdSU[59]. Ohne auf diese Frage näher eingehen zu können, zeigt aber doch Borys Lewytzkyj die historische Bedingtheit dessen auf, was später zur marxistisch-leninistischen Orthodoxie verklärt wurde, insbesondere daß Einrichtungen, die als Übergangsphänomene konzipiert waren, sich verfestigten, "was im Laufe der Entwicklung absterben sollte, faßte erst richtig Wurzeln. Aus seiner (Lenins) früher vertretenen Auffassung von der historischen Rolle der Berufsrevolutionäre und der Partei als der führenden und leitenden gesellschaftlichen Kraft erwuchs das übermächtige Streben, alle konkurrierenden Strömungen im Keime zu ersticken."[60] Ein wesentliches Merkmal dieses Grundmodells kommunistischer Herrschaft ist die fehlende Institutionalisierung von Konfliktregelungen in der Partei. Die Konfliktlösungsinstanz in der Gründungsperiode der UdSSR beruhte zunächst auf der charismatischen Autorität Lenins und später auf dem "despotischen Dezisionismus" Stalins. Diese Gründungskonstellation der kommunistischen Partei nach der Oktoberrevolution, die Festschreibung der Kompetenzkompetenz der Partei bei gleichzeitiger Personalisierung der Parteiführung, versteinerte zur Orthodoxie des Marxismus-Leninismus. Nach dem Zweiten Weltkrieg wurde dieses bürokratisch-zentralistische Modell über die sowjetische Besatzungsherrschaft als gigantischer herrschaftspolitischer Modell- und Institutionentransfer in den Ländern Zentralosteuropas exkutiert - und somit auch die Besonderheiten der Gründungsperiode der KPdSU. Insofern stellt die widersprüchliche Dualität von formaler Kollektivität und faktischer Subjektivität keine Sonderentwicklung der DDR dar, vielmehr muß sie als zentrales Wesensmerkmal des Realsozialismus insgesamt gefaßt werden. Die Besonderheit in der DDR besteht im bürokratischen Rigorismus des implementierten sowjetischen Modells, das keine 'nationalen' Abweichungen zuließ. Dieses bürokratische Grundmodell

56 Dieser Kontext wird in den Gesprächen von Lepsius mehrfach hervorgehoben, vgl. insbesondere S. 32; 84; 95 und 102-105.

57 Lewytzkyj, *Die Kommunistische Partei*, S. 57.

58 Zit. n. ebd.

59 Lewytzkyj, *Die Kommunistische Partei*, S. 258.

60 Lewytzkyj, *Die Kommunistische Partei*, S. 145.

kommunistischer Herrschaft wurde in der DDR zu keinem Zeitpunkt überwunden[61].

In der poststalinistischen Periode der DDR hatten diese extrabürokratischen Einrichtungen nicht so weitgehende Befugnisse wie die unter Stalin. Gleichwohl existierte eine Widersprüchlichkeit zur Regelorganisation des ZK-Apparates, die aus dem faktischen Durchbrechen der Linienfunktionen resultierte und damit eine Bedrohung für die Regelorganisation darstellte. Die übergeordnete Systemkonformität dieser Verwaltungsstäbe erschließt sich deshalb nicht auf der Ebene der Parteibürokratie, sondern ergibt sich aus der Funktion des Generalsekretärs in einer mono-organisationalen Struktur. Die überdominante Funktion des Parteiführers kann in einer entinstitutionalisierten Struktur nur dann adäquat ausgefüllt werden, wenn der Generalsekretär über einen informatorischen und organisatorischen Surplus verfügt, der über das Wissen der Regelorganisation hinausreicht. Hierfür standen den Parteiführern in den realsozialistischen Ländern verschiedene Instrumente zur Verfügung. Der zentrale Mechanismus in derart entdifferenzierten Systemen ist die extreme Fragmentierung der Willensbildung und Entscheidungsfindung sowohl im Politbüro wie im ZK-Apparat, die nur durch den Generalsekretär punktuell durchbrochen werden konnte. Zur Vermittlung der jeweiligen Generallinie waren solche Exekutivstäbe notwendig, deren primäre Funktion die Bestandssicherung und Machtsteigerung des Generalsekretärs war[62]. Als Instrumentarien der Bestandssicherung und Machtsteigerung des Parteiführers waren diese Exekutivstäbe nicht nur nicht systemkonform, sondern funktional zwingend, um perspektivisch die Prädominanz des Parteiführers zu gewährleisten. Gleichwohl mußten die Parteiführer darauf achten, daß diese Sonderinstanzen formaliter nicht in Widerspruch zum ZK-Apparat gerieten. Das Ergebnis war eine bürokratische Dualität der Regelorganisation der Partei mit festen Zuständigkeiten und Exekutivstäben mit temporären, extrabürokratischen Eingriffskompetenzen, einer Dualität von formeller Kollektivität und faktisch hoher Subjektivität. Formal blieb der Primat der Parteibürokratie unangetastet bei faktischer Relativierung durch die personalistische Informationsakkumulation in diesen Exekutivstäben. Die Begrenzung der Kompetenzkompetenz der Parteibürokratie war insofern gravierend, weil die Exekutivstäbe in jenen Politikbereichen errichtet wurden, die für die aktuellen Führungsprobleme der Partei von besonderer Gewichtigkeit waren - und ab den 60er Jahren war das vor allem die Wirtschaftspolitik und die Wirtschaftsführung.

6. Fiktionalismus und Planung

Ein generelles Merkmal realsozialistischer Herrschaft ist das, was im Realsozialismus als "Subjektivismus" oder als "Voluntarismus" des Parteiführers bezeichnet wurde: unrealistische Pläne, Versorgungsmängel, mangelnde Konsumgüterversorgung etc. waren in erster Linie dem Subjektivismus des Generalsekretärs geschuldet. Diese Vorwürfe waren gängige Begriffe im Ritual von Kritik und Selbstkritik im Sozialismus. Was ist mit Subjektivismus gemeint, der in der Ar-

---

61 Vgl. hierzu den Beitrag von Theo Pirker in diesem Band.

62 Eine extreme Ausprägung dieses Kontextes von formaler Einordnung in die staatliche Regelorganisation und faktischer Intransparenz für die zuständigen Instanzen des Staats- und Parteiapparates ist der Bereich "Kommerzielle Koordinierung" unter Schalck-Golodkowski. So war in unserem Gespräch selbst nach sechsmaligen Nachfragen keine klare Antwort darauf zu erhalten, wie und wo die Einnahmen aus den sog. Häftlingsfreikäufen mit der Bundesrepublik verbucht wurden. Vgl. S. 154-158.

gumentation der ehemaligen Wirtschaftsführer eine zentrale Rolle spielt?[63] Gemeint ist damit ein politischer und ökonomischer Maximalismus, der ohne Rücksicht auf die materiellen Bedingungen des Landes formuliert und zur Planvorgabe erhoben wird. Ein solcher Maximalismus wird durchweg dem subjektivem Fehlverhalten des jeweiligen Parteiführers zugeschrieben, nicht der Partei, im Gegenteil: subjektives Fehlverhalten ist das Ergebnis der Ausschaltung der zuständigen Partei- und Staatsorgane. Umgekehrt wäre durch eine richtige und umfassende Involvierung der Partei- und Staatsorgane ein solcher Maximalismus nicht eingetreten. Es ist unschwer erkennbar, daß die Konstruktion dieses Zusammenhangs selbst "subjektivistisch" ist, da strukturelle Defizite kommunistischer Herrschaft personalisiert werden. Der Vorwurf des Subjektivismus hatte während der Existenz des Sozialismus immer zwei Funktionen, einmal das individuelle Fehlverhalten des verstorbenen, gestürzten oder zu stürzenden Parteiführers zu brandmarken, zum anderen die Parteiführung aus der Verantwortung für diesen Maximalismus zu befreien. Insofern ist der Begriff des Subjektivismus ein politischer Kampfbegriff innerhalb dieser politischen Systeme und Bestandteil des Rituals der Abrechnung mit dem Parteivorsitzenden.

Wie jedoch das Szenario des Sturzes von Walter Ulbricht zeigt, hatte die Kritik des "Subjektivismus" des Parteiführers eine weitere, zentrale Bedeutung für das politische System: Faktisch handelte es sich um ein machtpolitisches Verfahren zum Austausch der Spitze der Nomenklatura, ohne das politische System selbst in Frage stellen zu müssen. Die Kritik von "Subjektivismus" hatte insofern eine dynamisierende Funktion, war hinsichtlich des Austausches der Spitze der Nomenklatura sogar der einzige dynamisierende Faktor, ein quasi-funktionales Element für Elitenwandel. Als machtpolitisch definiertes Verfahren ist der versuchte Sturz des Parteiführers grundsätzlich prekär, Legitimität erhält dieses Verfahren ausschließlich ex post durch den Erfolg, während ein Mißlingen die Illegitimität dieses Unterfangens als Fraktionsbildung belegt. In jedem Fall mußte ein vorbereiteter Sturz des Parteiführers nicht einfach nur gelingen, er mußte durch Prozesse der Machtbildung im Vorfeld gegenüber der Parteibürokratie legitimiert werden, das Legitimationsinstrument lieferte die Kritik des "Subjektivismus" als einer Politik, die von den Standards der Regelorganisation der Parteibürokratie abwich.

Politischer und ökonomischer Maximalismus ist ein allgemeines Phänomen sozialistischer Gesellschaften. Chruschtschow brandmarkte nach dem Tode Stalins dessen Subjektivismus, um nach seinem Sturz das gleiche Schicksal zu erfahren[64]. Der Vorwurf des Subjektivismus gehörte nach dem Sturz des Parteivorsitzenden in allen Ländern des Realsozialismus zum Ritual der politischen Abrechnung. Während der Herrschaft des Parteiführers und der Gültigkeit der Generallinie 'erfüllte' die Parteibürokratie jede irreale Planvorgabe, wobei sie ein System aus Formal-Erfüllungen der Planvorgaben entwickelte. In der Sowjetunion waren

63 Hierzu gehört insbesondere die Durchsetzung der 'magischen' 4%-Erhöhung des Nationaleinkommens, die für Honecker notwendig war, um die Einheit von Wirtschafts- und Sozialpolitik zu finanzieren, eine politische Vorgabe, die selbst dann beibehalten wurde, wenn die wirtschaftliche Entwicklung unterhalb dieser Vorgabe blieb. Dieser Kontext von politischer Vorgabe und realer ökonomischer Leistungsfähigkeit wird in allen Gesprächen behandelt; zu den 'magischen' vier Prozent vgl. insbesondere die Ausführungen von Gerhard Schürer und Siegfried Wenzel, S. 74-81; von Claus Krömke S. 44-51; von Harry Tisch, S. 124-127.

64 Dieser Vorwurf wurde vor allem vom sowjetischen Militär erhoben, danach bestand Chruschtschows Subjektivismus im Zuge der Entstalinisierung in einer als unqualifiziert empfundenen Einmischung in die Politik. Vgl. Lewytzkyj, *Die Marschälle*, S. 26.

diese Praktiken allgemein bekannt unter dem Stichwort "otschkowtiratelstwo" (Augenwischerei)[65], die selbst unter der Schreckensherrschaft Stalins Bestandteil des politischen und ökonomischen Planungsprozesses waren[66]. Ein Charakteristikum des Wirtschaftsprozesses der realsozialistischen Länder war deshalb der prekäre Zusammenhang von überhöhter, irrealer Planvorgabe und der Formal-Erfüllung durch die Wirtschaftsbürokratie, die vielfach eine de-facto-Untererfüllung darstellte.

Dieser Kontext zeichnete die Ära Ulbricht ebenso aus wie die von Erich Honecker. Honecker kritisierte bei Walter Ulbricht die völlig überzogenen Prognosen, die bis in die 80er und 90er Jahre reichten und oftmals zweistellige Wachstumsraten umfaßten. Schon wenige Jahre später ereilte den neuen Generalsekretär Honecker das gleiche Schicksal seines Vorgängers. Das Charakteristikum des Honeckerschen "Subjektivismus" waren die magischen vier Prozent, um die das Volkseinkommen wachsen mußte, um die Finanzierung seiner Sozialpolitik zu gewährleisten. Blieb das tatsächliche Wirtschaftswachstum unterhalb dieser vier Prozent, wurde dennoch davon ausgegangen. Das Standardargument formulierte der Generalsekretär gegenüber einem Mitglied der Staatlichen Plankommission so: "Paßt mal auf, darum braucht ihr euch gar nicht zu kümmern, wir werden die Arbeiter mobilisieren. Wir werden ihnen sagen, ihr kriegt jährlich vier Prozent mehr Nettogeldeinnahmen, also Löhne, dann werden die auch mehr leisten, ihr müßt daran glauben."[67]

In diesem Zitat wird ein wesentliches Merkmal realsozialistischen Subjektivismus benannt, nämlich die Existenz überhöhter, von der politischen und Wirtschaftsführung intern als "irreal" erkannter Planvorgaben. Gleichwohl funktionierte der gesamte Planungsprozeß unter dieser 'irrealen' Voraussetzung. Der Planungsprozeß orientierte sich also an der formalen Stimmigkeit des Rechenwerkes, nicht an der tatsächlichen Wirtschaftsleistung. Diese Abkoppelung von Rechenwerk und Wirtschaftsleistung drückt das Fehlen einer harten Budgetrestriktion aus. Aufgrund dieser formalen Stimmigkeit des Planes mußten Korrekturen außerhalb des Planes erfolgen oder durch Planmanipulationen als "otschkowtiratelstwo", keinesfalls als offene Kritik. Jede Kritik an der vom Generalsekretär formulierten Hauptaufgabe, deren Umsetzung die magischen vier Prozent beinhaltete, wurde gleichzeitig als Kritik an der Hauptaufgabe und damit als politischer Angriff gegen den Generalsekretär gewertet. "Wer gegen die Politik der Hauptaufgabe geht, dem stelle ich ein Bein"[68], soll Honecker geäußert haben. Dieser Zusammenhang war der Partei- und Wirtschaftsbürokratie in der DDR stets bewußt, deshalb gab es keine politisch relevante Form der Kritik an den irrealen Plänen. Unter diesen Bedingungen war die Parteibürokratie und der Planungsprozeß gegenüber dem Ausmaß irrealer Planvorgaben resistent. Dieser strukturelle Aspekt, der Zusammenhang von maximalistischer Planvorgabe (durch den Parteivorsitzenden) und ökonomisch-administrativer Umsetzung

65 Lewytzkyj, *Die Kommunistische Partei*, S. 85 ff.

66 Lewytzkyj führt eine Reihe von Beispielen aus der Ära Stalins und Chruschtschows an, die das Funktionieren dieses Mechanismus illustrieren. So erklärte Malenkow 1952 auf dem XIX. Parteitag der KPdSU unter dem Beifall der Delegierten das Getreideproblem als gelöst. Malenkow wußte, daß diese Darstellung falsch war, er hatte die "biologische Ernte" (die Ernte auf dem Halm) mit 131 Millionen Tonnen herangezogen, nicht, wie sonst üblich, die Speicherernte, die nur 92 Millionen Tonnen betrug und noch nicht einmal zur Deckung des Minimalbedarfs ausreichte. Dieses Beispiel machte Chruschtschow 1958 publik, unter seiner Herrschaft änderten sich diese Praktiken allerdings ebensowenig. Vgl. ebd.

67 So Siegfried Wenzel, vgl. S. 74.

68 So Erich Honecker laut Günter Mittag, vgl. S. 24.

(durch die Parteibürokratie) wird von den Akteuren in der Regel ausgespart, ist jedoch für das Funktionieren und Exekutieren irrealer Planung von entscheidender Bedeutung. Diesen strukturellen Kontext bezeichnen wir als Fiktionalismus. Dieser Begriff entpersonalisiert den strukturellen Kontext und stellt den institutionellen Aspekt des politischen Systems in den Vordergrund: Fiktionalismus ist system-, nicht akteursbedingt. Eine nüchtern-sachbezogene, also immanente Kritik an der jeweiligen Generallinie der kommunistischen Partei hätte erstens die Legitimität einer solchen Kritik vorausgesetzt und zweitens die Legitimität politischer Meinungsbildung außerhalb der zuständigen Staats- und Parteiorgane. Wie wir gesehen haben, fehlten beide Voraussetzungen im Sozialismus und waren bei Zuwiderhandlungen mit scharfen Sanktionen belegt. Der Systemaspekt des Fiktionalismus ist in den fehlenden sozialen Grundlagen für Koalitionsbildungen zu sehen - und damit zusammenhängend dem Fehlen einer (Fach-)Öffentlichkeit. Durch die Eliminierung dieser sozialen Grundlagen gab es im Binnensystem für die Parteiführung keine 'politisch harten Budgetrestriktionen'. Es existierte keine soziale Basis für Fraktionen oder politischen Gruppierungen, die eine kritische Bilanz der Politik der jeweiligen Hauptaufgabe als Bestandteil des politischen Meinungsbildungs- und Entscheidungsfindungsprozesses hätten formulieren können. Wurde eine solche Bilanzierung als eine Art Geheimauftrag durch die Parteiführung selbst angeordnet und fiel das Ergebnis negativ aus, mußten die Autoren um ihre politische und soziale Existenz fürchten[69].

Im politischen Prozeß des Realsozialismus gab es jedoch eine Ausnahme. Repräsentanten der Parteibürokratie mußten dann nicht um ihr Leben fürchten, wenn der Parteivorsitzende gestürzt war oder gestrürzt werden sollte. Honeckers oben mehrfach zitierte Kritik an Ulbricht war nicht als Kritik der NÖS-Wirtschaftsreform bedeutsam, sondern als Bestandteil des Szenarios des Sturzes von Walter Ulbricht. Eine offene Kritik des Fiktionalismus war in erster Linie ein politischer Angriff gegen die Parteiführung, war gleichbedeutend mit politischem Umsturzversuch, Kritik mußte deshalb per se umstürzlerisch sein. Solche Attakken tauchen deshalb erst nach dem Sturz oder dem Tod eines Parteiführers auf oder dienten als Instrument im Vorfeld eines sich anbahnenden Sturzes. Mit der fehlenden Institutionalisierung politischer Konflikte hatte sich das politische System des Realsozialismus damit intern gegen relevante Kritik immunisiert und sich gleichzeitig eines wichtigen Dynamisierungsfaktors beraubt. Die Ausschaltung und Tabuisierung politisch und ökonomisch begründeter Kritik bei gleichzeitiger Schrumpfung der Entscheidungsfindung in einer Monostruktur immobilisiert jedes politische System. Auch die systemimmanente Möglichkeit des Sturzes des Parteiführers stand unter extremer Sanktionsdrohung und konnte diese strukturellen Defizite des politischen System zu keinem Zeitpunkt ausgleichen. In der Wirtschaftspolitik führte diese Konstruktion dazu, daß theoretisch denkbare Minimal-Reformen mit einer Preisreform, Reallokation der Ressourcen, Subventionsabbau, Erhöhung der Autonomiespielräume für die Betriebe und Kombinate etc. nicht genutzt werden konnten. Das Ergebnis war eine Entdynamisierung der Volkswirtschaft und damit eine notorische Untererfüllung des wohlfahrtsökonomischen Postulats des Realsozialismus.

---

69 So Helmut Koziolek und Otto Reinhold mit ihrer Studie über die Finanzierbarkeit der "Einheit von Wirtschafts- und Sozialpolitik", vgl. das Gespräch mit Koziolek, S. 265 ff. und Przybylski, *Tatort Politbüro*, Band 2, S. 53-55.

7. Schlußbemerkung

Die Entwicklung in der DDR war ab Ende der 70er Jahre durch einen kumulativen Prozeß ökonomischer Unterentwicklung geprägt, die den Legitimationsanspruch des DDR-Sozialismus aushöhlte, technokratisch einschrumpfte und auf umfassende sozialpolitische Versorgungsleistungen reduzierte. Mit diesen Merkmalen handelte es sich um einen "gemächlichen Sozialismus", den Joseph Schumpeter unter gänzlich anderen Annahmen, schon beschrieben hat. Schumpeter geht der hypothetischen Frage nach, was im Kapitalismus passiert, wenn die Produktionsmethoden einen Zustand der Vollkommenheit erreicht haben, der keine Verbesserung mehr zuläßt:

"Es würde sich daraus ein mehr oder weniger stationärer Zustand ergeben. Der Kapitalismus, seinem Wesen nach ein Entwicklungsprozeß, würde verkümmern. Für die Unternehmer würde nichts mehr zu tun übrigbleiben ... Die Profite und mit ihnen der Zinsfuß würden sich dem Nullpunkt nähern. Die Schicht der Bourgeoisie, die von Gewinnen und Zinsen lebt, hätte die Tendenz zu verschwinden. Die Leitung von Industrie und Handel würde eine Sache der gewöhnlichen Verwaltung, das Personal würde unvermeidlich die Charakteristica einer Bürokratie annehmen. Beinahe automatisch entstünde ein Sozialismus eines sehr gemäßigten Typs. Die menschliche Energie würde sich von der Wirtschaft abwenden. Das Streben nach anderen als wirtschaftlichen Zielen würde die Geister anziehen und das Abenteuer bieten."[70]

So ähnlich kann der Zustand der Gesellschaft und Wirtschaft in den realsozialistischen Ländern in den 80er Jahren beschrieben werden, ein Sozialismus "sehr gemäßigten Typs", mehr Versorgungsanstalt, der den citoyen eliminiert hatte. Schumpeters Überlegung geht von der Hypothese eines Zustandes der ökonomischen Vollkommenheit aus, der Dynamik und Entwicklung überflüssig macht. Im Realsozialismus galt ein solcher Zustand der Vollkommenheit, nicht der ökonomischen, aber der politischen Vollkommenheit - im Sinne politischer Omnipotenz - mehr oder weniger als erreicht. Trotz der Wortklauberei über den sich entwikkelnden oder bereits entwickelten Sozialismus oder gar Kommunismus, ging die Parteiführung und die Parteibürokratie davon aus, daß mehr oder weniger ein zeitgerechter Zustand sozialistischer Vollkommenheit erreicht war. Der Primat der Kompetenzkompetenz der Parteipolitik setzt zwangsläufig die politische Vollkommenheit der Partei voraus. In den realsozialistischen Gesellschaften wurden zwar funktional Marktbeziehungen durch die staatliche Mengenplanung substituiert, aber der Primat der Parteipolitik im Sozialismus konnte kein Äquivalent generieren, das die Dynamik kapitalistischer Gesellschaften prägt, nämlich das, was von Hayek Wettbewerb als Entdeckungsverfahren nennt und Schumpeter den Innovationswettbewerb, die Eroberung von neuen Märkten zur Realisierung von Extraprofiten. Ein politisch domestiziertes funktionales Äquivalent dieser ökonomischen Dynamisierung fehlt im Sozialismus generell, die ökonomische Leistungsfähigkeit dieser Ökonomien war auf Imitationswettbewerb reduziert. Dieses strukturelle Defizit wurde mit dem Konservativismus unter Erich Honecker radikalisiert, indem selbst die immanent möglichen Wirtschaftsreformen in der DDR politisch tabuisiert wurden. Die menschliche Energie in der DDR strebte nicht in die Wirtschaft, sondern in außerökonomische Bereiche. Die dadurch bedingte Wirtschaftsfremdheit ist ein Merkmal der politischen Herrschaft in der DDR und den anderen sozialistischen Ländern.

---

88 Schumpeter, Joseph A. *Kapitalismus, Sozialismus und Demokratie*. 6. Aufl., Tübingen 1987, S. 213 f.

Dieser Kontext hatte für die Entwicklung der DDR in den 80er Jahren erhebliche Konsequenzen. Die Entdynamisierung des Realsozialismus bei gleichzeitigem reaktionären Paternalismus mit umfassenden Versorgungsleistungen schlugen sich seit Ende der 70er Jahre in einer notorischen Untererfüllung der Pläne nieder, die ein ständiges Krisenmanagement erforderten. Krisenmanagement bedeutet, daß sich die Parteibürokratie im Alltag permanent mit Situationen konfrontiert sah, die es eigentlich gar nicht geben durfte. Dieses permanente Krisenmanagement schlug nach und nach in eine Agonisierung der Parteibürokratie um, da diese Krisensituationen immer auch die Möglichkeit des Scheiterns der DDR enthielten. Daß gerade in den Kreisen der Wirtschaftsführer über Ideen einer Konföderation mit der Bundesrepublik laut nachgedacht wurde, ist ein Beleg dafür. Als die Demonstrationen im Herbst 1989 begannen, setzte aus der Sicht eines großen Teils der Parteibürokratie eine Entwicklung ein, die im Grunde schon seit acht oder zehn Jahren befürchtet wurde.

Verallgemeinernd können wir diese Negativ-Syndromatik in Anlehnung an Reinhard Bendix als "intellektuelle De-Mobilisierung" bezeichnen. Bendix versteht unter intellektueller Mobilisierung die immer schnellere Produktion und Diffusion neuer Ideen in den westeuropäischen Gesellschaften im 16. Jahrhundert und sieht hierin eine zentrale Voraussetzung der Transformation monarchischer Herrschaft in Europa[71]. Vor dem Hintergrund ökonomischer Unterentwicklung und Entdynamisierung des Realsozialismus können wir unter intellektueller De-Mobilisierung den Verzicht auf die Produktion neuer Ideen zugunsten utopieentleerter status-quo-Orientierungen fassen, die den Legitimationsanspruch kommunistischer Parteien unterminierten. Intellektuelle De-Mobilisierung muß als eine wesentliche Voraussetzung für die Entlegitimierung, Selbstauflösung und Transformation des politischen Systems DDR betrachtet werden.

71 Bendix, Reinhard, *Könige oder Volk*, Zweiter Teil. Frankfurt/Main 1980, S. 28.

Hans-Hermann Hertle

Die Diskussion der ökonomischen Krisen in der Führungsspitze der SED

1. Einleitung

Am Beginn der Ära Honecker stand nach dem von der Sowjetunion und der "Moskauer Gruppe" im Politbüro betriebenen Sturz Ulbrichts die Verpflichtung für die SED-Spitze, den politischen Gleichklang mit der Vormacht wiederherzustellen[1]. So wurde zum einen auf dem VIII. Parteitag der SED im Juni 1971 der Weisung Breschnews, es dürfe "zu keinem Prozeß der Annäherung zwischen der DDR und der BRD kommen"[2], mit einer scharfen ideologischen Abgrenzung zur Bundesrepublik Folge geleistet. Als "Hauptaufgabe" der künftigen Politik beschloß der VIII. Parteitag zum anderen die "Erhöhung des materiellen und kulturellen Lebensniveaus des Volkes auf der Grundlage eines hohen Entwicklungstempos der sozialistischen Produktion, der Erhöhung der Effektivität des wissenschaftlich-technischen Fortschritts und des Wachstums der Arbeitsproduktivität."[3]

Politisch-ideologisch beendete die Formel der "Hauptaufgabe" die Reformperiode des Neuen Ökonomischen Systems; die SED kehrte zu den Dogmen der Politischen Ökonomie Stalins zurück. Die Definition der "Hauptaufgabe" war fast wörtlich Stalins Schrift "Ökonomische Probleme des Sozialismus" aus dem Jahre 1952 entnommen, in der die "Sicherung der maximalen Befriedigung der ständig wachsenden materiellen und kulturellen Bedürfnisse der gesamten Gesellschaft durch ununterbrochenes Wachstum und stetige Vervollkommnung der sozialistischen Produktion auf der Basis der höchstentwickelten Technik" in den Rang eines "ökonomischen Grundgesetzes des Sozialismus" erhoben wurde[4].

An die Stelle der auch die Wirtschaftseinheiten stärkenden Ziele des Neuen Ökonomischen Systems trat das Stalinsche Leitbild einer "planmäßig proportionalen Entwicklung der Volkswirtschaft."[5] Politisch-administrativ wurden als Folge die zentralistischen Planungs- und Leitungsmechanismen verstärkt und die Befugnisse der Zentrale erhöht. In diesem Kontext erfolgte die Erweiterung der zentralgeplanten und -bilanzierten Planpositionen, die Verstaatlichung der noch

---

1 Zum Sturz Ulbrichts siehe den Beitrag von Rainer Weinert in diesem Band. - Abkürzungen in den Fußnoten: BA/P: Bundesarchiv Potsdam; BUSt: Archiv des Bundesbeauftragten für die Unterlagen des Staatssicherheitsdienstes der ehemaligen DDR; SAPMO-BArch: Stiftung Archiv der Parteien und Massenorganisationen der DDR im Bundesarchiv; ZPA: Zentrales Parteiarchiv; ZGA: Zentrales Gewerkschaftsarchiv.

2 Zu den Gesprächen (mit) L.I.Breschnew, 20.8.1970, S. 3 (SAPMO-BArch, ZPA-SED, J IV 2/2A/3196).

3 *Protokoll der Verhandlungen des VIII. Parteitages der Sozialistischen Einheitspartei Deutschlands, 15. bis 19. Juni 1971*, Berlin/Ost 1971, Bd. 1, S. 61; Bd. 2, S. 19 ff.

4 Stalin, Josef, *Ökonomische Probleme des Sozialismus in der UdSSR*, 2. Aufl., Berlin/Ost 1953, S. 41. - Mit dem strukturkonservativen Stalinschen Begriff der Vervollkommnung, der sich bis zum Herbst 1989 durch die Beschlüsse der SED zog, war jeder beliebige Zustand a priori als vollkommen definiert und gegen grundsätzliche Kritik und Reformansprüche immunisiert.

5 Vgl. Stalin, *Ökonomische Probleme*, S. 8/9 und S. 22 ff.

bestehenden halbstaatlichen Betriebe und industriell produzierenden Produktionsgenossenschaften des Handwerks im Jahr 1972 sowie die Durchorganisierung der gesamten Wirtschaft in überwiegend zentralgeleitete Kombinate bis zum Ende der siebziger Jahre. Politisch-legitimatorisch zielte das in der "Hauptaufgabe" enthaltene wohlfahrtsstaatliche Versprechen der SED-Führung, das sich im Wohnungsbauprogramm, Lohn- und Rentenerhöhungen, einer verbesserten Versorgungssituation sowie zahlreichen sozialpolitischen Maßnahmen manifestierte, darauf ab, "mangelndes Legitimationseinverständnis durch materielle Versorgung und soziale Sicherheit zu kompensieren."[6]

Fünf Jahre später wurde der Bevölkerung auf dem IX. Parteitag eine erfolgreiche Bilanz der Umsetzung der "Hauptaufgabe" vorgeführt: Die Mindestlöhne und Renten waren erhöht und die Zusatzrentenversicherung verbessert worden; vollbeschäftigte berufstätige Mütter in den Genuß einer Reihe von Vergünstigungen gekommen, die von der Verkürzung der Arbeitszeit bei vollem Lohnausgleich über die Erhöhung des Mindesturlaubs und eine Verlängerung des bezahlten Mutterschaftsurlaubs bis hin zu Geburtenprämien reichten. Als "Herzstück der Hauptaufgabe" war das Wohnungsbauprogramm mit dem Ziel angelaufen, bis 1990 drei Millionen Wohnungen zu errichten; gleichzeitig blieben die Mieten niedrig. Dies alles trug dazu bei, daß die Realeinkommen der Bevölkerung im Jahre 1975 offiziellen Angaben zufolge auf 131 Prozent gegenüber 1970 angewachsen waren[7]. Die Verwirklichung der "Hauptaufgabe", so beschloß es der IX. Parteitag der SED, sollte auch künftig im Zentrum der Politik der SED stehen; aus Furcht vor sozialen Eruptionen und politischer Instabilität blieb sie bis zum Untergang der DDR unangetastet.

Das in die griffige Formel der "Einheit von Wirtschafts- und Sozialpolitik" gefaßte realsozialistische Wohlfahrtspostulat hatte jedoch schon bis 1976 einen Verschuldungsmechanismus beschleunigt, der in der Folgezeit rasch an Brisanz zunahm, da die sozialpolitischen Leistungen aus eigener Wirtschaftskraft nicht finanzierbar waren. Für die Wirtschaftspolitik der Ära Honecker wurde der Versuch kennzeichnend, die Leistungsdefizite der Binnenwirtschaft und des Intrablockhandels im RGW durch einen Ausbau der Außenhandelsbeziehungen zu westlichen Industrieländern auszugleichen.

Voraussetzung für einen vorteilhaften Außenhandel mit kapitalistischen Ländern waren wettbewerbsfähige und devisenrentable Exportgüter, an denen es der DDR jedoch aufgrund ihres technologischen Rückstandes und der vergleichsweise geringeren Arbeitsproduktivität mangelte; die Struktur ihres West-Exports war dementsprechend in hohem Maße grundstofflastig. Die höchsten Erträge konnte sie dort realisieren, wo sich die zu Preisen unterhalb des Weltmarktniveaus aus der Sowjetunion importierten Rohstoffe entweder unverarbeitet oder - wie im Falle der Erdölprodukte - in veredelter Form in den Westen exportieren ließen. Einen strategischen Stellenwert für die Devisenbilanz gewann darüber hinaus der unter Beibehaltung der Abgrenzungsrhetorik forcierte Ausbau der politischen und wirtschaftlichen Beziehungen zur Bundesrepublik. Besonders die finanziellen Transferleistungen der Bundesrepublik für "menschliche Erleichterungen" vor allem im Reiseverkehr und in der Kommunikation zwischen beiden deutschen Staaten sicherten der DDR in den siebziger Jahren ständig wachsende Deviseneinnahmen, die sich im darauffolgenden Jahrzehnt auf hohem Niveau stabilisierten.

---

6 Lepsius, M. Rainer, Die Bundesrepublik - ein neuer Nationalstaat? In: *Berliner Journal für Soziologie* 1/1994, S. 10.

7 Vgl. *Geschichte der SED. Abriß*, Berlin/Ost 1978, S. 632-637.

Die Konfrontation mit dem Weltmarkt setzte die Binnenökonomie der DDR somit nicht nur dessen Schwankungen und Einwirkungen aus; ihre ertragreichsten Außenhandelsgeschäfte waren zudem politischen Machtverhältnissen und Konjunkturzyklen unterworfen, die dem autonomen Handlungsspielraum der SED-Führung entzogen waren:

- der Fähigkeit und Bereitschaft der Sowjetunion, zur Aufrechterhaltung ihres Imperiums ihre Verbündeten über die für die RGW-Verpflichtungen erforderliche Grundversorgung hinaus mit preiswerten Rohstoffen zu beliefern und dabei zumindest temporär eine Ausbeutungssituation und damit verbundene ökonomische Verluste in Kauf zu nehmen und
- die Abhängigkeit der Höhe der finanziellen Transferleistungen der Bundesrepublik sowie der Gewährung wirtschaftlicher Vorteile im innerdeutschen Handel von politischen Zugeständnissen ("menschlichen Erleichterungen"), bei denen sich die Sowjetunion aus Furcht vor einem wachsenden Einfluß der Bundesrepublik auf die DDR bis 1989 ein Vetorecht, mindestens aber ein Mitspracherecht, vorbehielt.

Die folgende Darstellung analysiert die Entwicklungen und Veränderungen der Wirtschaftspolitik in der Ära Honecker im Spannungsfeld der Beziehungen zwischen Moskau, Bonn und Ost-Berlin. Sie beschreibt, wie die Probleme, die aus der Politik der "Einheit von Wirtschafts- und Sozialpolitik", der außenwirtschaftlichen Öffnung und in deren Folge aus der steigenden Devisenverschuldung erwuchsen, in der SED-Führung bearbeitet wurden. Die dabei zu Tage tretenden internen und externen Lösungsblockaden mündeten in einen kumulativen Prozeß ökonomischer Unterentwicklung.

2. *Der Weg in die Verschuldung*

Bereits die Reformanstrengungen der sechziger Jahre und ihre ökonomische Begründung legten beredtes Zeugnis darüber ab, daß in der SED-Führung eine ungetrübte Problemsicht auf die Funktionsmängel der Planungsökonomie vorhanden war. Die wirtschaftspolitischen Materialien und Beschlußvorlagen für das Politbüro insgesamt und für den "Kleinen Kreis", eine exklusive Gruppe unter Vorsitz von Honecker mit Wirtschaftsfragen befaßter Politbüro-Mitglieder[8], sowie die Beratungsprotokolle dieser Gremien zeigen, daß die zunehmend krisenhafte ökonomische Entwicklung der DDR bereits seit Mitte der siebziger Jahre entgegen dem selbst inszenierten und nach außen erfolgreich vermittelten Bild immer wiederkehrender Gegenstand der Erörterung auf höchster SED-Ebene war. Spätestens 1976 stand intern fest, daß die ökonomische Leistungskraft der DDR nicht ausreichte, um das auf dem VIII. Parteitag der SED 1971 nach Honeckers Machtantritt verkündete und auf dem IX. Parteitag bekräftigte sozialpolitische Programm und die Verbesserung der Versorgung der Bevölkerung zu finanzieren.

Im Gefolge des Jom-Kippur-Krieges im Oktober 1973 explodierten die Weltmarktpreise für Rohstoffe, insbesondere für Erdöl; im RGW führten Mißernten in Folge zum Ausfall fest vereinbarter sowjetischer Getreide- und Futtermittellieferungen. Indem die Lieferschwierigkeiten im Intrablockhandel und Versorgungsengpässe bei Konsumgütern durch Westimporte, die sich zugleich durch nicht einkalkulierte Preissteigerungen verteuerten, substituiert wurden, scheiterte

8 Zum "kleinen Kreis" siehe: Hertle, Hans-Hermann, Der Weg in den Bankrott der DDR-Wirtschaft, in: *Deutschland Archiv* 2/1992, S. 133, sowie das Gespräch mit Günter Mittag, S. 30.

die der Außenwirtschaftsstrategie der SED zugrundeliegende Konzeption, die "zunächst ein weitgehend kreditfinanziertes Wachstum technologieintensiver Westimporte zur Modernisierung des eigenen Wirtschaftspotentials" vorgesehen hatte, um dann in der zweiten Hälfte der siebziger Jahre "mittels einer durch diese Importe induzierten Exportoffensive die aufgelaufene Verschuldung" zu tilgen.[9]

Schon lange vor dem IX. Parteitag, um die Jahreswende 1974/75, hatte Honecker dem Direktor des Zentralinstituts für sozialistische Wirtschaftsführung, Helmut Koziolek, und dem Direktor der Akademie für Gesellschaftswissenschaften, Otto Reinhold, den Auftrag übermitteln lassen, die Auswirkungen dieser außenwirtschaftlichen Veränderungen auf die zukünftige Durchführung der "Hauptaufgabe" zu analysieren. Koziolek und Reinhold, die ihre Stellvertreter Willi Kunz und Karl-Heinz Stiemerling als weitere Mitarbeiter hinzuzogen, errechneten aus den für das Planjahrfünft 1976 bis 1979 zu erwartenden Preiserhöhungen für Rohstoffe eine Mehrbelastung von mindestens 25 bis 30 Milliarden Mark; ein Betrag, der in etwa der Höhe der für diesen Zeitraum vorgesehenen Investitionsmittel für das Wohnungsbauprogramm entsprach. "Es wird nicht an Versuchen fehlen, einen Teil der entstehenden Mehrbelastungen durch die Senkung der Akkumulationsrate, vor allem des Anteils der produktiven Investitionen, abzufangen", lautete ihre Warnung. "Das hätte unweigerlich zur Folge, daß die erweiterte Reproduktion (und zum Teil sogar die einfache Reproduktion) in wichtigen Bereichen der Volkswirtschaft nicht mehr gesichert werden kann. Damit würde der Politik der Intensivierung weitgehend die materielle Basis entzogen. Eine kontinuierliche Fortsetzung der vom VIII. Parteitag beschlossenen Wirtschafts- und Sozialpolitik wäre auf dieser Grundlage nicht mehr möglich."[10]

Die Vorschläge der Arbeitsgruppe für eine nach ihrer Ansicht "optimale Entwicklung von Akkumulation und Konsumtion in den nächsten Jahrfünften" (S. 20) schlossen jedoch eine bruchlose Fortsetzung dieser Politik ebenfalls aus. Um eine "entschiedene Wende in der Entwicklung der Effektivität der Volkswirtschaft" (S. 33) herbeizuführen, griffen die Autoren auf die Überlegungen und Instrumente der NÖS-Periode zurück und propagierten wie zu Ulbrichts Zeiten einerseits die Steigerung der Arbeitsproduktivität durch die Anwendung hochproduktiver Technologien, die Verbesserung der Arbeitsorganisation und die Einführung einer leistungsorientierten und -stimulierenden Lohnpolitik; andererseits plädierten sie für eine wirtschaftlich effektivere Rechnungsführung der Kombinate, als deren Voraussetzung unverändert eine Preisreform und darauf aufbauend die Erhöhung der Rolle des Gewinns betrachtet wurde. Als konkrete Maßnahmen schlugen sie neben einer mittelfristig umzusetzenden, an den Kosten orientierten Industriepreisreform die Abschaffung von Subventionen im Energiebereich, Preiserhöhungen für Erzeugnisse außerhalb des Grundbedarfs, einkommensgestaffelte Mieterhöhungen, die Beseitigung der automatischen Auszahlung der Jahresendprämie, die Verbannung gesellschaftlicher Veranstaltungen aus der Arbeitszeit und schließlich eine Reduzierung des unproduktiven Verwaltungsperso-

9 Haendcke-Hoppe, Maria, Erfolge und Mißerfolge in der Außenwirtschaft, in: Forschungsstelle für gesamtdeutsche wirtschaftliche und soziale Fragen (Hg.), *Die Wirtschaftspolitik der Ära Honecker - ökonomische und soziale Auswirkungen, Teil 1*, Bonn 1988, S. 52.

10 Helmut Koziolek/Otto Reinhold/Willi Kunz/Karl-Heinz Stiemerling, Einige Grundfragen der wirtschaftlichen Entwicklung der DDR und notwendige Maßnahmen zur weiteren Durchführung der vom VIII. Parteitag beschlossenen Linie der Wirtschafts- und Sozialpolitik, (ohne Datum), S. 19. - Die folgenden Seitenangaben im Text beziehen sich auf diese Quelle.

nals in allen Bereichen vor. Da nach ihrer Überzeugung Honecker vom Partei- und Staatsapparat ausschließlich gefilterte Informationen vorgelegt und über die tatsächliche wirtschaftliche Lage in Unkenntnis gehalten wurde, sollte, so ihre Idee, direkt beim 1. Sekretär der SED eine "kleine Einrichtung" geschaffen werden, "die unabhängig von anderen Organen Analysen und Expertisen zur wirtschaftlichen Entwicklung der DDR und anderer RGW-Länder ausarbeitet" (S. 45).

Doch dem Vorstoß, Grundideen des NÖS durch eine Seitentür wiedereinzuführen und dabei zugleich den seit dem Sturz Ulbrichts verlorengegangenen Einfluß der Parteiakademiker auf den 1. Sekretär zu reinstitutionalisieren, war kein Erfolg beschieden. Die Vorschläge fanden weder bei der Vorbereitung des Fünfjahrplanes noch des IX. Parteitages Beachtung; als "Kapitulation vor dem Kurs der Einheit von Wirtschafts- und Sozialpolitik" wurden sie vielmehr entschieden zurückgewiesen. Als Trost wurde den Autoren nur die Zusicherung Honeckers übermittelt, daß ihnen "nichts passieren werde."[11]

Seit der zweiten Hälfte der siebziger Jahre wurde die steigende Verschuldung zum Dauerthema der Beratungen der Parteispitze. In Verbindung mit der Vorbereitung des Fünfjahrplan-Entwurfs 1976 bis 1980 wies Planungschef Gerhard Schürer im März 1976 erstmals und im Oktober 1976 erneut auf die außerordentliche Verschärfung der Zahlungsbilanzsituation gegenüber dem "nichtsozialistischen Wirtschaftsgebiet" (NSW) hin, die in immer größerem Umfang die Aufnahme neuer Finanzkredite allein für die pünktliche Rückzahlung der Zinsschulden erforderlich machte[12]. Im Oktober lag seiner Mahnung eine Aufschlüsselung des die Zahlungsbilanzprobleme verursachenden Importüberschusses in Höhe von 8,9 Mrd. Valutamark (VM) für den Zeitraum von 1971 bis 1975 zugrunde, die die exogenen Veränderungen widerspiegelte: 2,2 Mrd. VM waren zusätzlichen Importen an Getreide und Futtermitteln, 1,9 Mrd. VM Preiserhöhungen beim Import von Rohstoffen und Nahrungsmitteln und 2,1 Mrd. VM zur Sicherung der inneren Kooperation besonders in der chemischen und metallverarbeitenden Industrie sowie zur Beseitigung von Disproportionen in der Konsumgüterindustrie geschuldet; 2,4 Mrd. VM gingen schließlich auf das Konto ausgebliebener Exporte in das NSW[13]. Schürers naheliegende und wichtigste Schlußfolgerung war, daß die Exporte in das nichtsozialistische Wirtschaftsgebiet zu erhöhen und gleichzeitig die Importe aus dem Westen zu verringern seien.

Eine Drosselung der Einfuhr westlicher Konsumgüter mußte wegen der unmittelbar zu befürchtenden Verschlechterung des Versorgungsniveaus der Bevölkerung ebenso auf politische Bedenken stoßen wie eine Steigerung der Exporte in den Westen, wenn die dafür vorgesehenen Güter nicht auf realen Produktionszuwächsen beruhten, sondern dem Binnenmarkt entzogen werden mußten. Die weitere Möglichkeit, den Handel mit den westlichen Ländern zu Lasten des Warenaustausches mit den realsozialistischen Partnerstaaten auszubauen, wurde ab 1975 durch die Einführung eines neuen Preisbildungsmechanismus im RGW entscheidend eingeschränkt. Statt der bis dahin üblichen Vereinbarung fester Vertragspreise für eine gesamte Fünfjahrplan-Periode wurden die RGW-Preise auf Drängen des Hauptrohstofflieferanten Sowjetunion seit 1975 bzw.

---

11 Vgl. das Gespräch mit Helmut Koziolek, S. 267/68.

12 Vgl. den Brief von Gerhard Schürer an Erich Honecker vom 31.3.1976 mit der Anlage: Gerhard Schürer, Zu einigen Problemen der Ausarbeitung des Entwurfs des Fünfjahrplans 1976-1980, Berlin, 30.3.1976 (BA-P, E-1 56323), sowie: Gerhard Schürer, Zusammengefaßte Einschätzung zum Entwurf des Fünfjahrplans 1976-1980, 6.10.1976 (BA-P E-1 56296).

13 Schürer, Zusammengefaßte Einschätzung (Fn. 12), S. 12.

1976 aus dem Durchschnitt der Weltmarktpreise der vorangegangenen fünf Jahre gebildet und jährlich angepaßt; für 1976 lagen den Vertragspreisen somit die Weltmarktpreise der Jahre 1971 bis 1975 zugrunde.[14] Solange die Rohstoffpreise schneller als die Preise für Industrieerzeugnisse stiegen, verbesserten sich die terms of trade der Sowjetunion, während sie sich für die Industrieländer im RGW verschlechterten.

Der von Schürer vorgeschlagenen Exportoffensive in den Westen standen somit steigende Lieferverpflichtungen und eine zunehmende Verschuldung der DDR gegenüber der Sowjetunion im Wege[15]. Ein alternativer Weg zur Lösung ihrer Devisenprobleme bestand in einer Erhöhung der Rohölbezüge aus der Sowjetunion, mit dessen Re-Export auf die Westmärkte aufgrund der weiterhin unter dem Weltmarktniveau liegenden RGW-Preise Extra-Gewinne zu erzielen waren. Mit dem Begehren, die Rohöllieferungen ab 1977 um zwei Millionen Tonnen jährlich zu erhöhen, reiste Ministerrats-Vorsitzender Willi Stoph im Dezember 1976 nach Moskau, wo er seinem sowjetischen Amtskollegen Alexej Kossygin ausführlich die Zahlungsbilanzprobleme der DDR schilderte. Doch seine Bitte wurde abschlägig beschieden. Nur dort, wo sich die DDR bereiterklärte, sowjetische Rohstoffe mit Erzeugnissen zu bezahlen, die die Sowjetunion im Westen kaufen mußte, gab Kossygin nach: "Dieser Weg ist der einzige, der geht; wenn Sie bei uns Valutawaren kaufen, müssen Sie uns natürlich Valutaware liefern."[16] Die für die DDR bequemste Lösung, sich der Zahlungsbilanzprobleme unter Ausnutzung der Differenzen zwischen RGW- und Weltmarktpreisen letztendlich auf Kosten der Sowjetunion zu entledigen, war mit dieser Mission Stophs grundsätzlich gescheitert.

"Erstmals sind wir in akuten Zahlungsschwierigkeiten"[17], schlugen Schürer und Mittag im März 1977 in einem gemeinsam verfaßten Brief an Honecker Alarm, wobei die Geringfügigkeit des Anlasses - der Anstieg der Kaffee- und Kakaopreise - die prekäre wirtschaftliche Lage unterstrich, in die die DDR vor allem durch umfangreiche Getreideimporte geraten war. Noch betrachteten die späteren Widersacher nicht die absolute Höhe der Forderungen und Verbindlichkeiten, sondern das Bargelddefizit als "Grundfrage für die DDR": "Im Jahre 1978 haben wir 11 Milliarden Bargeld aufzubringen, allein um Kredite und Zinsen zurückzuzahlen. Die Bargeldeinnahmen aus unserem Export betragen dagegen 9,3 Milliarden und reichen bereits nicht aus, um neue Importgeschäfte zu finanzieren."[18] Schon zu diesem Zeitpunkt sahen sich die Wirtschaftsführer gezwungen, neue Kredite zur Tilgung der Altschulden aufzunehmen. Erneut lautete der Honecker dringlich unterbreitete Vorschlag, umgehend eine umfassende Exportoffensive in das NSW, verbunden mit einer entschiedenen Importablösung zu starten.

In einem Gespräch mit beiden Briefautoren reagierte Honecker empört: "Ich bin überrascht, wie einige Fragen in dem Material gestellt werden. Es ist richtig, offen die Probleme auf den Tisch zu legen. Es ist aber unverständlich, warum das

14 Für 1975 galten als Sonderregelung die Durchschnittspreise der vorangegangenen drei Jahre. Vgl. Haendcke-Hoppe, Maria, DDR-Außenhandel vor altneuen Problemen, in: *Deutschland Archiv* Nr. 12/1978, S. 1286 ff.

15 Zwischen 1977 und 1982 nahm die DDR Kredite in Höhe von 1,6 Mrd. Rubel bei der Sowjetunion auf, von denen bis 1988 1,4 Mrd. Rubel zurückgezahlt wurden.

16 Niederschrift über die Verhandlungen zwischen dem Vorsitzenden des Ministerrates der DDR, Genossen Willi Stoph, und dem Vorsitzenden des Ministerrates der UdSSR, Genossen A.S. Kossygin, am 10.12.1976 in Moskau, Berlin, den 13.12.1976, S. 11.

17 Brief von G. Mittag und G. Schürer an Erich Honecker, 14.3.1977, S.2 (BA/P E-1-56323).

18 Ebd., S. 5.

nicht zum Parteitag, oder zum Beginn des Jahres, oder zum 5. Plenum geschehen ist. Wir können doch nicht von heute auf morgen die ganze Politik ändern. Was vorgeschlagen wird, bedeutet tiefe Einschnitte in die Politik. Wir müßten vor's ZK gehen und sagen: Wir haben das nicht vorausgesehen oder wir haben Euch belogen. Die Ursache ist nicht der Kaffee- oder Kakao-Preis. Die Ursache ist auch nicht, wie Ihr schreibt, daß seit 1971 mehr verbraucht als produziert wird. Dann wären die Beschlüsse des VIII. Parteitages falsch und die des IX. Parteitages auch. Die Ursache besteht darin, daß wir Importe nicht erhalten haben wie Getreide, Ölsaaten u.a. Anderen wie uns hat man das gegeben, wir mußten auf andere Importe ausweichen. Wir haben immerhin den Handel DDR/BRD von zwei auf acht Mrd. entwickelt und zwar ausgeglichen, sonst wäre das noch schlimmer. Übrigens schießen wir jährlich 1 Mrd. in freien Devisen zum Plan ein. Im Material kommt es so raus, als sei die Politik nach Ulbricht falsch gewesen, als habe Ulbricht keine Schulden gemacht und Honecker macht Schulden. Welche Politik hätten wir denn machen sollen? Die Politik der Preiserhöhung hätte keines der Probleme gelöst. Der Importüberschuß hat seine Ursachen nicht in unseren Beschlüssen, sondern z.B. darin, daß Genosse Schürer jährlich 2,5 Mrd. VM für die Chemie importiert."[19]

Mittag und Schürer gaben nach. "Es war nicht unsere Absicht, daß bei Dir ein solcher Eindruck entsteht. Wenn es solche Formulierungen gibt, die das hervorrufen, werden wir sie auf jeden Fall ändern", zog Mittag zurück, und Schürer drückte sich noch deutlicher aus: "Wie könnte gerade ich und wie könnten gerade wir in der Staatlichen Plankommission, die wir Dir, Erich, tief dankbar sind, daß Du uns ermöglicht hast, reale Pläne auszuarbeiten, persönliche Angriffe auf Dich und die beschlossene Politik formulieren? Wir sind bereit, Formulierungen zu korrigieren (...)."[20] Statt grundlegende Veränderungen einzuleiten, einigte sich die Runde auf kurzfristig greifende, "operative" Maßnahmen wie die Erhöhung des KoKo-Einschusses in die Zahlungsbilanz, den Verkauf von Gold aus der Reserve und die Bereitstellung der Staatsreserve für Spekulationsgeschäfte des Bereiches Kommerzielle Koordinierung.

Je höher sich die Probleme innerhalb der Planwirtschaft auftürmten, umso größere Bedeutung wuchs dem 1966 im Ministerium für Außenhandel und Innerdeutschen Handel (MAI, später MAH) gegründeten, damit der Regierung unterstellten Bereich Kommerzielle Koordinierung zu, dessen einzige Aufgabe die maximale Erwirtschaftung von Devisen außerhalb des Staatsplanes war[21]. Von seiner Gründung an war der Bereich sowohl wegen seiner Beschaffungstätigkeit für den Geheimdienst als auch wegen dessen Interesse, die Außenhandelsbeziehungen nachrichtendienstlich zu nutzen, eng mit dem Ministerium für Staatssicherheit

19 Zit. nach: Gerhard Schürer, Persönliche Aufzeichnungen vom 27.4.1977 (BA/P E-1-56323).
20 Ebd.
21 Vgl. zum folgenden den Abschlußbericht des Schalck-Untersuchungsausschusses des Deutschen Bundestages (Deutscher Bundestag, *Beschlußempfehlung und Bericht des 1. Untersuchungsausschusses nach Artikel 44 des Grundgesetzes*, BT-Drs. 12/7600, Bonn 1994) sowie das für ihn erstellte KoKo-Gutachten (HWWA-Institut für Wirtschaftsforschung Hamburg, *Gutachten "Die Bedeutung des Bereiches Kommerzielle Koordinierung für die Volkswirtschaft der DDR"*, in: Ebd., Anhangband, S. 3-158).

verflochten[22]. Seit Beginn der siebziger Jahre expandierte KoKo vor allem durch die Akkumulation politischer Transfermittel aus der Bundesrepublik zu einem finanzkräftigen Zirkulationskonzern. Neben seiner operativen Rolle als Devisenfeuerwehr entsprang seine seit Anfang der siebziger Jahre wachsende volkswirtschaftliche Bedeutung vor allem aus seiner Betätigung als Importeur moderner Technologien dort, wo die Investitionsmittel der Plankommission erschöpft waren, aber durch einen außerplanmäßigen Mitteleinsatz sowohl eine Steigerung der Leistungsfähigkeit der DDR-Wirtschaft und ihre Modernisierung als auch eine Gewinnmaximierung des Bereiches zu erwarten war. Die vertragsmäßigen Bedingungen der zumeist von KoKo-Außenhandelsbetrieben vorfinanzierten Technologie- und Anlagenimporte wurden in der Regel in "Industrievereinbarungen" mit den beteiligten Partnern - den Kombinaten, zuständigen Ministerien und der Plankommission - niedergelegt; nach einer Phase der Refinanzierung, die aus der mit den importierten Anlagen erstellten Produktion erfolgen sollte und KoKo einen beträchtlichen Gewinnanteil sicherte[23], wurden die neu geschaffenen Produktionskapazitäten in den offiziellen Plan überführt.

Der Ausbau dieses in der planwirtschaftlichen Außenhandelstheorie nicht vorgesehenen Bereiches zu einem flexiblen und pragmatischen Instrument der Parteispitze zur Gewährleistung der Zahlungsfähigkeit der DDR stellte die wichtigste wirtschaftspolitische Innovation der Ära Honecker dar. Seit 1972, als der Bereich KoKo durch eine Verfügung des stellvertretenden Vorsitzenden des Ministerrates, Horst Sindermann, den Status eines Devisenausländers erhielt, über dessen Konten die Geschäftsbanken gegenüber Dritten nicht auskunftsberechtigt waren, wurde er sukzessive der Kontrolle des Ministeriums und der Regierung insgesamt, insbesondere ihrer Finanz- und Kontrollorgane, entzogen, bevor er per Beschluß des Politbüros vom 2. November 1976 Günter Mittag und damit Erich Honecker weisungsmäßig unterstellt und trotz seiner staatlich-exekutiven Tätigkeit praktisch wie eine Abteilung des Zentralkomitees behandelt wurde. Unter strengster Geheimhaltung und Abschirmung gegenüber allen anderen Abteilungen des ZK, der Plankommission sowie dem Politbüro war der Bereich KoKo fortan ausschließlich Honecker und Mittag rechenschaftspflichtig. Die Verfügung über den Bereich KoKo trug zu einer außerordentlichen Steigerung ihrer persönlichen Macht bei. Das privilegierte Wissen um die außerplanmäßig vorhandenen Reserven versetzte Honecker und Mittag in die Lage, die Plankommission mit dem geheimnisvollen Hinweis auf noch vorhandene Möglichkeiten zur Heraufsetzung gesamtwirtschaftlicher Plankennziffern zu ermuntern und Krisensituationen wesentlich gelassener gegenüberzutreten[24]. Der von Honecker erwähnte "Einschuß" zum Plan in Höhe von einer Milliarde DM, der sich etwa zur Hälfte aus politischen Transferleistungen der Bundesrepublik (Transit- und Postpauschale, Mindestumtausch, Visagebühren etc.) und zur anderen Hälfte aus den sonstigen Valutageschäften von KoKo speiste, erhöhte sich in den achtziger Jahren auf annähernd zwei Milliarden DM.

22 Für seine Tätigkeit als Staatssekretär und Leiter des Bereiches wurde Alexander Schalck 1966 als Offizier im besonderen Einsatz (OibE) vom MfS zunächst ohne, ab 1970 mit Besoldung freigestellt. Zusätzlich zu seinen Staatssekretärs-Bezügen erhielt Schalck 1989 das Gehalt eines MfS-Generalmajors. Insgesamt plazierte das MfS 19 OibE und ca. 180 inoffizielle Mitarbeiter im Bereich KoKo. Vgl. Deutscher Bundestag, *Beschlußempfehlung*, S. 105 ff. und S. 478.

23 Der Aufschlag von KoKo überstieg den Importwert um 42 Prozent und setzte sich wie folgt zusammen: 12% für Warennebenkosten (Transportkosten, Vertreterprovision etc.), 15% für "Finanzierungskosten zur Sicherung der Währungsgleichheit" und 15% "Handelsspanne". Vgl. HWWA, *Gutachten "Die Bedeutung*, S. 38.

24 Vgl. das Gespräch mit Gerhard Schürer und Siegfried Wenzel, S. 74/75.

Trotz des Wissens um seine "Reserven" hatte Honecker das Bündnis zwischen seinem Wirtschaftssekretär und dem Vorsitzenden der Plankommission so mißtrauisch gemacht, daß er Unterstützung mobilisierte. Die Plankonzeption Schürers, so der Ministerrats-Vorsitzende Stoph zwei Monate später in einem Schreiben an Honecker, "muß man in ihrer Gesamtheit als Modell der Restriktionen bezeichnen, das auch über die Jahre 1977 und 1978 hinaus wirkt und die vollständige Erfüllung der Ziele des Fünfjahrplans in Frage stellt. Die Plankonzeption geht allein von der Sicherung der Zahlungsfähigkeit in den Jahren 1977 und 1978 aus. Diese Frage wird zum Maßstab der Wirtschaftspolitik gemacht. Neben bedeutenden Kürzungen der NSW-Importe, die zu einer Senkung der Produktion führen, soll die Zahlungsfähigkeit zum entscheidenden Teil auf dem Wege der Umverteilung der Fonds des Fünfjahrplanes gewährleistet werden. Vor allem ist das mit einem tiefen Einschnitt in die Akkumulation und mit einer bedeutenden Erhöhung des NSW-Exports verbunden. Wenn dem Modell der SPK gefolgt würde, entstünde die schwerwiegende Tatsache, daß der Kurs der stabilen, kontinuierlichen und dynamischen Leistungsentwicklung der Volkswirtschaft in Größenordnungen gestört werden würde."[25] Eine Verwirklichung des Planentwurfs von Schürer bewirke nicht nur beträchtliche Rückgänge im Versorgungsniveau der Bevölkerung, sondern stehe auf einer Reihe von Gebieten "im Widerspruch zu Beschlüssen des IX. Parteitages", beschneide "den Leistungswillen der Kombinate und Betriebe" und berge die Gefahr von "Korrekturdiskussionen" auf vielen Ebenen[26].

Der einzig gangbare Weg, fiel es Honecker nach diesem Verdikt leicht festzustellen, sei die Verwirklichung der "Politik des Wachstums, des Wohlstandes und der Stabilität. (...) Einen anderen Weg kann es gar nicht geben. Jeder andere Weg führt in den Abgrund. Das ist der Weg der Restriktionen. Das hat man in der Weimarer Republik schon versucht. Im Grunde genommen haben uns die außenwirtschaftlichen Bedingungen in diese Lage gebracht. Sie haben sich seit dem VIII. Parteitag verändert und verändern sich weiter. Man muß doch ganz offen sagen: Eine andere Konzeption anzunehmen als die wachstumsorientierte Konzeption würde unter unseren Bedingungen sehr weitgehende Folgen haben."[27]

Doch mit der "wachstumsorientierten Konzeption" wuchs auch die Verschuldung weiter. Bereits im Mai 1978 schlug Schürer erneut Alarm. Der Schuldenstand war zum Jahresende 1977 auf 18,6 Milliarden VM geklettert und für das Jahresende 1978 sagte Schürer eine Schuldenhöhe von 21,3 Mrd. VM voraus. Da ein Drittel der fälligen Tilgungs- und Zinszahlungen nur geleistet werden könnten, wenn kapitalistische Banken dafür neue Bargeldkredite zur Verfügung stellten, sei die "Durchführung des Imports und die ständige Sicherung der Zahlungsfähigkeit weitestgehend von der Bereitschaft kapitalistischer Banken abhängig, uns Kredite zu gewähren."[28] Im "kleinen Kreis" überzog Honecker den Überbringer der Botschaft mit einer deftigen Schelte: "Von einer vorausschauenden Pla-

---

25 Zum Material der Staatlichen Plankommission 'Zur weiteren Durchführung des Volkswirtschaftsplanes 1977 sowie zur Ausarbeitung des Volkswirtschaftsplanes 1978'", Anlage zu: Schreiben von Willi Stoph an Erich Honecker, 20.5.1977, S. 1 (BA/P E-1-56348).

26 Ebd., S. 8/9.

27 Beratung beim Generalsekretär des Zentralkomitees der SED, Erich Honecker, zur weiteren Durchführung des Planes 1977 und zur Ausarbeitung des Volkswirtschaftsplanes 1978 am 2. Juni 1977, S. 31/34 (BA/P E-1-56323).

28 Staatliche Plankommission/Der Vorsitzende, Stand und Probleme der Ausarbeitung der staatlichen Aufgaben für das Jahr 1979, 16.5.1978, S. 8 (BA/P E-1-56348).

nung muß man verlangen, daß rechtzeitig die Schlußfolgerungen gezogen werden und die Sache nicht erst zu einer solch zugespitzten Situation führt."[29]

Denn um die Bonität der DDR war es zunehmend schlechter bestellt. Die Schuldendienstrate der DDR betrage 115 Prozent, bei konvertierbaren Devisen bereits 168 Prozent, so Schürer in einer gemeinsamen Vorlage mit Finanzminister Siegfried Böhm und den Bankpräsidenten Horst Kaminsky und Werner Polze Anfang 1979. Deshalb warnten die Finanzexperten eindringlich vor der Schuldenzins-Spirale: "International gehen die Großbanken in der Regel davon aus, daß ein Kreditnehmer nicht mehr als 25 Prozent seiner Valutaeinnahmen für Kredittilgungen und Zinszahlungen einsetzt. Da die Valutaausgaben für Zinszahlungen und Kredittilgungen die Einnahmen wesentlich übersteigen, entstehen jährlich neu die Bargelddefizite in größerem Umfang. Zum Ausgleich werden weitere Bargeldkredite aufgenommen, was Verschuldung und Zinsen weiter erhöht. Diese Spirale kann nicht fortgesetzt werden."[30]

Weil alle guten Vorsätze, die Exporte zu steigern und die Importe zu senken, fruchtlos blieben, regten Schürer, der Leiter des Amtes für Preise beim Ministerrat, Walter Halbritter, und Finanzminister Siegfried Böhm 1979 eine Erhöhung der Verbraucherpreise an. Doch ihr Vorstoß scheiterte, obwohl im "Kleinen Kreis" der Wirtschaftsverantwortlichen des Politbüros alle zugestimmt hatten. Erich Honecker: "Die Sitzung hat stattgefunden; die Genossen waren alle dafür. Ich habe vorgeschlagen, diese Fragen vorzubereiten und mit dem Plan zu entscheiden. Danach habe ich mit Genossen Stoph und Genossen Mittag gesprochen und habe gesagt: 'Wenn man das macht, dann kann gleich das Politbüro zurücktreten und die Regierung auch'."[31] Wie er es auch Breschnew vorgetragen habe, seien die wachsenden wirtschaftlichen Probleme nicht aufgrund des sozialpolitischen Programms des VIII. Parteitags entstanden, "sondern weil die im Plan vorgesehene Steigerung des Exports nicht eingetreten ist. Das heißt, Jahr für Jahr wurde der Plan im Export mit zwei bis drei Mrd. VM nicht gebracht."[32] Nicht einmal Breschnew, für den dieses Argument geschnitzt worden war, ließ sich mit derlei Spitzfindigkeiten umnebeln. Bei seinem Besuch in Ostberlin im Oktober 1979 ermahnte er die SED-Führung, die Arbeitsproduktivität zu heben, "denn es ist richtig, wenn gesagt wird, daß man nur das verbrauchen kann, was man erzeugt hat. Es ist doch so, daß keiner von uns auf Kosten anderer leben oder sich für bankrott erklären will."[33]

Die unterlassene Anpassung an die veränderten außenwirtschaftlichen Bedingungen, die Kürzung der sowjetischen Rohöllieferungen ab 1982 als sichtbarstem Ausdruck der ökonomischen Schwäche der Sowjetunion sowie der Kreditboykott des Westens gegenüber allen osteuropäischen Staaten nach der Verhängung des

---

29 Zur Beratung am 26.5.1978 (BA/P E-1-56348).

30 G. Schürer, S. Böhm, H. Kaminsky, W. Polze, Stand der Zahlungsbilanz der DDR gegenüber dem nichtsozialistischen Wirtschaftsgebiet 1978 und 1979 sowie erforderliche Maßnahmen, Berlin, 1.2.1979, S. 16 (BA/P E-1-56323).

31 Notizen zur Beratung des Politbüros des Zentralkomitees der SED zum Planentwurf 1980 am 27. November 1979, 27.11.1979, S. 3 (BA/P E-1-56296).

32 Ebd., S. 5.

33 Stenographische Niederschrift der Zusammenkunft des Generalsekretärs des ZK der SED und Vorsitzenden des Staatsrates der DDR, Genossen Erich Honecker, sowie der weiteren Mitglieder und Kandidaten des Politbüros des ZK der SED mit dem Generalsekretär des ZK der KPdSU und Vorsitzenden des Präsidiums des Obersten Sowjets der UdSSR, Genossen Leonid Iljitsch Breschnew, sowie den anderen Mitgliedern der sowjetischen Partei- und Regierungsdelegation am 4.10.1979 im Amtssitz des Staatsrates der DDR, S. 23 (BA/P E-1-56296).

Kriegsrechts in Polen am 13. Dezember 1981 führte die DDR jedoch genau dorthin: 1982/83 stand sie am Rande der Zahlungsunfähigkeit.

3. Moskau - Ost-Berlin: Destabilisierung und beginnender Rückzug der Vormacht

Die warnenden Worte Breschnews wiesen auf die Spannungen zwischen Moskau und Ostberlin am Ende der siebziger Jahre hin. Aus sowjetischer Sicht war dagegen die erste Zeit nach Honeckers Amtsantritt ohne Konflikte verlaufen[34]. Schnell aber wurde in Moskau bekannt, daß der plötzliche Wohlstand der DDR auf Pump beruhte. Bei den Verhandlungen über die Rohstofflieferungen der Sowjetunion an die DDR von Alexej Kossygin im August 1973 zur Rede gestellt, offenbarte Ministerrats-Vorsitzender Stoph seinem sowjetischen Amtskollegen, "daß die internen Hinweise des Genossen Breschnew zur Verhinderung einer stärkeren Abhängigkeit und übermäßigen Verschuldung in kapitalistischen Ländern nicht verwirklicht werden konnten."[35] Je weniger Rohstoffe sie aus der Sowjetunion und den übrigen sozialistischen Ländern erhalte, kündigte Stoph an, umso höher werde sich die DDR bis 1980 verschulden müssen.

Unstimmigkeiten in der Kampfgemeinschaft von KPdSU und SED ergaben sich bald auch auf dem Feld der Deutschlandpolitik. Auf der Woge der internationalen Anerkennung der DDR und getrieben vom Hunger nach Devisen stieg Honecker 1974 ohne nach sowjetischem Gefühl ausreichende Konsultationen in die deutsch-deutsche Arena und rang der Bonner Regierung Zahlungen für den Ausbau der Verkehrswege zwischen der Bundesrepublik und West-Berlin sowie allerlei sonstige Leistungen ab, die jährlich bald die Milliardengrenze überschritten[36]. Im Gegenzug gewährte die DDR "humanitäre Erleichterungen", so Verwandtenbesuche und Touristenreisen, den Ausbau von Telefonverbindungen, weniger Beschränkungen für Postpakete und anderes mehr. Auch die Umsätze im regulären innerdeutschen Handel hatten sich im Vollzug der Entspannungspolitik zwischen 1970 und 1975 annähernd verdoppelt.

Moskau fühlte die These Breschnews von einer verschärften Abgrenzung beider deutscher Staaten falsch verstanden und bestellte die ostdeutschen Genossen Anfang 1975 zum "politischen Uhrenvergleich" (Gromyko) in den Kreml ein. Dort drängte Außenminister Andrej Gromyko auf eine engere Abstimmung der Westpolitik der SED und warnte Hermann Axen, den außenpolitischen Sekretär des ZK, vor der ökonomischen Kooperation mit der BRD, die sich die Sowjetunion wegen ihrer Größe leisten könne, die aber für die kleine DDR gefährlich sei[37].

---

34 Kwizinskij, Julij A., *Vor dem Sturm. Erinnerungen eines Diplomaten*, Berlin 1993, S. 258.

35 Niederschrift über die Verhandlungen zwischen dem Vorsitzenden des Ministerrates der DDR, W. Stoph, und dem Vorsitzenden des Ministerrates der UdSSR, A.N. Kossygin, im Kreml am 20.8.1973, S. 13 (BA/P E-1-56286).

36 Die Zahlungen der Bundesrepublik an die DDR (Transitpauschale, Visagebühren, Postpauschale, Häftlingsfreikauf etc.) stiegen zwischen 1975 und 1979 von 599,5 Mio. DM auf 1,556 Mrd. DM an und blieben bis Ende der achtziger Jahre auf diesem Niveau. Vgl. HWWA, *Gutachten "Die Bedeutung*, S. 124 ff.

37 Aufzeichnungen über Beratungen einer Delegation des ZK der SED unter Leitung des Genossen Hermann Axen, Mitglied des Politbüros und Sekretär des ZK der SED, mit einer Delegation des ZK der KPdSU unter Leitung von Genossen A.A. Gromyko, Mitglied des Politbüros des ZK der KPDSU und Minister für Auswärtige Angelegenheiten der UdSSR am 27. und 28. Januar 1975 im Moskauer Kreml-Palast, S. 16 (SAPMO-BArch, ZPA-SED, IV 2/2.035/56).

Im Oktober 1975 teilte Breschnew Honecker mit, daß er in Bezug auf die kommerziellen Geschäfte und den zunehmenden Reise- und Besucherverkehr zwischen beiden deutschen Staaten die Grenze, "die aus der Kontrolle des Politbüros gerät", überschritten sah[38]. Doch die internationale Anerkennung der DDR durch über 100 Staaten sowie ihre Repräsentanz in der UNO und auf der Helsinki-Konferenz 1975 hatten das Selbstbewußtsein der Ost-Berliner Führung auch gegenüber der Vormacht gestärkt. Wenn sie sich auch, wie nach dem Nachrüstungsbeschluß der NATO im Dezember 1979, gedrängt sah, dem massiven sowjetischen Druck durch scharfe Abgrenzungsreden nachzugeben und den Zwangsumtausch erhöhte, die Zahl der akkreditierten Journalisten verringerte oder sogar den Beschluß faßte, den "Sockel"[39] der Verschuldung bis 1985 zu halbieren[40], agierte sie doch in einer neuen politischen Konstellation: Militärisch, politisch und ökonomisch in das sowjetische Imperium eingeordnet, ließ sich die DDR nicht davon abhalten, die Defizite des ökonomischen Austauschs im RGW in wachsendem Maße durch den Ausbau der politischen und wirtschaftlichen Beziehungen zum Westen zu kompensieren. Die Bundesrepublik war dabei der wichtigste Partner, doch geschickt verband sie sich auch mit anderen Ländern. Neben Frankreich entwickelten sich Japan und Österreich zu den wichtigsten Handelspartnern und Kreditgebern der DDR. Die Absicht jedoch, die Exporte der DDR in diese Länder zu steigern und gleichzeitig die Importe zu reduzieren, ließ sich nicht lange verwirklichen. "Natürlich sind die Kapitalisten nicht dumm und bemerken unsere Absicht", vertraute Honecker seinem ungarischen Kollegen Kadar an: "Sie werden so etwas nicht lange zulassen."[41]

Auf die sich in der zweiten Hälfte der siebziger Jahre entfaltende Abhängigkeit Ost-Berlins von Bonn fand die Sowjetunion keine strategische Antwort. Unterstützung für eine Abkoppelung von der BRD konnte sie ihr nicht gewähren, im Gegenteil: Allein für die Substitution vereinbarter, aber ausbleibender sowjetischer Getreide- und Futtermittellieferungen durch Importe aus westlichen Industrieländern mußte die DDR in den zwölf Jahren zwischen 1971 und 1981 insgesamt 15 Mrd. VM aufwenden[42].

Als symptomatisch für den sich zuspitzenden Verteilungskampf innerhalb des RGW erwiesen sich die Auseinandersetzungen um die Erdöllieferungen der Sowjetunion im Jahre 1981. "Unsere Ökonomen, Erich, haben errechnet, daß der direkte Vorteil der Bruderländer durch die Brenn- und Rohstoffimporte aus der UdSSR im vergangenen Jahrfünft 15 Milliarden Rubel ausmachte, und in diesem Jahrfünft fast 30 Milliarden betragen wird. Das ist eine große Summe", trug Breschnew im Sommer 1981 Honecker auf der Krim vor. "Es gibt auch sachkundige Leute, die feststellen, daß der Vorteil noch größer ist", referierte er weiter, "da nicht selten die Empfänger der sowjetischen Lieferungen von Erdöl und Erd-

---

38 Stenographische Niederschrift der Verhandlungen der Partei- und Staatsdelegationen der DDR und der UdSSR in Moskau, Montag, den 6.10.75, S. 26 (SAPMO-BArch, ZPA-SED, IV B 2/20/155).

39 Die (solide und stabil klingende) Bezeichnung "Sockel" wurde in der Sprache des Politbüros als Synonym für die (dynamisch wachsende) Verschuldung benutzt.

40 Vgl. "Konzeption zum Abbau der Höhe der Verbindlichkeiten der DDR gegenüber dem nichtsozialistischen Wirtschaftsgebiet, Berlin, 27.6.1980 (SAPMO-BArch, ZPA-SED, J IV 2/2A/2334).

41 Niederschrift über das Gespräch des Genossen Erich Honecker mit Genossen Janos Kadar am 30.11.1983, S. 14 (SAPMO-BArch, ZPA-SED, IV 2/2.035/73).

42 Vgl. HWWA, *Gutachten "Die Bedeutung*, S. 92.

ölprodukten diese an Kapitalisten weiterverkaufen"[43] - eine unmißverständliche Anspielung auf die entsprechenden Geschäfte der DDR. Die offizielle Ankündigung der Sowjets, die Erdöllieferungen zu kürzen[44], traf die DDR, die 1980/81 bereits in größerem Umfang Steinkohlelieferungen aus Polen wegen der dortigen Streiks abschreiben und durch West-Importe kompensieren mußte, hart. Der Verlust auch nur eines Teils der sowjetischen Lieferungen werde sich "außerordentlich negativ auf die Volkswirtschaft der DDR auswirken. Offen gesagt", teilte Honecker Breschnew mit, "damit würden die Grundpfeiler der Existenz der Deutschen Demokratischen Republik untergraben."[45]

In dramatischen Verhandlungen versuchte zunächst Schürer, dann Honecker selbst die Sowjets umzustimmen. 3,7 Milliarden Rubel, darunter eine Milliarde Dollar, habe die DDR in die tiefere Spaltung des Erdöls investiert, um den Ausstoß von Produkten zu steigern: "Man kann der DDR nicht Erdöl kürzen, ohne gewaltige Verluste in der ganzen Breite der Volkswirtschaft zu verursachen", trug Schürer Nikolai Baibakow vor, dem Vorsitzenden von Gosplan[46]. Doch Baibakows Verhandlungsspielraum war gering. Er bot Schürer den Weiterbezug der zur Kürzung anstehenden 2,168 Millionen Tonnen Erdöl an - aber nur gegen freie Devisen in Höhe von rund 600 Mio. Dollar, die die Sowjetunion dringend für Getreideimporte benötige.

Keinen günstigeren Verlauf nahm die Verhandlung, die Honecker selbst mit Konstantin Russakow, dem Sekretär des ZK der KPdSU für Internationale Fragen führte. Die beabsichtigte Kürzung hätte "verheerende Auswirkungen", warnte Honecker und bat Russakow, Breschnew zu fragen, "ob es zwei Millionen Tonnen Erdöl wert sind, die DDR zu destabilisieren und das Vertrauen unserer Menschen in die Partei- und Staatsführung zu erschüttern."[47] Russakow, der bereits zuvor auf die katastrophale Mißernte und auf eine mysteriöse Havarie, ein Unglück von einem Ausmaß, "wie es seit der Existenz der Sowjetunion noch nicht gegeben hat" (S. 28)", hingewiesen hatte, wiederholte sich: "Genosse Leonid Iljitsch hat mich beauftragt, dem Politbüro der SED mitzuteilen, in der UdSSR gibt es ein großes Unglück. Wenn ihr nicht bereit seid, die Folgen dieses Unglücks mit uns gemeinsam zu tragen, dann besteht die Gefahr, daß die Sowjetunion ihre gegenwärtige Stellung in der Welt nicht halten kann und das hat dann Folgen für die ganze sozialistische Gemeinschaft" (S. 30). Weder Honecker noch Günther Sieber, der als Leiter der Abteilung für Internationale Fragen des ZK an dem Gespräch teilnahm, verstanden damals, um welches "Unglück" und welche "Havarie" es sich handeln sollte und was Russakow in diesem Zusammenhang mit der Formulierung meinte, die Sowjetunion stehe praktisch wieder

43 Niederschrift über das Treffen zwischen Genossen L.I. Breschnew und Genossen E. Honecker am 3. August 1981 auf der Krim, S. 5 (SAPMO-BArch, ZPA-SED, J IV 2/2A/2419).

44 Vgl. Schreiben von Leonid Breschnew an Erich Honecker, 27.8.1981 (SAPMO-BArch, ZPA-SED, J IV 2/2A/2422).

45 Schreiben von Erich Honecker an Leonid Breschnew, Berlin, 4.9.1981, S. 2 (SAPMO-BArch, ZPA-SED, J IV 2/2A/2422).

46 Niederschrift über die Beratung der Genossen Schürer und Baibakow am 15.9.1981, S. 10 (BA/P E-1-56296).

47 Niederschrift über das Gespräch des Generalsekretärs des ZK der SED, Genossen Erich Honecker, mit dem Sekretär des ZK der KPdSU, Genossen Konstantin Viktorowitsch Russakow am 21. Oktober 1981, Berlin, den 21. Oktober 1981, S. 29 (SAPMO/ZPA-SED J IV 2/2A/2431). - Die folgenden Seitenangaben im Text beziehen sich auf diese Quelle.

vor Brest-Litowsk[48]. Weil Sieber auch auf Nachfrage keine nähere Erklärung erhielt, was den Friedensabschluß von Brest-Litowsk mit der Kürzung der Erdöllieferungen an die DDR verband, nahm er diese Anspielung nicht in das Gesprächsprotokoll auf[49]. Erst nach 1989 kam ihm der Gedanke, daß dies das erste Anzeichen für das "Ende der sowjetischen Globalstrategie und das damit zwangsläufig verbundene Abkoppeln der DDR"[50] gewesen war.

4. Gratwanderung am Abgrund

Bereits vor dem Konflikt mit der Sowjetunion um die Höhe der Erdöllieferungen war die krisenhafte Zuspitzung der wirtschaftlichen Lage der DDR in der Vorbereitungsphase des Fünfjahrplans 1981 bis 1985 Anlaß gewesen, grundlegende ökonomische Schwächen des DDR-Wirtschaftssystems im Politbüro zu behandeln. Am 30. Oktober 1979 beriet das Politbüro eine auf Vorarbeiten der SPK beruhende "Analyse zur Effektivität der Investitionen in der Volkswirtschaft der DDR."[51]

Die Untersuchung förderte zu Tage, daß sich der Anteil der "produktiven Akkumulation" (Nettoinvestitionen im produzierenden Bereich) am verwendeten Nationaleinkommen über eine lange Zeit kontinuierlich verringert hatte, und zwar von durchschnittlich 11,4 Prozent im Zeitraum 1966 bis 1970 über 10,5 Prozent im Jahresdurchschnitt der folgenden fünf Jahre auf nur noch 9,6 Prozent im Jahre 1978. Demgegenüber war der Anteil der im nicht-produzierenden Bereich eingesetzten Investitionen gestiegen - und zwar vor allem im Wohnungsbau. Zugleich war die Effektivität der Investitionen im produzierenden Bereich (Nationaleinkommenszuwachs je 1000 Mark Bruttoinvestitionen) beträchtlich gesunken: von 234 Mark im Zeitraum 1971 bis 1975 auf 184 Mark in den Jahren zwischen 1976 und 1978. Schließlich zeigte auch die Grundfondsquote, gemessen als die Produktion von Nationaleinkommen je 1000 Mark Grundfonds, eine rückläufige Tendenz. Besonders hervorgehoben wurde, daß auf der einen Seite ein hoher Anteil des Bestandes an Ausrüstungen, nämlich vierzig Prozent, nicht älter als fünf Jahre sei, auf der anderen Seite jedoch gleichzeitig der Bestand an völlig überalterten Ausrüstungen stark zugenommen habe; ein Ausdruck des Mißverhältnisses zwischen den (getätigten) Erweiterungs- und den (unterlas-

---

48 In Brest-Litowsk hatte Lenin im März 1918, um Zeit für die innere Konsolidierung zu gewinnen und das nach der Oktoberrevolution zerrissene Land zu retten, einem Friedensabschluß mit den Mittelmächten Deutschland, Österreich-Ungarn, Bulgarien und der Türkei zugestimmt, durch den Sowjetrußland mit Polen, Litauen, Kurland, der Ukraine und Teilen Armeniens auf einen beträchtlichen Teil seines äußeren Einflußgebietes verzichten mußte.

49 Gespräch des Verfassers mit Günther Sieber, 20. Oktober 1993.

50 Sieber, Günther, Ustinow tobte, Gorbatschow schwieg, in: Zimmermann, Brigitte/Schütt, Hans-Dieter (Hg.), *Ohnmacht. DDR-Funktionäre sagen aus*, Berlin 1992, S. 232; Sieber, Günther, Schwierige Beziehungen. Die Haltung der SED zur KPdSU und zur Perestroika, in: Hans Modrow (Hg.), *Das Große Haus. Insider berichten aus dem ZK der SED*, Norhaven 1994, S. 71 ff.

51 Vgl. Günter Mittag/Willi Stoph, Vorlage für das Politbüro, Betreff: Aufgaben zur Erhöhung der Effektivität der Investitionen zur weiteren Stärkung der ökonomischen Leistungsfähigkeit der DDR, Berlin, 18.10.1979, Anlage 3: Analyse zur Effektivität der Investitionen in der Volkswirtschaft der DDR, (SAPMO-BArch, ZPA-SED, J IV 2/2A/2269, Band 1). Der Titel der entsprechenden Vorarbeit der Staatlichen Plankommission lautete: "Hauptergebnisse aus der Analyse des Einsatzes der Akkumulation und ihrer Effektivität seit 1960 insbesondere für die Entwicklung der produktiven Akkumulation, Berlin, 28. September 1979 (SAPMO-BArch, ZPA-SED, J IV 2/2A/2271).

senen) Rationalisierungsinvestitionen. Das Volumen und die Effektivität der produktiven Akkumulation reiche nicht aus, hieß es zusammenfassend, "um sowohl die unabdingbare Erweiterung der Produktionskapazitäten zur Sicherung eines hohen dynamischen Wachstums als auch die umfassende Rekonstruktion und Erneuerung der vorhandenen Grundfonds mit dem Hauptziel der Einsparung von gesellschaftlicher Arbeit zu sichern."[52] Die Hauptursache für steigende Instandhaltungsaufwendungen und das Anwachsen der Reparaturarbeiten liege in der "nicht ausreichenden Bereitstellung von Ausrüstungen", was insbesondere "mikroelektronische Bauelemente, Werkzeugmaschinen, numerische und nichtnumerische Steuerungen, Meß- und Prüfmittel, Rationalisierungsmittel für Transport-, Umschlag- und Lagerprozesse und Baumechanismen" betreffe. Als Grund dafür wiederum wurde angegeben, daß die Leistungsfähigkeit der Ausrüstungsproduzenten nicht ausreichend entwickelt worden sei: "Der Anteil der Investitionen im Maschinenbau und in der Elektrotechnik an den Gesamtinvestitionen der Industrie ist von 27,9 Prozent im Jahre 1970 auf 21,5 Prozent im Jahr 1978 zurückgegangen."[53]

Die Effektivität der Investitionsvorhaben, so wird in der Analyse weiter beklagt, leide insgesamt unter der Verschwendung von Ressourcen, dem Nachhinken hinter dem neuesten Stand von Wissenschaft und Technik und zu langen Bauzeiten. Der generelle Mangel an Reserven, bedingt durch den hohen Grad der Vorbestimmung und Verplanung der zur Verfügung stehenden Mittel in den Fünfjahrplänen und der jährlichen Volkswirtschaftspläne, wirke sich zudem innovationshemmend aus; zusätzliche Aufgaben, die sich aus neuen Erkenntnissen von Wissenschaft und Technik ergäben, seien in der Regel nur zu Lasten von geplanten oder bereits begonnenen Vorhaben zu realisieren[54].

Das Ursprungsmaterial der Plankommission warf als "Grundfrage" auf, "die weitere Erhöhung der produktiven Akkumulation mit einer wesentlichen Verbesserung ihrer volkswirtschaftlichen Effektivität zu verbinden."[55] Als Prognose für die achtziger Jahre wurde ein weiterer Anstieg der Rohstoffpreise, erhöhte Aufwendungen zur Sicherung der inländischen Rohstoffbasis sowie eine wesentlichen Erhöhung des Warenexports gegen Devisen zur Sicherung der Zahlungsfähigkeit der DDR angenommen. Wichtigste Aufgabe sei deshalb eine generelle Erhöhung des Anteils der Akkumulation am Nationaleinkommen, insbesonders aber die spezifische Verstärkung des Anteils der produktiven Akkumulation. Der Zuwachs der Akkumulation in den "nicht-produzierenden Bereichen" sei auf den Wohnungsbau zu konzentrieren; für "andere nicht-produzierende Bereiche" dagegen - genannt wurden das Bildungs-, Gesundheits- und Sozialwesen sowie die Bereiche Kultur und Erholung - könne das Volumen nicht wachsen[56].

Um die zur Verfügung stehenden Ausrüstungsinvestitionen optimal im Sinne hoher Produktionswirksamkeit einsetzen zu können, schlug die Plankommission eine Total-Überprüfung aller vorgesehenen Vorhaben vor. Die extensive Ausweitung von Produktionskapazitäten sei zu begrenzen, stattdessen Rationalisierungsinvestitionen der Vorzug zu geben, wobei einer umfassenden Anwendung der Mikroelektronik eine Schlüsselrolle zugewiesen wurde[57]. Auch refinanzierbaren Kompensationsgeschäften mit kapitalistischen Firmen "in den Hauptbereichen

---

52 Analyse zur Effektivität (Fn. 51), S.3.
53 Ebd., S. 6.
54 Vgl. ebd., S. 14.
55 Hauptergebnisse aus der Analyse des Einsatzes der Akkumulation (Fn. 51), S. 14.
56 Ebd., S. 18.
57 Ebd., S. 25.

der materiellen Produktion" wurde eine wichtige Rolle bei der Stärkung der Akkumulationskraft der DDR-Wirtschaft zugeschrieben.

Den grundlegenden Fakten zur Verschlechterung der Effektivität der Investitionen als "Problem, das uns alle alarmieren muß" (Honecker), verschloß sich das Politbüro nicht. "Hier muß wirklich das Steuer herumgerissen werden", betonte der Generalsekretär[58]. Doch bereits die in der Analyse der SPK vorgenommene Unterscheidung in "produktive" und "nicht-produktive" Bereiche stieß auf den Widerspruch des Generalsekretärs und der Vertreter der "nicht-produktiven" Bereiche im Politbüro. Honecker vermochte darin nur eine Unterschätzung des "sogenannten nicht-produktiven Bereichs" erkennen; weil die industrielle Entwicklung ohne das Bildungs- und Gesundheitssystem nicht vorstellbar sei, forderte der Generalsekretär "die Ideologie (zu) beseitigen, daß der sogenannte produktive Bereich dem sogenannten nichtproduktiven Bereich gegenübergestellt wird."[59] Insbesondere verwahrte er sich dagegen, das Wohnungsbauprogramm als nichtproduktiv zu bezeichnen. In der Diskussion sprangen ihm Kurt Hager, Alfred Neumann, Inge Lange, Horst Sindermann und Harry Tisch bei. Chefideologe Hager inkriminierte, daß der von der SPK unter anderem verwendete Begriff der nicht-materiellen Produktion bei Marx nicht auftauche. Während er sich nachhaltig gegen die unterstellte Vernachlässigung der in seine Zuständigkeit fallenden Bereiche von Bildung bis zu Sport, Kunst und Kultur aussprach, hatte Harry Tisch das Ende des FDGB-Feriendienstes vor Augen und legte vorsorglich Protest gegen die Einstellung des Baus von Erholungsheimen ein.

Als Ergebnis der Diskussion im Politbüro faßte Honecker zusammen, daß die Analyse lediglich zur Kenntnis genommen, nicht aber verbreitet werden sollte; man werde im übrigen planmethodische Veränderungen vornehmen müssen, um die "falsche Ideologie" der Plankommission zu beseitigen. Den strukturpolitischen Vorschlägen der SPK folgte das Politbüro nicht; sein Beschluß erschöpfte sich im wesentlichen in Maßnahmen zur Verstärkung der Kontrolle der Mittelverwendung bei Investitionsvorhaben und in allgemeinen Appellen zur Erhöhung der Effektivität von Investitionen, vor allem durch Materialeinsparungen und eine bessere "Sekundärrohstoffverwertung". Beschlossen wurde dagegen die Auflage, bei der Ausarbeitung des Fünfjahrplans eine Investitionsreserve von fünf bis zehn Prozent des Investitionsumfangs für die kurzfristige Verwirklichung neuer Aufgaben zu bilden. Ohne die von der SPK vorgeschlagenen Einschnitte und Schwerpunktsetzungen bei der Investitionsplanung bestand dafür jedoch von vornherein keinerlei Spielraum und damit keine Realisierungschance.

Ein halbes Jahr später war deshalb im Planansatz für die Ausarbeitung des Volkswirtschaftsplans 1981 von einer "Investitionsreserve" bereits keine Rede mehr. Stattdessen wurde das exakte Gegenteil entschieden und die Akkumulationsqote zugunsten der Konsumtionsrate weiter gesenkt. Diese Vorentscheidung gewann im weiteren Verlauf der Ausarbeitung auch des Fünfjahrplanes grundsätzlichen Charakter: Gegenüber einem durchschnittlichen Anteil von 22,8 Prozent in den Jahren 1976 bis 1980 und 22,5 bzw. 20,3 Prozent in den Jahren 1980 und 1981 wurde der Anteil der Akkumulation am verwendeten Nationaleinkommen mit 18,7 Prozent für 1982, 18,6 Prozent 1983, 18 Prozent für 1984 und

---

58 Niederschrift zur Sitzung des Politbüros über die Aufgaben zur Erhöhung der Effektivität der Investitionen zur Stärkung der ökonomischen Leistungsfähigkeit der DDR am 30.10.1979, S. 4. Zur Behandlung der Akkumulationsanalyse im Politbüro vgl. das Gespräch mit Gerhard Schürer und Siegfried Wenzel, S. 79.

59 Ebd., S. 3.

18,9 Prozent für 1985 auf das Niveau der frühen sechziger Jahre heruntergedrückt[60].

Zur gleichen Zeit wurde die Situation in der Zahlungsbilanz immer prekärer. Die Verschuldung gegenüber dem NSW betrug Ende 1979 22,7 Mrd. VM; für Ende 1980 zeichnete sich mit 24,4 Mrd. VM ein neuer Höchststand ab[61]. Die Zahlungsverpflichtungen allein für Zinsen und Tilgungen betrugen 1980 120 Prozent der geplanten Exporteinnahmen[62]. "Wenn die kapitalistischen Banken der DDR keinen Kredit mehr gewähren, würde schon in wenigen Monaten die Lage eintreten, daß die DDR nicht mehr zahlungsfähig ist und keine Importe mehr durchführen kann", schrieb die SPK im Juni 1980 in eine Politbüro-Vorlage, in der sie, ihrer Linie treu bleibend, erneut eine enorme Steigerung der Exporte in das NSW und eine Verringerung der Importe aus dem NSW vorschlug, um die Verschuldung bis 1986 auf weniger als die Hälfte des Jahres 1980 herunterzudrücken[63].

Zur Sicherung der Zahlungsbilanz waren bereits seit der zweiten Explosion der Erdölpreise in den Jahren 1978/79 vereinzelte Sparmaßnahmen im Heizöl- und Kraftstoffverbrauch durchgeführt worden. Als sich 1981 die Kürzung der sowjetischen Erdöllieferungen abzuzeichnen begann, wurden die bis dahin unsystematischen Einzelmaßnahmen in einem umfassenden Programm der "Heizölablösung" in der gesamten Wirtschaft, im privaten Verbrauch und selbst bei den "bewaffneten Organen" einschließlich der sowjetischen Streitkräfte in der DDR gebündelt. Mit einem zentralistischen Gewaltakt wurden republikweit die Heizwerke und Dampferzeuger von Öl- auf Braunkohleverbrauch umgerüstet. Bis Ende 1983 wurde das für die Wärmeversorgung eingesetzte Heizöl vollständig durch Braunkohle ersetzt, was einen Gesamtinvestitionsaufwand von rund 12 Milliarden Mark erforderte. Die Rohbraunkohleförderung wurde von 258 Mio. Tonnen im Jahre 1980 auf über 300 Mio. Tonnen 1985 gesteigert[64]. In Verbindung mit weiteren Sparmaßnahmen im Kraftstoffverbrauch gelang es auf diese Weise, dem inländischen Markt etwa sechs Millionen Tonnen Heizöl und andere Erdölprodukte zu entziehen. Der überwiegende Teil der freigesetzten Menge wurde devisenbringend auf dem westeuropäischen Markt abgesetzt. Um die Ausbeute der Raffinerien und Cracker in den erdölverarbeitenden Kombinaten in Schwedt und Leuna an hellen Produkten, vor allem Diesel und Benzin, zu erhöhen, wurden - wie bereits in den zurückliegenden Jahren - auch zwischen 1982 und 1984 moderne Verarbeitungsanlagen für die tiefere Spaltung des Erdöls mit einem Investitionsaufwand von über einer Milliarde VM komplett aus dem Westen importiert. Die strukurpolitischen und ökologischen Folgen der "Heizölablösung" waren verheerend. Völlig überalterte und bereits zur Stillegung vorgesehene Anlagen der Carbochemie in Böhlen und Espenhain mußten weiter in Betrieb gehalten werden. Die Steigerung des Braunkohleverbrauchs führte zur

60 Vgl. Staatliche Plankommission, Information über den bisher erreichten Stand der Ausarbeitung des Fünfjahrplanes 1981 bis 1985 sowie des Volkswirtschaftsplanes 1982 in Verwirklichung der Direktive des X. Parteitages der SED und Maßnahmen zur weiteren Arbeit, Berlin, 4. September 1981, S. 10 (SAPMO-BArch, ZPA-SED, J IV 2/2A/2422).

61 Vgl. Planansatz für die Ausarbeitung des Volkswirtschaftsplanes 1981 einschließlich des Entwurfs der Zahlungsbilanz, Berlin, 27.6.1980, S. 11 (SAPMO-BArch J IV 2/2A/2333).

62 Konzeption zum Abbau der Höhe der Verbindlichkeiten (Fn. 40), S. 1.

63 Ebd., S. 7.

64 Vgl. Schürer/Mitzinger/Wambutt, Vorlage für das Politbüro. Betr.: Grundlinie der Entwicklung der Braunkohlenindustrie im Zeitraum 1981-1985 und bis 1990, Berlin, 9.3.1981 (SAPMO-BArch, ZPA-SED, J IV 2/2A/2390).

höchsten Schadstoffbelastung der Luft durch Schwefeldioxyd, die in Europa gemessen wurde. Einige Standorte in Berlin sowie in den Bezirken Leipzig und Cottbus "hätten entsprechend den von der UNO empfohlenen Grenzwerten für Umweltbelastungen als nicht bewohnbar eingestuft werden müssen."[65]

In der zweiten Hälfte des Jahres 1982 spitzte sich die Wirtschaftslage der DDR dramatisch zu. "Wir spüren einen totalen Kreditboykott gegenüber der DDR, an dem sich auch Banken der BRD nicht unwesentlich beteiligen, die vorher bei Warenlieferungen und Finanzkrediten zu normalen Bedingungen an der Kreditvergabe internationaler Konsortien beteiligt waren", beschwerte sich Alexander Schalck im Juni 1982 bei dem Leiter der Ständigen Vertretung der Bundesrepublik in der DDR, Hans-Otto Bräutigam[66]. Während seines Krim-Treffens mit Honecker im August 1982 griff Breschnew den "besorgniserregenden Charakter" der finanziellen Abhängigkeit der DDR vom Westen auf und forderte von seinem ostdeutschen Amtskollegen, daß die DDR mit der CSSR und der Sowjetunion eine Schrittmacherfunktion bei der Reduzierung der Abhängigkeit von westlicher Technologie übernehmen solle[67].

Seit dem 13. Dezember 1981, dem Tag der Verhängung des Kriegsrechts in Polen, richteten sich "die Sanktionen des Imperialismus" auch gegen die DDR, klagte Honecker Ende 1982 dem polnischen Außenminister Olszowski: "Die DDR hat seit diesem Zeitpunkt keinen Dollar Kredit erhalten."[68] Um weiterhin Kredittilgungen und Zinszahlungen vornehmen zu können, gelang unter diesem Zwang, was jahrelang fehlgeschlagen war: eine Reduzierung der NSW-Importe, beispielsweise von Getreide und Futtermitteln. Für den zu dieser Zeit "täglichen Kampf um die Gewährleistung der Zahlungsfähigkeit" (Schürer) wurde neben der Arbeitsgruppe Zahlungsbilanz des Politbüros eine "Arbeitsgruppe zur ständigen operativen Leitung und Kontrolle der Durchführung der Zahlungsbilanz der DDR mit dem NSW" unter Leitung von Planungschef Schürer eingerichtet, die Sofortmaßnahmen für den außerplanmäßigen Export von Waren ergriff, die im internationalen Handel gewöhnlich mit Bargeld bezahlt werden[69]. Ohne Rücksicht auf die Wirtschaftlichkeit der Geschäfte und überwiegend zu Lasten der inländischen Versorgung wurden zusätzlich Rohstoffe und Konsumgüter wie Erdölprodukte und chemische Erzeugnisse, Stickstoff und Kali, Eier und Zement, Möbel, Haushalts- und Industrienähmaschinen, Mähdrescher, Gasherde und Fahrräder, Fleisch und Düngemittel, Butter und Waffen gegen Devisen verkauft, um den

---

65 Kusch, Günter/Montag, Rolf/Specht, Günter/Wetzker, Konrad, *Schlußbilanz DDR*, Berlin 1991, S. 70.

66 A. Schalck, Vermerk über das Gespräch zwischen Genossen Schalck und Bräutigam am 3.6.1982, Berlin, den 3.6.1982 (SAPMO-BArch, ZPA-SED, Büro Mittag vorl. SED 42177).

67 Niederschrift über das Treffen des Genossen Erich Honecker mit Genossen Leonid Iljitsch Breschnew auf der Krim am 11. August 1982, S. 5 (SAMO-BArch, ZPA-SED, J IV 2/2A/2502).

68 Vermerk über ein Gespräch des Generalsekretärs des ZK der SED und Vorsitzenden des Staatsrates der DDR, Genossen Erich Honecker, mit dem Mitglied des Politbüros des ZK der PVAP und Minister für Auswärtige Angelegenheiten der VRP, Stefan Olszowski, am 4.11.1982, S. 10 (BA/P E-1-56275).

69 Die Einrichtung der "Ständigen Arbeitsgruppe Zahlungsbilanz" war Bestandteil des Politbüro-Beschlusses "Weitere Maßnahmen zur Durchführung der außenwirtschaftlichen Aufgaben der DDR im Jahre 1982" vom 22.6.1982 (vgl. SAPMO-BArch, ZPA-SED, J IV 2/2A/2491). Mitglieder der Arbeitsgruppe waren neben Gerhard Schürer als Leiter und Karl Grünheid als Sekretär Außenhandelsminister Gerhard Beil, der Leiter des Bereiches Kommerzielle Koordinierung, Alexander Schalck, der Präsident der Deutschen Außenhandelsbank (DABA), Werner Polze und die stellvertretende Finanzministerin Herta König.

Ausfall von Waren- und Finanzkrediten zu kompensieren und auf diese Weise den Schuldendienst bedienen zu können. Auch mit extrem teuren Drehgeschäften, bei denen Waren, ohne sie umzuschlagen, auf Kreditbasis gekauft wurden, um sie sofort gegen cash weiterzuverkaufen, besorgte sich die DDR Bargeld. Für eine kürzere Zeit konnte man mit dieser Politik das Überleben sichern - auf mittlere Sicht jedoch mußte sie in den Untergang führen. Doch Honeckers optimistische Äußerung gegenüber Olszowski, "auf Grund der unterschiedlichen Interessenlage der imperialistischen Staaten" sei es möglich, trotz des bedrohlichen Wirtschaftskrieges "Lücken zu finden", sollte sich bewahrheiten[70].

5. Ostberlin - Bonn: Die Stabilisierung der DDR durch die Milliardenkredite 1983 und 1984

Die Lückensuche, die der DDR den drohenden ökonomischen Kollaps und die dabei zu erwartenden inneren Konflikte zu vertagen half, fand ein halbes Jahr später in der Bundesrepublik ein erfolgreiches Ende. Bereits im August 1982 hatte Schalck dem Leiter der Ständigen Vertretung der Bundesrepublik in Ost-Berlin, Bräutigam, unter Hinweis auf das Krim-Gespräch zwischen Honecker und Breschnew versucht deutlich zu machen, daß die Bundesregierung in den Sog des "praktizierten Wirtschaftskrieges" und der weiteren internationalen Zuspitzung einbezogen werde, "wenn nicht deutliche Signale zur Wiederherstellung der über Jahrzehnte hinweg praktizierten Kreditbeziehungen zwischen der DDR und internationalen Großbanken, darunter auch zu Banken der BRD, gegeben werden."[71]

Auch dem bayerischen Ministerpräsidenten Franz Josef Strauß überbrachte Schalck die massiven Drohungen Honeckers, daß "die "Schotten (zur Bundesrepublik, d.Vf.) dichtgemacht" würden, wenn der Handel mit der DDR "eingeschränkt oder nicht durchgeführt" werde. Die DDR werde in diesem Fall eben ihre "Aufgaben mit Hilfe des RGW lösen."[72] Auf Drängen von Strauß übernahm die Bundesregierung in den Jahren 1983 und 1984 die Garantie für zwei ungebundene Finanzkredite von westdeutschen Landes- und Privatbanken über eine Milliarde bzw. 950 Millionen DM an die DDR, wobei sie ihr Risiko durch die Verpfändung der Transitpauschale absicherte. Die DDR verbrauchte die Kredite nicht, sondern legte sie als Guthaben bei Banken an, was maßgeblich dazu beitrug, ihre Bonität auf den internationalen Finanzmärkten wiederherzustellen[73].

Mit der Wiederherstellung der Bonität der DDR auf den internationalen Finanzmärkten gelang es dem bayerischen Ministerpräsidenten Franz Josef Strauß

---

70 Gesprächsvermerk Honecker/Olszowski, 4.11.1982, S. 10 (Fn. 68).

71 Alexander Schalck, Vermerk über ein Gespräch zwischen Genossen Schalck und Bräutigam am 26.8.1982, Berlin, den 26.8.1982 (SAPMO-BArch, ZPA-SED, Büro Mittag, vorl. SED 42177, Band 1).

72 So die nach der Aufzeichnung Schalcks an Strauß übermittelte Position Honeckers (Alexander Schalck, Niederschrift über das geführte Gespräch zwischen dem Vorsitzenden der CSU, F.J. Strauß, dem Staatsminister im Bundeskanzleramt, Jenninger, und Genossen Schalck am 5.6.1983 in Spöck/Chiemsee, Berlin, den 6.6.1983, S. 3, in: Deutscher Bundestag, *Beschlußempfehlung*, Anlagenband 3, Bl. 3395).

73 Zur Alternative eines gebundenen Kredits ("Zürcher Modell") und des darauf aufbauenden "Länderspiels" vgl. Deutscher Bundestag, *Beschlußempfehlung*, S. 504/505; Bayerischer Landtag, *Schlußbericht des Untersuchungsausschusses betreffend bayerische Bezüge der Tätigkeit des Bereichs "Kommerzielle Koordinierung" und Alexander Schalck-Golodkowskis*, 12. Wahlperiode, Drucksache 12/16598, 6.7.1994 (unkorrigiertes Exemplar), insbes. S. 30-39; Beil, Gerhard, Marketing statt Marxismus, in: Margarita Mathiopoulos, *Das Ende der Bonner Republik*, Stuttgart 1993, S. 121-127; Spiegel Nr. 12, 22.3.1993; Spiegel Nr. 6, 6.2.1995.

und Bundeskanzler Helmut Kohl auf der einen sowie Honecker und Schalck auf der anderen Seite, den Eintritt einer politischen Krisensituation in der DDR zu vertagen, deren Lösung sich zur damaligen Zeit kaum von der polnischen - der Verhängung des Kriegsrechts - unterschieden hätte. Als sein und des Bundeskanzlers zentrales Motiv hob Strauß, der den ersten Kredit für die Bundesregierung einfädelte, gegenüber Honeckers Unterhändler Schalck hervor, "daß die Abkapselung der DDR im RGW der Entwicklung des Friedens in Europa, besonders der allseitigen Entwicklung der Beziehungen zwischen beiden deutschen Staaten, nicht dienlich sein wird."[74] Daß die DDR-Drohung ernst genommen wurde, hatte einen tieferen Grund: Die Bundesregierung und mit ihr der bayerische Ministerpräsident waren zu diesem Zeitpunkt nicht nur über die ernste Wirtschaftslage der DDR bestens informiert[75] und über deren mögliche innere Auswirkungen besorgt, sondern sie wußten auch, daß die im Herbst 1983 anstehende Umsetzung des NATO-Nachrüstungsbeschlusses die Gefahr einer neuen politischen Eiszeit in Mitteleuropa barg, die zuallererst die deutsch-deutschen Beziehungen erkalten lassen würde.

Aus Rücksichtnahme auf die Beziehungen der DDR zur Sowjetunion hatten Strauß und die Bundesregierung darauf verzichtet, ein förmliches Junktim zwischen der Kreditgewährung und menschlichen Erleichterungen herzustellen, was jedoch nicht bedeutete, daß es entsprechende mündliche Absprachen, die es der DDR erlaubten, ihr Gesicht gegenüber der Vormacht zu wahren, nicht gab. Und der politische Preis, den die DDR für ihre ökonomische Stabilisierung zu zahlen sich bereit fand, war nicht gering; er zeigte, wie hart sie der Kreditboykott getroffen hatte. Erstens konzedierte sie mit dem Abbau der Tötungsautomaten an der innerdeutschen Grenze eine Veränderung des Grenzregimes, Erleichterungen im Reise- und Besucherverkehr sowie eine "großzügigere" Genehmigungspraxis bei Ausreiseanträgen ihrer Bürger. Und zweitens ging sie mit dieser deutsch-deutschen Politik nach dem Scheitern der amerikanisch-sowjetischen Abrüstungsgespräche in Genf in einer Zeit härtester weltpolitischer Konfrontationen um die Stationierung der sowjetischen Mittelstreckenraketen und den Nachrüstungsbeschluß der NATO auf Abstand zu ihrer Vormacht. "Die Staaten, die der Stationierung der Raketen zugestimmt haben, müssen jetzt politisch die Folgen dieser Entscheidung spüren", teilte die Führung der KPdSU dem SED-Politbüro nach dem NATO-Stationierungsbeschluß am 28.11.1983 postwendend mit[76] und kündigte an erster Stelle eines "Aktionsplanes" negative Auswirkungen auf die Beziehungen zwischen der BRD und der UdSSR und den anderen sozialistischen

---

74 Alexander Schalck, Vermerk für Genossen Minister Mielke, Berlin, 27.10.1988, S. 7, in: Deutscher Bundestag, *Beschlußempfehlung*, Anlagenband 3, Bl. 3399. - Zu seiner politischen Motivation, den Kredit einzufädeln, vgl.: Strauß, Franz Josef, *Die Erinnerungen*, Berlin/West 1989, S. 476.

75 Dafür sorgten zum einen die exzellenten Außenwirtschaftsanalysen von Maria Haendcke-Hoppe aus dem Gesamtdeutschen Institut des innerdeutschen Ministeriums, zum anderen der Bundesnachrichtendienst und das Bundesamt für Verfassungsschutz. Beide Nachrichtendienste verfügten sowohl von prominenten Überläufern wie Günter Asbeck, dem vorherigen Leiter der KoKo-Firma ASIMEX, wie von über einem Dutzend Agenten allein in den KoKo-Firmen, darunter mehreren Generaldirektoren und Direktoren, über ausgezeichnete und umfassende Informationen über die Wirtschaftslage der DDR und den Stand ihrer Verschuldung. Siehe dazu: Köppe, Ingrid, KoKo - Ein deutsch-deutsches Geheimdienstunternehmen, in: Bündnis 90/Die Grünen (Hg.), *Pressedienst Nr. 216 vom 1.10.1992*, sowie: Brinkschulte, Wolfgang/Gerlach, Hans Jörgen/Heise, Thomas, *Freikaufgewinnler*, Frankfurt-Main/Berlin 1993, S. 249 ff.

76 Information des ZK der KPdSU, 28.11.1983, S. 2 (SAPMO-BArch, ZPA-SED, IV 2/2.035/70).

Ländern an. Von den "deutschen Freunden" wurde erwartet, "der BRD begreiflich zu machen, wie sehr sich die Lage nach der Stationierung dieser Raketen verändert hat, unter anderem durch das beharrliche Aufwerfen politischer Probleme - der Frage der Grenzen, der Staatsbürgerschaft usw., durch verstärkte Kontrolle bei der Einreise westdeutscher Bürger in die DDR und anderes mehr."[77]

Weil die SED-Führung mit Honeckers Formeln von einer "Politik der Schadensbegrenzung" und "Koalition der Vernunft" auf geradezu demonstrative Weise weiterhin einen eigenständigen Kurs steuerte und die Entgegennahme des zweiten Milliardenkredites einer neuen Eiszeit vorzog, wurden Honecker, Hager, Axen und Mielke im August 1984 zum Rapport nach Moskau zitiert. Konstantin Tschernenko als Interims-Generalsekretär, Michail Gorbatschow, der noch Landwirtschaftssekretär des ZK der KPdSU war, Verteidigungsminister Dmitrij Ustinow und Wiktor Tschebrikow, der damalige KGB-Chef, saßen den SED-Politbüromitgliedern gegenüber. In scharfer Form wies Tschernenko Honeckers Formulierungen über die "Schadensbegrenzung" und die "Koalition der Vernunft" als Losungen zurück, die von denjenigen ausgenutzt würden, "die versuchen, ihre Politik zu tarnen, die Menschen durch Phrasen ohne Klassensinn zu täuschen."[78] Als Beispiel für eine solche Phrase, die "nur Heuchelei, nur ideologische Tarnung" sei, zitierte Ustinow Bundeskanzler Kohl, der in Übereinstimmung mit Honecker mehrfach erklärt hatte, daß von deutschem Boden nie mehr eine Gefahr für den Frieden ausgehen dürfe (S. 69). Die für die Kredite gewährten Reiseerleichterungen, so Tschernenko, seien "vom Standpunkt der inneren Sicherheit der DDR zweifelhaft und stellen einseitige Zugeständnisse an Bonn dar. Sie (Honecker und seine Begleiter, d.Vf.) erhalten dadurch finanzielle Vorteile, aber in Wirklichkeit sind das scheinbare Vorteile. Hier geht es um zusätzliche, finanzielle Abhängigkeiten der DDR von der BRD. Die Ereignisse in Polen sind eine schwerwiegende Lehre, aus der man Schlußfolgerungen ziehen sollte" (S. 58). Eine Schlußfolgerung der KPdSU gab Tschernenko der SED-Spitze mit auf den Heimflug. Er "bat" die Ost-Berliner Genossen, vom Besuch Honeckers in der Bundesrepublik Abstand zu nehmen, denn: "Wenn es zu einer Annäherung mit der BRD auf dem Wege der Schwächung der Positionen des Sozialismus durch ungewollte Ermunterung der Ansprüche Bonns gegenüber der DDR kommt, so würde das uns allen einen großen Schaden zufügen" (S. 50). Der sowjetischen Bitte mochte sich die SED-Führung nicht verschließen; der bereits fest geplante Besuch Honeckers wurde abgesagt.

Im März 1985 wurde mit Tschernenko der dritte Generalsekretär der KPdSU innerhalb von drei Jahren zu Grabe getragen und Michail Gorbatschow an die Spitze der Partei gestellt. Stagnation und sinkende Wachstumsraten kennzeichneten die Lage in der sowjetischen Wirtschaft; von dort ging für die Weltmacht die gößte Gefährdung ihrer Politikfähigkeit nach innen und außen aus[79]. Nicht Glasnost oder Perestroika, sondern "Uskorenije" - Beschleunigung der sozialökono-

---

77 Ebd., S. 8.

78 Niederschrift über das Treffen zwischen Genossen Erich Honecker und Genossen Konstantin Ustinowitsch Tschernenko am 17. August 1984, S. 51 (SAPMO-BArch, ZPA-SED, J IV 2/2A/2678). - Die folgenden Seitenangaben im Text beziehen sich auf diese Quelle.

79 Vgl. Höhmann, Hans-Hermann, Die Wirtschaft der UdSSR im 12. Planjahrfünft: auf der Suche nach Wegen aus der Krise, in: Hannes Adomeit/Hans-Hermann Höhmann/Günther Wagenlehner (Hg.), *Die Sowjetunion unter Gorbatschow*, Stuttgart-Berlin-Köln 1990, S. 140-161; Gorbatschow, Michail S., *Gipfelgespräche. Geheime Protokolle aus meiner Amtszeit*, Berlin 1993, S. 8/9.

mischen Entwicklung - hieß dementsprechend das Zauberwort, das am Beginn des Reformprozesses im Jahre 1985 stand[80]. "Uskorenije" bedeutete, die Planwirtschaft auf quantitative und qualitative Wachstumszuwächse zu verpflichten, die zunächst allein mit traditionellen Mitteln erreicht werden sollten, vor allem mit der Konzentration der Ressourcen auf die Anwendungsbereiche des wissenschaftlich-technischen Fortschritts (Maschinenbau und Chemie), der Reduzierung des bürokratischen Leitungsapparates durch die Zusammenlegung von Ministerien, der Verstärkung der Kontrolle der Betriebe und mit schärferen Maßnahmen zur Überwachung der Arbeitsdisziplin, in deren Kontext die Anti-Alkohol-Kampagne gehörte[81]. Es war die Erfolglosigkeit der Politik der "Uskorenije", die zur allmählichen Erweiterung der Reformpolitik führte und mit den Begriffen Glasnost und Perestroika weltweit Beachtung erregte.

Die SED-Führung stand den Veränderungen in der Sowjetunion zunächst eher abwartend und reserviert gegenüber, bevor die Irritation in offene und versteckte Ablehnung umschlug[82]. Als Gorbatschow und Honecker am Rande des XI. Parteitags der SED im April 1986 in Berlin zusammenkamen, waren zwar die in den Jahren 1983 und 1984 sichtbar gewordenen Meinungsverschiedenheiten über die internationale Sicherheitspolitik durch die im Laufe des Jahres 1985 wiederaufgenommenen Rüstungsverhandlungen der Supermächte weitgehend ausgeräumt; an den sowjetischen Vorbehalten gegenüber einer selbständigen deutsch-deutschen Politik der SED und ihren Befürchtungen über eine wachsende ökonomische Abhängigkeit der DDR von der Bundesrepublik jedoch hatte sich nichts geändert. Wie 1984 Tschernenko stemmte sich Gorbatschow energisch gegen eine Reise Honeckers in die Bundesrepublik und setzte trotz dessen nachhaltigen Widerspruchs die Aussetzung des für Juli 1986 vorgesehenen Besuchstermins in Bonn durch[83]. Der Grund für diese Blockadepolitik lag auf der Hand: Zwar war die sowjetische Politik, die Bundesregierung für ihre entschiedene Unterstützung der amerikanischen Rüstungspolitik mit einer Verschlechterung der deutsch-deutschen Beziehungen zu bestrafen, gescheitert, eine Neubestimmung des Verhältnisses zu Bonn jedoch noch nicht erfolgt. Eine abgekoppelte und eigennützige Westpolitik der SED konnte zu diesem Zeitpunkt die sowjetischen Interessen nur schwächen.

Im Stile seiner orthodoxen Vorgänger schnitt Gorbatschow ebenfalls das Verschuldungs-Thema an und tat seine "Beunruhigung" darüber kund, daß "in der Periode der Entspannung einige Länder in der Entwicklung der ökonomischen Zusammenarbeit zu weit gegangen seien."[84] Polen liege "auf dem Kreuz", Ungarn befinde sich im Würgegriff des Internationalen Währungsfonds, dem es

---

80 Vgl. Maximytschew, Igor F., *Gorbatschowsche Perestroika der internationalen Beziehungen als Wegbereiter der deutschen Einheit*, Berlin 1994 (Ms.), S. 3/4; Oldenburg, Fred, Der Zusammenbruch des SED-Regimes und das Ende der DDR, in: Göttinger Arbeitskreis (Hg.), *Die revolutionäre Umwälzung in Mittel- und Osteuropa*, Berlin 1993, S. 103-161.

81 Vgl. Simon, Gerhard/Simon, Nadja, *Verfall und Untergang des sowjetischen Imperiums*, München 1993, S. 105 ff.

82 Vgl. Oldenburg, Fred, *Das Dreieck Moskau - Ost-Berlin - Bonn 1975-1989*. Berichte des Bundesinstituts für ostwissenschaftliche und internationale Studien Nr. 54/1994.

83 Information über das Treffen des Genossen E. Honecker mit Genossen M.S. Gorbatschow am 20. April 1986 in Berlin, zit. nach: Küchenmeister, Daniel (Hg.), *Honecker - Gorbatschow. Vieraugengespräche*, Berlin 1993, S. 98 ff. - Günter Mittag zufolge trug dieses Besuchsverbot maßgeblich zum feindschaftlichen Verhältnis Honeckers gegenüber Gorbatschow bei. Vgl. das Gespräch mit Günter Mittag, S. 28.

84 Information über das Treffen des Genossen E. Honecker mit Genossen M.S. Gorbatschow am 20. April 1986 in Berlin, zit. nach: Küchenmeister, *Honecker*, S. 89.

1982 beigetreten war, und was die DDR betreffe, so verfüge Ministerpräsident Nikita Ryshkow über die Information, "daß die BRD versucht, die Verpflichtungen der DDR gegenüber anderen Ländern aufzukaufen, um die DDR an die BRD zu binden."[85] Wie gegenüber seinen drei Vorgängern wies Honecker auch im Gespräch mit Gorbatschow diese Sorge als unbegründet zurück, wobei er sich allerdings im Unterschied zu den Vorjahren auf eine berufene Zeugin stützen konnte: Die offiziellen und für westliche Kreditgeber maßgeblichen Angaben der Bank für internationalen Zahlungsausgleich in Basel (BIZ) wiesen die DDR, so Honecker, mit einer Nettoverschuldung von lediglich 3,5 Milliarden Dollar neben der Sowjetunion als finanziell potentes Land aus. Die überraschende Metamorphose der DDR von einem kränkelnden Schuldner zu einem vor Liquidität strotzenden und hohe Kreditwürdigkeit ausstrahlenden Kunden, die auch im Westen Erstaunen und Verblüffung hervorrief[86], beruhte auf dem Trick, bereits mobilisierte, aber noch nicht eingesetzte Kredite ausländischer Banken bis zu ihrer Verwendung kurzfristig als Guthaben im Ausland anzulegen. Gleiches geschah mit den Depositen von Devisenausländern, die dadurch als Guthaben der DDR erschienen, obwohl ihnen Zahlungsverpflichtungen in der gleichen Höhe gegenüberstanden. Der wichtigste dieser Devisenausländer, der auf Anweisung Mittags dazu übergegangen war, der Deutschen Außenhandelsbank (DABA) der DDR einen Teil seiner Gewinne als Kredite zur Verfügung zu stellen - im Jahre 1985 in einer Gesamthöhe von 4,3 Mrd. VM[87] -, war der Bereich Kommerzielle Koordinierung[88]. Und um die Vorspiegelung von Liquidität perfekt zu machen, verzichtete die DDR seit 1984 auf die Ausschöpfung des zinslosen Überziehungskredites ("Swing"), der ihr im innerdeutschen Handel von der Bundesregierung eingeräumt wurde[89]. Möglicherweise benutzte die Sowjetunion ähnliche Buchungstricks wie die DDR, um der Baseler Bank ihre Liquidität vorzutäuschen, jedenfalls vertiefte Gorbatschow diesen Punkt nicht.

Mit dem Fall der Weltmarktpreise für Rohöl seit der Jahreswende 1985/86 sprach der Generalsekretär der KPdSU dann eine Entwicklung an, deren umfassend negative Auswirkung auf die Zahlungsbilanz beider Länder und ihre bilaterale Handelsbilanz absehbar war. Seit der Explosion der Erdölpreise im Jahre 1973 hatte sich die Sowjetunion als Großexporteur an den Ölreichtum gewöhnt, "der plötzlich auf uns herabregnete."[90] Anstatt den ihr im Windschatten der OPEC zugefallenen Reichtum in die Modernisierung von Industrie und Landwirtschaft zu investieren, hatte sie ihn jedoch durch den Import von Getreide, Nahrungsmitteln und Industriegütern konsumptiv verwendet. Der Sturz der Welt-

85 Ebd., S. 90.

86 Vgl. Haendcke-Hoppe, Maria, Konsolidierung in der DDR-Außenwirtschaft, in: *Deutschland Archiv* Nr. 10/1984, S. 1067.

87 Vgl. Schreiben von Alexander Schalck an Günter Mittag vom 10.12.1985, Anlage: Abrechnung über die Erfüllung der ökonomischen Aufgabenstellung des Bereiches Kommerzielle Koordinierung im Jahre 1985 (SAPMO-BArch, ZPA-SED, Büro Mittag 42004, Bl. 92).

88 Vgl. Schreiben von Alexander Schalck und Herta König an Hans Modrow, 14.11.1989.

89 Die durchschnittliche Inanspruchnahme des Swing lag bis Anfang der achtziger Jahre über 80 Prozent und 1983 noch bei 71 Prozent; 1984 wurde er nur noch zu 31 Prozent, 1985 zu 29 Prozent und 1986 zu 22 Prozent genutzt. Vgl. Haendcke-Hoppe-Arndt, Maria, Zum ökonomischen Erbe der SED-Diktatur, in: Wolfgang-Uwe Friedrich (Hg.), *Totalitäre Herrschaft - totalitäres Erbe*. German Studies Review, Special Issue, Fall 1994, S. 56/57.

90 Arbatow, Georgi, *Das System. Ein Leben im Zentrum der Sowjetpolitik*, Frankfurt/Main 1993, S. 240.

marktpreise traf die UdSSR nun mit doppelter Härte: Auf der einen Seite mußte sie im Handel mit den kapitalistischen Ländern Devisenausfälle in Milliardenhöhe verkraften und ihre Valutaimporte entweder kreditfinanzieren oder um ein entsprechendes Volumen reduzieren; allein für 1986 habe man Importe für sechs Milliarden Dollar streichen müssen, teilte Gorbatschow Honecker mit. Auf der anderen Seite verschlechterten sich auch ihre terms of trade im Intrablockhandel des RGW rapide; bis dahin größter Kreditausreicher an die Bruderländer, drohte der Sowjetunion nun eine Verringerung des Warenaustausches, wenn nicht ihr Absturz zum größten Schuldner innerhalb des RGW. Aber auch für die DDR wirkten sich die binnenwirtschaftlichen Folgen dieser außenwirtschaftlichen Entwicklung verheerend aus.

6. *"Sieg oder Niederlage": Die Forcierung des Mikroelektronik-Programms*

Die Signalfunktion, die den Milliardenkrediten der Bundesrepublik für die weitere Kreditvergabe an die DDR international zukam, hatte die DDR zusammen mit den zwischen 1981 und 1985 im Handel mit den westlichen Industrieländern erzielten Exportüberschüssen in Höhe von 14,1 Mrd. Valutamark vor dem Absturz in die Zahlungsunfähigkeit bewahrt. Das Mitte 1980 selbstgesteckte Ziel, die Verschuldung bis 1985 auf 14 Mrd. VM zu senken, war nicht erreicht worden; immerhin war es ihr aber gelungen, den Schuldenstand mit 24 Mrd. VM (1985) gegenüber 1980 in etwa konstant zu halten und damit die Schuldenspirale anzuhalten.

Den bedeutendsten Anteil am Handelsbilanzüberschuß mit dem Westen hatte die Ausfuhr von Erdölprodukten. Sie war im Zeitraum zwischen 1981 und 1985 gegenüber dem vorhergehenden Planjahrfünft von 12 Mio. auf 27 Mio. Tonnen gesteigert worden und trug mittlerweile gut dreißig Prozent der Erlöse im Westhandel ein. Die DDR war damit "zu einem der bedeutendsten Exporteure auf dem Mineralölsektor unter den Nichtförderländern avanciert."[91] Umso härter traf sie der 1985 einsetzende Rückgang und die sturzartige Halbierung der Weltmarktpreise für Erdölprodukte im ersten Halbjahr 1986, während für den Rohöl-Import aus der Sowjetunion aufgrund der RGW-Preisbildungsprinzipien zur gleichen Zeit Höchstpreise zu entrichten waren. Betrug der Erlös für einen Export von 5,385 Mio. Tonnen Mineralölerzeugnisse 1985 noch 2,5 Mrd. Valutamark, so schmolz er 1986 bei einer leicht reduzierten Ausfuhrmenge von 4,927 Mio. Tonnen auf 1,043 Mrd. Valutamark zusammen. Die verzweifelte Suche nach exportfähigen Gütern, die diesen Einbruch auszugleichen imstande waren, erwies sich nicht nur deshalb als schwierig, weil sich die Wettbewerbsfähigkeit der DDR auf dem Weltmarkt durch den Verfall des Dollar-Kurses vor allem gegenüber den Schwellenländern weiter verschlechterte. Vielmehr drängte sich die Erkenntnis auf, daß der technologische Rückstand in den Kernbereichen der Industrie zum Haupthemmnis des West-Exports geworden war. So waren insbesondere hochwertige Erzeugnisse des DDR-Maschinenbaus wie numerisch gesteuerte Werkzeugmaschinen im Westen immer weniger gefragt; wurden sie gekauft, dann zumeist nur unter der Bedingung, daß die elektronischen Steuerungsteile aus der

91 Haendcke-Hoppe, Maria, Die DDR-Außenwirtschaft am Beginn der Fünfjahrplanperiode 1986-90, in: *Deutschland Archiv* 1/1987, S. 50. Der Anteil mineralischer Brennstoffe am Export der DDR in westliche Industrieländer einschließlich der Bundesrepublik Deutschland stieg von 19,6 Prozent im Jahr 1979 über 24,4 Prozent (1980), 27,9 Prozent (1981), 30,0 Prozent (1982) auf 30,2 Prozent im Jahr 1983. Vgl. HWWA, *Gutachten "Die Bedeutung*, S. 44.

Produktion westlicher Konzerne stammten. Deren "Beistellung" schmälerte jedoch den Devisenertrag der DDR erheblich[92].

Im Mittelpunkt eines Politbüro-Beschlusses vom 20. Juni 1986, dem eine Schuldenhalbierung bis 1990 als Ziel vorangestellt worden war[93], stand der Vorschlag, "die Aufgaben für die Leistungen, die Produktion und die Effektivität auf der Grundlage einer höheren Wirksamkeit von Wissenschaft und Technik, insbesondere der größeren Breitenwirkung von Schlüsseltechnologien sowie von Spitzenleistungen weiter zu erhöhen" (S. 2). Um trotz der Maßnahmen zur Halbierung des "Sockels" die Akkumulationskraft der DDR zu stärken, seien "einige Investitionsobjekte, die eine hohe Rentabilität und sichere Rückzahlung gewährleisten, als NSW-Anlagenimporte auf der Basis langfristiger Kredite über diese Rechnung der Zahlungsbilanz hinaus dem Politbüro gesondert zur Entscheidung vorzulegen" (S. 3). Durch solche Importe - der Politbüro-Beschluß nennt als ersten ausgerechnet ein weiteres Vorhaben zur vertieften Erdölspaltung im Petrolchemischen Kombinat Schwedt mit einem Investitionsvolumen von 770 Mio. Mark und einem zusätzlichen Valutaaufwand von 408 Mio. VM - werde die "komplizierte handelspolitische Aufgabe zur Erzielung eines hohen NSW-Exportüberschusses unterstützt" (S. 3).

Die genaueren Modalitäten regelte ein Politbüro-Beschluß vom 26. August 1986. Da innerhalb des bis 1990 laufenden Fünfjahrplanes keine Umschichtungsmöglichkeiten gesehen wurden, sollten die Technologieimporte zur "zielstrebigen Erneuerung der Produktionsbasis, insbesondere der Elektrotechnik/Elektronik sowie des Maschinenbaus", die auch als "Leistungsimporte" bezeichnet wurden, außerhalb des Planes und der Plan-Zahlungsbilanz vom Bereich Kommerzielle Koordinierung auf Kreditbasis vorfinanziert werden[94]. Für ihre Rückzahlung nach 1990 bzw. 1995 wurde jedoch die Plankommission in die Pflicht genommen[95]. Der Vorteil, die Technologieimporte über KoKo abzuwickeln, lag darin, daß der Bereich wie eine kapitalistische Bank agieren, den Kombinaten zumindest etwas härtere Budgetrestriktionen setzen und nahezu risikolos operieren konnte. Die Nichterfüllung der mit der Kreditausreichung bzw. Bereitstellung der importierten Investitionsgüter eingegangenen Rückzahlungsverpflichtungen - durch zusätzlich zu den Planauflagen zu erwirtschaftende NSW-Exportgüter bzw. Importsubstitution - wurde mit Sanktionen belegt. Kamen die Kombinate im außerplanmä-

---

92 Vgl. dazu das Gespräch mit Alexander Schalck, S. 146/47.

93 Vgl. Vorschläge für Maßnahmen zur ökonomischen Stärkung der DDR unter Berücksichtigung der veränderten Preise für Erdölprodukte 1986 und für den Fünfjahrplan 1986-1990, Beschluß des Politbüros vom 20.5.1986 (SAPMO-BArch, ZPA-SED, J IV 2/2A/2882). (Die folgenden Seitenangaben im Text beziehen sich auf diese Quelle.) - Das Mißlingen dieser Schuldenreduzierung hielt Honecker nicht davon ab, gegenüber Gorbatschow das Gegenteil zu behaupten und Vollzug zu melden. Im Oktober 1986 teilte er Gorbatschow mit: "Die DDR habe ihre Zahlungsbilanz zum Westen jetzt wieder voll in der Hand. Innerhalb von fünf Jahren sei es gelungen, die Verbindlichkeiten zu halbieren" (Niederschrift über ein Gespräch des Genossen Erich Honecker, Generalsekretär des ZK der SED und Vorsitzender des Staatsrates der DDR, mit Genossen Michail Gorbatschow, Generalsekretär des ZK der KPdSU, am 3.10.1986, dok. in: Küchenmeister, *Honecker*, S. 147).

94 Zur Entwicklung der Leistungsimporte vgl. das Gespräch mit Alexander Schalck, S. 164.

95 Vgl. Beschluß des Politbüros des ZK der SED vom 26.8.1986, Maßnahmen zur Durchführung der Beschlüsse des XI. Parteitages der SED für die Qualifizierung der Leitung, Planung und wirtschaftlichen Rechnungsführung bei der weiteren Ausarbeitung des Fünfjahrplanes 1986-1990 sowie des Jahresvolkswirtschafts- und Staatshaushaltsplanes 1987, dok. in: Deutscher Bundestag, *Beschlußempfehlung*, Anlagenband 3, S. 3031 ff.

ßigen Bereich ihren Verpflichtungen nicht nach, konnte sich der Bereich KoKo im Planbereich schadlos halten.

Die Angaben über das Gesamtvolumen der Leistungsimporte in der zweiten Hälfte der achtziger Jahre schwanken zwischen acht und zehn Milliarden VM. Die Grundidee dieser Investitionspolitik ließ sich dann realisieren, wenn die Refinanzierung der importierten Anlagen mit den damit neu hergestellten Gütern im festgelegten Zeitraum gelang und die Kombinate anschließend - vor allem im Außenhandel - Gewinne erwirtschafteten. Gelang sie jedoch nicht, wäre die Plan-Zahlungsbilanz ab 1991 mit den dann nicht gedeckten Krediten zusätzlich belastet worden. In dem Industriezweig, in den die mit Abstand meisten Mittel flossen, gelang dies eindeutig nicht: Die mikroelektronische Industrie erwies sich als ein Milliardengrab.

Der XI. Parteitag der SED im April 1986, dem das Mikroelektronik-Programm gelegentlich zugeschrieben wird, autorisierte mit seinem Beschluß "zur beschleunigten Entwicklung und Einführung von Schlüsseltechnologien in der Volkswirtschaft der DDR" lediglich die bereits zuvor eingeleitete Entwicklung[96]. Die Weichen für die massive Konzentration der Kräfte und Mittel auf die Mikroelektronik waren im Januar 1986 auf einer Beratung bei Günter Mittag gestellt worden. Zu deren Vorgeschichte gehörte, daß die UdSSR die vertraglich vereinbarten Lieferungen von mikroelektronischen Bauelementen im Planjahr 1985 in erheblichem Umfang unterschritten hatte und für 1986 mit weiteren Lieferausfällen fest zu rechnen war. Für das Ministerium für Elektrotechnik und Elektronik (MfEE) ergab sich aus den Unzulänglichkeiten der Arbeitsteilung die unabweisbare Konsequenz, den Aufbau von Parallelproduktionen zur UdSSR voranzutreiben. Der aus diesem Strategiewechsel resultierende Vorschlag, zwei komplette Halbleiterfabriken mit einem Investitionsvolumen von drei Milliarden Mark und rund 500 Mio. VM zusätzlich zu den bisherigen Planvorhaben zu errichten, überforderte die Möglichkeiten des Planes und stieß auf den Widerstand der SPK. Als maximale Größe hielt Schürer die Mobilisierung einer zusätzlichen Investitionssumme von einer Milliarde Mark und 300 Mio. VM für realisierbar[97].

Anlaß der Beratung bei Mittag war neben diesen Differenzen die Nichterfüllung des Jahresplans 1985, insbesondere die erhebliche Unterschreitung seiner NSW-Exportkennziffern, sowie Forderungen der Minister aller wichtigen Industriezweige nach mehr Investitionen in zweistelliger Milliardenhöhe, denen die Plankommission hilflos gegenüberstand. Nachholende Investitionen in die Mikroelektronik als Zukunftsindustrie schienen in dieser Situation die einzige Möglichkeit, um sowjetische Unzuverlässigkeiten auszuschalten und zugleich die für einen Industriestaat unhaltbare rohstofflastige NSW-Exportstruktur durch das Angebot intelligenter Produkte zu verbessern. Welch anderem Land im RGW wenn nicht der DDR, die zudem mit ihren exzellenten geschäftlichen Verbindungen zu Japan und den innerdeutschen Wirtschaftsbeziehungen über die erfolgver-

---

96 Vgl. *Protokoll der Verhandlungen des XI. Parteitages der Sozialistischen Einheitspartei Deutschlands im Palast der Republik in Berlin, 17. bis 21. April 1986*, Berlin/Ost 1986.

97 Vgl. Staatliche Plankommission, Niederschrift über eine Beratung beim Vorsitzenden der Staatlichen Plankommission zur Konzeption für die weitere Beschleunigung der Mikroelektronik, insbesondere der Produktion mikroelektronischer Bauelemente und Schaltkreise in der DDR, 3.1.1986. Teilnehmer der Beratung waren Schürer, Meier, Schalck, Nendel, Wenzel, Heinze und Paul. Der Beratung lag der Entwurf einer Konzeption "Zur Aufnahme bzw. Erweiterung der Parallelproduktion von mikroelektronischen Schaltkreisen in der DDR infolge nichtgesicherter UdSSR-Importe" von Karl Nendel, dem für die Mikroelektronik verantwortlichen Staatssekretär im MfEE zugrunde.

sprechendsten Hebel gegen die Embargobeschränkungen des Westens verfügte, sollte der technologische Sprung zum "Japan des RGW" gelingen können? Hatte die DDR aber erst einmal im zivilen Sektor des RGW die Spitzenposition als Produzent mikroelektronischer Bauelemente erreicht, bestand die Chance, sich als Monopolanbieter im Intrablockhandel durchzusetzen und sich insbesondere aus der Rohstoffabhängigkeit von der Sowjetunion zu lösen. Nutze man die Möglichkeit nicht, dramatisierte Günter Mittag am 17. Januar 1986, "dann haben wir uns auf der Welt verabschiedet." Die DDR müsse sich "in die Mikroelektronik hineinquälen", auf diesem Gebiet gehe es um "Sieg oder Niederlage."[98] Seine Siegeszuversicht begründete er mit dem Hinweis auf das erfolgreiche Vorbild der milliardenteuren, aus dem Westen importierten Spaltanlagen der erdölverarbeitenden Kombinate: Schon einmal, so Mittag, sei es in einer ähnlichen Situation gelungen, mit dem West-Import neuer Technik einen großen Aufschwung zu erreichen und leistungsfähig zu bleiben - "obwohl es damals auch Gegner gab" (S. 7). Der Fehler dieser Analogie lag auf auf der Hand: Erfolgsgeheimnis des Ölgeschäfts war gewesen, daß die DDR an den Weltmarktpreisen verdient hatte. In der Mikroelektronik dagegen mußte sie sich von Beginn an aus eigener Kraft der Weltmarktkonkurrenz stellen. Doch die Bedenkenträger in der Staatlichen Plankommission meldeten sich nicht zu Wort. Ihr gewichtigstes Gegenargument - die offene Finanzierungsfrage - wurde von Alexander Schalck entkräftet, denn der KoKo-Chef warf sich mit dem Vorschlag in die Bresche, den Investitionsbedarf des Ministers für Elektrotechnik und Elektronik, der mittlerweile auf eine Höhe von 1,2 Mrd. VM hochgeschraubt worden war, aus KoKo-Mitteln vorzuschießen: "Zur Mikroelektronik schlage ich vor, daß die 1,2 Mrd. Valutamark, die jetzt offen sind, als Kredit an den Staat eingeräumt werden und wir (der Bereich KoKo, d.Vf.) werden das als Kompensationsvorhaben übernehmen. Die Refinanzierung soll dann nach 1990 erfolgen und die Zinsen werden durch uns erwirtschaftet. Die Rückzahlung sollten wir also in die Bilanzen nach 1990 aufnehmen. Diese Verpflichtung traue ich mir zu, mit meinen Kommunisten zu übernehmen" (S. 15). In diesen Äußerungen ist unschwer der Grundgedanke zu erkennen, der dem Politbüro-Beschluß im August 1986 Pate stand. In einer "Vereinbarung über die Finanzierung und Refinanzierung von NSW-Importen für die beschleunigte Einführung von Schlüsseltechnologien Mikroelektronik und CAD/CAM" zwischen dem Vorsitzenden der Plankommission, dem Minister für Elektrotechnik und Elektronik sowie dem Leiter des Bereiches Kommerzielle Koordinierung hatte er bereits am 29. Januar 1986 vertragliche Form angenommen[99]. Inhalt der Vereinbarung war die zusätzliche, außerplanmäßige Bereitstellung von 1,050 Mrd. VM bis 1990 durch den Bereich KoKo für den Import "von technologischen Spezialausrüstungen, elektronischen Bauelementen und Baugruppen sowie peripheren Geräten der Rechentechnik, die überwiegend strengen Embargobestimmungen unterliegen."[100] Zusammen mit den ohnehin im Fünfjahrplan 1986-1990 veranschlagten planmäßigen Finanzmitteln in Höhe von 1,171 Mrd. VM, der Zuweisung von 1 Mrd. VM durch den Vorsitzenden der Plankommission sowie "weiterer gesondert getroffener Entscheidungen" standen der mikroelektronischen Industrie im letzten Fünfjahrplan der DDR insgesamt etwa 3,5 bis

98 Heinz Klopfer, Persönliche Niederschrift über die Beratung beim Mitglied des Politbüros und Sekretär des ZK der SED, Genossen Dr. Günter Mittag am 17.1.1986, Berlin, 20.1.1986, S. 6 ff. (BA/P, E-1-56287). - Die folgenden Seitenangaben im Text beziehen sich auf diese Quelle.

99 Vgl. den Abdruck der Vereinbarung vom 29.1.1986, in: Deutscher Bundestag, *Beschlußempfehlung*, Anlagenband 2, Dokument 545.

100 Ebd.

4 Mrd. VM zur Verfügung[101]. An Ausgaben in Mark der DDR kamen bis 1988 14 Mrd. Mark der DDR für Investitionen in die Mikroelektronik und weitere 14 Mrd. Mark für Forschung und Entwicklung hinzu[102].

Den Stand, den die DDR mit dem konzentrierten Einsatz all dieser Mittel im internationalen Vergleich erreichte, resümierte eine Studie der Akademie der Wissenschaften (AdW): Trotz eines wesentlich höheren Investitionsaufwandes hinkte die DDR bei der Entwicklung und Produktion des 64- und 256-Kbit-Speicherschaltkreises mit einem zeitlichen Abstand von rund acht Jahren dem internationalen Standard hinterher, erreichte nur zehn Prozent der Stückzahlen westlicher Hersteller und dies zu astronomisch hoch anmutenden Einführungspreisen, während das internationale Preisniveau zur gleichen Zeit durch die im Westen frühere Produktionsaufnahme bereits auf einen Bruchteil des Einführungspreises gefallen war. Im Jahr 1988 war der in der DDR mit Aufwandskosten von 93 Mark hergestellte 64-Kbit-Chip auf dem Weltmarkt für einen Dollar, der mit Aufwandskosten von 534 Mark produzierte 256-Kbit-Chip für zwei Dollar erhältlich. Aus all dem ergebe sich, so die AdW-Autoren, "daß insgesamt die Verwertung der Vorleistungen in der DDR um mehrere Zehnerpotenzen ungünstiger sein muß als bei den international führenden Produzenten."[103] Der Industrieabgabepreis für den 64-Kbit-Chip in Höhe von 15,40 Mark wurde 1988 mit 75 Mark, der Abgabepreis für den 256-Kbit-Chip in Höhe von 16,80 Mark mit 517 Mark staatlich gestützt.

Bei diesen hohen Gestehungskosten war nicht nur eine Refinanzierung der Leistungsimporte völlig ausgeschlossen; statt zu einem "Zugpferd" entwickelte sich die Mikroelektronik vielmehr zu einem gefräßigen Subventionsbereich, der 1988 ein zusätzliches Loch von mehr als einer halben Milliarde Mark für Preissubventionen in den Staatshaushalt riß.

7. Die Schürer/Mittag-Kontroverse 1988

Anfang 1988 verdichteten sich für den Vorsitzenden der Plankommission die Anzeichen, daß die wirtschaftliche Katastrophe unaufhaltsam näherrückte. In den außenwirtschaftlichen Beziehungen zu den Mitgliedsländern des RGW traten zunehmend Spannungen auf. Ungarische und polnische, aber auch sowjetische Betriebe begannen, ihre DDR-Vertragspartner mit einer eigenmächtigen Preisfestsetzungspolitik zu überraschen. Die Sowjetunion kam in wachsendem Umfang ihren vertraglichen Rohstoff-Lieferungsverpflichtungen gegenüber der DDR nicht mehr nach. Im Dezember 1987 kündigte sie ihren Bruderländern unter Hinweis auf die erschwerten Erschließungs- und Förderbedingungen eher beiläufig die

101 Vgl. Siegfried Wenzel, Information für den Vorsitzenden der Staatlichen Plankommission, Genossen Gerhard Schürer, 15.4.1988. - Die Gesamtsumme von rd. vier Mrd. VM errechnet sich auch aus den Angaben des stellvertretenden Generaldirektors des Außenhandelsbetriebes Elektronik Export-Import, Gerhardt Ronneberger. Vgl. Schreiben von Gerhardt Ronneberger, Elektronik Export-Import, an Genossen Neubert, Ministerium für Außenwirtschaft, vom 14.12.1989, in: Deutscher Bundestag, *Beschlußempfehlung*, Anlagenband 2, Dokument 557.

102 Vgl. Zentralinstitut für Wirtschaftswissenschaften der Akademie der Wissenschaften der DDR, Studie "Zu Entwicklungstendenzen des ökonomischen Wachstums auf dem Wege der umfassenden Intensivierung der Volkswirtschaft in den 90er Jahren (und darüber hinaus), ausgearbeitet von einer Arbeitsgruppe unter Leitung von Prof. Dr. Wolfgang Heinrichs. Berlin, Mai 1989, S. 88 (BStU, MfS-SdM 2076, Bl. 112).

103 Ebd.

Verringerung der Erdöllieferungen nach dem Auslaufen der Lieferverträge im Jahre 1990 an[104].

Als Reaktion auf die inneren Funktionsmängel des RGW und die für 1992 bevorstehende Herstellung des "Gemeinsamen Marktes" in der Europäischen Gemeinschaft war auf der 43. Tagung des RGW im Oktober 1987 die Arbeit zur "Umgestaltung des Mechanismus der Zusammenarbeit" im RGW eingeleitet worden, in deren Mittelpunkt Gorbatschow die "Frage des Zentralismus" gerückt hatte[105]. Anfang Februar 1988, auf der 126. Sitzung des Exekutivkomitees des RGW in Prag, unterbreitete die Sowjetunion ein weitreichendes Reformprogramm, um "zu einem prinzipiell neuen ökonomischen Mechanismus der Integration, zur schrittweisen Herausbildung (...) eines vereinigten Marktes der RGW-Länder überzugehen."[106] Die sowjetischen RGW-Experten verabschiedeten sich von der zentralistischen Planungsökonomie und schlugen stattdessen eine radikalisierte Version der NÖS-Ideen auf supranationaler Ebene vor: Bei der gemeinsamen Planung sei es erforderlich, "das Schwergewicht vom zentral geregelten Austausch auf die Entwicklung des direkten Austausches von Erzeugnissen zwischen den Wirtschaftseinheiten, auf die Regelung der gegenseitigen Beziehungen mit Hilfe der Nutzung ökonomischer Methoden und Hebel der Leitung der Integration zu verlagern (...)."[107] Neben dem Vorschlag, die gegenseitige Konvertierbarkeit der nationalen Währungen als Vorstufe zur Konvertierbarkeit mit westlichen Währungen einzuleiten, stieß insbesondere die Absicht der Sowjets, die Außenhandelspreise der RGW-Länder ab 1991 an die Weltmarktpreise anzupassen, auf scharfe Ablehnung der DDR. Der Grund lag auf der Hand: Über siebzig Prozent der Importe der DDR aus der Sowjetunion waren Rohstoffe, während neunzig Prozent ihrer Exportlieferungen in die UdSSR Fertigerzeugnisse darstellten. Die Rohstofflieferungen der Sowjetunion waren "NSW-wertig", die Fertigerzeugnisse der DDR dagegen nicht. Eine Berechnung der Plankommission kam zu dem Ergebnis, "daß der Import von Rohstoffen aus der UdSSR für die DDR eine Lebensfrage und durch nichts ersetzbar ist. Wenn alle Rohstoffe, die die DDR aus der Sowjetunion importiert (die alle NSW-wertig sind), aus dem NSW bezogen werden müßten, so wären dafür in Dollar 37 Milliarden und in Mark der DDR (Inlandaufwand) 289 Milliarden Mark erforderlich. Gegenüber der UdSSR beträgt der Inlandaufwand 105 Milliarden Mark. Der Aufwand bei einem Import aus dem NSW wäre 2,8 mal höher als aus der UdSSR."[108] Der Vorschlag der sowjetischen Experten zielte auf nichts anderes ab, diesen Preisvorteil der DDR im bilateralen Handel zugunsten der Sowjetunion vollständig abzuschöpfen. Das Dilemma der DDR bestand darin, daß sie für die Verteidigung ihrer prinzipiellen Gegenposition, die für sie günstige bisherige Preisbildung nach

104 Vgl. die Weitergabe dieser Mitteilung im Schreiben von Gerhard Schürer an Günter Mittag, 10.12.1987 (SAPMO-BArch, ZPA-SED, Büro Mittag 41813).

105 Niederschrift über ein Treffen des Generalsekretärs des ZK der KPdSU mit den Vorsitzenden der Ministerräte und den Sekretären der ZK der Bruderparteien der RGW-Länder anläßlich der 43. (außerordentlichen) Tagung des Rates für Gegenseitige Wirtschaftshilfe am 14. Oktober 1987 in Moskau, S. 6 (SAPMO-BArch, ZPA-SED, Büro Mittag 41813).

106 A. Russanow (UdSSR, 1. Stellvertreter des Ständigen Vertreters im RGW), Vorschläge der sowjetischen Experten zum Inhalt und zu den Etappen der Arbeit zur Umgestaltung des Mechanismus der Zusammenarbeit und der sozialistischen ökonomischen Integration sowie der Tätigkeit des RGW, 31.12.1987, S. 1 (SAPMO-BArch, ZPA-SED, Büro Mittag 41813).

107 Ebd., S. 2.

108 Volkswirtschaftliche Berechnungen zum Warenaustausch DDR/UdSSR, o.D. (1986), S. 3 (BA/P, E-1-56348).

den fünfjährigen durchschnittlichen Weltmarktpreisen beizubehalten, mit Ausnahme der rumänischen Führung keine Bündnispartner fand[109].

Im Frühjahr 1988 zeichnete sich für die Leitung der Plankommission die drohende Zahlungsunfähigkeit der DDR immer deutlicher durch ihre Verpflichtung ab, die vom Bereich KoKo vorgeschossenen Kredite ab 1991 in die Zahlungsbilanz einordnen zu müssen, ohne mit Refinanzierungsleistungen der Empfänger rechnen zu können. Auf dramatische Weise drängte sich dieses Schreckensszenario in der mikroelektronischen Industrie auf. Ohne auch nur für die entfernteste Zukunft Vorstellungen über die Rückzahlung der KoKo-Kredite vorlegen zu können, trat das MfEE Anfang 1988 mit Investitionsforderungen in Höhe von 42 Mrd. Mark für das Planjahrfünft von 1991-1995 an die Plankommission heran, was einer Steigerungsrate von 220 Prozent gegenüber dem vorhergehenden Zeitraum entsprach. Daneben beanspruchte es für die Mikroelektronik weitere zwei Milliarden Valutamark für den Import westlicher Ausrüstungen. Für die Plankommission, deren internes Konzept zu diesem Zeitpunkt von einem Gesamtinvestitionsvolumen des Bereiches Elektrotechnik/Elektronik von maximal 28 Mrd. Mark ausging, war das Ende der Fahnenstange erreicht[110].

Ende April 1988 entschloß sich Schürer nach einer Beratung mit seinen Stellvertretern zu einer Intervention. Am Wirtschaftssekretär Mittag und am Politbüro vorbei stellte er ausschließlich Honecker ein "Überlegungen zur weiteren Arbeit am Volkswirtschaftsplan 1989 und darüber hinaus" überschriebenes Papier zu. Weil "wichtige Fragen der materiell-technischen Sicherung, der Versorgung der Bevölkerung und besonders der Zahlungsbilanz gegenüber dem NSW" in den Planentwürfen für 1989 nicht gewährleistet seien, schlug Schürer darin einen einschneidenden Kurswechsel der bisherigen Wirtschaftspolitik vor[111].

Letzter Anstoß der "Überlegungen" Schürers waren Bilanzierungslücken im Entwurf des Volkswirtschaftsplans 1989 in Höhe von 8,1 Milliarden Mark sowie ein weiterer Anstieg der Auslandsverschuldung bis Ende 1989, und zwar um 4,4 Milliarden auf insgesamt 38,9 Milliarden Valutamark. Für einen Stop der weiteren Verschuldung wurde von der Günter Mittag unterstellten ZK-Abteilung Planung und Finanzen die Notwendigkeit eines Exportüberschusses im Außenhandel mit dem NSW in Höhe von 6,5 Milliarden für erforderlich[112], gleichzeitig aber

---

109 Vgl. die Randnotizen von Egon Krenz zum Tagesordnungspunkt 9 der Politbüro-Sitzung vom 22.3.1988: "Standpunkt zum Auftreten der Vertreter der DDR in den Organen des RGW bei der Vorbereitung von Beschlüssen zur Festlegung der Vertragspreise im gegenseitigen Handel für den Zeitraum 1991 bis 1995", S. 8 (SAPMO-BArch, ZPA-SED, IV 2/2.039/59, Bl. 126 ff.).

110 Vgl. Siegfried Wenzel, Information für den Vorsitzenden der Staatlichen Plankommission, Genossen Gerhard Schürer, 15. April 1988. Siegfried Wenzel informierte in diesem Papier über eine Beratung im "Parteistab Mikroelektronik", in der der Entwurf einer Politbüro-Vorlage "Konzeption zur Entwicklung des Elektronikmaschinenbaus in der DDR" diskutiert wurde. Das der Konzeption zugrundegelegte Zahlenmaterial war Gerhard Schürer schon einige Wochen vorher zugestellt worden.

111 Gerhard Schürer, Überlegungen zur weiteren Arbeit am Volkswirtschaftsplan 1989 und darüber hinaus, Berlin, 26. April 1988, dokumentiert in: Hertle, Hans-Hermann, *Vor dem Bankrott der DDR. Dokumente des Politbüros des ZK der SED aus dem Jahre 1988 zum Scheitern der "Einheit von Wirtschafts- und Sozialpolitik"*. Berliner Arbeitshefte und Berichte zur sozialwissenschaftlichen Forschung Nr. 63, Berlin 1991, Bl. XXXIV-XLVI. - Im folgenden zitiert als Schürer, Überlegungen.

112 Vgl. Abt. Planung und Finanzen (G. Ehrensperger), Stellungnahme zur Vorlage für das Politbüro des ZK der SED, Betreff: Information und Vorschläge zur Arbeit am Entwurf der staatlichen Aufgaben des Volkswirtschaftsplanes und des Staatshaushaltsplanes 1989, Berlin, 27.4.1988 (SAPMO-BArch, ZGA-FDGB, BUVO Nr. 13553).

nur in einer Höhe von maximal 2,1 Milliarden Valutamark von der Plankommission für erreichbar gehalten. "Nicht nur was, sondern vor allem mit welchen Kosten und Gewinn etwas produziert wird", sei in der Konfrontation mit den "harten ökonomischen Bedingungen des Weltmarktes" zur "entscheidenden Frage" geworden, versuchte Schürer dem Generalsekretär der SED als Kriterium nahezubringen und schlug ihm im einzelnen neun Maßnahmen vor:

1. einen Ausbaustop für die kapitalintensive, äußerst ineffektive und subventionsträchtige Mikroelektronik und die Verwendung der dadurch freigesetzten Investitionsmittel für den Verarbeitungsmaschinenbau;
2. die Zurückstellung großer Investitionsvorhaben zur Erweiterung der Produktion von Endprodukten zugunsten von Vorhaben der Zulieferindustrie;
3. Investitionen für eine rationellere Energieanwendung und verlustarme Energieumwandlung und -übertragung statt der Durchführung großer Erweiterungs-Investitionsvorhaben im Bereich der Energieerzeugung;
4. die Rückführung der auf Berlin konzentrierten Baukapazitäten in die Bezirke;
5. ein Einfrieren des ökonomischen Fonds für den "Sonderbedarf I" (bewaffnete Organe);
6. eine Zurückführung der überdurchschnittlich wachsenden Aufwendungen für die gesellschaftliche Konsumtion durch Maßnahmen zur Zurückstellung von Investitionen im gesellschaftlichen Bereich und eine Einsparung von Aufwendungen in der gesellschaftlichen Konsumtion sowie die Erhöhung des - in den letzten Jahren rückläufigen - Verhältnisses von Arbeitsproduktivitätssteigerung und Lohneinkommen;
7. eine schrittweise Ablösung der Leistungsimporte aus sozialistischen Ländern und eine "prinzipielle Wende" zum NSW-Export;
8. eine Änderung der Politik der stabilen Verbraucherpreise für den Grundbedarf durch Kürzung der Subventionen für Mieten, Energie, Kindererzeugnisse und Artikel außerhalb der Grundbedürfnisse (Blumen und Zierpflanzen, Fest- und Scherzartikel, Ruder- und Faltboote, Baumaterialien u.a.);
9. die Abschöpfung der schneller als die Warenfonds gestiegenen Geldeinkommen (Kauffonds) beispielsweise durch die Erweiterung des Exquisithandels[113].

Um sich politisch abzusichern, versäumte es Schürer nicht, Honecker abschließend darauf hinzuweisen, daß es sich "bei allen vorgenannten Überlegungen und Vorschlägen (...) nicht um abgestimmte Maßnahmen (handelt), sondern um Gedanken, die der Erörterung bedürfen."[114] Eine Fraktion, so wollte er Honecker bedeuten, hatte er nicht gebildet. Weil Schürer keine Chance sah, seine gegen die bisherige Wirtschaftspolitik gerichteten "Überlegungen" auf dem Dienstweg, also über den ZK-Wirtschaftssekretär, an Honecker heranzubringen, wollte er ihm unter vier Augen klar machen: "Unsere Republik geht Pleite."[115]

Doch das erhoffte persönliche Gespräch kam nicht zustande. Honecker mußte die "Überlegungen" Schürers als Frontalangriff gegen die Politik der beschleunigten Entwicklung der Mikroelektronik wie gegen die "Einheit von Wirtschafts- und Sozialpolitik" verstehen, für die nicht allein der Wirtschaftssekretär, sondern der Generalsekretär persönlich verantwortlich zeichnete. Wenn zudem der Vorsitzende der Plankommission, der nicht einmal Vollmitglied, sondern nur Kandidat des Politbüros war, einen solchen Vorstoß wagte, standen dann nicht ganz andere Kräfte hinter ihm? Hatte sich Schürer mit Willi Stoph und Werner Krolikowski verbündet, die schon seit Ende 1986 in Moskau und in Gesprächen mit dem so-

113 Vgl. Schürer, Überlegungen, Bl. XXXIV ff. (S. 1 ff.).
114 Ebd., Bl. XLVI (S. 13).
115 Gerhard Schürer, in: Hertle, *Vor dem Bankrott*, S. 18.

wjetischen Botschafter in Ost-Berlin auf eine Ablösung Honeckers drängten?[116] Was immer über die entsprechenden Bemühungen der "Moskauer Gruppe" im Politbüro und im Ministerrat zu diesem Zeitpunkt zu Honecker vorgedrungen sein mochte: Daß auf diese Weise der Sturz von Generalsekretären vorbereitet wurde, war Honecker aufgrund seiner eigenen Aktivitäten bei der Ablösung Ulbrichts wohlvertraut.

Honecker entschloß sich, Schürers "Überlegungen" zur Prüfung an Günter Mittag weiterzuleiten. Weil "es sich um ein Material handelt, in dem Grundfragen der Politik unserer Partei der Vergangenheit und der Zukunft behandelt werden", brachte er Mittags vernichtendes Prüfungsergebnis dann als Chefsache zur Behandlung ins Politbüro ein[117]. Mit einem politischen Verdikt räumte Mittag Schürers "Überlegungen" vom Tisch: "Diesen Überlegungen des Genossen Schürer zu folgen würde bedeuten, in einem umfassenden Maße Beschlüsse des VIII. Parteitages und des XI. Parteitages der SED in Frage zu stellen und somit die Einheit von Wirtschafts- und Sozialpolitik. Das Material geht nicht konsequent aus von der ökonomischen Strategie des XI. Parteitages der SED; sie wird überhaupt nicht erwähnt."[118] Schürers Vorschlag, aus Kostengründen nach der Entwicklung und Herstellung des 256-KBit-Chips den Ausbau der Mikroelektronik zugunsten der Förderung des Verarbeitungsmaschinenbaus zu stoppen, rief die schärfste Kritik Mittags hervor. Die DDR habe auch weiterhin keine andere Wahl, als sich bei der Entwicklung der Mikroelektronik als "strategischer Aufgabe ersten Ranges" im Vorderfeld zu bewegen, "will sie ihren sozialen und gesellschaftspolitischen Handlungsspielraum behaupten und ihre Position auf den Weltmärkten ausbauen."[119] Beide Positionen umrissen das wirtschaftspolitische Dilemma der DDR von zwei verschiedenen Seiten: Während Schürer keinen Weg aufzeigen konnte, wie sich die DDR ohne die Fortentwicklung der eigenen mikroelektronischen Industrie die erforderliche Technologie beschaffen sollte, um auf dem Weltmarkt - etwa mit den Produkten des Maschinenbaus - konkurrenzfähig aufzutreten, hatte Mittag außer Beschwörungsformeln keine Lösung für die Finanzierung des Mikroelektronikprogramms anzubieten[120].

Die der Bilanzierungslücke und Schuldenzunahme zugrundeliegenden ökonomischen Disproportionen bestritt der Wirtschaftssekretär inhaltlich im wesentlichen nicht; stattdessen spezialisierte er sich auf eine politische Kritik der Arbeit der Staatlichen Plankommission und lastete ihren Versäumnissen und Unterlassungen die Schuld am nicht-bilanzierten Planansatz. Mittags Schlußfolgerung lautete: "Die gesamte Arbeit zeigt, daß es von entscheidender Bedeutung ist, daß der Vorsitzende der Staatlichen Plankommission und alle Mitarbeiter der Staatlichen Plankommission konsequent von den Beschlüssen der Partei ausgehen und sie zur festen Grundlage der Arbeit machen, daß entsprechend den Beschlüssen die Qualität der Arbeit entschieden erhöht wird, die politisch-ideologische Arbeit allseitig entwickelt wird und die fachliche Weiterbildung erfolgt. In der Staatlichen Plankommission sind 2000 Mitarbeiter beschäftigt, darunter 1768 Genos-

---

116 Kotschemassow, Wjatscheslaw, *Meine letzte Mission*, Berlin 1994, S. 59 ff.

117 Vgl. Erich Honecker, An die Mitglieder und Kandidaten des Politbüros des ZK der SED, Berlin, 4.5.1988, abgedruckt in: Hertle, *Vor dem Bankrott*, Bl. I.

118 Günter Mittag, Vorlage für das Politbüro des ZK der SED. Betr.: Zur Prüfung des Materials des Vorsitzenden der Staatlichen Plankommission, Genossen Gerhard Schürer, abgedruckt in: Hertle, *Vor dem Bankrott*, Bl. XXV/XXVI (S. 23/24).

119 Ebd., Bl. V (S. 3)

120 Zu den kontroversen Positionen zur Mikroelektronik vgl. die Gespräche mit Günter Mittag, S. 25; mit Gerhard Schürer und Siegfried Wenzel, S. 88-90; mit Wolfgang Biermann, S. 229-231.

sen."[121] Durch seine Stellungnahme zog sich die ständig wiederholte Aufforderung an die SPK, für den Planentwurf 1989 und den Planansatz für den Zeitraum 1991 bis 1995 endlich "entscheidungsreife", "konkret begründete, ökonomisch berechnete und bilanzierbare Entscheidungsvorschläge" vorzulegen - eine Aufgabe, deren Undurchführbarkeit mit den bisherigen politischen Vorgaben Schürer maßgeblich zu seinen "Überlegungen" inspiriert hatte.

Im Politbüro fand Schürer keine Unterstützung. Willi Stoph eröffnete seine ausführliche Stellungnahme mit einem ausdrücklichen Bekenntnis zur Verwirklichung der Beschlüsse des XI. Parteitages. Alle Kräfte seien darauf zu konzentrieren, das von der Plankommission aufgezeigte "große Loch" wegzubringen; die wichtigste Aufgabe sehe er in einer "bedeutenden Erhöhung der Produktion qualifizierter Endprodukte - wie nie zuvor müssen wir dafür unsere Reserven mobilisieren in der Staatlichen Plankommission, den Ministerien - konkret jedoch in den Kombinaten und allen ihren Betrieben."[122] Am meisten, so Stoph, beunruhige ihn die Entwicklung des Schuldendienstes: "Vor ein paar Wochen habe ich Dich, Erich, darüber informiert, daß in der von Genossen Schürer geleiteten Zahlungsbilanz-Gruppe von einem Genossen darauf hingewiesen wurde, daß der Schuldendienst der DDR nur noch für 1988 beherrschbar ist. Genosse Schürer hat damals dieser Meinung zugestimmt. (...) Diese Entwicklung ist von keinem von uns mehr verantwortbar."[123] Doch als Lösung sprach er einem Konzept das Wort, "das die Weiterführung des Kurses der Hauptaufgabe in der Einheit von Wirtschafts- und Sozialpolitik bei einem Stopp der Verschuldung und ihrem allmählichen Abbau gewährleistet."[124] Um diese Quadratur des Kreises zu bewerkstelligen, zu der sich Schürer nicht mehr imstande sah, versprach er, den Ministerrat auf einen "kampferfüllten, realen Plan 1989" zu verpflichten[125]. "Nach meiner Auffassung hat Genosse Mittag in allen Punkten recht", beendete Honecker das Thema im Politbüro. "Die Stellungnahme des Genossen Mittag ist richtig. Genosse Stoph hat hier die Verantwortung des Ministerrates dargelegt. (...) Es muß ein akzeptabler Planentwurf vorgelegt werden."[126]

8. Die Phase der Agonie

Trotz "aufrüttelnder Parteiberatungen" Günter Mittags und seiner ZK-Abteilungen und anschließenden Beratungen der Plankommission mit allen Ministern und Generaldirektoren gelang es in den folgenden Wochen nicht, die Differenzen zwischen den staatlichen Aufgaben auf der einen Seite und dem Leistungsangebot und den Ressourcenforderungen der Ministerien und Kombinate auf der anderen Seite zu beseitigen. Wie immer wurde der "Springpunkt" in der Unterschreitung der Plankennziffern für den NSW-Exportüberschuß gesehen, wo die Differenz noch mehr als zwei Milliarden Valutamark betrug. Doch genauso schwerwiegend waren die Lücken, die im Investitionsbereich klafften. Die ständige Verringerung der Akkumulationsquote in den achtziger Jahren bei gleichzeitiger Konzentration der Investitionen auf die Heizölablösung, die tiefere Spaltung des Erdöls, das PKW-Programm und die Mikroelektronik hatten zu einer Vernachlässigung fast

121 Mittag, Zur Prüfung (Fn. 118), Bl. XXV/XXVI (S. 23/24).
122 Niederschrift des Redebeitrags von Willi Stoph im Politbüro am 10.5.1988, S. 2 (BA/P, E-1-56320).
123 Ebd., S. 3. - Der von Stoph erwähnte Genosse war vermutlich Alexander Schalck.
124 Ebd., S. 4.
125 Ebd., S. 15.
126 Niederschrift des Redebeitrages von Erich Honecker im Politbüro am 10.5.1988, S. 1/2 (BA/P, E-1-56320).

aller anderen Bereiche, allen voran des Verarbeitungsmaschinenbaus, der Zulieferindustrie, des Verkehrswesens und des gesamten Infrastruktur- und Dienstleistungsbereiches geführt. "Die Generaldirektoren vertreten Mehrforderungen an Investitionen in einer Höhe von 7.658,2 Mio. Mark und an NSW-Importen von 638,8 Mio. VM, obwohl sie die den staatlichen Aufgaben zugrundeliegenden Warenproduktion noch nicht erreichen", berichtete Stoph im Juni im Politbüro[127]. Auf der gleichen Sitzung verteidigten mehrere Politbüro-Mitglieder ihre Ressortetats so hartnäckig gegen Kürzungen, daß sich Erich Honecker zu der Mahnung veranlaßt sah, es gebe "keinen Grund, in Panik zu machen."[128] Statt seiner üblichen Vorlage im Frühsommer verschob das Politbüro die Beschlußfassung über den Planentwurf auf den Herbst, wobei sich Honecker prinzipiell gegen jegliche Überlegungen zu einer Preisreform wandte und namentlich Walter Halbritter aufforderte, endlich aufzuhören, "dazu im Ministerrat zu diskutieren."[129] Als Argument verwies er in dieser wie in einer späteren Sitzung des Politbüros auf die Erfahrungen der Bruderländer: "Alle Länder, die die Preis-Lohn-Spirale begonnen haben, haben dann bankrott gemacht, siehe VRP, UVR - in der CSSR bahnt sich das gleiche an. Wir können auch den rumänischen Weg nicht gehen, das läßt die Lage mit der BRD nicht zu. Daher müssen wir klug vorgehen, einiges abbauen und Strukturpolitik treiben."[130]

Als der "Kleine Kreis" am 5. September 1988 zusammenkam, war die Nervosität seiner Teilnehmer sichtlich gestiegen. "Wir sind an einem Punkt, wo die Sache umkippen kann", orakelte Günter Mittag und beklagte ein weitverbreitetes Abschieben der Verantwortung von unten nach oben, während der FDGB-Vorsitzende Tisch resigniert auf das Anspruchsdenken der DDR-Bürger als Ursache für die sich ausweitenden Versorgungsprobleme verwies: "Unsere Leute wollen die soziale Sicherheit, Geborgenheit, sichere Arbeitsplätze und Ausbildung von uns und die Kaufhäuser aus der BRD."[131] Selbst Honecker war in der Zwischenzeit zu der Erkenntnis gelangt, daß die entscheidende der zu behandelnden Fragen "das Problem der Gewährleistung der Zahlungsfähigkeit der DDR" war und stellte eine Reduzierung des "Sonderbedarfs" um zehn Prozent sowie Einschränkungen des "gesellschaftlichen Verbrauchs" zur Diskussion[132]. Wie bereits Stoph im Juni schlug nun Gerhard Schürer vor, eine "kleine Gruppe verantwortlicher Genossen des Politbüros" unter Leitung Honeckers damit zu beauftragen, die erforderlichen tiefgreifenden Vorschläge zur Wahrung der Zahlungsfähigkeit auszuarbeiten. Zur Mitarbeit in dieser Gruppe sei er selbstverständlich bereit, so der Vorsitzende der Plankommission, aber er glaube, "daß wir die hohe Autorität unseres Generalsekretärs brauchen, sein großes Wissen, seinen Überblick und seine Weitsicht, um solche Vorschläge zu machen, die politisch und ökonomisch realisierbar sind."[133]

---

127 Heinz Klopfer, Persönliche Notizen über die Beratung im Politbüro des ZK der SED am 28.6.1988, S. 2 (BA/P, E-1-56349).

128 Heinz Klopfer, Persönliche Notizen über die Beratung im Politbüro des ZK der SED am 28.6.1988, S. 17 (BA/P, E-1-56349).

129 Kurt Fenske, Aktenvermerk für Genossen Minister Dr. Beil, Berlin, den 29. Juni 1988, S. 8.

130 Kurt Fenske, Aktenvermerk für Genossen Minister Dr. Beil, Berlin, den 16.9.1988, S. 4.

131 Siegfried Wenzel, Arbeitsniederschrift über eine Beratung beim Generalsekretär des ZK der SED, Genossen Erich Honecker, zu den Materialien des Entwurfs der staatlichen Aufgaben 1989, 6.9.1988 (BA/P, E-1-56318). Teilnehmer der Beratung waren E. Honecker, W. Stoph, H. Sindermann, G. Mittag, W. Krolikowski, W. Jarowinsky, G. Kleiber, H. Tisch, G. Schürer, E. Höfner und G. Ehrensperger.

132 Ebd., S. 11.

133 Ebd., S. 9.

Der Vorschlag, der Schürers Erfahrungen aus seiner Kontroverse mit Honecker und Mittag im Mai reflektierte, blieb ohne Resonanz. Offensichtlich waren weder Honecker noch Mittag bereit, sich auf diese Weise unmittelbar und konkret in die Verantwortung für das zu erarbeitende Sparprogramm ziehen zu lassen.

Der vom Politbüro am 15. September beschlossene Entwurf der staatlichen Aufgaben für das Jahr 1989 kam nur dadurch zustande, daß die Plankommission die immer noch bestehenden Differenzen und Lücken durch einen "Maßnahmeplan" schloß, der nicht mit den betroffenen Ministern abgestimmt worden war. Was die Partei stets zu vermeiden gesucht hatte, trat nun ein: eine Konfrontation der Institutionen[134]. Zum ersten Mal in der Ära Honecker stieß ein Beschluß des Politbüros im Ministerrat auf den offenen Widerstand mehrerer Minister. Sieben Minister, allen voran Landwirtschaftsminister Bruno Lietz und der Minister für Elektrotechnik und Elektronik, Felix Meier, kritisierten mit unterschiedlicher Schärfe die Vorgehensweise, - zu der sich die Vertreter der Plankommission während der Sitzung nicht äußerten -, und verlangten, daß zunächst die Mittelzuweisung an die Kombinate ihrer Industriezweige bzw. an ihre Zuständigkeitsbereiche mit ihnen zu klären seien, bevor der Entwurf der staatlichen Aufgaben veröffentlicht würde[135].

Nur fünf Tage später beauftragte das Politbüro Willi Stoph mit der Übermittlung seines Standpunktes zu dem unbotmäßigen Verhalten der Minister: "Das Politbüro ist der Meinung, daß entsprechend der staatlichen Ordnung der Ministerrat verpflichtet ist, die Beschlüsse des Politbüros konsequent durchzuführen. Darum entspricht das Verhalten einiger Mitglieder des Ministerrates in der Sitzung am 15.9.1988 nicht der festgelegten Ordnung. Im Gesetz über den Ministerrat ist bekanntlich eindeutig formuliert, daß der Ministerrat seine Aufgaben in Verwirklichung der Beschlüsse der Partei der Arbeiterklasse erfüllt (§ 2) und die Volkswirtschaft entsprechend den Direktiven der Sozialistischen Einheitspartei Deutschlands leitet (§ 3). (...) Unter diesem Gesichtspunkt ist die weitere Arbeit am Plan 1989 zu organisieren und durchzuführen. Damit sind die beschlossenen Maßnahmen Punkt für Punkt abzuarbeiten."[136] Die Minister beugten sich.

Doch weder mit der Schelte des Ministerrates und Erzwingungsmaßnahmen gegenüber einzelnen Ministern noch mit der im November beschlossenen Kürzung des Etats der bewaffneten Organe (MfNV, MfS und MdI) um zwei Milliarden Mark und Ausgabensenkungen im Bereich der sogenannten "gesellschaftlichen Konsumtion" ließen sich die über achtzehn Jahre aufgelaufenen Probleme lösen. Als der "Kleine Kreis" im Mai 1989 zusammentrat, mußte Schürer vermelden, daß die Verschuldung monatlich um 500 Millionen Valutamark zunahm und "bei Fortsetzung dieser Entwicklung die DDR 1991 zahlungsunfähig ist". Die bereits eingeleiteten Kürzungen müßten dringend "mit einer Reihe ökonomischer Maßnahmen im Bereich der Konsumtion" verbunden werden[137]. Doch niemand im "Kleinen Kreis" wollte sich der Aufgabe stellen, den Lebensstandard der Bevölkerung einzuschränken. "Was sagen wir dann dem Volk, wie treten wir

---

134 Vgl. das Gespräch mit Siegfried Wenzel und Gerhard Schürer, S. 74.

135 Vgl. Siegfried Wenzel, Persönliche Notizen zur Beratung des Ministerrates der DDR über den Entwurf der staatlichen Aufgaben für den Volkswirtschaftsplan und den Staatshaushaltsplan 1989 am 15.9.1988, 16. September 1988; Heinz Klopfer, Persönliche Notizen zur Beratung des Ministerrates am 15.9.1988, Berlin, 16.9.1988 (BA/P, E-1-56321).

136 Erklärung des Vorsitzenden des Ministerrates und Mitglied des Politbüros des ZK der SED, Genossen W. Stoph, entsprechend dem Beschluß des Politbüros des ZK der SED vom 20.9.1988, S. 2/3 (BA/P, E-1-56321).

137 Darlegungen Gerhard Schürers zur Zahlungsbilanz mit dem nichtsozialistischen Wirtschaftsgebiet, 16.5.1989 (BA/P, E-1-56317).

dann dem Volk gegenüber auf?" fragte Harry Tisch[138]. "Eine Umkehrung, eine völlige Wende ist meiner Ansicht nach nicht möglich", warf Werner Jarowinsky ein[139]. Und Egon Krenz gab als richtungweisende Parole aus: "Wir sollten jetzt nach vorne sehen. Es ist für mich gar keine Frage, ob die Einheit von Wirtschafts- und Sozialpolitik fortgeführt wird. Sie muß fortgeführt werden, denn sie ist ja der Sozialismus in der DDR!"[140]

9. Schluß

Im Sommer 1989 gab das wirtschaftlich erschöpfte und von inneren Nationalitätenkonflikten erschütterte sowjetische Imperium seine Satelliten frei: Auf der Tagung des Politisch-Beratenden Ausschusses in Bukarest im Juli wurde die Doktrin der begrenzten Souveränität der Mitgliedsstaaten fallen gelassen und stattdessen die Notwendigkeit unterstrichen, die Beziehungen untereinander "auf der Grundlage der Gleichheit, Unabhängigkeit und des Rechtes eines jeden, selbständig seine eigene politische Linie, Strategie und Taktik ohne Einmischung von außen auszuarbeiten, zu entwickeln."[141]

Mit der Öffnung der ungarisch-österreichischen Grenze für DDR-Bürger überrollte der politische den ökonomischen Zerfallsprozeß der DDR. Eine doppelte Bewegung von Massenausreise und Massenprotest leitete einen politischen Umbruch ein, an dessen Spitze sich die "Moskau-Gruppe" des Politbüros - Willi Stoph, Erich Mielke und Egon Krenz - mit der Ablösung von Honecker, Mittag und Herrmann zu stellen versuchte[142]. Doch die "Wende" kam für die SED zu spät: Ohne die militärische Beistandsgarantie der Sowjetunion wurde die gewaltsame Niederschlagung der "Konterrevolution" nicht gewagt, die zudem politisch keinerlei Perspektive bot, denn wirtschaftliche Hilfe zur Re-Stabilisierung der Macht war auch für Krenz in Moskau nicht mehr zu bekommen[143]. Um die zur Vermeidung der Zahlungsunfähigkeit als erforderlich erachtete Senkung des Lebensstandards um 25 bis 30 Prozent nicht durchführen zu müssen, schlugen die führenden Ökonomen Ende Oktober dem Politbüro vor, "mit der Regierung der BRD über Finanzkredite in Höhe von zwei bis drei Milliarden Valutamark über bisherige Kreditlinien hinaus zu verhandeln", und als Gegenleistung anzubieten, "daß durch diese und weitergehende Maßnahmen der ökonomischen und wissenschaftlich-technischen Zusammenarbeit DDR-BRD noch in diesem Jahrhundert

---

138 Heinz Klopfer, Persönliche Notizen über die Beratung beim Generalsekretär des ZK der SED und Vorsitzenden des Staatsrates der DDR, Erich Honecker, betreff Entwurf des Volkswirtschaftsplanes und des Staatshaushaltsplanes 1990, Berlin, 16.5.1989, S. 25 (BA/P, E-1-56317). Teilnehmer der Sitzung waren E. Honecker, G. Mittag, W. Stoph, E. Krenz, G. Kleiber, W. Jarowinsky, W. Krolikowski, H. Tisch, K. Hager, G. Schürer, G. Ehrensperger, E. Höfner und H. Klopfer.

139 Ebd., S. 33.

140 Ebd., S. 42.

141 Kommuniqué der Tagung des Politisch-Beratenden Ausschusses der Mitgliedsstaaten des Warschauer Vertrags am 7. und 8. Juli 1989 in Bukarest, in: *Europa-Archiv*, Folge 20/1989, S. 599.

142 Zur Vorgeschichte und den Hintergründen der Ablösung Honeckers vgl. Kusmin, Iwan, Die Verschwörung gegen Honecker, in: *Deutschland Archiv* 3/1995. Kusmin war bis Ende 1989 stellvertretender Leiter der KGB-Residenz in Ost-Berlin.

143 Das Scheitern eines entsprechenden Versuches belegt das von Krenz angefertigte Protokoll seines Gespräches mit Gorbatschow. Vgl. Niederschrift des Gesprächs des Genossen Egon Krenz, Generalsekretär des ZK der SED und Vorsitzender des Staatsrates der DDR, mit Genossen Michail Gorbatschow, Generalsekretär des ZK der SED und Vorsitzender des Obersten Sowjets der UdSSR, am 1.11.1989 in Moskau, Berlin, 1.11.1989.

solche Bedingungen geschaffen werden könnten, die heute existierende Form der Grenze zwischen beiden deutschen Staaten überflüssig zu machen."[144]

Doch mit dem Fall der Mauer in der Nacht vom 9. auf den 10. November 1989[145] verlor die SED-Führung ihr letztes Tauschmittel für neue Kredite; mit einer bankrotten Wirtschaft stand sie nun vor ihrem Volk und ohne Verhandlungsmasse vor der Bonner Regierung. Mit dem Verzicht der Partei- und Staatsführungen der Sowjetunion und der DDR, die Mauer mit militärischer Gewalt wieder zu schließen, kamen der DDR die politischen Grundvoraussetzungen ihrer Existenz abhanden. Eine einschneidende staatssozialistische Austeritätspolitik zur Vermeidung des wirtschaftlichen Zusammenbruchs blieb der Bevölkerung durch den Beitritt der DDR zur Bundesrepublik erspart.

144 Gerhard Schürer, Gerhard Beil, Alexander Schalck, Ernst Höfner, Arno Donda, Vorlage für das Politbüro, Betreff: Analyse der ökonomischen Lage der DDR mit Schlußfolgerungen, 27. Oktober 1989, S. 21/22. Zu den Hintergründen dieser Vorlage vgl. Hertle, Hans-Hermann, Staatsbankrott. Der ökonomische Untergang des SED-Staates, in: *Deutschland Archiv* 10/1992, S. 1019-1030, sowie Hertle, Hans-Hermann, "Das reale Bild war eben katastrophal!" Gespräch mit Gerhard Schürer, in: Ebd., S. 1031-1039.

145 Zum Mauerfall siehe Maximytschew, Igor F./Hertle, Hans-Hermann, Die Maueröffnung, Teil I-III, in: *Deutschland Archiv* 11/1994, S. 1137-1158, und *Deutschland Archiv* 12/1994, S. 1241-1251.

M. Rainer Lepsius

Handlungsräume und Rationalitätskriterien der Wirtschaftsfunktionäre in der Ära Honecker

Die Wirtschaftsverfassung der DDR war durch die Verstaatlichung des Eigentums an den Produktionsmitteln, die Ersetzung der Kosten-Ertrags-Kalkulation durch die Auflagen-Zuweisungs-Kalkulation, durch staatliche Planung und durch die Zentralisierung der Entscheidungskompetenz auf die höchste politische Ebene charakterisiert. Durch die Verstaatlichung der Wirtschaft und die Verparteilichung des Staates waren überdies Wirtschaftspolitik und Wirtschaftsführung unmittelbar in das Herrschaftssystem des SED-Staates eingegliedert und der Willensbildung der Parteiführung unterworfen. Wir haben es mit zwei institutionellen Fusionsprozessen zu tun, dem von Wirtschaft und Staat einerseits und dem von Staat und Partei andererseits. Unter diesen Umständen ergaben sich spezifische Handlungsstrukturen und Kriterien für die Handlungsrationalität der Wirtschaftsfunktionäre in der DDR. Beide sollen im Folgenden genauer bestimmt und in ihren Wirkungen analysiert werden.

Das Politbüro

Durch die institutionelle Fusionierung von Wirtschaft und Staat und von Staat und Partei gewann das Politbüro des Zentralkomitees der SED auch für die Strukturierung der Wirtschaftspolitik eine zentrale Bedeutung. Das Politbüro konkretisierte die Parteilinie, auf die die Mitglieder verpflichtet waren. Seine Beschlüsse waren verbindliche Vorgaben für die gesamte Parteiorganisation, die Massenorganisationen und auch für die Regierung. Es hatte eine unbeschränkte Verordnungskompetenz, die in ihrer Geltung Gesetzeskraft hatte. Satzungsgemäß wurde das Politbüro vom Plenum des Zentralkomitees gewählt und war diesem rechenschaftspflichtig. Tatsächlich hat es sich jeder Kontrolle entzogen und war die weitgehend autonome Steuerungsinstanz für Partei und Staat.

Das Politbüro umfaßte etwa 25 Mitglieder, die verschiedene Organisationsebenen von Partei und Staat repräsentierten und in eine einheitliche Willensbildung einbanden. Es gehörten ihm an: die Sekretäre des Sekretariats des Zentralkomitees, eine Auswahl der 1. Sekretäre der Bezirksparteileitungen, eine Auswahl von Mitgliedern des Ministerrates sowie Vertreter der Gewerkschaften (FDGB) und der Jugendorganisation (FDJ). Die Mitglieder und Kandidaten des Politbüros wurden auf Vorschlag des Politbüros durch das Zentralkomitee gewählt, praktisch aber kooptiert. Hierbei spielte das Vorschlagsrecht des Generalsekretärs die entscheidende Rolle, so daß dieser mit einer auf seine Person bezogenen Gefolgschaft rechnen konnte.

Die Mitglieder hatten sehr unterschiedliche Einflußchancen. Politbüromitglieder, die zugleich Sekretäre des Sekretariats des Zentralkomitees waren, hatten den größten Einfluß. Gestützt auf ihre Stäbe, konnten sie die entsprechenden Beschlußvorlagen erarbeiten und schon im Vorlauf mit dem Generalsekretär abstimmen. Demgegenüber war die Stellung der Bezirksparteisekretäre ohne spezifischen Kompetenzbereich schwächer. Die Mitglieder des Ministerrates konnten je nach persönlicher Durchsetzungsfähigkeit Einfluß gewinnen.

Für den Bereich der Wirtschaft gewann Günter Mittag die zentrale Stellung. Als Sekretär des Zentralkomitees waren ihm unterstellt: 9 der insgesamt 30

Abteilungen des Sekretariats des ZK und zwanzig Prozent der Nomenklaturkader des Politbüros und des Sekretariats des ZK. Er verfügte damit über den größten sachlichen und personellen Einfluß unter den Sekretären des ZK. Auch seine Zuständigkeit gegenüber dem Staatsapparat war außerordentlich weit gesteckt. Seinem Bereich waren zugeordnet: die Staatliche Plankommission, 19 Ministerien, sechs staatliche Ämter, die Staatsbank, die Außenhandels- und die Landwirtschaftsbank, die Zentralverwaltung für Statistik, Post, Reichsbahn und Interflug sowie über 150 Generaldirektoren von Kombinaten der Güterproduktion. Mit diesen Zuständigkeiten konnte er Kompetenz und Eingriffsberechtigung im gesamten Bereich der Wirtschaftspolitik und der Wirtschaftsführung beanspruchen, und zwar sowohl auf der Leitungsebene des Ministerrates und der einzelnen Industrieministerien als auch auf der Ebene der Kombinate. Außerhalb seiner Zuständigkeit lagen nur Landwirtschaft, Handel und Versorgung sowie Außenhandel. Doch auch auf die Außenwirtschaftsbeziehungen zu westlichen Gesellschaften erstreckte sich sein Einfluß als Mitglied der Arbeitsgruppe Zahlungsbilanz beim Politbüro sowie insbesondere durch den ihm unterstellten Bereich Kommerzielle Koordinierung. Seit 1976, als er von Honecker wieder zum Sekretär für Wirtschaft im ZK bestellt wurde, war er die Schlüsselfigur der Wirtschaftspolitik.

Gegen seinen Einfluß hätten nur die Vertreter des Ministerrates im Politbüro opponieren können, die für die Leitung und Planung der Wirtschaft unmittelbar zuständig waren und durch ihre Stäbe alternative Vorlagen für das Politbüro hätten erstellen können. Willi Stoph, der Ministerpräsident mit großem persönlichen Prestige auch bei der sowjetischen Führung, Werner Krolikowski, 1973 bis 1976 selbst Sekretär für Wirtschaft im ZK, Gerhard Schürer, der Vorsitzende der Staatlichen Plankommission, traten auch fallweise in Opposition zu Günter Mittag. Doch keiner von ihnen konnte den Einfluß Mittags brechen, zumal sie untereinander keine Koalition bilden konnten.

Die Machtposition von Günter Mittag beruhte nicht nur auf seinen Zuständigkeiten, sondern vor allem auch auf seinem direkten Zugang zu Honecker. Die Entscheidungen fielen bei Vier-Augen-Gesprächen, in denen die Vorlagen abgestimmt wurden und das Einverständnis Honeckers vorweg eingeholt wurde. Was Honecker zur Beschlußfassung in das Politbüro einbrachte, wurde dort in der Regel diskussionslos gebilligt. Damit sind die zwei Kriterien für die unterschiedlichen Einflußchancen der Mitglieder des Politbüros bezeichnet: unbestrittene Zuständigkeit und direkter Kontakt zu Honecker. Die Sekretäre des Zentralkomitees hatten dafür die besten Voraussetzungen. Sie saßen mit Honecker im selben Haus, auf derselben Etage und konnten am gemeinsamen Mittagstisch im Gebäude des Zentralkomitees teilnehmen.

Doch das allein genügte nicht. Honecker selbst bestimmte die Interaktionsdichte mit den Mitgliedern des Politbüros. Er hatte sich Günter Mittag als zentralen wirtschaftspolitischen Berater gewählt. Dieser mußte die persönliche Kontaktstruktur pflegen und war von ihr abhängig. Ohne das Plazet von Honecker konnte auch er nichts bewirken. So wurde die Wirtschaftspolitik weitgehend aus der kollektiven Beratungs- und Entscheidungsarena des Politbüros verlagert in die Wirtschaftskommission, in die Arbeitsgruppe Zahlungsbilanz beim Politbüro, vor allem aber in informelle Unterredungen.

Dies galt nicht nur für den Bereich der Wirtschaft, sondern auch für andere Bereiche, an denen Honecker ein besonderes Interesse nahm. So war die innere und äußere Sicherheitspolitik aus dem Politbüro in die direkte Abstimmung zwischen dem Generalsekretär und dem Minister für Staatssicherheit ausgelagert. Nach jeder Politbürositzung konferierten Honecker und Mielke unter vier Augen ausführlich im Zimmer des Generalsekretärs. Weder der Ausbau der Staatssicherheit noch die militärischen Ausgaben waren Gegenstand von offenen Verhandlungen im Politbüro. Ihre Forderungen wurden ohne weitere Begründungen der Plankommission übergeben, weitgehend auch gegenüber den anderen Politbüromitgliedern geheimgehalten. Im Falle von Mielke spielte dieser als Minister eine wichtigere Rolle als der zuständige Sekretär im ZK, Egon Krenz, ganz im Gegensatz zum Fall Mittag, der als Sekretär des ZK eine weit größere Bedeutung hatte als der Ministerpräsident.

Großes persönliches Interesse nahm Honecker auch an der Medienpolitik. Er kontrollierte unmittelbar das Zentralorgan der SED, das "Neue Deutschland", und die Berichterstattung im DDR-Fernsehen. Dazu bediente er sich des Sekretärs des ZK, Joachim Herrmann, dessen Abteilungen im ZK über unmittelbare Eingriffsrechte in die Parteipresse und in die staatlichen Rundfunk- und Fernsehanstalten verfügten, die Parteischulen und die Parteisekretäre für Agitation und Propaganda anleiteten. Honecker kontrollierte durch ihn unmittelbar die Medien und über diese das, was als öffentliche Meinung in der DDR galt. Obgleich er Sekretär des ZK und Mitglied des Politbüros war, blieb Herrmann gegenüber Honecker unselbständig, was weder bei Mielke noch bei Mittag der Fall war, die ihre Bereiche selbständig führten.

Das zentrale Leitungsgremium der DDR war ferner gekennzeichnet durch eine starke Fragmentierung der Politikbereiche und eine strikte Beachtung der jeweiligen Kompetenzansprüche. In unseren Gesprächen sagte Harry Tisch, im Politbüro sei wenig diskutiert worden. Politbüromitglieder, die nicht Sekretäre des ZK waren, hätten keine ausreichenden Informationen gehabt und wären auf die Darlegungen von Honecker angewiesen gewesen.[1] Nur innerhalb ihres unmittelbaren Kompetenzbereiches hätten sie in die Diskussion eingegriffen. Günter Schabowski schrieb: "Da die Vorlagen im wesentlichen durch den Generalsekretär schon vorab gebilligt wurden, gab es im Grunde kaum noch Anlaß zu einer Debatte. Es herrschte eine Art Klassenzimmeratmosphäre."[2] Er erinnerte sich nur an zwei lebhafte Debatten während seiner achtjährigen Zugehörigkeit zum Politbüro: im Mai 1985, anläßlich der Absetzung von Konrad Naumann, und im September 1989, als die Krise schon ausgebrochen war. In Ungarn füllten sich die Flüchtlingslager, Honecker befand sich nach einer Operation noch in Erholung. Die offene und heftige Diskussion unter Vorsitz von Günter Mittag sei aber von Kurt Hager abgebrochen worden mit dem Hinweis, in Abwesenheit des Generalsekretärs könne man keine so grundsätzliche Debatte führen.[3] Die zentrale Rolle Honeckers bis zum 40. Jahrestag der DDR wird von allen bestätigt. Trotz zunehmender Kritik und der bei vielen seit langem bestehenden Vorbehalte blieb seine Person tabu, sein Prestige noch wirksam. Zu lange hatten sich die Mitglieder des Politbüros daran gewöhnt, nur über seine Vorlagen zu beschließen. Nur durch ihn wurden die Politikbereiche und die Personen, die sie vertraten, vermittelt, ohne ihn war das Politbüro nicht handlungsfähig. Aus eigener Initiative des Politbüros erfolgte am 17. Oktober 1989, als das Regime schon wankte, die Abwahl Honeckers, Mittags und Herrmanns. Danach verlor es seine zentrale Führungsfunktion für Partei und Staat.

Für die Wirtschaftspolitik, die - seit 1980 erkennbar - in eine sich rasch verschärfende Krise geriet, hätte nur das Politbüro grundlegende Änderungen beschließen können. Honecker vermied es jedoch, darüber in eine allgemeine De-

1 Vgl. das Gespräch mit Harry Tisch, S. 130.
2 Günter Schabowski, *Das Politbüro*, Reinbek 1990, S. 21.
3 Günter Schabowski, *Der Absturz*, Berlin 1991, S. 230.

batte einzutreten, und blockierte persönlich Vorschläge für eine Verringerung des Imports von Konsumgütern, eine Anhebung der stark subventionierten Preise für Mieten, Verkehrstarife, Verbrauchsgüter und für eine Vergrößerung der Lohnunterschiede zwischen den Leistungsgruppen. Er nahm die sich zuspitzende Zahlungsbilanzkrise hin, unterstützte die großen Investitionen in die Elektronik, weigerte sich, den Wohnungsbau zurückzufahren und bestand auf der Einheit von Wirtschafts- und Sozialpolitik, in seiner Sicht die Voraussetzung für die innenpolitische Stabilität der DDR. Die überwiegende Zahl der Politbüromitglieder verfügte über kein wirtschaftspolitisches Wissen und auch nicht über zuverlässige Informationen. Die Höhe der Verschuldung wurde lange geheimgehalten, die Beratungen aus dem Politbüro ausgelagert, und diejenigen, die hinreichende Kenntnisse hatten, konnten sich auf keine Alternativen einigen. Stoph hatte schon seit 1976 keine Führungskraft mehr aufgebracht. Mittag verschärfte den Kommandoton, denn, wie er in unserem Gespräch sagte, "wenn der ökonomische Hebel nicht wirkt, kann nur das Wort wirken"[4], und beharrte auf seinem Glauben an den technologischen Befreiungsschlag mit Hilfe der Mikrochips, koste es, was es wolle. Schürer bilanzierte zunehmend fiktive Größen und konnte nur warnen. Die Zentralisierung der Wirtschaftspolitik in der Hand von Günter Mittag, ihre politische Umsetzung durch Erich Honecker und ihre Ausgrenzung aus der Kompetenz des Politbüros stellten eine entscheidende Strukturierung der Handlungsräume der Wirtschaftsführer in der Ära Honecker dar. Die personalisierten und fragmentierten Entscheidungsarenen verhinderten eine gesamtwirtschaftlich abgestützte Politik, die durch ad hoc-Entscheidungen und Überbrückungsmaßnahmen nicht ersetzt werden konnte.

Das Sekretariat des Zentralkomitees der SED

Das Sekretariat des Zentralkomitees der SED war in etwa 30 Abteilungen gegliedert, die unter der Leitung von zehn Sekretären standen, die in der Regel zugleich Mitglieder des Politbüros waren. Der "Apparat" des ZK diente der Vorbereitung, Umsetzung und Kontrolle der Durchführung der Beschlüsse des Politbüros. Darüber hinaus war er zuständig für die Selektion, Berufung und Kontrolle der wichtigsten 5 000 Führungspositionen in Partei, Staat, Massenorganisationen, kulturellen Einrichtungen, Hochschulen und Universitäten. Hinzu traten weitere 4 000 Positionen, die als "Kontrollnomenklatur" der Abteilungen des ZK klassifiziert waren. Ihre Inhaber galten als Kaderreserve und wurden regelmäßig beobachtet und beurteilt. Dem Zentralkomitee waren angegliedert: die Akademie für Gesellschaftswissenschaften, das Institut für Marxismus-Leninismus, das Zentralinstitut für Sozialistische Wirtschaftsführung und die Parteihochschule "Karl Marx". Über die Parteiorganisation konnte das Sekretariat des ZK unmittelbar auf allen Ebenen und in allen Bereichen Informationen einholen und "Impulse" geben. Überdies konnte es Parteiorganisatoren, die ihm unmittelbar unterstanden, zur Verstärkung der politischen Arbeit und zur Erfüllung volkswirtschaftlich wichtiger Aufgaben einsetzen. Auch im staatlichen Bereich waren Einfluß und Kontrolle des Sekretariats erheblich. Die Repräsentanten des Staates standen als Inhaber von Nomenklaturpositionen des Sekretariats des ZK unter dessen Kontrolle und in dessen persönlicher Abhängigkeit.

Während dienstags, in der Sitzung des Politbüros, Repräsentanten der Partei, des Staates und der Massenorganisationen zusammenkamen, blieb mittwochs, in der wöchentlichen Sitzung des Sekretariats des ZK, die zentrale Parteibürokratie

4 Vgl. Gespräch mit Günter Mittag, S. 27.

unter sich. Hier wurde durch die Sekretäre und Abteilungsleiter die Parteilinie konkretisiert und umgesetzt. Die Sekretäre hatten eigene Büros mit zwei persönlichen Mitarbeitern und leiteten jeweils mehrere Abteilungen. Ihnen waren die rund 3.000 Beschäftigten des ZK, fachlich und hierarchisch in den Abteilungen organisiert, unterstellt. Manfred Uschner, wissenschaftlicher Mitarbeiter im Büro von Axen, berichtet über die angesonnenen Verhaltensnormen: Man habe "streng verschwiegen zu sein, über die Angelegenheiten des eigenen Büros habe man nicht zu sprechen, nach denen der anderen Büros nicht zu fragen."[5] Dies galt jedenfalls für den Bereich Internationale Beziehungen, der Hermann Axen unterstand und sich auf der zweiten Etage befand, wo auch das Büro von Erich Honecker war. Die Abteilungen wurden nach dem Prinzip der Einzelleitung von den zuständigen Sekretären geleitet und waren untereinander nicht vermittelt.

Herrschaftswissen und Verwaltungskompetenz lagen bei den Abteilungsleitern. Sie arbeiteten die Vorlagen aus, ihre Formulierungen gingen in die Beschlüsse des Politbüros ein, die sie wiederum interpretierten und in Einzelmaßnahmen umsetzten. Ohne formelle Weisungsrechte an die Ministerien, Kombinate, Territorialeinrichtungen konnten sie dennoch politische Macht und personelle Kontrolle ausüben. Sie bildeten den Kern der Verwaltungsstäbe des Parteistaates. Die Industrieminister hatten sich ständig mit den entsprechenden Abteilungsleitern abzustimmen, über sie Grundsatzentscheidungen bei Mittag zu erwirken, Auflagen entgegenzunehmen, ihre Tätigkeit gewissermaßen über die Abteilungsleiter im ZK politisch zu legitimieren. Der Minister für Chemie, unser Gesprächspartner Günther Wyschofsky, fand seinen wichtigsten Partner im Leiter des Sektors Chemie innerhalb der Abteilung für Grundstoffindustrie, einem Fachmann, im Forschungslabor von Leuna ausgebildet. Dieser verfügte über die nötigen Fachkenntnisse und konnte für eine gewisse Anpassungselastizität zwischen den Planzwängen und den Produktionsbedingungen der chemischen Industrie sorgen. Für Wyschofsky war das Machtzentrum der DDR das Sekretariat des ZK, nicht das Politbüro und schon gar nicht die Regierung.

Angesichts der ständigen Knappheit an Investitionsmitteln, insbesondere an westlichen Devisen, mußten alle großen Investitionsprojekte von den Wirtschaftsabteilungen des ZK genehmigt werden. Dies galt in besonderem Maße, wenn dafür die Hilfe von Schalck-Golodkowski und seiner Kommerziellen Koordinierung in Anspruch genommen werden sollte. Um derartige Projekte beurteilen zu können, war es erforderlich, daß Abteilungsleiter, Leiter der Sektoren und deren Mitarbeiter den nötigen Sachverstand besaßen.

Unsere Gesprächspartnerin Christa Bertag, die sieben Jahre Mitarbeiterin im Sektor Chemie der Abteilung Grundstoffindustrie war, entwickelte Initiativen zur Modernisierung von Betrieben, die im Grunde von den Ministerien und Kombinaten hätten ausgehen müssen, dort aber keine Chance zur politischen Umsetzung hatten. Zwar war auch ihr Einfluß sehr begrenzt, doch hatte sie im ZK immerhin die Chance, die Aufmerksamkeit des Abteilungsleiters zu gewinnen. Die Entscheidungen über die Industriepolitik, die Verteilung der Investitionsmittel und damit über den Modernisierungsgrad der DDR-Industrie fielen in die Kompetenz der Abteilungen des ZK und letztlich in die Zuständigkeit von Günter Mittag. In dieser Strukturierung von Entscheidungsprozessen hatten die Projekte eine gute Chance, die, über Kontakte vermittelt, eine politische, nicht notwendigerweise eine wirtschaftliche Opportunität fanden. Christa Bertag gelang es, vor der Annahme des Postens einer Generaldirektorin über ihren Abteilungsleiter in einer ad hoc-Entscheidung von Günter Mittag Bedingungen für eine grundlegende Moder-

5 Uschner, Manfred, *Die zweite Etage*, Berlin 1993, S. 45.

nisierung des Kosmetik-Kombinats in Berlin durchzusetzen.[6] Auch andere Generaldirektoren konnten über das ZK für ihre Betriebe Sonderkonditionen erreichen. Wolfgang Biermann schilderte in unserem Gespräch die hohe Qualifikation der Mitarbeiter in den Fachabteilungen von Günter Mittag und dessen Entscheidungskraft und politische Durchsetzungsfähigkeit. Er löste seine Probleme direkt über das ZK, bekam telefonisch einen Termin bei Mittag und von diesem raschere und definitivere Entscheidungen als von seinem Ministerium.[7]

Die Letztentscheidung in der Wirtschaftspolitik lag bei einer Person: im Politbüro bei Honecker, im Sekretariat bei Mittag. Dadurch trat eine hohe Personalisierung der Willensbildung und Entscheidungsfindung ein, das, was man auch als den Subjektivismus in der Politik der DDR bezeichnet. Die Zugangschancen zu den entscheidenden Männern bestimmten die Erfolgsaussicht eines Vorhabens. Diese Filter oder Barrieren konnten nicht umgangen oder überwunden werden. Die Entscheidungskompetenz konnte nicht in ein anderes Gremium verlagert werden, etwa in das Plenum des Zentralkomitees oder in das Plenum des Politbüros. Alle kollektiven Entscheidungsgremien, die die Entscheidungskompetenz eines einzelnen hätten an sich ziehen oder durch Mehrheitsbildungen überwinden können, waren faktisch neutralisiert. Geheimhaltung von Informationen, selektive Darstellung der Sachverhalte, Auslagerung der Vorentscheidungen, Zwang zur Einstimmigkeit und Verbot der Fraktionsbildung hatten die Willensbildung und Entscheidungsfähigkeit kollektiver Gremien zersetzt. An deren Stellen traten informelle Kontaktstrukturen, in denen fallweise Sachentscheidungen getroffen wurden, ohne daß dafür die Voraussetzungen und die Folgen systematisch in Betracht gezogen worden wären. Waren die Sachentscheidungen getroffen, so waren sie entweder politisch festgeschrieben oder mit dem Prestige der jeweiligen Schlüsselfigur eng verknüpft. In beiden Fällen waren sie kaum revidierbar. Ohne "Revisionsinstanz" wird eine Asymmetrie zwischen denjenigen, die etwas wollen, und denjenigen, die darüber zu entscheiden haben, strukturimmanent. Der Handlungsraum der Akteure schrumpft, die eigene Initiative nimmt ab, die Abhängigkeit nimmt zu, die Antizipation der begrenzten Einflußchancen reduziert die Handlungsziele. Ohne Rückhalt an formalen Verfahren und Möglichkeiten, deren Einhaltung kontrollieren zu können, gerät der einzelne in persönliche Abhängigkeit. Prozesse der Zirkularstimulation strukturieren Erwartungen über die eigenen Handlungschancen und prämieren Verhaltensweisen des Ritualismus, der Apathie und des Rückzugs, Formen anomischen Verhaltens in der bekannten Typologie von Robert K. Merton.[8] Die im Herrschaftssystem der DDR institutionalisierte Anomie lag im dauerhaften Auseinanderfallen der normativ angesonnenen Handlungsziele und der Verfügbarkeit der für ihre Realisierung nötigen Mittel. Das galt auch für die Wirtschaftsfunktionäre in leitenden Positionen, die als Macher nicht die Chance oder die Verhaltenssituation fanden, um durch organisatorische Neuerungen diese anomische Situation zu durchbrechen, nachdem das Programm des "Neuen Ökonomischen Systems" gescheitert war.

Der Ministerrat

Der Ministerrat war nur nominal die Regierung der DDR. Durch Auflagen und Kontrollen des Sekretariats des ZK in seiner Eigenständigkeit beschränkt,

---

6 Vgl. das Gespräch mit Christa Bertag, S. 243 f.
7 Vgl. das Gespräch mit Wolfgang Biermann, S. 225 f.
8 Vgl. Merton, Robert K., Social Structure and Anomie, in: *Social Theory and Social Structure*, Glencoe 1957.

hatte er die Beschlüsse des Politbüros im staatlichen Bereich zu vollziehen. Die Grundsatzbeschlüsse fielen im Politbüro und wurden dem Ministerrat nur noch zur Bestätigung zugeleitet. Da eine Reihe von Mitgliedern des Ministerrates zugleich Mitglieder des Politbüros waren, hatten diese im Politbüro die Beschlüsse des Ministerrates bereits präjudiziert.

Die Arbeit der zahlreichen Industrieministerien konzentrierte sich auf die Mitwirkung bei der Planfeststellung, die Kontrolle der Plandurchführung, die Überwindung von Produktionsschwierigkeiten, die Überbrückung von Planrückständen und die Ausarbeitung von Investitionsvorhaben. Die Ministerien hatten keine Mittel, selbst zu disponieren, sie waren Vermittlungsbehörden zwischen den Kombinaten, der Staatlichen Plankommission und dem Bereich Mittag im ZK. Aus der Perspektive der mächtigen Generaldirektoren waren die Minister, wie Wolfgang Biermann es ausdrückte, ein "kleines Getreidekorn zwischen zwei Mühlsteinen".[9] Sie hatten weder die Entscheidungskompetenz des Politbüros und des Zentralkomitees noch die tatsächliche Verfügung über die zugeteilten Fonds der Kombinate. Ihr Einfluß beruhte auf der Bedeutung der ihnen zugeordneten Kombinate und der persönlichen Durchsetzungskraft der Generaldirektoren. Angesichts der hohen Konzentration der Güterproduktion auf 150 Kombinate waren die darüberstehenden elf Industrieministerien kaum mehr als Vertreter von Brancheninteressen. Die sogenannten Querschnittsministerien, etwa dasjenige für Materialwirtschaft, versuchten, Versorgungsengpässe zwischen den Branchen zu überbrücken, oder, wie das Ministerium für Wissenschaft und Technik, die von den Branchenministern aufgestellten Schwerpunkte der Industrieforschung zu koordinieren und bei der Planfeststellung die dafür nötigen Fonds zu sichern. Das Ganze war eine komplizierte Wirtschaftsbürokratie, in die Mittag mit Einzelentscheidungen und Produktionsauflagen störend, aber auch entscheidend eingriff. Durch die Parteisekretäre in den Ministerien und die ihm direkt unterstellten Parteiorganisatoren verfügte Mittag über ein eigenes und direktes Informationssystem, mit dem er sich auch von den Berichten der Minister unabhängig machen konnte.

Der Ministerrat war praktisch auf die Funktion der Wirtschaftsverwaltung reduziert, andere Politikbereiche sind dort nicht koordiniert oder debattiert worden. Der Außenminister gab allgemeine Informationen, über die Tätigkeit des Ministeriums für Volksbildung wurde nur gelegentlich berichtet, Verteidigungs- und Sicherheitsfragen lagen völlig außerhalb der Kompetenz des Ministerrates. Wolfgang Rauchfuß, langjähriger Stellvertretender Ministerpräsident und Koordinator der Arbeit des Präsidiums des Ministerrates, konnte sich nicht erinnern, daß der Minister für Staatssicherheit, Erich Mielke, je eine Vorlage im Ministerrat vertreten hätte. Der Verfall des Ministerrates zu einer Wirtschaftsverwaltungsbehörde stärkte umgekehrt die Position sowohl des Politbüros als auch des Sekretariats des ZK.

An dieser Lage konnte und wollte offenbar der Ministerpräsident Willi Stoph nichts ändern. Er genoß hohes Ansehen, erhob seine Stimme auch als erster bei der Ablösung Walter Ulbrichts und Erich Honeckers, enttäuschte aber alle, die sich von ihm eine wirksame Gegenposition zur Macht des Generalsekretärs und des Sekretärs für Wirtschaft erhofften. Schon 1970 hatte der Vorsitzende der Staatlichen Plankommission, Gerhard Schürer, an ihn appelliert. In einem Brief schrieb er: "Die Mitglieder der Regierung müssen selbst bedeutende Schlußfolgerungen ... ziehen. Meines Erachtens kommt es darauf an, daß wir auf der Grundlage der Beschlüsse der Partei unter Deiner Leitung ein festes Kollektiv

9 Vgl. das Gespräch mit Wolfgang Biermann, S. 224.

werden mit einem ständig wachsenden Gefühl der Verantwortung bei jedem einzelnen für das Ganze... Es gibt zu viele Tabus, Rückversicherungen und zu wenig persönliche Verantwortung gegenüber dem eigenen Parteigewissen und seiner eigenen Entscheidung."[10] Diese Vorstellungen wurden nie verwirklicht. Der Ministerrat wurde zu keinem Gremium, das wirtschaftspolitischen Einfluß erlangen konnte. Stoph war Honecker, Krolikowski war Mittag nicht gewachsen. Wolfgang Rauchfuß, der lange mit Stoph zusammengearbeitet hatte, urteilte 1993: "Schlimm an der ganzen Sache war, daß Stoph, der die Möglichkeit hatte, dagegenzuhalten - es konnte sich keiner leisten, Stoph abzusetzen - das nicht getan hat."[11] Und der zweite Minister unter unseren Gesprächspartnern, Günther Wyschofsky, sagte: "Daß sich Stoph das hat gefallen lassen, stieß immer auf meine persönliche Verwunderung, weil er ein ganz anderer Mensch als andere war."[12] Die Erwartungen richteten sich immer auf den Vorsitzenden des Ministerrates. Die Minister selbst ergriffen keine Initiative, den Ministerrat als kollektives, eigenständiges Organ zu stärken.

Gewiß war Günter Mittag eine dynamische und machtorientierte Persönlichkeit. Daß er aber mit seinem Wechsel vom Ministerrat zum Sekretariat des ZK den Ministerrat wirtschaftspolitisch total entmachten konnte, ist nicht nur eine Folge des Charakters von Personen, sondern der Fusion von Staat und Partei, der institutionellen Schwäche staatlicher Strukturen gegenüber den Organen der Partei. Auch für den Ministerrat, und für ihn in gesteigertem Maße, kann gelten, was schon für Politbüro und Sekretariat des ZK festgestellt werden konnte: die Personalisierung von Entscheidungsstrukturen und die Fragmentierung der Willensbildung. Der Ministerrat konnte keine Wirtschaftpolitik formulieren, er konnte nur Brancheninteressen, getragen von den Kombinatsdirektoren, verwalten. Je bürokratischer dies geschah, desto wichtiger wurde für die Kombinatsdirektoren der direkte Zugang zu Mittag, der im Einzelfall schnell entscheiden und über den Bereich Kommerzielle Koordinierung von Schalck-Golodkowski auch die Importe neuer Technologien aus dem Westen realisieren konnte. Die für sie zuständigen Industrieminister hatten keine vergleichbaren Kompetenzen und Möglichkeiten. Mittag koordinierte mit seinen Abteilungsleitern branchenübergreifend die Wirtschaft, was dem Ministerrat nicht gelang.

Die Staatliche Plankommission

Die zentrale Steuerung der Wirtschaftsführung erfolgte durch Jahresvolkswirtschafts- und Fünfjahrespläne. Für ihre Erstellung, Durchführung und Korrektur im Laufe der Wirtschaftsperiode war die Staatliche Plankommission, die größte Einzelbehörde der DDR, zuständig. Da alle wirtschaftlichen Prozesse, mit Ausnahme der privaten Konsumtion, durch Produktionsauflagen und Fondszuweisungen geregelt waren, wurde der Plan zum verbindlichen Regulativ der Wirtschaftsführung. Was nicht im Plan stand, war nicht gefordert, aber auch nicht verfügbar. Eine der wichtigsten Aufgaben der Wirtschaftsführer und der Wirtschaftsbürokratie war daher der jährliche Kampf um die Planfeststellung, der Nachweis der Planerfüllung und die nachträgliche Anpassung der Plangrößen an die tatsächlichen Wirtschaftsergebnisse. Durch die Verstaatlichung der gesamten

---

10 Der Brief wurde veröffentlicht von André Steiner, "..., daß Du vielmehr als bisher sogenannte 'heiße Eisen' anfassen solltest", in: *Utopie kreativ*, Heft 6, Februar 1991, S. 101-104.

11 Vgl. das Gespräch mit Wolfgang Rauchfuß, S. 176.

12 Vgl. das Gespräch mit Günther Wyschofsky, S. 199.

Produktion, die Auflösung der kleinen Handwerks- und Handelsbetriebe und die Ausdehnung der Kennziffern wurde das Planungswerk immer komplexer und umfassender, der Wirtschaftsprozeß immer bürokratischer, Spielräume für Eigeninitiativen wurden immer enger.

Das sowjetische Planungssystem blieb bis zum Ende der DDR maßgebend und mit ihm sowohl die Orientierung auf eine Mengenplanung als auch auf eine Bedarfsschätzung ohne Marktkorrekturen. Die Herrschaft des Planmechanismus führte zu einer Entökonomisierung des Wirtschaftsverhaltens. Nicht die Kalkulation von Kosten und Erträgen, sondern die Einflußnahme auf Auflagen und Zuweisungen bestimmten wirtschaftliches Handeln.

In den Jahren 1962 bis 1965 entwickelte die Staatliche Plankommission unter Leitung von Erich Apel und gestützt von Walter Ulbricht eine Reformstrategie, das "Neue Ökonomische System der Planung und Leitung". Durch eine größere Selbständigkeit der Betriebe und eine stärkere Berücksichtigung von Kriterien der Rentabilität sollte die Steuerung der Wirtschaft verändert werden. Doch nach dem Selbstmord von Erich Apel und unter zunehmendem Druck der Sowjetunion zeigte sich das System des Sozialismus auch in der DDR als reformunwillig und reformunfähig. Der Einbau von Kriterien der Rentabilität in die Planwirtschaft hätte eine Kosten-Nutzen-Rechnung erfordert, der die Abführung der Gewinne in den Staatshaushalt und die staatliche Festsetzung der Preise und Löhne entgegenstanden. Ein Erfolg des NÖS hätte nicht nur die Wirtschaftsverfassung der DDR grundlegend verändern müssen, auch das politische Herrschaftssystem und die ideologischen Legitimationsideen wären davon betroffen worden. Mit dem Ende des NÖS trat eine gegenläufige Entwicklung ein: eine zunehmende Zentralisierung und Bürokratisierung der Wirtschaftsführung. Seither hat die Staatliche Plankommission keine gestaltende Rolle mehr gespielt, keine wirtschaftspolitischen Weichenstellungen bewirkt und sich auf immer komplexere Bilanzierungsaufgaben zwischen den Bedarfsanmeldungen und den verfügbaren Mitteln beschränkt. Sie war gewissermaßen der Hauptbuchhalter, der auftretende negative Salden umbuchen mußte. Komplexe EDV-Programme, detaillierte Branchenkenntnisse und ein langjähriges Erfahrungswissen halfen dabei.

Die Planstruktur wirkte innovationsfeindlich. Angesichts ihrer Komplexität erforderten Veränderungen lange Ein- und Anpassungszeiten. Gerhard Schürer, der Vorsitzende, fürchtete langanhaltende Kälte im Winter ebensosehr wie Hitze im Sommer. Der Minister für Chemie klagte, auf neue Erfindungen hätte man nicht rasch reagieren können, Antrags- und Bewilligungsverfahren für zusätzliche Forschungsmittel hätten zu lange gedauert. Alles mußte in den Planmechanismus eingeordnet, von den Betroffenen mehr oder weniger freiwillig gebilligt und schließlich über den Ministerrat mit staatlicher Sanktionsmacht versehen werden. Die Plankommission war daher der Filter, durch den alle Innovationen hindurch mußten. Auch Günter Mittag konnte nicht eigenmächtig in den Plan eingreifen.

Der Prozeß der Planaufstellung beschäftigte die Staatliche Plankommission fast ein Dreivierteljahr. Er begann im Januar/Februar mit der Übergabe der politischen Vorgaben. Die Plankommission konzipierte dann einen Planentwurf, der an die zuständigen Ministerien und an die Kombinate ging. Deren Gegenvorstellungen wurden dann in langen Verhandlungen gegenseitig abgestimmt, bis im August oder September der Plan zur Verabschiedung an das Politbüro und den Ministerrat weitergeleitet wurde. Über Monate verhandelten die jeweils Betroffenen, bis über alle Fonds, Produktionsdetails, Materialeinsparungen und anderes ein Kompromiß paktiert werden konnte. Bei diesen Verhandlungen wurden auch die Abteilungen des Sekretariats des ZK, in besonderen Fällen Günter Mittag persönlich eingeschaltet und das ganze Geflecht persönlicher Beziehungen und politischen Einflusses ins Spiel gebracht. Am Ende dieses Aushandlungsprozesses mußten sich die Kombinate auf die Planvorgaben verpflichten. Bei der Planaufstellung war die DDR keine Kommandowirtschaft, wohl aber bei der Plandurchsetzung. Hier trat die Partei mit unmittelbaren Kontrollrechten auf: Die Bezirksparteileitungen mahnten die Planerfüllung bei den in ihrem Bezirk liegenden Produktionsstätten an, die Kreisparteileitungen taten gleiches auf der Kreisebene, die Parteileitungen in den Kombinaten und Betrieben wandten sich unmittelbar an die Direktoren. Und auch die Gewerkschaften waren auf die Planerfüllung verpflichtet. Der Plan wurde zum Befehl, dem nachgekommen werden mußte. Schließlich verdonnerte Günter Mittag die Generaldirektoren zu erhöhten Leistungen während der Leipziger Seminare. Viele empfanden das entwürdigend, doch keiner protestierte dagegen, wie Christa Bertag berichtete.

Unter diesen Bedingungen kam es für alle Beteiligten darauf an, Reserven zu haben, und das bedeutete, größere Forderungen anzumelden und geringere Leistungen anzubieten. Da dies auch der Plankommission bekannt war, stellte sie stets höhere Forderungen und bot geringere Zuweisungen. Der Plan war daher immer ein Sollplan, der schon bei der Verabschiedung eine in guten Jahren geringe, in schlechten Jahren erhebliche Fiktionalität hatte. Persönlicher Druck, den insbesondere Mittag zuweilen drastisch verschärfte und Appelle an die Gesinnung sollten einen Ausgleich zwischen Ansatz und Wirklichkeit herbeiführen. Insofern war der Plan nicht nur ein Rechenwerk, sondern ein Instrument zur Leistungsmotivation, zur Ausschöpfung von letzten Reserven, zur Disziplinierung von Belegschaften und Leitern der Produktionsbetriebe. Große Kombinate mit unverzichtbaren Produkten konnten größere Reserven verstecken und dem Druck leichter widerstehen als kleinere. Doch auf allen lastete die Planerfüllung als primäre Handlungsorientierung.

Mit der zunehmenden Knappheit an Devisen war der Kampf um westliche Importe der Ausgangspunkt aller Modernisierungen. Betriebe und Branchen, die keine Westimporte zugeteilt bekamen, blieben technologisch zurück, konnten die Arbeitsproduktivität und die Produktqualität nicht steigern. Das galt für die Mehrheit der Betriebe, und daraus erklärt sich die immer größer werdende Schere zwischen der Arbeitsproduktivität im Osten und im Westen. Devisenbeschaffung und die Verteilung von Importgütern waren daher die strategischen Grundprobleme. Angesichts steigender Zahlungsbilanzdefizite wurde mit dem Bereich der sogenannten Kommerziellen Koordinierung unter Leitung von Alexander Schalck-Golodkowski ein Instrument geschaffen, um westliche Devisen erwerbswirtschaftlich zu gewinnen. Die insbesondere in der Bundesrepublik tätigen Betriebe wurden als Devisenausländer geführt und standen außerhalb des Plansystems. In etwa 20 Jahren haben diese Betriebe rund 27 Mrd. Valutamark erwirtschaftet. Aus den Zahlungen der Bundesregierung an die DDR kamen im gleichen Zeitraum weitere 14 Mrd. hinzu.[13] Für diese Einnahmen hatte die DDR keine Exporte zu leisten, sie waren außerplanmäßige Mittel, über die Schalck-Golodkowski seine Sonderstellung und seine Bedeutung für die Wirtschaftsführung der DDR gewann. Er eröffnete Spielräume, die sonst nicht gegeben waren.

Mit diesen Mitteln konnten dann für ausgewählte Projekte rasch die modernsten Anlagen auf dem Weltmarkt - auch unter Umgehung von westlichen Exportverboten - beschafft werden, wie dies etwa beim Aufbau der Mikrochips-Produktion der Fall war. Doch auch diese politischen Einzelfallentscheidungen

---

13 Vgl. die Angaben bei Gerhard Schürer, Die Wirtschafts- und Sozialpolitik der DDR, in: PDS (Hg.), *Ansichten zur Geschichte der DDR*, Band III, Bonn/Berlin 1994, S. 157f.

ersetzten nicht das Fehlen einer systematischen Industriepolitik. Die Staatliche Plankommission konnte sie weder entwickeln noch durchsetzen. Die Industriestruktur der DDR im ganzen veraltete zunehmend, die Ersatzinvestitionen wurden ausgedünnt, und die Infrastruktur konnte kaum auf dem Niveau von 1938 gehalten werden.

Sieht man diese Strukturen in ihrer gegenseitigen Verschränkung, so kommt man zu dem Ergebnis, daß die zentral verwaltete Wirtschaft der DDR mit hoher Detailplanung, aber ohne wirtschaftspolitische Steuerungskapazität funktionierte. Das Politbüro bestimmte den politischen Rahmen für die Planfeststellung, Günter Mittag setzte industriepolitische Modernisierungsschwerpunkte, doch daraus ergab sich keine systematische Wirtschaftspolitik. Der Ministerrat verwaltete die Brancheninteressen wesentlich auf einem Status quo, die Plankommission setzte die Vorgaben unter Berücksichtigung der komplexen Verflechtungen in konkrete Zuweisungen und Auflagen um und hielt gerade dadurch die Wirtschaftsstruktur in einer bürokratischen Erstarrung, die durch die Vervielfältigung der Kennziffern nur noch unelastischer wurde. Je größer die Differenz zwischen den politischen Vorgaben und der wirtschaftlichen Leistungsfähigkeit, insbesondere der Exporte in das nicht sozialistische Wirtschaftsgebiet, wurde, desto fiktiver wurde der Plan, und desto stärker mußte er im Laufe des Jahres korrigiert werden.

Die Generaldirektoren

Die Produktionsstruktur war in rund 150 Kombinate gegliedert, in die seit 1972 auch die halbstaatlichen und genossenschaftlichen Klein- und Mittelbetriebe einbezogen wurden. Die dabei entstandenen Kombinate waren nach Größe und wirtschaftlicher Leistungskraft höchst unterschiedlich, doch im Prinzip nach bestimmten Produktlinien organisiert. Sie standen gewissermaßen als Angebotsmonopolisten nebeneinander. Unter ihnen gab es keine Preiskonkurrenz. Sie entzogen sich auch einem Wirtschaftlichkeitsvergleich, da ja jede Produktpalette sich als einzigartig darstellen lassen konnte. Die größte Abhängigkeit, in der sich die Kombinate befanden, war diejenige gegenüber den Zulieferbetrieben. Diese konnten sie weder quantitativ noch qualitativ oder zeitlich kontrollieren. Daraus entstand das Bestreben, die Produktionstiefe zu verlängern und möglichst große Teile der Zulieferungen in eigenen Betrieben herstellen zu lassen. Ein schönes Beispiel berichtet Christa Bertag, deren Produktionskapazität von Kosmetikartikeln wesentlich bestimmt war durch die Knappheit von Verpackungsmitteln, Tuben und Dosen. Um dem abzuhelfen, hatte das Kosmetik-Kombinat eine eigene Tubenfabrik, die wirtschaftlich und technisch unrationell war und sich nur damit rechtfertigen konnte, daß sie unsichere Zulieferungen kompensierte und damit die Planerfüllung ermöglichte. Unter den Bedingungen der Planwirtschaft wurde die Stellung der Kombinate primär bestimmt durch die Mengenplanung, nicht durch Herstellungskosten.

Kombinate, die in ihren Branchen führende Positionen einnahmen, technologisch moderne Anlagen besaßen und relativ autark waren, hatten eine große Binnenautonomie, wie dies Wolfgang Biermann für das Kombinat Carl Zeiss Jena mit 70 000 Beschäftigten schilderte. Zu diesen strukturdominanten Kombinaten gehörten nach seiner Schätzung 25 bis 30 "Staaten im Staat". Ihre Generaldirektoren verfügten über hinlängliche Eigenkapazitäten und Reserven, um die Planauflagen elastisch erfüllen zu können, hatten genügend politischen Einfluß, um Investitionsentscheidungen zu ihren Gunsten beeinflussen zu können und ausreichende personelle und sachliche Mittel, um laufende Modernisierungen und technische Entwicklungen in den Betrieben selbständig durchführen lassen zu können. Ihr Ansehen war groß, und soweit sie als Vertreter solcher strukturdominanten Kombinate auch Abgeordnete der Volkskammer oder gewählte Mitglieder des Zentralkomitees waren, konnten sie sich auch der unmittelbaren politischen Kontrolle durch die lokalen oder territorialen Parteisekretäre entziehen.

Die Generaldirektoren mußten die Starre der Planwirtschaft abfedern, beständig eine Anpassungsfähigkeit an wechselnde Produktionsbedingungen sichern, sie mußten, wie Wolfgang Biermann es ausdrückte, "Könige der Improvisation" sein. Sie waren in einem modernen Sinne Manager, technisch qualifiziert, mit großen Organisationsfähigkeiten und persönlicher Durchsetzungskraft. Soweit sie am Westexport beteiligt waren, kamen sie häufig ins Ausland und hatten gute Kenntnisse über den westlichen Entwicklungsstand ihrer Branche. Doch sie waren keine Wirtschaftsführer im eigentlichen Sinne. Es fehlte ihnen die ökonomische Qualifikation. Man hat vielfach in den Generaldirektoren die Modernisierungselite der DDR gesehen und vermutet, sie würden auf die Dauer auch die politische Führung übernehmen. Doch das war eher unwahrscheinlich. Ihre Kompetenz und ihr Prestige ruhten gerade auf ihrer politischen Abstinenz. Sie waren auf die Sicherung der relativen Autonomie ihrer Kombinate gegenüber der politischen Machtstruktur, auf partikulare Ziele und Interessen ausgerichtet. Ihr Ansehen beruhte auf dem Erfolg, den sie unter den Bedingungen der Planwirtschaft mit ihren Betrieben erreichen konnten, und daher war ihre Erfolgsbilanz nur in seltenen Fällen tatsächlich ökonomisch begründet. Angesichts der erheblichen Subventionierung der Exportpreise und der Ausschließung von konkurrierenden Anbietern auf dem Binnenmarkt ist die Erfolgsbilanz vieler Kombinate nur unter den Bedingungen der Planwirtschaft der DDR entstanden.

Für die Direktoren der überwiegenden Zahl der kleinen und mittleren Kombinate, die für die Gesamtwirtschaft und insbesondere für den Export keine strukturdominante Funktion hatten, war die Lage weit schwieriger. Je kleiner der Betrieb, desto geringer die Mittel, die eine Binnenelastizität gegenüber den monatlich zu erbringenden Planauflagen ermöglichten, desto schlechter die technischen Arbeitsbedingungen, desto enger die politische Kontrolle durch die Parteisekretäre. In großen Kombinaten waren die Parteisekretäre meist aus dem Betrieb hervorgegangen, kannten die Produktionsbedingungen, hatten Verständnis für auftretende Schwierigkeiten, waren dem Betrieb loyal verbunden. Für kleine Kombinate wurde der externe Kreissekretär ohne Branchen- und Betriebskenntnisse zum formalen Aufpasser, dem auch der Generaldirektor keine höhere Parteiposition entgegenstellen konnte. Christa Bertag berichtet in unserem Gespräch darüber aus ihrer Anfangszeit beim Kosmetik-Kombinat in Berlin.

Die Gewerkschaften waren für die Generaldirektoren kein wichtiger Faktor. Sie waren zwar mit 9,6 Millionen Mitgliedern die größte Massenorganisation. Unter ihren Mitgliedern waren etwa sieben Millionen parteilos, und so konnte die SED, die die Kader stellte, über die Gewerkschaft, weit über ihre Mitgliedschaft hinaus, Berufstätige ideologisch und politisch beeinflussen. Der Vorsitzende des FDGB, Harry Tisch, war Mitglied des Politbüros und ließ keine gewerkschaftlichen Aktivitäten zu, die er nicht mit den Interessen des Politbüros, insbesondere mit denjenigen von Erich Honecker und Günter Mittag, für vereinbar hielt. Die Führungspositionen in den Gewerkschaften waren Nomenklaturkader des Zentralkomitees, und die niedrigeren gehörten zur Nomenklatur der Bezirke. Alle sozialpolitischen Forderungen mußten mit Günter Mittag abgestimmt werden, der im Sekretariat des ZK auch für die Gewerkschaften zuständig war. Konnte sich so schon auf der Führungsebene von Politbüro und Sekretariat des ZK keine Eigenständigkeit der Gewerkschaften herausbilden, insbesondere keine Zuständigkeit für die Lohnpolitik, so waren auch die Betriebsgewerkschaftsleitungen keine Kontrahenten für die Betriebs- und die Generaldirektoren der Kombinate. Sie hatten bei der Planaufstellung mitgewirkt und mußten ihre Mitglieder zur Planerfüllung anhalten. Sie waren Transformationsriemen der Parteiherrschaft, neutralisierten den Mißmut der Belegschaften und verhinderten oppositionelle Gruppenbildungen bis zum Ende der DDR. Ihren größten Einfluß gewannen sie über die Verteilung der Ferienplätze in den zahlreichen FDGB-Heimen.

Deinstitutionalisierung von ökonomischen Rationalitätskriterien

Der Kommunismus ist ein Programm zur Aufhebung der sozialen Differenzierung der Gesellschaft und zur Überwindung der Fragmentierung der Lebensführung des Individuums, zwei Tendenzen, die die Moderne charakterisieren. Die neue Gesellschaft und der neue Mensch sollten aus der Bindung an die Produktionsverhältnisse gelöst werden. Die Bedürfnisbefriedigung sollte durch eine politisch garantierte gerechte Verteilung des Produkts der gesellschaftlichen Arbeit gesichert, durch den Fortschritt der Technik und durch die freiwillige Motivation zur Arbeit ständig verbessert werden. Soziale Konflikte sollen aufgehoben, Konsens durch die Verpflichtung auf gemeinsame Werte erzeugt und die Lebensführung in Formen der Vergemeinschaftung von Kollektiven homogenisiert und damit harmonisiert werden.

Ein solches Programm führt zu einer Deinstitutionalisierung von ökonomischen Rationalitätskriterien. Das Handeln im Bereich der Wirtschaft kann sich nicht mehr an Kriterien der Gewinn- und Verlustrechnung, der Rentabilität ausrichten, es bleibt auf Wertbeziehungen der Gemeinschaft orientiert, auf ideologische Homogenität, politische Integration und soziale Solidarität. Die Ausdifferenzierung von gegensätzlichen Rationalitätskriterien erfordert auch immer eine Unterscheidung zwischen Wertbeziehungen in einer Gesellschaft. Insoweit Wertbeziehungen entlegitimiert sind, ihnen keine Verhaltensgeltung zugebilligt wird, entwickeln sich auch keine Kriterien, die die Verfolgung dieser Wertbeziehung rational steuern, gegen andere Wertbeziehungen isolieren und sozial durchsetzen können.

Wirtschaftliches Handeln war in der DDR unmittelbar in den politischen Steuerungsprozeß einbezogen, konnte diesem gegenüber keine Autonomie beanspruchen und verfügte über keine Rationalitätskriterien, mit deren Hilfe es sich außerhalb der politischen Wertbeziehungen hätte legitimieren und gegen diese behaupten können. Dementsprechend war die Institutionalisierung des Rationalitätskriteriums der Rentabilität weitgehend ausgeschaltet. Es gab dafür weder eine eindeutige Kosten-Nutzen-Kalkulation noch eine Zurechnung auf ein Einzelkapital, es gab weder eine Sanktionierung dieser Verhaltensorientierung über Gewinn und Verlust der Wirtschaftseinheiten noch eine durch Marktbeziehungen ausgewiesene Angebots- und Nachfragebestimmung. Die DDR war dem Typ nach eine industrielle Hauswirtschaft. Alle Mitglieder der Hauswirtschaft haben einen Anspruch auf gleichmäßige Versorgung. Das gemeinschaftlich erwirtschaftete Sozialprodukt läßt sich nicht auf unterschiedlich produktive Teilbereiche zurechnen, jedenfalls darf diesen nicht die Verfügungsgewalt darüber zugestanden werden. Eine Ausgrenzung von Wirtschaftseinheiten, die nicht produktiv sind, darf nicht eintreten, ihre Verluste sind durch das Gesamtprodukt zu kompensieren. Alle Einzelbilanzen sind in den Haushalt des "Hauses", des Parteistaats, integriert.

Die Wirtschaftsverfassung der DDR entsprach weitgehend diesen Postulaten einer integrierten Hauswirtschaft: sozialstaatlich garantierte und nivellierte Einkommen und staatlich subventionierte Sicherung der Grundbedürfnisse, keine

Verfügungsrechte der Wirtschaftseinheiten über ihre Gewinne, aber Anspruch auf Deckung ihrer Verluste, zentrale Planung der Produktion und Verteilung mit Hilfe von Auflagen und Zuweisungen, politisch festgesetzte Preise und Löhne. Bestrebungen zur Erhöhung der Arbeitsproduktivität durften die Wirtschaftsverfassung nicht berühren, diese war integraler Teil der Herrschaftsordnung. Daher richteten sich Programme zur Erhöhung der Arbeitsproduktivität einerseits auf eine Verbesserung der Produktionstechnik, andererseits auf eine Stimulierung der Arbeitsmotivation. Beide Strategien bezogen sich nicht auf ökonomische Kriterien, sondern auf technologische und auf moralische. Das Programm der Einheit von Wirtschafts- und Sozialpolitik unterstellte einen einfachen Motivationszusammenhang zwischen verbesserter Versorgung und erhöhter Arbeitsproduktivität bei gleichzeitiger technologischer Innovation. Ökonomische Kriterien blieben dabei außer Betracht. Die Kombinatsstruktur entsprach technologischer, nicht ökonomischer Rationalität. Die planwirtschaftliche Kontrolle kleinerer und mittlerer Betriebe diente politischen Homogenisierungsprozessen, nicht einer ökonomischen Produktions- oder Versorgungsoptimierung.

Ein solches System muß feste Außenabgrenzungen haben und darf in keine außenwirtschaftlichen Abhängigkeiten geraten, die die Geltung anderer Rationalitätskriterien aufzwingen. Die Anbindung an die Wirtschaft der Sowjetunion entsprach dieser Notwendigkeit, da dort eine vergleichbare Wirtschaftsverfassung bestand. Die Abhängigkeit von der Wirtschaft der Sowjetunion war für die DDR grundlegend sowohl im Hinblick auf die Versorgung mit Rohstoffen als auch im Hinblick auf die Industrieprodukte, die dafür exportiert werden konnten. Diese Anbindung blockierte die innere Entwicklung der DDR-Wirtschaft in erheblichem Maße. Weder waren gegen die Interessen der Sowjetunion Veränderungen in der Wirtschaftsverfassung möglich, noch kamen aus der Sowjetunion Anstöße für eine Modernisierung der Produktionsstruktur. Technologische Modernisierung war nur mit Hilfe von Importen aus dem Westen möglich, der technologische Rückstand binnenwirtschaftlich nicht grundlegend zu überwinden. Insofern waren die Außenbeziehungen der DDR zum nichtsozialistischen Wirtschaftsgebiet von strategischer Bedeutung. Aber diese mußten über einen komplizierten Mechanismus in die planwirtschaftlich geschlossene Hauswirtschaft der DDR übersetzt werden. Galten im Westen ökonomische Rationalitätskriterien, so mußten sie für das Binnensystem außer Kraft gesetzt werden. Dem dienten die Zentralisierung des Außenhandels bei staatlichen Behörden, die unterschiedliche Preisgestaltung für die Exportmärkte und die Binnenverrechnung, dem diente auch die eigentümliche Konstruktion des Bereichs Kommerzielle Koordinierung. Diese Abgrenzungs- und Übersetzungsproblematik zwischen dem Binnenmarkt und der westlichen Welt führte bei zunehmender Abhängigkeit von Westimporten einerseits zu steigenden Zahlungsbilanzdefiziten, andererseits zu einer ökonomischen Unterbewertung der Herstellungskosten der Exportgüter, zu einer die Volkswirtschaft schädigenden Subventionierung der Exportgüter aus dem Staatshaushalt. Auch hier setzten politische Kriterien ökonomische Kriterien außer Kraft. Die DDR-Wirtschaft konnte nicht an der weltwirtschaftlichen Arbeitsteilung teilnehmen, sie war im Außenverhältnis den internationalen Preis- und Kreditentwicklungen unterworfen.

Handlungsräume der Wirtschaftsfunktionäre

Durch die Deinstitutionalisierung von ökonomischen Rationalitätskriterien waren die Wirtschaftsfunktionäre der DDR handlungsbeschränkt. Sie konnten sich nicht gegen das politische System behaupten. Ohne die legitime Geltung ökonomischer Rationalitätskriterien standen sie stets vor der Gefahr, mit ökonomischen Argumenten gegen politische Entscheidungen zu verstoßen, damit eine illoyale Gesinnung zu offenbaren, auch wenn sie subjektiv den politischen Zielen des Sozialismus dienen wollten und das Herrschaftssystem der DDR nicht in Frage stellten.

Diese mangelnde institutionelle Differenzierung wurde durch die mangelnde organisatorische Differenzierung der Wirtschaft aus dem politischen System verstärkt. Der monolithische Parteistaat eröffnete auch auf der Ebene der individuellen Handlungsstrukturen nur sehr kleine Spielräume. Die Wirtschaftsorganisation war in die bürokratische Partei- und Staatsstruktur eingebunden, nur auf der Ebene der Kombinate und Betriebe konnten sich nichtbürokratische Verhaltensweisen entwickeln. Die Restriktionen bürokratischer Verhaltensstrukturierungen sind bekannt: hierarchische Kompetenzverteilung, mangelnde eigenständige Verfügungsmacht über Ressourcen, beschränkte Teilnahme an Entscheidungsprozessen, Ausschluß von Informationen. In der DDR war das bürokratische Element durch das Prinzip der Einzelleitung verschärft. Dies ermöglichte es dem jeweiligen Leiter, den Informationsfluß von unten nach oben und von oben nach unten zu unterbrechen, aus Selektionspraktiken sich eine personalisierte Autorität zu verschaffen und mit Hilfe der rigiden Geheimhaltungspraktiken der Parteibürokratie die Kontextwahrnehmung seiner Untergebenen zu beschränken. Ein großer Teil der Wirtschaftsfunktionäre hatte daher nur eine reduzierte Kenntnis von der wirtschaftlichen Gesamtlage, konnte ihr Verhalten nur auf die Wahrnehmungen innerhalb des eigenen Aktionsfeldes richten. Sie waren in der Urteilsbildung und Situationswahrnehmung primär auf ihren Kompetenzbereich beschränkt.

Nach den Organisationsprinzipien von Bürokratien wurden sie ernannt und nach innerbürokratischen Kriterien befördert. Diese waren in der DDR dual: Funktionseignung und politische Zuverlässigkeit, wobei das zweite Kriterium vorrangig war. Der zentrale Selektionsmechanismus lag in der Kaderbildung, und diese wurde durch die Kaderabteilung der SED verwaltet und kontrolliert. Diese Karrierewege brachten die Wirtschaftsfunktionäre in einen beständigen Zwang, politische Loyalität zu beweisen, jedenfalls keinen Anlaß zu geben, daß diese in Frage gestellt werden könnte. Diese Abhängigkeit von den Kontrollinstanzen und den von diesen interpretierten Kriterien der Gesinnungskundgebung führte zu einer subjektiven Unsicherheit, die auch durch professionelle Leistungsfähigkeit nicht beseitigt werden konnte. Zur Sicherung der eigenen Position empfahl sich ein politischer Ritualismus und eine Konformität gegenüber bürokratisch angesonnenen Verhaltenserwartungen. Dies ist ein Verhaltensmuster, das Innovation nicht ermutigt, Kritik inhibiert und Kommunikation verhindert. Die Befürchtung eines potentiellen Positionsverlustes ist ein wirkungsvolles Mittel zur Konformitätssicherung, zumal dann, wenn gegen den Positionsverlust keine institutionellen Verfahren der Selbstrechtfertigung und der Berufung bestehen. Es kam hinzu, daß nach einem Positionsverlust in der Wirtschaftsbürokratie keine beruflichen Alternativen bestanden. Es gab keinen parteifreien Raum für Nomenklaturpositionen, und alle hervorgehobenen Positionen waren in einer Parteinomenklatur enthalten.

Innerhalb des Parteistaates gab es keine Chancen für einen legitimen Widerspruch, es sei denn unter dem Schutz unmittelbarer Kommunikation zwischen wenigen Personen, die eine persönlich oder sachlich begründete Solidarität verband. Die Verpflichtung auf die Parteilinie im Interpretationsmonopol der Parteispitze, das Gebot der Einmütigkeit in kollektiven Beratungen, das Verbot der Fraktionsbildung, die mangelnde Öffentlichkeit und die Aufhebung aller institutionell geregelten Konfliktaustragungen versetzten den Einzelnen in eine kommunikative und handlungsstrategische Isolierung. Auch die hohen Wirtschaftsfunktionäre waren voneinander extrem isoliert, in ihre Kompetenzbereiche eingeschlossen. Die Politbüromitglieder verkehrten untereinander nur amtlich, und obgleich sie alle in Wandlitz wohnten, besuchten sie sich nie. Institutionalisiertes Mißtrauen endetete dort, wo persönliche Solidaritätsbeziehungen erprobt waren oder wo ein Positionsverlust keine existentielle Bedeutung gehabt hätte, was aber für die Wirtschaftsfunktionäre nicht der Fall war.

In derart strukturierten Handlungsräumen ist eine Abschottung von Wahrnehmungen, die die eigene Konformitätsmaxime gefährden, naheliegend. Die Wirtschaftsfunktionäre hatten alle ihre kognitiven Dissonanzen, Wahrnehmungen der Wirklichkeit, die im Widerspruch zu ihren Vorstellungen und Erwartungen standen. Diese nahmen seit 1980 zu und waren 1985 nicht mehr zu vermeiden. Sie wurden überbrückt durch Glaubensgemeinschaft an die überragenden Qualitäten des Sozialismus als Prinzip, gewissermaßen an das Charisma der Idee, und durch die Überzeugung, die Sowjetunion würde den Bestand der DDR unter allen ökonomischen Umständen garantieren. Zugleich aber verbreitete sich die Vorstellung, ökonomisch könne die DDR nur in einer engen Verbindung zur Bundesrepublik überleben. Als die Sowjetunion offensichtlich nicht mehr bereit und in der Lage war, die DDR ökonomisch zu stützen und in ihrem Bestand zu sichern, blieb auch den regimekonformen Wirtschaftsfunktionären nur die Anlehnung an die Bundesrepublik als Zukunftsprojektion. Nach dem Sturz Honeckers gab es dazu keine Alternative mehr.

Alle Eliten leben mit kognitiven Dissonanzen. Die Frage ist nur, in welcher Weise sie überformt werden. Für die Wirtschaftsfunktionäre der DDR waren typisch: eine Fragmentierung der Wirklichkeitswahrnehmung, eine Abschiebung der Handlungserwartung auf die jeweils höhere hierarchische Ebene, am Ende auf Günter Mittag, eine dadurch kumulative Handlungslähmung und ein Rückzug auf die Weiterführung der Alltagsroutine und das beständige Krisenmanagement innerhalb des eigenen beschränkten Kompetenzraumes. Sie waren engagiert, funktionserfahren, regimeloyal, aber als Kollektiv handlungsbeschränkt und schon von daher ökonomisch reflexionsgehemmt. Selbst Günter Mittag meinte, sein mit so großem Nachdruck verfolgtes Programm der Mikroelektronik sei dem "Prinzip Hoffnung" geschuldet gewesen.

Theo Pirker

Kommunistische Herrschaft und Despotismus[1]

Meinem Freunde Borys Lewytzkyj

In unseren Gesprächen mit ehemaligen Wirtschaftsführern aus der DDR haben wir die Prozesse der Willensbildung und der Entscheidungsfindung in den Mittelpunkt gestellt, die uns über den engeren Bereich der Ökonomie hinaus sozusagen prototypisch ein besseres Verständnis der Herrschaftsstrukturen im real existierenden Sozialismus vermitteln können. Von unseren Zeitzeugen wurden dabei übereinstimmend immer wieder betont, welchen (über-)dominanten Einfluß das sowjetische Imperium auf ihre Gesellschaft gehabt habe, das als Ergebnis des "Großen Vaterländischen Krieges" gegen den NS-Staat mit seiner machtpolitischen Garantie für die endgültige Niederwerfung des deutschen Imperialismus und seinem historischen Beleg für die wegweisende Bedeutung der siegreichen Oktoberrevolution im weltweiten Kampf des Sozialismus gegen den Kapitalismus legitimatorisch über jeden Zweifel erhaben gewesen sei. In diesem Kontext der kosmopolitischen Legitimationskonstruktion will ich im folgenden die Herrschaft des Sowjet-Imperiums in der Nachkriegsära im allgemeinen und seine Bedeutung für die DDR im speziellen analysieren.

In diesem Zusammenhang scheint mir der Rekurs auf die Kategorie des "Despotismus" und ihre realgeschichtliche Ausprägung unter Stalin fruchtbar zu sein, obgleich ich mir bewußt bin, daß ein solcher Zugang heikel ist, eben weil dieser politikwissenschaftliche bzw. staatsphilosophische Grundbegriff doppelt besetzt ist, zum einen als orientalische bzw. asiatische Despotie, zum anderen seit Aristoteles als Tyrannis. Darüber hinaus ist diese Kategorie in Nachfolge von Montesquieu, der in seiner "politischen Theorie" eine idealtypische Einteilung in Republik, Monarchie und Despotie vornimmt und unter letztere unterschiedslos alle asiatischen Reiche - der Perser, der Chinesen, der Inder und der Japaner - subsumiert, zu einem abendländischen Vorurteil, wenn nicht gar zu einem Kampfbegriff gegenüber sämtlichen morgenländischen Herrschaftsformen, die ausschließlich auf der Basis von Willkür und Furcht basierten, verkommen. Zwar haben sich schon vor dem Klassiker der Gewaltenteilung nahezu alle Theoretiker mit diesem Phänomen befaßt und ihm eine "unterpolitische Triebkraft", fundiert auf dem menschlichen Grundbefinden der Furcht (Hobbes), zugeschrieben, aber erst der Verfasser der "L'esprit des lois" (1748) hat es zur okzidentalen Phobie "vor dem möglichen Ende der Menschheit" hypostasiert.[2]

In unserem Jahrhundert ist dann die Kategorie mit der bahnbrechenden Arbeit von K. A. Wittfogel[3] völlig 'orientalisiert' worden, der in der staatlich organisierten und agrarmanagerial bzw.-bürokratisch kontrollierten lebensnotwendigen Regulierung des Wasserhaushaltes im Orient das entscheidende Instrument für eine zentralistische Herrschaft in den ansonsten regional oder lokal strukturierten

---

1 Zu danken habe ich Gerhard Otto und Rainer Weinert für die kritische Überarbeitung des Manuskriptes.

2 Vgl. hierzu Aron, Raymond, *Hauptströmungen des soziologischen Denkens*, Band 1, Köln 1971, S. 28.

3 Wittfogel, Karl A., *Orientalische Despotie*, Köln 1962.

Flächengesellschaften sieht und sie deshalb auch als "hydraulische Despotien"[4] bezeichnet. Unglücklicherweise weitet er diesen Begriff auf die Sowjetunion aus, wo er mit der brutalen Modernisierungspolitik Stalins seine eigentliche Erfüllung in der "industriellen Despotie" gefunden habe. Hiermit widerspricht er nicht nur immanent seinen zuvor aufgestellten Theoremen, sondern verfehlt ganz und gar den zentralen Aspekt der bolschewistischen Revolution, ihre kosmopolitisch fundierte Legitimation. Denn es ist eine sehr akademische Frage, ob sie eine Emanation der 'reinen Lehre' von Marx oder eine Deviation von ihr war, entscheidend ist vielmehr, daß sie als die erste und einzige erfolgreiche proletarische Revolution die deterministische Geschichtsphilosophie im Sinne von Marx, Engels und Lenin zu bestätigen schien und die Sowjetunion bzw. die KPdSU zum einzig legitimen Administrator und Exekutor der weltgeschichtlichen Mission der Arbeiterklasse machte. Hieraus resultierte ihre Legitimation und ihre politisch-ideologisch faszinierende bzw. abschreckende Wirkung nach Innen wie nach Außen, keineswegs aber aus der kontinuierlichen Fortschreibung einer orientalischen Despotie auf höherem Niveau. Diese exklusive Vorreiterrolle als Garant des wahren Sozialismus, die durch den Zweiten Weltkrieg zementiert wurde, band jedoch die neue Großmacht politisch wie ideologisch gleichzeitig unerbittlich in - je nach Sichtweise - positiver oder negativer Abgrenzung an die sozioökonomische Entwicklung der kapitalistisch verfaßten Länder des Westens. Denn man muß in diesem Kontext immer wieder auf die Tatsache hinweisen, daß im Zentrum des Marxismus die "Kritik der politischen Ökonomie" steht, die ihrem Urheber wie dessen Epigonen es unmöglich macht, sich wirtschafts- wie gesellschaftstheoretisch aus den normativen Fallstricken der liberalen bürgerlichen Ökonomie zu lösen.

Die zweite ideengeschichtliche Tradition der Kategorie Despotismus fußt auf dem aristotelischen Begriff der Tyrannis, definiert als subjektive Willkür des Herrschers. Ohne darauf näher eingehen zu können, sei unter herrschaftssoziologischen Gesichtspunkten angemerkt, daß politische Ordnung hiermit begrifflich, wenn überhaupt, nur unzureichend erfaßt und reflektiert werden kann, obgleich es in der biographischen Historiographie beinahe bis zum Überdruß versucht wurde, insbesondere bei der Analyse des Hitlerismus und Stalinismus, wo der Tyrannis-Begriff beinahe zur Last für jeden historisch orientierten Sozialwissenschaftler geworden ist. Von der Zauberformel, komplexe autoritäre bzw. autokratische politische Systeme auf die Person des "Tyrannen" zu reduzieren, ließen sich Generationen marxistischer wie bürgerlicher Biographen in der fälschlichen Meinung faszinieren, man könne sich damit dem mühevollen Geschäft der Entschlüsselung und analytischen Durchdringung der in Wirklichkeit doch bei weitem nicht so homogenen gesellschaftlichen Macht- und Sozialstrukturen elegant entziehen.

Speziell in Deutschland kommt noch ein weiterer Umstand hinzu, der einer fruchtbaren sozial- bzw. politikwissenschaftlichen Rezeption der Kategorie Despotismus im Wege stand: ihre im Rahmen der Abwehr des Gedankengutes der Französischen Revolution erfolgte Umdeutung zum politischen Kampfbegriff, der vor allem in der deutschen "Popularphilosophie" betrieben wurde, insbesondere von ihrem Hallenser Vertreter Johann August Eberhard, der dieses epochale Ereignis als "Volksdespotismus" diffamierte, als "Herrschaft nach vernunftloser Willkür", in dem "falsche Patrioten", "Bösewichter", und "Demagogen" dem

4 Ebd., S. 25.

"Pariser Pöbel" schmeichelten.[5] Trotz der eben skizzierten Schwierigkeiten will ich bei meiner Analyse der kommunistischen Herrschaftssysteme an diesem Grundbegriff, 'postdespotisch' gewendet, im Anschluß an die Arbeiten von T. H. Rigby und meines deutschen Kollegen Borys Lewitzkyj[6] festhalten.

Retrospektiv betrachtet, waren die kommunistischen Gesellschaftssysteme strukturell reform- und modernisierungsunfähig und damit früher oder später dem Untergang geweiht, den ich in bester Gesellschaft meiner Zunftkollegen ebensowenig prognostiziert habe wie die professionellen Praktiker der Politik. Woran lag nun deren ex post doch so erstaunlich erscheinende Stabilität und Kontinuität? Zur Beantwortung dieser Frage muß man wohl zunächst auf die Konsolidierung der Sowjetunion unter Stalin zurückgehen, der mit seiner brachialen Politik der Modernisierung, des Elitenwandels und der Implementierung der parteibürokratischen Linienstrukturen die Fundamente seines despotischen Herrschaftssytems ebenso radikal wie resistent in den Boden seines nachrevolutionären zaristischen Erbes verankern konnte, die nach ihrer Bewährung im "Großen Vaterländischen Krieg" unter dem noch frischen Glorienschein des Sieges nur allzu leicht als Eckpfeiler des moskowitischen Imperiums nach Westen (zwangs-)exportiert und legitimiert werden konnten. Nach dem Tode Stalins, d.h. nach der Etablierung der imperialen Nachkriegsordnung im sogenannten Ostblock, setzte in der - wie ich sie bezeichne - Periode des "Postdespotismus" eine zweifache Entwicklung ein, die zunehmende Verkrustung und Überalterung des (stalinistisch orientierten) parteibürokratischen Machtapparates auf der einen und der angesichts der sich immer weiter öffnenden Schere zwischen der Produktivitätsentwicklung der kapitalistischen und den sozialistischen Staaten verstärkte Zwang zu weiterer Industrialisierung auf der anderen Seite. Dies führte, je länger der Systemkampf dauerte, desto mehr, zu einem spannungsgeladenen Verhältnis zwischen der parteibürokratischen Macht- und der wirtschaftsbürokratischen Funktionselite, das mangels institutionalisierter Konfliktlösungsmechanismen und eingedenk des sakrosankten Primats der Politik unter Ausschluß der Öffentlichkeit in versteckten Grabenkriegen ausgetragen wurde und die politische wie ökonomische Innovationskraft der Gesellschaft erdrückte. Dieser grundlegende Konflikt zwischen den Politik- und den Wirtschaftskadern, wobei letztere auf eine stärkere Autonomisierung ihres Funktionsbereiches durchaus im Sinne der Systemerhaltung plädierten, prägte - so meine Ausgangsthese - alle sozialistischen Gesellschaften in der Nachfolge Stalins und ist seinem ideologisch verkürzten "proletarischem Despotismus" geschuldet, der seinerseits nicht sozialistisch-revolutionär überwunden werden konnte.

Der Marxismus

Karl Marx verknüpfte bekanntermaßen im wesentlichen die Philosophie Hegels, die Ökonomie Ricardos und die Politische Philosophie Saint-Simons zu seiner "Kritik der Politischen Ökonomie" und ist insofern genuin ein Kritiker des europäischen Kapitalismus, aber kein Theoretiker des Sozialismus, der bei ihm

---

5 Zur deutschen Popularphilosophie und der Arbeit von J.A. Eberhardt, vgl. Batscha, Zwi, "*Despotismus von jeder Art reizt zur Widersetzlichkeit*", Frankfurt a.M. 1989, S. 169-218.

6 Rigby, T.H., Stalinism and the Mono-organisational Society. In: ders., *The Changing Soviet System*, Aldershot 1990, S. 82-112. Lewytzkyj, Borys, *Die Kommunistische Partei der Sowjetunion*, Stuttgart 1967.

nur als heilsversprechende Utopie aufscheint.[7] Damit ist jedes Gesellschaftsprojekt, das sich auf seine geschichtsphilosophischen und wirtschaftstheoretischen Prämissen beruft, an eben die Normen des zu überwindenden Kapitalismus gebunden und ist damit - systemtheoretisch gesprochen - fremdreferentiell, nicht selbstreferentiell orientiert. Das widerspricht nicht der Tatsache, daß sich der real existierende Sozialismus[8] aufgrund der sakrosankt gesetzten holistischen und inquisitorisch überwachten Ideologie sozusagen autistisch von der feindlichen Umwelt abschließen mußte und seine Außenkontakte idealiter nur revolutionär-konspirativ legitimieren konnte. Insofern konnte sich eine positive Theorie des Sozialismus, eine Art sozialistischer Adam Smith, gar nicht erst entwickeln, denn alle, die dies wenigstens ansatzweise versuchten wie z.B. Bucharin, fielen zwangsläufig der Inquisition zum Opfer.

Der Leninismus

Lenins Beitrag zum Marxismus war ein pragmatisches Lehrstück des 'auf-die-Füße-stellens', gelang es ihm doch, entgegen den entwicklungsphilosophischen Prämissen seines Lehrvaters im agrarischen Rußland unter dem in Agonie befindlichen zaristischen Herrschaftssystem eine proletarische Revolution - mit Hilfe des imperialistischen Klassenfeindes des benachbarten Deutschen Kaiserreiches - erfolgreich in Gang zu setzen. Mangels klassenmäßig bewußter Masse sollte eine "Partei neuen Typs" der Berufsrevolutionäre das richtige Bewußtsein in einer vorindustriellen Gesellschaft verbreiten, die ihre entwicklungsgeschichtliche Bestimmung noch nicht erkannt hatte und deshalb mit den Mitteln der Erziehung indoktriniert werden mußte. Allerdings billigte er seinen Missionaren des "Neuen Menschen", einer Metapher, der nach dem Ersten Weltkrieg ansonsten insbesondere im literarischen Expressionismus Deutschlands gehuldigt wurde, eine Zuchtmeisterrolle zu, die mit den konkreten Alltagserfahrungen ihrer Schüler nur wenig gemein hatten[9], und schuf nolens volens die von seinem Nachfolger Stalin mit Raffinement ausgebauten Grundlagen einer kommunistischen Erziehungsdiktatur, die Disziplin und organisatorischen Perfektionismus über alles stellte.

Unter diesen sozialstrukturell ungünstigen Bedingungen wurden die Oktoberrevolution und die Orthodoxierung des Marxismus-Leninismus zur Staatsideologie, besser: zur Staatsreligion, zu den beiden zentralen legitimatorischen Momenten des bolschewistischen Systems. Historische Bedingtheiten oder gar Zufälligkeiten wurden damit in den Rang entwicklungsgeschichtlicher Gesetze erhoben. Gleichzeitig wurden Einrichtungen, die als Übergangsphänomene konzipiert worden waren, dauerhaft institutionalisiert, d.h., was im Laufe der Entwicklung als kontingente Erscheinungen der Revolution "absterben" sollte, verfestigte sich.[10] Das betrifft insbesondere die historische Rolle, die Lenin der Partei und den Berufsrevolutionären als den zeitlich beschränkten führenden gesellschaftlichen Kräften zugeschrieben hatte. Aufgrund der fehlenden sozialen Basis des Bolschewismus entwickelten sich beide zu hoch bürokratisch organisierten Erziehungs-Agenturen für das "richtige Bewußtsein", die gemäß ihres Unfehlbarkeitsprinzips zwangsläufig mit einer Stimme sprechen mußten, Konflikte also we-

---

7 Aus diesem Grund bezeichnet Hajo Riese Marx als einen konservativen Theoretiker, da er in der Theorietradition der Political Economy verbleibt. Vgl. Riese, Hajo, Ernst Nolte und der Liberalismus, in: *Technik und Industrielle Revolution*, hrsg. v. Theo Pirker et. al., Opladen 1987, S. 73-89.

8 Der mir ansonsten suspekte Singularis ist diesmal mit Bedacht gewählt.

9 Vgl. Lewytzkyj, *Die Kommunistische Partei*, S. 16.

10 Ebd.

der intern, schon gar nicht extern offen ausgetragen werden konnten, sondern, sei es mit brachialen, sei es mit diffizilen machtpolitischen Mitteln gelöst werden mußten. Eben diesem grundlegenden, aus der nicht vorhandenen sozialen Massenbasis der Oktoberrevolution resultierenden Defizit der fehlenden Institutionalisierung parteiinterner Konflikte ist es zuzurechnen, daß alle kommunistischen Parteien in der Nachfolge Lenins abweichende Strömungen - welchen Couleurs auch immer - im Keime ersticken und das berüchtigte Verbot der Fraktionsbildung aus dem Jahre 1921 in ihre Statuten aufnehmen mußten.

Mit dem epochalen Ereignis der Oktoberrevolution wurde in dem zaristisch geprägten Großreich Rußland das Projekt einer "Neuen Gesellschaft", das in der europäischen Geschichte bislang ohne Vorbild war, radikal auf der Grundlage von vier Prinzipien der Legitimationskonstruktion verwirklicht:

1. Das historische Subjekt in der Geschichte ist nicht das Individuum, sondern die Arbeiterklasse; insofern lassen sich sozialistische Gesellschaften als Klassenstaaten definieren.
2. Die Politikformulierung und -exekution erfolgt durch den bewußten Teil der Arbeiterklasse, repräsentiert von den Berufsrevolutionären bzw. dem leitenden Parteikader. Die Gesellschaft soll also planvoll über das Primat der Parteibürokratie organisiert werden, weshalb die Individualrechte und -interessen der Bürger eingeschränkt, sozusagen kollektiv justiert werden müssen.
3. Der antagonistische Widerspruch zwischen Arbeit und Kapital wird durch die Abschaffung des Instituts Privateigentum zugunsten des Instituts Kollektiveigentum aufgehoben, der Markt durch das rational höherrangige Instrument der zentralen Planung mit administrierten Preisen ersetzt und der Primat der Politik institutionalisiert.
4. Der Marxismus wurde, später zusammen mit dem Leninismus, zur Staatsideologie erhoben bei gleichzeitiger Orthodoxierung oder, wie ich es bezeichne, Katechisierung der reinen Lehre.

Diese vier Grundprinzipien blieben für alle sozialistischen Gesellschaften - unabhängig von ihren teilweise wundersamen Wandlungen - unhinterfragte, nein: unhinterfragbare Handlungsmaximen. Für die Wirtschaftspolitik bedeutete dies eine klare Unterwerfung unter den Primat der Politik, formuliert und exekutiert durch das Politbüro, die sich parteibürokratisch in dem eher bescheidenen Status der Wirtschaftsführer innerhalb der Prestigehierarchie der Nomenklatura objektiviert. Die grundsätzlich der Parteipolitik nachgeordnete Rolle der Wirtschaft mußte jedoch in dem Moment zu massiven Problemen führen, in dem sich die realsozialistischen Gesellschaften verstärkt über ihr wohlfahrtsökonomisches Postulat definierten oder angesichts der kapitalistischen System-Konkurrenz definieren mußten, eine Entwicklung, die die Nachkriegsgeschichte seit den 60er Jahren charakterisiert.[11]

Der Stalinismus

Der Erfolg Stalins nach dem Tode seines charismatischen Vorgängers beruhte zu einem nicht geringen Teil darauf, daß er als Inkarnation der "Sorgen und Wünsche der Apparatschiks" sowie ihres "Bedürfnis(ses) nach Einheit und Kontinuität" in Erscheinung trat.[12] So ist es nicht weiter verwunderlich, daß die erste Periode seiner Herrschaft durch die Kooperation mit den Altbolschewiken - etwa

11 Vgl. hierzu die Beiträge von Rainer Weinert und Hans-Hermann Hertle in diesem Band.
12 Lewytzkyj, *Die Kommunistische Partei*, S. 25.

bei der Durchführung des ersten Fünfjahresplanes und der ersten Kollektivierungswelle - geprägt war, die sogar eine "Art Kollegialität"[13] entstehen ließ. Doch sein Streben nach despotischer Alleinherrschaft machte der vertrauensvollen Zusammenarbeit rasch ein Ende, da er getreu des von ihm absolut gesetzten Unfehlbarkeitsprinzips des die Generallinie bestimmenden Parteiführers zwangsläufig auch 'unfehlbar' sein mußte, mußte er für alle Mißerfolge die Parteibürokratie verantwortlich machen, deren Unfähigkeit er seit Ende der 20er Jahre immer wieder anprangernd "nachgewiesen" hat. Die Kehrtwendung Stalins gegenüber Lenin bestand in der Hauptsache darin, daß er die Sicherheitsorgane gezielt als Inquisitoren gegen jedwede Opposition zur Festigung seiner persönlichen Machtstellung einsetzte, wobei er nicht davor zurückschreckte, ganze soziale und politische Gruppen wie beispielsweise die Armee- und die Wirtschaftseliten liquidieren zu lassen. Der sich in den 30er Jahren rasch ausweitende Terror, der selbst den völligen Zusammenbruch der Partei in Kauf zu nehmen schien, gipfelte in dem Massaker von 1937, der sogenannten "Jeshowschtschina", und führte zu einem vollständigen Austausch der Führungskader, die fortan unter dem vorrangigen Kriterium der bedenkenlosen Ergebenheit bei der Durchführung der Parteidirektiven ausgewählt wurden.[14] War die KPdSU in der Frühphase des Stalinismus noch eine "politische Institution"[15] gewesen, in dem der Informationsfluß zwischen den Führungsinstanzen und dem Parteivolk noch einigermaßen funktionierte, so wurden diese Rudimente des Leninismus mit Terrormaßnahmen nun endgültig verworfen und eine "Partei neuen Typs" installiert, die aufgrund ihrer rigiden hierarchischen Linienorganisation strukturell unfähig war, horizontale oder vertikale intermediäre Vermittlungsfunktionen zu übernehmen. Gefragt war hinfort allein die Perfektionierung des despotischen Systems und seine totale Immunisierung gegen Veränderungen, was sich zugleich fast immer in einer antiaufklärerischen und antiintellektualistischen Haltung äußert, was durch den hohen Anteil von Wissenschaftlern, Künstlern etc., aber auch von Wirtschaftsführern unter seinen Opfern belegt wird.

Mit der Eliminierung der letzten demokratischen Rudimente aus der Ägide Lenins und der Installierung der "Partei neuen Typs", der persönlichen Appropriation der Sicherheitsorgane sowie der Aneignung des Interpretationsmonopols der katechisierten marxistisch-leninistischen Ideologie unter Beibehaltung ihres holistischen Anspruches - es sei nur an den berühmt-berüchtigten "Kurzen Lehrgang" Stalins erinnert - sind die wichtigsten Elemente benannt, die m.E. die Kategorisierung des Stalinismus als despotische Herrschaft rechtfertigen. Rigby kommt bei seiner Analyse zwar zu einem ähnlichen Ergebnis, subsumiert aber die analytisch richtig erkannten mono-organisationalen (Anweisungs-)Strukturen[16] von Partei und Gesellschaft und ihre Bündelung auf eine omnipotente Person an der Spitze der Hierarchie unter den aristotelischen Begriff der Tyrannis und verwischt dadurch den durchaus 'modernen' Kontext dieser bürokratisch-rationalen Machtmaximierung, der keine antiken Wurzeln hat. Des weiteren übersieht er, worauf Lewytzkyj zu Recht hingewiesen hat, daß die ausschließliche Akzentuierung und Perfektionierung der eingleisigen Befehlskanäle bürokratische Gegenreaktionen hervorrief und sich "eine (informelle, Th. P.) horizontale Binnenkommunikation mit einem komplexen System von Querverbindungen, informellen

13 Ebd.

14 Ebd., S. 36. Wichtigstes Ergebnis der Periode der "Entstalinisierung" in der Sowjetunion war deshalb die Re-Disziplinierung der Sicherheitsorgane durch die Parteibürokratie.

15 Ebd., S. 38.

16 Rigby, *Stalinism*, S. 95.

Normen, Spielregeln und Verhaltensweisen"[17] entwickelte, die zunehmend mit der offiziellen vertikalen kollidierte und den Terror noch unberechenbarer machte.[18]

Parallel zur Festigung der Stalinschen Despotie wurde die Planungsökonomie ausschließlich auf die "extensive Produktion" fixiert und die erste Generation der Wirtschaftsführer aus der revolutionären Aufbauphase liquidiert. Makroökonomisch gesehen war hiermit strukturell kein nennenswerter Bruch verbunden, mikroökonomisch sehr wohl, als sich innerbetrieblich Mechanismen, Normen und Verhaltensweisen entwickelten, mit denen man versuchte, die irrealen Planungsvorgaben wie die regelmäßig auftretenden Versorgungsengpässe zu kompensieren, und somit trotz aller drakonisch angedrohten Strafen die Haltung von Schwarzlagern und die private Schattenwirtschaft auf der Basis des Tauschgeschäftes mit all ihren korruptiven Folgewirkungen geradezu provoziert wurden.

Der Große Vaterländische Krieg

Eine Institution, die für die Sowjetunion wie für die kommunistische Weltbewegung unter Legitimationsgesichtspunkten von jeher von zentraler Bedeutung war, ist die "Rote Armee", die mit ihren Siegen im russischen Bürgerkrieg und insbesondere im "Großen Vaterländischen Krieg" gegen das mächtige Hitler-Deutschland die Führungsrolle Moskaus im sozialistischen Lager schlagkräftig untermauert hat. Schlagkräftig nicht nur aufgrund ihrer militärischen Stärke, sondern auch aufgrund des seit Lenin ihr zugeordneten politisch-ideologischen Kampfauftrages, die proletarischen Errungenschaften der Oktoberrevolution auf der internationalen Bühne zu verteidigen, der sie dazu verpflichtete, "jegliche militärische Auseinandersetzung mit den "Imperialisten" bzw. Kolonialmächten zu unterstützen und die Kader der revolutionären Bewegung auszubilden."[19] Die militärsoziologischen Implikationen dieses Auftrages interessieren mich hier nur am Rande, zu beleuchten sind vielmehr dessen legitimatorische Aspekte: Die Machtposition des Militärs hatte ihre Wurzeln in der Universalisierung der Arbeiterklasse im noch nicht homogenisierten bolschewistischen Binnensystem und der Exterritorialisierung des international agierenden imperialistischen Klassenfeindes. Diese doppelte Bedrohung von innen wie von außen erforderte jenseits der individuellen Wachsamkeit der 'bewußten' Genossen, den Aktivisten, die Institutionalisierung einer wehrhaften Organisation, der "Roten Armee", die als politische Streitmacht im Dienste des proletarischen Internationalismus in den Krieg - wo auch immer - zog, sei es gegen den NS-Staat, mit dem man zuvor aus machtpolitischen Gründen ein Bündnis abgeschlossen hatte, sei es gegen Japan zur Initiierung der sozialistischen Revolution in Asien, und deshalb zum (kontinentalen) Inbegriff despotischer Herrschaft wurde.

Der politische Charakter der Roten Armee kam vor allem bei ihren militärischen Interventionen in den 'sozialistischen Bruderländern' eindeutig zum Ausdruck. Sowohl die Niederschlagung des Volksaufstandes in der DDR am 17. Juni 1953 als auch des Aufstandes in Budapest 1956 wurden unter dem für viele Beteiligten durchaus glaubhaften Deckmantel der brüderlichen Schutzmaßnahme gegen die von außen gesteuerte Konterrevolution durchgeführt, was erst nach der Militäraktion gegen den "Prager Frühling" erklärungsbedürftiger wurde. Diesen auf-

17 Lewytzkyj, *Die Kommunistische Partei*, S. 102.
18 Ebd. Dieser Zusammenhang von persönlicher Gewaltherrschaft und unpersönlicher Bürokratie wird durch den Rekurs auf den antiken Tyrannis-Begriff camoufliert.
19 Lewytzkyj, Boris, *Die Marschälle und die Politik*, Köln 1971, S. 71.

keimenden Zweifeln mußte natürlich begegnet werden, deshalb wurde 1970 offiziell, wenn auch sehr verklausuliert, die Parole ausgegeben: "Man muß auch berücksichtigen, daß unsere Streitkräfte nicht nur als rein militärische, sondern auch als politische, ideologische und organisatorische Kraft auftreten. Nicht nur die Armee als Ganzes, sondern jeder Soldat ist dem Wesen der Dinge nach ein politischer Kämpfer, ein Wegweiser der revolutionären Ideologie, was auch die Entfaltung des revolutionären Prozesses erleichtert".[20]

Ohne diese erfolgreiche Instrumentalisierung des Militärs hätte sich die Stalinsche Despotie weder innenpolitisch stabilisieren[21], noch außenpolitisch imperial ausweiten können, schon gar nicht unter der Bedingung der eklatanten nationalstaatlichen Unsicherheit der sowjetischen Satelliten. Allerdings hat die KPdSU für die Durchsetzung des internationalen revolutionären Prozesses schon immer neben dem Geheimapparat der Inquisition ein zweites offizielles 'omnipotentes' Machtinstrument gebraucht und das war die 'ruhmreiche Rote Armee', mit dessen Hilfe in ihrem Einflußbereich machtpolitisch das durchgesetzt werden konnte, was ihre Führungsspitze, für richtig hielt.

Die Nachkriegsperiode

Unmittelbare Folge des Zweiten Weltkrieges war ein Phänomen, das ich als die Herrschaft der Imperien bezeichne. Die Konstatierung wäre angesichts der sattsam bekannten Periode des "Kalten Krieges" mehr als banal[22], würde man nicht gleichzeitig den Prozeß der Entkolonialisierung der englischen, französischen, holländischen und portugiesischen Weltreiche in Erinnerung rufen. Denn mit deren Eingliederung in die hegemoniale Einflußsphäre der USA und mit der Ausdehnung des moskowitisch geprägten sozialistischen Imperiums wurde eine Machtlogik des Status quo in Gang gesetzt, die auf der Prämisse beruht, "daß die bestehenden politischen Herrschaftssysteme im Rahmen der beiden wichtigsten Großmächte, also der USA und der UdSSR ... in absehbarer Zeit nicht von innen und außen verändert werden könnten und dürften ..., ohne den inneren wie äußeren Frieden in Frage zu stellen. Man kann und muß eine solche Einschätzung als die Vorherrschaft des Metternichsyndroms bezeichnen."[23] Das setzte allerdings voraus, daß beide Großmächte in der Lage waren, als Imperien zu funktionieren, ja billigte beiden Großmächten die machtpolitische Kompetenz zu, die eigenen Machtsphären notfalls durch militärische Gewaltmaßnahmen zu sichern, was trotz aller nationalen und internationalen Konfliktrhetorik im Interesse der wechselseitigen Stabilisierung und der globalen 'balance of power' erstaunlich gut funktioniert hat bis zum überraschenden Zusammenbruch der kom-

---

20 Zit. n. ebd., S. 73.

21 Ich verweise in diesem Zusammenhang an die trotz aller Ambivalenz strategische Rolle der "weißgardistischen Offiziere" beim Aufbau der Roten Armee.

22 Nichtsdestotrotz sei nochmals darauf hingewiesen, daß der die gesamte Nachkriegsperiode prägende "Ost-West-Konflikt" sämtliche Felder der world politics und der internationalen Organisationen bestimmt hat, die entsprechend dieser Ordnung durchorganisiert worden waren.

23 Pirker, Theo, Reform und Restauration: Die Krise und der Zerfall kommunistischer Herrschaftssysteme, in: ders., *Soziologie als Politik. Schriften von 1949 bis 1990*, hrsg. v. R. Weinert, Berlin 1991, S. 265.

munistischen Herrschaftssysteme, der ja exakt deshalb die Theoretiker wie die Praktiker der Politik so verblüfft hat.[24]

Der erste große Bruch in der Nachkriegsgeschichte der realsozialistischen Gesellschaften erfolgte natürlich mit dem Tod des sowjetischen Despoten und der Entstalinisierung unter der Übergangsherrschaft von Chruschtschow. Letzterer betrachtete die Re-Etablierung des 'Normalzustandes kommunistischer Herrschaft', des Primates der Partei, der die Sicherheitsorgane unter tatkräftiger Hilfe der "in der harten Schule des Stalinismus erzogene(n) Bürokratie"[25] wieder untergeordnet wurden, innenpolitisch als seine Hauptaufgabe. Erst an zweiter Stelle stand für ihn die Fortführung des Modernisierungsprozesses in der Sowjetunion. Allerdings scheiterte Chruschtschow bei seinem Versuch, mit einer "modernisierten" Parteibürokratie eine "effizientere Verwaltung" der Gesellschaft zu erreichen, vielmehr erweckten seine Phantasien über eine "höhere Stufe" des Kommunismus nur "unverhohlenes Gähnen"[26] bei den Genossen. Nichtsdestoweniger war damit eine Zäsur in der Legitimationskonstruktion verbunden. Die poststalinistischen Parteiführer mußten sich fortan stärker über ihre Wirtschafts- und Sozialpolitik ausweisen. Diese neue, 'moderne' Prioritätensetzung führte zu einer Zurücknahme des Terrors, zu einer 'Zivilisierung' im Binnenverhältnis, aber unter Aufrechterhaltung struktureller Rechts- und Verhaltensunsicherheiten (Fraktionsbildungsangst), der Kontrolle und der Stillstellung der Ideologie.

Deshalb waren diese Entwicklungen auch nicht mit einer Erhöhung der Flexibilität des Gesamtsystems verbunden. Die Handlungsmaximen in der postdespotischen Ära unter Breschnew erschöpften sich in einer ausschließlichen Verteidigung der Großmachtstellung der UdSSR, in dem Versuch, die imperiale Dominanz angesichts der fortschreitenden Aushöhlung der Bindungskraft der verordneten Einheits-Ideologie durch ein starres Festhalten am status quo notfalls mit militärischen Mitteln zu fixieren. Insofern ist seine Regentschaft nicht zu Unrecht offiziell als Periode der "Stagnation" in die Zeitgeschichte eingegangen. Ausdruck dieser Orientierung ist die sog. "Breschnew-Doktrin", die nichts anderes besagt, als daß die Sowjetunion sich jeder tatsächlichen oder vermeintlichen Bedrohung ihres Macht- und Einflußbereichs in der Gegenwart wie in der Zukunft - an welchem Ort auch immer - stellen werde und damit implizit davon ausgeht, sein Land könne das weltweite Wettrüsten und die projektierten Konfrontationen seitens des amerikanischen Imperialismus ökonomisch wie militärisch jederzeit bestehen. Jedoch wurde mit der Militärintervention Moskaus in Afghanistan, die wie zuvor die des weltpolitischen Antipoden in Vietnam in einem Debakel endete, genau das Gegenteil erreicht und zudem ein zentrales Symbol der sowjetischen Superiorität zerstört: die Unbesiegbarkeit der Roten Armee.

Sucht man nach Gründen für die zunehmende Unglaubwürdigkeit des macht- wie des miltärpolitischen Potentials innerhalb wie außerhalb des Sowjetimperiums, so muß an erster Stelle die notorische wirtschaftliche Unterentwicklung der UdSSR genannt werden, die lange Zeit durch eine potemkinsche Propaganda und unrealistische Überschätzung der landeseigenen ökonomischem Potenzen und natürlichen Ressourcen sowie die hochentwickelte Militär- und Weltraumtechnologie kaschiert wurde, nach dem Afghanistan-Abenteuer jedoch für jedermann offensichtlich geworden war. Hinsichtlich dieses schleichenden Entschleierungsvor-

---

24 Unter der Vorherrschaft des Metternichsyndroms konnte die Kategorie des "Zusammenbruchs" weder im Westen noch im Osten, weder in Washington noch in Moskau, weder in Ostberlin noch in Bonn, Bestandteil politischen Handelns sein, im Gegenteil, es mußte auf Stabilisierung ausgerichtet sein.

25 Lewytzkyj, *Die Kommunistische Partei*, S. 38.

26 Löwenthal, Richard, Vorwort, in: Lewytzkyj, *Die Marschälle und die Politik*, S. 9.

ganges und des oben erwähnten Legitimationszwangs der Parteiführer, sich verstärkt über ihre Wirtschafts- und Sozialpolitik legitimieren zu müssen, rückten die ökonomischen Probleme und die Fragwürdigkeit, diese mit dem sowjetischen Wirtschaftsmodell lösen zu können, stets mehr in das Bewußtsein der verantwortlichen Politiker und Wirtschaftspraktiker in allen Staaten des real existierenden Sozialismus.

Die DDR unter dem Sowjet-Imperium

Ein zentrales Ergebnis des Zweiten Weltkrieges war die Teilung Deutschlands und die Integration der DDR, die von den Sowjets als legitime Kriegsbeute betrachtet und entsprechend auch behandelt wurde, in das Moskowiter Imperium. Hieraus entwickelte sich nicht nur für den deutschen Teilstaat ein Dauerkonflikt zwischen der Moskauer Machtzentrale und der Ostberliner Peripherie, der sich ab Ende der 50er Jahre in der Verquickung zweier latent widersprüchlicher Entwicklungsprozesse manifestierte, nämlich dem ökonomisch bedingten industriellen Modernisierungszwang einerseits und - damit zusammenhängend - dem zunehmenden Funktionsverlust der politischen Direktivgewalt als Garant des ideologisch geschlossenen Herrschaftsverbandes[27]. Dieser Grundwiderspruch zwischen der funktional erforderlichen Anpassung des politischen Systems an die pluralistischen Bedürfnisstrukturen sich entwickelnder Industriegesellschaften und dem stets schwerer zu legitimierenden Machtmonopol der kommunistischen Parteibürokratie stalinistischer Prägung konnte bis zum Zusammenbruch nicht aufgelöst werden und ist strukturelles Kennzeichen der - wie ich sie bezeichne - Periode des "Postdespotismus".

Erstes Ziel für die in der Nachkriegszeit neu installierten sozialistisch verfaßten Regime war die Schaffung einer auf sozialem Wertekonsens gründenden Autorität der Einheitspartei, der im wesentlichen auf den Eckpfeilern des Kollektiveigentums, der egalitären Lohnstruktur und dem Wohlfahrtspostulat der sozialen Sicherheit beruhen sollte; letzteres zwang - wenn man so will - die Repräsentanten der Partei, sich durch Leistung zu legitimieren. In diesem leistungs-, besser: funktionsorientierten Legitimationerfordernis sehe ich den entscheidenden Unterschied zum Despotismus Stalins, der die wie immer gearteten Legitimationsprobleme mit Gewalt, notfalls durch Liquidation der Störenfriede in der zwangsharmonisierten Gemeinschaft löste. Aus diesem Dilemma des industriellen Entwicklungszwanges in der "Post-Mobilisations-Phase" bei gleichzeitiger Aufrechterhaltung der parteibürokratischen Machtstrukturen aus der (revolutionären) "Mobilisations-Phase", in der durch "Revolutionen von oben" das politisch-ideologische Ziel der "klassenlosen Gesellschaft"[28] voluntaristisch erreicht werden sollte, konnte sich keine der real existierenden Gesellschaften im Sozialismus befreien. Dies um so mehr, als durch den sakrosankt gesetzten Primat der Politik keine spezifischen Rationalitätskriterien für eine endogene Autonomisierung bestimmter gesellschaftlicher Teilbereiche entwickelt werden konnten; ökonomisch gewendet bedeutet dies, daß der Realsozialismus nur schwach institutionalisierte wirtschaftliche Rationalitäts- und Effizienzkriterien entwickelte. In Verbindung mit der fortschreitenden generationsbedingten Aushöhlung der Bindungskraft der kommunistischen Einheitsideologie führte das zu dem oben schon erwähnten

---

27 Löwenthal, Richard, Kommunistische Einparteiherrschaft in der Industriegesellschaft, in: *Einparteisystem und bürokratische Herrschaft in der Sowjetunion*, hrsg. v. Boris Meissner/Georg Brunner/Richard Löwenthal, Köln 1978, S. 10.

28 Löwenthal, Kommunistische Einparteiherrschaft, S. 9.

Entlegitimierungsprozeß des politischen Führungskaders und zu einer ebenso schleichenden Aufwertung der wirtschaftlichen Funktionselite. Denn die zentrale Eingangspforte der ideologischen Aufweichung in Richtung einer 'Nationalisierung' des Sozialismus war die Notwendigkeit der ökonomischen und technologischen Modernisierung.

So hat es nach dem Zweiten Weltkrieg regelmäßig von Jahrzehnt zu Jahrzehnt immer wieder Versuche der Satellitenstaaten gegeben, sich von der dominanten 'Bruderpartei' und dem ihnen oktroyierten sowjetischen Modell zu emanzipieren, um insbesondere auf dem Gebiet der Wirtschaft einen eigenständigen nationalstaatlich orientierten Weg beschreiten zu können. Stellvertretend sei hier nur auf den Prager Frühling verwiesen. Obwohl derartige Emanzipationsbestrebungen mehr oder weniger in allen Ländern des Ostblocks zu beobachten waren, galten sie für die Moskauer Systemwächter in der DDR aus verständlichen Gründen als besonders prekär, die aus der unmittelbaren Konkurrenz mit der im kapitalistischen Lager verankerten BRD und dem damit korrespondierenden politischen Krisenpotential zu erklären sind. So waren beispielsweise die wirtschaftlichen Reformintentionen der NÖS-Protagonisten, die mit ihrer behutsamen Loslösung vom sowjetischen Modell der "extensiven Produktion" das politische System nicht schwächen, sondern gerade stärken wollten, in den Augen der Moskowiter und der ihnen treu ergebenen Funktionärsschar in Ostberlin bereits Verrat an den Klassenfeind, sahen sie doch mit derartigen Reformprogrammen die von ihnen über alles gefürchtete Gefahr einer 'Sozialdemokratisierung' der DDR heraufdämmern, die über kurz oder lang ihr ganzes Imperium aufweichen würde. Unter machtpolitischen Gesichtspunkten waren solche Befürchtungen der Moskauer Zentrale mit Leonid Breschnew an ihrer Spitze ja nicht ganz unberechtigt, nur verfügte sie über kein politisches und/oder ökonomisches Konzept, mit der sie die Autonomiebestrebungen in der Peripherie systemkonform hätten auffangen können.

Die Wirtschaftsführer der DDR hatten nach ihren übereinstimmenden Aussagen in unseren Gesprächen allerdings zu keinem Zeitpunkt derartige "konterrevolutionäre" Ambitionen, sie waren keine Politfunktionäre, sondern technokratisch orientierte "Macher", die aus ihrer gemeinsamen Einschätzung der systemsprengenden desolaten Wirtschaftslage ökonomische Strukturreformen im Sinne einer Autonomisierung und Manageralisierung der Betriebe für zwingend erforderlich hielten, womit sie nolens volens zwar den Primat der Politik partiell in Frage stellten, aber ihn zu keinem Zeitpunkt abschaffen wollten. Hiergegen sprechen schon die biographischen Daten der Mehrheit der wirtschaftspolitischen Funktionselite, die wie unsere Gesprächspartner zumeist den Jahrgängen 1927 bis 1932 angehört, und von den Kollektivereignissen des Zweiten Weltkrieges, der Entlegitimierung des deutschen Nationalismus unter Hitler sowie der seit der Oktoberrevolution nahen Einlösung der Heilsversprechungen der kommunistischen Ideologie geprägt worden ist. Diese Verquickung eines antifaschistischen proletarischen Hintergrundes mit einer steilen Karriere ist es, der ihre Treue gegenüber dem neuen "Arbeiter- und Bauernstaat" so unzerbrechlich machte. Hinzu kommt ihre Kaderschulung in den weiterbildenden Einrichtungen der SED, die bis Mitte der 50er Jahre ausschließlich anhand des "Kurzen Lehrgangs" von Stalin, dem Katechismus des Vulgärmarxismus, erfolgte, die sie in Unkenntnis der marxistischen Klassiker und anderer Spielarten des Sozialismus die Mechanismen der Fragmentierung und Personalisierung der Willensbildung und Entscheidungsfindung sowie die alles überwucherndes "Fraktionsbildungsangst" so extrem verinnerlichen ließ.

Die stalinistische Persönlichkeitsprägung der Macht- und Funktionseliten in der DDR muß allein schon deshalb so betont werden, als es nach offizieller Lesart in diesem Lande nie einen "Stalinismus" gegeben hat und somit auch keine Notwendigkeit einer "Entstalinisierung" bestand.[29] Keiner verkörpert diesen eigentlich schizophrenen Tatbestand reiner als Walter Ulbricht: Unter Stalins Herrschaft in Moskau indoktriniert, schaltete er mit seiner nach ihm benannten Gruppe - seinem Übervater getreulich folgend - rigoros die politischen Oppositionsgruppen in der SBZ aus und riegelte immer noch moskauhörig seinen Staat mit Betonplatten von der BRD ab, um sich nach dem Mauerbau im Verlauf der 60er Jahre als Schirmherr des NÖS zu einem 'deutschen Kommunisten' zu entwickeln, der im Widerspruch zur Breschnew-Doktrin einen nationalökonomisch eigenständigen Weg erzwingen wollte[30], womit er ebenso zwingend Opfer seiner eigenen, von ihm im Geiste Stalins geschulten Parteibürokratie wurde. Aufstieg und Fall Walter Ulbrichts zeigen prototypisch, daß selbst Parteiführer sich nicht ungestraft über die in der unmittelbaren Nachkriegszeit einmal implementierten und bürokratisch festverankerten despotischen Handlungsmaximen eines längst verstorbenen Stalin einfach hinwegsetzen konnten.

In diesem Kontext muß noch auf ein anderes merkwürdiges Phänomen eingegangen werden: Obwohl die Wirtschaftsführer der DDR nach Aussagen unserer Gesprächspartner harte Fakten für ihre wirtschaftsreformerischen Forderungen hatten, stellten sie ihre Bedenken immer wieder zurück. Auch die hier zum Ausdruck kommende Internalisierung der parteipolitischen Zensur dürfte ihrer stalinistischen Sozialisation, der Einschwörung auf den im Generalsekretär personifizierten sozialistischen Weltgeist, geschuldet sein, was der Initiator der Entstalinisierungsperiode Chruschtschow folgendermaßen auf den Punkt brachte: "Als Stalin zu Grabe getragen wurde, standen vielen, darunter auch mir, Tränen in den Augen. Es waren aufrichtige Tränen. Obwohl wir von einigen persönlichen Mängeln Stalins wußten, glaubten wir an ihn."[31]

Aus diesen anrührenden Sätzen spricht ein 'magischer Glaube' an die übernatürlichen Kräfte und Einsichten des Parteiführers, der jedoch, wie das folgende Zitat Honeckers aus dem Jahre 1970 zeigt, nicht auf die Kultverehrung 'geheiligter Personen' beschränkt blieb: "Paßt mal auf, darum braucht ihr euch gar nicht zu kümmern, wir werden die Arbeiter mobilisieren. Wir werden ihnen sagen, ihr kriegt jährlich 4% mehr Nettogeldeinnahmen, also Löhne, dann werden die auch mehr leisten, ihr müßt daran glauben."[32] Mit diesen Worten beschwichtigte der Thronstürzer Ulbrichts die vorsichtige Kritik von Vertretern der Staatlichen Plankommission an den zu hohen Planvorgaben, indem er die magische Vorsehungskraft des Parteiführers selbst in einem Bereich beschwor, der im allgemeinen als die Ausgeburt des kalten rationalen Kalküls gilt und gerade deswegen vielleicht für 'magische Formeln' oder - moderner ausgedrückt - für Psychologismen so empfänglich ist.

Worauf es mir in meiner zugegeben noch groben Analyse ankam, ist aufzuzeigen, daß diese im Widerspruch zum säkularen rationalem Bürokratisierungstheorem Max Weber stehende Personenfixiertheit auf keineswegs charismatisch legitimierte Führer seinen Ursprung in der von Stalin in despotische Herrschaftsstrukturen gegossenen bolschewistischen Oktoberrevolution hat, die ihrerseits nicht

29 "Wir sind nach 1945 in die Stiefel Stalins eingestiegen und haben nie wieder herausgefunden." So das Resumee des ehemaligen FDGB-Vorsitzenden Harry Tisch nach 40 Jahren. Vgl. das Gespräch mit Harry Tisch, S. 137.

30 Vgl. hierzu den Beitrag von Rainer Weinert in diesem Band.

31 Zit. n. Lewytzkyj, *Die Kommunistische Partei*, S. 104.

32 Gespräch mit Gerhard Schürer und Siegfried Wenzel, S. 74.

'revolutionär' überwunden werden konnten, sondern bruchlos in der Periode des Postdespotismus fortgeschrieben wurden. Die legitimatorischen Wurzeln dieses Personenkultes gingen von Generation zu Generation stets mehr verloren, mit der Folge, daß er schließlich den Charakter eines atavistisch anmutenden Rituals annahm, allein getragen von der verinnerlichten Angst vor der Fraktionsbildung und der Furcht vor dem 'Großinquisitor' aus Moskau, der das intellektuelle Milieu wie das innovative Potential nicht nur der partei- und wirtschaftspolitischen Eliten immobilisierte, zumal unter dieser Konstellation der Sturz des Parteiführers strukturell immer prekär bleiben mußte. Somit reduzierte sich das 'Prinzip Hoffnung' auf die biologische Lösung des natürlichen Todes, eine Hoffnung, die gleichzeitig eine Art 'Sozialversicherung' für die angepaßte Nomenklatura darstellte und deren Immobilismus verstärkte - und das System letzendlich von innen mit zersetzte.

Personenregister

Herausgeber und Autoren

Theo Pirker, Jahrgang 1922, Professor für Soziologie an der Freien Universität Berlin, Emeritus.
Veröffentlichungen u.a.: Die Moskauer Schauprozesse, München 1963; Utopie und Mythos der Weltrevolution, München 1964; Soziologie als Politik. Schriften von 1949 bis 1990, hrsg. von Rainer Weinert, Berlin 1991.

M. Rainer Lepsius, Jahrgang 1928, Professor für Soziologie an der Universität Heidelberg, Emeritus.
Veröffentlichungen u.a.: Interessen, Ideen, Institutionen, Opladen 1990; Demokratie in Deutschland, Göttingen 1993.

Rainer Weinert, Jahrgang 1950, Oberassistent am Fachbereich Wirtschaftswissenschaft der Freien Universität Berlin.
Veröffentlichungen u.a.: "Die Sauberkeit der Verwaltung im Kriege". Der Rechnungshof des Deutschen Reiches 1938-1946, Opladen 1993; Das Ende der Gemeinwirtschaft. Gewerkschaften und ihre gemeinwirtschaftlichen Unternehmen im Nachkriegsdeutschland, Frankfurt a. M. 1994.

Hans-Hermann Hertle, Jahrgang 1955, wissenschaftlicher Angestellter im Zentralinstitut für sozialwissenschaftliche Forschung der Freien Universität Berlin.
Veröffentlichungen u.a.: FDGB: Wende zum Ende. Auf dem Weg zu unabhängigen Gewerkschaften? (mit Theo Pirker, Jürgen Kädtler und Rainer Weinert), Köln 1990; Der Fall der Mauer, Berlin 1995 (im Erscheinen).

GPSR Compliance

The European Union's (EU) General Product Safety Regulation (GPSR) is a set of rules that requires consumer products to be safe and our obligations to ensure this.

If you have any concerns about our products, you can contact us on ProductSafety@springernature.com

In case Publisher is established outside the EU, the EU authorized representative is:

Springer Nature Customer Service Center GmbH
Europaplatz 3
69115 Heidelberg, Germany

Batch number: 10822562

Printed by Printforce, the Netherlands